新编日本近代史

A NEW MODERN HISTORY OF JAPAN

宋成有 著

北京大学出版社
PEKING UNIVERSITY PRESS

图书在版编目(CIP)数据

新编日本近代史/宋成有著.—北京:北京大学出版社,2006.12
(博雅大学堂·历史)
ISBN 978-7-301-10719-5

Ⅰ.新… Ⅱ.宋… Ⅲ.日本-近代史 Ⅳ.K313.4

中国版本图书馆 CIP 数据核字(2006)第 048078 号

书　　　名:	新编日本近代史
著作责任者:	宋成有　著
责 任 编 辑:	刘　方
标 准 书 号:	ISBN 978-7-301-10719-5/K·0449
出 版 发 行:	北京大学出版社
地　　　址:	北京市海淀区成府路 205 号　100871
网　　　址:	http://www.pup.cn　电子邮箱:pkuwsz@yahoo.com.cn
电　　　话:	邮购部 62752015　发行部 62750672　出版部 62754962
	编辑部 62752025
印 刷 者:	北京汇林印务有限公司
经 销 者:	新华书店
	650mm×980mm　16 开本　30.5 印张　500 千字
	2006 年 12 月第 1 版　2009 年 3 月第 2 次印刷
印　　　数:	4001—8000 册
定　　　价:	38.00 元

未经许可,不得以任何方式复制或抄袭本书之部分或全部内容。
版权所有,侵权必究
举报电话:010-62752024　电子邮箱:fd@pup.pku.edu.cn

目录

前　言 /1

第一章　幕府时代的历史遗产 /1

第一节　权力更替机制的遗产：双重二元政治结构及其功能 /1
一　幕藩体制的制度构成要素 /1
二　幕府集权与诸藩分权的二元政治结构 /10
三　将军至强与天皇至尊的二元政治结构 /14

第二节　经济遗产：国内市场机制的发展 /19
一　江户时代前期的国内市场(1603—1716) /19
二　江户时代中后期的国内市场(1716—1830) /26
三　国内市场演化的多重意义 /31

第三节　思想遗产：学术流派的活跃 /33
一　旧学说在分化 /33
二　新学说层出不穷 /36

第四节　庶民教育的遗产：寺子屋教育的普及化 /47
一　寺子屋教育的由来与发展 /47
二　寺子屋教育的社会意义与影响 /51

第五节　幕末改革：对明治维新的进程产生直接影响 /53
一　幕末改革的连续展开 /53
二　幕末改革的广泛影响 /60

第二章　幕府统治的崩溃与明治政权的建立 /64

第一节　美国的东亚政策与日本的开港 /64
一　美国的跨洋西进 /64
二　日本的开港过程 /71

第二节　开港后国内矛盾的激化与幕府统治的崩溃 /74
一　开港后的国内矛盾及其演化 /74
二　从尊王攘夷到武力倒幕 /80

三　戊辰战争的进程、意义和特点/86
　第三节　中央集权体制的建立与近代化基本国策的
　　　　　制定/90
　　一　中央集权体制的建立/90
　　二　近代化基本国策的制定/100

第三章　欧化时期的维新变革/106
　第一节　围绕中心环节展开的各项改革/106
　　一　换个角度观察明治维新的改革举措/107
　　二　武士的改造和转化成为改革中心环节的原因/114
　第二节　欧风劲吹下的破与立及其矛盾关系/117
　　一　欧风劲吹下的文明开化风潮/117
　　二　文明开化风潮中的各种矛盾/120
　第三节　自由民权运动的兴起/131
　　一　自由民权运动的导火索/131
　　二　政治斗争与理论斗争的并行/134

第四章　民族化时期的维新进程/142
　第一节　自由民权运动的挫败与近代天皇制的
　　　　　建立/142
　　一　明治十四年政变/142
　　二　后期自由民权运动从高潮走向沉寂/145
　　三　近代天皇制的组建/152
　第二节　经济政策的调整与产业革命的开始/161
　　一　四项经济政策的调整/161
　　二　政策调整的效果/169
　第三节　支撑近代天皇制的三大支柱：藩阀、军阀和
　　　　　财阀/171
　　一　藩阀与藩阀政治的特点/171
　　二　军阀及其特点/177
　　三　财阀的分类及其特点/184
　第四节　明治时期社会思潮和对华观的演化/192
　　一　从热衷欧化转向国粹主义/192
　　二　从鼓吹人权自由转向尊崇皇权至上/198
　　三　对华观由和平友好转变为轻蔑敌视/204

第五章 "大日本帝国"的武力崛起/212

第一节 激荡的东亚形势与日本的选择/212
- 一 面临欧美列强挑战的东亚传统国际体制/212
- 二 日本颠覆宗藩关系体制的最初行动/214

第二节 "大陆政策"与中日甲午战争/223
- 一 "大陆政策"的思想源流及其形成过程/223
- 二 中日甲午战争的进程及其影响/229

第三节 日俄争夺与日本吞并韩国/239
- 一 日俄争夺朝鲜半岛的主导权/239
- 二 日俄战争与韩国的保护国化/250
- 三 日美关系的变化与日本吞并韩国/254

第四节 参加第一次世界大战与跻身世界五强/258
- 一 参加第一次世界大战与侵华新步伐/258
- 二 跻身世界大国行列/262

第六章 第一次世界大战前后的社会思潮与方向选择/268

第一节 一战前后的经济发展：新兴工业地带的形成与阶级关系的变化/268
- 一 第一次世界大战前的经济发展/268
- 二 战时和战后经济的发展与四大工业地带的形成/271
- 三 近代新兴阶级的成长与阶级关系的变动/276

第二节 一战前与战时的主要社会思潮及其运动/282
- 一 形形色色的社会思潮/282
- 二 第一次护宪运动/298

第三节 一战后的社会思潮与团体结社/300
- 一 一战后的国内形势与团体结社的特点/301
- 二 结社团体的竞争与分化/307

第四节 政党政治时期的方向选择与社团活动/316
- 一 第二次护宪运动与政党政治/316
- 二 政党政治时期的左右翼政党活动/324
- 三 法西斯团体的活跃与工农运动的分裂/330

第七章 法西斯化狂潮与逐步升级的侵华战争/338

第一节 "九·一八"事变与政党内阁的倾覆/338
一 蓄谋已久的"九·一八"事变/338
二 法西斯团体策动的"五·一五"事件/348

第二节 侵华战争的扩大化与加速进行的法西斯化/353
一 "九·一八"事变的世界反响与日本自绝于国际社会/353
二 蚕食华北的阴谋行动/359
三 军部法西斯势力的内讧与"二·二六"事件/364
四 法西斯政权的登台/371

第三节 全面侵华战争与法西斯化的完成/376
一 全面侵华战争的爆发/376
二 加快法西斯化的步伐/381
三 日军的战略进攻与中国军队的顽强抵抗/385
四 法西斯体制的完成/397

第八章 太平洋战争与日本帝国的崩溃/403

第一节 日美矛盾的尖锐化与日美谈判/403
一 日美矛盾的不断加剧/403
二 日美开战前的谈判/407
三 日本军事工业的膨胀和对美战备/415

第二节 太平洋战争的爆发与"大东亚共荣圈"的建立/419
一 太平洋战争的爆发/419
二 "大东亚共荣圈"的建立/427
三 如此"共荣"/430

第三节 日本战败与"大东亚共荣圈"的崩溃/444
一 日军战场主动权的丧失/444
二 中国军队的阻击与盟军的反攻/449
三 日本战败投降与美国对日政策的制定/463
四 "大东亚共荣圈"的崩溃/472

前　言

　　一部日本近代史,经历了维新变革、扩军备战、对外侵略并最终输掉战争的演进过程。维新自强激发的能量被纳入安内竞外的轨道,侵略战争最终毁坏了变革成果,大起大落,沉浮兴亡。

　　近年来,日本右翼篡改历史、否认侵略的自由主义史观甚嚣尘上,有必要以史实为据,在研讨近代日本弃旧图新、迅速发展的同时,记述日本军国主义发动血腥侵略战争的罪行,以警喻今世,昭示未来。在这一点上,本书与其他多数的研究著作并无不同。

　　那么,既曰新编日本近代史,究竟新在哪里?

　　首先,在对日本近代史进程的宏观把握视角方面,力求有所创新。

　　(1) 探索日本近代史发展的连续性。与已经出版的日本近代史有所不同的是,本书第一章未将1853年美国舰队叩击日本国门或者将天保改革作为日本近代史的开端,而是从近世社会历史环境对近代日本发展的影响入手,在探讨近世与近代的历史联系中,说明日本近代史,尤其是明治维新或日本近代化进程日本特色之所以形成的历史原因。所谓日本特色,包括:①在欧美冲击下,同样面临内忧外患的中日韩三国,只有日本最早组成"官军"旗号下的雄藩联军,推翻了幕府的封建统治,搭上了发展资本主义的末班车。②天皇在近代日本历史进程中发挥了独特作用,参照欧美模式的政治体制改革最终导致近代天皇制的建立。③武士阶级转化为华族,充当了日本近代化的主导力量,在政界、军界、经济界到文化思想界和教育科技界崭露头角。④在近代东北亚率先掀起文明开化浪潮的日本,选择了军国主义道路,对外频繁发动侵略战争,等等。研究这些问题,仅从明治时代寻找原因,显然是不够的。弄得不好,还会因果倒置。但是,如果从日本近世与近代的历史连续性中去寻找答案,上述许多问题就不难得到解释。

　　(2) 关注日本近代史进程中的变异性。历史进程的连续性体现了不同发展阶段内在的逻辑关系。历史进程的变异性则突出了阶段之间的差别，形成各阶段的发展特点。后一阶段虽是前一阶段的延续，却不可能原封不动地复活已经逝去的一切，通过育新于旧，局部量变逐渐积累着整体质变的能量，最终新旧更替。用历史的变异性来观察日本近代史，不难看出，近代日本发展进程的一个显著特点，在于其充满捉摸不定的大量变数：德川时代（1603—1868）的日本国内长期和平，武士文人化并热衷于学理的研讨；明治时代（1868—1912）的日本，却转而国民皆兵，外战接连不断；大正时代（1912—1926）的民主运动过后，竟然是法西斯的横行；昭和初期（1926—1945）一度推行理性协调外交的日本狂傲地自绝于国际社会，景色优美的日本列岛变成了对外侵略的大兵营。近代日本经过半个多世纪的近代化急行军，在1921年举行的华盛顿会议上，世界级强国的地位进一步得到国际条约的确认。然而，只过了10年，日本帝国兀自陷入侵华战争的泥潭。再过14年，"大日本帝国"崩溃，国际地位一落千丈。有关近代日本历史进程变异性的探讨，为本书的重点。其中，第二至第五章着重研讨日本何以通过维新自强而武力崛起，第六至第八章主要评析国策抉择错误和侵华战争必败的原因。

（3）全面观察近代日本历史的发展整体过程。将倒幕维新运动兴起至战败投降的近代日本历史全过程，作为一个整体来观察，不仅符合历史的真实，也有利于评论其历史进程中的成败得失与是非功过。如何评价明治维新的成败得失，在学术界存在着各种观点。概括起来看，大体有三种看法，即肯定论、否定论和成败兼而有之论。相形之下，成败兼而有之论更全面一些。从封建主义社会向资本主义社会转换的角度来看，明治维新是成功的。通过维新，日本历史性地走上资本主义道路，明治时代以"与万国对峙"为最高国家目标，以"富国强兵"为主体的基本国策，曾给日本带来武力崛起于东北亚的结果。但同样是这个基本国策，却因昭和初期决策者的判断失误和国际形势的变化，把日本引向战争的深渊并导致战败投降。因此，对明治维新的评价，应当运用辩证的两点论，分清其成败功过。

其次，转换具体内容取舍和记述的角度，力求有些新意。

本书除了第一章与通常的日本近代史陈述有所不同外，其余7章的标题，与已经出版的日本近代史编排大同小异。在这种情况下，只得"旧瓶装新酒"，以求内容上有些新鲜之感。本书第三、第四章主要说明明治维新的进程，但分成欧化和民族化等两个发展阶段，突出不同时期的不同特色。对众所周知的明治维新改革措施，也从武士阶级改造和转化的角度出发，重新加以审视。第七章记述了日本法西斯化进程，但将其与侵华战争联系起来进行评析，显现两者的互动关系。

近代日本的兴亡，与如何处理与世界大国之间的关系不无关系。尤其是近代日本与中国、美国的关系状况如何，影响了日本国家方向的选择。众所周知，日本自有国家以来，历来重视与世界大国的关系。在古代，从汉代倭奴国到魏晋的邪马台国和南北朝时期的倭五王，500余年间，历代日本国王无一例外地主动通交，借助中国帝王的权威，增强在国内的统治地位并威压朝鲜半岛国家。盛唐时代，富强的中国曾经是日本从政治体制、赋税制度到语言文化、节庆习俗全面效仿的榜样。到了近代，落后而贫弱的中国，成为日本民族主义蔑视的对象和军国主义的用武之地。中国的沉沦，成为日本武力崛起的最大国际契机。军国主义的侵略，将古代中日友好交流的主流扭曲为此消彼长、水火不容的敌对关系，东北亚也因此而无宁日可言。被军国主义侵华战争扭曲的中日关系，只能靠抗击侵略的民族解放战争来纠正，以恢复和平友好的应有状态。其前提，是中国的富强与统一和日本军国主义战争机器的废弃。在日本近代史的发展过程中，缺乏对中国因素的分析，许多问题就说不明白。因此，第七、第八章的记述分析了中国因素在日美矛盾激化过程中的作用，以及中国抗战对日本国内政局的影响，并且用一定的篇幅记述中国军民抗击日本法西斯侵略的贡献，并非将太平洋战争仅仅理解为日美之间的战争。

除中国之外，对日本近代发展影响日益增强的国家，当属美国了。日美两国只是到了近代，才建立起恩恩怨怨的复杂关系。美国按照既定的近代远东政策，选定日本为其东亚战略依托，以不战而屈人之兵的武力威吓，敲开了幕末日本的国门，使之在加入近代条约体系的同时，开始了近代化的艰难探索。在日本武力崛起的过程中，美国推行的对日政策至关重要。日俄战争结束后，日本作为帝国主义新的列强成员出现在远东，日美矛盾开始浮现出水面。然而，直到太平洋战争爆发之前，美国对日本的传统政策并未发生根本性的变化。日本联合舰队偷袭珍珠港，以及陆海军侵占菲律宾、关岛战争行动，促使美国在苦涩中大幅度调整传统的东亚政策，转而扶植中国，对抗日本，务求太平洋战争的胜利并重新规划远东的国际秩序。美日之战，加速了日本军国主义总崩溃的进程。在太平洋战场与日军苦斗的同时，美国按照新东亚政策的战略思考，也制定了敦促日本投降的方针和战后对日政策，对战时和战后日本的发展，产生了决定性的影响。基于上述认识，在第二章第一节集中介绍了美国的东亚政策；在第八章也涉及了太平洋战争期间美国对日政策的制定等问题。

  第三,在史料的运用上尽量具体化。一般来说,教材多用相对概括的用语来叙述历史发展进程,直接引用的史料和注释都不太多。在篇幅允许的范围内,本书尽可能详细地引用第一手资料。目的之一,是为对日本史感兴趣的读者提供具体一些的资料,至少能够提供查阅图书资料的线索。

  在搜集资料的过程中,得到北京大学图书馆、北京大学历史学系图书资料室、南开大学日本研究院图书馆、早稻田大学图书馆、东京大学图书馆、新潟大学图书馆和人文学部图书资料室、御茶水女子大学图书馆、韩国高丽大学图书馆提供的借阅便利,以及研究生们的协助,教育部和北京大学出版社在立项和出版方面给予了有力支持。在此,一并表示衷心感谢。在这里,还要向多年从事日本近代史研究的国内外先学,表示敬意。如果本书能够以先学研究为基础,在研究视角、内容取舍和史料选用等方面取得某些进展,则不胜荣幸之至。当然,开卷是否有益,就有待读者评论了。

宋成有

2005 年 9 月 25 日于北京海淀蓝旗营

第一章
幕府时代的历史遗产

作为一场全面的社会改革,明治维新成败的关键,既取决于维新官僚集团主观能动性的发挥和决策的明智,也取决于前政权为维新官僚有所作为提供了何种环境和条件。就后者而言,维新官僚是幸运的,因为幕府时代的历史遗产出人意料的丰厚。在此基础上,武力倒幕派才有可能用较短的时间完成政权的更替,并迅速转变为维新官僚,因势利导,推行新政,为日本赢得了社会转型的宝贵历史时机。

第一节 权力更替机制的遗产:双重二元政治结构及其功能

一 幕藩体制的制度构成要素

幕府集权与诸藩分权、将军至强与天皇至尊等双重二元政治结构,是建立在江户时代基本社会制度,即幕藩体制基础之上的。因此,要理解双重二元政治结构,有必要首先弄清幕藩体制的制度构成要素。自1192年源赖朝创建镰仓幕府(1192—1333)后,武士阶级在天皇朝廷的律令体制之外,另立军人专政的武家政权。经过室町幕府(1336—1573)统治时期的进一步发展和安土桃山时代(1573—1598)丰臣秀吉的强化,至江户幕府时期(1603—1868),武家政权形成组织严密的幕藩体制。其基本构成要素是:

第一,兵农分离原则。"兵",即处于统治地位并脱离生产劳动的武士阶级;"农",是以自耕农("本百姓")为主体的生产者阶级。平安时代(794—1192)庄园制兴起,庄园农民平时务农,战时武装起来参加战斗,作为新兴阶级武士登上历史舞台。在16世纪后半期织田信长、丰臣秀吉统一日本的过程中,丰臣氏为巩固统一成果和用兵海外,通过1582年率先在山城国实行,而后推广至全国的"太阁检地",重新丈量土地并确立耕地领有权,一举废除了庄园制。检地的目的主要有两个:其一,在于彻底切断武士与农业生产劳动的关系,令其离开农村,一律迁居至城市,变成依赖主君赏赐俸禄为生并专供驱使的寄生阶级;其二,将农民世世代代束缚于农田,生产封建领主阶级所需要的"年贡米",维系武士阶级的统治,从而完成了在社会生产和社会分配双重意义上的"兵农分离"。这种统治方针导致了武士和农民的身份制度的固定化和法律化。江户幕府的创立者德川家康继承了丰臣秀吉的兵农分离的方针,并通过颁布一系列法令,加以补充和完善。元和元年(1615)的《武家诸法度》规定"左文右武,古之法也","弓马者是武家之要枢也",必须随时演练。① 庆安二年(1649)幕府针对农民发布布告《庆安御触书》,规定农民只管"专心耕作,关心庄稼的长势",必须"朝起薅草,白昼在田地耕作,夜晚搓绳编织草鞋"。② 武士专门习武,农民一心务农,兵农分离,各司其职其业。

兵农分离,奠定了士农工商社会等级身份制的基础。在德川时代,据享保六年(1721)进行的首次人口统计,日本全国被编入身份制的人口大约为2600万,加上身份制之外人口,大约为3000万左右。③ 据幕末人口统计,武士约为总人口的6%—7%,农民约为总人口的80%—85%,也就是说,仅士农两个等级,已占据了日本人口总数的90%左右;其下依次为:町人为5%—6%,秽多、非人等贱民为1.6%,神官、僧尼为1.5%。④ 兵农分离的结果,使绝大多数的日本人分别被划定在武士与农民等两大身份等级之内,其余的数百万日本人,主要是手工业者"职人"和商人"町人",从而形成了士农工商顺序排列的身份等级制。

在士农工商等级身份制度的框架内,统治阶级武士作为世袭的职业军人,垄断军事、警察部门,拥有佩刀、称姓,即通称"苗字带刀"和"杀人而官不问其罪",即"切舍御免"等特权,⑤ 凌驾于农工商等其他社会等级之上。在武士内部,又分成从执掌幕藩各级政权的家臣幕僚到冲锋陷阵的步兵"足

---

① 《德川禁令考》第154号,林屋辰三郎等编:《日本历史史料大系》第4卷,《近世》1,大阪书籍股份公司,1979年,第181页。
② 同上书,第285页。
③ 关山直太郎:《日本的人口》,至文堂,1959年,第70页。
④ 同上书,第153页。
⑤ 聂长振、马斌译,周一良校:《明治维新基本文献史料选译》,《明治维新的再探讨》(《世界历史》增刊),中国社会科学出版社,1981年,第179页。

轻"等几十个等级。武士内部的上下级之间层层隶属,个人不得"退仕"自行改变武士身份或"脱藩"擅离职守,以效忠主君为第一要务,形成相对稳固的统治序列。作为体现武士阶级的人生价值观念、道德准绳和社会优越意识的精神信条,武士道在德川时期非常盛行。

农民在德川时代被称为"百姓",是农业社会的主要生产劳动者。封建领主认为"百姓乃天下之根本"①,推行重农抑商政策。因此,农民的社会地位仅次于武士,而居工匠、商人之上。在农民等级内部,也按照各自在村中的地位、财产的多寡、担负封建地税的能力和数量,划分成不同层次。地位最高者,是在当地素有影响和实力的"草分百姓"、"持高百姓",有权出任村吏,管理和代表本村,完成赋役、治安、禁教等各项差遣。位居其下者,是农民中人数最多的自耕农"本百姓",他们的名字被写进土地户口账簿"检地账",拥有家屋和耕地使用权;他们也被记入村内收租账本"名寄账",承担缴纳年贡、杂税等义务。作为交换,他们拥有领主承认其在村社地位的"百姓株",享有田渠用水权和山林用益权。地位又等而次之的,是相当于佃农的"名子"、"被官",他们是隶属于"本百姓"的依附农民,不具有相应的权利。处于农民等级最下层的赤贫农民,称为"水吞百姓",他们未被记入检地账,也无任何权力,经常流离失所。

居住在城市街区城下町的手工业者和商人,也各按行业分工分别居住在职人町或商人町,各由职人头或商人司负责管理,内部实行自治。职人分成效劳于领主的"御职人"或从事一般手工业生产的"平职人",彼此地位高低不同。商人则分成地产和店铺的规模很大、独立经营并拥有专卖权的御用商人"本町人",其中少数御用大豪商为"扶持町人",可以称姓、佩刀、骑马,分享准武士的特权待遇;"家持"、"大屋"等上层本町人把持了町街事务。无地产、房产的商人地位低下,其中借地租房者"借家人"无权参与町政,也不受任何保护,处于被支配的地位;"驻马"、"连雀",是摆地摊的小商贩或走街串巷的流动商贩,地位最低,无任何权利保障。

在士农工商等级序列之外,还存在一种特殊的贱民。他们居住在町街特别划定的区域内,与外界隔绝,备受屈辱和蔑视。贱民分成从事屠宰、制革等被佛教视为不洁行业的"秽多",由"秽多头"管理;此外,行乞者"非人"主要从事行刑时的服务性工作,他们被禁止束发,以示区别。

皇室、公卿、神官、僧侣等游离于士农工商等级身份制度之外,其重要性

---

① 《本佐录》,林屋辰三郎等编:《日本历史史料大系》第4卷,《近世》1,第283页。

与幕藩领主实力的强弱成反比。其中,天皇朝廷是建构双重二元政治结构不可缺少的重要环节。

第二,石高制。"石高",即体积称量单位"石"的数量。一石约为10斗,相当于180公升,重约150公斤。由石高表明领主领地多寡、家格高低和承担军役轻重以及农民承担年贡、杂役数量的制度,即石高制。这种制度发轫于丰臣秀吉,完备于德川家康祖孙三代。在石高制的框架下,领主和武士的俸禄"知行"数量和提供军役的多寡,以单位面积稻谷年产量石的数量来计算。这种牵涉社会各阶层切实利益的石高制首先具有经济意义,同时也具有政治意义和社会意义。

德川时代日本全国的耕地总量,按稻米产量计算,在庆长五年(1600)为1850.5万石,庆应三年(1867)为3222万石;取中间数,则为元禄年间(1688—1703)的2576.9万石。① 其中,幕府占有约700万石,将军家族直接占有约400万石,称"天领"或"御料所";其余的约300万石分封给将军的直属家臣"旗本"和"御家人"。除去将军家拥有的土地外,其余耕地分别由号称"三百诸侯"的260余家大名等级所有。大名对其领有的耕地一般自留1/2至1/4,其余部分多以禄米分授给家臣。这样,就形成了从将军到大名,再到家臣武士等递次排列的金字塔式的土地占有关系。土地归整个武士阶级所有,但所有权并非平均分配。其中,幕府将军拥有对大名土地领有的绝对支配,表现为:大名的领有权必须经过将军的认可,并以加盖"领知朱印状"印章为凭据;每逢将军或大名发生变更,大名必须重新向幕府将军宣誓臣服,呈交其领地清册,再由将军发给承认其领有权的"领知安堵状",方能正式取得统治地位。将军和大名还对各自的家臣武士授予俸禄,承认其领有权。在德川时代,耕地是基本生产资料,农民缴纳的年贡米是最重要的财富。对于寄生的武士阶级来说,来自石高制的封建地租年贡米的收取权,是其赖以生存的基础。其经济意义,无可取代。

与此同时,石高制还具有强烈的政治意义。一方面,经济利益决定了统治阶级的主从关系。家臣武士对主君、诸藩大名对幕府将军的政治主从关系,上尊下卑的效忠理念,稳定的统治秩序等,无不与年贡米的获得和分配密切相关。诸藩大名对幕府将军的臣服的经济基础,是幕府将军给予的领地以及对其领有的承认。家臣武士对主君效忠"奉公"的物质前提,是主君

---

① 安藤良雄:《近代日本经济史要览》,东京大学出版会,1978年,第32页;林屋辰三郎等编:《日本历史史料大系》第4卷,《近世》1,第36页。

分授给家臣武士的"御恩",即俸禄。换言之,只有幕府将军"安堵"了诸藩大名,大名才能"安堵"家臣武士,统治集团的秩序的稳定和有序化才有牢靠的保障。另一方面,经济利益规定了各地大名服从最高当局应尽的义务。1589年丰臣氏按照每百石提供5名士兵的比例,命令大名按照石高提供军役。据此,丹后国(今京都府境内)细川氏石高8万石,军役量为4000名;因幡国(今鸟取县境内)宫部氏石高4万石,军役量为2000名等,供中央权力驱使。[①] 德川家族沿用了丰臣氏遗制,使源出石高制的经济利益继续制约武士阶级内部的主从关系和军事关系。

石高制的社会意义主要表现为:社会各环节能否正常运转,均同年贡率高低和大米市场价格的波动直接相连。德川时代初期,年贡米的上缴率一般为农民收获量的40%左右,即所谓"四公六民"。除了缴纳村费、杂税之外,农民手中尚有结余,生产积极性得到保护,自发的稻米增产热情奠定了江户开府后百余年间经济繁荣的基础,繁华的元禄文化应运而生。此后,武士阶级文恬武嬉,领主们奢靡无度,提高年贡率以加紧盘剥农民,成了幕藩领主填补财政亏空的基本手段。"四公六民"的年贡率,被不断上调为"五公五民"、"六公四民",到后来甚至调高到"七公三民",乃至更高。农民的生活和生产陷入难以为继的困境,社会再生产的良性循环遭到破坏。在商品经济的冲击下,农民的贫富分化在加剧。特别是在本百姓阶层中,少数上层本百姓亦农亦商,兼收破产农民的土地,出租获利,上升为富夸一方的豪农豪商;多数本百姓沦为领主、豪农豪商多重盘剥的对象,逐渐贫困化、佃农化。

不断调高年贡率不啻杀鸡取卵,从源头上损坏了向武士阶级稳定提供年贡米的运营。结果,势必造成武士,特别是中下级武士因"御恩"的减少或断档而心怀不满,"奉公"意识消极化,统治阶级内部摩擦增大,主从关系、效忠序列发生着系统性的裂变。社会阶级对立与矛盾随之加剧,农民的反抗斗争的方式和力度日趋激烈,和平请愿式的"强诉"往往被武装暴动"一揆"所取代。整个日本社会不可避免地进入动荡时期。

第三,正统官学朱子学。朱子学即宋儒理学,因其集大成者朱熹(1130—1200)而得名。朱子学在镰仓时代由入宋学问僧传入日本,主要由寺僧或朝廷公卿们研修阐释。经室町时代后期,即战国时代(1467—1573)的儒佛一体化,加快世俗化。至江户时代,进一步普及化,并被选定为正宗

---

① 山口启二等:《织丰政权论》,《讲座日本史》4,《幕藩社会》,东京大学出版会,1980年,第50页。

官学,成为幕藩领主进行思想统治的得力工具。

在朱子学官学化的过程中,发挥了关键性作用的两个人物是藤原惺窝(1561—1619)和林罗山(1583—1657)。藤原好儒学,1599年在被俘来日的朝鲜鸿儒、刑部员外郎姜沆的指点下,倭训"四书"、"五经",为朱子学的普及创造了必要条件。藤原对"天理"和"心性"的阐释,以及从格物致知、意诚心正、修身齐家到治国平天下的治学入仕的路数,悉遵朱子学的规范。同时,又在著述的《寸铁录》、《大学要略》、《假名性理》等著作中,将宋儒的学说用于对幕藩体制原理的阐述。例如,在解释大学之要在"明明德"时,藤原认为"五常者常德也,常德也者明德也","达古今不可得而变","自其天述、天秩不可得而紊";对五伦,则定性为"天有"的"显道",也是"明德"的真谛之一。藤原认为"民,士农工商四民,四业也";强调武士有贤能,自然应被举用;农提供衣食,工各司其职,商通有无,农工商身份有序,应有上下尊卑之心。① 其弟子林罗山悉得师教,21岁开塾授徒,讲解《论语》和《四书集注》,"来闻者满席"。② 朝廷明经家清原秀贤忌其才,诬告罗山欲治其罪,反使罗山得以拜见德川家康。问答之间,喜读《论语》、《中庸》和《史记》、《贞观政要》等典籍的德川家康对罗山的学识十分赏识,委以重任。林罗山遂参与幕政,起草法令文书,并先后出任家康以来前四代将军的儒学师傅"侍讲",成为林家世代垄断朱子学研究和解释权的开山鼻祖。在朱子学兴盛的风气之下,第五代将军德川纲吉把林家修建在上野忍冈的孔庙迁至神田的汤岛,并于1690年建成了规模宏大的孔庙汤岛圣堂,也称昌平坂学问所、昌平黉成了当时官学的最高学府。诸藩大名也竞相在各自的藩校中研修朱子学。在元和偃武即日本实现国内和平之后,武士群中一片尊孔诵经声,并对町人、百姓不无影响。元禄—享保年间(1689—1735),朱子学在日本进入全盛时期。

幕府领主之所以选定朱子学作为思想统治的正宗官学,是由于它的思辨性、系统性和御用性。朱子学既有令人揣摩回味的思考空间,更具有钳制思想、强化君臣关系和身份秩序的现实功能。作为后期儒学的集大成者,朱熹将佛学的思辨性、道教的天人合一观乃至玄学的穷究玄机思维方式引入先秦儒学,形成了系统的太极衍生论。朱熹以理气二元论来阐释宇宙太极的演化,从而把儒学推向宋儒理学的新阶段。朱熹提出太极贯通天理与人

---

① 《大学要略》,《日本思想大系》28,《藤原惺窝 林罗山》,岩波书店,1975年,第49—50、52、42—43页。

② 《林罗山年谱》,林屋辰三郎等编:《日本历史史料大系》第4卷,《近世》1,第262—263页。

伦的论说，主张"存天理"、"灭人欲"，以正君臣、父子名分伦理，并把"持敬穷理"、"格物致知"作为"修身"、"养性"、"齐家"，即个人内悟修养的根基，最终实现"治国"、"平天下"的政治抱负。上述论说，虽不出"学而优则仕"的老路数，但孔孟的纲常伦理被朱熹笼罩上永恒太极的神秘光环，君臣名分、人伦道德也随之成为万古不易、至高无上的行为终极价值取向。这种强调个人修养、安分守己、报效君父等主张，对维护幕府统治和封建秩序十分有利。因此，朱子学在德川时代被选定为正宗官学，成为支撑幕藩体制的精神支柱、道德规范和价值准则。值得注意的是，在明清时代的中国和朝鲜时代的韩国，最高统治者也同德川时代的幕府将军一样，奉朱子学为正统官学。这种政治文化现象的背后，隐藏着三国统治者共同的政治需求，颇有研究价值。

在整个德川时代，朱子学拥有无可取代的主流地位。其主要表现是：

其一，始终享有独尊的殊荣。在德川时代，除朱子学之外，同属儒学范畴的还有阳明学、圣学、古义学、古文辞学、折中学、水户学等诸多学说。但是，幕府最高当局所极力推崇和倚重的，唯有官学朱子学。在幕府强盛时代是如此，在幕府统治走向衰落以后乃至危机时期就更是如此。例如，在填补府库亏空、重振幕府权威的享保、宽政、天保等三次改革中，朱子学成为推行改革的重要工具。主持享保改革（1716—1735）的第八代将军德川吉宗，为整肃纲纪、振奋士气以减缓财政危机的压力，带头远离奢华，倡导节约简朴。作为灭人欲、正民心的重要举措，吉宗下令再兴圣堂，并招集幕臣、大名于此，亲自讲授朱子学。他还下令出版《六谕衍义》等通俗读物，在民间宣扬朱子学的伦理道德。主持宽政改革（1779—1801）的松平定信，下令查禁"异学"，即查禁除朱子学以外的其他儒学学派，重申在昌平黉学问所只允许讲授朱子学。同时，他还编辑、出版和发行《孝义录》之类的通俗读物，通过书中的忠臣、孝子、节妇的生动故事，把朱子学的说教形象化地推向社会下层，以取收拢人心之效。天保改革（1841—1843）的主持人水野忠邦亦步亦趋，率先参拜圣堂，出版发行《修身孝义鉴》、《蒙童教训》等社会教化读物，试图借助朱子学的说教，补救千疮百孔的幕府统治。相形之下，其他儒学分派往往境遇不佳。阳明学的倡导者熊泽蕃山被监禁，其学派中断多年。直到幕府后期，阳明学才恢复生机，涌现出诸如大盐平八郎、吉田松阴、西乡隆盛、高杉晋作等一大批信奉阳明学的倒幕风云人物。

其二，朱子学是统治阶级的统治思想。在德川时代，武士阶级是统治阶级。借助儒学的理论升华，原本在平安时代即已存在于武士阶级中的御恩奉公观念、血缘地缘意识和忠义武勇信条等"武者之习"、"士道",至江户时代被伦理化和精致化,最终形成了武士道。

概括起来看,武士道以儒学的五伦五常等伦理纲常为基础,主要强调:(1)忠孝为本。在江户时代前期幕府颁布针对大名的《武家诸法度》和针对嫡系家臣武士"骑本"、"御家人"的《诸士法度》中,明文规定:"奖励文武忠孝,以正礼仪"或"励忠孝,正礼法";①武士道集大成者山鹿素行的《士道》同样强调:"详忠孝之实,乃士之勤也。"②江户时代后期,吉田松阴著《士道七则》,其第一条即为"盖人有五伦,君臣父子为大。故人之所以为人,忠孝为本"。③忠孝始终作为武士道的基本德目受到强调。(2)倡文武两道,但以武为先,倡导"尚武"精神。《武家诸法度》规定:"左文右武,古之法也,不可不兼备",凡武士者,必须"精熟文武弓马之道"。④山鹿素行认为武士乃"生于弓马之家"的"不耕不造不沽之士,"以武为先是天然的"职分"。⑤山本常朝的《叶隐》鼓吹身为武士,必须"具备向天下显示武勇的觉悟"。⑥作为垄断军事并身居统治地位的标志,江户时代只有武士有权佩带双刀,独步市街。(3)奉公效忠意识。《德川成宪百条》将主君与家臣的关系喻为"天盖地载",家臣效忠主君乃"天理","士之道"也。⑦山鹿素行的《士道》称武士的"本分"是"得遇主君,尽奉公之忠";其所著《武家小学》告诫武士子弟,每天早晨起床的第一件事,是"思念主君养育之恩,然后再考虑当日家业"。⑧

奉公效忠意识是江户时代武士道的核心,其他德目均以此为主轴而展开。作为奉公效忠意识的终极体现,是家臣将生命无条件地奉献给主君,或战死马前,或剖腹殉主。因此刻意宣扬轻生重死"死之哲学"的《叶隐》开篇明义:"武士道者,乃发现如何死得其所"之道也,"每朝每夕,死而复死,待到常驻死身之时,方能获得武道自由,终生恪尽职守"而"勿如犬死"。⑨总之,武士道要求武士学文习武但不忘尚武的本职分,讲究荣誉信义。在某种意

---

① 石井紫郎校注:《近世武家思想》,《日本思想大系》27,岩波书店,1974年,第458、465页。
② 田原嗣郎等校注:《山鹿素行》,《日本思想大系》32,岩波书店,1970年,第51页。
③ 吉田松阴:《士道七则》,吉田神社刊印。
④ 石井紫郎校注:《近世武家思想》,《日本思想大系》27,第454页。
⑤ 田原嗣郎等校注:《山鹿素行》,《日本思想大系》32,第31页。
⑥ 斋木一马等校注:《三河物语·叶隐》,《日本思想大系》26,岩波书店,1974年,第226页。
⑦ 石井紫郎校注:《近世武家思想》,《日本思想大系》27,第475页。
⑧ 井上哲次郎编:《武士道丛书》上卷,博文馆,1905年,第220页。
⑨ 斋木一马等校注:《三河物语·叶隐》,《日本思想大系》26,第220页。

义上,可以说武士道是朱子学伦理的武士化,因为构成武士道信条德目的核心和灵魂的,恰恰是朱子学的君臣大义名分论、伦理纲常和治者意识。作为统治阶级的统治思想,武士道的影响不仅局限于武士阶级,而且对庶民阶级也不乏影响。誓死效忠主君的奉公意识往往被笼罩在君臣大义光环之下,并被大肆宣扬。其实,经济物质关系才是君臣精神关系的真实基础。

其三,对外实行锁国。1543年葡萄牙商船漂流到种子岛,欧洲人第一次在日本领土登陆,带来火绳枪"铁炮"。1549年西班牙籍的耶稣会传教士方济各·沙勿略来到九州鹿儿岛,天主教传入日本。1564年英国船抵达九州肥前国。1600年英籍荷兰探险船"利顿"号船长威廉·亚当斯漂流至九州丰后国,德川家康召见其人并委以日欧外交重任,归化日本,取名三浦按针。这样,葡西英荷等欧洲航海强国的传教士和贸易商先后来到日本。葡西两国的传教士以九州为据点,向本州加紧渗透。1582年九州天主教大名大友宗麟、有马晴信、大村纯忠等派遣少年武士使节团远赴葡萄牙、西班牙和意大利,在罗马修学天主教。1613年仙台藩主伊达政宗派遣家臣取道墨西哥,抵达西班牙、意大利,拜见教皇保罗五世。

大名竞相与欧洲天主教国家开展独立外交,以及天主教传教士在日本各地的活跃,对统一政权的最高权威形成挑战,招致强烈反击。1587年丰臣秀吉勒令天主教传教士离境,切断教会与天主教大名的联系。1603年德川家康建立幕府后,继续禁教,以强化对国内各种势力的控制。1612年家康下令拆毁京都教堂,驱逐教士和教徒。1616年(元和二年)第二代将军德川秀忠发布元和禁教令,施行范围扩大到庶民,开始在京都、长崎和江户捕杀传教士和教民,史称"元和大殉教"。1633—1639年,幕府第三代将军德川家光接连发布五道锁国令。其中,1633年(宽永十年)的禁令宣布:"除奉书船之外的船舶,一律停止出海",违者处以死罪。1634年的禁令宣布"禁止传教士进入日本","禁止将日本武器携出国外","禁止非奉书船前往外国",违者严惩不贷。1635年的禁令宣布"严禁向外国派遣日本船",违者处死;严禁旅居外国的日本人回国,违者处死;对检举传教士者,予以银币百枚的奖赏;禁止武士前往长崎购买外国商品;进入长崎的外国商船所进行的贸易须经申报和批准,停止平户贸易。1636年的禁令重申"严禁日本船前往外国","不得派遣日本人前往外国",违者判处死罪;"奖赏告发传教士者",奖金200至300枚银币不等;"南蛮人子孙不得滞留"日本,违者处以死刑;外国进口品由幕府控制等。1639年的禁令重申严禁天主教,"试图结党传布邪教者处以死刑",对偷渡来日本的传教士"毁其船并斩其首"等。① 概括起来看,厉行禁教、禁止日本人和船出海并严格控制贸易,是宽永锁国令的基本内容。随着以禁教为中心的锁国体制的建立,1624、1639年,西班牙、葡萄牙等天主教国家的势力被逐出日本。1623年在对日贸易与荷兰的竞争中处于劣势的英国人主动撤离日本,返回印度。至此,一度频繁的日欧贸易急剧萎缩,欧洲人仅余荷兰贸易商留驻在长崎海岸的出岛商馆,进行受到幕府严密监控的有限贸易。中国商人则居住在长崎郊外的"唐人屋敷",不能自由进出市区从事商品买卖。中国和荷兰成了德川时代的"通商国",1604年派出使节访日的朝鲜和1609年被岛津氏征服并被监控的琉球国,成为幕府与中国保持间接官方联系的"通信国"。日本的外交舞台大为减缩,却并非与世隔绝。

将天主教国家拒之门外的锁国体制与幕藩体制相结合,构成江户时代双重二元政治结构互动的基本内外环境。兵农分离、石高制、独尊朱子学和武士道的倡导等内部要素,从政治、经济和意识形态等层面形成江户时代颇具特色的社会建构。

二 幕府集权与诸藩分权的二元政治结构

由幕府(时称"公仪")将军与诸藩(时称"领分")大名组成的二元政治结构,是领主土地等级所有制在上层建筑的表现,也是对1600年德川家康战胜丰臣旧部却无力扫除割据各地大名这一政治现实无可奈何的承认。因此,幕府集权,支配全国与大名分权,坐镇地方相互制衡,构成封建军事领主中央政权与地方政权各为一元的二元政治结构。②

幕府集权并支配全国的关键,是将军对大名实施有效控制。这种支配和控制,主要表现在以下几个方面。

在政治上,通过强化幕府官僚机构、颁布法令、人身控制、区别对待等手段,加紧对大名的控制。自家康江户开府以来,历代幕府将军无不以建立并逐步完善高度集权的庞大官僚机构为第一要务。在将军之下,设非常任官职大老1名、常设官职老中4至5名,总管幕政事务;老中由3至5名若年

---

① 《德川禁令考》61卷,《内外制禁》,《德川禁令考》第6帙,吉川弘文馆,1895年,第565—571页。
② 沈仁安:《德川时代史论》,河北人民出版社,2003年,第56—57页。

寄辅佐,组成中央政务的核心部门。在其下,设立寺社奉行4名,掌管全国寺社僧侣神官、关东地区以外幕府领地的法律诉讼;勘定奉行4名,主管将军家族领地财政、关东地区以内幕府领地的法律诉讼;江户町奉行2名,分别主管江户市政及治安等事务。与奉行平级的官僚大目付定员为4至5名,以监察各级官吏尤其是以监察大名为要务。1615年幕府颁布《武家诸法度》,13条法律规定涉及演炼弓马之道、不可群饮佚游、不许藏匿犯法者、不得心怀不轨、不得建新城、禁止结党营私、大名的婚姻须经幕府批准、遵守服制、勤俭节约等。[①] 此后又多次加以修改,用法律手段,毫不松懈对大名的监控。与此同时,幕府还规定诸藩大名实行来江户参拜将军的"参觐交代",即大名每隔一年须离开本藩,来江户谒见将军,把妻子儿女留在江户,扣做人质。这种制度既有利于幕府将军严密控制大名本人,又大量消耗了大名的人力、物力,使之有后顾之忧,可谓一箭双雕。另外,幕府将军还依照亲疏关系和臣服的先后,把全国大名分成三类,即德川家族的"亲藩大名"、关原之战以前世代追随家康的"谱代大名"和战败后臣服家康的"外样大名"。亲藩大名拥有强大的实力和特权地位,把持了幕府要职的人选。其中,由德川家康设置的纪伊(今名古屋)、尾张(今和歌山县境内)、水户(今茨城县境内)等三藩的"御三家"和第八代将军德川吉宗指定居住江户城内的一桥、清水、田安家族等"御三卿",更是家门显赫,具有担当新将军候选人的特权。谱代大名多被分封在位置险要、土地肥沃之地,形成拱卫江户的态势;作为将军的肱股亲信,拥有出任幕府高级官僚的机会。外样大名是幕府防范、监视的对象。他们的封地多配置在远离江户的偏远地区,并被排斥在中央权力枢要部门之外。

在经济上,幕府将军颁发的《领知朱印状》、《安堵状》,成为将军遏制大名经济命脉最有效的手段。在整个德川时代,将军握有对立功大名授奖的"加封",以及出于防范、惩戒考虑的"转封"、"减封"乃至取消武士身份并没收其领地的"改易"等增减夺予之权。把将军对大名领地绝对支配权加以形象化的著名俗语,即"武士乃盆栽花木"。其意思是把生产年贡米的农民比喻为盆土,将臣从将军的大名比作盆中的花木,将军则是根据喜好和需要而随时修剪、换土的养花人。此外,幕府铸造的金银铜三种货币通行全国,幕府修建的五条陆路交通干线贯通本州岛,幕府直接派驻行政长官"奉行"管

---

① 《德川禁令考》第54号,林屋辰三郎等编:《日本历史史料大系》第4卷,《近世》1,第182—183页。

理着江户、大坂、京都等三都和唯一的对外开放港口长崎,等等。举凡诸藩的对外经济活动,都受到幕府的制约。

在军事上,幕府将军拥有朝廷授予的统率天下兵马之权,掌管最高军事指挥权。在兵员的配置上,将军的5000亲兵"旗本"和2万嫡系部队"御家人"武艺高强、装备精良,加上旗本、御家人的家臣,幕府将军就拥有了最有战斗力、人数最多的直属军队,号称"旗本八万骑"。此外,国内一旦有事,诸藩大名还要按照领地石高的比例,奉命调拨军队归幕府将军指挥,形成诸藩大名难于匹敌的绝对军事优势。

垄断外贸并把持外交。在实行锁国政策之前,德川家康规定,只有持有加盖印章的官方证书"朱印状"方可前往南洋从事商卖活动,对出航越南、菲律宾、暹罗、爪哇的日本贸易船发放加盖"源家康弘忠恕"朱印的证书,开展活跃的朱印船贸易。1609年,幕府下令西日本诸藩大名的500石以上的大船一律上缴,使之无法进行远洋贸易。1631年进一步强化对外贸的控制,出洋贸易的日本船除必须持有"朱印状"之外,还必须持有幕府签发的"老中奉书",故朱印船亦称奉书船。1635年逐步锁国后,朱印船的远洋贸易停止,仅允许中国和荷兰商船前来的长崎贸易完全由幕府控制。在外交上,将军代表国家,并以"日本国王"或"大君"的名义,开展对外交涉。将军一手把持了外交权,不许大名介入。总之,通过以上几个方面的有效控制,幕府将军构成幕府与诸藩二元政治结构中强有力的一元。

在幕藩领主二元政治结构中的另一元,是分布在全国各地的诸藩。作为称雄地方的封建领主,诸藩大名在臣从幕府将军、遵守幕府法度和完成幕府摊派赋役的情况下,具有相对的独立性。这种独立性在政治方面的表现是:(1)诸藩大名拥有各自的权力机构,并配置了主管藩内政务的家老和协助家老的中老,构成藩厅的高级官僚;位居其下的是奉行、目付等管理官僚。在藩厅的权力结构上,几乎是幕府权力结构的地方化和小型化,但各级官吏均由藩主自行任命,幕府并不过问。(2)诸藩大名在不与幕府法度相抵触的前提下,有权制定适用于本藩的法律或政令。大名可以据此来奖赏或惩处所属的家臣武士,对此,幕府将军同样不予干涉。(3)诸藩大名有权在本藩内建立一元化的效忠体系。大名的家臣武士只效忠藩主,无须越过藩主去效忠将军。这种藩内的一元化效忠体系的长期存在与强化,是诸藩武士只知有藩,不知有国家的藩意识顽固存在的思想根源。

诸藩大名在经济上的相对独立性,主要表现为:(1)有权在领地内自行实施检地、确定年贡率或开发新田。耕地和年贡米是诸藩大名赖以生存的基本保障,因此拥有上述权力是大名经济相对独立的典型标志。(2)诸藩大名有权在领内推行殖产兴业政策。由于诸藩的风土物产不尽相同,自然产生互通有无的需要。但欲在物产流通中名利双收,就必须使产品质量好、货源足并有地方特色,这就涉及所谓"国产品"即藩内产品的生产与流通。例如,长州藩的大米、棉花、纸张等"长州三白",萨摩藩的砂糖、红薯等。在诸藩大名实行国产品的开发与专卖时,幕府将军任其自主。(3)诸藩大名有权发行在领内流通的纸币"藩扎"。大名在藩财政陷入困境时,滥发藩扎成了解困的便捷的手段。这种手段之所以奏效的前提条件,即大名拥有藩内的货币发行权。对此,幕府将军同样不予过问,

诸藩大名在军事上的相对独立性,主要表现为:(1)各自拥有与石高相匹配的家臣武士团,即藩主的军队。(2)藩军的兵员训练、武器装备、后勤供应等,均由大名自行掌管和保障。(3)藩军在大名领内的配置与调遣,也由大名自行决定和实施。上述大名所拥有的相对独立性和自主性,使其构成个体弱势、群体强势的一元。

幕府与诸藩的双重二元政治结构,在不同时期发挥不同的作用。幕府统治强大时,维护了将军与大名等封建领主之间的权力均衡,有助于实现国内和平。至幕末幕府权威扫地,掀起"尊王攘夷"狂潮的中下级武士为主力的反幕派,以本藩为根据地,云聚京都,横议时政。一旦形势骤变,则撤回本藩,伺机卷土重来。因此,尊攘派虽屡遭镇压,但幕府无力将其斩尽杀绝。这种"士有所籍",即拥有可供重新集聚力量以图恢复的根本原因,就在于诸藩具有称雄地方的相对独立性。这与大一统王权体制下的中韩两国革新派、革命派难以在国内存身,守旧派一旦血腥镇压,侥幸躲过屠刀的革新派只能流亡国外的情景大相径庭。幕藩领主二元政治结构还影响了推翻幕府的行动方式。由于幕府长期推行"强本弱末"政策,对诸藩特别对外样大名采取分而治之的方针,在诸藩之间形成猜疑、疏远、竞争乃至敌对关系。至幕末群雄竞起的关键时刻,任何一个雄藩均不具备单独承担倒幕重任的实力,也无振臂一呼,天下响应的感召能力。因此,诸雄藩只能在"尊王"的旗号下,组成拥戴天皇为天下共主的雄藩联军,号称"官军",武力倒幕。雄藩联合倒幕的夺权方式,既弥补了单独一个藩倒幕的实力不足,取得君臣大义名分论的庇护而收取天下响应、迅速倒幕成功之效,而且也是雄藩奠定明治政权基础,藩阀政治长期存在的历史原因。

三　将军至强与天皇至尊的二元政治结构

在江户时代,以排佛斥儒为己任,喜谈"皇神之道"和宣扬"神国思想"、"国体意识"的国学者们,称颂偏安京都小朝廷的天皇为"至尊"。1875年,福泽谕吉在其《文明论概略》中,猛烈抨击幕府时代权力"偏轻偏重"的旧弊,并在探讨中日两国文明的异同和接受西洋文明难易程度不同的原因时,提出了"至尊"与"至强"相联系的一组概念。福泽说:古代的日本,天皇"至尊的地位与最高的权力合而为一","致使民智不开";"到了中古武人执政时代,逐渐打破了社会的结构,形成了至尊未必至强,至强未必至尊的情况","尊崇神政的思想、武力压制的思想和两者夹杂着的道理,三种思想虽有强弱之分,但是任何一种思想都不能垄断"。福泽还论述了江户时代日本人对天皇和将军的不同认识:"至尊的天子既然没有至强的权力,因之人民就把他置之度外而不加重视";"再如至强的将军,他的权威十分强大足以压服一世,但在人民的心中,并不像拥戴至尊的天威那样,而是自然地把他看做凡人"。福泽由此得出的结论是"至尊和至强的两种思想取得平衡,于是在这两种思想当中便留下了思考的余地,为真理的活动开辟了道路"。[①] 应该说,福泽对幕府时代将军的"至强"与天皇"至尊"的定位是准确的。以此为据,来考察德川时代的另一组二元政治结构,无疑有助于理解倒幕维新运动乃至日本近代化进程的日本特色。

幕府将军"至强"的一元,集中表现为幕府以强大的经济、军事实力为后盾,掌握统治国家的实际权力,对天皇朝廷实施监控。这种监控在政治上的表现主要是:(1)动用法律手段,把天皇朝廷控制起来。1615年幕府颁布了针对天皇朝廷的17条法律《禁中并公家诸法度》,将天皇及朝廷公卿的废立去留,完全掌握在自己的手中。法度第1条规定:"天子御艺能之事,第一御学问也。"其所谓"艺能",包括德行、语言、政事、文学等四科,"御学问"即专心研读《贞观政要》、《群塾政要》等典籍;第2、第3、第10、第13条规定了太政三大臣、亲王、门迹的席次和升迁;第4、第5条规定了摄政、关白、三大臣的任免;其余各条则涉及养子的收养、武家的官位、天皇礼服、关白和武家传奏服从幕府以及惩罚等。[②] 这样,天皇朝廷就完全与政治绝缘,其废立夺予

---

① 福泽谕吉:《文明论概略》,商务印书馆,1982年,第16—18页。
② 《德川禁令考》第1号,《日本历史史料大系》第4卷,《近世》1,第178—180页。

归由幕府将军任意支配。严令之下,提高了天皇的撰写诗文能力。1790年毁于天明京都大火的仙洞御所重建竣工,光格天皇为此写出五言御制诗赠送将军德川家齐,曰:"遥意周文囿,不慕汉武台";称赞皇居"两殿应规矩,四门总崔嵬。燕雀绕詹集,樱橘挟阶栽",颇有些文采。① (2)设置专门机构,监视天皇朝廷。1600年,德川家康为监视西日本的大名,更是为了监视天皇朝廷,特设"京都所司代",由亲信奥平信昌首任该职。京都所司代掌管京都、奈良、伏见奉行,受理京都周边8国幕府领地的诉讼,监视关西33国的大名,历来由谱代大名担任。其居城二条城近在皇宫咫尺,天皇朝廷的一举一动,就完全被江户幕府所掌握。

幕府将军"至强"的经济表现,是皇室的生活来源均依赖幕府赠与的石高多寡。庆长六年(1601),德川家康规定向后阳成天皇提供1万石知行地,向两家亲王、公卿五摄家和79名高级公卿提供了约3万石,向宫廷女官、出家皇族和贵族寺院主持"门迹"以及宫中中下级公卿、下层官员提供约2.6万石知行地,开德川家向天皇和公卿家族赠与石高的先例。元和三年(1617)第二代将军德川秀忠向诸藩大名、公卿、出家王族和公卿诸"门迹"、佛寺神社发放领知朱印状,由此形成定制。② 此后,虽然幕府将军继续向天皇和出家的天皇"法皇"增加知行地,据1828年幕府的统计文书《禁里御料公家众家料村方账》的统计,天皇朝廷的知行地维持在11万石以上。③ 至尊的天皇,在经济上只相当于一个收入不多的小大名。

显然,幕府将军以霸道对待天皇朝廷。为了将霸道政治合理化,在德川时代前期,幕府授意制造了若干舆论,"天命论"即为其中之一。这种舆论说:1185年源氏攻灭平氏时,平氏拥立的安德天皇怀带"神器",在长门国的坛之浦投海自杀。据此,舆论认为,失掉"神器"即失掉天下;作为皇权统治的凭据"神器"沉海乃天意,故天皇理应丧失君临天下的资格,等等。实际上,这是在鼓吹变相的"易姓革命论",即天皇朝廷的气数已尽,理应由武家政权取而代之。到了德川时代中后期,当幕府的统治危机四伏之时,新的舆论,即"天职论"、"大政委任论"又应运而生。这些舆论,或者鼓吹幕府将军的统治乃受命于"天道",将军代天治民是义不容辞的替天行道;或者强调上

---

① 龙居松之助:《江户时代史》下卷,近藤出版社,1975年,第174—175页。
② 历史学研究会等编:《日本史讲座》6,《近世社会论》,东京大学出版会,2005年,第232—233页。
③ 同上书,第234页。

天、天子皆不治民事,将军诸侯统治天下之民乃奉了天子、上天之命,其治职乃"天职";或者认为将军统治日本六十余州,乃是"天照大神"的安排和天皇朝廷的大政委任,等等。论述立场虽不尽相同,但结论大同小异,即将军支配天下既是势,也是理。

在幕府将军与天皇朝廷二元政治结构中的另一元,是"至尊"的天皇。天皇之所以"至尊",其一,是因为儒学的君臣大义名分论、建国神话、神道信仰、神国意识、天皇"现人神"观念等传统因素还保留着影响;其二,大权旁落数百年的天皇朝廷在适应幕府武家专政过程中所养成的屈就性和投机性,使得保留天皇朝廷不但对幕府将军无害、反而有利,幕府将军乐得利用天皇,顺理成章地取得支配全国的合法依据。在幕府将军允许范围内的天皇"至尊",主要表现为:

(1)天皇拥有至高无上的神格。依据神道意识和神化古代皇权的政治需要,8世纪成书的现存最早的古籍《古事记》(712)和《日本书纪》(720),编造了建国神话。这个神话宣称日本国土是高天原诸神创造的"神国";天皇家的祖神"天照大神"命"天孙"琼琼杵尊奉"神敕",自高天原降临九州日向国高千穗峰,世代统治日本;"天孙"的后裔神日本磐余彦渡海东征大和国,于公元前660年即位橿原宫,即所谓第一代天皇神武天皇,由此树立了"万世一系"的皇统,历代天皇皆为神的后代而并非凡人,云云。此后,在伊势(今三重县境内)建立了祭祀"天照大神"的神宫,以崇敬"天照大神"进而崇拜天皇的伊势信仰浸染日本朝野。在这个过程中,历代天皇理所当然地拥有日本民族宗教神道最高祭祀长的"至尊"地位,并未因失去政权而失去"至尊"。因此,福泽认为"至尊未必至强",但不失"至尊的天威"。① 作为体现天皇"至尊"的例行仪式,每年定期进行的"大尝祭"、"初尝祭"或新天皇即位时单独与神会见的神秘仪式,都显露出唯独天皇具有的神格。另外,年号的发布,也由"至尊"的天皇来进行。

当然,在神道神秘外衣背后,仍然是现实的政治需要。在德川时代,幕府为禁绝天主教,一方面实行严厉的禁教政策,与天主教国家西班牙、葡萄牙绝交,只允许新教国荷兰和非基督教国家中国的商人在长崎设立商馆,从事有限的贸易。即使如此,一方面幕府仍指令长崎奉行对进口的图书加以严格检查,对于凡出现"天主教"、"圣经"、"圣母"等字样的汉文图书,一律加以没收、封存。另一方面,1615年幕府发布《寺院法度》,对宗教势力严加管

---

① 福泽谕吉:《文明论概略》,第17—18页。

理,使其成为对抗天主教的得力工具。其中,特别规定佛教僧侣的专务是"事相、教相、习字、观心",即实践、研修佛理,习文学字和体味佛的本心,以立"护国立民之基";对僧侣的受职、研修、衣着、本寺与分寺的关系等,也做出相关的规定。① 将佛教用行政手段普及化,命令所有的领民一律信佛,做某座寺院的施主"檀家"。农民外出,必须持有所属寺院出具的信佛证明书。同时,在尊奉幕府宗教法度的前提下,对主祭"天照大神"的伊势神宫的布教活动或领民入信神道持宽容态度,听之任之。这样,神道在德川时代进入活跃发展时期。因此,当数以万计的神社遍布全国各地,信众云聚并举行狂热的伊势神宫参拜活动时,天皇的神格在神道信众尊崇"天照皇太神"的声浪中,被一再确认和强化,无形中奠定并扩大了尊王的社会基础。

(2) 天皇拥有君臣名分上的优势。依据传统的"王土王臣"、"君尊臣卑"、"君礼臣忠"的"君臣大义名分论",将军和诸藩大名均悉王臣。在名分上,幕府将军的统治地位,来自天皇向其委托天下兵马统率权。换言之,天皇成为幕府将军合法执政、支配全国的名分源头,因为将军,即"征夷大将军"的职位是由天皇赐予和委任。因此,在每逢将军换届时,远在京都的天皇都要派遣敕东赴江户,宣读天皇对新将军就职的确认诏书。这个仪式,通称"将军宣下",是新将军出台伊始,即体现君臣名分的必要仪式。在幕府将军兼任关白等朝廷官位时,则有"关白宣下"的仪式。敕使东行,在习惯上被称为"下江户";幕府高官乃至将军本人去京都,则被称为"上洛"。这一上一下,反映了福泽所谓的"至强未必至尊"的实情,在通行于朝野的观念上,显现了天皇的"至尊"地位。

与此相应,天皇拥有向幕藩领主授官叙位的机能。幕藩领主虽然手握强权,但出于政治的需求甚至消除出身低微的自卑心理,均向天皇求取拟朝廷命官式的官位。在德川时代,上至将军,下至诸藩大名,均兼具武家栋梁与天皇朝臣的两种身份,既有幕府系统的职位,也有朝廷系统的官位。其职位,如将军、国持、准国持、城主、城主格等;其官位,则如内大臣、大纳言、中纳言、少纳言、中将、少将、太守等,并配置相应了正一位、从一位至正、从某位等位阶。在德川幕府的15任将军中,多半兼任朝廷内大臣的官职,拥有正一位或从一位的阶位。诸藩大名也相应地拥有朝廷所赐予的官职和位阶。虽然对幕藩领主来说,朝廷的官位虽不过是个虚衔,却是光耀门庭和统治合法化的依据和象征。江户幕府的创立者德川家康本姓松平氏,与天皇

---

① 《德川禁令考》,林屋辰三郎等编:《日本历史史料大系》第4卷,《近世》1,第184—185页。

家族分支清和源氏的关系不得而知。家康出任幕府将军后自称源家康,无形中抬高了天皇"至尊"地位。幕藩领主求取官位的行为,使天皇保留了只有人君方持有的授官叙位的潜在政治机能,一旦时机成熟,潜在的机能迅即转化为现实的机能,乃至顺理成章地建立大权独揽的近代天皇制。

(3) 天皇是"国体观念"的人格化。所谓"国体观念",即宣扬日本国是由神创造的"神国",由"万世一系"的"神裔"天皇世代统治。构成"国体论"基础的主要是"神国论"和皇统"万世一系论"。如前述,在公元8世纪初,即古代天皇制处于顶峰时期编纂的《古事记》、《日本书纪》,已将记述诸神创世、天孙奉"神敕"建国、神武东征登基等神话,作为"神代"的"历史"写入其中,形成为皇权论服务的原初"神国论"。1274年和1281年,元帝忽必烈两次出兵东征日本,在北条氏军队猛烈抵抗下,两次突遇大风暴袭击,均以船毁人亡的惨败而告终。1339年,笃信伊势信仰、拥戴南朝天皇而与室町幕府对抗的右中将北畠亲房撰著《神皇正统记》,坚持南朝正闰说和大义名分论,鼓吹南朝为皇统正统论。北畠在《神皇正统记》开卷起笔处,公然写明:"大日本者乃神国也。天皇国之常立神初奠其基,日神天照大神传命永世统治。此事仅存我国,而为外国所无,故曰神国也。"书中记述自神代至第96代天皇后村上天皇的历史,并将元军遭遇的大风暴解释成"神风",其如期降临,是"神佑"天皇君临的"神国"日本。① 在8世纪初期成书的《古事记》、《日本书纪》记述"神代"传说的基础上,北畠将"神国"与"万世一系"的皇统联系在一起,影响深远。至江户时代初期,"神国论"、"万世一系论"先由德川光国编纂的《大日本史》所遵循,在幕末则由赖山阳著述的《日本外史》一再强调,绵延年久。借助均与天皇关联密切的"神国论"和"万世一系论",天皇成了"国体论"人格化的象征。天皇的"至尊"地位,日益具备了政治色彩。基于上述原因,自镰仓幕府设立以来的历届武家政权,都无一例外地保留了天皇的皇位及其京都小朝廷。这种表面上天皇朝廷体面犹存,实际上国内统治实权因三届幕府的兴亡而不断变更的政治现象,被美化为日本自有天皇以来从未发生"易姓革命"的欺世之谈,并进而在虚妄的"国体"优越、"金瓯无缺"论的自我陶醉中,为保障天皇精神上的至尊地位,人为地设置了重重的防护圈。

幕府将军至强、京都天皇至尊的二元政治结构,具有两重性:当幕府强大时,至强与至尊的二元结构从政治到精神处于均衡状态,从而有利于国内

---

① 北畠亲房:《神皇正统记》,教育社,1986年,第38页。

局势的长期稳定;当幕府衰落,均衡状态被矛盾四起的动荡局面所取代,此时身披神权外衣的天皇成为与幕府将军抗衡的新权威。在倒幕维新的过程中,"王政复古"成了自然而然的发展方向,天皇制为新政权提供了现成的选择模式。换言之,将军与天皇各为一元的二元政治结构,实际上具有权力承续机能,是一种长期潜在,但在必要时能够迅速交接的政权转换机制。由此不难理解日本何以在欧美冲击、引发国内矛盾的情况下,仅用15年的时间就能够推翻幕府的腐朽统治,并在天皇的名义下,开始了弃旧图新的维新变革,从而决定性地拉开了与中韩两国近代化发展的差距。同时,也不难理解在打倒了幕府后,即使在欧风美雨的猛烈涤荡下,日本并未建立共和国,而是选择了天皇制的原因所在。日本近代化若干历史特点也由此而产生。

第二节　经济遗产:国内市场机制的发展

明治维新开始了日本资本主义化的进程。这一巨大的社会转型能否成功需要许多前提条件。其中,国内市场的发育与成熟,是最基本的前提条件之一。江户时代的经济发展提供了这一前提条件。

一　江户时代前期的国内市场(1603—1716)

从第一代将军德川家康创立幕府,至第八代将军德川吉宗开始享保改革,是为江户时代的前期。百余年间幕府统治处于上升时期。除了1614—1615年间两次扫灭丰臣氏残余势力的大坂[①]战争和1637—1638年镇压九州岛原天主教农民起义外,日本国内长期稳定。以石高制为基础的领主土地等级所有制基本适应社会生产力的发展水平,有利于促进经济的发展与繁荣。幕府政治尚称清平,"四公六民"年贡米的税率也能正常维持社会的生产与再生产。农民以较高的劳动积极性投入生产,改进耕作技术,劳动生产率大幅度提高,积累了以稻米为主要产品的丰厚物质财富。与此同时,促进市场经济成长的其他环节也在逐步形成,从而为市场经济的孕育和发展奠定了基础。

1598年至1716年,在日本国内出现各种有利于市场经济发展的因素,

[①]　大坂在古代称难波,中世和近世称大坂,明治时期改称大阪至今。本书在近世时期的历史记述中,采用大坂的称呼。

随着德川氏对全国支配体制的建立和社会秩序日趋稳定,呈现良性增长势头:

农业和手工业在普遍活跃发展。由于在江户时代自然灾害频繁,从宽永十八年(1641)至嘉永三年(1850)的200余年间,大饥荒先后发生22次,① 几乎是平均每10年1次的大饥荒,使得米谷尤其成为维持社会生存的基本生活资料。米谷比金银更宝贵,因此,封建领主和家臣武士的俸禄、幕藩领主的财政基础和富有程度,均由拥有米谷的多寡为依据。江户时代也因此被称为"消费大米的时代"。② 为了增加稻米的产量,幕藩领主普遍采用重农主义发展,通过重新清查、丈量土地和开发新田,从1600年前后至1720年前后,耕地面积由163.5万町步扩大到297万町步,几乎增长了1倍。③ 与此同时,耕种、施肥和收获的农业技术显著进步。耕地面积的增加和劳动生产率的提高,促进了稻米产量的大幅度增长,由1600年的1850万石增加到1700年的2579.6万石,约增加40%④。在这个过程中,农民的生产经营构成发生变化,中世复合型大家族经营解体,单个家庭自立化的小农经营成为农业生产的基本形态。与市场相关联的生产和交换的可能性、需求性随之增加,为新市场的发展创造了条件。

与此同时,各地区的名品生产和手工制品门类繁多。据1638年成书的《毛吹草》记载,当时的农林加工品、水产品、矿产品、牲畜、衣料、燃料、家庭用品、生产工具、工艺美术产品、工艺用品、武具、医药等产品已经出现地方特色。其中,拥有京都、大坂、堺、奈良等大城市的关西畿内五国是各类产品的集中生产地区,在全国1807种产品中,居然占据了706种。在畿内五国当中,山城国名品生产种类多达437种,在全国首屈一指。其后依次为:摄津126种,大和72种,和泉43种,河内28种。⑤ 特别是畿内的产品多半为制造工艺复杂、品质优良、市场信誉颇佳的传统产品,如京都的丝织品"西阵织"、"二条纱织物"、"四条精好",以及纳豆、酱油、漆器、陶器等产品受到欢迎,仅纸张的种类就有扇地纸、腰张纸、煮纸子、涩纸、御纶旨纸、打薄写纸等用途各异的多种用纸;其他如大和的山边米、和泉的花落米、河内的石户米等加工大米,以色香味俱全而走红大坂的大米市场。另外,京都的酱油、烧

---

① 宫川三千藏:《日本农业发达史》,生活社,1942年,第75—76页。
② 同上书,第39页。
③ 林屋辰三郎等编:《日本历史史料大系》第5卷,《近世》2,第36页。
④ 安藤良雄:《近代日本经济史要览》,第32页。
⑤ 丰田武、儿玉幸多编:《流通史》,山川出版社,1969年,第134页。

酒、南蛮酒,奈良的僧坊酒,摄津的伊丹酒、须磨浊酒和富田酒,河内的天野酒,闻名遐迩。宽文九年(1669)畿内八国产酒5.2821万石,京都就生产了2.8911万石,[①]几乎成了饮醉日本的大酒缸。畿内之外的其他地区虽然产品种类齐全程度不及京坂,但也有全国闻名的制品。例如近江的膳所米、播州的龙野米,以及福岛的细棉、关东武藏的岩筑棉和安房棉、北九州的棉布,奥羽和上野、信州的麻,越前、美浓的纸,播州的铁锅、近江的火绳枪等。各地名牌产品竞相发展,奠定了全国市场必备的物流基础。

陆路与海路交通网络逐步形成。陆路交通网络以江户的日本桥为起点,修筑了贯通本州岛的五条干线,即东海、中山、日光、奥州、甲州道等五街道,从5个方向贯穿本州岛。其中,贴近太平洋沿岸东海道和穿越关东北部而进入关西地区的中山道联结江户与京都、大坂,形成三都之间兼具政治、防卫和经济意义的交通网络;日光道直通德川家康陵墓所在的日光神宫,走向与此重合的奥州道穿过宇都宫,继续向北延伸,直达本州岛的极北之地陆奥地区;甲州道是联结江户与盛产黄金的甲斐国之间的黄金大道,自战国时代以来即以品质优良而取信天下的甲州金币被源源不断运往江户,充实了幕府的金库。幕府指派道中奉行负责五街道的管理,街道通过的诸藩领主差遣沿途的村落承担维护或清扫的劳役。五街道由幕府控制使用,其本意在于从政治、经济、军事上加强幕府的统治。随着社会经济的发展,五街道被不断完善和扩充,修筑了联结五街道的交通支线"胁街道",形成密布全国的陆路交通网。各街道均设置招待所"宿场",配置人马和食宿设施。

海路交通线主要包括:从本州岛东北地区沿太平洋沿岸南下江户的东回海运线;自日本海海岸线西行,进入濑户内海,东抵江户、大坂的西回海运线;此外,还有连接江户至大坂的南海路和联结九州的西海路等。运送货物的"菱垣回船"、"樽回船"定期扬帆往返于江户与大坂之间,运来棉花、食油和清酒。一片繁忙景象的海上运输线,环绕着岛国日本的沿海,并与陆路交通网络贯通,将三都之外的长崎、博多、堺、敦贺等各地商贸都市均纳入物流的市场网络中。交通的发展,对商品经济的活跃和形成全国市场来说至关重要,流通渠道日臻完善。

各类城市纷纷出现。江户幕府成立后,国内长期和平,在江户时代前100年间,国内总人口稳定增长,由1800万人增加为2600万人,增长

[①] 丰田武、儿玉幸多编:《流通史》,山川出版社,1969年,第136页。

44%。① 人口的增长与城市的发展同步。自17世纪中期以来,进入城市的繁荣发展时期。据统计,分布在全国、人口在1万人以上的城市达50余座。其中,江户人口高达100余万,京都为50余万,大坂为35万,号称"三都"。三都之中,江户为政治性的大都市,京都的文化氛围浓厚,均为人口稠密的消费型城市;号称"天下厨房"的大坂成为全国年贡米和国产品的聚散地,特别是设置在堂岛的米市场,更成了全国物流的中心。三都之外,尚有地方性的工商业城市,如名古屋、广岛、仙台等;港湾城市,如下关、新潟等。分布在农村的有"在乡町"等商业性街镇。上述各类城市星罗棋布,并由四通八达的陆路、海路交通线串联起来,形成全国的物流流通网络,即全国市场。

货币制度发育成熟。德川家康及其子德川秀忠在支配天下的同时,也控制了全国的主要矿山。利用开采的金银,铸造全国通用的金币和银币,即庆长金银币。在丰臣时代已经于京都(1595)、江户(1596)设置铸造金币作坊金座的基础上,又先后在骏府(1605)及佐渡(1621)等地设立了两处金座,指派铸造金币世家后藤庄三郎铸造金币。其中,德川幕府所在地江户的金座最为重要,铸造主要流通金币"小判"和"一分判"。德川秀忠还下令京都金座铸造金币天正大判,多用于幕府的礼仪馈赠,一般不进入流通领域。以江户金座为中心,形成关东金币流通圈。金币的单位分成两、分、朱等三种,其换算的比例是:1两金等于4分金,1分金等于4朱金。

几乎在同时,银币的银座也在伏见(1601)、骏府(1606)、大坂(1608)、长崎(1616)建立起来。德川家康指派豪商末吉勘兵卫、银商大黑作兵卫等负责铸造最常用的货币庆长银币。这种银货为称量货币,种类有两种:丁银为椭圆形,重30匁至50匁不等;豆板银的形制、重量不确定,多为圆丸形,有"小玉银"之称。银币的称量单位有贯、匁、分、厘、毛等几种,采用十进制。两种银币中,丁银为大额货币,豆板银为小额货币,两者的品位、铸造量皆一致,含银量一般为80%。② 元禄八年(1695),生活奢侈、热衷大兴土木的第五代将军纲吉为解决财政困难和市场货币流通量不足问题,接受勘定奉行荻原秀重建议,下令改铸新币"元字金银",大大降低金银含量,此后强制回笼庆长金银币,推广使用劣质元禄金银币。在社会怨声载道中,金银币的流通量扩大了30%—40%,③ 幕府通过改铸货币获得数百万两黄金的效益。

---

① 关山直太郎:《日本的人口》,第69页。
② 山口和雄:《货币中的日本史》,sohiete文库,1979年,第50—53页。
③ 同上书,第84页。

这种状况一方面暴露了幕府财政的盛世危机,另一方面也说明重农抑商的传统政策正在受到商品经济越来越强的挑战。1714年(正德四年),正德改革的主持者新井白石再度下令改铸货币,其品位恢复到庆长金银币的水平,同时限制长崎贸易,控制金银外流,力图整顿流通领域。

另外,幕府还下令金银座兼铸铜币,作为补充货币而大量发行。分量最足的铜钱称宽永通宝,1000文为1贯,在庶民中通用。这样,就形成了金、银、铜币等三货制度。以庆长十四年(1609)换算率为准,三货的比价是金1两为银50匁、钱4贯或明永乐钱1贯。① 幕府在草创时期即着手建立比较完善的货币制度,有利于商品经济的发展。金座、银座的设立,对形成统一的货币制度具有重大意义,同时,也有利于维护政治统一和市场的繁荣发展。

诸藩多发行纸币藩札,以缓和称量银币的不足,增加藩财政收入。发行藩札兼有激活流通领域和藩内经济的双重意义。从其社会功效上说,尽管作为地方流通的藩札与全国流通的幕府货币存在对立的一面,但也起到了活跃地方经济的作用。总之,货币的多样化,是商品经济发展和市场多元化的反映。尽管在江户时代前100年间自然经济占据主流地位,但商品经济也在随着生产的发展而不断滋长,侵蚀着自然经济的机体。

从事商务、金融活动的相应人员和机构的配置日益完善。诸藩大名为获取高级消费品和金钱,纷纷在大坂设立年贡米的销售站点和仓库"藏屋敷",由家臣武士管理。但由于武士不善于管理和耻于经商而多有亏损,转而承包给特权豪商经管。其中,负责领主库存商品销售者称之为"藏元",送进货款者称之为"褂屋"。为旗本、御家人代管年贡米买卖者,称"札差"。他们以领主的库存商品为抵押物,向领主发放高利贷,即"大名贷",借此掌握了领主的财政命脉,间接获得了年贡享用权。作为给领主效劳的报偿,特权豪商得到垄断流通环节权利。身为批发业者的"问屋",组成同业行会"株仲间",利用货主与小商贩的中介人的有利地位,通过垄断规定商品收购和批发价格以获利。元禄二年(1689),御用豪商大坂屋伊兵卫在江户出面组成分别经营漆器、棉布、生丝、衣料、中草药、五金、棉花、草席、酒类、发油和灯油、纸张和蜡烛等类商品的"涂物店组"、"内店组"、"通町组"、"药种组"、"钉店组"、"棉店组"、"俵店组"、"酒店组"、"川岸组"和"纸店组"等十组问屋,在确保江户和大坂之间货物运输安全的同时,垄断流通而谋取巨额利润。后

---

① 《条令》,林屋辰三郎等编:《日本历史史料大系》第4卷,《近世》1,第338页。

来,又在大坂设立了商品批发范围更加广泛的24组问屋机构。特权豪商通过向幕府缴纳固定的营业税"运上金"和临时性税收"冥加金",换取幕府对"株仲间"的承认,借此来垄断市场和价格。适应商品流通的需要,还出现了经营不同类型货币汇兑行业的金融业者"两替商"。形成规模市场所必需的从业人员队伍和经营之道。

统一度量衡具和纺织品的标准。承应二年(1653),幕府确定以江户秤座守随彦太郎制作的秤为标准秤,通用于东日本33国,西日本33国皆采用京都称座神善四郎制作的提秤,从而使得称量货币丁银的称量标准统一化。[①] 宽文九年(1669)指定江户升商樽屋藤左卫门制作的新升为称量大米的标准升,规定所有大名必须停用旧升,改用新升"京升"。其标准为每升宽4寸9分,高2寸7分;每1石为50升。[②] 严令之下,过了两三年之后,京升成为举国通用的大米称量用具。此外,幕府还在宽永三年(1626)规定每匹绢、绸的统一标准为长3丈2尺,宽1尺4寸;每匹棉布则为长3丈4尺,宽1尺3寸。宽永八年(1631),下令每匹绢、绸的长度与每匹棉布相同,并通用全国。[③] 丁银是江户时代最重要的流通货币,大米和丝棉纺织品则是最主要的生活必需品。幕府的措施,固然有加强对全国市场控制的考虑,但在无形中推动了全国市场和地方市场的全面成长。

综上所述,以百余年间自然经济体制下农业的发展与繁荣为基础,在年贡米的商品化、手工业产品种类的多样化、陆路水路交通的网络化、货币制度的成熟化和商务金融业者的分工化的过程中,孕育、发展并形成了两种不同类型的国内市场,即诸藩领内市场和全国中央市场。

宽文至元禄年间(1661—1703),诸藩领内市场进入繁荣时期。领内市场以藩主住所天守阁周围的城下町为中心。在这里,大名委派御用商人用年贡米来换取藩外的商品;家臣武士卖出俸禄米,再购买其他消费品;领内的农民将剩余的稻米出售,买进农具、草药、食盐等生活必需品。诸藩领内市场起初不过是领主以稻作为中心的自然经济的补充,领内外输出入的商品种类、交易方式和数量等,均受到领主的严格控制。在秋田藩,指定输入领内的物品仅限于棉花、茶叶、纸张等,经营者则为久保田大町和茶町的商

---

① 《御触书宽保集成》第1934号,林屋辰三郎等编:《日本历史史料大系》第4卷,《近世》1,第340页。
② 《御触书宽保集成》第1938号,第341页。
③ 丰田武、儿玉幸多编:《流通史》1,第151—153页。

人;在上田藩,明令禁止领外商人直接对领民零售或自行采购,必须通过特定的问屋开展交易;在越后高田藩,由领主指定的小町问屋专门承担领外棉花、纸张、食盐、咸鱼、铁锅、化妆品等6种允许销售的商品。① 诸藩为抑制物价或满足藩内需求,纷纷在交通要道上设置检查哨卡"口留番所",查禁本藩指定物品的自由输出。例如,上田藩原则上禁止大米流出藩领,携带大米出境时必须出具郡奉行签发的证明文件"米通切手";南部藩在正保二年(1645)禁止武器、盐硝、牛马、木器、衣料、染料等18种外销,至宽文四年(1664),进而将禁销的物品扩大为37种,藩内的检查哨所在1682年增加到26处;宽永二十年(1643),会津藩规定漆、蜡、铅、熊皮、鹰雏、纸张等8种物品禁止外流。② 然而,对中央市场而言,领内市场是开放的。诸藩的城下町是藩内农副产品的聚散地,从领内农村缴纳来的年贡米首先集中于此,经过领内市场,再运往大坂等中心市场。因此,领内市场是全国市场的基础。领内市场的繁荣,为全国市场的发展奠定了广泛的基础。

作为全国中央市场的物流枢纽之地,江户、京都和大坂等三都都具备中心市场的机能。其中,人口逾百万的江户本身就是一个庞大的消费市场。江户借助东回海里和南海路等多条海运线,依托关东和东北诸藩的地方市场,在近世初期也是巨大的物流聚散地,米谷市场、鱼副产品市场等一应俱全。京都以传统的织造品、漆器、武器、陶瓷器和佛具等高级手工产品著称,各地关注销路的问屋商人纷纷在京都设立店铺,使之在全国市场占有颇具特色的一席之地。当然,最能发挥全国中心市场功能的都市,首推大坂。

地处物产丰富的关西地区,得中世以来物品聚散的传统优势和四通八达的海陆路交通之便,大坂在江户时代前期作为全国最大中心市场的地位,为江户、京都所无法取代。在江户幕府草创时期,经历过两次大坂战争的磨难和关西商贸重地大津的激烈竞争,大坂的经济地位并不高。例如,宽永年间(1621—1643),加贺藩贩运到大坂的年贡米大体每年1万石左右。然而,进入延宝年间(1673—1680),由于西回海路通航,大津地位衰落,大坂成为东北地区和关西地区的大米贩卖市场,货运量急剧增加。这期间,加贺藩输入大坂大米市场的数量增加了9倍,达到年均10万石。③ 大津、敦贺的藏屋敷商家们纷纷向大坂转移;经营各类商品的批发商问屋也在丰厚利润的驱

---

① 丰田武、儿玉幸多编:《流通史》1,第149页。
② 同上书,第151页。
③ 同上书,第159页。

使下，将大坂视为聚敛财富的希望之乡而竞相赶来。据统计，延宝年间大坂的问屋数为 345 家，经营大米、食盐、生鱼、蔬菜、棉花、茶叶、柴薪、铁器、纸张、木材等物品为 54 种，至正德年间(1711—1715)，问屋数猛增到 5655 家，经营物品多达 308 种。入住人口大幅度增加，从 1625 年的 27.961 万人，至 1709 年，增加到 38.1626 万人，人口增长了 36.9%。① 经过元禄、正德年间商品经济的发展，大坂日益繁荣，确立起"天下厨房"不可动摇的地位。据正德四年(1714)的统计，进入大坂市场的物品共 119 种，总值为银 28.6561 万余贯；流出物品 95 种，值银 9.5799 万余贯；大坂市场 6% 的运入物品来自长崎，7% 的运出物品通过长崎港输出国外，② 兼具国内物品聚散地和国外进出口贸易基地的双重功能。大坂的物流种类虽说繁多，但以贩卖大米为中心。1714 年贩运到大坂的商人大米为 28.2792 万石，大名、骑本大米为 112.307 万石，总值 22 万余贯，其余各类物品总值 23 万贯，仅大米一种物品就几乎为物品总量的 50%。③

然而，值得注意的是：这种物品的流通与国内市场的发育，是围绕着领主经济运转的。领主的消费需求、榨取年贡米的多寡、对市场运营各环节和特权豪商的支配，决定了市场及豪商的兴衰和命运。换言之，这种国内市场取决于自然经济的发展状况，并作为其补充而存在与发展。因此，幕藩领主支配下的国内市场，其属性是封建性的。

二 江户时代中后期的国内市场(1716—1830)

一般说来，第八代将军吉宗 1716 年执政、推行享保改革，经过 1789 年改元宽政而启动改革，直至 1830 年天保改元，为江户时代的中后期。幕府统治在这一期间，进入由盛而衰、由强变弱的下降时期。作为这种历史发展趋势的政治标志，是幕府在享保、宽政年间，连续推行扭转颓势的改革。享保改革的主持者为治国有方的将军德川吉宗，针对幕府财政危机和武士纲纪松弛，吉宗采取的主要措施是：(1)在政治上加强对大名、骑本的约束：1717 年再次颁布《武家诸法度》，重申恪尽职守、奉公效忠和熟练弓马之道；1721 年接连召集谱代、外样大名，严加训诫，还在评定所门前设置举报信箱

---

① 丰田武、儿玉幸多编：《流通史》1，第 159—160、174—175 页。
② 同上书，第 179—180 页。
③ 同上书，第 180 页。

"目安箱",兼收广开言路和威慑不法幕吏的功效;1723年推行补贴能吏低俸禄的"足高制",以起用人才;1724年发布《节俭令》,要求武士恢复质朴尚武精神。(2)在经济上,顺应商品经济的发展,因势利导以广开财源:1721年为加强对奢侈品的控制和增加税收,设置江户商人、工匠的株仲间;在政策奏效后,1726年,命令经营大米、食盐、豆酱、清酒、食油、棉花、蜡烛、纸张等15种商品的商人均结成株仲间;1722年颁行按照10年收获量平均值以定产定租的《定免法》,调动农民生产积极性;同年在江户日本桥树立告示牌,明令奖励开发新田,以扩大耕地面积;颁布以藩主留居江户的期限缩短半年为交换条件、大名向幕府献1%禄米的《上米令》;1733年奖励农民种植杂粮等商品作物。(3)在社会教化方面,重振朱子学的官学地位,吉宗亲自到圣堂宣讲儒学,并在1717年下令允许庶民前往听讲;1722年出版发行《六谕衍义大意》,加强对庶民的思想控制。与此同时,也在1723年设立救济贫民的小石川养生所,1724年下令降低物价,缓和社会不满情绪。其中,尤其有意义的举措,是1720年允许天主教图书之外的其他汉译图书进口和翻刻销售,此即所谓"洋书解禁"。享保改革是江户时代大规模改革的第一次,也是唯一取得预期效果的成功改革。1716年至1745年,幕府直辖领地的稻米产量由408万石增加到462万石,年贡米收入也由138万石增加到167万石;1742—1751年年均余米7.5万石,余金41.5万两。① 幕府的府库充盈,财政状况良好。

然而,吉宗之后的第九代将军家重、第十代将军家治执政期间,偏听偏信侧用人,奢侈腐败,坐吃山空,幕府财政再次陷入困境。天明七年(1787),在江户、大坂等30多个城市中,先后爆发大规模的骚乱,政治危机日益严重。当年出任第十一代将军的德川家齐乱世用能臣,起用白河藩主松平定信为老中,任其在1789—1800年推行宽政改革。这次改革丧失了享保改革的开明性和进取性,强调重农方针,竭力遏制商品经济的发展势头,重建已是千疮百孔的本百姓经营体制。1789年幕府发布《节俭令》,制定充实赈济灾民的社仓和义仓米谷储存量的"围米制",并于次年强制推行,借以收揽人心。1790年下令限制长崎贸易量;在江户铁炮州设立收容流民的"人足寄场"以加强对无业人员的管理;下令取缔关东地区棉仔问屋商的批发业务;严令降低物价;颁布向流入城市的农民提供生产资金并敦促其重归故乡务农的《归村保护令》;指定朱子学以外的其他儒学流派为异端邪说,下令严禁

---

① 沈仁安:《德川时代史论》,第154页。

研修和宣讲。此后则对奇装异服、时髦发型大举讨伐,以期肃正社会风气。宽政改革的诸多措施逆历史潮流而动,改革也以失败告终。作为这种历史潮流的经济内容,是商品经济以不可遏制的势头全面发展,从根本上腐蚀了幕府赖以生存的自然经济基础。作为其标志,则是国内市场的支配角色移位,即商品多样化的生产者市场代替了以大米为中心的单一领主市场,农村市场兴起并投入竞争,与依附于领主的特权豪商把持下的城市市场展开较量。

多样化市场的开拓的动力主要来自农村。随着城市的兴起与繁荣,种植蔬菜的市郊农民首先开始了商品作物的生产。继而,随着劳动生产率的提高,水稻单位面积产量增加。年贡率相对稳定,种植水稻农户留存的余粮作为商品进入市场。18世纪后半期至19世纪前半期,发达地区稻米的商品化比率一路走高。在米价波动、赢利不稳定的情况下,领主为扩大财源,纷纷奖励商品作物的种植。棉花、油菜、烟草等经济作物遍地开花,茶树、楮树、桑树、漆树、麻、蓝、红花等"四木三草",成为商品经济作物的代名词。原本以生产年贡米为主业的农村,逐渐成为产品日益多样化、商品化的生产基地。

其中,棉花的种植及其商品化具有重要意义。由于自然气候条件的限制,棉田大都集中在本州岛西部,特别是关西地区。区域差别强化了互通有无的必要性,棉布作为衣食住行人生四要素的首项要素的"衣"关联密切,尤其是随着城市人口的增加,对棉布的需求量猛增,棉花的市场行情看好。幕藩领主纷纷鼓励农民以棉花顶替稻米来缴纳年贡,棉花种植较快实现了商品化。至1736年(元文元年),产自西日本地区和畿内地区淡路、备前、播磨、河内、大和、摄津、周防等地的白棉和产自纪伊、摄津、淡路、和泉的棉纱,以及产自丹波、河内、山城、备前、备中、安艺、赞岐的籽棉大量涌进大坂中央市场,总金额达到1216.1975万匁①,约合黄金20.2699万两。原棉主要销往江户、关东和九州地区,棉纱则主要销往京都、大和、美浓、和泉、纪伊、丹波、越中等棉织业发达地区。贩运棉花、棉纱有利可图,专门的营销商活跃在各地农村。在商品经济的侵蚀下,自然经济走向解体。

随着城市特权豪商对市场垄断权的流失,以及商品种类的多样化,国内市场出现一系列的变化。这些变化包括:

(1) 市场形态的多元化。在城市市场之外,涌现出广大的农村市场。

---

① 三瓶孝子:《日本棉业发达史》,庆应书房,1941年,第20页。

作为农村生产结构和经济面貌变化的社会后果,在乡商人应运而生。他们来自财富殷实、颇善经营的本百姓阶层,即豪农阶层。豪农通过收购、贩卖分散农户的自产商品而获利,兼营高利贷、开设酒屋当铺而聚敛财富,又通过兼并破产农民的土地或开发新田,上升为新兴地主。随着农村商品生产的发展和商品流通的日益频繁,豪农豪商充当了农村经济作物商品流通的中间人,成为城市特权问屋商人之外的新型商人,即在乡商人。起初,他们势单力薄、缺乏城市经商经验,不得不接受三都特权问屋豪商的控制,处于商品流通网络的边缘位置。但是在农村商品生产的多样化和流通规模扩大的过程中,随着在乡商人的实力和经验的不断增加,城市特权豪商再也无力继续支配、驾驭崛起于农村的强有力竞争者。享保改革期间幕府强令三都问屋豪商降低物价,受到后者的抵制,在乡商人利用地利之便,就近购进豪农产品,薄利多销,夺占问屋豪商的市场份额,与城市豪商的矛盾日趋激化。特别是进入18世纪后期和19世纪初期,以在乡商人势力增长为背景,关西先进地区豪农反对城市豪商垄断市场的群体抗议风潮"国诉"越来越普遍。在关东地区,在乡商人越过江户豪商问屋组,将商品直接贩卖给销售商。类似的情况也出现在诸藩领内市场,城下町问屋商被冷落,由其控制的市场也随着萧条起来。

(2)商品位次发生变化。年贡米在国内市场商品率的比重逐年下滑,不再是主要的商品流通品目;米价在波动中持续走低,不再是决定其他商品价格的基准商品。以中心市场大坂为例,元文元年(1736),进入大坂市场的商品之中,大米为112万石,棉花为121万反,食盐为46.3万俵,木炭为69.8万俵,花色品种呈现多样化。至文化—化政年间(1804—1830),大米为150万石,增长了0.33倍;其他商品则分别为:棉花达到800万反,增长5.6倍;食盐为120万俵,增长1.6倍;木炭为250万俵,增长2.6倍。[①] 同期,蜡、纸张、蓝靛、陶瓷器、生铁、兽皮的上市量也都呈现增长的趋势。

(3)大坂的地位下降。在国内商品聚散地大坂之外,江户、京都的商贸地位上升,诸藩领内市场竞相发展。幕藩领主年贡米占据大坂市场的垄断被打破,大坂在全国商品流通网络的中心地位发生动摇。四国、东海、关东地区的商卖活动,逐渐脱离了大坂,直接与生产地区发生关系,另建生产与销售网络。北陆和山阴地区也撇开大坂,加强两地区之间的商贸关系而自成系统。上述现象反映了江户时代中后期国内市场发展变化的新态势:幕

---

① 据牟田武、儿玉幸多编《流通史》1第22页统计表数字换算。

藩领主通过特权问屋豪商,并以大坂为据点来控制全国市场的老路已经走到尽头;单一的市场体系逐渐演进为多元化市场体系;领主市场正在向多样化的生产者市场转化。

在上述变化过程中,侧用人兼老中田沼意次与其子若年寄田沼意知,在1767—1786年当政期间所推行的重商主义政策,加快了商品经济的发展步伐,国内市场更加活跃。田沼意次之父意行原为纪伊藩主德川吉宗的足轻,1716年吉宗出任第八代将军后,意行被提拔为俸禄300石的骑本。意次承袭父职,至1745年第九代将军德川家重执政后一跃为禄高1万石的大名。1760年德川家治出任第十代将军,自幼扶持家治的意次得到进入权力中心的机遇。1767年,意次成为将军贴身近臣"侧用人",1772年任幕府老中和持有远江国相良城的"持城"大名,禄高3万石。其子意知也在1784年出任若年寄,父子执掌实权20年。

在此期间,田沼父子推行积极的经济开发政策。在金融政策方面,通过发行新币来摆脱多次改铸货币造成的财政危机。利用国际市场银价低廉的机会,田沼父子通过长崎贸易,从国外大量进口白银。在此基础上,自1772年铸造并发行纯度为97.8%的优质银币"南镣二朱银",8枚相当金一两;至1788年,新铸和发行的新币值金593.3万余两。① 商界的信心随着良币的发行而增强,流通领域逐渐恢复正常。在工商业政策方面,与时俱进地顺应商品经济的发展,扩充株仲间,借以广开税源,增加幕府的财政收入。与德川吉宗在享保改革期间通过严格控制株仲间以平抑物价、压制奢侈品的方针不同,田沼父子鼓励问屋商人扩建株仲间组织。1784年,准许大坂二十四组问屋成立株仲间,扶植特权豪商。从1781年至1788年的天明年间,共批准设立了130种株仲间。与此同时,还下令鼓励町村商人也建立株仲间,以广开税源。在农业方面,提倡开发新田。围垦新田是增产增收的捷径,号称"米将军"的德川吉宗为扩大水稻种植面积,在1722年发布《新田告示》,鼓励町人投资开发下总国饭沼、武藏野和越后紫云寺新田。田沼父子继承了吉宗的新田开发政策,1780年制订了围垦下总国印旛沼、手贺沼的庞大规划,吸引大坂天王寺屋藤八郎和江户浅草长谷川新五郎出资百万,开工排水造田。就在这项预计年产稻米五六万石的新田开发事业即将竣工之时,1786年夏天关东地区遭遇大洪水,大部分新田被淹没,多年努力付诸东流。开发虾夷地(今北海道),对田沼父子来说,兼具多重意义。1783年仙台藩

---

① 《岩波讲座·日本历史》11,岩波书店,1976年,第165页。

医生工藤平助将开发虾夷地的建议书《赤虾夷风说考》呈交田沼意次。工藤力主在虾夷地开展对俄贸易,以贸易收入来开发虾夷地,加强北边防卫。意次接受了工藤的建议,1785 年派遣以普请役山口铁五郎、佐藤玄六郎为首的考察团前往调查,1786 年又令出羽国熟悉虾夷地的最上德内参与其中。1786 年则以山口等人的报告书为基础,制订了虾夷地开发计划,准备投入巨资,开发计划目标为 116.6 万町步,年产稻米 583.2 万石。[①] 然而,就在意次接受工藤建议的第二年,1784 年其子意知被骑本佐野善左卫门刺杀。1786 年,因意次的靠山将军家治病危,反对派乘机罢免田沼意次老中之职,此项计划被束之高阁。至此,在日本历史上评价不一的田沼时代随之结束。在田沼父子推行的重商主义政策下孕育壮大的商品经济,已经无法重新回到自然经济的老轨道上去了。

三 国内市场演化的多重意义

国内市场在德川时代的演进具有多方面的意义,特别是江户时代中后期市场形态的多元化和多样化,更对近代日本的历史发展产生广泛的影响。

其政治意义,主要有两点:

其一,幕藩领主的统治面临严重挑战。年贡米的市场占有率与米价的同步下跌,即意味着幕藩领主所拥有的财富锐减,从而造成领主财政的普遍困难,也意味着家臣武士的禄米收入愈来愈难以得到稳定的保障。整个武士阶级日益陷入囊中羞涩的困境,世风每况愈下乃至离心离德。统治阶级处于苦闷与不安之中,统治危机也就接踵而来。正是在这种背景下,幕藩领主在德川时代中后期连续推行自救性的改革,以图重建统治权威和统治秩序。从享保改革的成功到宽政改革的失败,表明并非改革主持者个人的才智发生了问题,而是整个封建领主阶级在无可挽回地走向没落,幕藩体制已经成为生产力和商品经济顺畅发展的桎梏,解决制度问题的历史课题提上日程。

其二,豪农豪商成为幕藩体制越来越强有力的反对派。豪农豪商除经营土地以外,还兼营商卖、高利贷,开办作坊,是地主、在乡商人、手工工场业主等一身数任的新兴社会力量。正是在豪农豪商中间,产生着资本主义萌芽,代表了日本历史发展的方向。然而,豪农豪商的土地所有权不被幕藩领

---

① 大石慎三郎:《幕藩制的转换》,《日本历史》20,小学馆,1975 年,第 362 页。

主所承认,工商业经营又受到幕藩领主的税收盘剥和特权豪商的压抑,虽然他们向往资本主义,却不能充分地自由发展。因此,他们成了幕藩领主统治的政治反对派。与此同时,由于豪农豪商的社会身份低于武士,又与贫困农民处于对立状态,因此,在幕末的政治斗争中,豪农豪商无力承担倒幕运动的领导重任,只能作为追随者,由中下级武士充当他们的政治代言人,参与倒幕维新运动。

其社会意义,则主要表现为下述两点:

首先,国内信息便捷化。幕府的统治是一种寡头政治,封闭的社会环境是这种政治形态赖以生存的基本条件。因此,幕府对内实行禁止诸藩横向联系、兵农分离、等级身份制等方针,对外推行以禁绝天主教为核心的锁国政策,都是为了营造并维护封闭社会环境下的一言堂统治。然而,随着国内多样化市场的出现,商品流通和人员的往来的幅度与速度在不断加大、加快,各种信息,甚至包括流言飞语,都通过市场流通渠道,并以此前难以想象的方式和流量,流传全国。幕府封锁隔离、分而治之的坚壁被打破,国内信息的传递日益便捷化。这种便捷化,固然出自参与商品经济活动、市场竞争的需要,但同时也对社会生活的其他方面产生影响。在戊辰战争政权更替的关键时刻,三井、小野等京坂豪商根据分散在全国的商业人员提供的信息,判断幕府的统治已无法继续,因而投入明治政府的怀抱,支付了大量军饷,为日后成为政商和充当新时代资本主义的淘金者夺得先机。

其次,形成市场经济机制和经营理念,为资本主义时代的到来预做铺垫。无论是领主经济占统治地位的城市市场,还是豪农主导下的农村市场,虽然前者更多体现了权钱交易的特权畸形化色彩,后者更多显现个人经商的主动性,但既然是市场,就总要接受等价交换通则或价值规律的支配。市场经济铁的运行规则,在江户时代国内市场漫长的孕育和发展的过程中,形成被人们所熟悉的运作机制,从而为明治时代向资本主义市场转型,减轻了人为的阻碍和社会压力,有利于市场经济的顺畅转轨和运作。与此同时,町人和豪农的市场经营理念,例如拟家族式的人际关系、武士奉公式的集团效忠意识,加上勤俭持家、精打细算、讲究诚信、安分守己等町人自身的伦理道德,构成了一整套经营商业的理念。这些出现在江户时代市场经济发展过程中的经营理念,一经明治政府的规范化并将其纳入富国强兵、殖产兴业的近代化轨道,特别是用"忠君爱国"的最大公约数加以处理后,更加焕发出理念的精神力量。这是明治时代日本在商战中,较快地由弱变强的原因之一。

第三节　思想遗产:学术流派的活跃

德川时代是学术思想流派活跃的文化时代。其特色主要包括:其一,旧学说不断分化,官学朱子学面临严重挑战。其二,新学说层出不穷,新人辈出,并通过师承关系,形成新兴知识分子的集团力量和人才链。其三,各学派互联互动,交织融会,并顺应时代的需要,最终形成为近代日本国家发展战略提供基本思路的经世学派。

一　旧学说在分化

旧学说的不断分化,主要表现为儒学其他学派对朱子学离心离德,并在争鸣中开展批判。其中,山鹿素行(1622—1685)、伊藤仁斋(1627—1705)、荻生徂徕(1666—1728)等古学派学者,分别从圣学、古义学、古文辞学等学派的立场出发,抨击朱子学脱离先秦儒学的本义,误人子弟,主张重返孔孟古典,阐发原著的真谛,以经世济民。其中,山鹿认为"道之大原者出于天地,知之能之者圣人也";尊崇伏羲、神农、黄帝、尧、舜、禹、商汤、文王、周武、周公、孔子为圣人,批评汉唐及宋儒等"阳儒阴异端也",致使"圣人之学至此大变","道统之传,至宋竟泯没",虽"口唱圣教",不过"诬世惑民"。① 因此,山鹿举起"圣学"的旗号,强调"圣人者知至而心正,天地之间无不通也,其行也笃而有条理,其接应也从容而中礼,其治国平天下也事物各得其处";强调"圣学"、"圣教"均乃"为人之道","学唯学于古训,致其知,而施日用也"。②山鹿的弟子们更公开指责"汉唐之训诂,宋明之理学,各利口饶舌而欲辨惑,惑愈深,令圣人坐于涂炭","诬世累惑","说道而谬人者,天下之大罪也",慨叹"中华既已如此,何况本朝乎!"赞扬山鹿"崇周公、孔子之道,初举圣学纲领"。③

伊藤仁斋初学朱子学,后来发现宋儒以佛教和老庄学说歪曲孔孟的原意,于是埋头研究孔孟原著,重新阐释先秦儒学的古义,世称古义学之祖。伊藤认为:"孔孟之学,厄于注家久矣。汉晋之间,多以老庄解之;宋元以来,

---

① 《圣教要录》,《日本思想大系》32,《山鹿素行》,第 346、342 页。
② 同上书,第 341 页。
③ 同上书,第 340 页。

又以禅学混之。学者习之既久,讲之既熟,日化月迁,其卒为禅学见解,而于孔孟之旨,茫然乎不知其为何物"。① 凭借其深厚的汉文功底,伊藤经过考据,论证孔孟的古义经何人、在何时被曲解为后世的儒学,用功之深,堪称第一。荻生徂徕认为:圣人者,无非尧、舜、禹、商汤、周文王、武王、周公而已,"先王之道"仅存于《诗》、《书》、《礼》、《乐》、《易》、《春秋》等六经之中;只有通过对六经中先王时代古文辞的研讨,才会掌握"先王之道"的真谛。他对朱熹编纂的《四书章句集注》的评价是:除《论语》具有古文辞研究价值之外,其余《大学》、《中庸》、《孟子》等均因过度诠释失去本义不足为训。古学派对官学朱子学的批判,其意义不仅在于学理的阐发,而且对幕府官学提出了尖锐挑战。正因为如此,1790 年老中松平定信厉行"宽政禁异学",古学派首当其冲,多部著作被列为禁书。

中江藤树(1608—1648)号称日本阳明学之祖,崇尚孝道,强调"孝德,神妙莫测,广大深远",实践以"爱"与"敬"为核心的"全孝之心法",即可达到"致良知"的境界。中江认为"立身行道之本在明德,明德之本,在以良知为镜而独慎",强调"此良知若为磨而不磷,捏而不缁之灵明,可明愚痴不肖凡夫之心也","此乃大学致知格物之功夫也"。② 中江的弟子熊泽蕃山(1619—1691)突出"慎独"的理念,认为"思无邪、无自欺与诚意,皆慎独之义",善恶皆"发自心中一念","思乃心之官","万物皆备于我",强调个人主观能动性;提出"时处位论",认为"道与法有别","道是三纲五常","法乃圣人应时处位,作事制宜"。③ 熊泽还将"应时处位论"用诸实践,进呈应对洪水、饥荒之策,辅佐备前藩藩主池田光政。阳明学者代有传人,江户时代中期有三轮执斋(1669—1744)、中根东里(1694—1765)等;江户时代后期,则有佐藤一斋(1772—1859)。一斋先在岩村藩入仕,后在幕府任儒官,阳奉朱子学,暗中兜售阳明学,人称其"阳朱阴王"。佐藤为幕末著名的阳明学者,入门受教的佐久间象山、横井小楠、中村正直等均为近代化建设中的俊才。江户时代阳明学者,摈弃朱子学的理气二元论,倡导突出个人主观能动性的"致良知",强调行动精神的"知行合一",贬斥朱子学的虚礼空论,对开阔人们的视野有积极作用。

片山兼山(1730—1782)初学徂徕学,后来则反其道而行之,不再穷究古

---

① 《古学先生文集》,《日本思想大系》33,《伊藤仁斋》,《伊藤东涯》,第 239 页。
② 《翁问答》,《日本思想大系》29,《中江藤树》,岩波书店,1974 年,第 24、157 页。
③ 《集义和书》,《日本思想大系》30,《熊泽蕃山》,岩波书店,1971 年,第 213、214、380 页。

文辞,转而注重对经义的理解,广采唐宋诸家之长,著述《周易类考》等著作,创立了折中学派。

水户学因水户藩第二代藩主德川光圀(1628—1700)编修《大日本史》而得名。前期水户学的代表人物为安积澹泊斋(1656—1737)、栗山潜峰(1671—1706)、三宅观谰(1664—1718)等彰考馆总裁或编修们,主倡崇儒敬神、君臣名分和忠孝一体;后期水户学的著名学者藤田幽谷(1774—1826)、藤田东湖(1806—1855)父子,以及会泽安(1781—1863)、栗田宽(1835—1899)等《大日本史》的编修们,针对欧美船舰袭扰日本近海日益严重的现实,力主尊王攘夷,维护国家的安全。藤田幽谷从儒学的君臣名分论出发,盛赞德川家康"正君臣之名,严上下之分,其至德岂在文王之下",鼓吹"天朝开辟以来,皇统一姓而传之无穷,拥神器、握宝图,礼乐旧章率由未改","天皇之尊,宇内无二";主张"幕府尊皇室,则诸侯崇幕府;诸侯崇幕府,则公卿大夫敬诸侯",[①] 强调尊王论下的公武秩序关系。1825 年,幕府针对外国特别是英国船舰水兵不断在东北的常陆和东南的萨摩等地登陆并强索食物和淡水,发布《外国船驱逐令》,命沿海诸藩无须请示幕府,均可开炮赶走驰入近海的外国船舰。就在同年,会泽安写成《新论》,力倡尊王攘夷论。会泽说:"神州乃日出之所,元气始生之处。天日之嗣之天皇世世临御宸极,永久不易,固乃大地之元首,万国之纲纪也,诚宜照临宇内,皇化所暨,无分远迩";"而今,西洋野蛮之国以胫足之贱,奔走四海,蹂躏诸国,眈视跛履,竟敢欲凌驾上国日本。此为何等之骄暴哉";号召"豪杰奋起",扫除"胡羯腥膻"。[②] 会泽还就国体、形势、虏情、守御、长计等五方面,提出启迪了一代尊王攘夷人士有所作为的新论。

总之,古学派、折中学派、阳明学派、水户学派等同属儒学范畴,却以不同的论说立场对官学朱子学展开批判。御用的朱子学学者,特别是圣堂林家的掌门人及其门徒则起而反击,甚至动用官学特有的思想镇压权或施展阴谋手段,对儒林中的其他"异学"大张挞伐。然而,"异学"学者并未轻易屈服,依旧在不正常的氛围下,坚持学术立场,进行着变相的争鸣。与此同时,古学的经世务实精神,水户学的尊王攘夷论和阳明学的焕发个人主观能动性的有为意识等,为幕末兴起的尊王攘夷运动提供了思想武器,鼓舞着中下级武士走向政治斗争的第一线。

---

① 《正名论》,《日本思想大系》53,《水户学》,岩波书店,1973 年,第 12—13 页。
② 《新论》,《日本思想大系》53,《水户学》,第 50—51 页。

二 新学说层出不穷

所谓新学说,主要分两类:其一是作为陈旧的官学朱子学的另类对立面出现的国学;其二是相对于日本传统思想而言的异质文化学派,如兰学。新学说破土而出,彼此渗透并纷纷开宗立派,竞相招徒授业。这种兴旺景象,是德川时代经济发展和社会生活多样性在学术思想领域的反映。

当然,各种新学说的活跃程度和社会影响不尽相同。例如,安藤昌益(1703—1762)在其著作《自然真营道》及其缩写本《统道真传》中,以"自然者五行也"为立论基础,论述金木水火土五大元素"无始无终",循回进退、演化转变而成天地万物、鸟兽鱼虫、阴阳男女;认为"五行无胜劣、始终、上下、贵贱",早在神农、伏羲之前,人们"知耕农织业,所为自然也","自然耕,自然织,自耕食,自织着","自知自成,自然真营道也"。[①] 安藤的"五行自然说"具有否定封建剥削和等级身份制的进步意义,然而,其学说却是在将近200年后,才被发现并得到初步介绍。换言之,安藤的思想反映了当时的社会矛盾和农民的要求,但对现实并无任何影响。再如,京都绸缎商店学徒出身石田梅岩(1685—1744)提倡勤俭、安分守己和以心体性的石门心学,并于1729年在京都车屋町开办私塾,受徒授业。石门心学持君臣名分论的立场,为商人争地位,认为"士农工商皆助天下之治","助君乃四民之职分","士乃原来有位之臣,农人乃草莽之臣,商工乃市井之臣","商人之买卖乃扶助天下","何以贱视商人营利"。[②] 石门心学的社会影响,显然为安藤藏之于书斋中的"五行自然说"所无法比拟。即使如此,石门心学只是在农民和町人中保持一定的影响,对大局的发展进程并无左右的能力。真正对政治生活产生强烈影响的应为国学、兰学和经世学等新兴学派。

国学,亦称"皇国学"。国学倡导排佛斥儒,否认神佛一体观念,鄙视儒学和儒学者;主张复古,即研读日本的古典书籍,焕发日本固有的民族精神,从而复兴并弘扬古代的"皇神之道",尊崇皇室,振兴神道。国学兴盛于德川时代中期,其先驱学者为德川前期的佛教真言宗僧侣契冲(1640—1701)和歌学者、居士下河边长流(1627—1688)。契冲通过对《万叶集》的深入研究,

---

[①] 《自然真营道》,《日本思想大系》45,岩波书店,1981年,第288、316、312页。
[②] 《都鄙问答》,林屋辰三郎等编:《日本历史史料大系》5,《近世》2,大阪书籍股份公司,1978年,第333—334页。

认为中世的歌学因掺杂了儒佛之学而谬误累累,应重新加以注释,以正本清源;强调"神国"日本固有的神道,应加以发掘提倡以取代佛法儒学。理由是:"本朝乃神国也","上古之时,唯以神道治天下";认为《万叶集》等"和歌如千锤百炼之黄金指环,上可以通道,下可及世间人情",事关盛衰兴亡和神道精神的探索,必须加以切实研究。同时,深受儒学熏陶的契冲又认为神道幽玄,难以预测,认为应该"以神道为本,兼取儒佛"。① 这种神、儒、佛三教混淆的思想拼盘现象,说明国学在初创时期难以遽然避免儒佛的影响。下河边长流在密友契冲启发下,研读《万叶集》,致力发现日本固有的精神,撰成《万叶集管见》、《万叶集名寄》等研究著作。他们的探索,还停留在对《万叶集》等诗歌集开展文献研究的范围内,但作为国学的开山鼻祖,契冲、下河边长流已提出崇尚神道,强调探寻儒佛尚未传入之前的日本"古人之心",摆脱"可笑"的"儒典佛书"禁锢等基本主张。

继契冲之后,先后扬名于德川时代中期的"国学四大人",把国学的研究和传播推向高潮。其中,契冲的弟子神官荷田春满(1669—1736)主张从研究《万叶集》、《古今集》入手,钻研"神国"日本的固有精神。荷田痛惜儒佛兴盛而"国家之学废堕"的现状,对阴阳五行之说充斥神道强烈不满,为此上书幕府,要求振兴"皇神之教",焕发国乃"神国",道乃神道的精神,较早提出"国体论"的基本观点。②

荷田的弟子贺茂真渊(1697—1769)出身神官,继承师训,主张埋头钻研《万叶集》、《古今集》、《源氏物语》、《古事记》、《日本书纪》等古代诗歌文学和史著,在肃清附会、追随儒佛等外国之道学风的过程中,发现并弘扬日本固有的民族文化精髓。为此,贺茂公开提出"回归古代"的口号,还把他所阐发的古道精髓,概括为"皇神之道"。③ 经贺茂之手,国学的基本立场更加完整化和系统化,作为新兴学派而浮出水面。但代价沉重,因为贺茂对儒学否定的同时,也在灌输片面的认识论和极端的种族优越论理念。在《国意考》中,贺茂首先对儒学圣人大加贬斥,认为尧将天下禅让给历山的农夫舜,并非至善而是"过善为恶";舜又将天下禅让给恶人的儿子禹,禅让未必尽善;周文王夸称天下三分有其二引来杀身之祸;周武王伐纣未必被舆论所认同;周公

---

① 《杂说一,〈万叶代匠记〉总释》,《日本思想大系》39,《近世神道论 前期国学》,岩波书店,1972 年,第 315、310—311 页。
② 《创学校启》,《日本思想大系》39,《近世神道论 前期国学》,岩波书店,1972 年,第 335、333 页。
③ 《国意考》,《大日本思想全集》9,常磐印刷股份公司,1933 年,第 31 页。

灭殷商诸侯四十余家,杀伐凶狠,故孔子对周公灭人之国颇有微词。尤其是儒学传入日本,导致君臣分离和动乱。对当时称之为"唐国"的中国,贺茂也不无贬薄,认为日本是"人心正直之国,教导虽少但能遵守";"唐国人心险恶","朝闻教,夕已忘之";日本的"复古之道"堪与天地无穷,"唐国之道"转眼即逝,如此等等。① 对佛教,贺茂也加以指责和抨击。

贺茂的弟子,问屋商人出身的本居宣长(1730—1801),为国学的集大成者。本居耗尽心血,完成了 44 卷的大部头著作《古事记传》。本居坚信以"天照大神"为主角的神代记述是信史;批判儒学中的易姓革命观,颂扬以死报效皇室的忠臣楠木正成。值得注意的是,本居对日本文化的民族特性进行了有深度的探讨和概括,认为贯穿古典名著《源氏物语》的精髓,即为日本民族所独有的"物哀"之心。他说:"所谓物哀,首先是怜悯一切细微之物。所见所闻,心之所感,成叹息之声,今以另言之,则为'啊——',此即物哀是也";"遇当感之事,心无所动,无所感,是谓不知物哀,乃无心之人也"。② 本居还把"物哀"之心用诸于现实政治,强调百姓和町人集体告状的"强诉","看似小事,实非小事,乃甚为重大之事也",认为"强诉"之所以发生,"皆非下之非,皆乃上之非也"。③

对本居执弟子礼的平田笃胤(1776—1843),以研究《古事记》、《日本书纪》见长。平田受道教神仙说的影响,向往并热衷于宣扬"记纪"中记述的"神代"世界,鼓吹"神国论"和"日本优越论"。他将宇宙解释为天、地和黄泉等三种层次;认为"皇国"日本上有天照大神君临的天界,下有须佐之男命神幽居的黄泉界,居于大地各国之首,故日本是"皇大御国,乃万国本御柱之御国","卓越于万国","我天皇熟知君临万国大君之真理,后亦知灵魂之去向",要求门徒"坚定大倭心"。④ 同时,平田把神道提高到无以复加的高度,以神和神道解释儒学的伦理道德,强调"皇神之道"的基本宗旨。他认为:儒学的"敬义仁智勇"等人伦五常,都是神意的体现;现世人的行为均受到幽冥之神的审视和善恶的评判;人性由天神赋予,只有除掉私智,人的行为方能符合神代的要求,方能生活在真正的神道世界、即"皇神之道"的世界中。"皇神之道"的宗旨是"清净为本,避恶污秽,事君亲以忠孝,惠妻子,多生子

---

① 《国意考》,《大日本思想全集》9,常磐印刷股份公司,1933 年,第 7—15、31 页。
② 《源氏物语玉之小栉》,林屋辰三郎等编:《日本史史料大系》5,《近世》2,第 320 页。
③ 《秘本玉栉笥》,林屋辰三郎等编:《日本史史料大系》5,《近世》2,第 321 页。
④ 《灵之真柱》,林屋辰三郎等编:《日本史史料大系》5,《近世》2,第 323 页。

孙,家族和睦,取信于朋友,怜惜奴婢,光耀门庭"等;攻击佛教是"神敌",指责释迦牟尼"抛君父"、"弃妻子",违反人性,等等。①

"国学四大人"对国学的发展分别做出了不同的学术贡献,他们倡导和宣扬日本固有的民族文化精神,在当时的历史条件下,具有一定的积极意义。首先,国学从排佛斥儒的批判立场出发,对幕府实施思想控制的两大工具佛教和朱子学展开了猛烈攻击,有助于削弱领主的人身和思想控制。其次,国学的复古主张,即重返尚未建立幕府专制统治的古代世界,反映了农民、町人对幕藩领主政治腐败与搜刮盘剥的强烈不满,并在政权更替的关键时刻,使复古成为维新政府的旗号。第三,国学极力推崇"皇神之道",并对"神代"世界加以刻意渲染,是在鼓吹神道外衣包裹下的尊王攘夷意识。幕末的著名国学者大国隆正、玉松操等,与下级公卿、武士岩仓具视、大久保利通等密谋倒幕计划和新政府的建构,即把尊王的主张变成了实际政治行动。

与此同时,国学标榜弘扬日本固有的民族文化神髓,日本文化的神秘性乃至鼓吹极端的民族优越意识,消极影响深远。离开了儒学和佛教等外来文化的滋养,日本传统文化只能倒退到巫咒时代,而且日本文化的"固有性"也绝非国学者所说的那么纯正。由于国学者自幼深受佛教、儒学的熏陶,治学于幕府时代儒佛为尊的现实社会,因此,在其国学的阐释中,仍无法完全摆脱儒佛特别是儒学的思想影响。在许多场合,国学者甚至要借助儒学来宣扬国学。例如,在平田笃胤的人伦五常观、"皇神之道"的宗旨阐发中,儒学的五伦五常几乎是被原汁原味地和盘托出,甚至还夹杂了道教五福论的若干成分,变成贴上神道标签的思想大杂烩。

另外,国学的历史积极意义只是相对而言的。其复古的主张,表达了社会大众尤其是町人和农民要求摆脱幕藩领主统治的意愿。实际上,国学的主要研修者,也多半来自町人和农民。本居宣长和平田笃胤的大多数门徒为町人、农民、神官。换言之,国学研修者的多数成员,均为幕藩领主统治的被损害者,同时也是时代的落伍者。他们对现状不满,却看不到未来发展的前景,只能在向后看的历史回忆中,乃至在"皇国"、"皇神"的极端自我夸大和陶醉中,寄托自我满足的虚幻憧憬。作为反映没落社会群体的没落情绪的国学,其价值取向复杂,甚至是相互矛盾的。随着时代的进步,国学的积极作用迅速减少并走向反动。真正能够与时俱进的新学说,当属海外输入

---

① 《玉襷》,《日本思想大系》50,《平田笃胤 伴信友 大国隆正》,岩波书店,1973年,第202、191页。

的兰学。

兰学,即德川时代的西洋学,因借助荷兰语学习欧洲近代医学、天文、地理、数理化等自然科学知识而得名。兰学在日本发展曲折,逐渐形成受制于官方和民间自行发展等两个兰学者群体。

官方控制下的兰学者群体,具有明显的御用性。锁国后,幕府加紧对进口西洋物品和人员的严格管理,只保留长崎出岛的荷兰商馆,与欧洲保持着有限的联系。作为来日贸易的交换条件,荷兰商馆的馆长必须定期前往江户拜见幕府将军,呈交"荷兰风说书",即荷兰文的国际消息资料汇编。幕府指定少数专门人员加以学习、研究,严加控制。

1708年(宝永五年),意大利传教士西多奇冒险潜入日本传教,被警备人员逮捕。1709年,以正德之治而闻名天下的幕臣新井白石(1657—1725)传讯西多奇,多方探询国外情势。事后,新井根据传讯记录,写成《西洋纪闻》、《采览异言》等著作。这些著作记述了当时各国发展的最新动态,丰富了日本人的国际知识,有助于对外部世界的理解,对兰学的孕育也不乏积极意义。在此期间,长崎町人西川如见(1648—1724)费尽周折,利用各种渠道,搜集并整理从荷兰商馆或赴日贸易的中国商人处得到的信息资料,著成《华夷通商考》。书中介绍了有关西洋、中国和东南亚的地理、物产,社会风俗等情况,对打开日本人的眼界不无益处。尽管如此,这一期间有关西洋世界的认识仍带有偶然性,零散而不成系统。

至享保年间(1716—1736),兰学得到兴旺发展的良好机遇。执政的第八代将军德川吉宗(1684—1751)政治视野开阔,喜好海外新奇事物。在主持享保改革的过程中,吉宗提倡奖励"有用之学"而不问华夷之别。1720年,吉宗宣布汉译西洋图书解禁,允许非天主教宗教图书之外的汉译西洋书籍在市场上流通。"洋书解禁",为西洋文化的流传、从而为兰学的滥觞打开了方便之门。

作为兰学的两大基础学科的天文学和医学,也在吉宗时代取得前所未有的新进展。1716年,吉宗任命颇有声望的西川如见为主管观测天象的"天文御用",派员制造浑天仪,1744年在神田设立天文台,促进了天文学的发展。吉宗对西洋医学和医术颇感兴趣,故命汉医、本草家青木昆阳(1698—1769)和野吕元丈(1693—1761)等学习荷兰语。吉宗采取的开放政策,为兰学的发展和最终形成奠定了基础。

1774年,青木昆阳的弟子前野良泽(1723—1803)与其友杉田玄白(1733—1817)等8名志同道合者,耗费了4年时间,把荷兰文的《解剖学》汉译为四卷本的《解体新书》。以此为标志,兰学正式形成。兰学在其形成过程中,形成师承关系,人数急遽增加。前野良泽和衫田玄白的弟子大槻玄泽(1757—1827)以弘扬师门新学说为己任,著书《兰学阶梯》,授徒凡百余人。在这个过程中,具有近代科学知识的新兴知识分子纷纷成才,逐步形成新时代所需要的人才梯队。兰学者中,不乏杰出人才。杉田玄白的朋友平贺源内(1729—1779)刻苦研读,勇于实践。他在学习物理、化学、医学课本的同时,还试制石棉布,仿造蓄电器、温度计,并能编写剧本、小说,可谓多才多艺。

民间自行发展的兰学者群体,是兰学日益普及的结果。在城市开设的民间兰学私塾中,有土生玄硕的迎翠堂、吉田长淑的兰馨堂、小石元瑞的究理堂、伊东玄朴的象先堂、佐藤泰然的顺天堂塾等十余个兰学塾。其中,绪方洪庵在大坂创办的适适斋塾最为有名。绪方洪庵(1810—1863)是个兰医,曾师事平井信道。1836年设塾授徒,门人数以千计。著名者,如大村益次郎、桥本左内、福泽谕吉、箕作秋坪、佐野常民等,他们在文明开化和近代制度的建设中功不可没;大鸟圭介、花房义质等先后出任驻朝鲜公使。仅仅一群洪庵弟子的活动,就勾画了幕末至明治初年历史活剧的主要情节。值得注意的是,兰学形成了人才梯队。洪庵的弟子大村益次郎和福泽谕吉又分别创办了鸠居堂、庆应义塾,扩大了兰学者群体的社会影响。拥有兰学孕育的新兴知识分子集团,是日本近代化之所以走在中韩两国前面的重要原因。

在前述的兰学发展过程中,外来的影响至关重要。其中,汉字文化乃至汉译西洋图书发挥了积极作用,乃是不争的事实。但研究者往往对此不置一词,因而极易造成错觉,以为兰学与中国无关,把兰学看成是日本学者与近代欧洲自然科学直接对话的结果。实际上,由于德川时代盛行仰慕汉学之风,知识人包括兰学者的汉学造诣颇高。他们喜用三个字的汉语式姓名,更以汉学修养深厚而自豪。作为兰学形成的标志性译作《解体新书》用文言汉文出版,是汉学与兰学相得益彰的例证。

当然,西欧学者的来访与讲学,确实发挥了推波助澜的积极作用。1775年,瑞典著名学者森伯格(Thunberg)应荷兰商馆的邀请,来日本讲授医学、天文、物理和经济。1779年学者蒂赛夫(Titsingh)出任荷兰商馆馆长,旅居长崎达5年之久。他们在日本讲学,开展调查,回国后出版《日本植物志》等著作,向欧洲介绍日本。

旅日本欧洲学者中,影响最大者,当数1823年作为荷兰商馆医生来日本的德国学者西博尔德(Siebold)。由于其医术高明、学问渊博,幕府特允许西博尔德上岸,在长崎郊区开设泷鸣塾,招徒授业长达5年之久。1832年西博尔德的弟子高野长英协助田原藩武士、渡边华山,与幕臣江川英龙、川路圣谟、松平乘豪以及儒官古贺侗庵等组成的兰学者沙龙团体"尚齿会"(也称"蛮社"),研讨兰学和西洋事物,关注时局的发展。一时间,兰学乃至"兰癖"之风大盛,涌现了语言学方面的宇田川玄随、天文学方面的志筑忠雄、历算方面的高桥景保、物理学方面的青地林宗、植物学和化学方面的宇田川榕庵、电气方面的桥本宗吉等学有专长的著名学者。

在城市兰学风气的浸润下,农村的"在村兰学"也在悄悄地发展。在村兰学的主要传播者是西医"在村兰方医",他们进城入兰学塾求学数年乃至十数年后,重返故里行医。据调查,1868年在21所兰学塾学习的59名三河国(今爱知县境内)人中,43人来自农村,其中一半以上的人为町村医生子弟。① 他们学成返乡后,采用内科、外科、妇科、儿科等西医治疗技术,开业行医。兰方医在中医"汉方医"主宰的农村町镇医疗领域,另辟西医的新天地。在把欧美的近代医学、医术推广到农村的同时,他们也传播了海外的新知识,从而为明治初年文明开化风潮进入农村,预做准备。

在未给统治者制造任何麻烦的限度内,幕府对兰学采取宽容和奖励的方针。1811年,幕府在天文方新设"蕃书和解方",主持将"国家有用"的荷兰文图书翻译成日语的事务。官方兰学者只管埋头钻研西洋的自然科学知识,无意过问政治。然而,随着19世纪30年代东北亚国际形势的变化,欧美列强的舰船越来越频繁地出没日本近海。在外来冲击的刺激下,官方兰学者开始关注现实问题。

深受1837年美国"摩里逊"号事件刺激,1838年"尚齿会"的高野长英著《戊戌梦物语》,抨击锁国政策。在书中,高野自言"心痛国事",身心俱疲,遂伏机掩书入梦。睡梦中,与硕学鸿儒数十人聚会,议论时政。与会者误将美国船"摩里逊"号当成英国船,对地理纬度和国土面积与日本相似的英国大加赞扬,认为英国之所以富强,是因为对外开放,"注重与各国开展贸易,远航各国,开发不毛之地,令人民殖民,教育土著";在美洲、印度、非洲、东南亚等地,拥有广阔的国外领地和2.586万艘舰船,官兵58万余人,堪称五大洲的头等强国;在英国,"国人敏捷","做事认真","勤于文学","研究工技","磨炼武艺","以国富民强为要务"。此著对幕府的锁国方针提出强烈质疑,

---

① 田村哲郎:《在村兰学》,名著出版社,1989年,第7页。

主张受理英国船送来的日本漂流民,也接受其通商要求。① "尚齿会"的另一位活跃人物渡边华山也因"摩里逊"号事件,著《慎机论》,纵论世界局势,抨击时弊。渡边认为西洋各国制度、风俗、人品有异,但均"以法治一国,有君有师,君传子,师传贤","据其天赋气质,使就道艺二学";因此,其"艺术精博"、"政教羽翼鼓舞"和"审视天地四方,布教礼国"等均为中国"唐山"所不及;强调在亚洲,"不与西洋人通信者,唯我国而已",因而要求日本与英国建立经贸关系,抨击幕府权臣、儒臣目光短浅、无所作为,疾呼不可"束手而待寇来"。② 高野、渡边对锁国政策的批判,刺痛了幕府。朱子学林家的传人、目付鸟居龙藏等出于对新兴兰学的忌恨,趁机诬告渡边等欲偷渡无人岛,图谋不轨。1839 年 5 月幕府下令逮捕渡边、高野,查禁"尚齿会"。渡边和高野在严酷的政治迫害下,先后自杀,史称"蛮社之狱"。经过这次镇压,官方兰学趋于消沉。民间兰学者却一如既往,继续发展。因此,在后来倒幕维新运动中呼风唤雨的杰出人物多来自民间兰学者群体。

与兰学兴起大体同步的另一新学派为经世学。经世学的政治理念是朱子学"治国"、"平天下"的入仕思想,其灵魂是国学的"国体"意识,兼具兰学超越岛国狭隘界限的世界眼光。经世学是各学派相互交融的产物,具备集不同学派之所长的综合优势。正因为如此,在诸多学派兴起并展开争鸣的德川时代,唯独经世学提出了相对完整的进攻型国家发展战略,为近代日本的崛起而未雨绸缪。

元禄时代之后,幕府的统治由盛转衰,幕藩体制内部的各种矛盾开始暴露。这种社会现实在学术思想领域的反映,是儒学界在继续维护君臣伦理道德的同时,更加关注现实问题,讲究为政之道。1717 年荻生徂徕著《辨道》,认为"先王之道,先王所造也,非天地自然之道也。盖先王以聪明睿智之德,受天命、王天下。其心以安天下为务,是以尽其心力,极其智巧。作为是道,使天下后世之人由是而行之,岂天地自然有之哉"。③ 1727 年著《政谈》,荻生认为"建法度"、"衣食足"、"立制度"、役吏之仪皆乃"治之本";强调礼乐政刑是"正道",是圣人的为政之术;故应该以为政之术的成败得失,作为评论各时代政治是非功过的标准。④ 荻生突出儒学为政之道的一面,削

---

① 《戊戌梦物语》,《大日本思想全集》第 13 卷,常磐印刷股份公司,1933 年,第 302—308、319—321 页。
② 《慎机论》,《大日本思想全集》第 13 卷,第 332—333、340 页。
③ 《辨道》,《日本思想大系》36,《荻生徂徕》,岩波书店,1974 年,第 201 页。
④ 《政谈》,《日本思想大系》36,《荻生徂徕》,第 273、303、311、366 页。

弱了儒学倡导道德修养的另一面,把儒学经世致用、治国安邦的现实应用性提升到前所未有的高度,开启了经世学的思想源流。

在田沼时代,商品经济、对外贸易空前活跃,在注重实惠、利益,贿赂成风的纸醉金迷世风之下,儒学的道德说教愈加苍白无力,入仕经世意识受到欢迎。田沼时代还是兰学形成学派并兴旺发展时期,研究海外新奇事物、享用五花八门的舶来品,成为时尚。兰学乘"兰癖"之风,迅速传播。与此同时,倡导"皇神之道"、尊王敬神和悲天悯人的国学,也进入"四大人"名震海内的兴旺时期,研学者趋之若鹜。在此形势下,融会儒学、兰学和国学诸说之长的经世学破土而出,经世学者也往往具有研修儒、兰、国学等三学的经历。

经世学派早期的代表人物工藤平助(1734—1800)出身仙台藩医世家。他初学经史,后交结桂川甫舟、大槻玄泽等兰学者,见识广增,并获利于荷兰商品的贩卖。1783年,工藤向幕府进呈《赤虾夷风说考》,评述俄国的远东政策和"赤虾夷"堪察加半岛的现状,建议与沿千岛群岛南下的俄国主动开展贸易,从中赢利并借以开发虾夷地(今北海道),变相提出开港论的主张。

林子平(1738—1793),江户人。自幼饱学汉学、古学,与工藤以兄弟相称,结交了不少兰学者。曾漫游国内各地,并在长崎逗留多日,与旅居在当地的荷兰、中国商人交往,了解海外情势。1785年著《三国通览图说》,1786年著《海国兵谈》,一时颇乎人望。林子平在其著作中,比较系统地提出了开港贸易论和海国防卫论。他认为:"江户日本桥下之流水,经海路直通中国和荷兰",日本是连通世界大洋的海国;南下的俄国对日本造成了最大的威胁,必须加强国防;水战、铸炮为海国武备之根本,岛国日本的国防之要在强化海军军备,参照欧洲的样式造船,演练水军。[1] 他还解释说,其著述《三国通览图说》的目的,"在于明确日本之三邻国朝鲜、琉球、虾夷地之地图",一旦时机到来,"日本英雄率兵进入此三国时,能暗记此图以应变"。[2] 顺便提及,在林子平绘制的东亚彩色地图中,用同一颜色标明钓鱼岛为中国版图内的群岛。

本多利明(1743—1820),越后国(今新潟县)人。深受阳明学、徂徕学的影响,还通过研读汉译西洋图书,掌握了欧洲的天文、地理、数学、测量学的学理和技术。曾挎刀游天下,驾船前往虾夷地。1798年著《经世秘策》、《西

---

[1] 《海国兵谈》,《大日本思想全集》第13卷,吉田书店,1933年,第18、8、10—11页。
[2] 《海国兵谈·自跋》,《林子平全集》,生活社,1942年,第388页。

域物语》,1801年著《贸易论》、《经济放言》等骇世之作。本多的经世思想包括内政改革论、官营贸易论、殖民地经营论和称雄世界论等。他认为:幕藩领主应提倡研修数学、天文、地理学和航海术;改设郡县制,起用德才兼备的英俊之才而不问出身门第;鼓励国产品的开发,拓展开港贸易,实现"万民增殖"的目标;待国力富强,则进而开发虾夷地,殖民堪察加,"渐次兴业,取得大成就",使"东洋的大日本岛"与"西洋的英吉利岛"并驾齐驱,同时成为世界第一的"大富国"和"大刚国"。① 在《贸易论》中,本多颂扬丰臣秀吉是"顶天立地的大英雄",鼓吹"发动战争,谋取国家利益乃为君之道的秘密",断言"贸易之道"即"战争之道",时机到来则"进攻外国并占领之"。② 在其论述中,本多较早地提出了改造幕藩体制、对外扩张并一举成为世界强国的目标,将经世学的阐述提升到国策的高度。

海保青陵(1755—1817),丹后国(今京都府)人。行踪遍及30余藩国;治学深受徂徕学、兰学的影响。从1789年起,用"国字"即日文撰写有关国计民生、理财之道、兴利之学、事论政论的文章,并集成著作数十卷。青陵倡导重商主义的富国之策,以著名的"买卖论"来重新解释和剖析社会原理、人世伦理、君臣关系等问题。他认为社会的根本原理即商业交易的买卖规则,"买卖利息"即为"天地的道理原则";"理即利";自古以来的君臣关系乃"市井之道也",即君卖臣以知行禄米而得其力,臣卖其力而得其米;年贡是领主把田地借贷给农民的利息,等等。结论是:轻视商业是愚蠢之举,武士也应该把经商作为其副业,富国的核心问题就在于赚取金钱。③ 青陵用重商主义的"买卖论"揭破朱子学虚伪的道德说教,提出在金钱面前人人平等而否定身份等级制观念等,在当时具有一定的积极意义。但是,他把商业流通视为社会财富的源泉,则是只见树木不见森林,甚至本末倒置,反映了町人商业资本的立场和认识的局限性。

经世学的集大成者当属佐藤信渊(1769—1850)。佐藤与本多均出生在日本海沿岸的商贸之地越后国。佐藤家富足殷实,为当地农学世家,学风务实。信渊聪明好学,曾游学四方,先后师事宇田川玄随、井上仲龙、平田笃胤、吉川源十郎等著名学者,还与"尚齿会"的渡边华山、高野长英交往密切。他先后研修兰学、儒学、国学和复古神道,喜读阳明学、徂徕学和经世学的名

---

① 《经世秘策》,《日本思想大系》44,《本多利明 海保青陵》,岩波书店,1981年,第42页。
② 《贸易论》,《日本思想大系》44,《本多利明 海保青陵》,第182页。
③ 《稽古谈》,《日本思想大系》44,《本多利明 海保青陵》,第222—223页。

家名作。在文化年间(1804—1817),著《海防策》、《铁炮穷理论》、《西洋列国史略》等;在文政年间(1818—1829),著《经世要略》、《宇内混同秘策》、《天柱记》、《镕造化育论》、《经济要录》、《农政本论》、《草木六部耕种法》等著作;在天保年间(1830—1843),著《物价余论》、《经济问答》、《复古法概言》、《复古法问答书》等;在弘化至嘉永初年(1844—1850)年间,著《复古法》、《海防余论》、《存华挫夷论》、《垂统秘策》等。一生著书300余部,凡8000余卷,堪称杂学大家。

佐藤的学说虽杂,但其经世的思路却很清晰。概言之,对内建议幕府实施全面的制度改革,对外则进行大规模的侵略扩张,最终让世界各国均臣服"皇国"日本。在其国内制度改革论中,信渊主张把江户改称东京,并迁皇都于此地;废除邦国林立的幕藩体制,改任大名为国家官吏;建立中央集权的三台六府新体制,即在天皇之下,设立教化、神事、太政等三台,下辖农事、开物、制造、融通、陆军、水军等六府,形成皇权至上的中央集权体制;撤销现存的士农工商等级身份制,改行诸业平等的八民制,即人分草民、树民、矿民、匠民、贾民、佣民、舟民、渔民等八民,皆可为国家官吏或国家劳动者,一民一业,不许兼业;废除租税,土地国有,禁止私营,诸业一律公营;确立国民教育制度,在各地设置小学校,普及教育;开办医疗、救济、慈善机构,保障民生,等等。① 上述主张,似乎预言了几十年后开始的明治维新。

在其对外的策略中,佐藤呼吁航海通商、"紧急强化日本全国四海兵备",积极主张进攻型的武力海外雄飞论,并明确规划了以西侵中国为主,兼顾北进、南进的多点进攻方向。在1823年写成的《混同秘策》的总论部分中,将日本外侵的理由、路线、步骤及最终目标等都逐一加以说明。佐藤宣称:"皇大御国乃大地最早创建之国,为世界万国之根本",因而有权迫使各国向"皇国"日本称臣。他强调:"皇国欲开拓他国,必先从吞并中国开始";"当今最易被皇国攻取之地,莫如中国的满洲";欲夺取满洲,则应先攻占黑龙江流域,再南下松花江、盛京,继而兵进山海关,占领江南;一旦"将中国纳入日本版图,其他如西亚、暹罗、印度诸国"必"慕我之德,畏我之威,叩首匍匐而甘为臣仆"。② 百余年以后,据传由当时的首相田中义一呈交给天皇裕仁的密件"田中奏折"被曝光,国际舆论为之哗然。如果将两个文件加以比

---

① 佐藤信渊:《混同秘策》,《日本思想大系》45,第439—457页;《垂统秘录》,《日本思想大系》45,第488—517页。
② 佐藤信渊:《混同秘策》,《日本思想大系》45,第426、428页。

较,则后者的"如欲征服中国,必先征服满蒙;如欲征服世界,必先征服中国;若中国被我完全征服,其他如小亚细亚、印度、南洋各民族,必敬畏我国而降伏于我"[①]的侵略方针,不仅在思路上与前者如出一辙,而且在措辞上居然也大同小异。这种相似性,可以为探讨"田中奏折"的真伪提供个案研究对象。

经世学派在总体上为近代日本进攻型的国家发展战略提供了若干思想素材,如外侵的武力手段、路线图、终极目标等。近代日本迅速崛起的主要原因之一,在于明治政府登台伊始就制定了适应当时国际形势的国家发展战略。进攻型国家战略的制定,又同经世学的先期探索有着密切的联系。

总之,江户时代学派的活跃,为近代日本的发展积蓄了新兴知识分子人才,提供了外向型国家战略的思路,这是幕府时代为明治维新留下的一笔丰厚的思想遗产。

第四节 庶民教育的遗产:寺子屋教育的普及化

明治时代,日本进入近代化急行军的历史新阶段。在实现近代化的过程中,近代国家效能的发挥、国民思想的统合、大工业生产技术的导入和推广,乃至劳动大军的效率化,都对国民教育及其普及程度提出基本要求。明治时代的教育,特别是初等教育的普及,为人们所津津乐道。然而,明治时代的初级教育却并非白手起家,其基础早在江户时代奠定。恰恰在这方面,凸现了江户时代历史遗产的社会贡献,展示了历史发展的连续性。与士农工商等级身份制相适应,江户时代的武士子弟一般在藩校、乡学中接受教育,农工商的子女则主要受教于寺子屋。由于后者人数众多,是开展国民教育的基础,因而作为文化教育的历史遗产,更具社会意义。

一 寺子屋教育的由来与发展

据《日本教育史料集》记载,早在文明年间(1469—1486),已出现最初的寺子屋。因其在寺院开办,由僧侣、神官或流浪武士担任教师,招收庶民子女进行读书、写字、学习珠算等初步教育,故名。此种私塾,也被称为学文习字的"手习所"、"训蒙屋"。然而,从文明年间直到元和年间(1615—1623),

---

[①] 《田中义一之上奏文(秘)》,《近代的战争》第8卷,人物往来社,1967年,第124页。

整个日本仅有寺子屋17所,大约平均每10年才开办1所。

自元禄年间(1688—1703)起,寺子屋进入稳定增长时期,大约平均每年开办1所,较之幕府初创时期的元和年间,增长幅度大约为10倍。至元禄八年(1695),笹川梅庵已经将入寺庙所办私塾就学的儿童称之为"寺子",称学习场所为"寺子屋"。这些称呼逐渐流传开来,并为上层人士所承认。

享保年间(1716—1735),寺子屋教育加快发展步伐。享保元年,改革派官僚新井白石在追述庶民教育时,说:"习字的转义为寺居,系指在寺庙中学习书写。古昔儿童入佛寺就学,故学者称寺居也。至今世,人教授书写之师家曰入寺,系指寺庙为师家;师家曰寺小屋,学习者曰寺子。"① 至享保七年,寺子屋在江户府内地区已增加到800余所。② 至享保十四年,寺子屋教育更加发展。太宰春台在《经济录》中论述"学政"时,称赞"方今之世,召集七八岁以上之儿童于师匠之家,教授其习字书写,教唱小歌,教读《今川状》、《庭训》、《式目》等,又教九九八算等",是培养天下人才之道。③

经过享保、延享、宽延、宝历、明和、安永年间(1716—1780)的连续增长期之后,进入天明(1781—1788)开始了两位数的快速增长时期。自天明元年至天保元年(1830)期间,寺子屋的开业数累计为1387个,年均开业数为28.3个,是享保至天明元年年均开业数的12.9倍。④

进入天保年间后,寺子屋的发展开始了空前的猛烈增长。至庆应三年(1867),经过37年连续的年均三位数增长,寺子屋的开办数累计为8675个,年均增长数高达234.5所。⑤ 如果将明治元年和明治八年新增的1035个寺子屋排除在外,整个江户时代寺子屋的总数大约为1万余所。⑥

根据授业的内容,寺子屋可以分为多种类型。第一类学校只教读书、识字,占寺子屋总数的半数以上。第二类学校除教读书、识字外,增加了算术课,约占寺子屋总数的两成。第三类学校的课程内容丰富,在读书、识字、算术课之外,又增加了习礼、图画、茶道、花道等课程。第四类学校在前三类的

---

① 新井白石:《骨董杂谈》卷上,《随笔集志》5,芳文堂,1892年,第3页。
② 石川松太郎:《藩校和寺子屋》,教育社,1965年,第143页。
③ 太宰春台:《经济录》卷6,《学政》篇,《日本经济丛书》卷6,经济杂志社,1894年,第245—246页。
④ 石川谦:《寺子屋》,至文堂,1960年,第86—87页。
⑤ 同上书,第87页。
⑥ 同上。

基础上,增设了汉学、和学等课程。第五类学校进而增加了作文、裁缝等实用课程。第三、四、五类学校的授课内容相对多样化,但不到寺子屋总数的一成。可见,寺子屋教育基本上属于初级庶民教育。

总之。在江户时代260余年间,寺子屋教育经历了自元禄至享保、享保至天明、天明至天保、天保至庆应年间的四个发展时期,庶民的初级教育普及率逐步加快。究其原因,固然可以解释为庶民群众对接受教育的渴求,但归根结底,这种渴求又与下述因素有关:

其一,商品经济滋生和发展的推动。在德川家康祖孙三代建立的幕府统治的基础上,经过国内的长期和平发展,至元禄时代,日本已形成全国统一的商品市场。町人阶级中的特权豪商逐渐把持了流通领域,通过向领主阶级发放高利贷而增强了操纵大名经济的能力。在封建等级身份制度下,处于四民之末的町人对其经济实力与社会地位的不对称,越来越感到愤慨和不满。在享受挥金如土奢侈生活的同时,町人也急欲改变其唯利是图的社会形象,强烈关注子女的教育问题。正是在这种情况下,在町人集中居住的三都及诸藩的城下町,大量出现以町人子女为招生对象的寺子屋。

此后,经过享保年间的殖产兴业,特别是田沼时代重商政策的刺激,商品经济的繁荣发展,町人的整体实力和社会地位大为增长,对建立和发展独立的教育要求进一步提高。1724年(享保九年),在町人的资助下,在号称"商都"的大坂创办了汉文私塾怀德堂(亦名怀德书院、大坂学问所)。怀德堂的"怀德"两字,出自《论语·里仁篇》的"君子怀德"句。办学宗旨即1726年写入怀德堂壁书上的三条规则,其中,第一条规定"学问之道在尽忠孝,勤职业;讲授也须遵循此一宗旨"。① 将武士道所津津乐道的"忠"、"孝"以及奉公意识,作为町人子弟教育的准则,一体奉行。怀德堂还聘请三宅石庵、三轮执斋、五井兰洲等著名朱子学、阳明学者为教授,讲授程朱陆王之学,满足了町人道德修养不亚于武士的精神追求。町人活跃在国内市场流通领域,能用灵活的态度对待儒学派系林立的现实。因此,怀德堂兼容儒学各流派而较少门户之见,也未将朱子学视为不可侵犯的官学。诚如三宅所说:"朱陆王并子皆吾道宗子,斯文之大家也。世人为朱学者,指陆为非;以王为学者,又以朱为非,各各皆有压倒之气,是不知三先生之心也";强调"学乃天下公器,然则以朱为本,以王为本,所本虽异,其私一也"。② 怀德堂成为町

---

① 相良亨等编:《江户的思想家们》(下),研究社,1982年,第77页。
② 同上。

人教育的最高学府,但就学者毕竟数量有限。因此,重视子弟教育的各地城下町的町人们纷纷毫不吝啬地支付学费,竞相将子女送入寺子屋就学。在町人的推动下,出现天明、天保期的寺子屋教育的兴旺景象。

相对城市町人的日趋活跃,分散在广大农村中的豪农豪商也在农村市场形成的过程中,产生了对掌握文化和子女教育的强烈需求。特别是豪农豪商得益于田沼时代幕府推行奖励商品作物种植、新田开发等重商政策,随着商品经济活动的日益活跃,对经商时必备的书写、记账、计算能力的掌握也越来越迫切。豪农豪商及其子女人数众多,所急需的只是初等的实用教育。因此,在经历了田沼时代的实力增长期之后,农村豪农豪商对教育的需求,成为天明、天保期寺子屋教育急剧增长的又一主要推动力量。

其二,士农工商阶级社会地位异动的结果。作为自然经济向商品经济转型在社会关系中的反映,士农工商的等级身份制由有序而逐渐无序化,由稳固走向松散。随着身份等级制的日益紊乱,农工商阶级要求打破武士阶级对文化教育的垄断,与文人化的武士阶级向农工商阶级的靠拢在同步进行,越来越多的武士不得不充当寺子屋的"师匠"以为稻粱谋。

上述变化,对寺子屋教育的发展产生了直接的影响,并表现在寺子屋教育的师资构成中。据统计,在江户,寺子屋教师"师匠"的53%为庶民,42%为中下级武士,3%为僧侣,2%为神官;在关东地区,师匠的40%为庶民,18%为僧侣,7%为武士,4%为神官,1%为其他出身者,26%不详;在东北地区,师匠的36%为武士,31%为庶民,8%为僧侣,8%为神官,8%为医生,6%为其他出身者,3%不详;在近畿地区,师匠的33%为庶民,29%为僧侣,10%为武士,9%为医生,5%为神官,1%为其他出身者,14%不详;在中部地区,35%为庶民,20%为僧侣,8%为武士,6%为医生,5%为神官,1%为其他出身者,24%不详;在中国地方,师匠的34%为庶民,24%为武士,13%为僧侣,12%为神官,9%为医生,1%为其他出身者,8%不详;在四国地区,师匠的29%为庶民,21%为武士,17%为医生,僧侣和神官各占4%,1%为其他出身者,24%不详;在九州地区,师匠的40%为武士,36%为庶民,8%为僧侣,5%为医生,4%为神官,1%为其他出身者,7%不详;全国的平均状况是:师匠34%为庶民,20%为武士,16%为僧侣,8%为医生,7%为神官,1%为其他出身者,14%不详。[①]

从以上寺子屋师匠的社会身份来看,庶民出身者占有相对的优势,武士

---

① 石川谦:《寺子屋》,第124、140、145页。

次之,僧侣、医生、神官等又次之。若将非武士身份者合在一起,几乎占到了师匠总数的80%左右。这种比例说明:一方面,武士垄断文化教育的局面已成为明日黄花,现实生活的需求,促使非武士出身的其他身份的人承担起社会初级教育的责任,因而在无形中打破了武士阶级对文化的垄断。另一方面,即使是高居四民之首的武士,也不得不走上并非以武为业的岗位,以教书匠的收入来补充家计。兴办教育,即使是初级教育,师资来源是必须首先解决的实际问题。由商品经济引发的社会身份变动,将越来越多初通文化的人群驱入寺子屋师匠的队伍之中。这种变化,愈临近幕府统治的危机时刻,就愈加明显,从而确保了师资来源的稳定增长,并使寺子屋教育的普及程度日益广泛。

二 寺子屋教育的社会意义与影响

概括起来看,江户时代寺子屋教育的社会意义和影响主要表现为:

其一,有利于社会教育资源配置趋于合理化。

德川幕府成立之初,集各种特权于一身的武士亦文亦武,独占了文化教育资源。随着寺子屋教育的发展,人数众多的农工商阶级的子女接受了初级教育,断文识字已经不再是武家子弟的特权。这既是社会经济生活和社会等级身份制度变动的结果,反过来又促成了社会教育均等化的不可逆转。在前述寺子屋教育的四个发展时期中,以天保—庆应时期最为活跃。之所以如此,是因为进入天保时期后,幕藩体制已处于崩溃前夕的风雨飘摇阶段,武士阶级的没落和农工商阶级的崛起,已经成为不可避免的历史发展趋势。处于困境的中下级武士为求生存,越来越多地充当了寺子屋的师匠。此种趋势,在某种意义上,宣布了武士阶级对社会教育资源独占的瓦解。

除了武士子弟在藩校或乡学中接受教育外,寺子屋向占日本人口绝大多数的农工商阶级及其子女敞开了大门,使之得到接受初级教育的机会。在这个过程中,形成培育武士子弟的高层次教育机构与庶民子女接受低层次教育机构并存的二重教育结构。这样,江户时代不同社会等级的子弟,分别在不同教育机构就学,使得社会教育资源的配置由武士阶级把持的片面状态,逐步具有全民性的特点。二重教育结构的产生与发展,在反映社会教育等级区分的同时,也从整体上使教育资源的配置日趋合理化。

其二,提高了全民族的文化水平。

寺子屋教育发轫于城市,随后逐渐向农村扩展,最终形成城乡并存的两种初级教育网络。入学的寺子以男童为主,但也有一定数量的女童入学受教。在寺子屋教育过程中,初入学的小学生"寺子"从掌握字母表"伊吕波歌"开始,学习日文字母"假名"、汉字和简单的计算。随后,入学儿童大都要学习写信、记账,进一步提高文化程度。学习书信"往来物"写作的范本,多为室町时代的《庭训往来》,内容涉及日常生活、竞技娱乐、司法诉讼、医病药物、官府联系、佛教寺庙、季节节庆、军事训练等,内容比较丰富。

另外,寺子屋常用的教材还有与经商理财有关的多种"往来物",如《商卖往来》《问屋往来》,以及讲授珠算技巧、四则运算的课本。通过学习,学童掌握了商卖的专业用语,学会了书写汇票、收据和货单,以及记账和计算等机能。至于《东海道往来》《江户往来》等课本的学习,有助于增强学童对山川地理、历史典故、自然景物、江户生活的知识。寺子屋常用的教材还有:宣扬儒家道德伦理的《实语教》《童子训》;鼓吹农民安心务农、奉公守法的《农民教训状》;从中国引进的庶民道德教化通俗读物《六谕衍义大意》等修身课本。通过寺子屋的德育教育,学童学到了效忠主君、孝敬父母、尊长爱幼、礼敬师长、勤俭诚实、知书达理、安分守己等道德伦理。正是因为寺子屋教育的德育内容符合维系幕藩领主统治的需要,不存在反体制的危险性,往往得到领主的保护。应该说,这也是寺子屋教育得到普遍发展的必要条件之一。

接受寺子屋教育的绝大多数儿童只掌握了读、写、算的初步能力,懂得做人的一般道德伦理。虽说总体教育程度不高,但与目不识丁的文盲毕竟不可同日而语。值得注意的是,由于寺子屋教育大体上采用全国通用的教材,教学内容大同小异。在实施共同的智育和德育教育的过程中所形成的通用性,发挥了超越地域、身份和门庭差异的作用,有利于此后明治政府对国民进行国家、民族意识的培养与整合。

其三,为明治时期日本近代教育的普及和近代化有文化的劳动大军的造就,预先准备了条件。

明治维新伊始,政府就把普及小学教育规定为"国民皆学"方针的既定目标。然而,在百业俱兴、国库经费拮据的情况下,仅靠1872年明治政府发布《学制》的一纸命令,是不可能在数年间创办数万所小学、形成数十万人的教师队伍的。对江户时代寺子屋教育加以继承和改造,是明治初期发展近代教育的唯一现实基础。据统计,至1875年(明治八年),日本全国共有小学校20692所,其中新建校舍仅为3699所,约为校舍总数的18%,其余82%

的校舍均利用了寺子屋的老学堂。① 当时小学校的教师,也多由寺子屋的师匠担任。可以说,没有江户时代寺子屋教育的长期积累,就没有明治初期近代初等教育迅速发展的可能。

明治维新开始了日本近代化全面而急剧的发展过程。靠文盲搞不了近代化。一支具有读写和算术能力的劳动大军,是传播近代企业管理规则和工业技术知识的前提条件,也是推行近代工业、农业建设的基础准备。据统计,江户时代实施寺子屋教育的结果,使日本约半数以上的人口具备识字能力。换言之,半数人口的非文盲化,是江户时代留给明治时期的一笔文化教育的丰厚历史遗产。

第五节 幕末改革:对明治维新的进程产生直接影响

如果和清代中国和朝鲜时代后期的韩国比较,江户时代日本政治史的一个显著特点,就是幕藩领主为克服财政危机而开展的改革相对频繁。进入幕末时期,即从1853年6月美国培理舰队叩击日本国门至1868年4月幕府在江户开城投降,此前大约每隔半个世纪左右推行一次的改革,突然变得密集起来。在短短的15年里,幕府先后在安政(1854—1860)、文久(1861—1864)和庆应(1865—1868)接连进行了三次改革,并在改革中走向灭亡。对明治维新而言,幕末三次改革具有出人意料的效果。

一 幕末改革的连续展开

(一)安政改革

1854年11月27日,② 孝明天皇颁布新年号"安政",寓意政治稳定、天下太平。就在此前一年,1853年6月,美国舰队闯进江户湾,迫使幕府接受了美国总统要求开港通商的国书;7月俄国使节普提亚廷率领舰队进入长崎,提出同样的要求,锁国的日本面临着前所未有的变局。幕府张皇无策,朝廷和雄藩议论纷纷。1854年3月和5月,幕府先后与再次闯进江户湾的

---

① 海后宗臣:《明治初年的教育》,评论社,1973年,第170—171页。
② 1872年12月9日明治政府宣布停止使用太阴历,改用国际公历,并据此确定1872年12月3日为1873年1月1日,每天计时单位也由12个时辰改为24小时。为避免时间记述上的混乱,本书在1872年12月3日之前的记述,采用太阴历,此后则通用国际公历。

美国舰队订立了《日美亲善条约》和《下田条约》,锁国体制动摇。8月8日,心智不健全且体弱多病的德川家定出任幕府的第13代将军。为自救自强,在开明幕臣的主持下,幕府开始推行开港后的第一次改革,即安政改革。

安政改革的主持人阿部正弘原为备后国福山藩藩主,因治藩有方而闻名。1843年25岁时,奉命来江户,出任幕府老中。1845年2月,继水野忠邦之后,任首座老中。阿部深知水野主持的天保改革失败的一个重要原因,是收缴大名、旗本飞地的"上知令"激起众怒而被迫下野,加之初来江户并未形成自身的强大势力,因此,在执政期间,特别注意争取雄藩大名的支持。1851年2月在解决萨摩藩藩主人选的纠纷中,阿部采纳了宇和岛藩藩主伊达宗城等雄藩大名的建议,支持改革派拥戴的岛津齐彬出任藩主;1853年7月,起用水户藩藩主德川齐昭为主管国防的"海防参与",并与福井藩藩主松平庆永等密切关系。在雄藩大名拥护下,阿部按照幕政改革的36条方案,在1854—1857年(安政元年—安政四年)推行安政改革。雄藩大名介入改革进程,是安政改革的基本特征。改革的主要举措是:

(1)削减冗费,充实武备,实施军制改革。1854年7月,阿部任命德川齐昭为军制改革的主持人,调查国内军事状况。在培训近代陆军方面,1855年2月下令幕吏、旗本、御家人及其家臣必须掌握洋式炮术。1856年4月,在筑地铁炮洲开设了讲武所,训练科目除枪剑等冷兵器外,注重对洋式队形和枪炮等热兵器的演练。在培训近代海军方面,1855年于长崎开办海军传习所,聘请荷兰士官传授航海、造船和炮舰使用技术;1857年4月,又在筑地讲武所内增设军舰教授所,招募旗本、御家人和诸藩推举的人员参加培训。与此同时,开始研制国产枪炮:1855年1月,命韭山代官江川英敏设立冶炼优质钢铁的高炉"反射炉",铸造洋式枪炮;1855年6月,汤岛铸炮场开始生产洋式手枪。

(2)设置研修洋学机构,培养洋学人才。1855年6月,阿部设立讨论海防问题的机构,计划召集儒学者、兰学者和炮术家,创办洋学研究机构。同年8月,创办洋学所,以翻译欧美图书资料、了解欧美各国情况,培养翻译人员。1856年2月,洋学所改称蕃书调所,机关设置在九段坂下原竹本图书头的旧宅之中。1857年1月,蕃书调所正式开学,在箕作阮甫等教师的指导下,招募百余名旗本子弟来此研修兰学。此后,根据实际需要,又陆续增设了英语、法语、德语和数理化等新科目。

(3)起用人才。在安政改革期间,阿部破格提拔了诸如川路圣谟、井上清直、岩濑忠震、永井尚志、筒井政宪等一批外交人才,他们在被迫开港、签订不平等条约的谈判中,力所能及地趋利避害。

就在阿部踌躇满志地加大改革力度时,1855年10月爆发的安政大地震造成严重损失,迫使阿部不得不调拨大笔费用应付震灾,以致影响了改革计划的落实。1857年6月,一场更大的政治灾难降临,阿部病故。此一变故使得安政改革人亡政息,早已对阿部倚重雄藩方针耿耿于怀的幕府强硬派首领井伊直弼乘机掌权。1858年4月,井伊出任幕府大老,镇压反对派的"安政大狱"随即开始,支持阿部的雄藩大名被逐出政坛。

(二) 文久改革

1860年3月,大老井伊暴亡于江户城樱田门外。首席老中安藤信正和老中久世广周放弃了井伊的强硬政策,竭力调整和弥合幕府、朝廷与雄藩的相互关系。1861年2月19日,孝明天皇颁发了新年号文久,至1864年(文久四年)2月20日,在安藤—久世政权的主持下,幕府进行了开港后的第二次改革,即文久改革。改革的主要措施是:

(1) 重新定位幕府将军与天皇朝廷的君臣关系,推行公武合体路线,借以强化幕府权威。策划并实施朝廷与幕府之间的政治婚约,促成皇妹和宫下嫁第14代将军德川家茂,是安藤—久世政权公武合体路线的具体成果。在巩固了幕朝关系后,1862年5月,幕府宣布实行新一轮的改革。

文久改革的基本特点是朝廷势力介入政治过程。在外交上,幕府按照天皇废除条约的要求,采取了相应行动。1861年3月,将军家茂致信法国、荷兰、英国、美国和俄国元首,要求江户、大坂和兵库、新潟的开市、开港推迟7年。12月,幕府派遣勘定、外国奉行竹内保德为首遣欧使节团,访问英国、法国、荷兰、普鲁士、葡萄牙、俄国等国。但废约的要求遭到各国拒绝。1862年5月,日英订立《伦敦备忘录》,以日本取消贸易限制、开放对马港并降低部分商品进口关税为交换条件,英国同意江户、大坂开市和兵库、新潟开港推迟5年。同年闰8月,日荷、日法、日俄之间也订立了类似的备忘录。在内政上,幕府也对朝廷旨意做出尊奉的姿态。1862年6月,萨摩藩藩主监护人岛津久光率兵护送敕使大原重德东下江户,宣布了孝明天皇敦促幕政改革的诏书,要求幕府将军西来京都,朝幕共议国是;幕府任命萨摩、长州、土佐、仙台、加贺等沿海五强藩的藩主为五大老,合议防御夷狄事宜;任命德川庆喜为将军监护的"将军后见职",松平庆永为政事总裁,行使幕府大老之权。7月,庆喜和庆永分别出任将军后见职和政事总裁。11月幕府决定实行攘夷的敕旨,12月颁布了新官职,设立陆军、海军总裁,按照天皇诏书的要求,对权力上层结构进行了调整。1863年2月,将军德川家茂、将军后见职庆喜和政事总裁松平庆永抵达京都,对天皇执臣子礼,参拜神社,并宣布自5月30日起,实行全国大攘夷。

(2)与雄藩大名分权,缓和与雄藩大名的关系。1860年9月,幕府解除在"安政大狱"中受到处罚的大名,德川庆喜、松平庆永、山内容堂等重返政坛。其他受到迫害的诸藩人士,也先后予以平反。1862年闰8月,幕府改革参觐交代制度,每3年来江户城1次,允许大名的妻子儿女回藩,不再留作人质。实行200余年的参觐交代制度至此瓦解。1863年12月,组成朝廷、幕府和雄藩三方联手的朝议参预会议,德川庆喜、松平庆永、伊达宗城、山内丰信等雄藩大名出任朝议参预,幕府独揽大权成为过去。在配置权力的问题上,朝政参预会议内部分歧对立严重。1964年3月,参预山内丰信辞职,返回土佐藩。其他参预也纷纷辞职,朝政参预会议至此流产。

(3)强化对国内市场和对外贸易的管理,聚敛财富以维护幕府统治。在幕府于1860年3月下达《五品江户回送令》,规定杂谷、灯油、蜡、绸缎、生丝等5种商品需先运送到江户满足国内市场,再运送到横滨国际贸易市场,加强对横滨贸易统制,并在4月任命大目付久贝正典掌管决定物价、振兴出口、荒地开垦和救济武士的机构"国益主法挂",1861年4月,幕府派遣358吨的商船"千岁丸"前往上海,试图打开并直接掌握中日官方贸易渠道;6月,宣布解除禁止造大船或购置外国船的禁令,允许将其用诸国内贸易。1861年12月下令禁止投机谋利;1861年12月下令敦促庶民使用新铸的精铁钱,1862年1月下令兑换万延新铸的金币大判,禁止收藏旧币,竭力搜刮货币改铸的利润。1862年5月取消对江户进口酒类的限制,6月通告各国驻日代表洋银兑换再延期半年实施;10月向三都及诸藩豪商发表禁止牟取暴利的命令,并重申《江户五品回送令》,禁止直接与横滨外商交易;12月发布命令,严禁濑户内海诸港以高价截留运往大坂的商品等,竭力以行政命令手段控制国内外市场及其流通。

(4)继续组建新式陆海军。为此,设置了负责制订和落实军制改革的"军制挂"。陆军计划组建步、骑、炮兵等3个兵种的近卫常备军,兵员1.3万余人;海军组建江户、大坂港的警备舰队,计划拥有船舰43艘,海军兵员4900余人。在此基础上,进而在全国组建沿岸6个舰队,拥有各类舰船370艘、海军总兵员达到6万余人。[①] 军制改革的目的,在于组建日本国内最强

---

① 芝原拓之:《开国》,《日本历史》第23卷,小学馆,1975年,第135页。

大的近代化军队。1861年10月,伊豆韭山代官江川英敏上书幕府,建议在关东八洲、骏河、远江和三河等国设置农兵。1862年12月幕府发布《兵赋令》,命令不仅幕臣要提供士兵,其领内的农民也要服兵役。此举的着眼点在于扩充兵员,却在无形中动摇了"兵农分离"的统治原则。

(5) 调整洋学机构,培养急需人才。1861年8月,在长崎设立西式医院"养生所",在横滨创办英学所和汉学所修文馆;9月,蕃书调所新设物产学科;12月出版并销售日本第一份报纸《官版巴达维亚新闻》(次年8月改称《官版海外新闻》)。1862年5月,将蕃书调所迁至一桥门外新落成的建筑中,并改称洋书调所,招生授业。1863年2月,任命本多正讷、林学斋为新设置的学问所奉行,加强管理。同年3月,幕府命令本多等研究并制订进行包括创办小学校的学制改革计划。8月,又将洋书调所改称开成所。洋学机构的办学宗旨强调"调查各国之强弱虚实、水陆军之状况和器械之利钝",研究"为海内万民有益之技艺",① 既注意了解和比较欧美国家的产业和军事状况,也注意欧美技艺的引进与开发,教学与研究相辅相成。洋学所和开成所的教师仍由日本人担任,学生则多从幕臣子弟中招收。掌握洋学成为出人头地的捷径,幕臣子弟报名者达千余人,录取者仅为百余名。1861年3月,在荷兰工程师哈尔戴斯指导下,幕府创办的长崎制铁所建成;1863年,幕府创建关口大炮制作所,开始试制近代欧式兵器。另外,自1862年9月起,幕府开始向荷兰派出第一批海外留学生。其中,内田正雄、榎本武扬等人学海军,津田真道、西周学法律,伊东玄伯、林研海等学医学,打开了培养人才的新通路。

文久改革是在朝幕联手、公武合体的总背景下进行的。然而,改革的环境并不理想,幕府没有足够的权威,朝廷和雄藩与之分庭抗礼。特别是尊攘派在不断地制造杀伤外国人、火烧英国驻日使馆等攘夷事件,引发外交纠纷,使得幕府处于极其被动状态。

(三) 庆应改革

1865年4月8日,孝明天皇改元庆应。处于总崩溃前夜的幕府,在末代将军德川庆喜亲自过问和法国驻日公使罗修的积极参与下,进行了亲法色彩鲜明的最后一次改革,即庆应改革。这次改革涉及许多方面,主要包括:

(1) 幕府官制实行重大调整,以总裁制取代老中制。1867年6月,取消

---

① 《东京大学百年史》,《通史》(一),东京大学刊行,1983年,第11、13页。

老中月班合议的官僚制度,新设5个事务局并任命了总裁。其中,国内事务局由稻叶正邦为总裁,国外事务局由小笠原长行任总裁,陆军局由松平乘谟任总裁,海军局由稻叶正己任总裁,会计局由松平康莫任总裁局,首席老中板仓静胜无任所,相当于首相。5个总裁均为老中,分工明确,各司其职;对老中以下的官员实行等级薪水制。传统的官僚体制出现具有近代官僚体制某些特点的嬗变。庆应改革触及行政体制的全面调整,为其他历次改革所仅见。这是开港后欧美行政体制的长期影响,以及幕府适应形势需要而自我调整的结果。

(2) 推行殖产兴业方针,振兴对外贸易。活跃物流,促进贸易,是幕府兴业方针的主要举措。1866年10月,幕府允许运货马车在江户市内和五街道通行,提高运输效率。1867年4月,幕府为降低米价,严令禁止囤积居奇,允许各个村庄相互流通大米;7月,幕府撤销品川、新宿、下板桥、千住、新井等5处关卡;9月开通自大坂至江户的蒸汽船航路,同时恢复1851年3月取消的江户十组问屋制度,发挥批发商在流通领域的作用;10月,任命堪定奉行兼任金银座挂,掌管铸造金银币和改铸事务,同月还张贴布告,允许在兵库等开港地区设置贸易会社,营业自由;11月,幕府命令水户藩主之弟德川昭武率团参加在巴黎举行的世界博览会。开港后,由于中国处于太平天国农民战争时期,生丝出口锐减,西欧蚕种又感染病毒,因此日本的生丝和蚕种成为国际市场的抢手货。幕府乘机加强对生丝贸易的管制,1866年1月幕府发布《生丝蚕种改印令》,命令从事生丝贸易的江户问屋批发商不再在横滨办理验关手续,而是先到生丝蚕种产地幕府控制的"元方改所"办理盖章手续,再至江户办理出关手续,通过征收两次税收,增加幕府收入。同年10月,日法之间订立新合同,成立日本商业海运联合公司,加强法国贸易公司在对英国竞争中的地位。1867年12月,首席老中小笠原长行通知美国驻日公使馆秘书鲍特曼,同意授权美国商人修筑江户至横滨区间的铁路。其后,因幕府灭亡,这项开发工程无果而终。

自1859年7月横滨开港后,日本对外贸易额迅速增加。据统计,在1860—1865年间,按照日本生丝、茶叶输出品的价格计算,出口量增加了2.4倍。同期,欧美国家的棉织品、毛织品、棉纱、武器、金属的进口量增加了12.9倍。[①] 入超额度迅速增加。此外,外国商人利用日本国内和国际金银比价差异悬殊的可乘之机,用廉价的白银大量套购日本的黄金,造成国内

---

① 安藤良雄:《近代日本经济史要览》,第37页。

黄金短缺,引起物价飞涨、市民和农民的暴动和骚乱等一系列问题,动摇了幕府统治的基础。

(3) 推行强兵方针,加紧近代化军队建设,是庆应改革的主要内容。军制改革是在法国军事教官团的具体指导下展开的。1864年4月新任法国公使罗修(Leon Roches)到任后,与堪定奉行小栗忠顺等建立了密切的关系,形成亲法派幕僚势力。1865年1月,幕府向驻日法国使馆提交了约定书,要求在法国的援助下,训练陆海军、创办横须贺制铁所。法方答应派遣海军机师伯尔尼担任技术顾问,提供各种武器、军需品和训练器材。作为交换条件,幕府同意将生丝贸易交由法国垄断。同年8月,幕府投资兴建的横滨制铁所竣工。在此基础上,9月,幕府掌管的横须贺制铁所开工。1866年5月,幕府掌管的石川岛造船所自行设计和建造的"千代田"型木制蒸汽军舰下水。这艘军舰虽然仅为138吨、长不过30米,但迈出了制造国产舰的步伐。7月,军舰操练所改称海军所。8月,幕府与拿破仑三世的经济特使库莱订立贷款协议书,由法国提供600万洋元的紧急贷款,其中的500万洋元用于改良陆军装备,购置军舰和横须贺制铁所的追加款项。[①] 11月,讲武所改称陆军所。1867年7月,幕府在江户泷野川动工兴建火药制作所。多种幕府所属的近代兵工厂陆续建立,为贯彻强兵方针奠定了物质基础。因为在同年春,以加诺安为首的18名法国军事教官来到日本,在横滨太田阵屋开设讲习所,培训幕府的步兵、骑兵和炮兵。此后,讲习所转移到江户郊外的驹场野,扩大兵员培训规模。6月,幕府在陆军所中设置步骑炮三兵士官学校,在法国教官指导下,培训中下级军官。与此同时,也在海军所内聘请英国海军士官,培训海军技术、作战人员。11月,幕府将开成所划归外国总奉行管辖,加强对优秀军事人才的培养和选拔。至同年12月,已编成、训练步兵17队,骑兵1队和炮兵4队,总数达到1万数千人。[②]

(4) 继续坚持对外开放。在开港、开市等方面,幕府出于自存自强的需要,继续采取开放政策。特别是1866年12月德川庆喜出任幕府第15任将军后,对外政策更加积极。1867年2月,庆喜在大坂城与法国公使罗修就改革的一揽子计划达成共识,并利用前往京都参见天皇之机,反复劝说朝廷公卿。经过彻夜辩论,5月24日获得兵库开港的敕许。6月,幕府宣布自1868年1月1日起,兵库开港、大坂和江户开市。

---

① 家永三郎等编:《近代日本论争点》,每日新闻社,1967年,第97页。
② 小西四郎:《开国与攘夷》,《日本历史》第19卷,中央公论社,1966年,第444页。

（5）发展洋学。在扩大洋学研究领域、派遣留学生和引进包括汉译西洋图书方面，幕府采取灵活的开明方针。开港后，欧美社会科学图书大量流入。1865年开成所训点翻刻了旅华传教士丁韪良汉译的《万国公法》，广为流传。1866年12月，从荷兰留学归来的津田真道、西周被破格提升为可以直接觐见将军的幕臣，出任开成所的教授。西周向幕府进献费赛林编著《万国公法》的日译本，有利于开阔幕末朝野的国际法视野。同月，幕府下令开成所公开讲授欧美地理、物理、军事、历史等课程。1867年1月，幕府在横滨开办语学所，讲授英国、法国语言学，允许武士家臣入所学习。留学生派遣国家在扩大，1865年7月，向俄国派遣首批留学生。1866年10月，派遣中村正直、川路太郎率领外山正一、菊池大麓、林董等12名留学生前往英国。

庆应改革是幕府情急之下的最后一次自救行动。开港后幕府面临的难题始终得不到解决，因此，庆应改革的主要措施与安政、文久改革大同小异。然而，由于每次改革的国内外环境和国内矛盾激化程度不同，改革的重点仍然有所差异。其中，安政年间的军事改革，其目的是增强国防、抵御外压。但文久改革，特别是庆应改革建立强大的嫡系部队，是为了武力剿灭倒幕派。在这个过程中，德川氏的家族利益压倒了民族利益。这是改革所以失败、幕府所以灭亡的根本原因。

二　幕末改革的广泛影响

幕末改革虽然以失败告终并导致幕府的灭亡，但影响广泛。

接连进行的改革，逐步强化了社会心理对变革的承受能力，开阔了人们的认知视野。从安政改革，经文久改革到庆应改革，幕府改革措施的适用面经历了由上层向下层扩展的过程，影响逐渐扩大。安政改革期间，充实武备、振兴洋学和人才培养等基本举措的涉及对象，主要限制在幕吏、旗本、御家人及其家臣等幕府嫡系力量的狭隘范围内。至文久改革，幕府注意协调与朝廷、雄藩大名的关系，改革举措所涉猎的范围，扩展到整个统治阶级。其中，政治改革的最大举动是朝幕关系以君臣名分论为依据，重新定位；朝政参预会议的举行，则标志着幕府支配全国"一言堂"时代的结束。随着参觐交代制度的瓦解，幕府对大名的控制力量被削弱，雄藩大名的话语权日益增强。在这个过程中，统治集团进入在政坛上有所作为的亢奋状态。特别是与国计民生和治国经邦多年无缘的朝廷公卿势力，在政潮沉浮中取得经验，上升为维新变革起始阶段的核心力量。至于《五品江户回送令》和货币改铸等举措,使农工商感受改革与其自身利益的关联。在庆应改革中,幕府的举措进一步扩展到农工商层面。撤销关卡、恢复问屋组、允许设立贸易会社和大米自由流通、设立农兵等举措,给农工商阶层带来发展的机会,生丝贸易垄断、重复征税和发行劣质货币等举措,又令农工商阶层备受盘剥之苦,在喜忧俱来中感受改革带来的希望或痛苦。总之,幕末三次改革逐渐将列岛居民卷入其中,置身于改革之外的人群越来越少。在这个过程中,社会各阶层对改革的整体适应能力和心理承受力逐渐增强。

与此同时,由于幕府坚持对外开放方针,在短时期内,欧美文化影响急遽增强,日本社会对欧美的认知程度逐步加深。自文久年间派出留学生、扩大洋学研究范围以来留洋之风大盛。人们竞相追逐新时尚,《万国公法》受到人们的关注,日本人出访欧美国家的游记、介绍各国概括的图书,受到读者青睐。与此同时,日本社会的仰慕对象也由中国转变为欧美国家。这样,幕末社会不仅增强了对不间断改革的心理承受能力,而且对未来的发展方向的认识也清晰起来,从而为明治维新的到来,预作思想准备。

幕末三次改革因时局不同而举措有异,虽造成人才环境的阶段性和人才梯队结构性的差异,却有利于人才的起用、成长与储备。安政改革期间,各种矛盾尚在发展之中,幕府具有控制局面的自信,幕府改革政策具一定程度的柔韧性和开明性。改革的主持人阿部正弘和堀田正睦等采取顺应开国潮流的避战开港政策,理智地应对新的形势。阿部主持内政改革,有"兰癖"之称的开国论者堀田正睦主管外交。在阿部和崛田执政期间,重用川路圣谟、岩濑忠震、井上清直等开明官僚,力图在对外开放中变被动为主动。奉行川路圣谟参与对俄交涉,支持老中堀田的开放政策。兼任目付和外国奉行的岩濑忠震,熟悉国际法和国际惯例,1856年在与美国首任驻日总领事使节哈里斯展开艰苦的缔约交涉中,赢得对手的尊敬,被称为幕末外交的第一人。下田奉行井上清直为川路之弟,与岩濑同为日美缔约谈判的全权代表,并在《日美修好通商条约》上签字,在选择横滨为开港地点上,显示了长远眼光。

在文久改革期间,川路、岩濑等开明派幕府官僚虽然在"安政大狱"后复出,但影响力明显下降,中下级武士新兴力量出现在历史舞台上。在幕府进行改革的同时,诸藩也在安政、文久年间开展藩政改革,特别是在接受欧美军事、经济和法律等领域的新观念方面不甘落后。通过藩政改革,长州藩的木户孝允、高杉晋作,萨摩藩的大久保利通、西乡隆盛,土佐藩的板垣退助、后藤象二郎,肥前藩的大限重信以及松代藩的佐久间象山等中下级武士代表人物成为藩内的实力派,主导了改革进程。在思想文化领域,借助幕府推行对外开放政策,福泽谕吉、西周、加藤弘之远赴欧美,直接感受欧美文明,成为第一批启蒙思想家。

在庆应改革期间,中下级武士已成为决定日本发展方向的集团势力。萨长土肥等西南雄藩的中下级武士占据了政治舞台的主角位置,其他诸藩的中下级武士藩政改革派,如福井藩力主开国贸易和殖产兴业的桥本左内、由利公正,熊本藩的提倡重商主义富国强兵策的横井小楠等也在迅速崛起。在幕末改革过程中,各类人才崭露头角,为明治维新的展开,预先准备了必要的人才队伍。

在开港和频繁的幕政、藩政改革过程中,成长为提供日本近代化思路的代表人物主要有:

佐久间象山(1811—1864)为松代藩武士,1833年从佐藤一斋学儒学,后研修兰学,从江川龙英学西洋炮术。1839年在江户神田创办象山书院,开塾授业。1842年为时任老中的藩主真田贯幸的海防顾问,著《海防八策》,进呈幕府。曾研读魏源的《海国图志》,产生强烈共鸣,故引魏源为未曾谋面的"海外同志"。1850年在江户深川松代藩邸讲授西洋炮术,吸引了大批有为青年。1853年写了筹建海军的《急务十策》,呈送安政改革的主持人阿部正弘。1854年受门徒吉田松阴偷渡美国事件牵连,回到松代藩接受"蛰居"的处分。软禁期间,佐久间著《省諐录》,以为君子有五乐,即一乐"一门知理义,骨肉无衅隙";二乐"取予不苟,廉洁自养";三乐"讲明圣学,心识大道";四乐"生乎西人启理窟之后,而知古圣贤所未尝识之理";五乐"东洋道德,西洋艺术,精粗不遗,表里兼该,因以泽民物,报国恩"。① 1862年复出,继续为藩政改革出谋划策。

佐久间之所以名彪日本近代史,是因为他提出了实现日本近代化的基本方针,即"东洋道德"与"西洋艺术"的相互结合。这一方针循学习中国文化的"和魂汉才"传统方针,主张将孔孟道德伦理,即"东洋道德",与欧美的器物特别是船炮制作技术,即"西洋艺术"结合起来,使形而上与形而下并行不悖。这样,就为解决近代化进程中外来文化与民族传统文化的矛盾,找到了新思路。这一方针,在明治维新过程中进一步发展为"和魂洋才"、"士魂商才"。虽然后两者更加突出了日本民族精神和士族的角色转换,却无不导源于佐久间"东洋道德"与"西洋艺术"相辅相成的思维模式。佐久间还培养

---

① 《省諐录》,《象山全集》第1卷,信浓每日新闻股份公司,1934年,第5页。

了许多出类拔萃的门生,如胜海舟、坂本龙马、吉田松阴、桥本左内、加藤弘之、西村茂树、津田真道、真木和泉等,他们在历史转折关头发挥了重要作用。

横井小楠(1809—1869)为熊本藩武士,1858年应邀前往福井藩,主导以重商主义为基调的富国强兵藩政改革。在思索未来的新政治制度方面,横井与桥本左内齐名,号称政治制度设计的双璧。横井认为,日本要变弱为强,则须"明尧舜孔子之道,尽西洋器械之术,何止富国,何止强兵,布大义于四海而已"。① 横井不仅提出了圣人之道和欧美技艺相结合的思路,更对美国立国的"公平和平"方针表示赞赏,对引进欧美的政治制度,建立"共和一致"的英国式的君主立宪制度,十分关注。在制度的探索上,横井走得最远,他的政体构想对明治维新的政权建设,不乏启发意义。

与此同时,幕末改革还为明治维新的官制建设和近代化方针政策的提出,提供了足资参照的思路。幕末改革期间对老中体制的调整和总裁制的建立,对草创时期的明治政府中央部门官制的设置,不无影响。1867年12月9日成立的明治政府,由总裁、议定、参与等三职组成。其中,总裁的设定,直接沿用了庆应改革的总裁制。1868年1月,三职制扩充为三职七科制。七科分别为神祇、内国、外国、陆海军、会计、刑法、制度事务科等,除神祇、刑法和制度等科为新设官厅外,其余诸科均与庆应改革总裁制的布局大同小异。同年2月,改设三职八局制,仍有内国、外国、军务、会计等局,参照了庆应官制改革的机构设置。此后,在"王政复古"方针指导下,官制向一千多年前大化改新时期的太政官制回归。1869年7月所设官厅,诸如民部、大藏、兵部、刑部、工部、文部、宫内省等诸省的名称一派复古景象,仅外务省透露出了某些近代信息。尽管如此,作为近代国家建设和内政外交所需要的政府部门,其主要职能,仍与庆应官制改革别无二致。原因在于:幕末改革与明治维新毕竟均为近代化的尝试,因而两者之间形成内在的历史联系。

众所周知,明治政府所推行富国强兵、殖产兴业、对外开放等近代化基本国策,是维新成功的政策原因。但若追根溯源,上述政策的提出却并非始自明治维新,而是在幕末持续改革的过程中,逐步提出并付诸实践。明治政府只是在更大规模、更深的层次上,加以推行并取得了显著的业绩。

---

① 《横井小楠遗稿》,日新书院,1942年,第726页。

第二章
幕府统治的崩溃与明治政权的建立

伴随着工业革命的展开,打开东北亚中日朝三国的门户以完成资本主义市场的组建,成为欧美国家的西力东渐的基本动因。英国单独或与法国联手,发动两次鸦片战争,打开并扩大了中国市场;美国带头冲击日本,迫使幕府缔约开港;法国和美国还发起了对朝鲜的武力征服。一时间,东北亚三国封建政权都面临着日益增强的内外压力,进入风雨飘摇的统治危机时期。自美国舰队闯关以来,日本在较短的时间内,最先开始了从幕府垮台到明治维新的历史转折。由于民族矛盾、阶级矛盾和统治集团内部的矛盾贯穿其间,使得倒幕运动和维新运动有机地前后衔接,构成一个完整的历史发展过程。其中,明治政权的建立以及实现政令归一的戊辰战争,既宣告了倒幕运动的阶段性胜利,也标志着维新运动的开始。

第一节 美国的东亚政策与日本的开港

美日两国在西北太平洋遭遇,是美国推行西进中国市场的东亚政策的结果。如同历史上多次出现过的外来刺激引发日本内部剧烈变动那样,美国的跨洋西进,启动了日本的倒幕维新运动。

一 美国的跨洋西进

作为后起的资本主义国家,美国建国后的东亚贸易对象国,起初是中国。1784年贸易船"中国皇后"号横渡大西洋,绕过好望角并北上印度洋,驶抵广州,开拓了中美之间的漫长海运线。1789—1790年,驶入广州港的美国商船已有14艘之多,至于邻近中国的日本,在当时尚没有进入美国贸易商的视野。7年之后,情况有所变化。1791年,肯德里克船长指挥的"华盛顿夫人"号和道戈拉斯船长指挥的"戈莱斯"号装载着大量海獭皮,驶达纪州的樫之浦,试图开展对日毛皮贸易。此行虽然无果而终,却首开美国商船进入日本海岸的记录。①

1789年法国大革命爆发,引发欧洲的政治地震。1792年英国带头组织反法联盟,英法成为敌国。1795年投降法国的荷兰,同样被英国视为敌国。欧洲局势的剧变,随即波及东亚。以爪哇为基地的荷兰东印度公司拒绝英军的接管,其船队成了英国东印度舰队的攻击对象。在这种情况下,中立国美国的贸易商意外地得到向荷兰东印度公司出租商船,从事对日"包船贸易"的机会。1797年,荷兰租借的美国商船"艾黎萨"号首航日本。自称是美国人的英国人船长斯彻瓦尔特对荷兰对日贸易的丰厚利润怦然心动,1800年索性脱离荷兰东印度公司,指挥"日本天皇"号驶往长崎,试图开展美日之间的直接贸易。由于长崎荷兰商馆的阻挠,斯彻瓦尔特以个人冒险方式进行的美日贸易夭折。1815年,曾经率领美国军舰首航太平洋的海军上校波特建议麦迪逊总统向中国和日本派遣舰队,迫使其开放市场。但由于条件尚不成熟,此项建议被束之高阁。1818年,新任总统门罗开始关注派遣舰队前往太平洋,为给美国贸易商提供保护,加快海军建设。门罗之所以如此,是因为至1820年前后,美国对华贸易量已超过英国东印度公司,自1821年起,美国的财政部开始发表对华贸易的年度报告,实现借道日本、西进中国市场的东亚政策,只是个时间问题了。1832年,美国政府授命罗伯茨携带致幕府将军的书信,在赴暹罗缔约时,相机赴日缔约。1834年,罗伯茨携带总统杰克逊致幕府将军的亲笔信,在完成对暹罗缔约的任务后,赴日缔结通商条约,但1836年罗伯茨客死澳门,使命无果而终。②

这样,除了美国的捕鲸船进入日本近海外,截至19世纪30年代之前,先后叩击日本国门的欧洲国家主要是俄国和英国。1739年,即幕府发布宽永禁教令之后的100年,俄国施潘伯格的探险船队驶进房总半岛海面;1792年,西伯利亚总督派遣拉克斯曼使节团来到北海道的根室,要求开港通商;1804年,沙皇的特命全权大使列扎诺夫闯关长崎;1811年格罗夫宁指挥"黛安娜"号军舰强行进入国后岛,等等。俄国用尽了可能采取的各种手段闯关,但均被日本幕府拒之于国门之外。经历了工业革命的英国在撤离173

---

① 滨屋雅轨:《日美关系的原点——关于培理来日本的研究》,高文堂出版社,1992年,第11页。

② 鹿岛守之助:《日美外交史》,鹿岛研究所出版会,1964年,第1—3页。

年之后,重返日本。1795—1796 年,布拉夫顿指挥的英国舰队曾两度来松前藩补充给养,并在用世界航海图交换日本北部地图后,驶离日本。① 1808 年,东印度公司的护卫舰"斐顿"号驶入日本领海,袭击长崎出岛的荷兰商馆,得手后随即撤离。1818 年英国商船"布拉扎"号驶入浦贺,要求对日通商,被闻讯赶到的幕吏婉言拒绝。1822 年英国捕鲸船"撒拉逊"号驶入江户湾,在幕吏的监视下,补充了煤炭、淡水和食物等补给后驶离。1824 年英国捕鲸船驶入水户藩海面,船员登陆寻求生活补给品和药品,停留两周后离开日本。

1837 年,美国船舰开始了冲击日本国门的行动。快速帆船"摩里逊"号以送还 7 名日本漂流民为理由,先后驶入江户湾浦贺和九州鹿儿岛近海,要求开港贸易,均遭幕府的坚决拒绝。在海岸炮火的轰击下,"摩里逊"被迫离去,驶抵澳门。第一次鸦片战争结束后,欧美列强将东北亚纳入资本主义世界市场的高压有增无减,欧美舰船逼近日本闯关事件急遽增加。在此前不久,鉴于中国惨败于鸦片战争、被迫割地赔款的教训,日本幕府当局竭力防止海岸炮台偶然开火而引发战争,1842 年停止执行强硬的《异国船驱逐令》,另发以礼相待的《薪水令》。新令指示沿海诸藩慎动炮火,灵活处理外国舰船来航事件,在向它们提供柴薪、淡水和食物后,劝其离境。1845 年 3 月,载有 22 名日本海难漂流人员的美国捕鲸船"曼哈顿"号驶抵浦贺港,幕府官员浦贺奉行大久保接收了日本漂流人员,并向美国船长赠送了煤水、食物和陶瓷器,并传达了将军的训令:"遵循祖宗之遗法,维护锁国方针,不许异国船停留。"要求美国此后将漂流人员移交荷兰,再转送日本。大久保与美国船长的会见,是美日两国人员在日本的第一次和平接触。② 幕府的上述政策调整,无意中为美国船舰安全地进入日本港湾提供了可能。美国东来日本的外部条件,业已成熟。

恰逢此时,美国政府的东亚政策也进行了新的调整。1840 年第一次鸦片战争的爆发和 1842 年《南京条约》的签订,中国的国门洞开,无限商机展现在欧美贸易商的面前。1844 年 7 月中美《望厦条约》的签订,使美国不必支付一美元的军费,就获得了英国在中国享有的所有殖民权益,甚至还有所增加。以扩大对华贸易为中心,继续推行联合欧洲列强、获取在华权益的方针,与对日本、朝鲜采取单独的武力行动,迫使其订立不平等条约而成为美

---

① 桑田优:《近代英国驻日外交官》,敏马书房,2003 年,第 5—6 页。
② 鹿岛守之助:《日美外交史》,第 3—4 页。

国进军中国市场的战略依托的意图并行不悖,构成美国东亚新政策的基调。

以"天定"美国主宰太平洋和世界命运论为主要内容的东亚扩张舆论,随之竞相出台。1845年2月,美国众议院海军委员会主席普拉特向国会提交了议案,建议与日本、朝鲜缔结通商条约,强调"一个新的时代已经到来,"日本和朝鲜"港口和市场业已使合众国的商人与船员们激动万分"。① 1846年,热衷于将太平洋变成"美国湖",建立海洋帝国的国会参议员西沃德提出"东西方文明融合论",认为美国人负有到太平洋西岸同东方文明接触的使命,命运"注定将要把不可抗拒的浪潮滚滚推向北部冰封的屏障,并将在太平洋岸边与东方文明碰头"。② 1852年7月在参议院的演说中,西沃德重申"东西方文明融合论",认为东西方两大文明在太平洋的相遇,是"在地球上绝没有发生过的,如此庄严和重大的人类事件",其意义比发现新大陆和建立美国还要重大,预言美国与欧洲的联系将逐年降低,而"太平洋,它的海岸、它的岛屿和周围的广大地区,将要变成今后世界的重大事件的主要舞台",呼吁美国人"从欧洲残留的影响和偏见中完全解脱出来,并代之以用美国的观念和影响去改造旭日的初升之地的宪法和风俗"。③ 同年3月,与西沃德声气相通的国家邮船总监、海军准将马修斯·培理,正式出任东印度舰队司令兼对日交涉全权大使。培理对在太平洋与英国展开贸易竞争颇为热衷,认为美国的"劲敌""英国已在东印度和中国海上早已占有了最重要的据点,特别是在中国海方面","幸而日本和太平洋中许多其他岛屿还没有被这个不讲道理的政府捷足先登;其中有一些正位于要对美国具有极大重要性的大商业上。采取积极措施以获取足够数目的避难港,应是不容再蹉跎的了"。④ 1851年11月,代理国务卿康拉德在颁发给培理的《训令》中,首次立足建立并发展美日关系,阐述了美国的东亚新政策。这一政策强调:由于交通手段的进步、美国在太平洋东岸取得新的领土等"最近的一些大事","实际上已经使东方各国越来越靠近"美国;"虽然这些大事的后果,还没开始被感觉到",可是美日"两国间的交往已经大为频繁,其日后的扩展是不可限

---

① 曹中屏:《朝鲜近代史》(1863—1919),东方出版社,1993年,第21页。
② Dan E. Clark, "Manifest Destiny and The Pacific", *The Pacific Historical Review*, vol 1, No.1 (1932),p.8,转引自徐国琦:《威廉·亨利·西沃德和美国亚太扩张政策》,《美国研究》1990年第3期。
③ Seward, Works, vol.1, pp.248-250, 转引自徐国琦:《威廉·亨利·西沃德和美国亚太扩张政策》,《美国研究》1990年第3期。
④ 泰勒·丹涅特:《美国人在东亚》,商务印书馆,1962年,第236页。

量的"。①

具体说来,导致美国政府调整东亚政策的主要原因如下:

首先,持续西进的扩张方向使然。美国建国之初,还是一个濒临大西洋西海岸的中等国家。在此后与印第安部落和墨西哥展开的扩张战争中,由东向西,占城掠地,版图迅速扩大。1846年美国得到了俄勒冈、逼近太平洋,特别是在1848年从墨西哥手中夺取了加利福尼亚之后,美国的太平洋东海岸领土连成一片,成为横跨北美大陆的两洋国家。不停的西进,使美国从一个中等国家变成国土面积名列前茅的世界大国。当美国成为太平洋国家后,跨越大洋的继续西进,自然作为美国国家发展的新的战略目标被提上日程。在这个跨洋西进的国家发展战略中,辽阔的中国市场所蕴藏的丰厚贸易利润,并为了弥补美英贸易中的巨大入超,促使美国政府和工业资本急切地把目光投向中国,这在美国政府的东亚政策中得到充分的反映。到1850年,美国从亚洲进口数额为200万美元的商品,相当于当年美国国家预算岁入的25%;出口额为300万美元,相当于当年美国国家预算岁出的7%,对亚洲的贸易在美国的国家经济生活中举足轻重。② 但是,由于当时航海设施、技术条件的限制,远洋轮船尚不能从美国西海岸直航中国,需要在中途停靠锚地,补充远航船队所必需煤炭、淡水和新鲜的副食、水果等食物。这样,地处西太平洋并邻近中国的岛国日本,就成了美国跨洋西进中国的战略路线图中最理想也是最重要的停靠锚地。此外,从19世纪40年代起日益繁荣的太平洋捕鲸业,需要在西北太平洋寻找港口,以便美国的捕鲸船躲避风暴,补充给养。特别是至1845年,美国在东北亚海域用于捕鲸业的资本已达1700万美元,从业人员达1万人。③ 任何一个美国政治家,都不能忽视捕鲸业者对选举的影响力。从捕鲸船的海图上看,日本显然是在东北亚躲避风浪、补充给养的最恰当地点。

其次,美国当时的综合国力使然。19世纪40—50年代的美国,正在开展工业革命。建国不足百年的美国,难以与头号强国、"世界工厂"英国抗衡,甚至稍逊于法国。在世界弱肉强食的竞争舞台上,美国只不过是个二流国家。当时的美国在东亚尚未取得殖民据点,跨洋西进中国的战略目标虽说前景动人,但实行起来却颇感力不从心。另外,北方工业资本家与南方大

---

① 泰勒·丹涅特:《美国人在东亚》,第238页。
② 滨屋雅轨:《日美关系的原点》,第15—16页。
③ 鹿岛守之助:《日美外交史》,第5页。

种植园主、奴隶制与民主制之间的矛盾在加剧,内战的危机日益加深,限制了美国在东亚的扩张活动。在这种情况下,务实的美国政府只能在实施其东亚战略时,量力而行,把迫使日本开港作为东亚新战略的首要目标。

第三,美国对中国和日本状况的认识与判断使然。在美国政府的决策人物看来,中国固然地大物博,消费市场的前景可观,但由于中国国土过于辽阔,民风强悍,清帝国余威犹存,只凭借美国自身的力量难以在中国立足或单独加以控制。与此同时,欧洲列强通过逼迫中国订立不平等条约,形成对华资源与利益共享的格局。换言之,欧洲列强均就本国在中国市场的份额和殖民权益的分割,制订了各自的计划表,美国只能作为一个分得一杯羹的伙伴国,与欧洲列强联合行动,确保其在华利益。相形之下,日本尚处于未开放状态,虽然英、俄、法等欧洲强国对日本也不乏兴趣,但对日本的冲击行动,往往具有间断性或偶然性的特点。对于美国来说,这种间断性和偶然性却意味着由其打开日本国门的巨大机会。抓住了时机,美国会以比控制中国要容易得多的满意心情,控制小国寡民、但战略地位异常重要的日本,使之永远成为美国在东亚和中国扩张并谋取利益的战略依托。特别是在1842年8月中英《南京条约》签订后,同年12月总统泰勒向国会提出派遣特使与中国谈判缔约。1844年2月,美国特使顾盛率4艘军舰抵达澳门,7月美中订立《望厦条约》(中美《五口通商章程》)。美国取得在广州、福州、厦门、宁波、上海等五口岸的通商权及领事裁判权、关税协定权,增加了军舰在各通商口岸的巡查权和教堂建筑权等若干殖民特权。顾盛颇为得意地说:"美国和其他国家必须感谢英国,因为它订立了《南京条约》,打开了中国的门户。但现在,英国和其他国家也必须感谢美国,因为我们将这个门户打开得更加宽阔了。"[1] 作为继续开阔东北亚门户方针的延伸,对日订立通商条约的问题随之提上日程。

第四,欧洲国际格局的变化给美国提供了在西太平洋发展的机会。19世纪30—50年代,欧洲英、法、俄三强国为争夺中亚、巴尔干半岛和黑海海峡的霸权地位,展开激烈的角逐。在1852年英俄谈判毫无进展的情况下,1853年7月俄土战争爆发,1854年1月英法联合舰队开进黑海,3月对俄宣战,克里木(克里米亚)战争爆发。英法普奥结盟对俄作战,一时无力东顾。美国趁机取而代之,充当了冲击日本国门的角色。

1846年7月,美国东印度舰队司令宾德尔带着政府缔结通商条约的使

---

[1] 褚德新、梁德主编:《中外约章汇要 1689—1949》,黑龙江人民出版社,1989年,第95页。

命,率领"哥伦布"号、"宾塞尼兹"号两艘军舰,驶抵江户湾浦贺港。在送交了波克总统的亲笔信并等待了一周之后,接受了幕府拒绝订立通商条约的谕书,拔锚返航。① 1849 年 4 月,格林舰长指挥军舰"普莱布尔"号号驶入长崎港,奉命接收一年前在虾夷地遇难并被押解至长崎的美国捕鲸船海员。经双方交涉,1851 年 1 月,将在日本扣留 10 余个月、受到强制性"踏绘"等粗暴对待美国捕鲸船的海员接回纽约。格林在写给政府的报告中,强调"促使日本门户开放的时机已经到来。兵力威胁的手段,是最恰当的"。② 同年 6 月,美国政府任命东印度舰队司令奥里克为赴日使节,携带总统菲里摩阿致日本皇帝、要求人道对待落难美国海员的亲笔信,踏上征程。途中,脾气暴躁的奥里克与部下发生激烈冲突,11 月被撤职,以致无法完成使命。1852 年 3 月,美国国家邮船总监培理被任命为东印度舰队司令。同年 11 月,培理奉命离开诺福克港,搭乘军舰"密西西比"号前往香港,与等待在那里的舰队汇合,北上日本,以实现其冲击日本国门的目的。

　　美国的舆论对派遣军舰远征日本议论纷纷。反映美国政府意图并代表经济界利益的《快报》在 1852 年 2 月 2 日发表文章说:"日本无权在国门里封闭其财富,无权认为其国民可以对我们怀有厌恶和偏见而拘押海员。日本声称本国是世界的一个强国,那就必须承担与其资历和力量相适应的义务。但是,如果日本无此觉悟,拒绝接受启蒙,自以为可以无理行动,那么各国都有义务让日本明白它的处境。"③ 同年 2 月 24 日《纽约时代日报》认为美国派出"并非实施和平示威行动的舰队"前往日本,"我们担心会使可怜的日本人恐惧万分,从港湾的大街小巷逃跑,惊恐万状。结果,不会同他们建立发自真心信任的关系。他们在惊惶失措之下,也许会缔结某种条约。但是,一旦战舰撤回,这种条约也许会立即成为废纸"。④ 同年 3 月 26 日《纽约信使报》发表新闻评论,用美国式的道义观来论述培理远征的目的:"是完全和平的,而且在另一方面,必须拥有使之尊重正义、服从正当要求的充分力量。""我们认为,占据世界海岸线一部分的国家绝对没有一再拒绝与其他国家通商的权利。其所作所为只要不妨碍通商和人类的福祉,文明国家或许可以采取宽容的态度。但是,对于这些国家的野蛮人,强制他们遵守普遍的

---

① 箭内键次:《锁国日本与国际交流》下卷,吉川弘文馆,1988 年,第 542 页。
② 鹿岛守之助:《日美外交史》,第 5 页。
③ 滨屋雅轨:《日美关系的原点》,第 27 页。
④ 同上书,第 28—29 页。

国际法,进行一定的交流,是文明国、基督教国家的权利,这就是我们的主张。"① 6月15日,《纽约时代日报》发表文章谴责日本当局残酷对待遭难的美国捕鲸船海员,支持聘请舰队远征日本。1853年3月号的杂志《普特南月刊》著文,则在开展对华贸易的实际需要上,和盘道出了培理远航的经济目的:在往返旧金山至上海的航线上,日本是美国贸易船最理想的煤炭、淡水和食品的补充基地,也是美国船员理想的休息地、避难所。②

虽说美国几次冲击日本国门的行动受挫,但远征日本的目的越来越明确。1853年6月,东印度舰队司令M.培理终于率领4艘军舰闯进江户湾,并在浦贺抛锚待命。对于美国舰队的到来,幕府虽然在此前通过荷兰商馆提供的情报,已有所准备。但事到临头,仍免不了惊惶失措。奉命赶来加强防卫的彦根、川越、会津等诸藩官兵在浦贺海岸乱作一团,江户城的大街小巷里拥挤着逃难的人群。就在一片风声鹤唳的慌乱中,幕府被迫允许以培理为首的美国官兵在久里滨登陆,举行耀武扬威的分列式表演,被迫接受美国总统要求开港的国书和培理本人的亲笔信,答应考虑美国对日本的要求并在第二年培理再次访日时给予答复。

1854年1月,培理果然不爽前约,率领由9艘大小舰船组成的舰队,再次来到江户湾,并将军舰巨炮的炮口瞄准了江户城。在强大的武力胁迫下,3月,幕府与美国政府在神奈川订立了日本近代史上的第一个不平等条约,即《日美和亲条约》(亦称《神奈川条约》)。条约共12条,在"和亲"即友好的名义下,规定日本开放下田、箱根两港;向美国船舰提供避风场所,保证来日人员安全和粮食、淡水、煤炭的供应;漂流者和往来者只服从公正的法律;美国人同样享有日本政府给予其他外国人的优惠待遇等。③签约后,培理将美国工业革命的最新产品,如火车、轮船等机械设备的模型,作为礼物赠送给幕府,向日本展示美国的实力和国威。幕府的回报则是相扑大力士的现场表演,以人力与美国的物力相抗衡。

二　日本的开港过程

由于《日美和亲条约》实现了美国远东战略的第一个目标,在日本建立

---

① 历史学研究会编:《日本史史料》4,近代卷,岩波书店,1997年,第11页。
② 滨屋雅轨:《日美关系的原点》,第40—41页。
③ 《日美和亲条约》,历史学研究会编:《日本史史料》4,近代卷,第18—19页。

固定的锚地,培理对此表示满意。幕府当局则认为条约的规定并未超越《薪水令》的"祖宗之法",且避免了迫在眉睫的战争,也颇为心安理得。实际上,正是在"双赢"的皆大欢喜中,日本的国门被培理舰队撞开,其他欧洲列强接踵而至,日本开港已成定局。从1854年3月日美缔结《和亲条约》到1866年5月日本与英、美、法、荷兰四国订立《江户改税约书》,历时12年间的日本开港,可分为三个阶段。

1854年3月—1856年8月为第一个阶段,即"和亲条约"阶段。在这一阶段,继美国之后,英国(1854.10)、俄国(1855.2)、荷兰(1856.1)也先后与日本订立了类似的"和亲条约"。这些条约规定日本开放长崎、箱馆、下田三港和美英等国享有片面的最惠国待遇条款,但并非正式的通商条约。这是因为,"和亲条约"规定的开放范围,仍基本限制在补充煤炭、淡水、食品,救护海难船员等方向;缔约双方建立邦交关系,但尚无领事裁判权的正式规定。换言之,这一阶段的条约没有满足欧美列强将日本纳入世界资本主义市场的要求,具有明显的过渡性。

1856年8月—1858年9月为第二个阶段,即通商条约阶段。1856年8月,美国首任驻日总领事哈里斯进驻下田。此时,第二次鸦片战争爆发,英法联军肆虐中国,对日本形成强大压力。哈里斯充分利用形势,前往江户,向幕府谈判代表岩濑忠震、井上清直介绍第二次鸦片战争的最新动向,危言耸听地预测英法两国在征服中国后,势必把矛头指向日本。为国家安全考虑,日本应尽快与美国订立友好通商条约,以取得美国的支持,方能确保无虞,云云。在哈里斯的威胁下,1857年5月幕吏井上清直与哈里斯订立了《下田条约》(亦称《日美约定》),主要规定:长崎对美国船只开港;美国人拥有在下田、箱馆二开港地的长久居住权;确定两国通货同种同量交换规则;美国人享受有领事裁判权;美国总领事有权在日本国内自由旅行等等。[①]《日美约定》虽然扩大了美国在日殖民权益,但并未对通商贸易作出相应的规定,哈里斯意犹未尽,在同年10月来江户继续施加压力。在与首席老中堀田会见时,哈里斯作了两个多小时的发言。他说:"由于蒸汽轮船的使用,西洋各国决心把世界联为一体。因此,拒绝与外国通交之国即为世界一统的障碍,必须加以破除。"从蒸汽船航海引起的世界变化谈起,认为这一变化拉近了远隔重洋各国间的距离,促进了通商,亦使西欧诸国富强起来,这样,日本即面临着必须放弃锁国政策的世界趋势。哈里斯强调日本所面临的危

---

① 《哈里斯日记》,1857年6月8日条。

机,即英国正着手准备与日本的战争,而现在英法两国又联合发动了对清朝的第二次鸦片战争,清政府的前途可谓悲观至极。哈里斯进而表白美国与欧洲各国不同,从不奢望得到东方领土,美国亦未曾以诉诸武力的方式攫取别国领土,因此,日本应该与奉行"友好、和平"政策的美国代表缔结条约,此为贤明之策。①

1858年6月,日方代表与哈里斯订立《日美友好航海通商条约》。条约共14条,规定欧美国家的外交代表进驻江户、领事进驻开港地,可以在日本国内旅行;日本开放箱馆、新潟、神奈川、兵库、长崎五港以及江户、大阪两市;实行自由贸易原则、关税协议制;外国在日本享有领事裁判权和单方面的最惠国待遇。② 同年7月至9月,英国、俄国、荷兰、法国等国,纷纷与日本订立以美日条约为蓝本的《修好通商条约》。时值安政五年,上述条约史称"安政五国条约"。

"安政五国条约"使商贸网点遍布列岛,日本因此成为欧美国家在东北亚的新市场。这种事态引起远在欧洲的马克思的高度关注,认为日本的门户开放是世界市场最终形成的重要标志之一。"安政五国条约"包括了领事裁判权、协议关税制等集中反映不平等条约特性的条款,从而严重损伤了日本的国家主权,加深了日本的民族危机。至此,幕府推行了200余年的禁教锁国体制彻底崩溃。幕藩领主不得不面对内忧外困的艰难局面,幕府的统治处于风雨飘摇之中。

1865年11月—1866年5月为第三个阶段,规定关税率一律为从量税5%。根据"安政五国条约",欧美国家向日本输入商品的税率在5%—35%之间。欧美列强急欲施加压力,迫使幕府将对日出口商品的关税率一律降低为5%,以更自由地进入日本市场。同时,也是为了威慑排外势力,削弱天皇朝廷对幕府对外妥协的牵制能力,武装示威就成了达到上述目的最便捷的手段。1865年11月,英、美、法、荷兰四国组成联合舰队,在兵库海面游弋,用武力迫使天皇配合幕府的签约行动,并使幕府做出新的让步。果然,在欧美列强的武力威胁下,1866年5月,幕府驯服地签署了由英国驻日公使巴夏礼起草的《江户改税约书》。"约书"规定:欧美国家出口日本的商品,一律按照5%的从量税的税率来征收关税。完全满足了五国提出的要求。至此,欧美国家所标榜的自由贸易原则在日本畅通无阻,日本继中国之后,

---

① 石井孝:《日本开国史》,吉川弘文馆,1981年,第244—246页。
② 《日美修好通商条约》,《日本史史料》4,近代卷,第27—29页。

被纳入列强新的东北亚国际秩序即条约体系之中。在对外开放市场的过程中,日本半殖民地化的民族危机和国内各种矛盾进一步加深。

在上述三个阶段中,美国在打开日本国门的第一阶段和促成航海通商条约的第二阶段,均发挥了带头作用,但在强制日本降低关税的第三阶段,英国成为主角,美国下降为配角。由于1861—1865年的南北战争削弱了美国在日本的外交立场,使其回归协同欧洲列强的传统方针。当内战结束,美国重返东北亚时,鉴于当时国际形势的变化,美国迅速调整了外交方针,再次在冲击朝鲜国门的过程中,重新确立了倚重日本的战略方针。

第二节 开港后国内矛盾的激化与幕府统治的崩溃

对于日本来说,开港,既意味着空前严峻的民族危机,也意味着弃旧图新的历史机遇的到来。能否抓住机遇、迎接挑战,在乱局中找到出路的时代课题已经提上日程。但关键的问题是:由何种力量、以何种方式来顺时应变,把压力转化为动力,变被动为主动,赢得崛起于东北亚的宝贵机遇。

一 开港后的国内矛盾及其演化

开港,以及随之而来的外国外交使节进驻江户和各开港地,外国军队和舰队驻扎横滨,棉纱、棉布等外国产品充斥市场,外商操纵外贸流通等现象,均为前所未见。在不平等条约体系的框架内,欧美列强以《万国公法》为依据,在"自由贸易"的旗号下,趾高气扬地占尽殖民权益。在带来形形色色新奇事物的同时,欧美列强也给日本造成国家主权残缺、民族自尊受损、国计民生凋敝等问题。因此,在开港后日本民族与欧美列强矛盾严重存在的大背景下,日本国内矛盾迅速激化,幕府、雄藩、朝廷、中下级武士、下层民众等多种势力竞相登台,在矛盾斗争中,将幕府的统治推向了总崩溃的边缘。

开港之初日本国内的主要矛盾首先表现为统治阶级内部矛盾,即幕府与天皇朝廷、幕府与雄藩大名之间的矛盾。这些矛盾围绕着条约"敕许"和将军继嗣等两个问题展开。1853年培理舰队闯关之后,幕府当局对是否与美国订立条约毫无定见,诸藩大名也是意见分歧,难以决断。无奈之下,幕府派员前往京都请示朝廷。天皇不得要领的表态本身虽无足轻重,但请示京都朝廷行动,却无疑是幕府自毁《禁中并公家诸法度》不许天皇朝廷过问政治的有关规定。其政治意义在于:天皇从此开始干预外交政治,成为国内政治斗争中地位急遽上升的一极。1858年6月《日美友好通商条约》订立后,幕府满以为天皇会毫无障碍地"敕许"。然而,在尊王攘夷派公卿、大名和武士的策动下,孝明天皇居然拒绝批准条约。幕府与天皇朝廷之间的矛盾急遽升温。

与此同时,将军继嗣问题,即第十四代将军人选的争执,又使幕府和雄藩大名闹僵。开港后,幕府统治内外交困,急需铁腕将军控制局面。但是,当时在位的弱智将军德川家定体弱多病,难堪重任且膝下无子,新将军袭职迫在眉睫。围绕新将军的人选问题,幕府当局与雄藩大名尖锐对立。大老井伊直弼刚愎自用,一味强调血缘关系,执意拥立出身"御三家"之一的纪伊藩、年方9岁的德川庆福,形成在朝的纪州派。以萨摩藩大名岛津齐彬为首的雄藩大名则强调年长、贤明和声望,拥立出身"御三卿"之一的一桥家,年已17岁的一桥庆喜,构成在野的一桥派。两派互不相让,展开激烈争斗,并纷纷拉拢朝廷,争取支持。这样,条约"敕许"与将军继嗣问题搅在一起,政争的暗潮风急浪高。在这个过程中,天皇朝廷与雄藩大名相互接近,取得对政局的发言权,打破了幕府200余年独断专行的局面。双重二元政治结构的力量对比失衡,实际上形成京都与江户两个权力中心。统治阶级不同势力之间的离心离德和内部矛盾的加剧,造成难以克服的危机。

除了朝幕藩统治集团的内部矛盾之外,中下级武士的思想裂变,也反映了开港对日本历史进程的深刻影响。这种影响集中表现为倒幕意识的萌发和学习欧美热情的升温。前者的代表人物为吉田松阴,后者的代表人物为福泽谕吉。吉田为长州藩藩士,受1853年培理舰队闯关的刺激,接连越级向藩主进献《将及私言》、《急务策》、《急务条议》、《海战策》等建议书,力主充实武备,锁国攘夷。出于对幕府避战求和方针的不满,吉田重申君臣名分论的"大义",要求"天下乃天朝之天下,即天下之天下也,非幕府之私有",要求幕府率领天下诸侯洗雪耻辱,慰奉宸襟。[①] 在佐久间象山的启发下,吉田转变为开国攘夷论者。在1853年11月与佐久间图谋搭乘俄国军舰,偷渡出洋以考察外国的行动受挫后,1854年3月,吉田化名"瓜中万二",冒死登上第二次赴日的培理舰队的军舰,请求携带出国。培理无意因此激怒幕府,予以婉言拒绝。吉田偷渡美国事败,被捕入狱,1855年改为居家软禁。1856年代其叔父主持私塾松下村塾,招徒授业。由于吉田在长州藩颇有名望,对时局的见解尖锐,村塾的学风活泼,师生关系平等,吸引了大批青年武士入

---

① 《吉田松阴全集》第1卷,岩波书店,1940年,第298—299页。

塾受教。在吉田的门下,涌现了诸如木户孝允、高山晋作、久坂玄瑞、伊藤博文、山县有朋、井上馨等一批倒幕维新运动的领导人物。随着国内政治局势的变化,吉田对幕府的态度急遽变化,1858年著《狂夫之言》、《愚论》、《大义论》、《时势论》等,主张讨灭幕府,成为开国倒幕论的急先锋。1859年吉田被捕,押解到江户审讯并被处决。吉田的死,反而激励其门人誓死推翻幕府统治。

福泽谕吉在1860年和1861年两次作为幕府使节团的随员,赴美国和欧洲访问。通过实地考察,从初到美国踏上地毯、喝香槟酒时的惊讶,对女士优先习俗、华盛顿后人的平民待遇感到不理解,对电报机、电镀法、机械制糖的莫名其妙,到产生浓厚的研究兴趣,第一次将英语词典带回日本,美国之行令其大开眼界。① 1861—1862年,福泽访问英国、法国、荷兰、俄国等欧洲国家,初次访美的大惊小怪变成对欧洲政风人情的冷静观察。虽然对议会选举、医院经营、邮政、征兵制度等陌生事物犹百思不得其解,但福泽对欧美国家的政治、经济、社会制度等上档次的问题,开始了深入的探索。② 以实地考察为基础,在19世纪60年代,福泽编纂成书的《唐人往来》、《西洋事情》、《西洋旅行导游》、《清英交际始末》等读物在日本广为流传,启迪了一代志士奋起抗争。

开港后,阶级矛盾日益激化。被欧美列强纳入世界市场的日本无力与欧美国家抗争,沦为原料产地和商品市场。在这个过程中,欧美国家强制推行的自由贸易原则,对日本的不同行业产生了不同的影响。生丝和制茶业发展较快,但棉农、棉织手工工场受到沉重打击,纷纷破产。与此同时,外商利用日本国内金银比价为1:5,国际金银比价为1:15的比价差异,大量套购日本的黄金,导致硬通货短缺,幕府滥铸劣质货币,致使每枚金币的含金量,由庆长小判(1601)的15克,锐减至万延小判(1860)的2克。③ 物价飞涨。1858—1868年,米价上涨了7.1倍;菜子油价格上涨了4.6倍;大豆价格上涨了8.6倍。④ 庶民的生活大受影响。稻农虽因米价上涨而获益,但年贡米租税率上扬到"八公二民"却又所剩无几。市民们更因米价、油价暴涨,生计无着而叫苦不迭。不满与怨恨布满城乡,下层民众的反抗斗争日趋激烈。

---

① 马斌译:《福泽谕吉自传》,商务印书馆,1980年,第98—100页。
② 同上书,第106—114页。
③ 安藤良雄:《近代日本经济史要览》,第37页。
④ 青木虹二:《百姓一揆综合年表》,第32页。

据统计,1858 年"安政五国通商条约"订立当年,农民暴动和市民、农民的骚动为 72 次。1866 年农民暴动进入高潮,增加到 185 次。[①] 当年,仅江户附近的武藏国农民暴动,就有 10 万农民参加。愤怒的农民高呼着"世直"即匡正世道的口号,以草席为旗帜,手持竹枪,袭击幕府的官衙、哨所,并与前来镇压的士兵展开激烈搏斗。发生在幕府统治中心地带的农民暴动,史称"世直"暴动,它具有相对鲜明的政治色彩,声势浩大,参加人数众多,从根本上动摇了幕府封建统治。町人,特别是城市贫民的抢米暴动即"米骚动"和捣毁幕府基层统治机构的"打毁"斗争,接连出现在江户、大阪等中心城市,东西呼应,形成了强大的震撼力量。

在席卷城乡的下层民众反抗运动中,出现了以下几种颇具日本文化特色的形式:1867 年提前到来的"神宫参拜大出走";开始于名古屋,并迅速波及开来的群众性的狂歌乱舞;五花八门的新兴民间宗教。

形成全国规模的"神宫参拜大出走",在德川时代分别出现在 1650、1705、1718、1723、1771、1830 等 6 个年份,大约每隔 60 年爆发一次,人数少则二三百万,多则五六百万。届时,人们不分男女老少和行当等级,为得到"天照大神"的保佑,不约而同地从全国各地步行赶往伊势神宫,拜神祈福,游历山川。特别是那些平日深受封建等级身份制度约束的下层群众,在途中还随心所欲地装扮起来,边歌边舞,尽情发泄心中的不满和郁闷。由于是参拜神宫,沿途食宿一般会得到布施而有所保障。人数相当多的参拜天皇家祖神的行动,造成了弥漫全国的尊神尊皇怪异气氛。

群众性的狂歌乱舞现象,最早出现在日本中西部的名古屋。1867 年 8 月,町人群众一哄而起,在"皇御太神"即"天照大神"的"神札"自上天飘散人世间的流言蛊惑下,成群结队地涌向大街小巷,不分昼夜地唱歌跳舞。他们男女反串,在大鼓、笛子和三弦琴的伴奏下,边唱边舞。歌词粗俗诙谐、玩世不恭,讥讽时政的黑暗腐败,期待"神札"降临,带来好运和新天地。歌舞过后,则就地成群结队地吃大户。很快,这种群众性的歌舞狂潮波及东海、近畿、南关东、四国等地区,三都变成了乱哄哄的歌舞场。幕府的警备人员无法驱散如同着了魔似的大股人群,只能听之任之。因为人们欢唱的每段歌词最后,皆有"这还不好吗"的词句反复出现,故称"这还不好吗"运动。

比起农民的"世直"暴动和市民的"米骚动","这还不好吗"运动是非暴力的,带有神道的明确导向和群众街头游乐色彩,属于低层次的群众运动。

[①] 安藤良雄:《近代日本经济史要览》,第 39 页。

然而，由于它吸引了数以几十万乃至上百万的群众加入，在鼓动人心、迎接世道更替方面，其影响范围之广、持续时间之长，又为"世直"暴动和"米骚动"所不及。特别是由于"这还不好吗"运动集中爆发在幕府统治的心脏地带，爆发的时机又恰值倒幕派军队向京阪地区集结、决战在即的紧急时刻，因此对于瘫痪幕府控制社会治安的能力，掩护倒幕派的军事行动，更发挥了前两种反抗形式所无法发挥的作用。

幕末身受沉重压迫与剥削的庶民群众对现状强烈不满，但又得不到先进理论的引导，于是只能在传统佛教的弥勒信仰和神道的富士山信仰、伊势信仰中寻求精神慰藉，寄托对未来新世道的期待，幕末新兴民间宗教应运而生。这些宗教主要有黑住教、天理教、金光教等。

黑住教 1814年由备前国（今冈山县）御野郡神道家黑住宗忠创立，故名。宗忠自称在礼拜朝日时与太阳神"天照大神"感应，并因此得到"神谕"、受命立教传道。黑住教以《日日家内规则事》、《御歌文集》为教典，宣传礼拜朝日，信仰"天照大神"，实现神人合一即可获救。黑住教在关西、九州一带广为流传。1862年，宗忠的门徒赤目在京都建立的神社成了尊王攘夷派相互联络、开展倒幕活动的据点。

天理教 1838年由大和国（今奈良县）山边郡农妇中山美伎开创。中山自称因大神附体而得到启示，自制"神谕"并利用祭神的乐舞，聚众传教。中山预言，大神"天理王命"即将下凡救济穷苦百姓，保护妇女、儿童，鼓动民众信仰天理教。教义重视现实利益，主张人人平等、男女平等。天理教对京都周边的农民、手工业者颇有吸引力，信徒众多。1867年天理教成为神道教的一个分支，用民间信仰的神对抗幕府倡导的佛，用人人平等对抗封建身份等级制，反映了下层民众反对幕府封建统治的要求和愿望。

金光教 1859年由备中国（今冈山县）浅口郡农民川手文治郎创立。川手自称因金神作祟而患重病，愈后一心崇拜金神得福。1868年索性宣称自己就是"金光大神"，四处传播金光教。教义宣称金神是天地的祖神、爱神；每个人都是天地金神的子民，相互平等，应当尊重妇女；指责佛教是迷信，否认佛教护身符的作用等。金光教批判封建压迫，强调保护农民的利益，因而信徒多为农民，在山阳道濑户内海沿岸地区流行。

幕末民间新兴宗教多流传于西日本，对鼓动庶民群众摆脱乃至反抗幕府的封建统治，发挥了作用。西南诸藩的倒幕派最早在西日本得到民众的支持而开展活动，与幕末该地区民间新兴宗教的活跃不无关系。总之，下层群众各种形态的反抗斗争为中下级倒幕派武士的崛起，廓清了舞台，创造了条件;统治阶级的内部矛盾,加剧了政治核心层面的分崩离析。在民族矛盾刺激和国内两大矛盾的交替作用下,幕府统治的总崩溃只是个时间问题了。

思想界的观念更新和分化裂变,是开港后日本国内矛盾发展和政治形势变化的晴雨表。开港的过程,也是欧美新学说蜂拥而入、思想界新人辈出的过程。

一方面,在开港后,先前阻碍欧美文化自由传播的政策、法令失效。禁教锁国时代涓涓细流般的兰学独自苦撑的局面,被开港后喧嚣而来、诸说庞杂的洋学的兴盛景象所取代。很快,在兰学之外,英国学、美国学、法国学、俄国学、德国学等新学说接踵而至,无所不包的洋学兴起。与兰学只涉及自然科学不同,洋学不仅包括自然科学,更包括政治法律、经济制度、哲学思想、流派学说、文化教育、军队编制以及人物传记等社会科学,对日本思想界造成有力的冲击和影响。另一方面,民族压迫在造成日本政治、经济危机的同时,也造成了思想、信仰危机。开港后"夷狄"欺凌"神州",洋学排挤"圣学","神国"日本不得不受制于船坚炮利的"蛮夷之国"。在冷酷的现实面前,思想守旧派乞灵于神国意识、国体观念,期待八百万诸神再现神威。思想革新派则面对现实,苦苦探寻列强之所以强大、日本之所以落后的原因,思索日本走出困境、自立自强的救亡之道。因此,在中国最先刻印出版,却控制在少数人手中的《万国公法》、《海国图志》、《四洲志》等书著,在日本却找到了知音,被大量翻刻、出版、发行,受到了普遍重视和欢迎。

开港后,被卷入内忧外患漩涡中的幕府,并非无所作为。川路圣谟、岩濑忠震、胜海舟等开明派幕臣,了解海内外形势,推行顺势应变的开放政策。在1854年《日美和亲条约》订立的当年,幕府设立了处理外交事务的机构"应接挂"。翌年幕府在江户开办培养外语人才和翻译、研究欧美文书的机构洋学所;在长崎设立洋式军事学校海军传习所。在1858年"安政五国条约"订立的第二年,1860年幕府派遣使节团远赴美国,军舰"咸临丸"横穿太平洋。在缔约的第四年,即1862年,幕府向西欧派出了首批留学生,并再次派遣赴欧美的使节团;幕府的官船"千岁丸"首次驶入上海港,探查中国局势。缔约后的第六年,1864年幕府创建了海军舰船兵器制造厂横须贺造船厂,等等。凡此种种,与开港在先,却反应迟钝,行动颟顸的清朝统治者,形成鲜明对比。日本幕府为自救、自强而被迫采取的对外开放的政策,为洋学的兴旺发展,在客观上提供了有利的条件。随着欧美事物在日本的传播,以新知识分子为核心的近代化人才集团形成并成为幕府统治的掘墓人。开放政策的推行者幕府因其制定的政策而加快走向总崩溃,事态如此发展为幕府始料未及。同样,推翻幕府统治过程的艰苦、曲折与复杂,也是倒幕志士们所始料未及。

二 从尊王攘夷到武力倒幕

从1853年培理舰队首航日本,到1868年江户城守军投降,统治日本两个半世纪的德川幕府,在15年间的政治斗争中,轰然崩塌。在这个过程中,日本历史沿着两条主线发展:其一,幕府、朝廷和雄藩不断调整相互关系,幕府日益走向衰亡;其二,中下级武士历经多次分化裂变,逐渐成长壮大并把握政局的主动权。上述两条主线相互联系,彼此影响,15年间波澜起伏。两条主线互动,构成开港后幕府统治崩溃过程的几个阶段。

第一阶段:1853年7月至1858年4月,矛盾酝酿时期。在内忧外患刺激下,幕府称霸政坛的"一言堂"被打破,朝廷和雄藩拥有了发言权;中下级武士横议时政,各种矛盾尚在发展过程中,但大局尚称稳定。中下级武士以尊王攘夷派的面目出现,并作为藩主的追随者,走上政治舞台。云聚京都,横议时政,联络朝廷公卿以壮声势,是他们的基本活动方式和内容。从总体上看,坐而论道,满足于言论上的批判,是其活动的主要特点。诸如萨摩藩的西乡隆盛、大久保利通和长州藩的吉田松阴等,都属于此时的活跃人物。由于幕府的当权派阿部正弘、堀田正睦等相对开明,横议时政的武士们在当时还只是幕藩体制内的一批持不同政见者。因此,双方尚能在现存体制的框架内,相互保持克制,基本上维持了国内局势的稳定。

第二阶段:1858年4月至1864年7月,冲突与分化时期。1858年4月,彦根藩藩主井伊直弼就任德川幕府的最后一任大老。他一改阿部、堀田的宽容立场,推行强化幕府权力和权威的强硬政策。井伊不顾雄藩大名的反对,强行拥立德川庆福为第十四代将军。同年6月,又无视天皇的意志,自行批准了《日美友好通商条约》。条约"敕许"和将军继嗣等久议不决的难题,被刚愎自用却又行动果断的井伊全部解决,随即受到来自政治反对派的指责。早已对一桥派大名心怀嫉恨,对处士横议感到不耐烦的井伊,进而展开镇压。1858—1859年,井伊下令逮捕吉田松阴、桥本左内等带头横议的中下级武士,押解到江户审讯并判处死刑;对已故的梅田星岩等掘墓斩尸;对西乡隆盛、海月等下令押回藩里严加处置;对岛津齐彬、一桥庆喜等给予软禁并勒令反省的严厉处分,等等。在此期间,受到镇压和被牵连的公卿、大名、幕吏、处士等多达100余人,吉田、桥本等8人被处死,西乡等被迫投海自杀而后获救。腥风血雨笼罩列岛,史称"安政大狱"。

面对井伊的血腥镇压,一桥派的上层人士沉默下来,但中下级武士处士们却在沉默中爆发。他们不再坐而论道,而是挥舞起日本刀,以暴力回击镇压。1860年农历三月初三,来自水户、萨摩藩的18名志士按照计划,秘密埋伏在樱田门外。是日风雪交加,前去将军府邸祝贺节日的井伊在卫队的簇拥下,乘坐轿子匆匆而来。当井伊一行将至樱田门外时,突然一声枪响,志士们拔刀而起,将猝不及防的井伊砍死在轿内,史称"樱田门外事件"。18名武士在事件中几乎牺牲殆尽,他们用以暴抑暴的极端手段,刺杀了幕府的强硬派首领。尊王攘夷派士气大振,幕府的权威扫地。

幕府大老在光天化日下横尸街头,举国为之震惊。这一德川幕府建立以来未曾有过的流血事件,给井伊之后的幕府当局以强烈的刺激。新上台的老中安藤信正等温和派抛弃了井伊的强硬政策,转而推行靠拢天皇朝廷、密切将军与皇室关系的"公武合体"政策,以收拢人心,安抚上层人物,并借助"皇威"压制尊攘派中下级武士。幕府在下令为"安政大狱"的被迫害者平反昭雪的同时,以废约攘夷为交换条件,在孝明天皇允许和安藤信正、岩仓俱视等具体策划下,炮制了朝幕政治联姻。经幕府的再三敦请,1860年8月孝明天皇表态,同意在废除条约或实行攘夷的条件下,皇妹和宫解除与炽仁亲王的婚约,下嫁第十四代将军德川家茂。经过一年半的交涉,1862年2月,这场幕府与朝廷之间的政治联姻出台。皇妹和宫远赴江户,下嫁第十四代将军德川家茂。"和宫下嫁"抬高了公武合体派的政治地位,尊攘派备受压抑。

1862年农历正月十五日,尊攘派展开反击,在江户城的坂下门外袭击老中安藤信正。身中数刀的安藤虽然侥幸逃得性命,但迅即被罢官,居家禁闭。"坂下门外事件"后,举国汹汹,尊王攘夷的狂热持续升温。尊攘派形成令上层统治者胆战心惊的压力集团,他们促使天皇命令将军德川家茂和候补将军德川庆喜西赴京都,参拜天皇和神社,下令自1863年5月10日起实行"全国大攘夷"。幕府将军被迫应召来京都、极不情愿下令攘夷等事态,表明朝幕的力量对比在悄悄发生变化,天皇的政治取向越来越重要。

1863年6月,长州藩率先实行攘夷,炮击路过下关海峡的法国、美国船舰。偷袭得手,举藩欢呼胜利。捷报传到京都,孝明天皇大加褒奖。同年7月,英国为报复一年前本国商人在横滨附近的生麦村被萨摩藩武士无端杀伤,派遣舰队讨伐萨摩,双方激战竟日,互有伤亡。不久,法、美两国组成联合舰队,向尊攘派的大本营长州藩发起进攻。在海岸攻防战中,长州藩的炮台被法美舰队的猛烈炮火打哑,并迅即被登陆的法美海军陆战队彻底捣毁。长州藩的惨败和萨摩藩的伤亡惨重,产生了多重始料未及的效果。英国开始注意萨摩、长州藩的外样大名的举动;萨摩、长州藩的中下级武士开始认识到欧美列强在武器上的优势,双方出现相互接近的契机。与此同时,尊攘派与天皇的政治关系急遽变化,天皇为求自保,决心抛弃尊攘派。1863年8月18日天皇发动政变,宣布此前的诏令多出违心,自即日起所颁布的诏令方为真诏令,而第一个真诏令即勒令尊攘派立即离开京都。尊攘派在一夜之间成了天皇朝廷与幕府密切关系的政治牺牲品,处于孤立状态。幕府乘机加紧镇压,试图将桀骜不驯的尊攘派扫荡干净。1864年6月,幕府的杀手别动队"新撰组"在队长近藤勇的指挥下,突袭京都的一家客栈池田屋,将聚集在那里的长州、土佐、肥后诸藩志士几乎斩杀殆尽,仅木户孝允等幸免于难。

在一系列重大挫折中,以长州藩为根据地的尊攘派迅速分化。一部分志士,如久坂玄瑞等坚持寄希望于京都朝廷的老路线,试图恢复在京都的政治优势。1864年7月,受池田屋事件的刺激,久坂与长州藩的家老福原越后、国司信浓等率领藩兵,进军京都。幕府则调动了萨摩、会津、彦根诸藩的士兵在皇宫周围布防,以逸待劳,动用大炮轰击长州藩军。由于双方军事力量对比悬殊,长州藩军被迅速击败。久坂等战死在沙场。史称"禁门之变"。在蛤门附近激烈的战斗中,长州藩军的大炮指向了皇宫,枪弹击中御所大门,受到惊吓的皇太子睦仁休克。长州藩主父子被朝廷宣布为"朝敌",成了尽人皆可得而诛之的"国贼",长州藩则成了幕府军事围剿的对象。"禁门之变"宣告了重返京都的老路线的彻底破产,长州藩也因此陷于政治被动局面。

另一部分志士,如木户孝允、高山晋作等制定并推行以长州藩为根据地的"大割据"新政策。这种新政策与老政策的最大不同之处在于:不再把注意力一厢情愿地投放在京都,而是立足于本藩的建设,组织以农民为主体的新式军队"奇兵队",割地自立自强。对外,则停止与英国毫无意义的对抗,积极发展贸易,购置新式武器,装备军队,不断积累实力,伺机武力推翻幕府的统治。"大割据"政策的提出,标志着决定日本命运的基本力量,即武力倒幕派的最终形成。

第三阶段,1864年7月至1866年12月,激烈分化与力量对比发生逆转时期。武力倒幕派冲出重围,并逐渐跨藩联合,形成推翻幕府统治的强大力量。

在前两个阶段逐步介入日本国内事务的基础上,欧美列强在第三阶段更加深入地干涉日本内政。英国视倒幕派为未来的合作对象,军火商格罗威尔(Thomas Blake Glover)在长崎开办的公司,怡和洋行驻横滨的分店成了英国与西南诸藩,特别是萨摩、长州藩之间联系的中转站,安排长州藩伊藤博文、井上馨等留学英国的中介人。① 法国支持幕府,公使罗修奉行独立于英国对日政策的新方针,与英国展开竞争。从1864年7月至1867年1月,幕府先后发动两次征伐长州藩的战争。第一次征长之战爆发于1864年7月"禁门之变"后不久,幕府充分利用长州藩被宣布为"朝敌"的有利时机,调动30余藩的军队围剿长州藩。同年8月,英、法、美、荷四国组成联合舰队,猛烈炮击长州藩的海岸炮台,使之遭受重大打击。在沉重的军事压力面前,长州藩的保守派俗论党完全接受了幕府的要求,处死率兵进京的家老,迫使木户、高杉等离藩躲避。

形势危在旦夕。1864年12月,创建了"奇兵队"的高杉晋作冒死从北九州潜回长州藩,在伊藤博文的积极响应和支持下,率领草莽志士诸队在马关起义。经过一个月的激战,至1865年1月,起义的草莽诸队打垮了俗论党政府。木户、高杉等武力倒幕派重掌实权,推行举藩一致的"大割据"政策,长州藩的倒幕派突出重围,再次崛起。在此前后,在第一次征长之战时充当过幕府军主力的萨摩藩,因并未获得对政局的发言权而与幕府离心离德。顺从幕府的保守派失势,大久保利通、西乡隆盛等藩内的革新派掌握了藩厅的权力。萨摩与长州藩政权的主导力量均为立志倒幕的中下级武士,经过土佐藩坂本龙马、中冈慎太郎等人的居中斡旋,1866年1月,萨长两藩化敌为友,订立了共同倒幕的盟约,形势转危为安,倒幕派政治前景明朗。

1866年6月,幕府发动了第二次征长之战,20多个藩组成的幕府军,从大岛口、艺州口、石州口、九州口四个方向围攻长州藩,史称"四境战争"。由于萨长两藩已结成攻守同盟,萨摩藩拒绝派兵参战,反而暗中支援长州藩。经过"大割据"政策一年半的全面贯彻,长州藩兵强马壮,士气高昂。在高杉晋作、大村益次郎、井上馨、山县有朋等一批具备实战经验的军官指挥下,长州藩军民英勇抗击,取得大岛口初战胜利,继而攻入艺州、滨田、小仓藩,挫败了幕府军。随着战事进入胶着状态,幕府军后方供应日益困难,士气低落。1866年7月,将军德川家茂"脚气冲心"病亡,幕府遂以治丧为由,下令停战班师。第二次征长之战以长州藩的胜利、幕府军的彻底失败而告终,由此揭开了武力倒幕的序幕。同年12月,与幕府结成亲密合作关系的孝明天

---

① A. 马基:《托马斯·格罗威尔传》,中央公论社,1997年,第87页。

皇,也染上天花而突然驾崩。天皇的病故,无形中为倒幕派的军事行动清除了名分论上的政治障碍,形势对幕府愈加不利。

第四阶段,1867年1月至1868年4月,武力倒幕派胜利行进时期。他们在"王政复古"的旗号下,建立了维新政权,并与公议政体派展开决定命运的斗争。

公议政体思潮反映了公武合体派的基本利益和要求,持此立场者称公议政体派。公议政体派以土佐藩为中心,主倡者为坂本龙马、后藤象二郎。1867年6月,坂本在与后藤乘船赴京都的途中,提出建立国家新体制的《船中八策》。坂本主张幕府把政权归还朝廷,建立以天皇为国家元首的朝幕藩三位一体体制;设立两院制的上、下议政局,议员公议政治;制定"无穷大典"宪法;起用人才;修改条约;整备陆海军等。在此基础上,后藤又对《船中八策》加以修改,提出了非暴力的"大政奉还论"。藩主山内容堂对此大为赞许,并视其为土佐藩在国内政治竞争的工具,命后藤开展游说活动。10月3日,后藤向老中板仓胜静呈交了《大政奉还意见书》,要求幕府将军主动地将大政奉还天皇朝廷,就任列侯会议的议长,以维系德川氏的统治实权。

显而易见,公议政体派使用和平手段来改造幕府统治的主张,与武力倒幕派针锋相对。然而,在拥立天皇为共主,用新的政治体制来取代幕藩体制,尽快克服民族危机等方面,公议政体派与武力倒幕派又有许多共识。因此,1867年6月,土佐藩与萨摩藩订立以促进大政奉还为目的的《萨土盟约》。9月,萨摩藩又同长州、安艺藩订立了武力倒幕的《萨长艺盟约》。萨摩藩同公议政体派、武力倒幕派先后缔约,正是基于两派共识的客观存在。与此同时,两派之间的竞争也不可避免。

出于形势的压力和土佐藩公议政体派的劝说,1867年10月14日,末代将军德川庆喜向天皇朝廷呈交了《大政奉还上奏文》。奏文说:"臣虽奉其职,至今日之形势,毕竟薄德之所致,惭惧不堪。何况当今外国之交际日盛,愈感朝权不出一途,则纲纪难立,故应改变从来之陋习,将政权奉归朝廷。广采天下公议,仰尊圣断,同心协力,共保皇国,必可与海外万国并立。"①从政治策略上看,"大政奉还"是以退为进、后发制人的手段。将军庆喜在名义上交出天下兵马的统帅权的同时,颇有把握地期待着朝廷重新向其委托天下的统治权。公议政体派因其主张的实现而得意洋洋。与此同时,武力倒幕派也加紧秘密活动。大久保利通等与公卿岩仓具视、三条实爱经过策

---

① 《大政奉还上奏文》,历史学研究会编:《日本史史料》4,近代卷,第78页。

划,以明治天皇的名义制定了《讨幕密诏》,赦免了长州藩藩主父子"朝敌"的罪名,并在庆喜呈交上奏文的同一天,将密诏下发萨长两藩,令出兵讨伐幕府,"殄戮贼臣庆喜"。以密诏为据,万余萨长艺三藩的兵马开始向京坂神一带集结。武力倒幕派同公议政体派争取朝廷支持的竞争中,占据了优势。10月24日,庆喜向朝廷提交"征夷大将军"辞职书,朝廷欣然接受,只保留了其内大臣的虚衔官位。事态的发展,颇令庆喜失望。

1867年12月9日,明治政府成立。在新政府宣布的第一份文告《王政复古大号令》中,宣布批准庆喜大政奉还和将军辞职,断然废除了幕府,另设由总裁、议定、参与组成的三职制政府。《王政复古大号令》宣布:"原自癸丑以来,遭蒙未曾有之国难,先帝频年为之所苦,扰屡之情当为众庶所知。因此,圣意已决,实行王政复古,树立挽回国威之基。自从废除摄关、幕府等,先暂设总裁、议定、参与三职,使之处理万机。诸事应按神武创业之始,无缙绅、武士、堂上、地下之别,皆须尽力发表至当之公议。"① 随即,在小御所举行的三职会议上,武力倒幕派岩仓具视、大久保利通等"参与",挫败了公议政体派山内容堂等议定邀请庆喜加入政府的图谋,决定让庆喜"辞官纳地",听候处置。所谓"辞官",即庆喜辞掉内大臣的官位;所谓"纳地",即上缴幕府将军的全部领地。已经滞留京坂数十日,一心等待入阁的庆喜闻讯后彻底绝望。

此时,江户城里的佐幕派早已对萨长两藩的所作所为愤恨不已,群起鼓噪战争。原来,在庆喜"大政奉还"的前后,西乡隆盛秘密派遣500余名草莽志士组成敢死队,在江户城和关东各地,号召勤王倒幕,攻击幕府的哨卡"阵屋",袭击富豪,市井无赖之徒趁火打劫,搞得人心惶惶。12月25日,幕府为清除这批制造恐怖的敢死队,命令庄内等数藩出动2000士兵,围攻萨摩藩在江户城里的藩邸。消息传到大坂,驻守在城内外的万余幕府军官兵更加怒不可遏,要求与萨摩藩开战。但说到底,还是小御所关于"辞官纳地"的决定,彻底切断了幕府将军及其家臣的经济来源,被逼到墙角的幕府及佐幕势力只能拼死一战。在一片求战声中,1868年1月1日庆喜发布《讨萨表》,下令"清君侧"、讨伐萨长奸贼。庆喜坐镇大坂,指挥陆海军向京都方向出动。

---

① 《王政复古大号令》,历史学研究会编:《日本史史料》4,近代卷,第79页。

三　戊辰战争的进程、意义和特点

1868年1月2日,由老中松平正质为总督、若年寄冢原昌义为副总督,以法国武器装备起来的5000幕府军和3000会津藩兵、1500桑名藩兵为主力,总兵力约1.5万人的幕府军离开大坂,进入京都西南郊的淀城。当天夜晚,幕府军舰"开阳丸"、"蟠龙丸"攻击停泊在兵库近海的萨摩藩轮船"平运丸",提前打响了戊辰战争的第一炮。① 1月3日,幕藩军攻击由2000萨摩藩兵驻守的鸟羽和1800长州藩兵、300土佐藩兵驻守的伏见。幕府军虽然在人数上占绝对优势,但内部编成庞杂,士气低落,武器装备相对落后。倒幕军虽人数较少,但因装备了美国新研制的斯宾塞式步枪,拥有天皇麾下"官军"的正当名分,得到了当地居民的粮草水酒供应而士气高昂。驻守伏见的长州军在击败了前来进攻的幕府军后,侧击鸟羽,迫使其退往富森。双方激战到1月5日,嘉彰亲王在马上手执天皇锦旗,驰骋阵前,萨长土三藩士兵紧随其后,士气高昂。幕府军唯恐向锦旗射击而沦为"朝敌",纷纷弃阵南逃淀城。战至1月6日,驻守山崎的津藩士兵阵前倒戈,幕府军全线崩溃。当天夜里,将军庆喜抛下大坂城中的数万官兵,登上"开阳丸",12日逃归江户。由萨长土等倒幕雄藩组成的官军取得了鸟羽、伏见之战的彻底胜利。此战过后,战争的主动权就从幕府的手中转移到倒幕阵营的一方。双方的攻防态势,也因此转换为幕府处处被动挨打,官军主动出击并节节胜利。

1月7日,明治政府发布《庆喜追讨令》,指责为庆喜"大逆不道"的"朝敌",号召天下共讨之。2月3日,明治天皇睦仁发布《亲征诏书》,命令诸藩出兵勤王,讨伐叛臣庆喜。在平定了西南日本后,2月9日组成以有栖川宫炽仁亲王为东征大总督,西乡隆盛、广泽真臣等为参谋的东征军指挥部,开始了直趋江户城的东征。同时,也向山阴道、四国、九州、中国等地派遣镇抚总督或追剿总督,迅速平定了西南日本。以萨长土三雄藩为主力、其他藩陆续加入的12万东征军,沿东海、东山、北陆三道推进。在进军途中,东征军的先头部队到处张贴维新政府"租税减半"的布告,得到各地农民、小商人的热烈欢迎和响应。他们以担当向导,提供情报、粮草或阻止农兵队等多种方式,支援东征军。三路兵马进展顺利,仅在东山道击溃了幕府军轻微抵抗

---

① 中村哲:《明治维新》,集英社,1992年,第17页。

后,至 3 月初合围江户城。3 月 14 日,即东征军发起总攻击的前一天,东征军参谋西乡与幕府陆军总裁胜海舟的谈判终于达成协议。在朝廷赦免德川庆喜的死罪、幕府缴械投降的双赢条件下,东征军停止攻城。4 月 11 日,东征军开进江户城。庆喜隐居水户,德川氏由庆喜的养子德川家达继承。至此,统治日本长达 265 年的德川幕府灭亡。

5 月,东征军击溃彰义队等盘踞在江户上野一带的幕府残余势力,稳定了城内秩序。7 月,江户改称为东京。同月,官军进击本州岛的东北地区,与奥羽越列藩同盟 33 个藩的联军展开拉锯战。在东北会战中,长冈城与会津若松城的血战尤为惨烈。但是,当地农民相信"萨长取天下,免交年贡三年"的流言,纷纷转而支持官军。至 9 月,庄内、米泽、仙台、会津等抵抗最坚决的佐幕诸藩陆续投降,官军付出重大伤亡后,将幕府的残余兵力赶出本州岛,赢得东北会战的胜利。

正当东北会战激烈进行时,1868 年 8 月,幕府前海军总裁榎本武杨在法国军事教官团的陪同下,擅自率军舰 8 艘、部卒 2800 人,携带黄金 18 万两,抢滩虾夷地,10 月控制全岛。12 月,经士官投票选举,榎本当选为"虾夷地共和国"总裁。榎本政权自行与普鲁士人戈尔特那尔订立《七重村开垦条约》,创办模范农场,屯兵备战,渐成割据之势。1869 年 5 月,官军渡过津轻海峡、攻入北海道。当地农民组成游击队,协同官军作战,趁风雨之夜,潜入五棱郭炮台,将多半大炮的炮栓击毁。同月,困守箱馆五棱郭的榎本率最后一批幕府军,开城投降。在下层民众的广泛支持下,历时近一年半的内战至此结束。6 月,虾夷地改称北海道,设置了地位相当于省卿的开拓长官。

这场以武力摧垮幕府统治的内战,在鸟羽、伏见打响,至五棱郭结束。由于主要的战斗均发生在农历戊辰龙年的 1868 年,史称戊辰战争。这场战争是日本近代史上规模最大的内战,双方投入的总兵力约 20 万人,8200 余人战死,5200 余人受伤,交战兵员的数量和伤亡人数均超过中日甲午战争。①

戊辰战争是倒幕与维新两大运动交汇时期矛盾总爆发的结果,因此,摧毁幕府统治的武装斗争与维新政令的颁布同步进行,对于日本近代历史发展进程影响深远。在夺取江户城的前后,明治维新的指导纲领《五条誓文》、太政官政府的组织法《政体书》先后颁布。与此同时,以鸟羽、伏见之战的胜利为起点,武力倒幕派的路线彻底压倒了公议政体派的主张。在随之而来

---

① 原口清:《戊辰战争》,塙书房,1963 年,第 89 页。

的东征、东北会战和北海道五棱郭围城战的战争过程中,通过频繁的官制调整,以中下级武士为主体的武力倒幕派逐渐确立了政权主流派的地位,高级公卿、大名议定们被调离或罢免,实权转归战争中声威骤增的新一代领导人掌握。"王政复古"之初的三职制时,总裁之下,10名议定均由大名、公卿担任,岩仓具视、大久保利通、西乡隆盛等20名参与,地位低,权力有限。鸟羽、伏见初战告捷,1868年1月,改行三职七科制,2月再改为三职八局制,倒幕派藩士进入权力枢要部门,大名由各部门的长官降至副职。至1868年闰4月,废三职制,改行太政官制。太政官之下,设议政、行政、神祇、会计、军务、外国、刑法等七官(省),议政官分上下两局,称七官二局制。大久保利通、木户孝允、西乡隆盛、板垣退助等藩士参与同大名、公卿议定们平起平坐,同为上局成员,参与国政。

戊辰战争是日本型的推翻封建旧政权的革命战争,具有鲜明的民族主义意识、尊王"国体论"等特色。强调内外有别的民族主义意识,是不平等条约框架下民族矛盾尖锐的反映。1868年1月15日明治政府照会各国驻日公使,通告"王政复古"。1月25日,英、美、法、意、荷、普鲁士六国公使发表声明宣布"局外中立",但列强实际上仍以各种方式介入日本内政。但在戊辰战争期间,交战双方基于超越政治集团利益的民族大义立场,对防止外国势力的介入,发挥了作用。

1868年2月官军东征,存在着后方补给线过长的致命弱点,幕府方面若出动舰队攻击东海道,切断东征军的后勤供应,必转而赢得主动。法国驻日公使罗修看到了这一点,向将军庆喜提出给予军舰、武器和军费援助的建议。这个建议颇具诱惑力,但庆喜认为幕府依赖法国,萨长诸雄藩势必投靠英国,双方凭借外国的支持而互动干戈,则中国、印度的惨状将在日本重演;而且日本有日本的国情和尊王名分论,谢绝了法国的军援。[1] 为早日结束内战,防止列强干涉日本内政,庆喜采取了彻底恭顺朝廷的方针,这是东征军进展迅速的重要原因。同样,西乡隆盛早在前一年7月,就拒绝了英国驻日使馆官员萨托提供军援的建议,说:"变革我国政体,要完全靠我们自己的力量,依赖外国成何体统!"[2] 在戊辰战争中,江户开城投降具有决定性的意义。在1868年3月开始的谈判中,幕府代表胜海舟致信东征军代表西乡隆盛,以为"兄弟阋于墙,外御其侮"是民族大义,强调"目前对外关系日益复

---

[1] 维新史料编辑会:《维新史》第5卷,吉川弘文馆,1983年,第181—182页。
[2] 井上清:《明治维新》,《日本历史》第20卷,中央公论社,1966年,第91页。

杂,为防止外国干涉,国内实现和平尤其重要",① 因而接受了明治政府的条件,开城投降。凡此种种,说明在当时日本尚处于被压迫民族的时代背景下,民族矛盾对统治阶级内部矛盾、阶级矛盾具有相当强的制约作用。

戊辰战争的另一日本特色,则主要表现为交战双方均受到尊王"国体论"的制约,竞相在尊王的名义下,争夺正统地位。从幕藩军西进京都,到鸟羽、伏见之战乃至西抚、东征的过程中,被称作"锦旗"即绘有日月徽章或十六瓣菊花章的天皇旗,成为倒幕军自视为正统官军的象征。锦旗所指向者,皆为"朝敌",给幕藩军及佐幕诸藩造成了极大的政治被动。因此,当5月东征军向东北地区推进时,佐幕的奥羽越东北诸藩会盟白石,组成列藩同盟并宣布同盟的宗旨是"上尊王室,下抚人民";制造东北诸藩才是"真正的勤王之师",应该"扫灭伪官军,由东北诸侯实现王政复古"的舆论。② 6月,奥羽越列藩同盟索性拥立本派的天皇,请出已经出家为僧的轮王寺宫公现法亲王担任军事总督,进而准备将其尊为"东武皇帝",并建元"大政"。后因战事紧张,列藩同盟军穷于应付,"东武皇帝"才没来得及登基。战后,"东武皇帝"向明治天皇称臣,晋封北白川宫能久亲王。

交战双方皆举起尊王名分论的旗帜,是戊辰战争期间最能凸现日本特色的现象。与其他国家推翻封建王朝统治的资产阶级革命比较,这一特色就更加鲜明了。在其他国家,站在王旗下的军队往往是旧势力的武装力量,如英国的王军、法国保皇的朱安党、中国的辫子军等;在日本,却是新旧势力,即官军与"贼军"在争夺尊王正统中,兵戎相见。在其他国家,鼓舞士气的理想和战斗口号,来自社会正义或者民族的要求,如法国大革命的"自由"、"平等"、"博爱",中国辛亥革命的"民族"、"民权"、"民生"的三民主义;在日本,却是"王政复古"、"维护皇国"、"尊王勤王"、"讨伐朝敌"等源发于天皇权威的理念。

在世界资产阶级革命进程中,造成这种日本特有现象的原因,首先与德川时代双重二元政治结构有关。这种政治结构所具备的政权转换机能,使得幕府行将崩溃的转折关头,某个雄藩或者个人均不可能成为取代将军的新权威,只有身披神权外衣、独享"至尊"荣光的天皇,才可成为各阶层接受和竞相追随的新权威。此外,也与军事斗争的需要有关。戊辰战争中,交战双方的主力部队由多个藩的正规军组成,并分别拥有杂牌军草莽诸队。号

---

① 维新史料编辑会:《维新史》第5卷,第201页。
② 原口清:《戊辰战争》,第232页。

称"官军"或者"贼军"的两大军事集团,人员成分复杂,普遍存在着藩意识差异、历史积怨、阶级或等级利益对立等离心因素。如何将分散的力量形成战之必胜的铁拳头,需要严格的军纪、军规,也需要超越藩意识、身份差别的共同精神支柱和信念有关。在当时,共同的精神支柱和信念只能是尊王名分论。

在戊辰战争的起始阶段,双方就已经开始争夺正统地位。在戊辰战争中战斗最激烈、伤亡最惨重的东北会战时,抗击官军最有力的东北诸藩,其尊王论的调门也唱得最高。奥羽越列藩同盟宣称其实施武力对抗"绝非出自恢复旧幕府之私情",而是为"清除君侧的奸徒,以期平定海内之乱";会津藩举藩抗战,却申明"本藩毫无恢复幕府之意,唯欲清君侧而已";仙台、米泽等藩则宣布"二州决心为皇国驱散云雾、重见光明,除此别无他意",[①]等等。透过东北诸藩言行不一的矛盾现象,不难看出:其真实目的无非是扭转政治被动局面,在竭力躲避"朝敌"罪名的同时,顽抗到底。

战争,既是流血的政治,也是以残酷的特殊方式,展现交战双方的民族性格和国民素质的过程。戊辰战争期间内外有别的民族主义和尊王勤王的"国体论",既反映了幕府末年至明治初年的民族情绪和国民素质状况,也发挥了迅速结束内战,避免国土分裂,稳固维新政权等积极作用。在此后的维新变革过程中,明治政府继续灵活运用,使之成为日本崛起的两大精神支柱。

第三节 中央集权体制的建立与近代化基本国策的制定

中央集权体制的建立与近代化基本国策的制定,是维新启动时期一个过程的两个基本方面。中央集权体制的逐步建立与完善,有利于全面推行近代化的基本国策。近代化基本国策的实施,反过来又强化了中央集权体制。两者形成相互促进的良性互动关系。在没有任何非欧美国家近代化成功模式可供参照的情况下,日本开始了近代化的探索。

一 中央集权体制的建立

概括起来说,从幕府时代双重二元政治结构到明治初期一元化的中央

---

① 原口清:《戊辰战争》,第233、225页。

集权体制的建立,先后迈出了三大步。前后衔接,水到渠成。

第一步,以武装暴力手段,推翻了幕府统治,巩固维新政权。

戊辰战争给幕藩体制以致命的一击,德川幕府崩溃,支撑幕府与诸藩、幕府与天皇朝廷等双重二元政治结构的顶梁柱折断,造成结构性的坍塌。理顺元气大伤的诸藩和权力不完整的天皇朝廷之间关系的历史任务,随之提上日程。作为初建的政权,宣示执政的纲领方针是解决国内堆积如山的各种问题,包括理顺朝藩关系的当务之急。倒幕战争促成维新大政方针《五条誓文》和明治政府组织法《政体书》的发布,维新功臣得以执掌实权,形成建立中央集权体制的核心力量。

1868年1月鸟羽、伏见之战打响后,越前藩参与由利公正认为维新政府"应提出大义所在的方针",以收揽人心,赢得战争。仓促之中,参与会议一时拿不出具体建议,遂委托由利制定方针。在戊辰战争隆隆炮声中,深受横井小楠共和思想影响的由利公正起草了维新政府执政总则《议事之体大意》5条:(1)"遂庶民之志,欲使人心不倦";(2)"士民一心,盛行经纶";(3)"求知识于世界,广振皇基";(4)"贡士限期,以让贤才";(5)"万机决于公论,勿论之以私"。[①] 由利将"遂庶民之志"列为维新政府施政纲领之首,主张削弱藩主推荐的代表"贡士"的发言权等,凸现了平民主义的立场。

随后,土佐藩参与福冈孝弟对由利初稿加以从名称、文字到条文排列顺序的全面修改,突出了公议政体派的立场。这份名曰《会盟》的文件开列了下述5条纲领:(1)"兴列侯会议,万机决于公论";(2)"官武一途以至庶民,各遂其志,务使人心不倦":(3)"上下一心,盛行经纶";(4)"求知识于世界,大振皇基";(5)"征士限期,以让贤才"。[②] "会盟",即公武合体,诸侯结盟,"兴列侯会议"成为维新政府施政的第一条纲领,强调朝廷与诸藩联合执政的"官武一途",主张削弱由朝廷选拔的"征士"的发言权,等等。保守派公卿攻击这两个文件模仿外国体制而损害"神国之体",《会盟》被束之高阁。

两个月后,东征进入围攻江户城的关键时刻。为最大限度地争取诸藩的支持,防止列强武装干涉,副总裁三条实美、议定岩仓具视和大久保利通责成总裁局顾问木户孝允以由利、福冈稿为基础,制定维新的国是方针。坚持武力倒幕的皇权主义者木户,对内主张建立以天皇为中心的"一君万民"

---

① 三冈丈夫:《由利公正传》,光融馆,1916年,第143—145页。
② 维新史料编纂会:《维新史》第5卷,第386页。

体制;对外坚持开放,认为"与外国通交"的"庙谟既定,确不可移"。① 基于形势的需要和强化皇权的考虑,木户对福冈稿大加删改:强调公议政体派举行列侯会议的《会盟》,被修改为天皇向天地神祇、列祖列宗宣誓的《五条誓文》,对外方针由1条增加到2条,通篇贯穿着皇权首位思想。这样,最终形成维新的总方针《五条誓文》:(1)"广兴会议,万机决于公论";(2)"上下一心,盛行经纶";(3)"官武一途以至庶民,各遂其志,务使人心不倦";(4)"破历来之陋习,基于天地之公道";(5)"求知识于世界,大振皇基"。② 1868年3月14日,明治天皇率领群臣祭拜天地神祇、列祖列宗,公布了《五条誓文》。誓文的前三条,以建立议会体制、君臣一体并讲究治国安邦之道、形成官武民共同拥戴天皇的"一君万民"体制为内政建设的大政方针;后两条,以遵循国际法"天地之公道"、加入国际社会、学习欧美先进文化为对外开放的基本方向。

同日,天皇又颁发了《安抚亿兆宸翰》(也名《宣扬国威宸翰》),强调"近来宇宙大开,各国竞相雄飞四方,当此之时,岂独我邦黯于世界形势,固守陋习而不计维新之效?朕徒自安居九重,偷一日之苟安而忘百年之忧,遂恐受各国欺凌,上辱列圣,下苦亿兆";重申对内"君臣相亲,上下相爱";对外"洽德泽于天下,扬国威于海外"。③ 宸翰凸显内以一君万民、外以争雄世界的两个基本点,与誓文的基本方针别无二致。

在发布《五条誓文》后不久,1868年闰4月21日,明治政府发布了《政体书》。该文件是参与副岛种臣、福冈孝弟参照《联邦志略》、《西洋事情》、《令义解》、《美国宪法》等国内外书著法律,编纂而成。《政体书》开宗明义:"制定国策、建立规章制度,应以《五条誓文》为目标";规定"天下之权力皆归太政官","太政官之权力分为立法、行政、司法三权";"设征士之法,虽藩士、庶人,犹能任二等官者,所以贵贤人也";"各府、各藩、各县皆出贡士为议员,建立议事之制,为实行舆论公议也";"立官等之制,为使各官自知其职任之重而不敢自轻也";"为官者不得私在家中与他人议论政事";"诸官应以4年为任期,用公选投票之法"等10项纲领。此外,还规定了中央权力机构太政官分为议政官、行政官、神祇官、会计官、军务官、外国官、刑法官等七官,地方

---

① 维新史料编纂会:《维新史》第5卷,第390—391页。
② 《五条誓文》,历史学研究会编:《日本史史料》4,近代卷,第82页。
③ 《安抚亿兆宸翰》,历史学研究会编:《日本史史料》4,近代卷,第83页。

分府、藩、县三治制。①《政体书》提出政府机构的组建规则,确定了建立中央集权体制的制度建设方向。

随着倒幕战争的顺利进展,武力倒幕派维新功臣的地位在不断上升。到《政体书》发布时,太政官议政官的8名议定中,仅保留公议政体派大名松平庆永1人;9名参与中,大久保等武力倒幕派参与占6名。1869年5月戊辰战争结束时举行官吏互选。在3名议定的选举中,公议政体派大名全部落选;9名参与的选举中,大久保、木户、副岛、板垣退助等藩士当选。武力倒幕派维新功臣执掌实权,为建立中央集权体制创造了基本条件。

第二步,版籍奉还,全国的版图、户籍悉归明治政府管理。

在戊辰战争进行的过程中,随着官军的胜利进军,旧幕府的领地和领民转归天皇朝廷所有,是为"天领"。明治政府在占领地区设置了府、县等新的地方行政机构,派遣官吏加以管理。在"天领"之外,明治政府没收了佐幕诸藩的部分领地,仍允许其存在。加入官军阵营的诸藩,继续保有原有领地。在戊辰战争过后,中央政府管辖下的府县与诸藩并存。明治政府在名义上为中央政府,但诸藩仍掌握着地方权力。从中央和地方两极权力的配置上,中央政府对全国的支配权并不完整。与此同时,中央政权机构的整齐划一与地方政权机构的五花八门互不协调,不利于国内秩序的稳定和维新政令的贯彻。结束地方行政机构的混乱庞杂局面,实现政令归一,成为当务之急。然而,草创时期的明治政府并不具备一举结束地方政权机构混乱局面的实力,为推进全国政权的中央集权化,必须讲究改革的策略。

1868年2月,参与木户孝允率先提出版籍奉还的建议,强调应一扫藩国分立的"七百年的积弊",诸侯应将版图(领地)和户籍(领民)归还朝廷。萨长土肥四藩维新功臣们对此表示赞成,分头对各自的藩主开展说服工作。1869年1月,萨长土肥四藩主联名向朝廷递交了《版籍奉还上表文》,内称"天祖肇临开国立基以来,皇统一系,万世无穷。普天率土,无不为其所有,无不为其臣子,此即大体"②。因此,愿将领有的版图户籍奉还朝廷。在当时堪称日本政坛四大金刚的萨长土肥四雄藩带头,其余200多家藩主不得不纷纷仿效,向天皇朝廷呈交了大同小异的上奏文,请求朝廷接受版籍奉还。至同年6月,版籍奉还的程序基本结束,262个大名由各据一方的领主,变成了均归明治政府任免的地方官"知藩事",迈出政权中央集权化重要

---

① 《政体书》,历史学研究会编:《日本史史料》4,近代卷,第84—85页。
② 《明治维新基本文献史料选译》,《明治维新的再探讨》,第172页。

的一步。明治政府之所以能在半年左右的时间内,比较顺利地完成诸藩领主版图和领民管理权的转移,主要是由于:

藩体制的没落,已是大势所趋。戊辰战争过后,诸藩的经济没落已是不争的事实。幕府垮台,佐幕诸藩自然备受打击。作为战败的"贼军",任凭明治政府处置。特别是抗击"官军"最力的东北诸藩多半被转封或分割,诸如会津、仙台、米泽、盛冈、庄内等佐幕18藩的93万石领地被没收。① 较之战前的地广财厚,"贼军"诸藩如今已经是一片残破没落的景象。与此同时,作为战胜者的"官军"诸藩,也被长达17个月的戊辰战争拖垮,同样处于财政匮乏的窘境之中。明治政府虽拥有君臣大义名分论的精神感召力和正统性,却无力支付战费。"官军"诸藩出动勤王之兵,全部费用自行解决,给参战的诸藩,特别是西南诸藩造成了巨大的经济负担。长州藩向政府叫苦已不堪财政负担的沉重,萨摩藩靠滥发劣币填充藩财政亏空,土佐藩被迫削减家老以下诸士的俸禄,肥后藩因藩财政捉襟见肘,不得不举债度日。雄藩财政艰难,小藩财政纷纷破产。领地仅2万石的陆奥国守山藩投入"官军"阵营后,因提供夫役,调运弹药粮草,完成各种差遣,只得向富商借金数万两,藩主沦为负债人。② 于是,战胜幕府和佐幕军的凯旋之日,竟成了"官军"藩财政濒临破产之时。诸藩统治危机接踵而至,在长州藩,藩厅无力兑现战胜后对官兵给予奖赏的诺言,导致在倒幕战争中立下汗马功劳的长州诸队,归藩后举行"脱队骚乱"的哗变。财政的困顿,致使诸藩大名急欲版籍奉还,矛盾上交,以摆脱沉重的经济负担。

此外,大名在政治上的没落,已无法挽回。战争和战胜,造成两种"下克上"的冲击力量,藩主难以继续维持藩内原有的统治秩序,加速了政治上的没落。第一种"下克上"的冲击来自大名的家臣武士。戊辰战争期间,在东征军各路征讨总督府中,看不到大名的身影,反倒是原来地位低下的中下级武士家臣们驰骋疆场,建功立业,战后凯旋,成为和大名平起平坐的维新功臣。土佐藩的军务总裁板垣退助因力主武力倒幕,为热衷公议政体论的藩主山内容堂所不容,1867年10月被罢官,难以施展才能与抱负。戊辰战争打响,板垣一跃成为东征总督府参谋。在攻打会津城时,担任前线攻城大队的司令官,击溃骁勇顽强的会津守兵,迫使有名的会津藩主松平容保服罪请降,一时名声大振。土佐藩主山内也不得不与板垣同为一殿之臣。类似的

---

① 维新史料编纂会:《维新史》第5卷,第666页。
② 原口清:《戊辰战争》,第246页。

现象,也程度不等地出现在其他藩,家臣的"下克上"促成大名的政治没落。另一种"下克上"的冲击,来自非武士阶级出身的士兵和农民暴动。戊辰战争的爆发,给兵农分离原则下历来与军旅无缘的农民、町人、神官、僧侣,提供了拿起武器,参加战斗并取得武士身份的机遇。这些士兵在战斗中增长了见识和自信,有的还因功列入士籍。待战胜归来,他们已经成为旧士农工商等级身份制所无法驾驭的力量。另外,戊辰战争期间,明治政府关于"年贡减半"的许诺,幕府及佐幕诸藩领地旧有剥削制度的崩溃,给饱受封建剥削的农民带来了希望。东北会战结束后,特别是进入1869年以后,各地的农民暴动进入高潮时期,给诸藩大名的统治以巨大的打击,加速了诸藩领主经济、政治上的没落。

　　诸藩的没落为版籍奉还提供了客观条件,但明治政府的决策者能否审时度势,提出富有弹性和切实有效的中央集权化政策、策略,也至关重要。在明治政府的决策集团内部,对如何建立中央集权体制的认识上,存在不同意见。大久保认为时机尚不成熟,无法断然推行郡县制,应该遵照渐进的方针,先让藩主担任知藩事,允许世袭。岩仓也主张渐进方针,赞成藩主任知事以守护其地,但应将藩知事的家政与藩政区别开来,藩财政收入的1/10上缴朝廷,其余归藩留用和支配。木户持急进立场,认为要政令归一,就必须学习秦始皇,推行府县制,坚决反对大久保的藩知事世袭论。伊藤倾向支持木户的立场,认为兵权既然已收归朝廷,政令法律也应由朝廷发布,建议将大名列为公卿贵族并予优待。大隈比伊藤急进,主张废除诸藩的养兵制,兵权一律集中于中央政府,藩知事的家禄只能是岁入的1/20。最终,以大久保、岩仓的主张为基础,吸收了木户、伊藤和大隈的部分意见,形成了版籍奉还的方针与政策举措。其内容主要包括:(1)坚持渐进方针,时机不成熟,则不急于求成,竭力将藩主的抗拒减缓到最低程度;(2)任命藩主为知藩事,允许世袭,废除公卿、诸侯的称呼,一律改称华族;(3)确立知藩事家禄制,藩岁入的1/10作为知藩事的家禄,其余另归他用;(4)取消诸藩武士家臣的各种等级,一律列为士族,足轻列为足族。上述方针与政策举措,既适应了建立中央集权体制的发展趋势,也符合当时日本国内政治实力对比的实际。在优待诸藩大名,给予一定的政治权力、社会地位和经济实惠的同时,明治政府将诸藩大名变成了中央政府的地方官,使地方分离势力聚拢于中央政府的周围,增强了向心力。

　　为促成版籍奉还,木户、大久保、西乡等还施展了政治谋略。按照事先的安排,在分头劝说各自的藩主带头版籍奉还时,有意无意给藩主造成先舍后取的印象,作为开国元勋,暂时的奉肯定会得到更大的回报。因此,在1869年1月的萨长土肥四藩主联名呈交的《版籍奉还上奏文》中,有了"今谋收集版籍奉上,愿朝廷处置。其应予者与之,应夺者夺之"的表述。① 在萨长土肥四藩主呈交了《版籍奉还上奏文》之后,政府并未立即表明如何处置的具体举措,而是以天皇的名义,大加褒奖,并命令议政官上局和公议所对上奏文展开讨论,借以探询诸藩的态度。当政府得知有半数的藩表示赞成时,遂挟五棱郭围城战不战而胜的余威,在同年6月明确表态接受诸藩大名的版籍奉还,并公布了藩知事的家禄与藩财政分离、大名与家臣分离等政策举措。此时,大名连呼上当,但为时已晚。

第三步,宣布废藩置县,建立中央集权体制。版籍奉还后,中央政府与地方诸藩的力量对比发生了无可逆转的变化。诸藩表面上旧称未改,但实际状况已今非昔比。主君与家臣分离,藩财政负债累累。至废藩前,诸藩负债总额达1.25亿元,负债额是诸藩平均岁入的3.6倍,② 知藩事们狼狈不堪,急欲摆脱压力,进京由政府供养,坐享华族待遇。因此,早在1869年7月,丹波国的龙冈藩、上总国的菊间藩、河内国的狭山藩等小藩的知藩事已上书政府,请求废藩。12月政府接受其请求,分别给予设县或并入其他县的处理。

与此同时,中央政府的力量日益增强,占据了主导地位。版籍奉还之前,政府无暇过问藩政。奉还后,政府介入藩政的力度逐渐加大。1870年3月,政府制定《常备队规则》,统一规定了诸藩士兵服役的年龄为18—37岁;兵额为每万石可养兵1小队等,开始涉足诸藩的军事权。同年9月,政府发布《藩制改革令》,指令诸藩按照统一的官制任命官吏;规定诸藩岁入的1/10为知藩事的家禄,余额的1/2上缴政府;诸藩士族俸禄的增减,须经政府批准,知藩事不得自作主张等,政府控制了诸藩财政。

明治政府之所以加强对诸藩的控制,其经济原因是:版籍奉还后,财政收入状况有所好转,统治力逐渐增强;与此同时,维新政府兴办各项事业的开支巨大,随着国家会计制度的建立,急需把地方的财政统一于中央财政。其政治原因是:在外交上,明治政权已成为唯一的合法政府,拥有完整的外交权,但由于内政权的不够完整,形成了差异与矛盾;另外,陷入财政危机的诸藩滥发纸币,造成物价暴涨,民怨沸腾,农民暴动与士族骚乱此起彼伏,国

---

① 《版籍奉还上奏文》,历史学研究会编:《日本史史料》4,近代卷,第86页。
② 中村哲:《明治维新》,第77页。

内政治形势动荡,道府县藩的并存不利于迅速采取警察行动。基于上述种种原因,1870年10月,大久保、岩仓在《建国体制原则》的14条改革方案中,已将废藩置县列入其中。对此,明治政府内部迅速达成一致意见,并在具体的举措步骤上,形成共识。

废藩置县的基本准备,主要有以下两个方面,即:

一方面,建立真正意义上的政府军,以备不测。1871年2月,政府决定由萨长土三藩选送8000名精兵,组成天皇近卫军"御亲兵"。从4月至6月,萨摩藩的4大队步兵、4小队炮兵,长州藩的3大队步兵和土佐藩的2大队步兵、2小队骑兵,陆续调往东京,组成步、炮、骑兵等三兵种齐备的"御亲兵"。[①] 同时,在东山道、西海道设置两镇台,从镇台附近诸藩招集藩兵为镇台兵。御亲兵和镇台兵完全由政府统辖,是真正意义上的政府军。

另一方面,改组政府,由藩士、下级公卿出身的维新功臣控制各要害部门。1871年6月,太政官实行第二次大调整,对中央各职能部门长官的人事安排加以变动。具体的做法是:增补西乡隆盛为参议,其他所有参议除木户留任以外,全部辞职并转任行政部门的长官;大久保取代宇和岛藩主伊达宗城、出任大藏卿,山县有朋由兵部少辅提升为大辅,岩仓出任外务卿3个月后,交由肥前藩的副岛种臣继任,同藩出身的大木乔任由民部大辅提升为文部卿和民部卿。通过这次调整,政府的实权由出身于萨长土肥四藩的维新功臣掌握。

至此,维新功臣麾下有雄兵,手中掌实权,建立中央集权体制的时机业已成熟。同年7月14日,天皇颁布《废藩置县诏书》,宣布:"朕唯此更新之际,欲内以保安亿兆,外以与各国对峙,宜使名实相副,政令归一。朕前听纳诸藩奉还版籍之议,新命各知藩事,使之各奉其职。然数百年因袭之久,或有其名而不举其实,将何以得保安亿兆而与各国对峙哉?朕深为之慨叹!故今废藩为县,是务必除冗就简,去有名无实之弊,无政令多歧之忧。汝等群臣须体察朕意!"[②]

《废藩置县诏书》既下,相应的措施陆续出台:废除府县藩三治制,在全国设东京、大阪、京都3府及302县;所有知藩事的家禄数额、华族身份不变,但须一律辞职,举家迁居东京;诸藩租税征收权转归政府,所有债务也由政府负担;所有府知事和县令均由中央政府派遣。通过上述废藩置县举措

---

① 中村哲:《明治维新》,第88页。
② 《废藩置县诏书》,历史学研究会编:《日本史史料》4,近代卷,第90—91页。

的实施,理顺了中央和地方的关系,形成政令归一的中央集权体制。至此,才从形式到内容上,彻底清算了已存在了260余年的幕藩体制。

废藩置县后,明治政府继续各种强化中央集权体制的改革步骤。其中主要包括:

(1) 巩固维新功臣在官僚体制中的地位。《废藩置县诏书》颁布两周后,1871年7月29日,实施了对太政官官制的第三次大调整。太政官改行正院、左院和右院三院体制:正院为最高权力机构,置太政大臣1名、左大臣2名、右大臣1名、参议15名;下设神祇、大藏、工部、颁布、司法、文部、宫内、外务等8省和北海道开拓使。左院为立法机构,但必须接受正院的指导,议长由参议兼任,议员由正院任命。右院为审议、咨询机构,成员为各省的长官、次官。由于此时维新功臣们对欧美国家三权分立的原则不甚了解,更由于他们热衷于权力的集中,因此,三院制的太政官体制的基本特色,是行政权居于权力的中心,不受立法、司法权力的制约。这种行政机构大权在握的中央集权体制,适应了在社会转型时期实行激进改革对权威体制、铁腕政府的需要,有其历史的必然性与合理性。因此,经过第三次调整的太政官体制,后来虽又有局部微调,但大体稳定并一直持续到1885年内阁制的建立。自明治政府成立以来的官制频繁调整,也至此告一段落。

通过一系列的政府机构完善和各机构主官人事变动,武力倒幕派逐步掌握了中央权力部门的实权,由维新功臣变成了维新官僚。第三次太政官体制调整的结果是:太政官三大臣中,三条实美继任太政大臣,岩仓具视为右大臣,前东征大总督炽仁亲王和前公武合体派魁首岛津久光并列为左大臣;3名内阁顾问分别为岛津、木户和黑田清隆,藩士出身的维新官僚居多数;12名参议中,除胜海舟为留用的旧幕臣之外,其余11名木户、西乡、大久保、板垣、大隈、伊藤等均为倒幕维新功臣;除宫内省之外,其余7省的主官均由藩士出身的维新功臣担任。[①] 在出将入相的维新官僚中,出身萨长土肥四雄藩的藩士占据优势,分别控制了内政、外交、军事、司法、教育等部门的大权。在此基础上,逐渐形成藩阀势力。藩阀之间的明争暗斗,构成明治初期政治文化的一大特色。

(2) 扩建正规军,组建警察机构。1871年8月,解散所有旧藩的常备军,在全国设置东京、大阪、东北、镇西等四镇台,扩大兵额编制。1872年2

---

① 《明治初期主要官职补任表》,高柳光寿、竹内理三编:《日本史词典》(第二版),角川书店,1995年,第1255—1256页。

月撤销兵部省,改设陆军省、海军省。同年 11 月发布《全国募兵诏书》,太政官颁发《征兵告谕》,开展征兵的宣传与动员。1873 年 1 月,发布《征兵令》,公布征兵的目的、工作程序、应征者的条件、兵种配置等,开始实施征兵,扩建正规军。随即,撤销四镇台,增设东京、仙台、名古屋、大阪、广岛、熊本等六镇台,14 营所,步兵、骑兵、炮兵、工兵、辎重兵等五兵种的常备兵员总数为 3.169 万人。① 这样,明治政府拥有了全国划一、服从政府军令的常备正规军。

与此同时,中央集权的警察机构也在加紧组建。废藩置县之前,日本还没有专门的警察机构和警员。社会治安由兵部省的 3000 逻卒负责,各府县的治安警员也是形形色色。1871 年 4 月制定《户籍法》,加强对城乡居民的管理和控制,自 1872 年予以实施。根据《户籍法》,按全国统一的格式,将每个人的姓名、年龄、住址、出生和死亡日期等内容,均载入政府编号登记的户籍簿。废止旧有的村町制,另建新的村町制,规定:大区由几个小区构成,设区长负责管理;小区由多个村组成,设户长进行管理;村为最基层的行政单位,由副户长管理;区长和户长享受官吏待遇。

在此基础上,1872 年 8 月在司法省设置警保寮,主官称警保寮头;府县设大警部,主官称大警视;区设小警部,主官称小警视,下辖巡查;每个巡查率领番人 10 名,监护分管的居民。这样,形成司法卿之下,由警保寮头督导大警视,大警视指挥小警视,巡查听命于小警视、指挥番人的组织严密、层层隶属的垂直型警察机构,招收大批士族充任警员。此后,又断加以完善和强化,使国民处于警察机构的有效监控之下。

(3)宣扬崇皇敬神意识,统一国民思想。1870 年 1 月,明治天皇发布了《大教宣布》诏书,提出"祭政一致、亿兆同心"的方针,强调"今也天运循环,百度维新,宜明治教,以宣扬惟神之道,因新命宣教使布教天下"。② 睦仁随即亲往神祇官祭拜天神地祇和历代皇灵,自上而下地发动了以神道统一国民思想的运动。1871 年 4 月,政府向全国发布《大教旨要》,强调"大教之旨要,在敬神明,明人伦,使亿兆正其心,尽心尽职,以侍奉朝廷";否则,将"其心不能正,政不能治,职不能尽责"等等。③ 政府向各地派出宣教使,责成其动员与庶民关系最密切的神官、僧侣、说评书讲谈师、说相声的落语演员,在

---

① 井上清:《明治维新》,第 219 页。
② 维新史料编纂会:《维新史》第 5 卷,第 482—483 页。
③ 同上书,第 484 页。

各处宣讲大教神道。1872年9月,明治政府在东京设置大教院,府县设置中教院,各区设置小教院,确定正权大教、中教、少教、大讲、中讲、少讲、训导等14级宣教师。1873年5月,大教院发布《三章教宪》(《三条教则》),规定宣教师必须终生恪守的宣讲教宪是:第一条"必须体会敬神爱国的宗旨";第二条"必须明确天地人道";第三条"必须拥戴天皇,尊奉朝旨",①将崇皇敬神意识贯彻到日本的每一个角落。

除去崇皇敬神的思想灌输之外,明治政府还以文明开化、破除迷信为理由,把流传年久的上巳、端午、七夕、重阳等传统国家节庆日降格,而把明治天皇的诞辰、神武天皇的登基日,分别规定为天长节、纪元节等国家节庆日。通过举国庆祝的国家节日,宣扬崇皇敬神,使国家意识深入人心。

二 近代化基本国策的制定

从王政复古到废藩置县,维新政权面临着国内动荡和混乱的局面,以农民和士族为主体的两股反政府、反改革的势力,来势汹汹。据统计,1868—1877年的10年之间,共发生了农民骚动、暴动508次,其中67.5%集中在前5年,高达343次;针对政府新政的就有177次,为总数的51.6%。② 在1868—1872年明治政府以建立中央集权体制为中心的改革时期,农民骚动、暴动平均每年为94次,每月平均近8次。农民频繁骚动、暴动,但目的和作用不尽相同。1869年1月越后国(今新潟县)1.5万农民群起请愿、要求年贡减半;10月越中国(今富山县)2万农民发动"饭碗"骚动,焚烧土地账簿、驱赶村吏并自行夺取地主的土地耕种。1876年12月三重县饭野郡农民抗议政府的地租率过高,举行暴动。农民手执竹枪冲进官厅,捣毁路灯,与前来镇压的士族血战不退,政府在三重县设置镇抚局,出动名古屋镇台士兵和警察,大肆镇压。上述农民暴动具有鲜明的反封建、反剥削的色彩,应予肯定。

有的农民暴动则属于对新政的抗拒。1871年8月废藩置县后,广岛县旧藩主奉命入住东京,县民掀起劝阻运动,和平请愿迅速演变为一个半月的骚乱。同年10月播磨国(今兵库县)农民反对废止"秽多"的贱籍而举行暴动,击杀县知事。1872年1月备中(今冈山县境内)千余自称"旧民"的农民反对贱民列入平民籍而成为新平民,冲击中津井村阵屋,夺取大炮、弹药,轰

---

① 阪本健一编:《明治以后神社关系法令史料》(非卖品),1968年,第74页。
② 青木虹二:《明治农民骚扰的年度研究》,新生社,1967年,第36页。

击新平民的住屋,四处放火,政府军出动军队予以镇压。① 因习惯按照传统的 24 节气耕耘而反对政府采用公历,因不满青壮劳动力被征入伍而反对推行征兵令,因无力承担学费而反对创建小学校等,往往酿成农民群情激奋的集体打砸事件。甚至对架设电线、开办电报局等,不理解乃至产生恐怖感,也成为农民举行骚动或暴动的诱因。市民也因币制改革、物价高涨和治安秩序不稳而怨声载道,把反政府的传单贴在官署的墙上。此类反抗,均针对新政改革措施,是社会转型时期小生产者对现实不满,对未来充满不安和恐惧心理的反映,应区别对待,不宜全都给予肯定。

　　士族的暴动和叛乱,比农民的反抗更令政府头痛。如何妥善解决武士阶级的问题,始终是明治政府处理国内问题的当务之急。诸藩大名在改革中,有所失亦有所得,均被政府收买,迅速贵族化。40 万家臣武士却被抛进维新改革的实验场,面对着特权地位丧失、传统生活方式消亡和社会新角色的不适应等问题,许多的武士们在郁闷、失落、痛苦和愤怒中备受煎熬,成为明治初期的一个特殊而危险的反动社会群体,即"不平士族"。从采用个人恐怖手段刺杀政府高官到聚众武装叛乱,不平士族的暴徒化令明治政府心惊肉跳。

　　此外,因政府改革措施不当或流言飞语而引起的社会动乱也时有发生。明治初年的废佛毁释风潮、"血税"暴动分别是上述两种情况的典型。1868年 3 月至 4 月之间,明治政府为强化天皇朝廷的权威,推行振兴并净化神道的方针,陆续出台了诸如《神佛分离令》等一系列区分神佛、打击佛教的举措。这些政令禁止僧侣从事神社事务,不许把佛像当成神体来礼敬,并拆除神社中的佛像、佛具;进而取消僧位僧官,命其还俗,鼓动废佛毁释。佛教、佛寺在德川时代是幕府将军实行思想统治和人身支配的工具,佛寺僧侣享有的许多特权招致社会其他势力的不满和嫉恨。因此,政府废佛毁释的举措被无限夸大和利用:藩主借打击佛教之机,抢占寺院的土地;神官要在宗教界独尊神道,扩大神社的影响;农民要摆脱佛寺的剥削,形成把矛头指向佛寺僧侣的合力。结果,废佛毁释运动,逐渐演化为全国规模的毁灭佛教文化的狂潮。1870 年 1 月,天皇发布宣扬神道的《大教宣布》诏书,在掀起崇神运动的同时,也为废佛毁释运动推波助澜。于是,在萨摩、富山、松本、津和野藩等许多地方,废佛毁释的举动最彻底,也最激烈。在京都、奈良、镰仓等佛教圣地,堪称国宝级的佛像、佛具、佛家惨遭破坏,大量佛教经典被付之

---

① 安良丸夫等校注:《民众运动》,《日本近代思想大系》21,岩波书店,1999 年,第 101—102 页。

一炬。全国约半数的佛教寺院被毁坏,僧侣被迫还俗。至 1871 年 7 月,明治政府担心彻底摧毁佛教会引起天主教的盛行,才缓和了对佛教的打击。后来,又正式通告保护佛教各宗派,允许自由信仰佛教。废佛毁释风潮并非反政府运动,但加重了社会动荡不安的氛围。

另外,由于明治维新是一场社会角色的再确定、社会利益的再调整和社会资源的再分配的大改革。不同社会阶级对维新举措的理解不尽相同,甚至曲解的情形也难免发生。在这种情况下,流言飞语的蛊惑作用有时会刺激社会狂热而引发动乱。在某种程度上,农民掀起的"血税"暴动,固然与需要青壮劳动力来维持贫困的家计有关,但社会传言、流言引起的恐慌、焦躁心理也起了鼓动的作用。1872 年 11 月,太政官发布《征兵告谕》,称:"天地间一事一物,无不以纳税充实国内。凡为人者节不可不尽心竭力以求报国,西人称之为血税。"① 告谕的本意是动员国民应征当兵,以生命和热血报效国家。但"血税"两字被传成了政府征兵是把应征的青年倒悬起来,抽血供洋人饮用,还绘声绘色地说什么横滨洋人的红葡萄酒、使用的红地毯、红军服等,都是日本男儿的鲜血染红的,等等。于是,反征兵的"血税"暴动在各地频频发生。在赞岐(今香川县),《征兵令》发布后,西郡的农民"对血税二字产生误解,人人疑惧,物议纷纷。三野郡下高野村农夫矢野文次等附会妄说,煽动愚民"。1873 年 6 月,一疯女掠走路遇的两个儿童。闻讯赶来的村民因不服户长的处理,焚毁其住宅。消息传开,区内对新政和村吏横行强烈不满的 2000 余名农民一哄而起,放火焚烧正副户长家屋、村事务所、仓库和小学校。骚乱随即波及丰田、三野、多度、那珂、阿野、香川等 7 郡,数万农民卷入。骚乱持续到 7 月 4 日,被焚毁的派出所、事务所、村吏住宅、小学校等多达 599 处,波及 130 个村庄、34 个区。政府急调军队和警察,开枪镇压,大批农民被捕,处死者 7 人,判刑者 49 人,杖责者 103 人,鞭打者 26 人,被处罚款者 1.6416 万人。② 与此同时,感念旧幕府时代,认为今不如昔的情绪也在暗中滋长。1869 年 4 月 29 日,大久保在日记中记述:"拜会岩仓卿,今日事体实在急迫",两人对坐"每每叹息而已"。③

面对走向新时代还是退回旧时代的重大选择,统治集团内部形成两派。复古派以保守的弹正尹朝彦亲王、公卿外山光辅、左大臣岛津久光、近侍天

---

① 《明治维新基本文献史料选译》,《明治维新的再探讨》,第 179 页。
② 安良丸夫等校注:《民众运动》,《日本近代思想大系》21,第 107—115 页。
③ 日本史籍协会编:《大久保利通日记》2,北泉社,1997 年,第 37 页。

皇的国学者玉松操、儒学者元田永孚为核心,以神祇官和刑部的弹正台为据点,热衷于王政复古,主张政祭一致,恢复古代律令制,凡事均应以神武天皇的立国精神为准。举凡神佛分离、确定纪元节、突出神祇官的地位等复古举措,大都出自该派之手。维新派以中下级武士、公卿出身的开明官僚为核心,形成了执政的梯队。他们不断地将维新事业推向前进,举凡革新之举,如制定《五条誓文》、《政体书》、版籍奉还、废藩置县等,均为其提出并推行。

两派虽然有政见分歧,但并非水火不相容。在宣扬"皇威"、振兴"皇国"、维护"神州"的共同目标下,两派以《王政复古大号令》所主张的"复古"与"御一新"理想,为彼此相容的政治、思想基础,并行不悖。日本文化的包容性、暧昧性被用于国家政治的运营,使维新变革外穿复古主义之衣,内行资本主义化之实。主导近代化进程的维新派官僚面对复杂的局面,针对发展资本主义和恢复国家主权两大历史课题,提出了相应的近代化基本国策。

(1)最高目标:实现"与万国对峙"。对峙,即对抗、抗衡、并立等意。"与万国对峙"是幕府末期以及明治初期在日本国家政治生活中出现频率相当高的一个词语。1867年10月,末代将军德川庆喜在《大政奉还上奏文》中,有"保护皇国,必可与万国并立"的说辞;① 同年12月明治政府的《王政复古大号令》宣布"实行王政复古,树立挽回国威之基";② 1868年3月《宣扬国威宸翰》主张"安抚汝亿兆,遂开拓万里波涛,宣布国威于四方";③ 1869年1月《版籍奉还上奏文》强调"名实相得,始可与海外各国并立";④ 1871年7月《废藩置县诏书》重申"何以保安亿兆,得以与各国对峙"等。⑤ 再如,1868年11月,伊藤在《废藩建议书》中,把废藩视为"抵御外辱,伸张皇威于海外"、"与万国并立"的其他条件等。⑥

"与万国对峙"的国家目标之所以在明治初年被频繁强调,是因为民族矛盾和民族压迫在当时十分突出。因此,"与万国对峙"的目标在提出之初具有两重性。一方面,它表达了处于不平等条约束缚下的日本民族希望摆脱民族压迫,争取并捍卫国家主权独立,以跻身世界民族之林、走向世界前列的正当要求。另一方面,"与万国对峙"的国家目标是以日本为本位,试图

---

① 《大政奉还上奏文》,《日本史史料》4,近代卷,第78页。
② 《王政复古大号令》,《日本史史料》4,近代卷,第79页。
③ 《宣扬国威宸翰》,《日本史史料》4,近代卷,第83页。
④ 《版籍奉还上奏文》,《日本史史料》4,近代卷,第86页。
⑤ 《废藩置县诏书》,《日本史史料》4,近代卷,第90页。
⑥ 《伊藤博文建议书》,《明治维新基本文献史料选译》,《明治维新的再探讨》,第171页。

光耀"皇威"于海外,与欧美列强并驾齐驱,"威慑"万国,显示了对外扩张的强烈愿望。随着欧美列强对日本不平等条约的撤销,随着日本武力崛起并把不平等条约强加给邻国,对外扩张和追求帝国主义霸权成为日本国家战略的主流。这样,"与万国对峙"成为军国主义不断发动侵略战争的动因。

(2) 主体国策:富国强兵。作为政策,富国强兵已在幕末幕藩领主改革中实行过。作为历史连续性的体现,在明治初年的政府文告或维新官僚的书信中,"富国强兵"一词屡见不鲜。1868年3月的《宣扬国威宸翰》中,提出了"海外雄飞论";同年12月,参议木户在致政府的《建议书》中,提出:"文明诸国奖励并期待一般人民的知识进步,以文明开化为国家富强之途径。"① 1870年12月参议广泽真臣在写给木户建议废藩置县的信中,提出由萨长诸藩带头行动,"建立真正划一的体制,奠定富国强兵的基础","与海外强大国家形成真正的对等"关系。② 1874年5月,大久保提出《殖产兴业意见书》,进而把富国强兵提高到国策的高度。大久保认为:"若人民殷实富足,国家随之富强乃必然之势","果然如此,则与各强国并舆而驰,亦非难事"。③ 与幕末封建领主为维护幕藩体制而鼓励开发国产品,提倡节俭、尚武,演练新式军队的富国强兵不同,明治政府的富国强兵国策是在全国范围内,破坏旧有的封建经济体制,导入资本主义的生产方式和管理运营制度,以实现国富;强兵则是解散旧有的武士团,举国皆兵、组建近代化的军队,争作军事强国。富国强兵以国家为本位,适应了日本"与万国对峙"这一国家目标的需要,是实现这一目标的基本手段。

(3) 政府主导下的资本主义产业开发政策:殖产兴业。明治初年,百废待兴。但由于巩固维新政权是当务之急,因此,对发展经济应以何政策加以指导,政府并无定见。直到明治政府施政6年以后,在大久保的《殖产兴业建议书》中,才比较系统完整地提出相应的政策。建议书开宗明义:"大凡国之强弱,系于人民之贫富,而人民之贫富系于物产之多寡。物产之多寡,虽依赖于人民致力工业与否,但寻其根源,又无不依赖政府官员诱导奖励之力。"在这里,大久保把政府官员视为经济开发的主导力量,要求官员"深思熟虑","制订办法",对工业物产、水陆运输等人民参与的事业,"既已建成者保护之,尚未就绪者诱导之";主张以英国为榜样,借助"据岛屿之地,得港湾

---

① 《木户孝允建议书》,林屋辰三郎:《文明开化研究》,第272页。
② 木户公传记编纂所:《松菊木户公传》下,明治书院,1927年,第1371页。
③ 中村政则等校注:《经济构想》,《日本近代思想大系》8,岩波书店,1988年,第19页。

之便,并富于场矿"等"天然之利","补充之,修建之,使臻于盛大,以此为最大之急务",求取"工业之程度愈益发展,国内之物产,供国内之人民而有余"的开发效果,实现"扩充财用,巩固国家之根柢"的最终目的。①

(4) 破除陈规陋习,全面移植欧美精神文明的指导方针:文明开化。如同"与万国对峙"令幕末和明治初年的日本朝野人士魂牵梦绕一样,破除陋习、文明开化也是这一时期社会舆论的议论中心。1867 年 12 月《王政复古大号令》号召举国上下"一扫历来矫情之陋习",咸与维新;1868 年 3 月发布的《五条誓文》,把"破历来之陋习,基于天地之公道"列入其中。② 前述 1868 年 12 月参议木户孝允在致政府的《建议书》中,已把文明开化定义为人民的知识进步和富国强兵的必要举措。与木户的主张相同,当时明治政府的《国是纲目》同样强调"让全国人民掌握世界万国学问,扩充天地之间的知识。值此目前宇内形势已变,四海交通之时,人人竞相阔新耳目,勿失如欧洲各国文明开化之千载良机",③ 提倡不失时机地学习欧美国家的先进文化知识。

思想启蒙家福泽谕吉在 1867 年把英文的 civilization 译成文明或者开化。福泽认为,文明即西洋文明,是实现"国家独立"之术。在对文明功效的理解上,与维新官僚并无不同。但在探讨文明的深层因素方面,福泽有其过人之处。他把文明分为"外在的文明"与"文明的精神"等两个层次,认为前者如衣服、饮食、器械、居室、政令法律乃至巨舰、枪炮等,为"耳所能闻目所能见的事物","用人力可以制造,用钱可以购买;但后者,即"文明的精神"或曰"人民的风气","既不能以目窥其形状,也就很难察知其所在","既不能出售也不能购买,更不是人力所能一下子制造出来的"。他强调:"使欧亚两洲的情况相差悬殊的就是这个文明的精神",文明开化也是为了具备这种文明的精神,"排除障碍,为汲取外形文明开辟道路"。在人人竞说文明开化的风潮之下,即使守旧派人士也在高唱文明开化。例如,反对学习欧美的净土真宗僧人佐田介石就认为,日本自有日本的文明开化,"圣王教化"、"民俗改革"、"王者之政"就是文明开化。

总之,在 1871 年废藩置县前后,维新派官僚在近代化的探索过程中,制定了以"与万国对峙"为最高目标,以"富国强兵"为政策主体,以"殖产兴业"、"文明开化"为辅翼的基本国策,开始了急行军式的近代化进程。

---

① 中村政则等校注:《经济构想》,《日本近代思想大系》8,岩波书店,1988 年,第 16、18 页。
② 《五条誓文》,历史学研究会编:《日本史史料》4,近代卷,第 82 页。
③ 《国是纲目》,《明治以降教育制度发达史》第 1 卷,林屋辰三郎:《文明开化研究》,第 274 页。

第三章
欧化时期的维新变革

从1868年1月3日(农历1867年12月9日)明治政府成立,公布宣告维新开始的《王政复古大号令》,到1889年2月11日颁布《大日本帝国宪法》,21年间风雨兼程的维新变革过程,以1881年10月3日的"明治十四年政变"为分水岭,分为前后两个时期。本章所涉及的前期维新变革,主要集中在明治前十年。在这一时期,文明开化的风潮铺天盖地而来,欧风美雨浸润日本社会。十余年间,日本的社会历史面貌变化剧烈,最终走上资本主义发展道路。日本社会也为此付出沉重代价,出现了鼓吹全盘西化的极端倾向,民族自信心、自尊心一度低迷不振,国内矛盾尖锐。然而,表面上的乱象却内含着弃旧图新的巨大希望。在剧烈的动荡中,日本开始了历史性的飞跃。

第一节 围绕中心环节展开的各项改革

明治前十年,新令迭出,改革举措密集。从1869年1月至1871年7月,"版籍奉还"、"废藩置县"等建立中央集权体制的政治制度改革,与"四民平等"名义下的社会阶级关系重组并举。在上述改革第一波过后,1872年8月至1875年4月,参照法国式学区体制,推行近代教育学制改革,与实行征兵制、组建欧式近代军队同步进行;继而公布《国立银行条例》、设立仿效欧美的金融制度;接着又开展地税改革,掀起殖产兴业运动;随后颁发《建立立宪政体诏书》,确定了体制建设的目标。维新举措接连出台,高潮迭起。改革从政治、社会领域起步,并在不同时段波及教育、军事、经济等领域,而后又回到政治领域的立宪体制建设中来。不同领域的改革环环相扣,构成明治前期改革的循环链条。

一　换个角度观察明治维新的改革举措

对于明治前十年的改革，可以从不同角度加以理解。然而，若对改革举措的连贯性加以深入思考，则不难发现：改造武士阶级，构成明治前十年欧化改革的中心环节。由此视角出发，可以对人所周知的明治维新改革诸措施的互动关系，给予新的解释并赋予其新的意义。

第一，逐步消解并最终撤销诸藩，改换家臣武士的政治与社会所属关系。通常认为，版籍奉还和废藩置县是建立中央集权体制的基本步骤，此言不谬。但从武士改造的角度来看，此两个步骤的重大意义在于：版籍奉还开始改变家臣武士与藩主的封建主从关系，废藩置县则彻底否定了这种关系，并将武士全体转化为"皇国子民"。通过版籍奉还，交还了版籍的旧藩主留在原地，成为明治政府任命的知藩事，其家计收入与藩财政分离。这样一来，诸藩武士"御恩"的来源就由藩主变为明治政府，武士"奉公"的效忠对象也自然由藩主改为中央政府。传统的封建主从关系链条断裂，家臣武士对主君的离心力普遍增强。通过废藩置县，诸藩林立的旧体制被彻底清算，家臣武士与旧主君的传统主从关系也随之被彻底切断和否定。原先组织严密的家臣武士团解体，被称作士族的旧武士个人作为分散的社会分子，被抛进维新的漩涡之中，经受时代变迁的洗礼，从而促成了武士阶级的分化与转化。

第二，取消武士的传统社会特权地位，建构"四民平等"的近代社会关系框架。通常认为，实现"四民平等"，是取消旧幕府时代等级身份制的重要举措，确有道理。但从武士改造的角度看，"四民平等"的新意义在于：此举取消了武士阶级区别并傲视农工商的"切舍御免"、"苗字带刀"等世袭特权地位，将旧时代的治者武士在新时代加以平民化，以利近代社会阶级关系重组，加快社会转型的步伐。"四民平等"涉及日本绝大多数居民的地位和利益，是一项规模颇大的社会关系调整工程，并非一蹴而就。实际上，明治政府为此耗费了7年多的时间，才逐步完成。

作为推行这项改革的主要举措，首先，在1869年6月，太政官发布第542号《布告》，宣布设置华族称号，强调："根据公卿与武家同心、上下协同之精神"，废除公卿、诸侯之称，改称华族，给予优厚的生活保障，稳定了统治阶级上层。① 同年12月,开始对家臣武士阶级的社会身份进行调整。太政官发布设置士族称号的第1004号《布告》,宣布"废除中下大夫、士以下之称,皆称士族及卒","皆赐以廪米"以维持生活。② 1870年9月,社会关系的调整扩大到农工商阶级,太政官发布通告宣布农工商通称为平民,允许平民称姓;1871年1月,改革涉及贱民阶层,太政官发布第448号《布告》,宣布废除"秽多"、"非人"等贱民称呼,"今后其身份、职业皆与平民同等";③ 同月,发布《散发脱刀令》,鼓励士族剪掉旧武士特有的发髻,摘下佩刀;1872年1月,太政官发布第29号《布告》,规定世袭的卒族"可列为士族","其俸禄,可按惯例发给";一代而终的卒族"复籍为平民,其俸禄则按以前之规定发给",简化武士转化的构成层次④;1876年8月,发布《废刀令》,规定除军人、警察外,所有士族一律不许佩带腰刀。在旧幕府时代,佩带在腰间的双刀,是体现武士特权地位的象征。随着"四民平等"的宣示,长期以来为武士阶级生而俱有并独享的特权地位被取消。社会风气为之一变,传统的由家门、血缘关系决定一切的大部分陈规陋习被抛弃,倡导个人奋斗以飞黄腾达的能力主义新观念深入人心。僵硬的社会传统人际关系架构被打破,士族分化与转化的频率加快。在这个过程中,以武士阶级失去社会特权为前提,日本社会生活的近代化进程向前跨出了有力的一步。

第三,打破武士阶级对文化教育的垄断,推行欧式近代教育体制。通常认为,1872年8月太政官颁布学制、奖励学事的214号《布告》,废除了以儒学为中心的封建教育,建立西式学校,强制普及初等教育等,是学习欧美资本主义文明的重要举措,也是明治维新的一大历史贡献,此说持论公允。但从改造、转化武士阶级的角度看,确立"务使邑无不学之户,家无不学之人"的"国民皆学"方针,推广欧式近代教育,亦有打破武士垄断文化和高档次教育的意义。旧幕府时代,幕府设最高学府昌平黉,诸藩设立藩校,培养幕臣、藩士及其子弟,武士阶级借此饱读经史汉学,研习骑射击技,亦文亦武,全面掌握统治之术。一般的庶民子弟,只能在寺子屋接受习字、读写和珠算等为日常之用的初级教育。在教育的层次和内容上,同样体现了士农工商上下尊卑的不平等。

---

① 《明治维新基本史料选译》,《明治维新的再探讨》,第173页。
② 同上书,第174页。
③ 同上。
④ 同上。

因此,太政官发布的214号《布告》以异常猛烈的笔调抨击幕府时代的旧教育,指责其至少存在三大弊病,即(1)等级森严:"自昔设立学校以来,历代虽久,或由于不得其道,误其方向,认为学问系士人以上之事,至于农工商以及妇女则置之度外,不知学问为何物。"评判的矛头直指"士人",即武士对教育学问的垄断。(2)脱离实际:"士人以上之少数学者,动辄谓为国而学,不知其为立身之基。或者骛于辞章记诵之末节,陷入空理虚谈之歧途,其论虽似高明,但身体力行者甚少。"(3)流害社会:"斯即沿袭之时弊,故文明不普及,才艺无增长,贫乏破产,丧家之徒之所以多也。"① 在否定武士优先的旧教育体制的基础上,明治政府大力倡导欧美式个人本位的功利主义教育方针,强调"学问可称为立身之资本,凡为人者孰可不学";要求华族、士族、平民及妇女等"一般人民"的子弟"必须从事丁学也",其"幼冲之子弟,不分男女,不使其进入小学者,应视为父兄之过失"。② 这种不惜动用行政命令手段,强制贯彻的"国民皆学"方针的政策,实际上是对武士阶级独享文化教育资源,加以共享和均等化。换言之,批评并否定旧教育体制,成了建立近代新教育体制的政治前提。对于幕府时代的各种教育设施,明治政府加以重新编组和改造,以资利用。幕府创立的昌平黉、开成所、医学所等高级教育机构,几经改组、调整,在1877年4月合并为拥有法学、理学、文学、医学等4学部的东京大学;诸藩设置的280余所藩校被改设为中学;万余所寺子屋被改造成小学。在以上各类学校中,四民子女无差别地成为同校、同班的同学,接受教材划一的新式教育。武士长期垄断、身份等级差别鲜明的旧文化教育体制,成为历史的陈迹。

第四,取消武士以武为业的社会专职,组建欧式近代军队。在通行兵农分离原则的旧幕府时代,武士是世袭的特权职业军人,"经武"是其专有的社会职能,农工商与军事、军队无缘。显然,不废除兵农分离通则、取消唯有武士阶级独具的经武特权和社会专职,就不可能建立一支近代化的新军。1872年11月28日,同时发布了天皇的《征兵诏书》、太政官关于征兵令的第379号《布告》和《征兵告谕》,开始正式组建新军。"诏书"批判幕府实行兵农分离、武士以武为职、垄断军权的弊病,借以宣布新的建军宗旨,说:"朕惟昔郡县之制,募全国丁壮,设军团以保护国家,固无兵农之分。中世以降,兵权归于武门,兵农始分离,遂成封建之治。戊辰一新,实乃二千年来一大变

---

① 《关于颁布学制之布告》,历史学研究会编:《日本史史料》4,近代卷,第96—97页。
② 同上书,第97页。

革也。当此之际,海陆兵制亦须应时制宜。今基于本邦古昔之制,斟酌海外各国之式,设全国募兵之法,欲立保护国家之基。汝百官有司,当深察朕意并普遍告谕全国。"①

"告谕"以"诏书"为据,对军事改革的破与立做了更详尽的说明。首先,它强调兵农合一是古代的传统,幕府的兵农分离则是对此传统的叛离:"我朝上古之制,海内皆为兵员。有事之日,天子为元帅,募堪任丁壮兵役者以惩不逞。解甲归家则为农,为工,为贾。"然而,自11世纪的保元、平治之乱以后,"朝纲颓弛,兵权遂坠武门之手,国为封建之势,人有兵农之别。降至后世,名分全泯,其弊不可胜言"。其次,对兵农分离造成的武士特权加以猛烈抨击:"佩双刀,称武士,抗颜坐食,甚至杀人官不问其罪";申明改造武士的必要性:"然自大政维新,列藩奉还版图,及辛未之岁,远复郡县之古。准许世袭坐食之士减其禄,许其脱刀剑,以求四民渐获自由之权。"最后,提出新时代下的建军原则:"士已非从前之士,民亦非从前之民,均为皇国一般之子民,报国之道本应无别","斯乃上下平均,人权齐一之道,即兵农合一之基也";"凡为人者本应尽其心力以报国"。② 概言之,即"子民报国","举国皆兵"。

1873年1月,明治政府颁发《征兵令》,规定了军队编制与征兵细则:陆军分为常备军、后备军、国民军3类;兵种分为炮兵、骑兵、步兵、工兵、辎重兵等5种;凡年满20岁之国民,身体检查合格者可充任陆海两军士兵;常备军由当年征兵之中签者编成,服役3年;后备军由常备军服役期满3年者编成,平时居家从事生产,战时召回出征;国民军为17—40岁的青壮男子编成,在全国发生大规模战争时,编入军队以供管内之守卫等。③ 由于"举国皆兵",旧武士以武为业的社会专职被一笔勾销,从而迈出了改造、转化武士阶级的重要的一步。

第五,地税改革,从土地所有制入手,取消武士阶级赖以生存的经济基础。地税改革,是针对幕府时代的土地所有制、农业政策,作出的一系列变动与调整。1871年9月,明治政府取消幕府对农作物种植的禁令,允许农民自由栽培商品作物。1872年2月,解除土地世代买断的禁令,允许土地自由买卖,并发给承认私有权的土地执照"地券"。1873年7月,太政官发

---

① 《征兵告谕》,历史学研究会编:《日本史史料》4,近代卷,第99页。
② 同上。
③ 《明治维新基本史料选译》,《明治维新的再探讨》,第179—180页。

布《地税改革布告》,宣布"由于此次改订地税,原有田地贡纳之法悉皆废除",并制订《地税改正条例》、《地方官须知》、《地税改革施行规则》,在全国开始了地税改革。① 其要点是:废止按石高征收年贡米实物地租的旧税法,改为按土地之原价征收货币地税的新税法,税率为地价的3%;在新税率改订之前,不论年成丰歉,税率不予增减;在逐渐开征茶、烟草、木材等其他物品的新税,政府岁入增加为200万日元以上时,将地税减少至地价的1%。② 由于政府所定的地价并非土地买卖时的市场价格,而是确保政府岁入的官定价格,税额为地价3%的地税对农民构成了沉重的负担。在地税改革期间,各地纷纷爆发名为"地税一揆"的农民暴动。1876年12月,内务卿大久保在建议书中承认农民问题未被重视,致使"贫民益贫,富民益顽,只管憎恨政府、以愁诉为事。至最近,则到处聚众造反,人心混乱儿如麻团";为稳定农村和农民,建议从1877年起,"将地税额度减至地价的2%"。③ 天皇在1877年1月颁发减轻地税、节约岁出的诏书,太政官据此将地税的税率由3%降低为2.5%。

通常认为,地税改革是明治政府在国内实行资本原始积累的重要手段,加速了农民的两极分化,为寄生地主制的形成奠定了基础,此说不无道理。但是,从改造武士阶级的角度来看,地税改革对幕藩领主等级土地所有制的否定,实际上也是从经济基础入手,取消武士阶级的重大改革措施。武士寄生于领主等级土地所有制,地税改革的结果,使得武士阶级与生产资料——土地彻底脱离了关系,丧失了安身立命的经济基础。在这个意义上说,地税改革不啻改造并转化武士阶级的关键举措。

第六,秩禄处理,促成旧武士阶级的最终消亡。作为建立中央集权体制的代价,明治政府在接管诸藩的同时,也必须为近300家领主与40余万家臣武士提供生活保障,向华族、士族发放秩禄。在明治初年,秩禄主要指家禄,也包括对王政复古有功人员的赏典禄。其数量之庞大,足令明治政府难堪重负。1872年政府的地税收入为2005万日元,支付华族、士族的秩禄就用掉了1607万日元,占地税收入的80%;1873年政府财政收入大有好转,地税收入达6060万日元,但其总额的29%,即1804万日元被用来支付华

---

① 《地税改革条例》,历史学研究会编:《日本史史料》4,近代卷,第103页。
② 同上。
③ 《大久保利通关于减轻地税的建议书》,历史学研究会编:《日本史史料》4,近代卷,第121页。

族、士族的秩禄,依然对政府财政造成巨大压力。① 同年5月,负责政府财政具体事务的大藏大辅井上馨和大藏省三等出仕涩泽荣一对财政状况忧心忡忡,在写给正院的建议书中说:"维新以来因国用急务,每年所用超支1000万元。其他官省旧藩之楮币及内外债务累计计算,几乎达到1.2亿元之巨额。若加以概算,政府目前负债实际为1.4亿元,但偿还的途径尚未找到。"② 为此,井上与涩泽联名辞职。减轻沉重的秩禄负担,成为明治政府减轻财政压力的当务之急。与此同时,由于版籍奉还、废藩置县已取消了领主对领地的统治权,地税改革从土地所有制方面否定了武士阶级坐享其成的社会财富分配方式,整个武士阶级丧失了领取秩禄的依据。进行秩禄处理,即以赎买方式解决秩禄负担的客观条件业已成熟。

1873年12月,明治政府公布《秩禄奉还规则》,鼓励拥有数额不足百石的士族上缴秩禄,领取政府发给世袭禄者6个年头、终身禄者4个年头的产业资金。资金一半为现金,一半为8分利息的秩禄公债。从1874年至1876年,约有13.5万士族奉还了秩禄,总数高达111.5万石;政府为此支付了3589万元,约为国库收入的一半以上。③ 代价高但收益低,效果不甚理想。这种情况促使明治政府另想他策。1876年8月,政府颁发《金禄公债证书发行条例》,规定:所有华族和士族的家禄、赏典禄一律废止,改由政府发放金禄公债证书;按照个人原有秩禄的种类、数额,一次性发给数量不等、利息有别的金禄公债证书;从1882年起,在30年内每年以抽签的方式,偿还本金和利息。条例既下,困扰明治政府的秩禄重负迅速减轻。

通常认为:秩禄处理使明治政府减缓了财政压力,以集中财力、物力于殖产兴业和富国强兵的事业之中。若从改造武士的角度来看,秩禄处理的意义在于:(1)随着秩禄的废止,华族、士族变成了单纯的一次性金禄公债证书,即有价证券的持有者,因而与土地所有彻底诀别,自然也与占有生产资料带来分配特权彻底诀别。至此,武士作为一个阶级被彻底消灭。(2)华族、士族迅速分化,成为近代阶级的重要来源。金禄公债证书发放的结果是:476家华族共获得面值519万日元的金禄公债证书,32万士族共获得面额1248万日元的金禄公债证书。④ 获得数万乃至10数万日元金禄公债证

---

① 井上清:《明治维新》,第238—239页。
② 《大藏大辅井上馨等关于财政前景的建议书》,《日本史史料》4,近代卷,第102页。
③ 大岛清等:《殖产兴业》,《人物日本资本主义》2,东京大学出版会,1983年,第19页。
④ 井上清:《明治维新》,第242页。

书的华族、少数上层士族向工农业投资,成为资本家或寄生地主。一般士族人均拥有的金禄公债不过 39 日元,难以维持生计,只得卖出金禄公债证书而变得身无分文,成为出卖劳动力的雇佣工人、小学教师或城市贫民;少数擅长经营者则成为中小商人。(3)在武士阶级最终消亡的过程中,大部分金禄公债用诸资本的原始积累。换言之,随着武士阶级的非特权化改造的进展,逐步实现了武士社会角色的转化,日本资本主义逐渐扎下了根。

秩禄处理涉及士族阶层的切身利益,是事关改革成败的攻坚工程。在这一过程中,采用赎买政策,用金钱收缴武士的双刀,提供改行转业出路以改造和转化武士,成了明治政府敷设改革通道的基本手段。此后,在 1879 年至 1889 年期间,明治政府继续拨出专款,推行大规模的士族授产事业,维护了改造和转化武士阶级的成果。这些专项资金分为两类:其一,中央政府专项资金。大藏省从 1879 年开始,在 16 年内,拨出 206 万元企业资金,资助 7.6 万余名从事农田开垦、丝棉纺织、绵羊畜牧等行业的士族,耗资巨大但成绩并不理想。从 1882 年起,政府调整政策,计划在 1882—1889 年度,从普通会计预算中,拨出 400 万元的劝业资金,集中资助北海道开发和猪苗代湖疏水工程,扩大士族就业渠道。其二,地方政府资金。在大藏省的统一规划下,道府县各级地方政府以幕府时代诸藩的储备为基础,设立劝业委托金,资助本地士族就业。按照中央政府的要求,从 1882 年起,地方政府投入 28.6 万元的劝业委托金,以加强中央政府的投资力度。劝业资金和劝业委托金投向 37 个道府县的 167 个士族授产业场,累计支付额为 456.234 万元,授产资助户数为 18.3531 万户,约占士族总户数的 40%。[①] 士族授产的实施,使大批士族尽其所能,衣食有着,既稳定了社会,又为经济开发补充了新的力量。

综上所述,明治维新前期的各项国内改革,围绕着改造、瓦解和转化武士阶级这一中心环节全方位地展开。由于以赎买政策为核心的举措大体得当,又采用了逐步实施的渐进方式,因而减轻了改革的阻力,最大可能地把改革带来的社会震荡控制在预期的范围内,比较顺利地完成了改造、转化武士阶级的历史任务。一大批士族出身的维新官僚,如大久保、木户、伊藤、山县等构成决策集团,主导了日本近代化的进程。众多经过改造的武士组成了明治政权官吏队伍,据统计,1871 年中央官厅 87% 的官吏由士族担任,至

[①] 《国史大词典》6,吉川弘文馆,1995 年,第 826 页。

1880年,士族官吏仍占中央、地方官吏总数的74%,① 构成明治时期高效率并相对廉洁的官吏阶层的主体。改造武士阶级以收化腐朽为神奇的功效,是前期维新改革之所以成功的重要原因之一。

二 武士的改造和转化成为改革中心环节的原因

明治维新的举措各种各样,对这些举措,学术界见仁见智,存在着多项中心、各为中心、单项中心等不同看法,或者认为原本就无中心,或者认为明治维新是摸着石头过河的冒险等。笔者持单项中心说。

从学术研究史来看,前述涉及的各个单项课题,均已有大量的研究成果。如果能以某项中心环节为切入点,探讨维新举措的互动关系,有助于加深对明治维新的理解。就明治维新的进程而言,从1869年版籍奉还、切断诸藩武士与主君的主从关系,到1889年士族授产结束,武士阶级改造与明治维新过程相始终。其他改革举措,如建立中央集权体制的改革,至1871年废藩置县,已告一段落;近代化建设则在1889年颁布《大日本帝国宪法》后的较长时间内,才进入规模发展的历史阶段。值得注意的是,维新官僚和社会精英对武士改造问题已有明确认识。1868年11月,身为兵库县知事的伊藤博文就提出了废藩置县的建议。伊藤认为,"全国政治归一"是"与海外各国并立"和"实施文明开化"的基本前提;而"铲除如今各藩各自拥兵,相互抗衡之弊端",诸藩"奉还土地兵马之权",统一兵制和指挥权等,又是"全国政治归一"的前提。② 伊藤所说解散诸藩之兵、奉还兵马之权和统一军制等项举措,无一不同武士改造相关。1869年1月,萨摩、长州、土佐和肥前藩的四藩主在大久保、木户等维新官僚的敦促下,联名提出《版籍奉还上奏文》,要求将"臣等所居天子之土"和"所牧天子之民"悉数归还朝廷。③ 奏文所言及的,诸藩领地和领民归属的转移,也直接触及武士家臣们的去留。武士出身的思想启蒙家福泽谕吉,对武士—士族情有独钟,强调"我国四十万士族是参与国是、维护国家的人。若寻找维系国家的元素,不在工业,也不在于宗教、学术,只在于忠义、武勇这些元素"。④ 在福泽看来,"忠义"、"武

---

① 土屋乔雄等:《日本资本主义发达史概说》,有斐阁,1937年,第36页。
② 《明治维新基本文献史料选译》,《明治维新的再探讨》,第171—172页。
③ 同上书,第172页。
④ 《福泽谕吉全集》第3卷,岩波书店,1959年,第11页。

勇"只存在于以武士道为道德准绳和价值取向的士族当中;他们是日本"文明的根本",能够主持土木建筑工程,执行文教武备计划,从事读书、习武、研究技术、爱好风雅等"人生中比较高尚的事情",但士族不善理财,应该加以改造。①

维新官僚或社会精英重视武士阶级的改造和转化问题,并非偶然。这是由于武士的改造和转化事关组建近代国家目标的实现。明治政府成立之初,就确立了创建"一君万民"国家体制的目标。天皇睦仁发布的《宣扬国威宸翰》,强调天皇乃"亿兆之父母"、国民乃天皇的"赤子",宣称"朕自劳身骨而苦心志,勤立治绩,履往昔列祖行踪,始可奉天职而无违亿兆之君",从而建立"君臣相亲,上下相爱,洽德泽于天下,扬国威于海外"的"一君万民"的近代国家体制。② 实现维新之初组建新国家的目标,要求扫除阻碍天皇与国民垂直联系的中间环节,势必涉及武士改造和转化问题。

此外,士族的动向对明治政权安危造成直接影响。维新之初,农民暴动和市民骚乱将城乡居民卷入社会动乱之中,对政府形成挑战。然而,由于士族富于政治斗争经验,掌握军事技术并拥有武器,集团行动力、爆炸力强,一旦采取反政府行动,其冲击力远远大于农民的暴动或骚乱,对维新政权造成真正的威胁。

不平士族的反政府行动,在开始时期往往表现为个人或小团体行动,但危害颇大。刺杀维新政府的要人或集团暴动,是其经常采用的手段。前者,如1869年2月刺杀参与横井小楠,9月刺杀兵部大辅大村益次郎;1871年1月刺杀参议广泽真臣;后者,如1869年11月至1870年2月,在武力倒幕过程中立下赫赫战功的长州藩诸队千余官兵,因反对散发脱刀、撤销藩兵而举行暴乱。后来,不平士族群体成了政争中失意官僚武力反抗政府的工具,对明治政府造成的冲击力也越来越强。1874年2月,返回故里佐贺的前司法卿江藤新平同当地的"征韩党"沆瀣一气,与前秋田权令的"忧国党"岛义勇等合作,率领佐贺士族,发动攻占县厅、宣布自立于政府之外的"佐贺之乱"。1876年10月24日至28日,在短短的4天之内,九州、本州地区士族叛乱此起彼伏。10月24日,前熊本藩170余名反对发布《废刀令》、要求复古攘夷的不平士族,在太田黑伴带领下,突袭熊本镇台,杀死司令种田政明,是谓"神风连之乱";10月27日,宫崎车之助率领福冈县前秋月藩不平士族群起

---

① 福泽谕吉:《文明论概略》,商务印书馆,1995年,第190页。
② 《宣扬国威宸翰》,《日本史史料》4,近代卷,第83页。

响应"神风连之乱",发动"秋月之乱";10月28日,前参议、兵部大辅前原一诚在山口县发动策应"神风连之乱"的"萩之乱";10月29日,本州岛青森县前斗南藩的不平士族在勇冈久茂的策划下,试图袭击千叶县县厅,以呼应前原在山口县发动的"萩之乱"。至1877年,反政府的叛乱达到高潮。是年2月,前参议、陆军大将西乡隆盛以"敬天爱民"、"新政厚德"为旗号,指挥4万余名不平士族发动叛乱,围攻熊本城,对明治政府造成了最大的冲击。睦仁发布诏书下令讨逆,有栖川宫炽仁亲王重披征讨总督的征衣,坐镇指挥;内务相大久保多方调度,紧急出动了80%以上的常备军,投入战斗。6万余陆军和11艘战舰调往九州战区,苦战西乡叛军。9月,西乡兵败。在长达7个月的西南战争期间,政府军阵亡6278人,受伤9523人;西乡军伤亡2万余人。① 当年的倒幕维新功臣西乡隆盛,最终在鹿尔岛城山的洞窟中自杀身亡。

　　西乡发动的武装叛乱的混乱局面刚刚被控制,板垣退助领导下的士族民权运动再掀高潮。1877年6月,立志社发表《召开国会建议书》,抨击政府"不采公议而行专制"、"丧失总理大政之序"、"中央政府过于集权"、"征兵制是向人民征收血税"、"财政失其道"、"税法繁苛"、"对外国干涉处理错误"等,强调设立民选议院来解决内政外交难题。② 1878年11月爱国社重建,提出"伸张各自的自主权利"、"尽人的基本义务"、"小则保全一家一身,大则维护天下国家"等主张,③ 吸引了大批豪农加入运动,再次对政府形成高压。维新官僚围绕立宪政体发生激烈分歧,伊藤博文依靠皇权的支持,发动明治十四年政变,将大隈重信一派逐出政府,迫使其投身自由民权运动。西乡、板垣和大隈等均为武士,在倒幕维新运动中步入政界,上升为维新官僚,并均因与主流派的政见不同而先后下野,变成反政府势力的头面人物。他们以士族为主要社会基础,或者举兵反叛,或者聚众争民权,多次将明治政府推向危机的边缘。

　　从近代化进程来看,武士的改造和转化过程,同时也是阶级两极分化的过程。其中,大部分与时俱进的武士适应时代的需要,转化为活跃在近代化历史大舞台的主角,成为各个领域的明星人物。在政界,大久保利通、木户孝允、伊藤博文、山县有朋、松方正义等来自中下级武士阶层,构成近代化决

---

① 井上清:《明治维新》,第448页。
② 板垣退助监修:《自由党史》上卷,岩波书店,1955年,第196—212页。
③ 同上书,第247页。

策集团的梯队。在经济界,岩崎弥太郎、大仓喜八郎、古河市兵卫、藤田传三郎、涩泽荣一等政商—财阀,成为民营企业的先行者。在思想文化界,启蒙思想家福泽谕吉以及集合在明六社的文明开化代表人物,自由民权运动的理论家植木枝盛、中江兆民等,也多为士族。文学艺术界的一代文豪夏目漱石、教育界的内村鉴三、史学界的田口卯吉、物理学界的长冈伴太郎、生物学界的北里柴三郎等,也都是士族中的佼佼者。

总之,稳定政权、社会转型的需要和维新变革的方针抉择,促使维新官僚必须面对事关维新成败的武士阶级改造和转化问题,作为解决这一重大问题的手段,维新举措自然以此为中心而逐一采取。

第二节 欧风劲吹下的破与立及其矛盾关系

明治维新是一场实现近代化、推动社会转型的巨大实验,仅靠以武士改造为中心的内部改革尚无法确保实验的成功,还必须对外部世界开放,引进欧美文明,才能对封建日本实现全面的改造。明治政府在组建伊始,就已经在幕末改革的基础上,制定并继续推行文明开化政策。在政府对社会的控制能力不强的情况下,只能对外来文明采取自由放任方针。政府的开化政策符合民心民意。开国后,举国上下普遍产生了奋起直追欧美的强烈要求,政府的文明开化政策具有深厚的民意基础。上下呼应,官民互动,以欧化为基调的文明开化风潮席卷日本。

一 欧风劲吹下的文明开化风潮

日常生活和社会习俗颇受欧化风潮的浸染,衣食住行的变化显著。1872年太政官发布废止幕府时代服饰的布告,自天皇以下,达官贵人纷纷在正式场合身穿西洋大礼服,洋服一时成了时髦衣着。饮食结构也在变化,幕府时代禁食的牛肉被称为"开化的药铺"、"文明的药剂","士农工商、男女老少、贤愚贫富等咸以不食牛肉为不开化",[①] 牛肉火锅店里顾客盈门。一群群年轻人聚在店里边大嚼牛肉、饮用葡萄酒,边用蹩脚的英语谈论时事,成为众人趋之若鹜的时尚。在东京的银座、筑地盖起了洋式砖瓦楼,大马路、林荫道、瓦斯路灯与之配套,放眼望去,无一不新奇。新型的交通工具接

---

① 明治文化研究会编:《明治文化全集》第8卷,《风俗篇》,日本评论新社,1955年,第386页。

踵而来,1869年出现的人力车、双层大型马车淘汰了轿子;1872年出现的火车又逐渐取代了人力车和马车,成为大众交通工具。通讯革命也在悄悄进行,1869年电报的使用、1871年邮局的设置、1877年电话的启用,旧幕府时代的"飞脚"、"传马"销声匿迹。

欧风吹拂,社会生活习俗急剧变化。1871年颁发《断发令》,发髻从男人的头上消失,流行歌曲把这种现象编成了唱词:"敲敲武士的月代头,因循守旧的声音就响起来;敲敲短发蓬松的分头,文明开化的声音就响起来了。"① 1872年,星期天作为每周的休息日,出现在人们的生活作息中。1873年元旦伊始,公历正式取代了农历,上巳、端午、七夕、重阳等沿袭千百年之久的传统节祭,随之被废弃。同年,学校的学生们兴高采烈地过起了第一个暑假。在社交礼仪中,鞠躬礼代替了昔日的磕头跪拜,黑色的洋式雨伞"蝙蝠伞"取代了武士腰间的双刀。在家庭起居中,洋式房间、桌椅、西式餐具被引进,解放了弯曲跪坐的双腿,也丰富了人们的生活内容,等等。

其中,对日本近代化更具有意义的,是政治体制改革和工农业技术革命。在对欧美三权分立、代议制刻意但并不准确的模仿过程中,1868年闰4月参照美国三权分立的政治体制,在太政官中设立议政官、行政官、刑法官分管立法、行政和司法。1869年2月设置公议所,遴选诸藩的执政、参政为公议人,权且充任议会或议员。同年5月,试行空前绝后的三等官的互选。1871年10月参议、副使木户跟随岩仓同赴欧美,专门负责调查西方政规典则,为制宪预作准备。1875年8月,天皇睦仁发布诏书,宣布要"扩充五条誓文之本意","逐步确立国家立宪"。② 随着人们对三权分立、议会制、选举制等欧美政治制度的日益关注,出现了与此相关的翻译"热":1872年马屋原彰日译《荷兰议员选举法》等4种,1873年大井宪太郎日译《法国政典》等7种,1874年田中更造日译《泰西政治沿革》等6种,1875年山田俊藏日译《民选议院纲领》等11种。③ 工农业的科技革命,在殖产兴业的浪潮中显现了活力。在工业部门,英、法、美、意等国的机车、轮船、纺织机与机师、技工同时在日本登陆,进入在各地兴办的官营模范工厂中,将欧美工业革命的最新成就带到日本。在农业部门,美国的大农具、农牧业新品种连同大农场的粗放耕作管理方式,被奉为楷模。欧美式农场、牧场和农业学校纷纷设立。

---

① 《明治维新基本文献史料选译》,《明治维新的再探讨》,第183页。
② 同上书,第178页。
③ 柳田国男:《明治文化史》,洋洋社,1955年,第255—256页。

欧洲舆论对明治初期文明开化热潮给日本带来的变化惊叹不已。伦敦舆论甚至担忧在日本过度出现的平等化倾向和对新事物的热衷，或许会使这个岛国走上社会主义、共产主义的道路，建立一个类似第一国际的"东方国际"。① 以上评论近乎天方夜谭，却生动地反映了明治初期文明开化风潮中欧化倾向之甚。

在日本的邻国，文明开化风潮也引起中韩封疆大吏、官绅们的冷嘲热讽。1876年1月，直隶总督李鸿章在接待为缔结《日朝修好条规》前来保定督署交涉的驻华日本公使森有礼时，曾就明治维新特别是文明开化的欧化风潮发表了一番评论。李鸿章对明治维新表示了一句抽象的"很为赞赏"后，对日本"改变旧有服装，模仿欧风一事感到不解"，反问森有礼："阁下对贵国含旧服仿欧俗，抛弃独立精神而受欧洲支配，难道 点不感到羞耻吗？"② 在此前不久，江苏按察使应宝时也愤于日本侵犯台湾、"构怨高丽"，对明治维新全盘否定，认为日本政府"昏不悟"，"使国中改西服，效西言，焚书变法。于是通国不便，人人思乱"，主张兴兵讨伐之。③ 在朝鲜，稳健开化派代表人物，也对日本的欧化不以为意。1876年4月赴日的绅士游览团成员金绮秀认为明治维新"不主经传，专强富强之术矣"。④ 1881年来华的领选使金允植的日本观则不乏贬义，认为："若不变其衣冠正朔，何至自取侮辱乎，日人之纳侮，亦东洋之耻也"；认为文明开化无非"悦洋人之道，尽化其须发、衣冠、典章、法制，但恨不能深目高鼻，且百年以来，颇尚文风，今则扫除文字，专习洋文，是秦政复起也，东洋山川，亦有神祇，必不乐此举措也"；⑤ 同时，对明治维新前景判断好坏参半："日本缘务自强，其中则虚，然上下节省，唯以富民为主，其进，尚未艾也，泰西各国，议起于下，在上者无成心，故鲜有败事，唯我东洋，不可纯用此法。"⑥

来自日本邻国的批评，虽然存在着只见树木、不见森林的片面性，倒也看出了日本在学习西方过程中存在的某些问题。在明治初年文明开化时期，日本近代化进程确实面临着许多尖锐的矛盾。

---

① 林屋辰三郎：《文明开化研究》，岩波书店，1979年，第168页。
② 王晓秋：《近代中日启示录》，北京出版社，1987年，第73—75页。
③ 陈其元：《日本近事记》（二），《小方壶斋舆地丛钞》，第256页。
④ 金绮秀：《还朝录》，《日东记游》第4卷。
⑤ 金允植：《阴晴史》上卷，探求堂，1971年，高宗十九年二月二十一日条。
⑥ 同上书，高宗十九年五月十日条。

二 文明开化风潮中的各种矛盾

对抗欧美列强民族压迫与接受西方文明之间的矛盾是日本朝野在文明开化期间面临的重大难题之一。

这一矛盾,缘起于幕末签订的一系列不平等条约,欧美文明与殖民压迫同时到来。与为求避战而缔约的幕府不同,明治政府从一开始就要求修改不平等条约。1868年1月,明治政府通告各国驻日公使王政复古,同年12月外国官副知事东久世通禧非正式地向各国驻日公使提出修改不平等条约外交交涉的建议,后因底气不足,自行通告延期举行。1871年7月,明治政府与清政府订立《日清修好条规》、《日清通商章程》、《日清海关税则》等对等条约,试图以此作为与欧美列强修改条约的范本。同年10月,岩仓使节团出访欧美,急欲借《安政条约》14年的有效期至1872年届满之机,与欧美列强另订新约,以撤销领事裁判权、关税协议制等不平等条款。但列强借口日本尚未制定近代法律,拒绝修改条约。明治政府的所有的外交努力,均以失败而告终。明治初年,英法军队仍驻扎在横滨,外国舰队仍停泊在日本港湾,使之"几乎成为外国占领区,甚至禁止日本人通行","外国兵扣压日本的轮船",或者"私闯民家",滋扰闹事。① 外国驻日公使援引领事裁判权条款,偏袒本国的肇事者,强烈刺激着日本社会。其情景,正如福泽所说:"我日本国人因不被欧美诸国人平等对待而感到羞愧、恼怒和愤恨,而且,也因不能实现我们的(独立)愿望而痛苦之至。"②

欧美列强用优越于日本的军事、经济、文化力量迫使其开国,在造成民族压迫的同时,也带来了近代工业文明。对此,维新官僚认识明确:"欧美各国的政治制度、风俗、教育、经济、经营等皆在我东洋之上",作为变落后为先进的现实途径,只能是"把开化之风移入日本,使国民迅速进入与欧美同等水平的开化之域"。③ 这种以强敌为师的思维逻辑,隐含着明治时期难以避免的矛盾:在欧美列强的民族压迫中接受西方文明。

这一矛盾集中体现为如何确定维新的方向。在明治政府内部和社会人士之间,围绕着坚持开放进取或者锁国攘夷方针,展开激烈争论,核心问题

---

① 春亩公追颂会:《伊藤博文传》上卷,统正社,1940年,第352、361页。
② 林屋辰三郎:《文明开化研究》,第239页。
③ 春亩公追颂会编:《伊藤博文传》上卷,第352、361页。

即能否以强敌为师。岩仓、大久保、木户、伊藤等革新派官僚早已抛弃了把西方人视为"犬羊夷狄"的传统华夷观念,通过历时近两年的欧美考察,愈加明确了以欧美文明为目标的开放进取方针。出访美国的岩仓对横贯东西的大铁路印象深刻,认为美国的富强多半来自铁路。大久保认为英国之所以走在世界前列,是因为实现了工业化,强调"我国时值有为之秋,固宜以此为规范也"。① 基于这一认识,回国后大久保向政府提出了《殖产兴业建议书》,确立并大力推行政府主导下的近代化方针。

社会精英力量热烈支持政府的文明开化政策,1873年11月,离任驻美代理公使森有礼通过大仓组商会副总裁横山孙一郎,与西村茂树会面,并委托西村联络在东京的津田真道、西周、加藤弘之、福泽谕吉、中村正直、箕作秋坪、杉亨二等开化派知识分子,组成启蒙团体,取名"明六社"。1874年2月,《明六杂志》发刊,其卷头语强调"或论事理,或谈异闻","为开发国人知识有所帮助"。建社的宗旨强调"为促进我国教育,有志之士聚会商议其手段","相互交换意见,以扩展知识,明白道理"。② 在当时,有关欧美的新知识被看成是最重要的新知识,文明开化是大道理。《明六杂志》恰恰在传播欧美新知识和讲解文明开化道理方面,发挥了巨大的启蒙作用。西周在《明六杂志》第一期刊载第一篇文章《以洋字书写国语论》中,盛赞"维新以来,贤才辈出,百度更张,自官省寮司至六十余县,已非昔日之日本,其善政美举不胜列举",同时认为如果不推行包括文字改革在内的更张,难免如同"猴子穿服装,矍妇披舞衣",难收实效,因而提倡用罗马字来拼写日语。③ 津田真道在第9至第16期上连载《政论》,从历史发展的角度,评述政治制度建设问题,强调"折中欧洲的选举法,适应我帝国人文发展程度",通过选举民选议院的议员,使人民参与国事,是振兴国家元气的途径。④ 中村正直的连载文章《西学一斑》,介绍欧美科学发明者和人文思想,启迪读者了解欧美近代文明的真谛。森有礼的《妻妾论》认为夫妻之间的权利义务是对等的,传统的夫尊妻卑和纳妾习俗是"丑行","侵害风俗,有碍开明",向传统的男尊女卑观念发起挑战。⑤ 此外,方兴未艾的自由民权运动、美国的政治体制、自由贸易、宗教分类、财政改革、租税货币等社会关注的问题,均在《明六杂志》的

---

① 《明治维新基本文献资料选译》,《明治维新的再探讨》,第186页。
② 山室信一等校注:《明六杂志》(上),岩波书店,1999年,第26、442页。
③ 同上书,第27—28页。
④ 同上书,第395、397页。
⑤ 同上书,第276—278页。

议论范围内。除上述正式成员外,明六社还有通讯社员、名誉社员和特别社员,甚至外国雇员格里菲斯也加入其中,明六社和《明六杂志》的影响不断扩大。

守旧派则固守"先王的大经大法"、"皇国正学"的立场,反对以强敌为师。1872—1874 年,时任太政官左大臣的守旧派头面人物岛津久光多次上书天皇,指责《政体书》的三权分立政治体制改革"已使国运日衰,万古不易的皇统陷入共和政府的恶弊,终究会使皇国沦为洋夷的属国";推行《学制》改革,"与皇国正学无缘","徒费时日","猥杂之至";兵制改革"仿英国,学法国","悉守糟粕";服制改革致使"上下一般皆用西洋冠履而不知羞耻,礼治混乱,先王的大经大法荡然无存"。① 岛津视学西方的维新改革为万恶之源,要求全面复旧,否则日本"安宁难保,他日必将成为外国奴隶"。② 社会上,不平士族和国学者"纷议政府改革",鼓吹排外狂热,"四处串联,煽风点火,意欲颠覆政府"。③ 作为不平士族的政治总代表,维新功臣西乡隆盛后来背离了革新的初衷,转而指责开放进取方针"妄慕外国强盛而不顾利害得失,从房屋建筑到赏玩摆设,无一不仰仗外国,只能使日本变成附庸"。④

面对激烈的争论和动荡不安的政治局面,明治政府坚持改革开放、以强敌为师的大方向,加快变革的步伐。遵照 1868 年 3 月颁布的强调"求知识于世界"的《五条誓文》所规定的方向,以及《宣扬国威宸翰》所谓"近来宇内大开放,当此各国竞相雄飞四方之时,我国决不可暗于世界形势而固守旧习,不计维新之效"的形势判断,⑤ 从政治制度、社会观念到经济体制、文化教育,全方位的改革势如破竹,形成不可逆转的态势。特别是在国内外的人员交流方面,不惜工本、加大力度。1871 年 10 月,明治天皇发布诏书,敦促并鼓励华族带头赴欧美留学,要求他们学习西方的文物制度、工艺百科,以"鼓励日新之民,赞助开化之道"。⑥ 继 1871 年 10 月右大臣兼外务卿岩仓具视率领高规格的政府考察团出访欧美诸国之后,1872 年 1 月东京府知事由利公正也率团访问欧洲。上行下效,出洋成了飞黄腾达的捷径,留学成为有钱人追求的新时尚。1869—1870 年在外留学生为 174 人,1873 年增加为 373

---

① 柳田国男:《明治文化史》第 1 卷,洋洋社,1955 年,第 196—197 页。
② 木户公传记编纂所编:《松菊木户公传》下卷,明治书院,1927 年,第 1876 页。
③ 《松菊木户公传》下卷,第 1889 页。
④ 《西乡隆盛全集》第 4 卷,大和书房,1978 年,第 198 页。
⑤ 历史系研究会编:《日本史史料》4,近代卷,岩波书店,2002 年,第 82—83 页。
⑥ 井上清:《明治维新》,第 270—271 页。

人。与此同时,政府又以重金聘请外籍雇员,担任顾问、教师或机师。据统计,1872年,来日外籍雇员为369人,1875年增加为524人,为日本直接摄取欧美文明发挥了积极作用。①

此外,维新官僚采取许多具体举措,瓦解、打击反改革力量。其中,充分利用天皇的权威,推行天皇率先垂范的文明开化,是效果颇佳的举措之一。在宣示诸如《五条誓文》、《宣言国威宸翰》时,皆由天皇出面,改革的大政方针一经君臣大义名分论的包装,平添了威慑力和权威性。1868年8月,睦仁的继位大典在京都御所紫宸殿举行。维新官僚为显示雄飞世界的新姿态,在殿外南庭特意放置了以往传统继位仪式上前所未见的新物件:一个直径为3尺6寸的硕大地球仪。在官方报刊《新闻杂志》中,不时地刊登有关天皇学习德语、改穿洋服、剪分头、进食牛肉和面包等消息,刻意树立开化天皇的新形象,供全国仿效。为挫败守旧派的攻击,维新官僚还让天皇出面,劝诫复旧派的显赫人物岛津久光,迫使其有所收敛。

维新官僚还兴办报纸杂志,注重舆论导向。木户认为,为沟通官民之间的联系、在文明开化方针的认识上取得共识,"有必要开设一新闻局",报道海外消息,"使之成为诱导人民之一途径"。② 继1868年2月和9月明治政府带头创办《太政官日志》、《官版明治月刊》之后,至同年12月,仅在东京、大阪、京都等大城市就创办报刊近40种,其中大多数为官办。1872年出现地方报纸杂志创办热,从东北地区新潟县的《北凑新闻》,到九州的《佐贺新闻》,24种新创办和发行的报刊覆盖了日本列岛。③ 这些报纸杂志追随政府的方针,宣传文明开化,形成压倒守旧派声音的革新舆论浪潮。

与此同时,维新官僚采用两手政策,对付朝野反改革势力。在政府内部,对屡经劝告而不思悔改的岛津久光以及守旧派的大本营弹正台分别采取行政手段,罢免其职务或并入司法省。对活跃在社会上的不平士族中服从政府改革者,通过改行转业的士族授产,给予生活出路;对敢于兴兵作乱者,则予以无情镇压和严惩。对于庶民群众,一方面,选拔神官、僧侣、艺人等为庶民所熟悉的人士充当教部省任命的教导职,以生动活泼的方式,宣讲由政府统一编制的宣传材料《十一兼题》、《十七兼题》,把政府提倡的"万国交往"、"租税赋役"、"富国强兵"、"文明开化"、"权利义务"等兼题,传播到穷

---

① 井上清:《明治维新》,第271页。
② 林屋辰三郎:《文明开化研究》,第461页。
③ 柳田国男:《明治文化史》第1卷,第190—191页。

乡僻壤;同时,还针对城乡居民,出版《开化问答》等可读性很强的小册子,让代表文明开化的"开次郎"与代表守旧派"旧平",围绕文明开化方针展开辩论,借助庶民识字率高的教育优势,使政府的开化政策深入民心。政府在举办各类劝业博览会,教化民众的同时,对举行反改革暴动的农民,出动军队和警察加以镇压。

  明治政府的上述举措,取得了两方面的成果。其一,加快了近代化决策集团成员及其素质的更新。如果说维新功臣是倒幕斗争的幸存者,那么,维新官僚则是文明开化浪潮的弄潮儿。大潮之下,一部分幸存下来的维新官僚,如西乡隆盛、前原一诚等因不适应激进的文明开化改革而走向反面;更多的维新官僚,如大久保、木户、伊藤等人,在搏击潮流中更新素质,成为超越岛国狭隘性,具备战略眼光和行动力的实权人物。在分化与更新的过程中,出国到欧美国家做实地考察,往往是他们产生观念飞跃的跳板。大久保等随岩仓使节团遍访欧美12国,耳闻目睹了美国铁路业的发达、英国工业革命的全面发展、法国文化的昌盛、比利时和卢森堡等小国的自强不息精神、普鲁士的强国之道,其思想观念也随之发生了巨大转折。一群擅长权谋数术的倒幕维新功臣,转变为制定国家发展战略、推行宏大近代化规划的新型官僚。其二,使文明开化的新观念普及于全社会,造成改革不可逆转的态势。在一个资本主义发展先天不足的农业国度开展近代化建设,由于先进阶级势力的极端薄弱,改革不可避免地会遇到来自墨守传统的小生产者的顽强抵抗。特别是由于日本还是一个武士阶级长期统治的国度,武士享有特权,群居性和集团行动力强。在文明开化名义下,取消武士特权地位并促成其社会角色转型的改革,诚属必要但风险极高。因此,明治政府的举措是否明智而得当,事关改革的成败。从上述推行文明开化政策的具体措施来看,针对性明确并讲求实效。在坚持改革大方向不动摇、天皇率先垂范、重视舆论导向、恩威并重的两手政策等多种措施综合作用下,使得文明开化的观念和实践在明治初年动荡不安的社会环境中,持续传播、推广开来,在精神和物质两方面造成改革势在必行的大趋势。

  在肯定文明开化在对抗民族压迫与接受欧美文明矛盾运动中取得一系列正面效应的同时,也不应忽视其消极方面的存在,即在一定时期内导致民族自信心的低落和盲目崇洋思潮的泛滥。在政府内部,开明派维新官僚坚持以强敌为师、学习西方的基本方向无可指责,但他们对欧美世界的认识却明显存在人为拔高、脱离实际的片面性,甚至被欧美的富强所镇服,顶礼膜拜。随岩仓使节团访问德国,当面聆听俾斯麦、老毛奇强国强兵教导的大久保,对"两位大先生""感佩不已",回国后,以"东洋的俾斯麦"自居,决心把日本引上普鲁士式的军国主义道路。明治维新官僚之所以"脱亚入欧",之所以边从属欧美、边侵略邻国,固然与他们对所处时代弱肉强食本质的理解、与武士武力扩张的本能和进攻型国家发展战略的制定有关,但唯欧美是从的崇洋思想严重存在,也是其中的一个重要原因。

在这种崇拜欧美观念的支配下的明治政府刊物自然避免不了报道上的偏差。当时《官版明治月刊》所介绍的欧美文明国是"人人皆能自由发挥其才能"的公平社会,又是"安其业,备济生之道,无饥寒之状"的人间乐园。[①] 在明治初年,欧美先进文明借对外开放之机,大量涌入。人们愈加发现落后造成的巨大差距,对欧美列强产生敬畏崇拜心理甚至妄自菲薄,并非不可理解。不应因为某些问题的存在,就否定文明开化积极进取的主流。

保持固有文化传统与移植欧美文明的矛盾,是文明开化进程中遇到的另一棘手问题。

欧美文明冲击的日本,虽然落后却并非文化上的不毛之地。传统文化丰富多彩,岛国民族擅长保留文化传统,使异质的欧美文明在蜂拥而入日本的同时,立即遭到传统力量的节节抵抗,矛盾随之而产生。崇尚欧美文明的开化派热烈欢迎文明新时代的到来,固守传统的守旧派反对移植欧美文明。危言耸听的预言:"皇国将被洋夷化,无君无夫父,上下混乱,日本必沦为妖邪腥膻、乱臣贼子之域。"[②] 在社会上,有人醉心洋货,有人抵制舶来品。1880年长野县松本地方的农民成立道德会,一致通过抵制洋货的决议,并指派专人监督执行。1873年,习惯了按照农历节气安排农业生产的鸟取县农民,集体暴动反对政府废止农历改行公历。僧侣佐田介石写成讽刺诗《纠正世风伊吕波歌》,挖苦社会上热衷于开化的人吃牛肉、讲洋语、用洋货、经营商社等现象,要求予以纠正。

矛盾对立随处可见,思想领域的论争激烈,焦点问题是日本传统文化与欧美文明的优劣与取舍。政府刊物《官版明治月刊》第2卷载文谈论世界文明类型,把各国分成文明国、开化国、半开化国、夷俗国、野蛮国等5类。称颂英法等国为"文明国",标准是:人民守法、自由,国家工业发达、文化繁荣、贸易兴隆、国力强盛。中国、印度、波斯、土耳其等亚洲国家为"半开化国",

---

[①] 日本明治文化研究会编:《明治文化全集》第7卷,《外国文化篇》,日本评论社,1955年,第134页。

[②] 柳田国男:《明治文化史》第1卷,第134页。

标准是:农业发展,拥有技艺、文学和道德,但不知以贸易求富强,很少有技术发明。① 这篇文章列举了世界上几乎所有的国家和地区,唯独对日本的文明类型不作明确表态。其用意显然在于说明日本的落后状况和应该仿效的榜样,强调政府推行文明开化方针的必要性。思想启蒙家、洋学者旗帜鲜明地拥护政府。福泽谕吉欢呼涌入日本的欧美文明"如同烈火燎原,旧文明被一扫殆尽"。② 福泽把欧美文明定位为国家进步的目标,认为:"如果想使我国文明进步,就必须以欧美文明为目标,确定它为一切议论的标准,并以这个标准来衡量事物的利害得失。"③ 留学归来的村田文夫评判固守传统者"夜郎自大,蔽我短而弃彼长,斥彼是而夸我非",颠倒黑白,"岂不误哉!"古川正雄通过比较生活方式的优劣,批判日本人"昼寝、长谈、吸烟而徒费时日"的懒散习气,对欧美人"劳动时拼命工作,休息时尽情游玩,学习与娱乐两不误,活泼快乐"的生活大加赞扬。古川还比较了日本与欧美建筑、制造用材的不同,即日本建造房屋、桥梁、车船多用木材,而欧美多用砖石、钢铁,得出的结论是:欧美人有远见、不姑息,日本人则得过且过,一味姑息。④ 上述言论是留学生回国后对国内文化传统动辄加以简单否定的典型表现。这种简单否定传统文化的倾向,在文明开化时期比比皆是。不仅寺庙、佛塔、佛像被大量捣毁,古董、字画被廉价处理,而且诸如歌舞伎、大相扑、茶道、花道等国粹,也被斥之为野蛮、幼稚而几乎绝迹。这种现象引起旅居日本的外国人无限感慨,德国人巴尔茨在1876年10月25日的日记中,曾作了如下的记述:"现在的日本人不愿回想自己的过去,即使有教养的人也一脸羞愧地说'过去的东西太野蛮了',有的人甚至说:我们日本人没有历史,我们的历史从现在才刚刚开始。"巴尔茨认为:"对这些新日本人来说,他们对本国古老文化真正合理的因素并不关心,他们一味求新,只要是新制度,不管多么不合理也要大加赞扬。"⑤ 开化派简单舍弃日本文化传统固不足取,但他们呼吁引进优秀的欧美文明的大方向却无可指责。

固守传统并以此为荣的国学者、神官、僧侣等守旧派,对开化派热心于欧美文明的移植颇不以为意,义愤填膺地群起而攻之。从表面上看来,守旧派固守传统、抵制欧美文明的移植,开化派否认传统、鼓吹欧化,双方各执一

---

① 庆应义塾经济史学会编:《明治初期经济史研究》第1部,岩松堂书店,1937年,第3页。
② 林屋辰三郎:《文明开化研究》,第230页。
③ 福泽谕吉:《文明论概略》,商务印书馆,1982年,第11页。
④ 明治文化研究会编:《明治文化全集》第7卷,《外国文化篇》,第192、400—402页。
⑤ 柳田国男:《明治文化史》第13卷,《风俗篇》,第320页。

词,都存在走极端的片面性。但是,在明治初年社会转型的历史关头,日本民族的当务之急,是冲破旧传统的束缚,借用欧美异质文明对社会实行脱胎换骨的大改造。文明开化冲击并否定封建蒙昧,力图尽快实现全社会的观念更新和近代化。因此,日本朝野的开化派的言论、主张虽有偏颇,却代表了历史的前进方向,其基本立场应予肯定;守旧派虽然顽固,但因强调了维护文化传统的必要性而不宜对其全盘否定。

在这个过程中,政府的政策举足轻重。作为缓解矛盾、确定发展方向的主要措施,明治政府仍然坚持天皇率先垂范型的文明开化模式,通过舆论宣传,把文明开化诸改革解释成"天照皇太神子孙"天皇的"御本意",借以增强欧美文明移植政策的正当性和说服力。与此同时,明治政府即使在文明开化风潮的高潮时期,也注意到日本文化传统与欧美文明之间的差异。作为兼顾两者的方针政策,提出"和魂洋才"、"士魂商才"等口号,以协调、缓和矛盾。1872年明颁布的太政官《征兵告谕》强调实行欧美兵制,但也说明日本与欧美"政体地理有异,不可全部沿用","必须斟酌古今,因时制宜"。① 在意识形态上,明治政府对传统文化包括宗教思想也并非长时期地一概加以排斥,而是根据巩固统治的需要,随时调整。特别对神道、武士道等传统宗教和价值观念小心翼翼地给予保留,使之成为"和魂"、"士魂"的依托,使先进的欧美器物文明、经营才能成为"和魂"、"士魂"的辅翼,并行不悖地为"大振皇基"服务。在社会生活中,传统的器物与舶来品并存:一家之中,洋式、日式房间俱备;一人之身,和服与洋服兼用。总之,在明治政府政策的引导下,欧美文明在与日本传统文化的矛盾冲突中,大规模地涌入,日本的社会历史面貌变化迅速。

文明开化期间遭遇的又一个问题,是国情国力与政府追求政绩之间的矛盾。

1871年12月,访问美国的岩仓使节团发表了解释维新变革、文明开化的施政报告《天皇陛下预期目标施行要点》。报告称:"欲将国力凝为一体,必须破除封建旧事物,即尊重人民权利,裁减武士世禄;废除旧习陋俗,实行公明政治,故举贤才而不论门第;振兴教育,扩充知识,故创办学校,聘请外国教师;修筑铁路,以谋交通便利;开通电信,快速传送书信;设立船厂,修造船舶;振兴贸易,改铸货币;开设议院,采用公论;统一兵制,以巩固国防",等等。报告强调:"日本所要仿效的,就是目前欧美各国实行的制度",并"皆已

---

① 《明治维新基本文献史料选译》,《明治维新的再探讨》,第179页。

开始实行。"① 1873年9月岩仓使节团回国后,加快改革步伐,掀起大规模的殖产兴业的高潮。仅在1873年9月至1874年9月的一年之间,动工建造京都至大阪区间的铁路,开通了大阪至神户区间的铁路,铺设了函馆至札幌区间的公路。工部省接管了三池、高岛煤矿,釜石矿山和深川水泥厂,创设赤羽制作所,兴办官营模范工厂。大藏省接受了从海军省移交的横滨炼钢厂,放宽对生丝公司的限制以促进国际贸易,在美国机师指导下,研制印刷新币的颜料,并加强对新旧纸币兑换的管理。内务省新设制茶科,负责生产各种新茶并向欧美国家销售。京都府开办导入法国机器的府营制丝工厂,并聘请从法国留学归来的西阵织传习生指导生产。民办公司活跃,有恒社开始生产最早的洋纸,赞岐支度制糖厂使用英国制糖机械,长野煤油公司采用美国制纲掘机、机器制丝厂六工社开业,捕鲸公司开洋社使用美国制投射枪,等等。②

对于明治政府主导下急行军式的近代化开发,外国舆论反响强烈。法国人惊叹日本人"简直就像从路易十一时代直接跳进罗伯斯庇尔时代,从乡间小路突然进入铁路时代","毫不顾及发展所需要的时间和真正进步所必须经过的阶段";英国人对日本这个异常古老的国家突然西方化难以置信,感叹文明开化风潮中的日本是"不可思议的国家,不可思议的历史!"③

外国舆论的慨叹并非毫无道理。明治初年日本的基本国情是:自然经济仍占相当比例的、落后的农业国;农民占总人口的80%以上,30%左右的人口是文盲;在幕府长期统治下,"国民久已习惯于专制余习,孤陋寡闻而不以为然","进退仰俯唯政府之命是从","不知权利义务为何物"。④ 1876年文明开化策源地之一的东京,就业人口仅为5.5446万人,郊区、农村工业尚未开发。⑤ 可见,当时的产业结构、人口素质、观念意识、工业基础等,都难以适应大规模、高速度近代化的要求。国家的财政状况同样难以令人乐观:1869—1871年政府岁入约为3000万元,1872—1875年成倍增长,年均约为7000万元。⑥ 国家财力有限,但百废待兴,财政支出的缺口很大。除了要兴办、扩建多家兵工厂和各种官营模范工厂外,还要接受并负责偿还诸藩高达

---

① 林屋辰三郎:《文明开化研究》,第77页。
② 《近代日本综合年表》(第二版),岩波书店,1984年,第56—60页。
③ 林屋辰三郎:《文明开化研究》,第146页。
④ 明治财政史编纂会:《明治财政史》第1卷,吉川弘文馆,1971年,第10页。
⑤ 林屋辰三郎:《文明开化研究》,第279—280页。
⑥ 据《明治初期经济史研究》第275—276页统计表概算。

3486万元的旧债务,支付1873年总数为3462万元的秩禄处理费等,[①] 政府财政已陷入难以为继的困顿之中。据因此而引咎辞职的大藏大辅井上馨的估计,1873年前后政府财政赤字至少在每年1000万元以上,结果造成"法律愈精而民众愈贫,百度愈张而国力愈减,功未就而国家已陷入贫弱"的窘境。[②]

矛盾尖锐存在,维新政府又急于摸着石头过河,改革过程出现各种问题在所难免。

其中,突出表现为好大喜功,计划指标与实际进展相距甚远。在建立近代教育体系方面,当师资、校舍、教材和经费等准备尚未就绪时,政府就试图一举在全国设立8所大学、256所中学、5.3万余所小学,显然脱离了本国实际。直到1879年,大学和中学尚在陆续筹建中,小学建成2.8万余所,刚刚过半,[③] 男女学龄儿童入学率还不到50%。在校生中,士族、商人子女占有绝对优势,农民、工匠的子女人数不多。这种状况使得《学制》提出的"邑无不学之户,家无不学之人"的"国民皆学"方针,基本上停留在计划指标上。在引进欧美农业技术方面,各地设置的美国式粗放经营的模范农场,与日本传统的深耕细作零散小农经营可谓风马牛不相及。农业技术学校开设的课程,也脱离日本的实际,学生学而无用。在东京驹场农业学校,"教师全是英国人,他们从来就未曾研究过日本农业,只懂得英国农业",课堂上讲的是英国的麦作技术,却从不讲授日本的稻作农业。[④] 结果,农业技术学校培养的学生对水稻种植和田间管理,一无所知。

此外,贪大求洋而不顾及国力,造成严重的通货膨胀。在国家财力有限的情况下,雄心勃勃的殖产兴业规划全面展开,在短时期内,大量兴办各类模范工厂、农场并进行铁路、矿山建设,使原本就入不敷出的政府财政预算出现了巨大的亏空。为解决财政赤字问题,明治政府在举借外债、加紧对农民税收盘剥的同时,开动印钞机,滥发不兑换的纸币来维持局面。至1879年,仅政府印发的纸币流通额就高达1.0579亿元,到1880年纸币流通额更上一个新台阶,达到1.3941亿余元。[⑤] 滥发纸币造成币值急剧下跌,物价一路暴涨,社会动荡不安。

---

① 《明治初期经济史研究》,第17、44页。
② 《明治财政史》第1卷,第7、9页。
③ 田中彰:《明治维新》,小学馆《日本历史》第24卷,1976年,第308页。
④ 林屋辰三郎:《文明开化研究》,第477页。
⑤ 楫西光速:《日本资本主义的发展》上卷,东京大学出版会,1956年,第29页。

忽视国情地照搬外国经验，引起民心、民意的强烈反弹，客观上加大了推行改革方针的难度。文明开化的破与立本来就阻力重重，改革前进过程中出现的问题，特别是损害了绝大多数国民利益的通货膨胀，使得对外来事物的新鲜感过后的社会逆反心理增强，形成民心、民意的离反。正如田口卯吉评述80年代社会风气转向时所看到的那样："近来，世人逐渐感到：不能总是说日本的东西一无是处，应该发挥日本之长，增进日本的文明。稳重的人说：学习外国技艺必须以我为主。激烈的人则说：日本男儿岂能事事屈居外国！"① 明治二十年代，日本的国粹主义、国家主义、民族主义乃至军国主义日见抬头的原因，固然与日本政府为了对外扩张而纵容民族主义狂热有直接关系，但与长期不顾国情、民情，照搬、抄袭外国发展模式，也不无关系。在各种矛盾日益尖锐化的现实面前，明治政府不得不在政策上进行大调整。

尽管存在着上述的种种问题，文明开化破与立的主流却不应否定。

首先，其历史大方向应予肯定。文明开化是用欧美资产阶级的世界观、道德标准和近代技术手段实行社会全面改造的过程，并由此将日本决定性地引入资本主义发展道路。在西力东渐的世界市场化历史潮流中，作为东方民族和国家，要想生存、发展，只能像马克思所论断的那样：如果"不想灭亡的话"，就只能"采用资产阶级的生产方式"而弃旧图新。② 明治政府在文明开化旗号下，推行近代化的破与立，恰恰是在自觉不自觉地用欧美国家的标准，对日本进行走向资本主义道路的改造，符合历史前进的大方向。

其次，文明开化的主流应予肯定。在明治初年的相对开放时期，欧美国家的资本主义物质文明和精神文明如同开闸之水汹涌而来。其中，特别具有意义的是西方资产阶级的意识形态在日本迅速传播，占领了思想阵地。其最直接的后果，是为自由民权运动的爆发，准备了理论武器。从日本近现代思想史演进的全过程来看，从文明开化到自由民权运动到大正民主运动，形成了源与流一脉相承的联系。正是在这种联系中，日本民主主义艰难地播种、萌发、扎根、成长。

在文明开化大潮的猛烈冲击下，维新官僚集团迅速分化：一部分人在与时俱进的自我更新和完善中，提高了领导素质，成为驾驭日本近代化之舟的时代弄潮儿；一部分人逆时代潮流而动，被潮流裹挟而去。决策集团的分化与淘汰，增强并不断激发日本近代化的发展活力，这是明治维新前十年改革

---

① 福田德三：《鼎轩田口卯吉》第1卷，第291—292页。
② 《马克思恩格斯选集》第1卷，人民出版社，1973年，第255页。

大获成功的重要原因之一。

第三节 自由民权运动的兴起

在明治前十年欧风美雨侵袭的广阔背景下,下层民众与政府、不平士族与政府、政府内部派系与派系、日本民族与列强之间等多重矛盾相互交织,自由民权运动兴起。民权运动首先是一场具有全国规模的政治运动。与此同时,民权派依据欧美资产阶级的思想理论,与政府的代言人激烈交锋,民权派内部也围绕着不同的政治理念和斗争策略展开辩论。因此,自由民权运动又是一场思想解放运动。政治领域的反政府斗争与思想领域的理论交锋相并行,使得以人民主权、自由幸福为旗帜,以开设国会、制定宪法、减轻地税和修改不平等条约为基本要求的自由民权运动,成为明治政治思想史的重要组成部分,国家体制近代化的巨大推动力量和日本民主主义传统的培训场所。

一 自由民权运动的导火索

明治初年,百废俱兴,矛盾重重。在日本国内,农民、市民、不平士族的不满与反抗到处发生;维新官僚之间政见分歧,同床异梦,政府面临多种压力。在日本国外,岩仓使节团修改不平等条约的欧美之行,因遭列强婉拒而受挫,民族压迫依然如故。旧矛盾没有解决,留守在东京的"留守派"与岩仓使节团的"外游派"间的新矛盾骤然尖锐化。各种矛盾相互交叉,并通过政府内争得到高层次的表现,此即1873年的"征韩论"政变。在广泛的国内外矛盾激化的大背景下,这场政争点燃了自由民权运动的导火索。

1868年12月,对马藩家老樋口铁四郎抵达釜山,送交明治政府关于"王政复古"后两国通交修好的文书,因文中"皇上"等措词有违惯例,朝鲜礼曹拒绝接受。1870年2月,外务省出仕佐田白茅再次来到釜山,交涉通交事宜,复遭拒绝。两次被拒,引发了"征韩"的喧嚣。1873年8月3日,陆军大将兼参议、近卫都督西乡隆盛向太政大臣三条实美建议征讨朝鲜。8月17日,留守政府决定待岩仓具视回国后,派遣西乡前往朝鲜"问罪"。9月13日,岩仓返回东京。10月15日,经过两天的辩论,太政官政府决定任命西乡为政府使节,前往朝鲜质问拒收日本国书的"失礼"行为,借机挑动战争。10月17日,参议大久保利通、木户孝允、大隈重信、大木乔任以及太政大臣三条实美、左大臣岩仓具视等"外游派"以辞职相要挟,以阻止"留守派"魁首西乡赴朝。18日,软弱的三条忧急交加而病倒,20日由岩仓代行其职。24日,明治天皇接受了岩仓的要求,宣布无限期推迟向朝鲜派遣使节,延缓"征韩"。为抗议出使朝鲜的阁议被"外游派"取消,同日,西乡请辞参议和近卫都督之职。25日,外务省事务总裁副岛种臣、太政官左院事务总裁后藤象二郎及板垣退助、江藤新平等"留守派"参议们也一齐提出辞职,脱离政府。在离开东京之前,板垣在与西乡话别,强调"君与予向来同志,深信不渝,故今后虽分两地彼此心照不宣,约定无论福祸,共同行动"。西乡大笑说:"如果君与予合作,天下无敌!"① 从10月15日至25日,短短的10天之间,在成立不到6年的明治政府中,先后出现两次高官集体辞职的政潮。

这场史称"征韩论"政变的政潮,是明治政府成立以来遇到的第一次政府危机。究其因,并非由于"留守派"蓄意发动战争而"外游派"爱好和平的政见分歧,而是由于"留守派"利用"外游派"考察欧美诸国、远离日本的时机,形成派系集团支配政局的优势。在这种情况下,"外游派"只好借口"内治优先",与主张"外征优先"的"留守派"展开抗争,乘机夺回权柄。两派权力之争的结果,以内务卿大久保为首的"外游派"形成铁腕政府;西乡回到故乡鹿儿岛县创办军事学校,伺机武力发难;板垣等联络各种反政府势力,打出自由、权利的旗号,以为民请命的姿态上书言政,向大久保政府挑战。

1874年1月17日,板垣、后藤、江藤、副岛、由利公正、古泽滋、小室信夫、冈本健三郎等主要出身土佐、肥前的8人,向太政官左院提出《设立民选议院建议书》。次日,报纸《日新真事志》上全文发表了建议书。以此为标志,自由民权运动兴起。《建议书》开宗明义,集中火力猛烈攻击大久保体制实施"有司专制",指责"方今政权之所归,上不在帝室,下不在人民,而独归有司",结果"帝室渐失其尊荣","政令百端,朝令夕改","政刑成于私情,赏罚出于爱憎",人民"困苦无告",若"因循不改,恐国家招致分崩之患"。建议书提出解决有司专制的"拯救之道","唯在伸张天下公议",而"伸张天下公议,唯在设立民选议院而已。然后有司之权如有所限,而上下始蒙其安全幸福"。"建议书"根据欧美国家纳税代议制的理念,强调"夫人民对政府有纳税之义务者,即有对政府之事于知可否之权。此乃天下之通论"。同时,强调"使民学而且智、速达开明境地之道,即在于设立民选议院"。②

---

① 板垣退助监修:《自由党史》上卷,岩波书店,1973年,第79—80页。
② 《设立民选议院建议书》,《明治维新基本史料文献选编》,《明治维新的再探讨》,第187页。

作为政治斗争和理论斗争并行的双轨运动,自由民权运动的爆发固然需要政治斗争的引火物,但思想启迪和理论准备也是不可或缺的重要因素。

出现在《设立民选议院建议书》中的诸如"人民"、"民选"、"议院"、"义务"、"权利"、"安全"、"幸福"等新概念,并非日本本土原生物,而是欧美议会民主的舶来物。在明治初年文明开化的大潮中,涌入日本的欧美思潮形形色色,但对民权运动直接产生影响的主要有:约翰·斯图尔特·穆勒(John Stuart Mill,1806—1873)的自由民主观念,标榜追求"最大多数人的最大幸福"的最高原则的功利主义、渐进的改良主义;赫伯特·斯宾塞(Herbert Spencer,1820—1903)的权利意识、自由主义观,以及视之为"恶的存在"的国家观、鼓吹优胜劣败的社会达尔文主义;让·雅克·卢梭(Jean Jacques Rousseau,1712—1778)的天赋人权论、自由平等论、社会契约论、人民主权论等。

其中,穆勒的学说较早传入日本。1871年由中村正直将穆勒的《论自由》日译为《自由论》出版,影响颇大。民权运动活动家河野广中回忆他投身运动的思想原因时说:读过《自由论》后,觉得以往由汉学、国学培养起来的旧思想,除了忠孝之道以外,其他全都土崩瓦解。1875年卢梭的学说由箕作麟祥日译为《国政转变论》,其《民约论》则在1877年由服部德译成日文,后经中江兆民重新译成流利而优美的日文,1882年出版发行,备受读者欢迎。随着自由民权运动的展开,提供人民革命权、抵抗权思想的卢梭人民主权论影响越来越大。在《草莽杂志》、《中外评论》、《评论新闻》、《文明新志》、《朝野新闻》等报纸杂志中,不断出现诸如伊东孝二的《论专制政府必须推翻》(1876年1月)、泽井尚次的《论专制政府必须打倒》(1976年6月)、守屋贯造的《论暴虐的官吏必须刺杀》(1876年6月)、枝木枝盛的《民权自由论》(1879年4月)等公开鼓吹人民革命权和天赋人权论的激进文章。

斯宾塞的学说在1877年由尾崎行雄日译为《权利提纲》,1878年由铃木义宗日译为《斯宾塞议会政体论》,1881年由松岛刚日译为《社会平权论》。宫地茂平被《社会平权论》中《无视国家的权力》一章所感动,竟然为摆脱政府的管制,申请脱离日本国籍。中岛胜义的《俗梦惊谈》以"一洗我蜻洲祖先传来的恶习,改革社会风气"为己任,将人民的幸福安宁和自由权利视为标准,说"无论是政府、官吏、农夫、商人、华族、士族、医生、艺者、某某什么人,不管其位阶高下还是其俸给多寡,只要是流毒社会,妨碍同胞的幸福,贻害世上,阻碍兄弟的安宁,侵犯良民的自由权利的人,余声明此等人物即为国贼叛民";疾呼"如果政府暴虐,即对抗之;官吏残酷,即刺杀之;以正义议论扑灭其凶焰,保护社会安宁,维护世上幸福,杀身成仁,建立壮士国家,岂非国家将进入开明佳域之前兆"。① 欧美思想影响之甚,可见一斑。

二 政治斗争与理论斗争的并行

在国内矛盾冲突激烈的背景下,借助欧美思想的启迪,自由民权运动从1874年兴起,到1889年运动余波回荡,先后经历了发动、活跃、高潮和沉寂等四个主要发展阶段。其中,又以明治十四年政变为分界线,分为艰难发展的前期和在轰轰烈烈中突然溃散的后期。在前后两个时期,政治斗争和理论斗争并行,构成运动的基本内容。前期民权运动包括如下两个阶段:

(一)1874年1月至1877年6月:运动的发动阶段,建立社团并展开论战。1874年1月,《民选议院建议书》主要起草者古泽迂郎、由利公正等在东京创立了近代日本第一个政党,即爱国公党。其立党宗旨是"以爱君爱国的一片赤诚,保全天赋予人民的通义权理";"拥戴我天皇陛下所颁五条誓文之旨意","唯以公论公议,遵守誓约的旨意";"使君民融为一体","维护我日本帝国并使之昌盛"。② 同年4月,板垣为扩大民权运动的影响,返回故乡高知县,与片冈健吉、林有造等创建了立志社。该社的宗旨是:谋求"天皇陛下的尊荣"与"日本帝国的幸福";"伸张人民的权利","三千万人民尽享平等","以保障生命、保持自主,各有职业,增进幸福"。③ 随后,在九州、四国等地也先后建立了相爱社、岳洋社、尚志社、南山社、合立社、公共社等民权派政治团体。由于分散的小团体影响有限,也难以形成足以对抗政府的政治力量,1875年2月在立志社的倡议下,各地民权派组织在大阪举行合并大会,成立了爱国社。该社的宣言从"爱国"、"忧国"的立场出发,认为爱国者必须先爱其身,相互交往需要召开会议,进行研究协商,"以伸张各自之自主权利,尽到人之本分义务";同时突出国权意识,强调结社的最终目的是"增进天皇陛下之尊荣幸福,使我帝国与欧美诸国对峙屹立"。④ 爱国社的总部设在东京,成员来自鹿儿岛、大分、熊本、福冈、广岛、石川、香川、爱媛、高知等西南日本10余个县,组织规模逐渐扩大。但是,由于活动经费严重

---

① 《俗梦惊谈》,《明治文化全集》第2卷,《自由民权篇》,日本评论新社,1897年,第140—141页。
② 《爱国公党本誓》,板垣退助监修:《自由党史》上卷,第87—88页。
③ 《立志社设立之趣意书》,板垣退助监修:《自由党史》上卷,第137—140页。
④ 《爱国社合议书》,板垣退助监修:《自由党史》上卷,第158—160页。

不足,爱国社处于瘫痪状态。

然而,较之经费的不足,发动阶段的民权团体在组织上、思想上还存在着更加致命的局限性。

首先,组织成分褊狭,成员几乎是清一色的士族知识分子。爱国公党在解释设立民选议院时强调"并非使人民普遍享有选择其代理人的权利,只是让士族和豪农豪商暂时独享这种权利而已"。① 立志社所创办的商局、立志学舍均将救济士族作为第一要务。爱国社的组织规模有所扩大,但基本成员仍为士族。对此,板垣等也慨叹各团体志士"不过数十名","会盟者决非富豪缙绅,仅为一剑单身,唯以赤诚许国之士族而已。爱国社创立的情景如此,难以取得好的结果"。② 上述言行表现的士族强烈的优越感,致使民权派脱离了广大下层民众,结社范围局限在数十名士族狭隘的小圈子内。因此,这一阶段的民权运动也经常被称为"士族民权"或"上流民权"运动。

其次,未能摆脱皇权论的羁绊。由于士族阶层控制了民权运动的领导权,立党宗旨鲜明地表现出士族尊王论的根性。从《设立民选议院建议书》,到爱国公党、立志社、爱国社等民权派社团的宗旨书,均将"帝室"、"爱君"、"天皇陛下的尊荣"等皇权论的主张放在首位,置民权于君权之下。这种立场,固然有对抗有司专制的政治斗争策略考虑在其内,但也是民权运动的领导阶层皇权论政治立场的表露。这种政治立场,使民权运动的领导阶层从一开始就患上了政治软骨病。

第三,无法摆脱国权论的制约。国权论强调日本的国家利益至上,将国家独立和对外扩张视为国家的权利和国民的义务。国权论原本是对抗民权论的一种主张,却极易影响笃信"忠君爱国"的士族民权派。在此情况下,每当外交冲突发生,民权要求往往让位于国权要求,致使运动偏离斗争的大方向。这种倾向在民权运动发动之初已经出现。1874 年 4 月大久保政府蓄意策划侵略台湾以转移国内视线时,8 月立志社总代表林有造置民权运动于不顾,上书政府说:"这次征台之举涉及支那政府,人们以为此举将酿成不测之祸患而议论纷纷。我等虽不详其由,但此时岂可身为人民而坐视旁观之时!凡遇国难挺身而出乃人民之通义,更不待我等喋喋不休。故团结民社,组成寸志兵,欲以抵挡国家之外难,请蒙准许则为荣幸。"③ 在尚未弄明

---

① 板垣退助监修:《自由党史》上卷,第 107 页。
② 同上书,第 160 页。
③ 《组编志愿兵请愿书》,板垣退助监修:《自由党史》上卷,第 153 页。

白政府出兵台湾的缘由,就宣称"国难"临头,不问青红皂白地追随政府,暴露了民权受制于国权的致命局限性。事实表明:民权运动自身难以克服皇权论和国权论的束缚,是最终导致其自我毁灭的重要思想原因。

虽然民权派的政治结社存在若干局限性,但在思想战线的激烈争论中,却显示了发动阶段民权运动蓬勃的朝气。实际上,论战自民权派提出《设立民选议院建议书》时即已开始。1874年2月3日,宫内省四等官加藤弘之也在《日新真事志》上发表题为《设立民选议院质疑》一文,以"尚早论"为依据,向板垣等发难,公开挑起了论战。加藤提出"尚早论"的主要理由是:强调日本与欧美国情不同。加藤认为民选议院只适用于开化国,而日本"并未完全开化","让我国开化未全之人民共议天下之事,并欲采其公议制定制度宪法,无异缘木求鱼"。加藤还强调说:"当今欧洲之硕学鸿儒皆认为民选议院对开化国乃为必须,对未开化国有害。"例如,德国的彼得尔曼就认为:"欲创设制度宪法,必须依据时势民情,选择恰当适度者。盖仅以适用于文明开化之国的制度施用未开化之国,不但毫无功益,必反受其害。"① 因此,在日本不适宜立即设立民选议院,否则难以保证不危害国家。加藤认为:"大凡人民智识未开,就先已得到大量自由权利,其时尚不知施行权利之正道,反而因此而陷入自暴自弃之中,遂伤害国家之治安,岂可不惧。"② 作为结论,加藤认为当务之急在发展教育,培养人才。加藤强调,普鲁士之所以成为欧洲强国,"并非因设立议院所致,而是由于弗里德利希二世以来的政府一心尽力于人才教育的结果",日本应以此为榜样,由政府实施开化教育,培养人才。③ 加藤的结论是:当务之急并非设立民选议院,而是兴办学校,普及教育,等到民智开化之后,再设立议院、制定宪法也为时未晚。

针对加藤的"尚早论",民权派立即发起反击。在板垣支持下,古泽兹起草了《答加藤君书》,再由副岛种臣、福冈孝弟等润色,发表在2月20日的《日新真事志》上。古泽等列举维新以来至废藩置县为止的政绩,强调正是依据群议和公议,才有所建树;废藩置县之后,大权集中于少数有司,造成弊端百出,要振兴日本,当务之急恰恰在于设立议院,伸张公议。他们还大量引证穆勒的言论,说明人民参与诸如设立民选议院等国家公共政治事务的实际活动,比关起门来接受学校教育更有实效;强调"使人民参与公共事务,

---

① 《设立民选议院质疑》,板垣退助监修:《自由党史》上卷,第98—99页。
② 同上书,第99页。
③ 同上书,第101页。

可以弥补其不足","可以使人民成为有教育的人民";"唯有将决定公共事务及天下之事的权利交给人民",方可有所成就。① 大井宪太郎以马城台次郎的笔名,发表了多篇文章,猛烈攻击加藤的"尚早论"。大井认为:从国内政局来看,借口等待人民开智而容忍有司专制,必加剧矛盾,导致国内动乱。从国情有异来看,日本不必照搬德国,而是应该听取公议,结合日本的实际来制定议院制度和宪法。从形势发展来看,民心与时势不断变化,为政者应顺应世态和人情,否则英雄人物也会落伍。大井的结论是:在今天,日本人民皆有自由、自主之权,当政者自当听取人民的公议,立即设立民选议院。②

面对民权派的声讨,加藤接连著文回应。双方的论战愈演愈烈,明六社也卷入其中。森有礼、西周等支持加藤的"尚早论",津田真道等赞成设立民选议院,福泽谕吉冷眼旁观并加紧构思国权论来压制民权论。《日新真事志》、《报知新闻》等报刊成为"尚早论"和"即行论"展开交锋的论坛,吸引了普通读者的目光。

民权派立党结社,并在报纸杂志上鼓吹立即设立民选议院的主张,对政府造成了政治压力。为压制方兴未艾的民权运动,大久保政府采用了两手政策。一方面,厉行镇压。1875年7月,政府公布了控制言论的《谗谤律》,禁止触犯皇族、官吏的言论文章,否则以诽谤罪论处,对触犯者判刑或罚款。同时,还改订了《新闻纸条例》,严令所有报纸杂志的发行必须经内务省批准,对违反者施以罚款或没收印刷机等处分;所有报刊不得刊登散布"颠覆国家的言论",违反者严惩不贷。③ 据此,1875—1876年政府查禁了《草莽》杂志、《评论新闻》等报纸杂志,逮捕了成岛柳北、植木枝盛等民权运动的政论家。另一方面,拉拢收买。1875年2月,大久保、伊藤博文邀请因反对"征台"而辞职的木户以及板垣在大阪举行会议,对民权运动实施首脑收买谋略。双方一度达成协议,在木户、板垣重返政府的前提下,增设元老院主管立法,成立最高法院大审院主管司法,召开类似议院的地方官会议以听取施政建议。但板垣试图进而将大久保有司专制体制变通为形式上的三权分立,实行变相的民选议院政治时,遭到大久保拒绝,大阪会议不欢而散。大久保还利用明治天皇,同民权派争夺群众。1875年4月,天皇发布《渐次确立立宪政体诏书》,表示要渐进式地组建立宪政体。诏书宣称:"朕在继位之

---

① 《答加藤君书》,板垣退助监修:《自由党史》上卷,第103—110页。
② 板垣退助监修:《自由党史》上卷,第111—116页。
③ 《报纸条例》,板垣退助监修:《自由党史》上卷,第179—181页。

初,首先召集群臣,以五事誓于神明,定国是而求保全万民之道。幸赖祖宗之灵与群臣之力,以得今日之小康。顾中兴日浅,内治之事当予振作更张者甚多。故朕扩大誓文之议,成立元老院以扩大立法之源,置大审院以固审判之权,又召集地方官员以通民情,谋公益,逐步树立国家立宪之政体,欲与汝众庶俱赖其庆。汝众庶切勿泥于旧习或轻举妄动,体会朕之旨意,予以翼赞。"①

(二)1877年6月至1881年10月为第二阶段,运动进入政治斗争激烈、质与量飞跃发展时期。所谓质的飞跃,是指民权运动的主要参加者由不平士族转变为豪农豪商阶层,"上流民权"运动随之成为"下层民权"运动。所谓量的飞跃,是指运动在全国铺开,参加者不再是少数士族,而是数以万计的广大民众。运动的主要方式也由论战、思想斗争转入提出具体要求的政治斗争,运动蓬勃发展。

1877年6月,立志社总代表片冈键吉向天皇递交了《立志社建议书》。建议书首先以天赋人权论为依据,强调"天生斯人,使之具手足,备头目,有精神而拥有自主自由之权";政府要使国家安定,则必须"使人民权利畅达,进入幸福之境"。继而,片冈集中火力,痛斥大久保政府的"八大失政",即违背《五条誓文》"万机决于公论"的精神,实行有司专制,政令混乱,任人唯亲;政府过于集权,人民自治难成;征兵令无立宪政体保证,军制难以建立;政府财政无序,国家预算保密;民财被用来扶植某公司,国债累累;税法严苛,人民不堪忍受;世风日下,士族丧失高尚自主的精神,人民卑屈的陋习抬头;对外交涉失当,国家体面无存等。片冈强调必须立即设立民选议院,确立立宪政体,使人民实现其天赋的权利,方能"内以安士民","外以御国辱"。否则必重蹈德川氏灭亡的覆辙,"如此,则陛下何以谢天地神祇?何以独善其后?大臣何以面对全国人民?"②片冈的建议书比较完整地阐述了民权派的基本纲领,即开设国会、建立立宪政体、减轻地税和修改不平等条约,使民权运动不再停留在天赋人权论、人民主权论的宣传上,而将理论与具体的要求相结合,并展开抗争。以片冈提出建议书为标准,民权运动进入政治斗争的新阶段。

在新阶段,民权运动以全国规模迅猛展开。片冈的建议书被政府拒绝,愤怒的片冈立即将建议书大量印刷,散发全国。立志社的成员在各地频繁

---

① 《渐次确立立宪政体诏书》,历史学研究会编:《日本史史料》4,近代卷,第110页。
② 《立志社建议书》,板垣退助监修:《自由党史》上卷,第183—211页。

举行集会演说,宣讲片冈的建议书,并猛烈攻击政府。听众情绪激动,高呼"击毙太政大臣三条实美!"立志社的林有造等秘密组织敢死队,派人到上海购买枪支,到鹿儿岛县联络西乡,准备联合行动,推翻政府。不久密谋败露,片冈、林、陆奥宗光等数十人在1877年8月被捕。经此沉重打击,立志社脱离士族的武装暴动,更加注重政治斗争。

1878年4月,立志社发起重振爱国社的活动。植木等奔走九州、四国、中国地方,但困难重重。在政府的威胁下,京阪一带的书商拒绝代售立志社的刊物。同年5月,参议兼内务卿大久保在东京纪尾井町被加入过爱国社的士族岛田一良等6人刺杀。参议伊藤博文辞去工部卿之职,继任内务卿。7月将岛田等6人斩首示众,8月将林有造等判处10年以下有期徒刑,10月对参加竹桥暴动的近卫炮兵部队官兵施以严惩,对反政府势力施加政治高压。日见恶化的形势,反倒促进了民权派的团结。1978年9月,数十名民权派代表聚会大阪,热烈讨论重建爱国社问题。10月,发表了《爱国社重建协议书》,建社宗旨不变,总部改设在大阪。重建后的爱国社成为民权派的全国组织机构。1879年3月,爱国社召开第二次代表大会,80多名代表来自18个县、21个社团。同年11月,爱国社举行第三次代表大会。会议否决了福冈县共爱社平冈浩太郎伸张国权的建议,采纳了立志社片冈把设立国会规定为民权运动唯一目标的建议。

1880年3月,爱国社举行第四次代表大会,与会代表114人,来自2府22县,代表8.7万余名社员。① 大会决定将爱国社更名为国会期成同盟,并制定了《国会期成同盟规约》。"规约"规定:设立国会是当务之急,为此一方面向天皇递交请愿书,一方面派人前往12个宣传大区,发动民众。4月,片冈、河野广中等29名代表向政府递交了《允许开设国会请愿书》,强调"夫天之生斯人也,赋之以自由之性,与之以硕大之能力,使其享有至高之福祉"。请愿书还从设立国会的必要性角度出发,对《五条誓文》逐条加以解释;引述天皇在《宣扬国威宸翰》中的言论,力陈"成立国会、确定宪法,乃安抚亿兆,使天下稳如富岳之道也";请愿书提醒天皇曾在1875年4月许诺"渐次建立国家立宪政体",敦促"今应先成立国会","以安国家"。② 太政官、元老院的官员借口"人民无请愿的权利",拒绝接受请愿书。片冈、河野等立即将请愿被拒的经过写成《请愿始末书》,散发全国。政府的傲慢激怒了民众,有

---

① 板垣退助监修:《自由党史》上卷,第272页。
② 《允许开设国会请愿书》,板垣退助监修:《自由党史》上卷,第282—289页。

人在太政官署和皇宫前愤而拔刀自杀,以死抗议政府堵塞言路,压制民权。消息传开,各地民权团体愈加昂奋,54份要求开设国会的请愿书提交给政府,越来越多的人投身运动。至同年11月国会期成同盟举行第二次代表大会时,盟员增加到13余万人,在各种请愿书上签字的人数猛增到24万余人。针对政府加紧制定钦定宪法的举动,大会决定各加盟民权团体制定宪法草案,供翌年代表大会讨论;同时,为对付政府的镇压,大会制定了《蒙难者援救办法》,筹款救济牺牲者家属。

  国会期成同盟"二大"过后,各地民权派团体拟订了20余份宪法草案,形成"私拟宪法"的热潮。一些同情民权运动的团体,如1873年成立嘤鸣社,或者对立宪政治感兴趣的社交团体,如1880年创办的交询社等社团,也加入草拟宪法的行列之中。民间制宪的基本主张有两种:一种要求实行英国式的君主立宪制。如嘤鸣社的沼间守一等在《嘤鸣杂志》发表的《宪法草案》,以及小幡笃次郎、矢野文雄、藤田矛吉等在《交询杂志》发表的《私拟宪法草案》,均主张采用英国式的两院制,建立政党内阁,天皇和国会共同拥有立法权,限制人权保障等。另一种主张以法国卢梭天赋人权论为制宪原则。立志社的《日本国宪法希望草案》和植木枝盛的《东洋大日本国宪法草案》均取人民主权立场。尤其是植木的宪法草案主张无条件地保障基本人权;采取一院制,议会拥有立法权、租税审议权、对政府的弹劾权;实行联邦制下的地方自治;规定了人民抵抗权、人民革命权条款等。民权派通过自主制定宪法,将民权运动从通过请愿、被动地得到政府承认推进到自主采取实际行动的新高度。

  较之前一阶段,第二阶段的特点是:运动的范围和规模明显扩大,波及全国的2府22县;豪农所代表的平民阶层逐渐成为运动的主体,士族阶层的势力在减退,至1880年11月国会期成同盟"二大"时,平民出身的河野取代士族片冈出任议长,出席会议的平民代表总人数超过士族代表总人数;组织日趋牢固,并成长为正式的政党。1880年12月河野、沼间、植木等经过协商,形成《组建自由党盟约》,奠定了立党基础。

  之所以在第二阶段出现上述特点,是因为士族的社会影响日趋减缩。经过秩禄处理与平定西乡叛乱,士族集团在国家政治生活中的感召力严重受挫,被急剧的近代化浪潮抛到社会的各个角落自谋出路,社会影响力急剧减退。民权派在现实斗争中痛感士族民权的狭隘性已导致组织的涣散和号召力有限,因而不得不在新兴社会阶层即豪农阶层中寻求推动运动的力量。在士族民权派联合豪农的过程中,民权运动自然冲破士族民权的狭小范围而日益扩大。相形之下,豪农阶层实力上升。豪农,即富裕的上层自耕农。由于1876年政府迫于农民暴动的压力,将地税率从地价的3%降低到2.5%,1877年的西南战争后米价暴涨等因素,豪农的收入增加,从事商品生产的积极性大为提高。其眼界也随着商品流通范围的扩大而开阔,对政治问题越来越感兴趣。1878年7月,明治政府实行《郡区町村编制法》、《府县会规则》和《地方税规则》等"三新法",阻止民权运动向基层渗透。豪农利用其传统影响,当选府县议会的议员和基层单位的户长,并把进一步减税增收的希望寄托于发扬民权和开设国会,因而积极支持甚至投身民权运动。国会期成同盟能够在短时间内征集到20余万人在各种请愿书的签名,正是因为豪农起到召集村民、集体签名或盖章的基层组织作用。此外,一些对政府偏袒并扶植特权大政商强烈不满的城市中小商人、市民,反对官僚作威作福,支持民权运动;与政府当权派关系比较疏远的其他大企业主,也或因分肥不均而暗中支持反政府的民权运动。城市力量在行动,民权运动的社会基础迅速扩大。

第四章
民族化时期的维新进程

自19世纪80年代起,欧风美雨涤荡列岛的风潮逐渐远去。相对于70年代欧化风潮大倡其道的维新前期变革,以1881年明治十四年政变为转折点,维新进入形成日本特色的民族化时期。日本朝野开始关注欧美文明与日本文化传统如何结合的问题。在这个过程中,维新转入全面收获的后期,形成具有日本特色的资本主义体制。近代天皇制以政阀、军阀、财阀为支柱,支配了近代日本国家的命运。

第一节 自由民权运动的挫败与近代天皇制的建立

从1877年6月立志社总代表片冈健吉向天皇提出开设国会的建议以来,经过爱国社的重建和国会期成同盟的斗争,终于迫使政府在1881年10月以天皇的名义宣布了制宪和召开国会的日程表,民权运动取得了阶段性的胜利。但由于国内外的各种矛盾继续存在,民权派的基本要求并未实现,运动进入后期发展阶段。斗争在新形势下继续展开,一方面民权运动进入正式组建全国规模的近代政党时期,大批农民加入斗争行列,武力对抗政府的镇压;另一方面明治政府加快立宪政体的运作,摧垮民权运动,建立了近代天皇制。

一 明治十四年政变

面对呈现燎原之势的民权运动,明治政府继续采用软硬兼施的两手政策。一方面,在1878年颁布《演说取缔令》的基础上,1880年4月发布《集会条例》,强行规定所有集会、结社必须经由警察署批准;禁止政社团体相互联络或举行室外集会、诱导公众;禁止军人、警察、学校师生参加政治结社和集会;授权警察解散或阻止集会。① 同年12月,修订《集会条例》,授予警察长官和府县地方长官解散政治结社团体并在一年内禁止违犯者发布演说的权利。另一方面,继续与民权派争夺群众。1879年12月,政府为对付日益高涨的要求开设国会的请愿运动,秘密征询各参议的制宪意见,着手制宪调查并通知各参议起草宪法草案。1881年1月,伊藤、大隈、井上馨、黑田清隆等聚会静冈县的热海温泉疗养地,讨论开设国会、制定宪法等问题,议决创办拥护政府的报纸,议请颇孚众望的福泽谕吉出任主编。福泽对如火如荼的民权运动十分反感,表示有意出任主编,遏制"无聊的民权论"。

在政府参议讨论开设国会、制定宪法的过程中,以内务卿伊藤为首的渐进派与以大藏卿大隈为首的急进派之间产生严重分歧。1880年12月,伊藤提出建议书,主张开设国会应当缓行,即首先巩固并扩充元老院等官僚机构,选用华族、士族充任元老院议官,向府县议会派出检察官加强控制,然后开设国会;同时,主张制宪的原则应该是天皇总揽统治权、宪法钦定。1881年3月,大隈瞒着伊藤等人,将其建议书直接送交给左大臣有栖川宫亲王。大隈的建议虽然赞同宪法钦定,但主张采用英国式君主立宪政体,实行政党内阁制度,太政官三大臣与军人不得干预政治,1882年举行大选,1883年召开国会等。7月伊藤设法搞到并阅读了大隈的建议书后,致函三条、岩仓,指责大隈的主张"实为近乎荒唐之过激论调",认为与大隈的"主要之观点,竟背驰如此,实不胜遗憾惶恐之至。除请免除本人职务外,反复熟虑,仍无他策"。② 在伊藤以辞职相要挟之下,岩仓等决定驱逐大隈。这样,岩仓、伊藤等渐进派官僚和佐佐木高行等元老院派形成反大隈的一致立场,大隈陷入孤立。

就在大隈颇感苦闷之时,北海道国有财产处理事件为其提供了实施反击的机会。1881年7月,北海道开拓长官黑田徇私舞弊,擅自把经营10年、总资产价值1400万元的北海道国有财产,以38万元的低廉价格和不计利息、分30年偿还的优厚条件,出售给同乡五代友厚等人经办的关西贸易商会。7月21日,大隈在参议会议上指责黑田弄权,随即并把内幕消息捅给了报社。7月26日,福泽系的报纸《邮便报知新闻》率先发难,民权派报纸《东京横滨每日新闻》以《关西贸易商社之近况》为题,发表社论予以曝光。舆论顿时大哗,掀起了清除腐败、追究政府责任的风潮。在舆论沸腾的背

---

① 《集会条例》,板垣退助监修:《自由党史》上卷,第279—281页。
② 《明治维新基本文献史料选译》,《明治维新的再探讨》,第192页。

后,是官僚、政商和知识人之间的联合行动。号称"海运之王"的三菱家族掌门人岩崎弥太郎曾与五代竞争购买北海道国有财产,不惜出钱资助报刊大加炒作,还为庆应义塾学生到北海道调查、揭露腐败事件慷慨解囊。因主编之职落空而对伊藤不满的福泽,与大隈同为岩崎家的座上客,平时关系密切。在反伊藤的共同目标下,大隈、三菱、福泽等携手合作,策应民权派围攻黑田及其同伙伊藤、井上等萨长官僚。

维新官僚的政见分歧日趋复杂化和尖锐化,萨长官僚与岩仓在幕后加紧进行反击行动。9月18日长州藩出身的参议山田显义来京都密访太政官右大臣岩仓,转达萨长官僚的基本立场:北海道国有财产处理事件是个"枝节"问题,制定宪法和确定开设国会的日期才是"根本"问题;如果采纳大隈的立宪方案,会有大批高官辞职;如果采用伊藤的方案,大隈必须辞职。①9月28日,佐佐木、谷干城等元老院派要求解决迫在眉睫的"枝节"问题,主张停止出售北海道国有财产,减缓舆论压力以集中力量打击民权。10月初,岩仓返回东京,伊藤向岩仓递交了由其起草的召开国会诏书和元老院、参事院章程,再次强烈要求将大隈逐出政府。萨摩藩出身的参议西乡从道也提出类似的要求。10月2日,元老院派议决罢免大隈,得到岩仓、伊藤等渐进派官僚们的支持。10月8日伊藤又向岩仓紧急建议:为了与民权派争夺群众、收拢人心,必须尽快确定召开国会的具体日期。伊藤的时间表比大隈整整晚7年,即1890年召开国会。当天,太政大臣三条召集在京参议在岩仓家聚会,策划了行动步骤并紧急报告了天皇。10月11日,巡视北海道和东北地区的天皇车驾抵达东京千住火车站,三条、岩仓、伊藤、佐佐木等前去接驾并告御状。明治天皇平素对大隈无甚好感,斥之为"韩信、彭越之辈",表态支持岩仓、伊藤、佐佐木。随即举行的御前会议决定:渐次确立立宪政体方针,停止出售北海道国有财产,罢免大隈参议之职,修改太政官及元老院议事章程。10月12日,伊藤以天皇名义起草的《召开国会诏敕》与御前会议内定的各项决定同时发表,大隈被逐出政府,其追随者河野敏镰、小野梓、犬养毅、尾崎行雄等也联袂而去。此即"明治十四年政变"。

明治十四年政变具有多重意义。对维新全过程来说,最高决策集团确定改革方针,行动能力增强。通过政变,与伊藤相抗衡的大隈被罢免,结束了1878年大久保被刺后伊藤与大隈貌合神离、最高决策集团改革方针意见分歧、合作不力的局面。新组建的岩仓—伊藤体制志同道合,配合默契。两

---

① 板垣退助监修:《自由党史》中卷,第70页。

年后,1883年岩仓谢世,伊藤成为主持国政的顶梁柱,并与山县有朋、松方正义等萨长官僚合作,组成维新变革的决策集团的核心。这个核心志同道合,持务实的渐进立场,关注结合国情、政情的实际,对改革政策适时加以调整,推进了维新的民族化进程。特别是伊藤,身为首席参议,既受到天皇的垂顾,又得到岩仓、三条的支持,大权在握,得以全面贯彻其渐进主义的改革方针。1881年10月12日天皇颁发的《召开国会敕谕》,充分体现了伊藤渐进论的立场。"敕谕"突出天皇总揽统治权的原则,宣称:"朕继承祖宗二千五百余年之鸿业,大振中古以来解纽之乾纲,总揽统一之大权,并夙冀建立立宪政体,以树后世子孙可继之业。"同时,重申了宪法钦定原则,即"顾立国之体,各国有所不同。我祖宗照临于上,而发扬余烈,大展宏谟,变通古今,断然行之,其责在朕躬。"最后,宣布了伊藤规定的时间表:"兹以明治二十三年为期,集合议员,召开国会,以遂朕之初志。"同时警告说:"若仍有故求躁进、煽动事端、妨碍国家治安者,将处之以国法。特此明言,谕尔众民!"①

在这个过程中,维新官僚群进一步藩阀化。政变前,大隈与伊藤相互制衡,非萨长官僚在政府中尚有一定势力。但因大隈被解职,大隈派全部脱离政府。岩仓、伊藤乘机实行政府人事大调整,将专任参议由8名缩减为3名,由伊藤、山县、黑田充任;9名省卿中,除工部、文部、司法卿分别由土佐出身的佐佐木、福冈和肥前出身的大木乔任担当外,其余6省卿均由萨长出身者担任,即长州出身的井上馨、山田显义分别担任外务卿和内务卿,萨摩出身的松方、大山岩、川村纯义、西乡从道分别担任大藏、海军、陆军、农商务卿。在12名政府要员中,萨长藩阀居3/4,牢牢控制了政府官厅最重要的职位,奠定了藩阀支配后期维新乃至日本国家命运的政治基础。

总之,民权运动加剧政府内部派系斗争,决策集团的政见分歧导致了明治十四年政变。政变的人事变动为改革政策的调整创造了条件。因此,这场政变成为明治维新转入民族化时期的标志。

二 后期自由民权运动从高潮走向沉寂

自1881年10月天皇发布《召开国会敕谕》到1884年12月长野县的爱国正理社被警察镇压,自由民权运动进入不断分化、斗争激烈的时期。其间,民权派政党之间的竞争、党首的投机与背叛、民权派下层党员与农民群

---

① 《明治维新基本文献史料选译》,《明治维新的再探讨》,第192页。

众的拼死抗争、思想领域的论争,构筑了复杂多变的历史舞台。民权运动在此复杂多变的过程中,走向瓦解。

1881年10月《召开国会诏敕》的发布,令民权派十分兴奋,纷纷为组建政党以争夺9年后国会的议员席位而奔忙。但由于民权派后援背景不同、内部政见分歧、地方主义的干扰,使本来成分复杂的国会期成同盟迅速解体,自由党、立宪政党、九州改进党等民权派政党和政府的御用政党立宪帝政党一哄而起,诸党林立。经过激烈的竞争、合并与淘汰,真正影响民权运动走向的政党,只有自由党和立宪改进党两家。

1881年10月,自由党率先成立。党的纲领为盟约3条,即(1)"扩充自由,保全权利,增进幸福,图谋改良社会";(2)"尽力于确立善美之立宪政体";(3)"在日本国与吾党主义、目的一致者合作,以达吾党之目的"。① 在制宪问题上,主张国约宪法,即由国民议会制定宪法,以主权在民为制宪原则,建立法国式的议会政治制度。自由党的总理为板垣退助,常务议员为后藤象二郎、马场辰猪等,中央本部设在东京,地方设地方部,机关报为《自由新闻》。主要理论家为号称"东洋的卢梭"的中江兆民和坚信天赋人权论的植木枝盛、马场辰猪等。自由党以农民、小商品生产者和中小企业主为社会基础,继承了爱国公党、立志社、爱国社天赋人权论的立党宗旨,以"贫民之友"的战斗姿态,出现在斗争的最前列。

1882年4月,立宪改进党成立。其立党宗旨强调"幸福乃人类所期待,然而我党不赞许为少数人专有之幸福。盖此种幸福乃所谓利己者,与我党所期望之王室尊荣与人民幸福背道而驰";主张通过政治的"改良"和"进步"以图"皇室长期保持尊荣、人民永远享有幸福",反对"无程序的激烈变革,扰乱社会秩序反而妨碍政治的进展",强调"以正当手段改良我国政治,以切实之方法使国家进步"。党规共二章,基本要求是:(1)"维护皇室之尊荣,保证人民之幸福";(2)"以改良内政为主,使国权得以伸张";(3)"减少中央干涉政策,建立地方自治的基础";(4)"依据社会进步之程度,适当扩大选举权";(5)"对外尽力淡化政治往来,加强通商关系";(6)"货币制度坚持硬通货主义"等。② 其立党宗旨与党规反映了穆勒功利主义的强烈影响,主张天皇与人民分享统治权的立宪原则,政治目标是建立英国式的君主立宪体制。立宪改进党的总理是大隈重信,副总理是河野敏镰,掌事有小野梓等人。立宪

---

① 《自由党盟约》,板垣退助监修:《自由党史》中卷,第79—80页。
② 《立宪改进党趣意书》,板垣退助监修:《自由党史》中卷,第98—99页。

改进党的党员多数来自失意官僚、政客、府县议会有地位的议员和学者,社会基础为大企业主与大地主。在对抗萨长藩阀政府、坚持民权运动基本要求方面,立宪改进党既与自由党有共同语言,也有矛盾分歧,形成两大党派之间合作与竞争并存的复杂关系。

1882年4月,板垣在岐阜县发表演说时被狂热的尊王论暴徒刺伤,虽血流如注,犹奋力高呼"板垣虽亡,自由不死!"消息传开,举国震动。① 立宪政党总理中岛信行前来慰问,立宪改进党大隈也派来专使探望,社会名流后藤新平冲破阻挠,赶赴岐阜为板垣治伤,自由党赢得社会的普遍同情。在舆论的压力下,迫使天皇都在考虑是否派遣御医前去探视,以挽回事件对政府造成的不利影响。分散在各地开展鼓动演说的自由党领导人物齐聚岐阜,商量对策。普通党员更是群情激奋,赶制竹枪、旗帜,准备与军警战斗。

面对日益具有爆炸性的国内紧张形势,明治政府多管齐下,竭尽全力对付民权运动。一方面,在1886年6月再次修订《集会条例》,严厉禁止一切政治性集会、结社和演说,授权警察传讯自由党、立宪改进党的干部,加紧对民权运动的控制。另一方面,制造民权派之间的内讧。经过伊藤、井上、松方的秘密策划,由三井公司提供2万元经费,疏通板垣、后藤出洋考察。围绕板垣等出洋问题,自由党内部议论纷纷。马场辰猪等公开反对板垣出走,自由党分裂。社会舆论又盛传板垣出国考察经费来路不明,其公众形象急转直下,加剧了自由党下层党员对上层的不信任。同年9月,马场与数十名地方干部联名抗议板垣一意孤行,以解除其总理职务相威胁,并随即脱党而去。11月板垣等出行,自由党内部陷入混乱。立宪改进党加强舆论攻势,在"扑灭伪党"的旗号下,揪住板垣出洋经费问题,猛烈攻击自由党。自由党也不甘示弱,抛出政府有意透露出来的材料,讥笑立宪改进党不过是海运大王岩崎家族的"臣妾",发起"讨伐海怪"的宣传战。

民权派的两大政党相互攻击,政府乐得坐山观虎斗。政府为了在理论上彻底摧毁民权派,再次把御用政论家加藤弘之推上前台,挑起自由民权运动期间的第二次思想论战。

1882年10月,加藤出版了新著《人权新说》,用进化论来全面否定天赋人权论。加藤自称他在1870年、1874年出版的《真政大意》和《国体新论》等介绍天赋人权说的著作时犯了根本性的错误,必须彻底纠正,以免"贻误后人"。在《人权新论》中,加藤首先以"天赋人权源于妄想"起篇,认为"天赋人

---

① 板垣退助监修:《自由党史》中卷,第136页。

权本来决非可以验证的真实存在,完全是学者妄想的产物";攻击卢梭"生性慷慨激烈,遭遇专制压迫难忍愤懑之情,所以未能研究事理,遂导致错误的妄想,写出了著名的《民约论》",结果造成法国大革命"恣意弑君,屠杀贵族和教徒"的"旷古未有之暴政";强调达尔文的生存竞争、自然淘汰、优胜劣败等进化论乃制约"世界万物的一大规律",同样适用于人类社会。他认为,人类的遗传有优劣的区别,先天即有质的差异,因此,每个人绝不可能生而自由平等,天赋人权论不过是"妄想"和"愚昧"。其次,加藤解释了进化论的政治意义,论证权利的产生与发展。他强调说,掌握权力的统治者是社会的最大优胜者,因而新的人权只能在国家、政府的保护下,才会产生;每个人都不可能离开国家而具有任何权利。最终,加藤把矛头指向民权运动,在"谋求权利增进应注意之处"的论题下,竭力论证应该按照日本进化的程度来增进权利,必须抛弃民权派过激的天赋人权论,采用保守而渐进的办法,把欧美人民用了上百年时间才取得的权利,逐步移植到日本。在选举的问题上,加藤主张选举权只能以纳税的多寡来确定,实行限制选举。加藤的结论是:"只有避免今日民权论者的急躁过激,养成踏实敦厚之风","永远充当皇室的羽翼",才能真正成为社会的优胜者。① 由此可见,加藤是站在维护政府的立场上,用"进化论"来包装其"尚早论",继续对抗自由民权运动。

面对加藤《人权新论》的挑战,立宪改进党政论家矢野文雄和自由党的植木、马场等起而应战。1882年12月至1883年1月,他们分别在《报知新闻》、《京滨每日新闻》、《朝野新闻》、《时事新报》上,发表《人权新说驳论》、《天赋人权辩》、《评人权新说》等论文,猛烈抨击加藤的"新论"。归纳起来看,他们的论战观点和手法主要是:第一,接过加藤的进化论,以其矛攻其盾。马场说,既然进化论可以适用于社会,根据优胜劣败的原理,就应该实行普通选举以体现自由的生存竞争,限制选举毫无道理,恰恰是自由党扩张人民权利才是自由竞争;既然倡导进化,岂能得出"渐进与保守"的结论。植木说,把进化论作为保守思想的理论依据,如同把枪口指向自己军队的士兵而去攻击敌军,绝对没有得胜的希望。第二,指出加藤理论上的错误。他们在文章中强调,人类不同于动植物,把观察动植物界的进化论机械地搬用于人类社会,不啻南辕北辙,说明不了任何问题。矢野批判说,加藤在空谈权利,但他连权利的法律属性和道德属性都搞不清楚,何以令人信服。植木论述说,人的权利与人的势力不同,权利的本质与使用权利的实力机器不同;

---

① 《人权新论》,木村毅等编:《明治文化全集》第2卷,日本评论新社,1928年,第356—385页。

并讽刺加藤说:优胜劣败若用诸人际关系,那么某人比加藤先生高明,就可以凭借实力剥夺加藤先生的生命,可怜的加藤先生岂不成了没有生存权的人。第三,揭露加藤的学风不正。加藤在《人权新论》中,自称引用了穆勒、斯宾塞、达尔文、贝克尔等 20 余位欧洲著名学者的论著,借以哗众取宠。马场等人专门查阅了加藤论述所引用论著的原文,将加藤引文的错误,包括法语字母错误公布于众,令其狼狈不堪。① 在民权派的联合反击之下,加藤的《人权新说》被批驳得体无完肤,迫使其保持了 10 年沉默。

加藤在论战中惨败,政府的思想围剿方针受到沉重打击。但在论战期间,政府收买、分化自由党上层的策略奏效,造成了党内的分裂。这种分裂还不仅仅是政府策略的结果,更重要的是,政府通过推行松方财政政策,加剧了社会的阶级分化,稳固了政府的社会基础。大政商和大地主在改革政策调整中得到了巨大的实际利益,转而支持政府,例如曾经在 1881 年北海道国有财产处理事件时对政府不满的三菱家族,购进廉价的官营工厂,转而站到了政府方面。贫困农民和小商品生产者在松方财政改革中,纷纷破产,成为"困民党"、"借债党"的基本成员。他们除了挺身反抗,已别无出路。中小地主、豪农则随着贫苦农民走上斗争的最前列而日趋消极乃至退出反政府行列。形势变化剧烈,作为其反映,板垣、后藤等自由党上层脱离领导岗位,河野广中等中下层党员则与城乡下层的广大劳苦群众相结合,走上了武装反抗的道路。

在上述社会力量配置和对比发生急剧变化的背景下,1882 年 11 月至 1884 年 12 月先后出现了 7 次反政府的暴力事件。第一次事件发生在福岛县,起因是 1882 年 5 月,以河野广中为议长的福岛县议会否决了县令三岛通庸的命令。萨摩藩阀三岛敌视民权派,上任伊始就强令 15 岁至 60 岁男女县民每月出夫役一日,修筑自若松至越后、米泽的道路。7 月,自由党党员、豪农宇田诚一率领县民请愿,要求三岛收回成命,被拒绝。8 月,当地自由党人制定《盟约》,主张"在日本国颠覆压制政府,建立真正自由政体","为实现这一目的,不惜家财性命"等。11 月,三岛下令逮捕宇田等自由党党员。数千农民闻讯后,包围了福岛县警察署,县内外的自由党人赶来声援。政府出动大批军警,刺伤多人,逮捕了 2000 余农民,并把河野等自由党干部定为"国事犯",关进了监狱。② 此即"福岛事件"。以此为开端,关东和中部

---

① 《人权新说驳论集》,木村毅等编:《明治文化全集》第 2 卷,第 391—437 页。
② 安丸良夫等校注:《民众运动》,《日本近代思想大系》21,第 300 页。

地区的反政府事件接连不断。

1883年3月,新潟县中颈城郡高田发生密谋起义的"高田事件"。新潟地区历来为自由党所重视,1881年8月至10月,板垣、马场、中岛信行等民权运动的活动家都曾来此发表讲演。激进的民权团体颈城自由党和北辰自由党成立后,积极开展活动,群众反响热烈。1882年自由党报纸在新潟县的发行量多达125万份。政府派遣间谍混入组织,刺探情报。1883年3月,政府根据密报,搜捕颈城、北辰自由党员,被捕者37人,新潟县的民权运动大受打击。①

至1884年,反政府的群体暴力事件进入高密度爆发时期。同年5月,群马县自由党人日比逊被推举为总长,率领党员和贫困农民,宣布实行天下革命,袭击甘乐郡生产会社、松井田警察分署,冲击高崎兵营,不久被政府镇压,史称"群马事件"。② 8月,发生自由党人率众袭击富豪、村公所,并与警察在平田桥剧烈冲突,3人被政府判处死刑、20余人被判有期徒刑的"名古屋事件"。9月,茨城县自由党人占据加波山,散发号召"颠覆自由公敌的专制政府,建立完全自由立宪政体"的檄文,竖起"自由之魁政体"旗帜,袭击警察署,失败后7人被判处死刑、7人无期徒刑,此即"加波山事件"。③ 11月,在埼玉县秩父郡发生群众斗争规模最大的"秩父事件"。万余陷入高利贷困境而被称为"困民党"或"延期党"的农民,在自由党人田代荣助等指挥下,编成千余人的大队、小队,占领郡厅,捣毁小鹿野警察分署和地方法院,袭击多家高利贷债主,焚烧借据、地契,并与前来镇压的军队、宪兵激战10天,双方死伤多人。起义失败后,自首或被捕者高达3133人,被判处死刑4人、无期徒刑4人、有期徒刑63人。④ 同年12月在长野县饭田町,发生受自由党影响的"饭田事件"。1882年11月,豪农森多平创办了《深山自由新闻》,组成民权团体爱国正理社,吸收贫困农民和手工业者加入。1884年5月与名古屋爱国公道协会建立了联系,计划在名古屋策动镇台士兵举行哗变的同时,在饭田发动起义,袭击检察署,实行自由革命以减轻地税、修改征兵制度和救济贫民。由于计划被警察坐探获悉,12月被镇压。在27名被捕者中,以阴谋内乱罪判处6人1年至7年的有期徒刑。⑤ 戊辰年倒幕战争时期对抗

---

① 井上锐夫:《新潟县的历史》,山川出版社,1974年,第219—221页。
② 山田武麿:《群马县的历史》,山川出版社,1978年,第239页。
③ 濑谷义彦等:《茨城县的历史》,山川出版社,1974年,第243—244页。
④ 小野文雄:《埼玉县的历史》,山川出版社,1974年,第200—203页。
⑤ 冢田正朋:《长野县的历史》,山川出版社,1977年,第236—237页。

官军最激烈的关东、东北地区,普遍发生农民的武力抗暴事件,西南日本各地则相对平静。究其历史的渊源,除了引发民权运动的一般原因外,戊辰战争时期被征服的余恨犹存,也是其中一个重要的原因。

发生在关东和中部地区的上述事件在日本国内引起巨大反响,自由党下层党员和群众的暴力反政府行动,冲破了上层领导人设定的合法轨道,使之惊慌失措。恰逢此时,中日关系因朝鲜半岛1882年7月的"壬午兵变"和1884年12月的"甲申政变"而日趋紧张,民权运动的上层领导人借机抛弃民权论立场,转向支持政府的扩张国权论。1882年9月,《自由新闻》发表社论《大陆关系》,鼓吹将朝鲜"让于其他强国,对日本决非有利",要求政府加紧与中国对抗。① 1883年6月,板垣回国后,指示党员拥护政府的对外强硬方针,把迫使中朝等邻国与日本"订立城下之盟"确定为自由党的新任务。同年8月,《自由新闻》一改反政府的调子,宣称自由党与政府只不过在改革方法上略有不同而已,公开鼓吹支持政府的"官民调和论"。1884年7月中法战争爆发,板垣、后藤主动与驻日法国公使维茨基联系,策划向"自由的祖国"法国借款100万元,支持朝鲜的开化派实行改革,介入半岛事务,对抗中国。② 同年12月朝鲜亲日开化派发动的政变失败后,《自由新闻》发表题为《处理朝鲜问题》的社论,要求政府"速派大兵占领朝鲜京城",宣称解决中日争端"只能付诸武力",鼓吹"若战机一旦成熟,即以我精锐勇敢之兵驱逐驻韩的中国兵,进而横渡鸭绿江,长驱直入,攻进北京",好战的狂热不亚于其他任何日本的报刊。③ 同月《自由新闻》的另一篇社论《应向世界展示日本兵的武力》,居然号召:"苟为日本男儿,就磨快你的刀剑,备足你的食囊,届时切勿怠误向世界显示我等赫赫的武力!"④

至此,《自由新闻》已沦为明治政府战争政策的喉舌。曾经为"福岛事件"出庭抗辩,指责政府镇压行为的大井宪太郎,却在此时组织壮士团秘密策划前往朝鲜,甘当政府挑动事端的尖兵。这样,在外来危机的刺激下,本来就潜在于民权派政治主张中的国权论上升为主流论调,反政府的民权论者也纷纷转变为国权论者。国权论急剧膨胀并压倒了民权论,民权运动走向消亡。因此,当1884年10月板垣宣布解散自由党时,并未在党内引起像

---

① 芝原拓自等校注:《对外观》,《日本近代思想大系》12,第367页。
② 板垣退助监修:《自由党史》下卷,第126—127页。
③ 芝原拓自等校注:《对外观》,《日本近代思想大系》12,第372、374页。
④ 同上书,第388页。

样的抵抗。大隈则在立宪改进党党员反对解散的情况下,自行脱党而去。至同年12月,自由党不复存在,立宪改进党名存实亡,一度轰轰烈烈的自由民权运动骤然沉寂下来。

1886年10月,在纪州大岛海域发生了英国货船"诺尔曼顿"触礁沉没,船长和水手只顾自己乘艇逃生而导致23名日本乘客全部溺水而亡的海难事件。事后,英方动用领事裁判权条款,仅对失职的船长作出禁锢3个月的轻微处分,即告了结此案。消息传来,舆论沸腾,更加强烈地要求废除不平等条约。此时,正在与英法美德俄等欧美12国驻日公使进行改约谈判的伊藤内阁,一面在鹿鸣馆举行舞会招待驻日公使,一面在外相井上馨提出的改约方案中对列强作出让步,以海关税率提高到10%为交换条件,适度修整但并不完全废除领事裁判权。① 井上的方案招致来自多方的指责,分散在各地的民权派乘机加紧联络,云聚东京,对伊藤内阁发起新一轮的攻击。1887年10月,片冈健吉等提出《三大事件建议书》,痛斥高官结党营私、骄奢淫逸,要求政府减轻租税;指责政府厉行镇压、堵塞言路,要求言论集会自由;要求废除不平等条约,纠正政府的外交失策。② 上述3项要求,成为民权派的共同纲领。在后藤象二郎的倡导下,运动在大同团结的口号下展开,因此这场民权运动的最后余波也被称为大同团结运动。政府动用镇压和收买双管齐下的惯用伎俩,加以扑灭。伊藤内阁在1887年12月发布《保安条例》,出动警察拘捕民权派代表,将片冈、中江兆民、星亨等骨干逐出东京。1889年3月,后藤被拉入黑田清隆内阁担任递信(邮政)大臣,失去领导人的大同团结运动遂告瓦解。

三　近代天皇制的组建

与民权运动由盛而衰成强烈反差,明治政府组建近代天皇制的步骤却在摧毁民权运动的过程中有序而迅速地展开。1882年2月,天皇和太政大臣三条免去伊藤参议兼参事院议长等职务,命其赴欧洲考察各国宪法。考察的要点包括:欧洲立宪君主国宪法的渊源、沿革以及实施现状的成败得失,皇室的特权地位及权利、皇室及其财产的设置,内阁组织法及立法、行政、司法、外交各职能部门的权限,内阁责任法、内阁大臣与上下两院的关

---

① 板垣退助监修:《自由党史》下卷,第245页。
② 同上书,第290—313页。

系,上下两院的构成、权限及相互关系,贵族院的制度特权等19项内容。临行前,岩仓特别向伊藤面授机宜:制宪不得违背宪法钦定和确保天皇大权两大方针。

1882年3月,伊藤率伊东巳代治、西园寺公望等前往欧洲,重点考察德国、奥地利等国的宪法制度。其所以如此,是因为德奥两国的国情、政情与日本最接近,均为君权至上的后起之秀。特别是德奥两国不同于英法,主管立法的国会地位不高,负责行政的内阁执掌实权,伊藤对此颇感兴趣。4月,伊藤在日本驻德公使青木周藏的陪同下,拜访柏林大学宪法学教授格耐斯特,商定由其助手毛茨每周为伊藤讲授3次德国宪法。随后,伊藤一行又来到维也纳大学,听取法学权威斯泰因教授讲解国家组织法以及英法德等国政体的沿革。8月,伊藤致信岩仓,汇报了研修的几点心得:(1)掌握了"巩固皇室之基础,使大权不致旁落的大诀窍",以及克服民权派"误信美英法自由过激论者之著述为金科玉律,几使国家倾亡"危机的"道理与手段",即采用"君位君权必居于立法权之上","统辖全国"。(2)弄明白了天皇的地位和职能。在君主、国会和政府三者关系中,"法律为两院即议会所通过","命令为政府所发布","立法、行政两权并立",但"君主在此两组织之上,即所谓国家之元首也,故不得以法律束缚之,不可以刑罚加之,拥有不可侵犯的地位并统辖国家,此即君主之位之职也";"法令的批准权专属于君位君权,并为其所固有","法律草案由政府即内阁行政拟定,即使立法议会通过违反政府意图之法律,政府如不同意,君主即不批准发布。君主如不批准发表,即不能构成法律"。(3)确定了日本式君主立宪体制的要领:"君权完整,巩固立法行政两立并行之组织,此乃真正之政体。"其真髓,即"君位驾于宪法之上"。在日本,"我皇室在二千五百年前国家体制尚未固定之时,已拥有君主的地位,岂可等待制订宪法、设立国会时再来认定君主?"① 伊藤的确不枉一番日程紧凑的研修,天皇总揽统治权、宪法钦定、突出政府行政权、架空议会等制宪方针,至此已成龙配套。

1882年8月28日,伊藤拜会德国皇帝威廉一世,聆听其有关君主和政府抑制国会的看法。德皇关于"若让权于国会,即埋下了内乱祸根"的叮嘱,进一步影响了伊藤的制宪观念。9月6日,伊藤致信松方,强调:"即使在明治二十三年制定宪法,召开国会,也决不能像自由民权论者所主张的那样,以国会议席的多寡来决定内阁的更替和首相人选。这种所谓议会主义不适

---

① 春亩公追颂会:《伊藤博文致岩仓具视书》,《伊藤博文传》中卷,第296—299页。

用于日本,因为它并非确立君权的纯正政治。"① 以伊藤的智力而言,国会为唯一的最高立法机构,应为考察欧洲宪法制度而自然得出的结论。其所以竭力上尊皇权、下抑国会并强调政府的行政权力,是因为他已习惯于萨长藩阀政府令行禁止,对非萨长政党操纵众议院的国会心存疑虑。

就在伊藤在欧洲构思立宪体制的同时,明治政府也在国内加紧充实、完善官僚机构,形成维护天皇制的重重屏障。1884年7月,发布《华族令》,设公、侯、伯、子、男等5等爵位,分别授给原幕府将军、公卿、大名等旧华族以及士族出身的官僚、将领、实业家等新华族。在此后数年内,先后被封爵者共计512名,其中公爵11名、侯爵24名、伯爵76名、子爵327名、男爵74名,包括板垣、大隈、后藤等民权运动上层领导人。受封者皆享有爵位世袭、财产世袭及相应礼遇;凡年满30岁的公爵、侯爵均为贵族院议员,伯、子、男爵互选以担任贵族院议员。通过《华族令》的实行,将政治、经济、军事、文化等各领域的头面人物集聚成世代护卫天皇制的特权集团,构筑维护天皇统治的防波堤。

在此基础上,1885年12月,废止太政官制,改行内阁制,进一步强化藩阀体制。内阁设总理大臣和内务、外务、大藏、陆军、海军、司法、农商务、文部、递信等9省大臣,全体阁僚只对天皇负责。改行内阁的原因,即如太政大臣三条在请撤仿唐朝尚书省体制的太政官制度的《太政大臣奏议》中所说:"宜斟酌时宜,变通古今,改变太政官统领诸省之制,废止太政官诸职,以内阁为宰臣会议御前奏事之所,万机之政专以简捷灵活为主,诸宰臣入则参大政,出则就各部之职,皆陛下之手足耳目也";建议天皇"选其中一人专任中外职务,承旨奉宣,以保持全局之平衡而统一各部。此乃祖宗简实亲裁体制,立宪之义亦不外如此。"② 奏议中的"一人专任中外职务",即遴选首任总理大臣人选。三条因健康的原因,请辞出任首相并让之于伊藤。天皇经过一番斟酌,考虑到诸参议拥护伊藤的态度,最终同意伊藤出任首任内阁总理大臣。同时颁布的《内阁职权》规定了首相首班制,即"内阁总理大臣为各大臣之首,奏宣机务,承旨指示大政之方向,督统行政各省";拥有考察诸省政绩、发布命令、监督法律起草委员、副署法律命令等权力;同时,又规定"事关军机,应由参谋本部长直接上奏,陆军大臣亦须将其事件报告总理大

---

① 春亩公追颂会:《伊藤博文传》中卷,原书房,1972年,第311、314页。
② 《太政大臣奏议》,《法令全书》,明治十八年十二月《诏敕奏议》,第1—2页。

臣"。① 据此,建立了军部"通天"的渠道,对政府仅负有事后报告的责任而已。

内阁制度的建立,具有多重意义:它突出了首相与天皇的隶属关系及其重要地位。首相奉旨办事,代天皇督统阁僚,各守其位,充当天皇的手足耳目。内阁不过是奉命而行的天皇意志执行机构,成为捍卫天皇制的权力基石。同时,赋予军部"帷幄上奏权",并将统帅权独立成文法化,在法律上,为军国主义的膨胀提供了依据。实施内阁制的结果,使萨长藩阀执掌实权的地位更加巩固。在首届内阁中,长州出身的伊藤任首相,井上、山县、山田显义等分别任外务、内务、司法相;萨摩出身的松方、大山、西乡、森等分别任大藏、陆军、海军、文部相;余下的农商务、递信相等职位,分别由土佐的谷干城和幕臣榎本武扬担任。如此分配内阁职位的结果,使军国大权均归萨长藩阀掌握,由其平分秋色。

伊藤在组阁后,立即颁布各大臣处理事务的《官纪五项纲领》,规定阁僚必须明确职守,量才授官,避免文牍,减少冗费,严明纪律。同时,陆续公布各省厅的官制规定,在内阁设置法制局,将政务、军务、事务纳入法治轨道。伊藤内阁还竭力建设一支守法、廉洁、高效率和高学历的阁僚队伍,为此,停止明治维新以来的官吏自由推荐制,改用文官考试录用制度。通过严格的考试,公开选拔高等文官、普通文官,防止碍于人情而任用庸才。1887年7月,以敕令方式公布了《文官考试试补及见习规则》、《官吏服务纪律改正》等法律文件。前者规定高等、普通考试等文官考试的不同类型,应考者的资格与实习方式等内容,并突出了博士学位及东京大学毕业生在文官选拔中的优惠条件,规定:"依据《学位令》,获得法学博士、文学博士者,或法科大学、文科大学及旧东京大学文学部毕业者,或者通过高等考试者",均可补任高等判任文官。② 后者,即《官吏服务纪律改正》规定了17条官吏服务纪律,包括:"对天皇及天皇陛下的政府忠实、顺从和勤劳,服从法律命令,尽职尽责";"服从所属长官的命令,但可对其命令陈述意见";"重廉耻,禁止贪污";"保守秘密";"未经长官允许,不得担任营业公司的总经理或职员";"不得接受馈赠";"接受外国授予的勋章荣赐或馈赠,须经天皇批准";"官吏及其家属未经所属长官的允许,不得直接或间接经营商业";"不得担任股票公司的职员";"不得接受本职之外的工资";"浪费而破产,举借与身份不符的债务

---

① 《内阁职制》,《法令全书》,明治十八年十二月,第5—6页。
② 《法令全书》,1887年7月《敕令》第37号,第124—129页。

者为过失";不得接受免费车票和船票,等等。① 长期推行的结果,形成上名牌大学、当内阁大臣,争做首相的日本宦途传统。更重要的是,培养出效忠天皇、相对廉洁、讲究效率的官僚队伍,使国家机构如同高速运转的机器,有效地保证了内外政策的迅速贯彻和执行,是近代日本崛起的一个重要条件。

为了使皇室超脱于政争之上,维持尊贵的地位并保持最终的处理决定权,在改行内阁制时,贯彻了皇室与政府相区别的方针。为此,1885年12月,设置了不受内阁节制的宫中官,即内大臣。首任内大臣由前太政大臣三条担任,负责掌管天皇和国家的印玺,直接与天皇联系并参与国政。在设置内大臣的同时,扩充宫内省以处理宫廷事务。其中,皇室会计局、皇室林野局、八寮等机构专门负责管理皇室财产和皇族子弟教育,独立于内阁之外。

出于审议宪法和有利于天皇决策的考虑,1884年4月设置了枢密院。伊藤出任首届议长,枢密院顾问官则由开国元勋、维新功臣们担任。伊藤在说明设立枢密院的原因时,道破天机:"夫我国之宪法,如熟考其旨趣,须将主权归于王室,至其终极,应规定至尊之裁决为最终决定。政府与议会之间万一发生龃龉时,或大臣辞职,或议会解散,应由圣裁决定其一。处此情况,为明察国家之形势、国民之感情,抑扬得宜,须有能进善良劝告之顾问官。予以为如不求之于枢密院,别无他途。"② 同月颁发的《设立枢密院上谕》强调枢密院为天皇的最高顾问机构。据此,《枢密院官制》把解释或修改宪法及其附属法律、发布重要敕令、与外国订立条约及起草行政组织计划时,向天皇提供咨询作为枢密院的主要职掌,规定"枢密院系天皇有关行政以及立法事项之最高顾问,但不得干预施政"。③

在组建各类官僚机构的同时,宪法及相关法律的起草也在加紧进行。1884年3月,伊藤出任制宪取调局局长,聘请德国法学家卡尔·罗埃斯特尔和毛茨为顾问,指导井上毅草拟《宪法》、《皇室典范》,伊东巳代治草拟《议院法》,金子坚太郎草拟《众议院议员选举法》、《贵族院令》。1887年6月,伊藤与井上、伊东、金子等在神奈川县夏岛的别墅中,完成宪法及相关法律的起草。1888年4月,伊藤辞去首相职位并改由黑田清隆继任,其本人出任枢密院议长,在枢密院中设立宪法制定会议,审议宪法及相关法律。同年6月,明治天皇亲临并置卧榻于制宪会议,对宪法加以逐条审议并予以

---

① 《法令全书》,1887年7月《敕令》第39号,第132—134页。
② 《明治维新基本文献史料选译》,《明治维新的再探讨》,第197—198页。
③ 同上书,第197页。

"钦定"。

1889年2月11日,即在纪念神武天皇登基的"纪元节",举行了盛大的宪法颁布仪式。在贵官达人、外国使节的注视下,枢密院议长伊藤将宪法递交给内大臣三条,再由三条转呈天皇睦仁。天皇在宣读了《发布宪法敕语》后,将宪法下赐给首相黑田。此时,乐队演奏未经法律认定的国歌"君之代",皇宫外礼炮声轰鸣。天皇退场,颁布宪法的仪式结束。直到这时候,仪式参加者才看到日、英两种文版的《大日本帝国宪法》、《皇室典范》、《议院法》、《贵族院令》、《众议院议员选举法》、《会计法》等法律文件。

宪法的正式名称是《大日本帝国宪法》(也称《明治宪法》),共7章76条。

第一章有关天皇的规定凸现了天皇主权原则,为组建天皇总揽统治权的政治制度提供法律依据。规定:日本帝国由"万世一系"的天皇统治(第1条);皇位依据皇室典范的规定,由天皇男性子孙继承(第2条);天皇神圣不可侵犯(第3条);天皇乃国家元首,总揽统治权,并依据宪法条规行使之(第4条)。这些统治权包括:在帝国议会协赞下的立法权(第5条)、法律批准权(第6条)、召集或解散议会权(第7条)、议会闭会期间代替法律的紧急敕令发布权(第8条)、命令政府发布政令之权,但不得以命令更改法律(第9条)、官吏的任命权和官吏薪俸的决定权(第10条)、对陆海军的统帅权(第11条)、常备军的编制权(第12条)、宣战及媾和缔约权(第13条)、戒严的宣布权(第14条)、封爵授勋权(第15条)、实行大赦和特赦及减刑和复权的命令权(第16条)、设置摄政权(第17条)等各种大权。

按照"一君万民"的理念,第二章的宪法条文涉及臣民权利与义务。规定:按照法律规定,被称为"臣民"的日本国民均可被任用为文武官吏以及就任其他公职(第19条);负有服兵役、纳税的义务(第20、21条);在法律允许的范围内,享有居住及迁移自由(第22条)和言论、著作、出版、集会及结社自由(第29条),以及信仰宗教的自由(第28条);非依据法律,不得予以逮捕、监禁、审问及处罚(第23条),不得剥夺其法律所规定的官审判之权(第24条),不得侵入及搜查其住宅(第25条),不得侵犯其通信之秘密(第26条),不得侵犯其所有权,因公益而有必要处罚时,应按法律规定进行(第27条);臣民的请愿应遵守相应礼节,按照另外之规定进行(第30条);在战时或国家发生事变情况下,上述各项规定不得妨碍天皇施行大权(第31条)。

第三章规定了帝国议会的构成及权限:议会由贵族院和众议院组成(第33条);贵族院依照《贵族院令》之规定,由皇族、华族及敕任议员组成(第34条);众议院由按照《选举法》之规定,公选的议员组成(第35条);凡立法须经帝国议会协赞(第37条);两议院议决政府提出的法案并得以分别提出法案(第38条);在两议院其中之一者遭否定之法案或虽经政府提出但被议会否决之法案,不得在同届国会会期内重新提出(第39、40条);帝国议会每年举行为期3个月的会议,在临时紧急场合下,召集临时会议(第41、42、43条);众议院解散时,贵族院同时休会(第44条);两议院出席议员未超过1/3时,不得议事并做出决议(第46条);两议院议事须各获半数方为通过,票数相同之时,以议长的决定为准(第47条);两议院会议公开,但可依据政府的要求或议院的决定,举行秘密会议(第48条);两议院可分别向天皇上奏(第49条);两议院可接受臣民的请愿书(第50条);两议院可依据宪法及《议会法》并根据需要确定各种规则(第51条);议员对在议会发表意见及表决,不负院外之责,但自行以演说、刊行笔记及其他方法公布其言论者须受处罚(第52条);除现行犯罪或涉及内乱外患之外,举行会议期间未经议会同意,不得逮捕议员(第53条);国务大臣或政府委员可随时出席议院的会议并发表言论(第54条)。

第四章对国务大臣及枢密顾问的权限做出了如下规定:各国务大臣辅弼天皇,履行其职责(第55条);枢密顾问依据枢密院官制的规定,并应天皇的咨询,审议重要国务(第56条)。

第五章对司法权限和程序所做出的规定是:司法权由法院以天皇的名义,并按照法律行使之(第57条);法官由具备法律规定资格者担任(第58条);审判公开进行,但案件涉及秩序稳定或有伤风化时,可依据法律及法院决议而不予公开进行(第59条);属于特别法院管辖的事务,由另外的法律决定(第60条);属于行政法院审判的案件,不在司法法院管辖的权限内(第61条)。

第六章规定了有关国家财政的法律:新设租税及税率的变更,由法律决定(第62条);现行租税只要未经法律更改,依旧征收(第63条);国家的岁出岁入,每年预算须经帝国议会协赞(第64条);国家预算应先向众议院提出(第65条);皇室经费依照现有的定额,每年由国库支付,将来需要增加数额时,需要帝国议会予以协助(第66条);基于宪法大权既定的岁出及依据法律结果和法律上属于政府义务的岁出,不经政府同意,帝国议会不得对之废除或削减(第67条);如出现特别需要,政府须事先确定年限,使追加费用得到帝国议会的协赞(第68条);在为维持公共安全的紧急需要场合,因内外情形而不能召集帝国议会时,可依据敕令采取必要的财政措施(第70条);在帝国议会未能议定预算以致预算未能确定时,政府可实施上年度之预算(第 71 条);国家岁出岁入的决算由会计检查院审查后确定,政府须将决算、审查报告均提交帝国议会(第 72 条)。

第七章为补则。规定:将来需要修改宪法款项时,据敕令、提交帝国议会讨论(第 73 条);修改《皇室典范》,须经帝国议会讨论(第 74 条);宪法及《皇室典范》在设置摄政期间不得变更(第 75 条);法律、规则、命令等不拘用何种名称,未与宪法相抵触者,均有一体遵行之效力(第 76 条)。①

上述条款以天皇总揽统治权为原则,并将护卫天皇制的各种官僚机构法律化,在国家大法上标志着近代天皇制的确立。这部宪法的历史局限性首先表现为:"天皇主权"的立宪原则,导致权力过于高度集中和特权化。宪法明文规定了天皇自身拥有的十几种权利,并通过贵族院、枢密院等特权机构来保障天皇主权,并将议会、内阁、法院等机构均变成从属于天皇大权的附属性机构,三权分立的原则畸形化;对臣民的权利加以重重限制,致使君主立宪制的资产阶级议会民主既不正常,也不完整。其次,为军部恣意对外侵略扩张提供法律依据。宪法规定天皇统帅陆海军,有权决定军队的编制与兵额而不受国会、政府的限制。军队直属天皇的统帅权独立原则,使军部独享帷幄上奏权,为军部随时发动侵略战争,提供了法律依据与便利条件,是《明治宪法》的致命缺陷。

尽管如此,其历史意义也不应简单地否定。《明治宪法》毕竟是近代亚洲国家颁布的第一部宪法,它部分采纳了自由民权运动的要求,规定了臣民的权利和义务,采用了近代君主立宪制度。较之领主主宰权力,领民不知权利、义务为何物的幕府封建制度,明治宪法体制毕竟将维新的政治成果法制化,具有相对的历史进步性,意味着明治维新的终结。从日本议会民主发展的全过程来看,明治宪法体制是不可缺少的历史过渡。一个封建专制长达千余年的东北亚国家,要建立议会民主体制不可能一蹴而就。《明治宪法》尽管存在种种历史局限性,但毕竟建立了法制体制。即使是天皇总揽的统治权,也被加上了"依据宪法条规行使"的限制。这样,就为第一次世界大战前后大正民主运动时期的"天皇机关说"提供了理论研究的可能。作为大正民主运动产物的政党政治,又为战后民主改革和议会民主的实现,预先作了铺垫。历史发展进程,各阶段环环相扣,缺一不可,《明治宪法》即为日本议会民主化进程中的一个重要环节。

21 年的改革历程,明治维新以确立近代天皇制而告结束,实非偶然。

---

① 末川博编著:《岩波基本六法》,岩波书店,1981 年,第 102—103 页。

首先,是传统天皇制潜在的政权更替机能,通过尊王攘夷、武力倒幕运动和王政复古名义下的维新,被重新激活,形成组建近代天皇制的历史机缘。第二,是不同政治力量互动的结果。维新过程中,政府内部的政争不断。关键时刻,天皇表态成了维新官僚制胜的杀手锏。正是因此,维新官僚在1871年废藩置县后,立即实行宫中改革,让19岁的天皇学文习武,成为适应维新官僚需要的君主,双方结成牢固的政治联盟。自1885年建立内阁制起,维新官僚加快了组建内阁、阁僚与天皇联合决策的步伐。太政大臣三条在呈送给天皇的奏议中,将天下权力皆归太政官的体制称之为"一时之权宜","徒招旷滞之弊",因而应"改易太政官统领诸省之制,并废太政官诸职,以内阁为宰臣会议奏事御前之所,万机之政专以简洁灵活为至要"。① 第三,是民族文化心理深层因素作用的结果。天皇是"天"与"王"的结合,神权与政权拟人化的体现者。天皇具有的这种双重性格,使之拥有超越社会阶层和政治派别差异的普遍感召力,延绵千余年而形成古老传统。通过神道、国学、儒学的信仰和灌输,以及民间风俗节庆活动,宣扬"一君万民"、"家族国家",天皇信仰内化成民族文化心理的深层因素。

从民族化时期维新进程所要解决的历史课题,即有选择地采用欧美模式的某些成分,使之与日本文化传统、国情实际相结合来看,近代天皇制政治体制的建立也有其内在的历史逻辑。从简单模仿与照搬到注重选择和结合,是维新总体指导方针的大转换。1881年11月,从大久保时代即参与决策并深得岩仓、伊藤信任的内务大书记官、参事院议官井上毅,向太政官诸大臣进呈《人心教导意见书》(亦名《进大臣》),是方针转换的标志性事件之一。井上认为,明治十四年政变后,人心稍安,但"不平之气仍愈加激迫",形势不容乐观。他强调"为今日谋,不在政令,而在风向,即人心的导向"。为此,井上共提出控制城乡新闻导向、凝聚士族、兴办中学及职业学校、劝奖汉学、推广德国学等5项转换决策方向的建议。其中,振兴汉学和推广德国学是最关键的两项举措。井上认为:"维新以来,流行英法之学,在日本开始萌生了革命精神。盖教人忠爱恭顺之道者,未尝不出自汉学。今日将已废者复兴之,亦可待相互平衡也。"井上还认为:"现今欧洲各国之建国,唯独德国与日本相近。例如,在英国,虽有政府,但王室不在其中,而在德国,政府即王室之政府。凡此类等,乃国家宪法之关键,却每每相异。欲使方今天下人心稍存保守之风气,须专心奖励德国之学。数年之后,使之在文坛制胜,以

---

① 《明治维新基本文献史料选译》,《明治维新的再探讨》,第196页。

遏制英国学一往无前的势头。"前者要求重新倡导儒学的忠孝、仁爱、恭顺之道;后者强调改革应以德国为楷模。井上认为,通过振兴汉学和效仿德国,从而解决天下之人心导向问题。①

井上的建议具有鲜明的政治功利性,即其强调方向的选择与国情的结合,首先出于对抗民权运动的考虑。与此同时,井上的意见书触及民族化时期维新的重大课题,即后进国家在引进欧美先进国家的政治制度时,也有诸多不以人们意志为转移的因素在发挥作用。这些因素包括:经济发展水平、阶级成熟程度、民族文化传统底蕴、社会价值取向等。忽视基本国情和文化传统而一味食洋不化,学习与移植难以成功。明治政府正是在方针转换之初,就抓住选择与结合等两个关键问题不松手,从而控制住局面,击败民权运动,建立了近代天皇制。

第二节 经济政策的调整与产业革命的开始

考察民族化时期的维新过程,可以看出,由于改革政策引导着经济发展的进程,政策的提出,特别是政策在执行过程中的修正与调整,对日本资本主义的发育成长和产业革命的展开来说,至关重要。在日本资本主义发展史的研究中,明治政府怎样提出发展资本主义政策的问题,历来受到关注。然而,明治政府的政策在推进过程中如何修正与调整,似乎更应当得到重视。

一 四项经济政策的调整

1868—1881年,即在"明治十四年政变"之前的欧化时期,明治政府兴办的欧美式模范工厂、农场如同雨后春笋,出现在各地。同时,也产生了简单否定民族文化传统,民族自信心低落、崇洋思潮盛行,以及盲目照搬、照抄、好大喜功,领导机构重叠、政出多门等一系列问题。因此,在"明治十四年政变"政府危机之后,明治政府不得不着手解决近代化政策的修正与调整的问题。

近代化政策的调整,首先是面临自由民权运动压力的明治政府应对危

---

① 井上毅传记编纂委员会:《井上毅传》,《史料篇·第一》,国学院大学图书馆,1966年,第248—251页。

机的政治行为。从日本式外源性近代化类型的角度来观察,政策调整也是东西方异质文明交汇过程中的政治文化现象。换言之,在经过了明治前十年欧美异质文化急风暴雨般地猛烈冲击后,自然进入19世纪80年代相对从容、选择性增强的民族化新阶段。因此,政策调整是决策者在形势推动下,临机决断的结果。概括起来看,19世纪80年代的政策调整,主要体现在以下几个方面。

(一)产业政策由注重政府包办的官营模范工厂、农场,转变为大力扶植、保护民间私营企业。自维新启动至19世纪80年代初期,明治政府创办的官营近代企业主要有两类:一类与富国强兵基本国策中"强兵"密切相关的各种军工企业,如东京、大阪炮兵工厂,兵库、横须贺、石川岛、鹿儿岛造船厂,板桥、目黑、板鼻火药制造所等。各军工企业分工合作,制造各种军火武器。另一类与"富国"关联密切的各类民用企业,创建了广岛、爱知、五岛、下村、三重、市川、半井、远州、长崎、岛田、下野棉纺厂,富冈缫丝、新町绢织、千住制绒、赤羽工作分局等一批制丝、丝织、毛纺、机械制造工厂。此外,还在东京一地,就创办了三田育种场、内藤新宿试验农场、驹场农业学校等各类模范农场。明治政府在短时期内创办模范工厂、农场的用意,是以国营骨干企业奠定富国强兵的基础,并为民间企业树立经营的样板,培训技术人员,推动全国的工农业的近代化。用大久保的话来说,就是体现政府的"诱导劝奖之力"。其中,1872年开工的群马县富冈缫丝厂,先后归民部、大藏、内务省管辖,共投入13.475万余元和3.194万枚洋银,引进法国的技工和设备,招募士族女儿为女工,进厂学习机械缫丝技术。至1876年,已分批培训了2000余人。这些女工再转赴国内其他缫丝厂,推广机械缫丝技术,贯彻政府用先进技术"诱导人民"的意图。①

然而,模范工厂和农场在发挥示范作用的同时,也使政府背上了经营亏损的沉重财政包袱,因而需要调整产业政策,将军工企业之外的国营企业民营化。产业政策的转变,起初表现为1880年11月政府公布了《工厂处理概则》。在概则序文中,强调"随着政府为劝奖工业而设立各类工厂,其组织已完备并逐渐完成最初设定的事业目标,应该解除官厅所有而交归人民经营",视情况予以处理。② 实际上,实施工厂处理的真正目的,是尽快减轻政府的财政负担。1880年5月,处理概则的主要策划者之一、大藏卿大隈向

---

① 历史科学协议会编:《史料日本近现代史》1,第94页。
② 《工厂处理概则》,历史学研究会编:《日本史史料》4,近代卷,第165页。

太政官提出《财政改革建议书》,强调从改革税法、调整府县财政、均衡正货收支和压缩各省厅经费等4个方面入手,增加政府的财政收入。大隈特别强调"各省厅为经营官营工厂,支付大量费用。如果将其出售,此前所耗费用足以削减","出售官营工厂还会获得280万元,可以列入财政预算的总收入中"。① 出于上述考虑,处理概则规定的条件相对苛刻,如规定购买者必须一次性向政府缴纳营业资金,或在10年内分期偿还政府的创业资金,企业经营受政府监督等。由于处理条件过苛,至1882年,仅处理了广岛纺织厂一家企业。

于是,明治政府在1884年10月断然撤销要价过高的处理概则,随机应变地放宽条件,加大处理国营工厂的力度。从1884年至1896年,以相当政府创业投资额1/3—1/5的低廉价格,可在22—55年内分批、无息偿还购买金等优惠条件,将油户煤矿、深川水泥、小坂银矿、阿仁铜矿、品川玻璃厂、新町纺织厂、长崎造船厂和三田农具制造厂、佐渡金矿等20余家工厂处理给三井、古河、三菱、大仓等政商。至此,政府包办所有模范工厂、农场的产业政策,转变为兼顾并重点扶植民营资本的政策。

通过上述产业政策的调整,政府实现了多种预期目标。在政治上,将三菱等政商揽入政府的怀抱,扩大了对抗民权运动的社会基础。政商由商业资本迅速向工商业资本转化,成为支持政府对外扩张的后盾。在经济上,调整了产业布局,形成了国营企业占据军火、电信、铁路等在国民经济中具有战略意义的骨干部门,民营企业分担纺织、制糖、采矿、玻璃、水泥等轻重工业部门的分工合作体制。在军事上,政府集中财力、物力,大力发展国营军火工业,加紧以中国为假想敌的全面扩军备战。1883年大阪炮兵工厂仿制意大利式野炮、山炮、平射炮、曲射炮,1891年开始生产钢炮、炮弹。1885年东京炮兵工厂制造了陆军少佐村田经芳设计的明治18式步枪,1889年改进为连发式,迅速装备步兵部队。1884年横须贺造船厂以及吴、筑地、小野滨等海军兵器制造厂制造了"海门"、"天龙"、"八重山"、"大和"等10余艘军舰和舰艇钢炮、鱼雷等兵器。

与此同时,国营军火生产厂也为民营企业提供机器、器具等生产手段。其中,横须贺造船厂为爱知纺织厂制造了水力涡轮机,大阪炮兵工厂为大阪纺织厂生产了车床、刨床和齿轮,移归海军省兵器局管辖的赤羽工作局制造并修理蒸汽罐、蒸汽锤等多种动力机或生产机、器具,补充了民营企业机械

---

① 《财政改革建议》,《大隈文书》第3卷,早稻田大学社会科学研究所,1960年,第460页。

设备的不足,成为其继续成长的支撑点。① 民营企业以廉价购买的官营模范工厂为基础,迅速发展。特别是纺织业,在较短的时期内实现了产销两旺。至 19 世纪 80 年代中期,以轻工业为中心的产业革命涌动。政府扶植和保护民营企业的产业调整政策初见成效,日本资本主义的产业结构也因此而初步形成。

(二) 技术引进政策由忽视国情的全面照搬,转变为结合实际、有选择地引进外国技术,注重寻求国外技术与民族产业之间的结合点。文明开化期间欧美化风潮之下,急于求成的社会心态,使日本朝野忽视了现实生活中的许多矛盾。这些矛盾包括:百废待兴,但国力贫弱;开始走上资本主义道路,但依旧是近代工业基础落后的农业国;国内统一市场初具规模,但真正意义上的资本主义市场有待进一步发育;文明开化带来了新的价值观念,但传统意识根深蒂固。因此,无论是财政基础、产业结构,还是市场发育状况、人口素质、观念意识,都不允许长期推行贪大求全、不计经济效益的技术引进政策。比较而言,负责具体操作的官员往往比高高在上的政府首脑对问题的认知更真切。1878 年 5 月,内务省劝业寮官员速水坚曹,向接替大久保的新任内务卿伊藤博文汇报了国营模范工厂存在的严重问题。伊藤开始关注国营企业应该在技术和效益两方面发挥示范作用的问题。此后,内务省有意识地开展对本国工农业现状的调查研究,寻找国外先进技术与本国产业之间的结合点。

1881 年 4 月,设立农商务省,进一步集中各方面的人才,在立足本国国情、经济效益、市场规则的基础上,依据日本工农业的实际情况,继续对技术引进政策加以调整。经济官僚、大藏省和农商务省大书记前田正名为此做出了贡献。向来认为农业乃邦本的前田,自维新以来先后追随大久保、大隈,活跃在殖产兴业的第一线,强调振兴农业和地方产业。1879 年 10 月,前田提出的建议书《直接贸易意见一斑》,引起各方面的关注。1881 年 12 月,前田奉命前往欧洲考察各国产业状况。1883 年 1 月回国后,向农商务卿西乡从道提交了《欧洲产业经济情况报告》,并且在松方财政改革一度导致经济萧条的严重形势下,开始思考日本地方经济和产业的发展问题。根据赴欧调查的切实体会,前田认为制定殖产兴业政策,应该建立在对日本产业现状开展详细调查,掌握农工商产业实情的基础之上。在西乡的支持下,1884 年 3 月,前田把农商务省各局减裁下来的数十名官员召集起来,设置了第四

---

① 楫西光速:《日本资本主义成长论》,日本经济出版社,1979 年,第 236 页。

课,频繁召集全国生产经验丰富的老农举行座谈会,举行劝业咨询会,派遣视察员到各地调查研究。前田坐镇指挥,对其心存感激的课员们也全力以赴,每日天未亮就提灯离家来办公室,拼命工作到深夜。① 经过 5 个月的努力,1884 年 8 月,印制了 18 册《兴业意见(未定稿)》,送交有关部门审议。未定稿详细说明了国民生活、地方产业和农业的状况,分析了问题产生的原因,提出了相应的对策。后经修改,12 月正式向太政官提出长达 30 卷的《兴业意见》。这份建议书的前 14 卷肯定了政府殖产兴业方针实施中的成绩,也研讨了存在的问题,后 16 卷汇集了各府道县产业状况的调查报告。《兴业意见》全面比较了欧美各国与日本在国力上的差别,指出了日本近代产业与欧美的实际差距;详细记录了日本各府道县的人口、物力资源等大量统计数字,以及各地经济发展的状况;比较客观地研讨了立足国情实际以发展近代产业的条件,并提出了发展工业、农业、商业的方针政策及实施细则。意见书建议创设兴业银行,向蚕丝、制茶、砂糖等产业提供低息贷款,以激活地方产业,强调此举是事关成败的关键。② 1881 年内务卿的松方正义在《财政议》中,已提出设立兴业银行的构想,1884 年大藏省也制定了《兴业银行条例》草案,但由于松方倚重上层政商而前田突出地方豪农的地位,两者发展经济的政见分歧,导致《兴业意见》难以落实。

尽管如此,《兴业意见》的出现,展示了发展经济的新思路,即注重对原有产业的全面调查研究,扶植制丝、酿酒、造纸、制茶、制瓷、杂货等传统制造业,兼顾欧美技术含量高的近代大工业和既存产业的协调发展,而非一味地贪大求洋。这种新思路对扭转脱离国情实际、唯洋是从并不顾经济效益的片面强调引进外国技术的政策倾向,发挥了积极作用。至少,引起政府对民族传统产业发展的重视,有利于增加日本商品在国际商战中的竞争力。1885 年 4 月,农商务省出面组织了蚕茧、生丝、绢织品、漆器、陶瓷等 5 类商品的共进会,加强不同传统产品生产部门的相互交流与共同发展。与此同时,农商务省还连续在上野公园举行产品展览会,会期长达近 3 个月,供观众充分观摩,借以激发人们对传统产品的产销热情。

稻米生产,是日本最大的传统产业。1881 年 4 月 7 日,即农商务省成立之初,就将两天前组建的大日本农会指定为该省农务局的外围团体,协助其完善组织,指导其开展活动。大日本农会汇集了生产实践经验丰富的老农

---

① 大岛清等:《殖产兴业》,《人物日本资本主义》2,东京大学出版会,1983 年,第 292—293 页。
② 同上书,第 295—296 页。

和有文化的农业学校毕业生,他们在农商务省的安排下,定期在全国各地举行农业恳谈会,宣讲政府的政策,推广生产经验和优良品种。国外先进生产技术与日本农业实际相结合,推动了稻米生产的进步。

结合国情引进外国技术政策对技术人员和专家队伍构成的合理化,也发挥了积极的作用。在破除外国万能主义的风潮之下,政府各部门的外国技师和专家的人数急剧减少。在欧化时期的 1871—1879 年,应聘来日本工作的英、美、法、德等国的外国雇员多达 1003 人。至民族化时期的 1883—1889 年,呈现逐渐下降趋势。这一期间聘请的外国雇员的人数为 661 人,比 70 年代减少了 45%。进入 90 年代,外国雇员继续逐年减少。① 在这个过程中,本国的专门技术人才迅速成长,保证了技术开发的国产化和民族化。

(三) 财政政策由通货膨胀方针调整为财政紧缩方针。19 世纪 70 年代末期,明治政府财政收支失衡,货币发行量失控,1.053 亿元的不兑换纸币成了悬在政府头上的达摩克利斯剑。解决财政问题,已成为事关政权存亡和社会稳定的尖锐政治问题。大藏卿大隈重信在情急之下,走出了一步险棋。1880 年 5 月,大隈向政府提出了《关于改正通货制度的建议》,援引 1873 年从英国举借 240 万镑外债解决秩禄处理问题的先例,坚持再从英国举借 5000 万元的外债,充做国家储备,以回笼与销毁不兑换纸币。② 此议立即引起阁僚们的激烈争论。6 月,内务卿松方正义为答复太政大臣三条实美的询问,提交了《财政管窥概略》,猛烈抨击大隈的举借 5000 万外债的建议。明治天皇也表态说:"解决财政困难固属紧急要务,但举借外债却有亡国之虞。去年,美国卸任总统格兰特所说的举借外债将危及国家独立的一席话,至今言犹在耳。朕以为,应该停止举借外债,唯有紧缩财政方为克服困难的途径。"③ 天皇的敕谕否定了大隈举借外债以整理不兑换纸币的主张,但大隈又提出了将地方财政费用由中央转归地方负担,增加税收以充实中央财政的节流开源新主张。他还与伊藤联名提出新建议,在国内募集 5000 万元公债来创立中央银行,发行可兑换货币,使金融流通恢复正常。松方反对政府举借内债,但接受了大隈关于增加税收、设立央行的主张。1881 年 9 月松方又向天皇提出新建议《财政议》。

---

① A. 巴克斯编:《近代化的推进者们——留学生、外国雇员与明治维新》,思文阁,1990 年,第 203 页。
② 松方正义:《财政议》,历史学研究会编:《日本史史料》4,近代卷,第 160—161 页。
③ 永井秀夫:《自由民权》,《日本历史》,第 25 卷,小学馆,1976 年,第 143 页。

1881年10月"明治十四年政变"后,松方取代大隈,出任大藏卿,开始推行以整理不兑换纸币为中心的财政改革,史称"松方财政"。松方主导下的紧缩财政的改革,体现了80年代金融政策的方向调整。"松方财政"关于金融政策改革的思路,主要反映在《财政管窥概略》和《财政议》中。概括起来说,前者是松方对产生财政危机的认识与分析,后者则是松方关于解决危机的对策构想。松方认为:造成财政困难的主要原因,是纸币"无可奈何的急剧贬值"。其原因,并非只是由于滥发纸币,更是由于国库硬通货的缺乏。贸易逆差致使黄金外流,贸易逆差则是因为国内物产不旺,尚未确定"货币运行的机轴",导致资本流通的阻滞不畅。① 基于上述分析,松方指出解决问题的突破口,即货币信用制度未确立是造成政府财政危机的终极环节,导致金融流通的梗塞,物产不旺,贸易逆差,硬通货流失,国库黄金贮备乏力。因此,纸币贬值不过是表面现象而已。另外,针对民权派指责货币贬值、物价狂涨是由于政府纸币发行过多的舆论,松方辩解说:"虽说世间的议论者以为纸币贬值是由于发行量过大所致而主张销毁之,但是,他们不懂储备硬通货的偿还办法,也不明白在振兴物产中使用纸币以流通资本的道理,只顾恣意指责劝奖保护政策,是从根本上弄错了适应时势的逻辑。"② 作为解决财政问题的现实手段,松方认为:"当务之急是确定货币运用的机轴,积蓄正货以充实回笼纸币的基础,实现振兴物产以控制进口的目的。"至于如何"确定货币运用的机轴",松方提出的办法是:集资1000万元,创办官民合办但由大藏省管理的帝国中央银行,使之成为发行可兑换货币的"货币运用的机轴"。与此同时,设立储蓄银行和劝业银行,防止币值骤减,恢复贸易均衡。③

　　基于以上考虑,松方将紧缩财政、遏制通货膨胀和回笼不兑换纸币,作为财政政策调整的切入点。在天皇的支持下,松方以奉诏行事的积极姿态,迅速采取了行动。1882年6月,公布《日本银行条例》,创建了以建立近代货币信贷制度为目标的国家央行——日本银行。日银的主要业务是发行可兑换纸币,处理国库基金,并向民间普通银行融资,充当"银行中的银行"。1883年5月,修改1872年11月颁发《国立银行条例》,对这些因依据国家法律设立而得名"国立银行"的民间银行加以整顿,规定在营业届满20年之

---

① 家永三郎、井上清等编:《近代日本的争论点》,上册,每日新闻社,1967年,第297—280页。
② 同上书,第298页。
③ 历史学研究会编:《日本史史料》4,近代卷,第161—162页。

后,注销其银行券。1884年5月,公布《可兑换银行券条例》,规定自1885年5月起,实施货币兑换制度,将泛滥于流通领域的不兑换纸币逐渐回笼。

1881年松方上任之初,流通领域的不兑换政府纸币和民营国立银行券总额为1.533亿元,银币与银行券的平均比值为1∶1.696。至1885年,不兑换政府银行券和民营国立银行券的流通总额为1.185亿元,可兑换纸币日本银行券发行额为365.3万元,银币与一元纸币的平均比值为1∶1.055,物价开始大幅度回落。至1886年,不兑换银行券流通额减少为9730万元,可兑换银行券增加至3902.5万元,银币与一元纸币的比价为1∶1.000,市场对货币的信心逐渐恢复。至1898年,日本银行券的发行量为7429.7万元,与7770.6万元不兑换纸币的发行量基本持平,流通领域恢复正常。至1890年日本银行券的发行量达到1.0293亿元,超过总额为6008.2万元的不兑换纸币流通量,流通领域的秩序前景看好。① 从1885年起,被可兑换的日本银行券逐渐取代的不兑换纸币,退出流通领域,被回笼并统一销毁。随着政府财政收支进入良性循环,日本资本主义的发展步入正轨,产业革命兴起。

(四)殖产兴业指导部门由多元化转变为一元化。19世纪70年代大久保当政时期,殖产兴业由内务省、工部省、大藏省分头掌管,省卿大久保、伊藤、大隈等组成三驾马车式的多元化领导班子,主导殖产兴业。其中,内务省充当了核心角色,下属的劝业寮和警保寮作用突出。工部省劝奖百工,主管矿山、制铁、造船、铁路、灯塔、电信、机械制造、化学工厂等,创办工部大学,培育技术人才。大藏省主管国家财政,为殖产兴业提供金融支持。由于大久保权倾一时且威望过人,尚能在伊藤、大隈之间发挥协调作用,维持多元化领导机制的顺利运转。1878年大久保遇刺后,主管工部省的伊藤与主管大藏省的大隈互不服气,争权夺利,造成政府内部的不稳定。

1881年4月,为协调并解决殖产兴业令出多门的问题,减轻政府包办模范工厂农场的财政压力,设立了农商务省,省卿河野敏镰。"明治十四年政变"后,河野下台,由西乡从道继任。农商务省接管了此前由内务省、工部省和大藏省多头分管的殖产兴业事务,统一主管农业、商业、工矿业、交通通信业务。农商务省的设立,有利于压缩因多元化而多开支的事务费用,节约了行政开支。同时,减少了因政出多门而导致的官厅之间的掣肘与争斗。更重要的是,农商务省在设立之初,就公布了殖产兴业的新方针。这个方针一反大久保时代兴业"则无不依赖政府官员诱导奖励之力"的政府包办、保

---

① 历史学研究会编:《日本史史料》4,近代卷,第163页。

护方针,强调"使人民打消过分依赖政府的念头,政府也应公平合理地实施广泛的保护"的新政策。①

推行新政策的具体行动,是在处理官营工厂同时,在全国展开大规模的资源、产业调查,形成指导殖产兴业的新政策。此外,农商务省还开展了许多落实新政策的具体工作。1882年7月,由该省大辅品川弥二郎出面,召集涩泽荣一、神田孝平等,策划成立了共同运输会社,打破三菱岩崎家族对海运业的垄断,将竞争机制引入海运业。1883年1月,在上野公园举办第一届水产博览会,推动水产业的发展。同年5月,设置蚕丝咨询会,征询各方面的意见,繁荣生丝的出口生产。1884年2月,在神户设立盐业咨询会;3月将三田育种场委托给大日本农会管理;5月听取东京商工会的汇报,修订《工厂雇主、被雇用者及徒弟管理法》。1885年1月,农商务卿西乡从道召集邮政汽船三菱会社与共同运输会社经营者举行会议,解决两公司间过度竞争的问题、防止外国轮船公司从中渔利;3月创办《农商工公报》,及时通报殖产兴业的发展方针和信息;4月在上野公园举办蚕丝、漆器等传统生产行业的交流展览会,指令道府县调查佃耕的通常做法和状况,为制定《佃耕条例》预做准备,等等。从以上4年间的活动来看,农商务省在"明治十四年政变"后的政策转换时期,对殖产兴业负有全面的指导责任,它制定政策、法规,协调公司之间和劳资之间的竞争、纠纷,既抓农工商大型产业,也指导传统的小规模手工生产的健全发展和对外贸易产业,地位重要并充满了活力。1881年至1886年间日本殖产兴业的全面发展,与一元化领导的农商务省的成立及其作用的发挥,有着密切的联系。

二 政策调整的效果

对于日本来说,明治维新是一场无先例可循的巨大社会实验。在这个过程中,出现失误和挫折,在所难免。实际上,每项重大近代化方针政策的出台与实施,几乎都经历了从提出到实践,由失败到成功的过程。其间,决策者在方针政策推行过程中,特别是政策调整、转换时的明智决断和行动的迅捷,是尤为关键的因素。在某种意义上说,政策转换之于明治维新的作用,比政策的提出更具有决定性的意义。当然,在克服政府危机的政策调整中,政策的倾斜,总要使社会的某些势力特别是弱势群体受到损害。以松方

---

① 家永三郎、井上清等编:《近代日本的争论点》,上册,第304页。

财政改革为例,增税、紧缩方针,对政府财政状况的改善和政商大资本有利,对贫困群众和中小企业则意味着灾难。在松方财政紧缩方针之下,1884年小公司破产2.3万余家,1885年也有1万家,1886年为9000余家,1887年为7000余家,淘汰相当残酷;1883—1890年,因地租滞纳等原因而受到处罚的农民竟达到36.7万余人,被迫出卖的耕地为4.72万公顷,大批农民沦为佃农或赤贫化,寄生地主土地所有制急剧膨胀。① 可以说,日本资本主义发展步入正轨,是以广大中下层群众的牺牲为代价的。

大藏卿松方正义因财政改革的业绩而名彪史册。然而,松方财政改革的若干思路来自大隈重信,因此在日本资本主义发展的功劳簿上,也应该提及大隈。在1881年"明治十四年政变"被逐出政府之前,大隈堪称明治政府主管财政的第一人,在日本近代财政史上留下了"大隈财政"的足迹。1879年6月,大隈提出《国债纸币偿还办法》,建议有计划地整理纸币、处理国营工厂以减轻政府的财政负担,同时设立横滨正金银行,抑制金银货币的暴涨。1881年7月,大隈与伊藤联名提出《呈请新募公债及设立银行建议》,主张创建发行可兑换银行券的中央银行。另外,大隈关于认为贸易入超导致硬通货缺乏并引发国内通货膨胀等一系列有关财政改革的思路,对松方财政改革不无启发和借鉴的意义。

总之,19世纪80年代开始的产业政策、技术引进政策、财政政策的调整和主管部门的一元化,为日本资本主义的发展提供了关键性的保障。从80年代中期起,政策调整的效果充分显现,经济进入快速发展时期。尤其是纺织、铁路、矿业等三大工业部门蓬勃发展,成为产业革命初潮的亮点。据统计,从1885—1889年,各产业部门取得了如下的新进展:

(1)农业:创办的公司数由78家增加为430家,增长了4.5倍;公司资本总额由145万元增加为811.9万元,增长了4.6倍。

(2)工业:创办的公司总数由496家增加为2259家,增长了3.5倍;公司资本总额由777.1万元增加为7019.9万元,增长了8倍。其中,纺织业的公司数由11家增加为41家,增长了2.7倍;公司资本总额由90.5万元增加为1261.6万元,增长了12.9倍。制丝业的公司总数由136家增加为711家,增长了4.2倍;公司资本总额由98.5万元增加为543.8万元,增长了4.5倍。采矿和精炼业的公司总数,至1889年达到130家,公司资本总额为679万元。

---

① 家永三郎、井上清等编:《近代日本的争论点》,上册,第299页。

(3) 运输业：创办公司数由 80 家增加为 299 家，增长了 2.7 倍；公司资本总额由 2558.5 万元增加为 6085.9 万元，增长了 1.4 倍。其中，铁路业的公司数在 1889 年达到 15 家；公司缴纳资本总额由 1885 年的 683.6 万元增加为 1889 年的 4468.3 万元，增长了 5.5 倍。水运业的公司总数在 1889 年达到 139 家；从 1886—1889 年，公司资本总额由 1459.3 万元增加为 1755.3 万元，增长了 0.2 倍。

(4) 商业：创办公司总数由 625 家增加为 1079 家，增长了 0.7 倍；公司资本总额由 1585.4 万元增加为 3543.8 万元，增长了 1.2 倍。

(5) 银行业：创办银行总数由 1103 家减少为 1049 家；银行资本总额由 8661.3 万元增加为 9407.5 万元，增长了 0.08 倍。[①] 从 1885 年兴起的产业革命，在较短的时期内取得了显著的进展。其中，第一、第二产业至少增长了 4 倍以上，但第三产业的增长缓慢，特别是银行业的停滞不前，使发展农业、工矿业的资金供应后劲乏力。在这种情况下，日本资本主义对战争掠夺的渴望越来越强烈。

第三节 支撑近代天皇制的三大支柱：藩阀、军阀和财阀

在明治维新，特别是后十年结合传统与国情的改革过程中，形成了颇具日本特色的统治势力，即支撑近代天皇制的三大支柱：藩阀、军阀和财阀。"明治三阀"操纵着政治、军事、经济大权，决定了明治、大正乃至昭和初期日本的国家发展走势。在某种意义上说，把握住"明治三阀"，就抓住了理解近代日本政治、军事和经济体制运作及其特点的关键问题。

一 藩阀与藩阀政治的特点

藩阀，即操纵权力的政治派系集团。因其以某个强藩的地缘关系作为联系纽带，故名。一般认为，至明治十年，即 1877 年，在自由民权运动竭力与政府展开抗争的紧张关头，以"民党"自居的民权派在攻击以大久保为首的萨长两藩官僚实行"有司专制"时，将大权在握的政府要人称之为"藩

---

① 历史学研究会编：《日本史史料》4，近代卷，第 179 页。

阀"。① 于是,作为日本近代政治史的一个专门用语"藩阀",出现于媒体并为人们接受和使用。藩阀出现在政治舞台,有其内在的历史逻辑。在倒幕维新运动中,地方强藩势力进入中央政局,在随后开展的激烈政治斗争中沉浮消长,政府实权逐渐落入萨长土肥四强藩,尤其是萨长两强藩的手中,奠定了藩阀执掌政权的基础。1871年废藩置县后的多次政争和官制调整,进一步加快了实权向萨长藩阀集中的过程,使之成为权力掌控者。

与藩阀联系最密切的相应概念,是藩阀政治。从1885年实行内阁制至1924年正式建立政党内阁,在23届内阁中,由萨长阀担任内阁首相的,就有16届。其中,伊藤博文出任4届内阁首相,黑田清隆、山县有朋各任2届内阁首相,松方正义出任2届内阁首相,桂太郎出任3届内阁首相,山本权兵卫出任2届内阁首相,寺内正毅等轮流坐庄,出任首相。自1888—1924年,枢密院议长凡12届,萨长阀出任者共8届。其中,伊藤4次担任议长,山县3次担任议长,黑田担任议长1次。伊藤还担任贵族院议长多年,担任首届朝鲜统监。继其后的朝鲜统监曾根荒助以及首任朝鲜总督寺内正毅、第二任总督长谷川好道等皆为长州阀。前5任台湾总督桦山资纪、桂太郎、乃木希典、儿玉源太郎、佐久间佐马太等皆为萨长阀,关东州总督大岛义昌等为长州阀。可以说,在此期间的日本国家政治生活中,藩阀政治构成了一大特色。在大约半个多世纪中,藩阀占据日本政府的权力中心,主导了内政、外交,日本帝国的荣辱兴衰多半与藩阀政治运作状况有关。

藩阀主导下的政治形态,被称为藩阀政治,其特点主要体现在以下几个方面:

1. 乡党性。乡党,即乡里。所谓乡党性,即地方集团性。就藩阀而言,乡里即其出身的藩,乡党性即政治化的藩意识。在某种意义上说,乡党性为藩阀最鲜明的表面特征。概括起来看,这种特征主要是以下因素互动的产物:由于江户时代诸藩林立,藩既是武士的政治舞台和安身立命的生活圈,也是武士奉公、效忠的对象,世代传承,藩意识根深蒂固。由于倒幕运动以强藩为基础展开,从尊王攘夷到公武合体,藩既是武士投入斗争的出发地,也是逃避幕府迫害的避风港。残酷的政治斗争在藩意识中,增添了与其他藩利益竞争、与本藩荣辱与共等新内容。由于武力打垮幕府采取了以萨长土肥四强藩藩军为主力的联合行动方式,在新成立的明治政府中,四强藩的开国元勋构成新的利益集团,展开藩本位的合作与竞争,使得藩意识、藩利

---

① 《国史大词典》第11卷,吉川弘文馆,1995年,第811页。

益愈加相互交织,政治化的乡党性得到进一步的增强。与此同时,藩阀的乡党性又不是绝对的。明治初期士族叛乱首领西乡隆盛、前原一诚等也出身萨长,虽与大久保、伊藤等同为藩阀,却因发动叛乱而被大久保政府无情镇压。归根结底,乡党性只是构成决策集团派系的地缘纽带,随着改革的深入,乡党性自然被新的政治利益和需求所取代,不再是派阀划分的唯一特性。

2. 排他性。藩阀的乡党性实质上是地方集团主义的政治化,本身就具有强烈的排他性。1867 年明治政府成立之初,朝廷与诸藩联合执政,出现过强藩参与万机公论的群言堂。由于萨长土肥四强藩在倒幕维新进程中的方针取向有异,力量对比并不均衡,加之岩仓、三条等宫廷权贵势力倾向性鲜明地拉帮结伙,更使乡党性原本就固有的排他性得到进一步的强化。萨长执掌实权的势头,也随之日益显现。1869 年 1 月,岩仓以"萨长二藩首倡复古,乃维新元勋,列藩宜皆处于其下风,不得有何异议"为理由,策划了力邀毛利敬亲、岛津久光"襄赞庙议"的行动。① 2 月,天皇向辅相三条实美下旨,命其"与萨长相协,以匡救辅翼,决定长远对策";前往长州藩的御使万里小路通房,给毛利敬亲带来了天皇的《宸翰》,内称:萨长两藩有拨乱反正的勤王之功,"自今向后,社稷之长远大计,也以二藩为股肱而实行之";前往萨摩藩的御使柳原前光也给岛津久光带来了内容相同的诏书,毛利、岛津随即进京辅翼朝政。② 同年 12 月,大久保在写给木户等人的《意见书》中,强调"萨长乃皇国柱石,命脉所系。两藩不和,则皇国命脉之所以萎缩也";呼吁"萨长合一",共同"确立朝廷根轴","以维护皇国"。③ 大久保的主张加快了两藩合作的步伐,共建萨长阀政治优势。此后经过不间断的官制调整,至 1871 年废藩置县时,萨长土肥四强藩联合执政的四极格局,进而向萨长两极倾斜。至 1873 年的"征韩论之争"时,因板垣退助等退出政府,土佐一极名存实亡,大隈重信代表的肥前一极犹在,但面临萨长两极的激烈竞争和排挤。萨长的政治优势已十分明显。至 1881 年的"明治十四年政变",大隈等被逐出政府,肥前一极崩溃,萨长藩阀占据了政府主导地位,出身土肥两藩的藩阀遭到削弱并被彻底边缘化。至 1885 年改行内阁制,10 名阁僚萨长藩阀占其八,肥前阀被排除在内阁之外,土佐阀仅余一人,萨长阀称霸天下。

---

① 《岩仓公实记》中卷,岩仓公旧迹保存会,1927 年,第 689 页。
② 同上书,第 690—693 页。
③ 《大久保利通文书》(3),东京大学出版会,1967 年,第 355—358 页。

这样,在相当长的时期内,形成了萨长阀的强权政治格局。

3. 对皇权的依附性。这一特性,即藩阀对皇权的唯命是从。在藩阀的发育时期,传统的君臣大义名分论是造成依附性的深厚思想基础。藩阀均来自幕末中下级武士阶层,很难取得政治发言权。因此,他们要在政治上崛起,无法利用既有的幕藩体制,只能打着尊王的旗号,崭露头角于幕末政治舞台。因此,中下级武士无论是掀起尊王攘夷运动,还是割地自立、在策动"王政复古"政变时,总要强调尊王名分,总是把天皇作为他们敲开通往权力顶峰之门的工具,加以充分利用。明治政权建立后,中下级武士出身的尊王倒幕派头面人物出将入相,成为大权在握的维新官僚,即藩阀。在新的形势下,依附皇权有了新的意义,即皇权成为藩阀在权力角逐中克敌制胜的法宝。从1871年西乡推行宫中改革,竭力把明治天皇培养成藩阀的君主,到萨长藩阀在多次政争中凭借天皇的表态击败对方,藩阀与皇权形成政治互动关系。天皇依靠藩阀的支持而高居权力金字塔的顶尖,藩阀利用天皇的青睐而掌握实权,对皇权的依附性也在这个过程中逐步加强。在所有维护皇权的特权集团和特殊机构中,形成了萨长阀的绝对优势。前者如以最高政治顾问身份、辅佐天皇行使大权的元老,后者如宫中官内大臣、宫内大臣等,均拥有超越宪法的特权。在明治时代,7名元老皆为萨长藩阀,即黑田、伊藤、山县、松方、井上馨、西乡从道、大山岩等,仅在大正元年(1912)补充了长州阀桂太郎和自由派贵族西园寺公望2人。在近代日本总共9名元老中,萨长阀居然占据了8名。此外,桂、大山、松方等还在同期出任内大臣,伊藤、大久保次子牧野伸显以及后来的木户孝允之孙木户幸一担任宫内大臣,均以天皇近臣的特殊地位,参与军国大政。值得注意的是,内大臣在元老息影政坛后,发挥着更甚于元老的作用。依附皇权,使藩阀拥有了专权性,也是萨长阀及藩阀政治长盛不衰并支配日本国家命运的重要原因。

4. 过渡性。长达半个多世纪的藩阀统治及藩阀政治形态,出现于1868年幕府统治崩溃至1924年建立政党政治之间,即介于从幕藩封建专制到立宪议会政治的过渡阶段,因而具有过渡性。藩阀及藩阀政治是近代日本资本主义发展不充分,资产阶级先天不足的产物。因此,藩阀及藩阀政治的兴衰与日本资本主义和资产阶级的发展水平密切相关。时代的变化,注定了政党蓬勃发展与藩阀走向消亡的过程同样不可避免,这是造成藩阀政治具有过渡性的根本原因。换言之,当日本资产阶级强大到足以在政治上相对自主地选择代表其利益的政党时,藩阀及藩阀政治惟余退出历史舞台一途。

在近代日本政治史发展过程中,19世纪末期短时期的政党内阁的出现,已经预示了藩阀和藩阀政治走向衰落的前景。1898年6月10日,大隈重信的进步党与板垣退助的自由党合作,在第12届国会上否决了第3届伊藤内阁提出的增收地税的议案。继而两党在6月22日合并为宪政党,占据了众议院的多数席位。6月30日,大隈以宪政党总裁的身份组阁,出任首相兼外相,板垣退助任内务相,松田正久任大藏相,大东义彻任法务相,大石正巳任农商务相,林有造任递信相,尾崎行雄、犬养毅先后任文部相。除了桂太郎和西乡从道作为军部派出的阁僚,分别任陆、海军相外,其他阁僚均为宪政党成员。一时间,政党内阁作为首次出现在日本政坛的新鲜事物,引起了一场不大不小的政治地震。敏于时势变动的伊藤在6月24日的元老会议上,强调组织政府御用的政党,并随即展开了行动。山县对组织政府政党以对付民党不感兴趣,热衷于调动军部和贵族院势力,对抗大隈、板垣内阁。8月,贵族院借口文部相尾崎在帝国教育会发表的抨击拜金主义演说时使用了"共和政治"一语,指责尾崎侵犯了天皇大权,挑动倒阁风潮。10月,尾崎引咎辞职,大隈力排众议,举荐犬养继任文部相,在宪政党内部激化了矛盾。10月29日,内务相板垣、大藏相松田、递信相林等原自由党派系的阁僚联袂辞职。大隈内阁风雨飘摇,10月31日与农商务相大石、文部相犬养等原进步党阁僚同时辞职,为期仅4个月的首届政党内阁土崩瓦解。

尽管如此,政党内阁的出现,对藩阀改换手法以维持藩阀政治不无刺激作用。作为应对的手段,山县等藩阀势力采取了利用现有政党,以合作求稳定的方针。11月,继大隈内阁之后组阁的第2届山县内阁标榜"超然主义",拉拢宪政党,并公开声明内阁与宪政党在国会的"提携"并非"暂时的苟同",内阁将"采用宪政党的纲领",在政府议案中,列入宪政党提出的铁路国有、扩大选举权等要求。① 作为双方相互"提携"的回报,宪政党在判明米价暴涨已减轻了地主地税的基础上,默认了内阁增收地税的主张。与此同时,为争取财界和地方势力的支持,宪政党进而提出重点开发东北地区的"积极主义"政策,通过铺设铁路、扩建港口和创办大学等综合性建设,缩小东北与关西地区的差距。② 显然,宪政党的"积极主义"政策的用意在于竭力稳住支持其竞选的社会基础。

伊藤等藩阀采取了另立山头、组成新党与现有政党展开竞争的方针。1899年4月,伊藤在长野县的演说中,公开了10个月内游说全国、建立新党

---

① 历史学研究会编:《日本史史料》4,近代卷,第236页。
② 同上书,第238页。

的计划。1900年5月,星亨等宪政党总务向山县提出阁僚入党或党员入阁的建议,被断然拒绝。6月,星亨等转而靠拢伊藤,乞求其出任宪政党党首。7月,伊藤表态,拒任宪政党党首,表示准备另建新党。8月25日,伊藤宣布创建立宪政友会(简称政友会)。9月13日,宪政党举行临时大会,宣布为加入政友会而自我解散。9月15日,政友会举行建党大会,伊藤出任总裁。政友会在建党之初,已拥有152名众议院议员,成为第一大政党。10月,伊藤以元老兼政友会总裁的资格,组成第4届伊藤内阁。由伊藤起草的《立宪政友会宗旨书》宣称:"帝国宪法实行业经十年,虽可见其效果,然至于指导舆论,能对国政之进行作出好的贡献,则其道尚未齐备。"原因是"各政党之言行,或陷于与宪法既定原则相背离之病,或导致以国务殉党派之私","令人遗憾"。因此,成立政友会,以维护天皇"阁臣任免属于宪法上之大权"的立宪本意,克服政党竞争容易导致的弊病,维护"国运之兴隆"。① 伊藤创立的政友会成为藩阀与政党势力合流的团体,较之山县权宜式地与政党相互"提携"更技高一筹。但无论是通过与政党相提携,还是索性借用政党政治的形式,都是藩阀维系藩阀政治的无奈选择。然而,上述的提携或借用,反倒突出了政党的作用,加快了藩阀政治消亡的速度。

总之,一方面,从最终的历史归宿来看,由于藩阀和藩阀政治是少数人垄断政权的寡头政治集团和运营形态,其衰落不可避免。随着经济的发展、社会生活的变化和政治力量对比的消长,藩阀和藩阀政治必将被历史所淘汰。继之而起的,是政阀、党阀及其政治形态。换言之,藩阀和藩阀政治存在的历史合理性只是相对的,即在日本资本主义初期阶段的社会转型时期,其出现自有其合理性。当然,其存在的合理性与时代的进步成反比,其历史影响深远而且恶劣。但在另一方面,从历史发展进程来看,藩阀和藩阀政治之所以能够较长时期存在,是因为威权政治形态适应了日本资本主义初期阶段政治、经济发展的需求。在形成统一的近代国家、开展急行军式的近代化过程中,藩阀发挥了决策者、组织者和推动者的作用。由藩阀组成的近代化权威集团,背靠天皇,运用政治斗争中取得的丰富经验和决断力,令行禁止,保证了近代化改革政策方针的贯彻执行和及时调整,主导着明治维新的全过程。对藩阀和藩阀政治,应将其作为日本近代政治史上特有的现象,进行客观而实事求是的分析和批判。

---

① 历史学研究会编:《日本史史料》4,近代卷,第238—239页。

二　军阀及其特点

较之藩阀,军阀存在的时间更长久。军阀与"大日本帝国"的命运相始终,近代日本的兴亡史,在某种意义上也是一部军阀兴亡的历史。顾名思义,所谓军阀,即以军部为中心的特权高级军官组成的政治集团。有日本学者认为,"军阀一词,是在明治后期从中国引进的","明治后半期日本的一些批评家为批判陆军,输入了这个词"。① 但是,也有学者认为"军阀"一词为日本人所创造,并较早见诸大正初年的报纸杂志。例如,大正元年(1912)12月5日,《东京每日新闻》的社论抨击"军阀之流的专制政治"等。② 在中国,"军阀"一词作为现实政治批判用语而较早见诸报纸杂志者,当为1917年8月出版的《太平洋》杂志所载李大钊论文《辟伪调和》。亲身感受过大正民主风潮,从日本留学归来的李大钊引证日本政局事例,说明宇宙和社会因对抗而生成发展时,指出日本政友会"常与军阀相结以当政局,舆论多鄙视之"。③ 此后,陈独秀等"五四"运动的领军人物,也多次行文批判军阀武人的横暴,"军阀"一词作为批判恶势力的语言符号,在中国流行开来。

概括起来看,日本军阀的基本特点是:

第一,拥有特权。明治政府推行军事首位的富国强兵基本国策,其创立和巩固政权均以武力为后盾,由此形成了军人在国家政治生活中的突出地位。在明治初期频繁的权力机构调整以及此后的政权建设中,军事首脑部门始终受到高度重视。1867年12月至1868年闰四月的三职制时期,先后设立过海陆军事务科和军务事务局。1868年闰四月至1885年的太政官制时期,先后设置过军务官、兵部省。1872年2月进而以"扩充海军、谋取陆军强盛乃兵部省难以承担"为理由,④ 将兵部省分为陆军、海军两省,集中力量发展用于对外扩张的海军。在明治时期设置的所有省厅中,只有军事机构兵部省由一个省增设为陆海军两个省,突出了对军事部门的重视。在太政官制时期,直到1878年12月设置参谋本部之前,军事机构隶属于太政官,即陆海军省只是政府的军事部门。依据《政体书》天下权力皆归太政官

---

① 伊藤正德:《军阀兴亡史》,文艺春秋新社,1960年,第16页。
② 平野清介:《新闻集成·大正编年史》(大正元年下),松岳社,1980年,第733页。
③ 李大钊:《辟伪调和》,《李大钊全集》第二卷,河北教育出版社,1999年,第716页。
④ 松下芳男:《明治军制史论》,上册,有斐阁,1956年,第162页。

的原则,并参酌法国的经验,实行军政合一,政府对军事和军队拥有决定权和节制权。高级军官,包括陆海军省卿,不过是身穿军装的官僚而已,其特权地位尚未建立起来。在陆军省设置的参谋局,也只是该省下属的一个机构。

然而,山县有朋等基于1877年西南战争的实际体验,并忧虑自由民权运动对军人政治影响的扩大,因而在建军理念中开始注入皇权意识,并转而模仿德国经验、包括设置德国式的总参谋部之后,情况开始发生急剧的变化。其标志则是1878年12月《参谋本部条例》的颁发。条例规定:参谋本部统辖各监军部、近卫各镇台的参谋部(第1条);本部长由天皇任命,参与策划帷幕之机务(第2条);在平时,本部长的职责是审理陆军的编制部署、详密地理、思考战区景况,并洞悉异邦形势(第4条);凡军中机务战略、军队驻扎、行军路程、后勤运输、军队出动等事关军令等项,皆由本部长专职负责进行策划,在经天皇亲裁后,立即下达给陆军卿施行(第5条);在战时,凡有关军令事项经天皇亲裁后,立即下达监军部长或特命司令将官,该将官即行隶属天皇指挥,本部长与之参谋策划并由天皇裁定(第6条)。[①] 通过颁布并实施《参谋本部条例》,军政合一转为军政分离,参谋本部与陆军省为平行单位,不受政府的管辖。本部长(1889年改称参谋总长)拥有军事建议、策划权,特别是由于参谋本部长直属天皇,其地位与太政大臣相当而高于陆军卿,军方之于政府,显然处于优势地位。因此,山县有朋辞去陆军卿,出任首任参谋本部部长,堪称日本军阀的第一人。

1889年2月颁布的《大日本帝国宪法》,规定天皇统帅陆海军并拥有军队编制权。据此,原本独立于政府的参谋本部因其直属天皇而专有的"帷幄上奏权"被合法化,拥有超越宪法的特权。1893年5月,附属于海军省的参谋局升格为海军军令部,并与陆军参谋本部相并立,成为独立于政府的另一军政机构。根据《省部事务互涉规则》,海军军令部部长拥有与参谋总长相同的地位和特权。[②] 参谋本部与海军军令部合称军部。继山县之后,先后出任参谋本部长或参谋总长的军阀,就有大山岩、川上操六、儿玉源太郎、奥保巩、长谷川好道、上原勇作、杉山元、东条英机、梅津美治郎等;海军军令部长则有桦山资纪、东乡平八郎、村岛速雄、铃木贯太郎等。因此,军部堪称军

---

① 历史科学协议会编:《日本近现代史史料》,三省堂,1985年,第150页。
② 三宅正树:《昭和的军部与政治——军部支配的开幕》,第一法规出版股份公司,1983年,第69页。

阀麇集的特权机构。1893年10月,根据对《参谋本部条例》的修改,将"国防和用兵事项"交由参谋本部执掌,扩大了参谋本部的权限。① 在一般的情况下,国防的内容广泛,基本上属于军政的范围内。因此,军部势力开始介入国防事务,也就意味着军部已由起初单纯军令机构转变为军令、军政混淆的机构。加之军部大臣的现役武官制,使得拥有特权的参谋总长,海军军令部部长与陆军、海军大臣构成日本军阀的四大巨头。

第二,操纵政权。军阀是特权高级军官政治集团的属性,衍生了军阀对国家政治和政府事务的干预本能。军部大臣现役武官制为军阀发挥其本能提供了制度上的保障,元帅府、大本营、军事参议院等和上层决策、咨询机构和参谋本部、海军军令部、陆海军省等具体执行部门,则为军阀干预政治提供了组织保证。

军部大臣现役武官制,起步于1871年《兵部省职员令》的发布。该职员令规定,兵部省卿由少将以上的高级军官担任,成为军部大臣现役武官制的嚆矢。在此后的内阁制时期,也长期沿用这一制度,军部大臣职务由陆海军中将、大将长期垄断。至第一次世界大战结束,山县有朋、西乡从道、大山岩、桂太郎、儿玉源太郎、寺内正毅、木越安纲、冈市之助、大岛键一、田中义一等先后出任陆军省卿或陆军大臣,川村纯义、西乡从道、桦山资纪、山本权兵卫、斋藤实、加藤友三郎等先后出任海军大臣。山县等皆为将军级的现役军人,通过制定各种国防方针和扩军备战计划,影响政府的施政。当文官首相对扩充军备态度消极时,军部不惜动用拒绝派出陆海相参与组阁的手段,迫使内阁总辞职,以实现其要求的扩军目标。随着军阀在国家政治生活中地位的提高,由军阀出任首相的内阁越来越多。上述陆海军军阀中的山县、桂、寺内、山本、斋藤、加藤等均有出任,甚至多次出任内阁首相的经历。由军阀而首相,使得军部势力干预政治愈加"顺理成章"。

在明治初期设立兵部省、陆海军省和参谋本部的基础上,明治后期又陆续设置了诸多新的有利于军部干政的组织机构。1893年5月,在设置海军军令部两天后,颁布《战时大本营条例》,规定大本营为战时最高指挥部,直属天皇,并责成参谋总长制订对外作战总体计划。1894年6月,大本营在参谋本部正式设立,幕僚均为陆海军将官。1903年12月,进一步规定大本营幕僚长由参谋总长和海军军令部部长共同担任。由此,军部首脑得以更

---

① 三宅正树:《昭和的军部与政治——军部支配的开幕》,第一法规出版股份公司,1983年,第70页。

便利地辅佐天皇,指挥战争。1898年设立的元帅府,其机构成员均为立功的陆海军大将。他们一旦列入元帅府成员名录,即获得元帅的称号,充当天皇的军事顾问,并因此而对国家大政方针拥有强有力的发言权。1903年成立的军事参议院,是就有关军事事项向天皇提供咨询的机构。主要成员有元帅、陆海军大臣、参谋总长、海军军令部长以及专任将官,构成军阀施展干政机能的又一个重要机构。

在统帅权独立和帷幄上奏权的双重保护下,日本军阀拥有的政治干预能力,是造成军政分离并进而形成特权军部与内阁相并立、甚至凌驾于政府的所谓"二重政府"的基本原因。应该说,在对内镇压、对外侵略和匍匐于天皇皇权之下等方面,军部与政府并无区别,在此意义上只有"一重政府"。但在明治宪法体制下,日本国家的行政、军事首脑机构的职掌毕竟有分别。军部干政的结果,时常造成"二重政府"令出多门的混乱。更为严重的是,由此形成军阀操纵政府乃至颠覆内阁的惯例,进而为此后建立军部法西斯专政打开了道路。1921年3月,吉野作造在《中央公论》上发表政论文章《从二重政府到二重日本》,抨击"军阀外交"说:"多年来,军事当局不正当地扩张其活动范围,介入外交圈内,外交当局对此无可奈何";批判军部利用统帅权独立,在内阁之外另组防务会议,形成"二重政府","今天日本存在国权发动中心点,其中文官系统轻易动不得军阀系统,帝国外交混乱的一个原因就在于此",无怪世界舆论认为存在"旧日本和新日本"等两个日本;吉野预言:"旧日本的迫害越来越猛烈",使日本成为"彻头彻尾的军国主义国家"。①历史竟不幸为吉野言中。

第三,藩阀根性。军阀是身穿将军服的藩阀。因此,除了过渡性之外,藩阀所具有的乡党性、排他性和对皇权的依附性等,军阀也无不具备。然而,由于军阀毕竟是军界的首脑人物,他们的所谓藩阀性,也有主要在政界活动的藩阀所无法表现出来的某些特性,包括垄断陆海军首脑部门和军事战略眼光的长短等。

藩阀操纵政权的基本方式,是萨长阀平分内阁的坐椅。军阀在对军事部门支配权的分割上,也曾类似藩阀对内阁权柄的瓜分。自1969年太政官时期设置兵部省以来,就形成了由萨长藩阀分别充任陆海军首脑的格局,此即所谓"长州的陆军"和"萨摩的海军"。"长州的陆军",系指日本陆军的最初创立者、兵部大辅大村益次郎、前原一诚、鸟尾小弥太,陆军卿和首任参谋

---

① 吉野作造:《从二重政府到二重日本》,《吉野作造选集》3,第326—331页。

本部长山县,以及陆军大臣桂太郎等均为长州藩出身。"萨摩的海军",则指兵部省时代的海军大辅川村纯义、桦山资纪、海军大臣西乡从道、桦山、山本权兵卫、海军军令部部长桦山、伊东佑亨、东乡平八郎等均为萨摩藩出身。换言之,在近代陆海军创立的初期,萨长阀对军队的支配地位十分明显。明治时期,陆军大将32名,除4名皇族大将外,长阀11名、萨阀9名,萨长阀大将共20名,居大多数。中将157名,除4名皇族中将外,长阀36名、萨阀25名,萨长阀中将共61名,同样优势明显。①

在经历了1868年以来陆海军军校草创期之后,随着1874年陆军士官学校和1875年陆军幼年学校的正式设立,特别是随着1882年公布《陆军大学校条例》并于翌年创建陆军大学,各级陆军军事人才的培养制度化。与此同时,1876年设置培养海军士官的海军兵学校,1888年设立海军大学校,使得海军各级军官的培训也成龙配套。这样,至第一次世界大战爆发之前,由其他藩出身、并具有陆军大学或海军大学学历的高级军官加入军阀的行列,"长州的陆军"、"萨摩的海军"这一萨长藩阀支配两大兵种的历史现象才成为过去。原籍岩手县而毕业于陆军大学的东条英机、出身新潟县而肄业于海军大学的山本五十六、生于冈山县而毕业于陆军大学的宇垣一成、出生东京而毕业于陆军大学的荒木贞夫等新一批高学历的非萨长系的新军阀,成为军部的核心力量和祸乱日本与东亚的罪魁祸首。

如同藩阀中存在战略思考的水平差异一样,日本陆海军军阀中,也存在类似的问题。在组建近代陆海军的过程中,明治政府起初以法国陆军和英国海军为榜样,组建近代陆海军。普法战争后,德国的崛起令明治政府对其刮目相看,陆军的模仿对象由法国转变为德国,前往德国军队和军事院校留学、考察成为新潮流。海军学英国的方针则始终不变,但德国陆军对日本近代陆军建设的影响越来越强烈。特别是1885年参加过普法战争的德国陆军大学的教官克莱门斯·麦凯尔(Klemens W. J. Meckel)来日本,受聘为参谋本部的顾问并担任陆军大学的教官之后,陆军总务局局长桂太郎、参谋本部次长川上操六等对麦凯尔奉若神明、言听计从,从而加速了日本陆军建设,包括军制、战略、战术等方面的进一步"德国化"。这样,英国海军的战略、战术培育了日本海军军阀,德国陆军的战略、战术则影响了一代日本陆军军阀。表现在军事战略眼光上,学习"日不落帝国"英国海军擅长用全球视野思考世界战略的长远眼光,使得同样作为军阀的日本海军高级将领较之陆

---

① 藤井德行:《近代日本政治史研究》,北树出版社,1980年,第207页。

军将领更多一些理智和现实性。凭借武力扩张膨胀起来的德国陆军优于战术的实施,而缺乏军事战略长远眼光的特点,给日本陆军军阀的思维方式打下了深刻的烙印。鲁莽蛮干、斤斤计较于一城一地的得失而忽略了长远的战略利益,成为日本陆军军阀的通病。

第四,武士道根性。在江户时代,封建武士道的愚忠和独尊意识培养了日本武士独有的特性,即武士根性。在明治初年的文明开化期间,维新政府出于破旧立新的政治需要,颁布《征兵告谕》、《奖励学事命令书》,批判并否定德川时代封建武士的道德观念和特权地位。1871年4月国家军队组建后,军方首脑通过颁布《读法》、《军人训诫》、《军人敕谕》等明治新武士道"经典",逐渐恢复、提倡与贯彻以"忠君爱国"为核心的新武士道,使得武士根性继续为日本陆海军所继承。

1871年12月,兵部大辅山县有朋发布了建军文告《读法》七章。《读法》以"发扬皇威"和"保卫国家"为建军宗旨;规定"诚心忠节"、"讲究信义"、"服从命令"、"胆勇勤勉"、"勿夸血气小勇"、"修养道德"、"尚名誉"为军人必须遵守的七项准则,否则必触犯国家法律,辱没父祖家庭,丧失"天赋之公权"的"平等权利"。① 时值文明开化大潮兴起之际,《读法》也不得不使用"法律"、"公权"、"平等"等欧美舶来观念的新瓶,装进江户时代武士道德的老酒,奠定了明治时代新武士道的基础。

1878年8月,在自由民权运动的影响下,驻扎在东京麹町竹桥的近卫炮兵第一大队的260余名士兵,因不满政府未能兑现西南战争论功行赏的诺言、反倒要削减兵饷,举行集体暴动。哗变的士兵杀死大队长,炮击大藏大臣官邸,冲击赤坂离宫。"竹桥暴动"震惊了政府,同年10月,陆军卿、中将山县有朋为整顿军纪,公布了《军人训诫》。

在"训诫"中,山县首先强调建军宗旨是"张扬皇军威武"、使军队成为"国家之干城",首次将日本军队定位为"皇军"。为此,明令禁止军人介入政治,并将《读法》、《征兵告谕》中的"公权"、"平等"、"人权"等新观念一笔勾销,转而为武士道正名。在"训诫"中,山县把"忠实"、"勇敢"、"服从"等维系军人精神的"三大元素"解释成源出"自古以来的武士忠勇",乃"我等血脉中固有之遗物","今日之军人纵非世袭,但与武士并无二致"。其中,作为军人精神的第一大元素"忠实"的真谛,是"拥奉我大元帅皇上,报效国家"。对第二、第三大元素的"勇敢"、"服从"一般性地解释为"每临战斗则敢冒危险以

---

① 德富猪一郎:《公爵山县有朋传》中卷,民友社印刷所,1932年,第166—167页。

成就功名"、"维系军队而使三军浑然一体",从而将"忠君爱国"突出为明治新武士道的首要德目。此外,"训诫"还开列了对天皇"始终恭敬尊崇"、对长官"充满敬意"、禁止褒贬朝政、军人有协助警察的义务、禁止打架斗殴、坚决执行命令、面不露怒色、绝对服从等17条有关军人日常起居的具体规定,作为培养军人精神的行为准则。① 从公布之日起,立即下发给陆军每个中队,监督贯彻执行。"训诫"的发布虽然以"竹桥暴动"为契机,但其更深刻的时代背景是:至19世纪70年代后期,以欧化为最大特色的文明开化风潮逐渐消退,包括武士道在内的传统因素在经过取舍后再度复活。

出于"明治十四年政变"后内政外交的需要,山县建议进一步推进日本军队的"皇军化",力主以天皇的名义颁发相关诏敕。在山县主持以及国会参事官井上毅、陆军省出仕西周参与下,经过10次修改、润色,1882年1月以天皇署名并在宫中下赐给陆海军省卿的方式,向陆海军官兵颁发了《军人敕谕》,从而完成了军队的"皇军化"。

《军人敕谕》故意抹杀天皇失政至少700余年的史实,宣称"我国军队世世代代由天皇统率";在此基础上,将军队规定为"皇军",宣扬天皇与军队实为一体:"朕乃汝等军人之大元帅也。于是乎,朕信赖汝等为股肱,汝等敬仰朕为头首,其亲忒深"。作为"皇军"必须遵守的精神,共开列了5条,即(1)"军人必须以尽忠节为本分","保护国家,维护国权";(2)"军人必须正礼仪","下级承上官之命令,实即承朕之命令","上级对下级不可稍有轻侮傲慢之举";(3)"军人必须尚武勇","夫武勇乃我国自古以来的贵重之所,无武勇则不配为我国臣民";(4)"军人必须重信义","信即践行己说之言,义即尽己之本分",勿"循小节之信义而误大纲之逆顺,或守私情之信义而迷失公道之是非";(5)"军人必须行为质朴",骄奢华靡"一旦出现在军人之间,则如传染病蔓延",不可等闲视之。与此同时,强调"一片诚心至关重要",即"此五条乃我军人精神,一片诚心则为五条精神之精神也"。② "敕谕"以天皇的名义,为"忠君爱国"的新武士道最终定调。源自武士道的"忠节"、"礼仪"、"武勇"、"信义"、"质朴"等5条军人精神,经过"皇化"而成为金科玉律,并被捧读和执行。这样,日本军队就成为用现代化武器和武士道精神武装起来的军事力量,并在军阀刻意制造的"忠君爱国"旗号下,成为对内镇压、对外侵略的得力工具。

---

① 德富猪一郎:《公爵山县有朋传》中卷,民友社印刷所,1932年,第664—771页。
② 松下芳男:《明治军制史论》上卷,第504—508页。

三 财阀的分类及其特点

财阀是日本的富豪家族封闭统治下的垄断资本集团。作为日语汉字用语,财阀一词为明治时代日本人所创造,最早出现在 19 世纪 80 年代。据查,1886 年,垄断了东京电灯业的小野金六等出身甲州(今山梨县)的实业家,被舆论称之为"甲州阀"或"甲州财阀"。此后,出身近江国(今滋贺县)的大阪银行业者被称为"江州财阀",出身清州(今爱知县)的名古屋银行业者被称为"清州财阀",财阀的称谓遂被社会所接受。

财阀的种类,可以从不同角度进行划分。

如果从形成垄断资本集团的时间先后来看,财阀有老财阀和新财阀之分。明治时期的一批暴发户,如三井、岩崎(三菱)、住友、安田、大仓、藤田、浅野、涩泽、古河、鸿池等家族为最有实力的老财阀。较之老财阀,第一次世界大战期间新崛起的久原、铃木、岩井、野村、川崎以及安川、贝岛、中野、片仓、伊藤等地方财阀,可以称之为新财阀。"九·一八"事变后的侵华战争期间的暴发户,如中岛(中岛飞行机股份公司)、森("日曹")、野口("日窒")、大河内("理研")等则是最新的一批财阀。

如果从实力排座次,三井、三菱、住友、安田等堪称大财阀或一流财阀,其他则只能称之为小财阀或二流财阀。以三井与鸿池为例,1897 年三井元方的财产总额为 934.5633 万元,三井银行为 303.0663 万元,三井矿山为 142.1681 万元,三井物产为 60.083 万元,三井吴服为 16.0777 万元,三井地产部为 393.3468 万元,三井工业部为 8.1966 万元,三井诸企业的财产总额为 1857.6274 万元[①],高居财阀之首。同样由江户时代特权御用豪商起家的鸿池财阀,若与三井财阀相比较,其实力对比的悬殊一目了然。三井财阀企业门类齐全,涉及工矿业、银行业、房地产业、零售业等。鸿池财阀只经营银行业,企业门类单调。创立于 1897 年的鸿池银行,至 1899 年其资本仅为 100 万元,至 1900 年与河泉町银行合并之后,资本增加 1 倍,为 200 万元,也只相当于 3 年前三井银行财产的 2/3。[②]

如果从经营产业分类,财阀之间的差异也十分明显。三井、三菱、住友、涩泽、藤田等财阀,是金融资本与产业资本、商业资本并肩而立的综合型财

---

① 安冈重明:《财阀形成史研究》,minerubua 书房,1998 年,第 434 页。
② 同上书,第 172 页。

阀。例如,三菱财阀自1869年版籍奉还之后由海运业起家,1873年成立三菱商会,1875年创立三菱汽船会社。1878年创建东京海上火灾保险公司。1880年开办三菱汇兑店,涉足银行业。随后,借明治政府廉价处理国营工厂之机,1884年购得油户矿山、中岛煤矿,1885年购得大葛金矿,1887年购得长崎造船厂。三菱财阀以海运业为跳板,至1893年成立三菱合资会社,将经营范围逐步扩大到金融、保险、工矿、建筑、造船、仓库、信托业等多种部门,成为总体实力仅次于三井的综合性财阀。

以别子铜矿开采而成为暴发户的住友财阀,1895年创办住友银行,1899年开设住友仓库,1901年开办住友铸铜厂,并兼营制丝、机械、化肥、电力、信托等行业,在老财阀中位列第三。

涩泽财阀的创始人,是染坊主出身的涩泽荣一。虽然其实力难以与上述3家财阀相匹敌,但以提出"论语加算盘"、"义利合一"等日本资本主义发展方针而著称,号称"日本资本主义的最高指导者"。自1873年与三井、小野等商业资本合股创建第一国立银行并独资创设王子造纸公司以来,至20世纪初,涩泽把经营范围扩大到保险、矿山、钢铁、电器、铁路、印刷、化肥、制油、酿酒、水产、林业、旅馆、服装等近百种行业,成为经营种类五花八门的综合性财阀。此外,涩泽还参与500余家企业公司的创办,兼任商业会议所的总裁、银行股东集合所会长,因而赢得"企业之王"的桂冠。[①]

酿酒业豪商出身的藤田传三郎参加并在倒幕维新运动中受益,1869年在大阪制造军靴,1874年加入井上馨的先取会社,奠定了事业发展的基础。1876年与其兄鹿太郎、久原庄三郎合伙创办了藤田传三郎商社,成为陆军省军需品的定点生产厂家。1883年购得小坂矿山,1885年出任商法会议所总裁、控制了大阪股票交易所,1887年在冈山县儿岛湾围海造田,创办藤田农场。随着藤田家经营门类日益扩展,实力剧增,升格为继五代友厚、中野梧一之后的关西财界掌门人。其后,又创办了堂岛米商会社、大阪硫酸制造、大阪纺织、阪堺铁道、大阪商品交易所、宇治川电气等公司,成为称雄关西地区的综合性财阀。

古河财阀的创始人古河市兵卫,出身京都的酿酒业者家庭。早年从事生丝贩卖,1869年与冈田平藏等合伙经营院内、阿仁等东北地区的矿山,涉足采矿业。1875年开始独立经营草仓铜矿,与生丝贸易绝缘。1877年取得

---

① 伊文成、汤重南等编:《日本历史人物传》(近现代篇),黑龙江人民出版社,1987年,第193页。

足尾铜矿的经营权,并在涩泽荣一的资助下,走上"铜矿之王"的经营道路。古河拥有足尾、草仓、院内、阿仁、久根、永松等铜矿,产铜量一度占据了日本铜矿总产量的30%—40%。1905年成立古河矿业会社,1911年改组为古河矿业会社,经营铜矿、煤矿和对华贸易。继而,古河家族的经营向铜加工、化肥生产等行业扩展,其后成为位列三井、三菱、住友之后的财阀。①

另一类财阀业务经营相对单一。其中,安田、鸿池财阀以金融业为主体,兼有少量的产业经营活动。浅野、大仓等财阀以产业经营为主,在金融上对外依赖性强。安田财阀的创始人安田善次郎于1864年在江户日本桥开办了汇兑贷款兼营干货的安田商店,并利用明治初期政府财政政策不成熟的可乘之机,通过倒卖太政官札成了暴发户。1876年与川崎八郎左卫门合伙创办了第三国立银行。1877年创办第6、第22国立银行,1880年创办安田银行,在金融业站稳脚跟。1887年成立保善社作为总部,继续开展金融业务。1893年创办帝国海上火灾保险公司,1896年在东京创办明治商业银行,1900年创办群马商业银行,1901年在熊本创办第9银行,1904年在大阪创立第130银行,成为银行业的二流财阀。②

鸿池家族的始祖鸿池新六幸元(新右卫门)1600年发迹于清酒酿造业,1619年涉足海运业,积累了雄厚的家底。1656年第一代传人善右卫门正式开始经营钱庄,至第三代传人右卫门宗利时专门经营汇兑业,坐上了大阪汇兑业的头把交椅。从此,鸿池家族就与金融业结下不解之缘。在江户时代,鸿池家族为家贺、安艺、阿波、冈山等30余藩的大名提供金融服务,享受武士待遇。明治政权成立后,鸿池家族投靠维新政府。1869年贡献3万两的御用金,并参与政府的通商、兑换管理,为其发展奠定了新的基础。1877年创办资本为50万元的第13国立银行,至1897年改建鸿池银行,1899年资本达100万元,确立了在金融界的财阀地位。③

浅野财阀的创始人为浅野总一郎。1871年从富山县来到东京开办煤炭厂,开始了其创业活动。在涩泽荣一的提携下,浅野总一郎迅速发迹。1884年购得制造水泥的深川工作分局,扩建为浅野水泥会社。以此为契机,逐渐发展为财阀。

大仓财阀的创始人大仓喜八郎,出身越后国(今新潟县)新发田藩。

---

① 《国史大词典》第12卷,第358—359页。
② 《国史大词典》第14卷,第56页。
③ 安冈重明:《财阀形成史》,第15页。

1854年只身来到江户闯江湖,贩卖鱼干以求温饱。1865年在神田河泉桥开办了大仓枪炮店,与横滨贩卖枪炮的外商建立了军火业务联系,通过向幕府和诸藩提供枪炮而迅速发展。戊辰战争期间,大仓又通过为官军经办军火,聚敛了巨额财富,并与明治政府建立了密切的关系。1873年成立大仓组商会,从事对英国的羊毛贸易。此后,在1874年的日本侵台之役、1894—1895年的甲午中日战争、1904—1905年的日俄战争期间,大仓家族一手包办了日军的武器和粮食供应业务,既获得巨额利润,也得到向中国东北、湖北等地拓展殖民事业的机会。1911年,号称"制造死亡巨商"的大仓喜八郎成立了资本额高达1000万元的股份公司大仓组,加入财阀俱乐部。虽然大仓家族也兼营啤酒、制革、饭店等业务,开设了帝国饭店、帝国剧场,但从总体上看,军火业始终是大仓财阀的主要业务。[①]

从上述财阀的发迹史来看,大体上都经历了从政商到财阀的过程。政商,即殖产兴业时期,通过政府官僚提供经营的便利与保护,在政府扶植下迅速聚敛财富的商人。政商是明治政府改革政策的拥护者和受益者,权力与货币的交换构成双方关系的纽带。这样的发展经历,造成了财阀最显著的特点,即政商性。

在急剧展开的产业革命过程中,政商虽然几乎在一夜之间蜕变成垄断资本财阀,但继续保留着浓厚的政商性。财阀与政府的关系极其密切,接受政府的扶植和保护,支持政府的内外政策,派出得力人员参与政府金融部门的管理,或者吸收政府官僚加入垄断集团要害部门的运营。日本银行创立后,安田、三井、涩泽、大仓家族纷纷投资,充当股东。安田、三井家族企业的高级人员出任中高级官员,三菱家族企业的川田小一郎、岩崎祢之助、山本达雄等出任日本银行的总裁。井上馨担任过三井物产前身三井先收会社的社长,还推荐大藏省官僚早川千吉郎担任三井银行的专任董事。

除了政商性之外,财阀还具有下述特点:

1. 封闭性。财阀运营的组织核心,是以血缘关系为基础的同族集团。其典型形态,如1893年成立的三井家同族会、三菱家的合资会社以及1912年安田家设立的保善社等。在财阀的事业运营中,决策权不在股东选举的董事会手中,而是被同族集团操纵。虽然在第一次世界大战前财阀家族都程度不等地调整运营机制,形成了持股公司与直系公司、旁系公司配套的庞大运营系统,并给予直系、旁系公司相对独立的经营权,但持股公司的最高

[①]《国史大词典》第2卷,第553—554页。

发言权仍然掌握在同族集团的手中。同族集团的最高领导人,则往往由同姓的亲属轮流担任。三井家族在明治时代再创业并作为财阀崛起的奠基人是三井高福,1876年创办三井银行,自任第一届总长。同年,还创立了贸易公司三井物产会社。三井家在确保家族统治的前提下,重用三野村利左卫门、益田孝、中上川彦次郎等外姓经营精英,使三井家的事业焕发生机,但经营决策权始终由三井家族掌握。三井银行先后由三井高福、其堂弟高喜、其六子高保等三井家族成员出任社长,三井物产的社长则先后由益田、三井高宽、高福的五子高弘等人担任。1909年,持股公司三井合名会社成立。这个公司只允许11个三井家族出资,首任社长由三井的总领家三井高栋担任,垄断了三井银行、三井物产、三井矿山等三井财阀基干事业的全部股份,并拥有对旗下公司人事、投资、运营的决策权。三菱财阀的创始人岩崎祢太郎在世时支配一切,1885年祢太郎去世后,由其弟岩崎祢之助统管三菱家的巨大产业。1893年祢之助与祢太郎的长子岩崎久祢创办了持股公司三菱合资会社,形成三菱财阀的运营核心。1908年祢之助病故,由久祢担当三菱家的最高家长,并以三菱合资会社社长的资格,主宰三菱家族对旗下公司的统辖权。其他财阀的家族式经营的封闭状态,与三井、三菱财阀大同小异。

2. 家族集权性。规定和调整财阀同族内部成员相互关系的《家宪》、《家训》等准则,体现财阀的家族集权性。家宪即家族成员和子孙后代必须遵守的家规家法。1900年7月,以三井家族老家长三井高平1782年制定的遗训为基础,再次加以修订的《三井家宪》第一章"同族"规定:所谓"同族",系指始祖三井高利(1622—1694)的后代并列入《家制》的11个家族,各家族不许退出或接纳新成员。其中,三井八郎右卫门(高福)为最高家长"总领家",三井八郎右卫门、元之助、源右卫门、高深、八郎次郎、三郎助等6家为同族的"本家",三井复太郎、守之助、武之助、养之助、得右卫门等为同族的"连家"。在家族会议上,"总领家"居首席,"本家"和"连家"再按家门分坐上下位置,尊卑分明。作为同族成员,必须牢记祖宗遗训,对《家宪》永世不渝并据此制定各家的《家宪》。第二章"同族的义务"规定:遵循祖训,注重兄弟情谊,同心协力;维护祖宗树立的三井家禁止奢侈、恪守节俭的家风;同族各家必须保证其子女选择水平相当的学校,令其就学;同族各家不得加入政党或公开与政治发生关系,不许负债或为债务作保;经同族会批准,各家可以经营工商业,成为公司的股东或企业的业主,担任非三井公司的负责人或职员,从事官务或公务;同族间发生纠纷,不许向法院提出诉讼,而由同族会指定的仲裁人裁断,若不服才可付诸法律裁断;同族各营业店有义务遵照同族会的决议,开展业务,必须向同族会提交业务报告,接受同族会的监督指导;同族会有权更换无经营能力的各家户主。第三章"同族会及同族会事务局"规定:同族会的议长由"总领家"的户主担任,每月举行一次会议,审议各家亲族关系、业务经营、财产分配、人事任免、家宪变更等各种事务,在1/2成员出席的情况下,经投票作出决议;同族会的讨论内容保密,会议记录根据需要,有限制地供各营业店重要负责人展示;在同族会议长的统辖下,设立事务局,负责起草议案,保管会议记录,处理一般事务。其余第四、五、六、七、八、九、十章,分别为有关三井家族的婚姻、养子、禁治产、户主继承、各营业店重要负责人会议、财产关系、惩罚制裁、补则的规定。①

较之三井家族长达108条的《家宪》,依据1885年岩崎祢太郎托孤遗训制定的三菱家族《家法》不过9条而已。三菱的《家法》主要规定了岩崎家族成员的构成、相互关系的身份排列,同样体现了家族支配经营权的集权性,以及"奉公至诚"、"勤俭持身"、"大胆创业"、"小心守成"等经营规则。②

鸿池家族的《宪法》由第12代家主鸿池善右卫门在1889年制定,共54条。《宪法》规定:家主必立嫡宗,嫡宗因病残或行为不正时,则立其弟;嫡系无后,则立庶系,庶系无后,则立与嫡系血缘关系最相近者;确定家主时,必须向祖庙呈献遵循《宪法》的誓约,否则不得为家主;妇女不得为家主等,这些条款封建遗风明显。《宪法》还规定:若辱没家门、损伤家财者,则取消其家主名义;在处理家屋庭园等涉及家族公费支付的问题时,家主不得专断独行,对家主实施一定的限制。与此同时,更规定了家主的各种特权:家主位于鸿池家族的最高支配地位,处于其下位的家族长老"老分"代家主管理家产,全面负责家族的内外事务;其下为经理"支配人",在老分的指挥下分担内外事务;支配人之下为店主代理"手代",手代之下为亲信伙计"给仕",等级判然。地位重要的老分和支配人的进退任免权均掌握在家主的手中,分家在舍弃旧业、另创新业时,须经家主的批准,并有保护家主的义务,从而形成了金字塔式的管理体制。此外,《宪法》还规定了同宗之间"待之以客礼",同族之间应"亲睦友爱",禁止欺诈的商业行为等,务求"家门名声"传诸"千秋万代","祖业"与"天壤无穷"。③

---

① 安冈重明:《财阀形成史》,第400—412页。
② 伊文成、汤重南等编:《日本历史人物传》(近现代篇),第188页。
③ 安冈重明:《财阀形成史》,第167—169页。

住友家族的《家宪》,1891年制定,把企业成员分成10个等级,强调最高家长的权威;安田家族的《家宪》,1887年制定,把同族分成4个等级,各等级均以最高家长为中心,各居其位,维护家族经营的集权性。

3. 垄断性。由于后发型日本经济的整体水平不高,特别是政府高官与政商的相互勾结,难以形成公平的竞争环境。殖产兴业从一开始,资产和资本就集中在少数政商的手中。因此,各家财阀在政商时代的经营已形成一定的规模,垄断了某种行业。其中,三井号称"金融大王"、"煤炭大王"和"纺织大王",三菱为"海运之王",住友为"军需之王",古河为"铜矿王",浅野为"水泥王",等等。这种行业垄断并非经过漫长的自由竞争,导致生产的集中并进而瓜分市场、垄断价格,最终形成垄断,而是在入道不久即迅速独占某种行业,形成了行业垄断性。这样,当政商的产业资本一旦与金融资本相结合,立即转化为资本垄断集团,即各家财阀。日本资本主义之所以在世纪之交的十余年间,即跨过自由竞争时期而进入垄断资本主义阶段,其基本原因就在于此。

4. 追随性。财阀的追随性主要体现在对天皇权力的顶礼膜拜和对军部战争行动的支持。迎合现存政权,通过钱权交易而发迹,是三井、鸿池之类江户时代特权豪商的老套数。明治政权成立后,老套数再显灵通,并被其他政商竞相采用。三井高福在戊辰战争战局逐渐明朗后,向朝廷献金充作军费,经管明治政府的货币兑换业务,与天皇朝廷密切了关系。1872年出资创办了第一国立银行,奠定了三井家族继续发展的基础。三菱家族的发迹始自倒幕维新的激荡年代,1871年乘着废藩置县的大变动,岩崎祢太郎凭借与后藤象二郎的关系,从土佐藩厅得到11艘轮船,1872年建立了三菱商事。1874年日本侵台期间,三菱商事承包了海运军需物资业务,事后得到政府无偿赠送的13艘轮船和巨额补助金,实力大为增强。1876年1月,黑田清隆等出使汉城、强迫朝鲜订立第一个不平等条约,陆军卿山县有朋在下关集结军队、不惜为缔约而行使武力时,三菱家族将几乎所有的轮船停泊在下关港,随时准备出动。1877年西南战争期间,三菱家族再次开足马力,为政府镇压西乡叛乱效劳,并因此得到政府的大笔酬谢。至战争结束,三菱已拥有50余艘轮船,总吨位达到3万余吨,一举登上了"海运之王"的宝座。1894年7月甲午中日战争爆发后,三菱入股的日本邮船会社提供了57艘大吨位的轮船,向朝鲜半岛运送军队和军需物资,获得飞跃发展的时机。此后,在日本政府发动的对外战争中,政商、财阀追随其后,在韩国、中国各地发展事业。在财阀资本看好的海运业,通过一次次的军需运输,发展迅速。

据统计,1893年,日本拥有618艘轮船,总吨位不过20万吨;至1896年,拥有轮船735艘,总吨位增至39万吨;至1905年,拥有轮船1492艘,总吨位猛增到103.5万吨。① 对外侵略战争为财阀带来丰厚的利润,因此,新老财阀无一不是政府殖民扩张的坚定支持者。

5. 热衷对外扩张。广大的中国市场和丰富的资源,历来为新老财阀垂涎三尺。借助政府的支持,特别是《马关条约》所提供的便利条件,财阀一拥而上,纷纷来华开办事业,掠夺财富。最先在中国登陆的财阀,当数三菱家族。早在1875年2月,在政府的支持下,三菱会社开辟了从横滨至上海的海运线,在与美国太平洋邮船公司和英国P.O轮船公司展开激烈竞争的过程中,排挤了海运对手,垄断了西太平洋对华商贸的黄金水道,赚取了巨额利润。1885年9月,三菱会社配合政府的运作,与共同运输会社合并为日本邮船股份公司,停止两公司间的内部竞争,全力开展对华贸易。1886年3月,日本邮船股份公司开辟了长崎至芝罘、天津的海运线,向华北地区伸张势力。1895年4月《马关条约》签订后,日本劫掠了台湾,取得长江航行权,日本邮船股份公司收购了英国太古洋行和道格拉斯轮船公司所经营的神户至基隆以及上海至汉口等多条水运航线,进一步扩大了对华航运业务。1902年5月,涩泽、安田、三井等财阀集资成立湖南汽船股份公司,开辟汉口至湘潭的航运线,深入中国内地。1904年2月日俄战争爆发后,需求庞大的军事运输为财阀海运业的发展,再次提供了有利的时机。

在开拓中国市场方面,走在最前头的当为三井物产会社。1877年三井在上海开办分社,贩卖三池矿开采的煤炭。1878年在天津开办事务所,从事面粉、大米和煤炭贸易。三井的对华贸易颇有赢利,至1887年三池矿的煤炭远销香港和新加坡。1888年三井收购了三池煤矿后,增加煤炭产量并购置货船,在华南和东南亚各地开展煤炭贸易。1893—1895年在牛庄设立事务所,从事大豆、豆饼的进口以及棉纱、棉布出口贸易。日俄战争后,三井以大连为据点,在对中国东北地区贸易中注入国策因素,在奉天、长春、哈尔滨、牛庄、芝罘、厦门、广州等地设立事务所,并在天津、上海、青岛、汉口等地开办分店,将商贸触角扩展到中国沿海各大城市,对华投资达到2290万元。②

三菱商会在1885年将海运业务移交给日本邮船会社后,由注重海运业转而开展对华贸易业务。1902年,在汉口设置三菱合资会社门司分社事务

---

① 东亚同文会编:《对支回忆录》(上),原书房,1981年,第625页。
② 东亚同文会编:《对支回忆录》(上),第635—637页。

所,1910 年扩大为分社。1906 年在上海、香港开办三菱合资会社分社,专门从事煤炭贸易。后来在北京设置分社,从事海军兵器贸易、矿山调查、棉花改良等业务。

后起的大仓财阀也不甘落后,首先将中国东北地区作为对华业务的重点地区。1904 年在安东开办大仓组制材所,后扩大为鸭绿江制材公司。1905 年与中方合资,开办本溪湖煤铁公司,后来资本增至 700 万元。1907 年投入资金 600 万元、开办日清制油股份公司,投资 150 万元、开办奉天电车股份公司,等等。随后,将经营网络扩展到中国其他地区,1912 年向汉阳铁厂投资 25 万元,继而在天津合作开办裕元纺织公司,在上海码头设立仓库,在南京投资凤凰山铁矿,在湖南投资铅矿,在山东、江西、内蒙、山西等地参与多种事业的创办,涉及采矿、皮革、冷藏、禽蛋、土地开垦等门类。[①] 上述财阀企业将公司的兴衰寄托于对华贸易的发展,这是它们支持政府对华政策的重要经济原因。

第四节　明治时期社会思潮和对华观的演化

明治时期的日本在对内完成从封建主义到资本主义社会转型的同时,对外实现了"脱亚入欧",成为东北亚地区新兴的帝国主义国家。作为上述剧变在意识形态上的反映,明治时期各种社会思潮层出不穷、变化多端,相互展开竞争。纵观整个明治时代,在不同发展时期,总有主导该阶段社会意识形态的主流社会思潮出现,反映并影响政府的决策。作为明治时期社会思潮当中的一个重要内容,对华观或曰中国观,也随着日本国内外形势的变化而变化,对中日关系产生制约作用。

一　从热衷欧化转向国粹主义

明治初年的 19 世纪 70 年代,日本朝野摆脱落后的愿望强烈,明治政府对大举涌入日本的欧美思想采取自由放任方针。此时,恰值欧美国家思想界进入激烈分化时期:在英国,围绕着一系列社会和劳动立法问题,"权力与自由"、"国家与个人"的争论在古典自由主义者和社会进化论者之间展开交锋。法国的天赋人权论、无政府主义、德国的俾斯麦主义、美国的人权论等

---

① 东亚同文会编:《对支回忆录》(上),第 638—639 页。

与各国内外斗争相结合,不断扩大其影响。主观的需求与客观条件相辅相成,出现欧美思想文化蜂拥而入,日本人趋之若鹜的文明开化浪潮。在锐意进取的改革时期,人们不假思索地抛弃了传统的价值观、生活方式、人际关系、成才方式,对欧风美雨奉若神明。柳田国男认为当时的社会心理是:"欧美文明冲击着日本休眠状态中的风俗","人们在生活中体会到世界在巨变。德川时代严格的等级身份制度被破弃,人人高唱立身发迹方为男子汉的胸怀";"学制发布,火车飞驰,不用'飞脚'也能传递书信"。他感叹道:"这真是个一切都在飞速变化的时代,'旧弊'成了最令人难堪的话语,人们对新时代的期待如火如荼。"① 思想启蒙家福泽谕吉率先倡导人权、自由、独立和文明等新观念,把评判的矛头直指儒学。他还鼓励士族抛弃"君子谕于义,小人谕于利"的陈腐观念,敢于"崇商"和"经商"。与儒学的衰落成鲜明对比,通过福泽谕吉、加藤弘之、中村正直、中江兆民、森有礼等开化派人物之手,西方著作被大量译成日文。德国冯·台尔曼和古奈斯特的国家主义,英国穆勒、维兰德、巴克尔的功利主义、自由主义,法国卢梭、孟德斯鸠的天赋人权论、自由思想,美国的人道主义等形形色色的欧美思想纷纷进入日本思想领域,赢得各自的信奉者和追随者。70年代前期,欧化之风劲吹日本列岛,文明开化成为社会思潮的主流。

与此相应,在社会上,有人建议天皇接受洗礼,信奉基督教;有人主张废止和服,代之以西服;庆应义塾的学生高桥义雄发表《日本人种改造论》,主张日本人与外国人通婚,以改良日本的人种。在南部义筹提倡国字拉丁化之后,西周又在《明六杂志》第一期上发表《以洋字书写国语论》,认为"我国的文字乃先王取之汉土而用之,文献也悉数取之汉土。今逢难得的机运,文献已取之欧洲",因而主张停用和汉字,使用洋字拉丁字。② 在追求时尚的年轻人当中,不乏头戴普鲁士军帽、身穿英国海军上装和美国陆军军裤、足登法国皮鞋的全身洋货包装的时髦公子哥,富家小姐对洋式束腰长裙趋之若鹜。家具店、饭馆为招徕顾客,在招牌上尽量写上英文单词以迎合崇洋的社会时尚;艺妓在传统的三弦琴伴奏下演唱时,也喜欢在唱词中加进几句洋话,以示时尚。欧美舶来品"热"持续升温,"西洋料理、西洋纸张、西洋某物,只要是西洋制品就竞相争购","即便有国产品,因长期崇洋的惰性,也非用

---

① 柳田国男:《明治文化史》13,《风俗篇》,洋洋社,1954年,第4页。
② 山室信一等校注:《明六杂志》(上),岩波书店,1999年,第33、36页。

舶来品不可"。① "一些人言必称欧美,如果不是欧美之物,就不屑一顾;日本的固有之物,无论优劣均被抛弃。"② 尤其在上流社会,"一室的器具和一身的服饰皆为洋货,不管方便与否,只要是洋货就购用成风";在社交场合,谈话者"只管颂扬西洋事物,或钦佩羡慕,或沉醉其中,甚至有危惧之心"。③ 在欧美文明面前,自惭形秽的敬畏心理在滋长。其心态正如福田德三所描述的那样:日本人"简直像乡下姑娘来到东京上野火车站,看到时髦的女郎,愈感到自己土里土气,恨不得钻进地洞里去。"④

固守传统并以此为荣的国学者、神官、僧侣等守旧派,对开化派热心于欧美文明的移植颇不以为意,义愤填膺地群起而攻之。国学者宾田正作分别给文明和开化扣上两顶大帽子:"文明就是肆无忌惮的骄奢淫逸","开化就是狂妄自大、不知廉耻",攻击开化派"奢谈文明以掩盖其浅薄并哗众取宠,宣扬开化是为了实现其野心"。神官渡边重石丸反对政府洋教解禁,抨击基督教"伤风败俗,其害甚于佛教几百万倍"。⑤ 僧侣佐田介石更不甘寂寞,自1874年起接连30余次上书政府,对移植欧美文明的各项举措大加指责。在其《建议条目宗旨书》中,佐田逐条批驳文明开化的举措说:席地而坐则正心平稳,坐洋椅使正心浮动而易受伤害;《断发令》损伤了"毛发的自然状态";鞠躬礼与传统礼仪不符,无礼之至;号召国民皆学的《学制》让农工商不务正业;改用国际公历造成耽误农时的混乱,等等。⑥ 守旧派之所以对移植欧美文明如此反感,首先是因为他们依然站在华夷观念、"皇国"意识上看待日本和欧美国家,认为"日本位于万国之东,乃阳气发生的中正之地";"西洋则是蛭子之国","崇敬商人如神"的"蛮夷"。其次,他们是从强调日本文明独特性的角度出发,否认引进欧美文明的必要性,认为:"日本自有日本的国体风俗,西洋有西洋的国体风俗",因此,西洋有西洋的开化,日本亦有日本固有的开化,文明开化并非为欧美所专有;日本的"文明即君王教化,开化即民俗改良","野无遗贤,朝无弊政,人民淳良,上下一致即文明开化"。⑦

---

① 柳田国男:《明治文化史》13,《风俗篇》,第434页。
② 辻善之助:《日本文化史》第6卷,春秋社,1950年,第263页。
③ 福泽谕吉:《民情一新》,《福泽谕吉全集》,第5卷,岩波书店,1959年,第10页。
④ 福田德三:《鼎轩田口卯吉全集第二卷解说》,《鼎轩田口卯吉全集》,第2卷,1927年,第9—10页。
⑤ 林屋辰三郎:《文明开化研究》,第261、527页。
⑥ 同上书,第533—535页。
⑦ 同上书,第260、249、533、232、261页。

然而,19世纪70年代后期,当文明开化的热度开始减退后,在民族主义、国家主义浪潮的推动下,唯我独尊、独美的国粹主义逐渐取代了对全盘欧化的热衷。这种情景如同福泽谕吉所说,以前人们"只以输入西洋新鲜事物、排斥日本的旧弊为目的,简直是把文明切开来分节卖光。到了明治七八年,世态渐渐稳定,人们的想法逐渐成熟"。① 田口卯吉评述80年代社会风气转向时,也敏锐地发现:"近来,世人逐渐感到:不能总是说日本的东西一无是处,应该发挥日本之长,增进日本的文明。稳重的人说:学习外国技艺必须以我为主;激烈的人则说:日本男儿岂能事事屈居外国!"②

国粹主义的兴起,固然与福泽、田口所谓世人思想成熟、民族自尊心抬头有关,但其诱因远比这些说法复杂。仅以国粹主义团体成立前一年在日本发生的大事,不难看出某些端倪。1887年2月,政论家德富苏峰与史学家山路爱山、竹越与三郎等组成编辑部民友社,发行《国民之友》杂志,宣扬平民欧化主义、自由主义和民族主义,赢得大批追随者。自同年4月起,首相伊藤博文亲自出面,邀请各国驻日使节及其夫人在英国建筑师康德尔设计并在1883年建成的欧式宾馆鹿鸣馆,通宵达旦地举行化妆交谊舞会,借以显示日本的文明进步。与此同时,外相井上馨在第26次修改条约的谈判中,以两年内对外国人开放内地、按照欧美法规制定日本法律和任用外国法官及检察官为让步条件,要求取消领事裁判权。消息被披露后,引起轩然大波,7月农商务相谷干城愤而辞职,迫使井上宣布无限期推迟谈判。10月,后藤象二郎组成丁亥俱乐部,发起大同团结运动;12月,2府18县的民权代表聚会东京,要求元老院接受减轻地租、言论集会自由和纠正外交失策等要求。概言之,上层的畸形欧化方针、下层的平民欧化呼唤、屈辱外交的失败和民权运动的余波再兴等多种因素相互交织,刺激固守日本文化传统立场的民族主义者,抨击时尚的欧化主义和自由主义,通过阐释并弘扬日本优秀的独特性来增强自信心和自豪感,从而维护国家的独立和民族的自主性。

国粹主义的代表人物主要有:三宅雪岭、志贺重昂、陆羯南、井上圆了、岛地默雷、杉浦重刚、菊池熊太郎、宫崎道正等。其中,三宅、志贺和陆等三人被视为国粹主义的理论家。他们以1888年4月创刊的杂志《日本人》或1898年2月改名的报纸《日本》为舆论阵地,主张改革内政,建立立宪体制和责任内阁制;扩大言论、集会、结社的自由;保护和振兴养蚕业等传统民族

---

① 《福泽全集》第1卷,《绪言》,时事新报社,1898年,第89页。
② 福田德三:《鼎轩田口卯吉全集》第1卷,第291—292页。

产业,增进国力;在外交上采取强硬立场,在不损害主权的前提下,修改不平等条约;在思想文化上以我为主,兼收欧美文化之长,走自己的发展道路等。在这个意义上说,国粹主义并非守旧保守,而是主张对照搬照抄欧美模式的做法加以调整,强调走具有日本特色的近代化道路。

一般认为,国粹主义一词,来自主笔志贺重昂在《日本人》1888年第2期上疾呼"事关日本前途之国是,必须确定国粹保存旨义"的"国粹旨义"句。① 因此,通过了解志贺,就不难把握国粹主义的基本脉络。归纳起来看,志贺的国粹主义的基本论点是:

(1) 主张以国粹主义为指路标,探讨符合日本国情的近代化发展方向。在《日本人》的创刊词中,志贺强调"目前,最为紧迫和重要的问题,莫过于选择适合日本人民的想法和日本国土各种环境的宗教、美术、教育、政治、生产等各项制度,以决定日本人民现在和未来的走向","奠定稳固坚实的大日本国基"。② 为此,必须弘扬能够指引方向的国粹主义。志贺在《日本人》第2期上发表的《所抱宗旨之告白》一文中,将"国粹"(nationality)解释为:"所谓国粹,即顺应日本国土各种环境之感化及化学反应而孕育、生长和发展之物,是大和民族千古万古遗传、醇化而成的。对于最终延续至今的国粹,应该促进和鼓励其发展和壮大,使之成为大和民族现在及未来进化改良之标准和根本";强调"吾辈所抱之大旨义,即首先以日本国粹为精神,然后相机决定其他进退取舍";"无论如何变化,'保存国粹'应为应变之标准,此乃不可颠覆之大原则","在选择日本宗教、德教、教育、美术、政治、生产制度时,应以'保存国粹'为演绎之大义"。③

(2) 坚持以我为主,有所选择地吸收欧美文明,反对不加区别地追随欧美。志贺在《所抱宗旨之告白》中,提出了"日本开化"的新概念,即"我日本应以我'国粹'为精神和骨髓,使之成为大和民族现在及未来变化、改良之标准和基础,尔后摄取外来文明之长处和妙处,从而形成'日本的开化'",强调以我为主,兼取欧美文明的立场。在《日本人》第7期上发表的《大和民族之潜在势力》一文中,再次强调了"保存国粹"的本义,即"即使输入西洋文明于日本,也不能听任其主导一切,而应以日本开化为主,西洋开化为辅。换言

---

① 《日本人》第2期,1888年4月18日。
② 《日本人》创刊号,1888年4月3日。
③ 《日本人》第2期,1888年4月18日。

之,既输入西洋之开化,也要将其同化于日本"。① 志贺不赞成民友社德富苏峰的平民欧化主义,抨击伊藤"新建以虚饰为目的的宏大华丽的建筑物,修缮无用之道路,学习跳舞,举办化装舞会"等"涂脂抹粉主义",指责这种"轻视本国的思想"在"逐渐孕育了事大主义"。②

(3) 强调自尊自主自立精神,以维护"国体",伸张国权。志贺们提倡"保存国粹"的口号,受到舆论的质疑或指责。作为回答,志贺在《日本人》第11期上发表了《吾辈同志所奉行之主义》中,重申了政教社所主张的国粹主义。志贺说:"一个国家处于各国之间,要维持其国体、伸张其国权,就如同一个身处社会中欲立身腾达的人,需要信奉一定的主义为其行动方针。一个人立身腾达的最大秘诀是量力而行地走自己的路,在于保持自尊自重的风气。因此,作为政治家也应该执行一定的方针政策,使一国不失自尊自重之气象,根据本国的实力来应对各国。"他反复强调说:"一个国家如果缺乏自主自立精神,就难免受到他国的轻侮,不能维持其国体。因此,如欲成为特立独行而无愧天地之人,就需要涵养自身生而俱来的特别能力,发挥其创造能力,不以模仿他人,拾人牙慧为满足。作为一个国家,如欲永远保持其品性,就必须扶植其特有之长处,维护其独立。"③ 在《日本人》第23期中,志贺更将其主张概括为"今天,我日本民族已无必要受其他民族掣肘,应该使自身的思想自由自在,勿步其他民族后尘,要走自己的路"。④

(4) 宣扬日本优越论和侵略思想。1894年10月,志贺的代表性著作《日本风景论》出版。此时,甲午中日战争正在进行中。于是,一部论述日本自然景观的著作变成了鼓吹国粹主义的政论书。通过对日本自然风光、地质地貌乃至动植物的讴歌描述,志贺颂扬日本的景致具有潇洒、优美和跌宕等三大独特之美,而将中国、朝鲜的景物尽情加以贬斥,借以论证日本天然环境和国民性的无比优越,归纳出"日本是亚洲的前辈国,开发亚洲人文乃是日本人天职之所在"的"扩张有理论"。⑤ 在甲午战争过后的第三版《日本风景论》中,出现了下列文字,即"如今我皇国版图已经扩张到台湾岛,热带圈的景象也因此被纳入日本风景中。在不久的将来,山东半岛也将被纳入我皇国版图之中。山东是中国人古往今来所仰望的'岱岳'泰山的所在地。

---

① 《日本人》第7期,1888年7月3日。
② 《日本人》第2期,1888年4月18日;《日本人》第5期,1888年6月3日。
③ 《日本人》第11期,1888年9月3日。
④ 《日本人》第23期,1889年3月3日。
⑤ 志贺重昂:《日本风景论》,岩波书店,1995年,第326页。

我们由此将可以描绘新山河的烟云水光,以丰富《日本风景论》的材料",例如,可以将台湾的最高峰玉山"改名为'台湾富士',山东的泰山可以改称'山东富士'"云云。① 在这里,"日本风景"成了帝国扩张版图的同义语。由国粹主义而导致民族优越论并进而结归为殖民扩张论,其中的奥妙值得深入研究。

集合在1895年1月创刊的月刊杂志《太阳》的高山樗牛、坪谷善四郎、浮田和民等日本主义者,对鼓吹帝国主义侵略思想也格外热衷。高山关注甲午战后日本在世界的地位和命运,鼓吹帝国主义侵略和殖民扩张论。1899年3月在《太阳》第2期上著文《帝国主义与殖民》,强烈要求推行盎格鲁撒克逊帝国主义和殖民主义,称"在我等看来,扩张殖民事业乃国民性情的正当发展",强调"凡是未将其领土及殖民地膨胀与未厉行帝国主义的国家,必然衰亡","我日本民族对获取的新领土台湾","必须遵奉盎格鲁撒克逊的帝国主义",因为"人道是英国人的理想,人类相爱之大义乃英国人的殖民政策也"。② 在高山的笔下,殖民扩张被解释成"正当"的行径,甚至被美化成"人道"、"人类大义",等等。

当然,也有研究者从整理国粹旧物的学术立场,埋头著述。平出铿二郎在1899年出版《东京风俗志》上、中、下三卷,分别记述东京的自然环境、市政建设、人情道德、宗教信仰、节庆、家居杂具、婚丧嫁娶、歌舞音乐、游戏赏玩等内容,并配以插图,文图并茂地记述民间尚保留着的国故风俗。编著的目的,则如作者自述:"风俗乃社会人心的表征",由于甲午战争后,日本"社会变迁日新,人情风俗月异",故"自去年春天以来,偷闲整理资料,去粗取精,分门别类加以综述,而成东京风俗志",使之得以传诸后世。③

二 从鼓吹人权自由转向尊崇皇权至上

借助于开港后从欧美国家输入的天赋人权、平等自由、自主自治、人民权利等思想启蒙新观念,明治初年文明开化风潮愈演愈烈。其所以如此,固然与政府自上而下的政策引导有关,更重要的是社会精英、上层人士对弃旧

---

① 志贺重昂:《日本风景论》,岩波书店,1995年,第319—320页。
② 《樗牛全集》第4卷,博文馆,1904年,第513—514、521页。
③ 明治文化资料丛书出版会:《明治文化资料丛书》第11卷,《风俗篇》,风间书房,1972年,第16页。

图新、文明开化的认识的一致。

1870年11月,曾经率领官军平定号称"天下屈指可数的雄藩"会津藩的板垣退助回忆,此战危急时刻,能够舍命死战者,"只不过是五千士族,农工商等庶民皆荷担逃避",认为这是会津藩"上下隔离,相互不能苦乐与共所致"。上下之所以隔离,则是由于"未能集中全体国民的力量,只依靠一个阶级的力量"。因此,"欲使我帝国屹立于东海之滨,谋划富国强兵,必须上下和谐,举国一致,以施展经纶"。为此,就必须"使得国人不分阶级,知晓自己乃宝贵之灵物,鼓励其精熟各自的知识技能,给每个人自主自由之权,实现其所有志愿",通过"创立人民均等之制度","同求富强之道"。① 1874年4月,立志社的《立社宗旨》旗帜鲜明地宣布:"我等皆为日本帝国的人民,三千多万人民尽皆平等,无贵贱尊卑之分,应各自享有其一定的权利,以保存生命,维护自主,尽职尽责,增进福利,是为独立不羁之人民";强调"保有人民的权利,而成为自主独立之人民,方可与欧美各国自由之人民相交相比";"这种权利不是权威所能夺取,不是富贵所能压制,这是上天平等地赋予人民的,也是人民所愿意保有的";认为"人民如欲真正保有这种权利,就应该先实行自治","欧美人民之所以独能雄视宇内",就是因为有"自立的风气","如果我们真要努力使我帝国昌盛,就应该先实行自治,以谋自立"。实现自治、自主的关键是人民不能"过于依赖政府",并且应该树立正确的政府观,即"政府是为了保全人民的权利而设立的,它完全为人民服务的。所以欧洲有一句话,政府官员是公仆,如果这样说,人民就是国家的根本"。② 1875年2月22日,爱国社在《合议书》中强调"夫爱国者须先爱其身。若推广人人各爱其身的通义,则相互须和睦交往。其和睦交往中,必先集合同志,举行会议。今日召开此一会议,相互开展研究协商,以伸张各自之权利,尽人之本来的义务,此乃小可以保全一身一家,大可以维持国家之道"③。在民治、自主等欧美自由思想的鼓舞下,自由民权运动兴起,找到了"伸张人民权利"的政治形式,即设立民选议会。

虽然岩仓具视、大久保利通政府敌视自由民权运动,但为争夺群众,也祭起"人民代表"、"公益幸福"等法宝,与民权运动展开对抗。1874年5月2日,大久保们以天皇睦仁的名义,颁布了设立地方官会议的《诏敕》,宣称:

---

① 板垣退助监修:《自由党史》上卷,第29—31页。
② 同上书,第138—140页。
③ 同上书,第158—159页。

"朕基于践祚之初、向神明宣誓之旨意,渐次对此加以扩充,召集全国人民的代议人,以公议舆论制定法律,开通上下协和、民情畅达之路,使全国人民各安其业,以期使之通晓有承担国家重任的义务。故欲首先召集地方长官,使之代表人民、协同公议,即颁布议院宪法。各员皆须遵守之!"云云。① 1875年6月20日,地方官会议正式开幕,睦仁车驾亲临,宣诏称:"朕经国治民实属不易",希望会议参加者"专门为众庶图公益,则斯会将开辟国家无限幸福之端"。议长木户孝允则在答复书上,表示"若能图众庶公益于万一,则不止勿使圣旨归于空虚,也足以知晓会议之实效",云云。② 甚至复旧派的总帅、左大臣岛津久光在攻击政府新政时,也以"人民"代言人的姿态出现。在同年10月19日的上书中,强调"夫政治之要,在朝议和谐一致与保安万民",指责太政大臣三条实美等内政外交的举措"不顾国家颓废,无保护人民之实"。③ 尽管民权派、政府开明派官僚和守旧派官僚之间存在着各种不同的立场,但在使用"人民"、"公益"、"幸福"等来自欧美的新概念等方面,却真真假假,竞相运用。包括民权派在内的社会精英对"人民"的理解不尽相同,甚至把人民与士族等同起来,但在19世纪70年代的多半时间里,皇权至上的观念并未占据社会思潮的主流地位。

与此同时,在镇压民权运动的过程中,宣扬崇敬天皇和皇权至尊至上的运动也在进行。加入这场运动的势力形形色色,从天皇本人、侧近侍臣、维新官僚,到反政府的民权派、思想启蒙家、右翼浪人乃至国粹主义者、神官僧侣,等等。

天皇睦仁在1868年8月在京都即位时,年方16岁,不过是操纵在武力倒幕派手中的政治傀儡。1871年7月废藩置县后,维新官僚按照推行新政的需要,实行宫中改革,大量裁减天皇身边的旧公卿和女官,派遣新田村八、山冈铁舟等剑客教授击技马术,养成刚健的武士气;在让儒学侍讲元田永孚向其灌输君臣名分论的同时,也派洋学者西村茂树讲解法国典章制度,由加藤弘之讲解德国法律,由福羽美静讲解《西国立志篇》,学习欧美政治领袖的治国经验,成为维新官僚拥戴的君主。1878年,年已26岁的睦仁亲政。针对方兴未艾的自由民权运动,天皇一面约束自由主义公卿西园寺公望,使其脱离倡导民权运动的东洋自由新闻社,支持发布钳制集会结社自由的《集

---

① 板垣退助监修:《自由党史》上卷,第148页。
② 同上书,第172页。
③ 同上书,第188页。

会条例》、《新闻条例》，打击民权运动，一面率领群臣，在大批扈从的严密保护下巡行全国，参拜伊势神宫和历代天皇陵，奖励节妇孝子、接见各地名门大户，炫耀天皇的恩威，在国内掀起崇拜皇权的热潮。天皇车马路过之后，当地居民竞相收藏马车碾过的砂土，视为吉祥物品，带回家中供奉。此后，天皇与侧近势力和维新官僚密切合作，颁布《军人敕谕》、《大日本帝国宪法》、《教育敕语》等，树立"神圣不可侵犯"的最高君主形象。

宣扬皇权至上的天皇的近臣，以睦仁的儒学师傅、侍讲元田永孚为代表。元田原本为肥后国熊本藩的武士，在藩校时习馆苦读儒经，1841 年与名士横井小楠等组成研读韩国朱子学派退溪学的团体"实学党"，君臣大义名分论观念根深蒂固。自 1861 年起，追随藩主细川庆顺参加政治活动，当上了统领藩主亲兵的"小姓头"、用人兼奉行。1870 年任藩主的儒学侍讲，主持藩政改革。1871 年 5 月应召入仕宫内省，担任侍讲。同年 6 月开始为睦仁进讲《论语》，至 1891 年 1 月病逝，充任天皇的儒学讲师近 20 年，深得睦仁的信任，先后出任过宫中顾问官、枢密院顾问官。在此期间，元田参与制定了多个教育文件，系统宣扬忠君爱国、皇权至尊观念。1878 年 5 月，利用大久保利通被刺杀之机，联合佐佐木高行等发起天皇亲政活动。1879 年 7 月，元田秉承天皇的旨意，起草了《教学大旨》，强调维新以来只注重知识才艺，热衷于文明开化，忽视仁义忠孝，一味倾心于西洋，结果造成道德恶化，风俗紊乱，忘掉了君臣父子的大义；因此，必须重申"祖宗的训典"所阐明的"仁义忠孝"德目，"道德之学以孔子为主"，其他"各科之学"任由自选，从而保持"日本独立的精神"，免受外国人侮辱。① 元田从教育方针入手，否定《学制》的个人功利主义指导思想，主张恢复传统的儒学仁义忠孝理念，甚至将儒学确定为国教，与开明派维新官僚争夺文教政策的领导权。1881 年元田撰成以宣扬忠孝、顺从为教育宗旨的《幼学纲要》，1882 年 2 月以敕谕的方式颁布。1890 年与井上毅等制定《教育敕语》，将崇敬皇祖皇宗、克忠克孝的教育方针贯彻于教育之中，培养"辅翼天壤无穷之皇运"的臣民。

元田的复旧观点受到开明官僚的反击。1879 年 9 月，伊藤博文将驳斥元田否定维新变革的《教育议》上呈天皇，认为在改革中出现风俗紊乱在所难免，不能因噎废食而放弃开明政策。但由于开明官僚也是皇权的崇拜者和受益者，因此，当元田针对伊藤的《教育议》发表《教育议附议》，以国体论的皇权至尊为据，强调"敬承天祖之心，再加上儒教"就是"国教"，说"今日的

---

① 近代日本思想史研究会编：《近代日本思想史》第 1 卷，商务印书馆，1983 年，第 123—124 页。

国教无他,复古"而已时,伊藤也只能在皇权面前退缩,最终选择了沉默。①1880年元田起草《国宪大纲》,试图将"国教论"塞入制宪原则,受到开明派官僚的抵制。从1882年山县有朋制定并以天皇名义发布的《军人敕谕》,把效忠天皇列为军人的第一德目,到1890年井上毅与元田永孚制定《教育敕语》,将"列祖列宗肇国深远"和"我臣民克忠克孝"视为教育的源泉,到伊藤博文、井上毅等起草《大日本帝国宪法》,规定天皇"总揽统治权"、"神圣不可侵犯",把国民一律纳入"臣民"行列,当权者众口一词,竭力标榜皇权至上。

在野的民权派人士虽然反政府,却从未否定皇权。自由党最为激进,也主张在"扩充自由"的前提下,建立君民共治的"立宪政体",为天皇保留了应有的政治地位。立宪政党的基本主张与自由党接近,同样突出皇权至上理念,立党宗旨强调"弘扬天皇宸旨,以增进皇室的尊荣光辉、推进国人的权利幸福为志向"。立宪改进党偏于保守,建党宗旨将"维护王室的尊荣与保全人民的幸福"作为第一条纲领提出。② 政府的御用政党立宪帝政党更以宣扬皇权至上为立党宗旨,其党纲标榜"内以维护万世不易之国体、巩固公众之康福权利,外以扩展国权、在各国面前保有国家之光荣",主张"宪法由圣天子亲裁","皇国之主权由圣天子独揽"。③ 各民权派政党在承认皇权至上的程度上,存在某种差异,但无一不将天皇与立宪政体联系在一起。皇权与民权并行,这是民权运动以人权自由起步却最终匍匐于皇权至上,在客观上成为近代天皇制催生婆的重要原因之一。

曾经参加过民权运动,后来分道扬镳的右翼浪人,是来自民间的皇权至上主义的别动队。1881年2月,原福冈县民权派团体向阳社(1878年成立)改名为玄洋社,平冈浩太郎任社长。玄洋社的"玄洋"两字,取自九州北海岸的玄洋滩,含义是不忘越过玄洋滩,冲向亚洲大陆。玄洋社以"拥戴皇室"、"钟爱日本"、"维护人民权利"为3项宗旨,④ 虽保留了一些民权派的要求,但明显倾向于皇权主义和国权主义。1901年2月,平冈浩太郎的侄子内田良平创建了以头山满为顾问的黑龙会,鼓吹"从事以黑龙江为中心的大陆经营大业"。建会宗旨声称:"兼顾东亚大局和帝国天职,为挫败西力东渐之势,实行振兴东亚之经纶,当务之急是首先与俄国交战,将其从东邦击退;尔

---

① 近代日本思想史研究会编:《近代日本思想史》第1卷,商务印书馆,1983年,第126—127页。
② 板垣退助监修:《自由党史》中卷,第80、88、99页。
③ 同上书,第102页。
④ 木下半治:《日本右翼研究》,现代评论社,1977年,第53页。

后奠定将满洲、蒙古、西伯利亚合为一体的大陆经营之基础。"① 黑龙会的纲领共 5 条,即(1)"立志弘扬肇国之宏略,阐明东方文化之大道,以期亲和东西文明,使我国成为亚洲民族振兴之领导者";(2)纠正"无视宪政本意等百般弊端,以期发扬天皇主义之妙谛";(3)"振兴外交,以图向海外发展","改革内政,增进国民福利,确立社会政策,解决就业问题","以期巩固皇国之根基";(4)"遵奉《军人敕谕》之精神,振兴尚武风气,实行举国皆兵,充实国防机构";(5)"彻底改变模仿欧美之现代教育,建立基于国体渊源的国民教育基础",等等。② 建会宗旨从皇祖列宗的"肇国之宏略"开始,到"国体渊源"收尾,强调"发扬天皇主义"、"巩固皇国之根基",在对天皇无限尊崇与颂扬声中,将皇权至上的天皇中心主义奉为建会的灵魂。如同当年身份不高的中下级武士利用"尊王"旗号走上政治舞台一样,以国士自居、文化水平有限的右翼浪人,同样以皇权主义作为混迹政坛的精神支柱,反映并代表了一部分热衷于对外扩张的社会中下层的利益和要求。

位居社会上层,不乏知识头脑和眼光的启蒙派官僚。西村茂树等人,善于利用欧洲合理主义、近代性来装扮皇权至上理念。西村原为佐野藩武士,1851 年师从著名洋学者佐久间象山,学习西洋兵法炮术,钻研兰学。1861 年入手冢律藏之门,改学英国学。1873 年加入启蒙思想知识分子沙龙团体"明六社",入仕文部省为教科书编纂课长,1875 年担任过天皇的西欧政治制度侍讲,1876 年在东京创设修身学社,1884 年更名日本讲道会,亲任会长。西村对欧风美雨造成的社会人心浮躁轻狂心怀不满,多次举行演说会,痛加批判。1886 年出版《日本道德论》,主张利用孔德的实证主义和功利主义哲学来改造儒学传统伦理,再以仁智勇重塑国民的品德,注入忠于皇室的德育核心内容,以此奠定日本人的道德基础。西村特别强调"忠孝之教",因为它是维护万世一系的皇位,"端正君臣的地位,美化国民的风俗"的万应灵药,并非其他说教所能企及。西村的《日本道德论》对新政有所抨击,受到首相伊藤的指责。西村后来对某些文字作出修改,获准发行。文部相森有礼却因其有利于强化皇权而大加赞赏,认为"经过文部省审定后,可以作为中等以上学校的教科书"。③ 这样,经过思想启蒙家修饰过的道德论,成为鼓吹效忠皇室、皇权至上主义的另一个来源。

---

① 黑龙会:《东亚先觉志士记传》上卷,原书房,1977 年,第 678 页。
② 木下半治:《日本右翼研究》,第 57 页。
③ 近代日本思想史研究会编:《近代日本思想史》第 1 卷,第 132、128 页。

国粹主义者也是鼓吹崇拜天皇的"国体论"的热心倡导者。1888年11月,政教社成员菊池熊太郎在《日本人》杂志第16期上,发表了题为《国粹主义的依据》,在解释国粹主义概念时,强调国民对皇室的感情才是真正的国粹主义。在菊池看来,日本的陶器、漆器、和歌、丝绸和奈良的大佛等,都称不上是日本的国粹。由于"国粹是一国所特有"并为"他国无法模仿之物",因此,"除了国民对帝室的感情之外,即无其他国粹可言,没有吾辈决心保存助长的国粹,没有吾辈所说的能立足万国之间,维持国体、发挥国光之国粹。这种国粹,始于二千五百四十八年前神武天皇即位之日,至今日越来越坚固,将来也会越来越发展";他强调:"在日本人所具有的各种特性之中,唯此感情最悠久,势力最强大,且令外国人难以模仿。"① 虽然菊池所说并非事实,但他的"帝室感情论",集中体现了国粹主义者的立场。

在明治中后期宣扬皇权至上的热潮中,佛教和神道僧侣神官等直接影响下层国民的宗教势力也被动员起来,宣扬皇权至上和效忠天皇。佛教为了自存自立并重新获得政府庇护,分外积极地开展宣扬"王法佛法不离"、"神主佛从"的国民教化活动。1872年3月,新成立的教部省公布了"体会敬神爱国宗旨"、"阐明天理人道"和"奉戴皇上,遵守朝旨"等3项宗教教规。② 佛教各宗立即行动起来,主动建议成立大教院,根据教部省的3项教规,佛教各宗设计了培训僧职人员的《十一兼题》和《十七兼题》。前者研讨并宣讲"神德皇恩之说"、"爱国之说"、"君臣之说",后者则包括"权利义务之说"、"文明开化之说"、"皇政一新之说"、"各种政体之说"、"皇国国体之说"、"租税赋役之说"、"富国强兵之说"等。③ 在这个过程中,神道诸派自不待言,佛教各宗无不为宣扬皇权至上主义而竭尽全力。总之,通过上述各种力量所形成的合力,终明治一代乃至二战战败,崇敬、效忠天皇的皇权至上主义迅速压倒了人权自由主义,成为社会思潮的主流。

三 对华观由和平友好转变为轻蔑敌视

19世纪60—90年代,日本社会思潮中对华观的变化明显。以60年代幕末改革、70年代明治维新进入高潮、80年代中日围绕朝鲜半岛对立加剧、

---

① 《日本人》第16期,1888年11月18日。
② 近代日本思想史研究会编:《近代日本思想史》第1卷,第139—140页。
③ 同上书,第140页。

90 年代中日甲午战争等 4 次影响深远的历史事件为分界,经历了从和平友好到轻蔑敌视的转化过程。作为灵敏反映包括对华观在内的日本社会思潮演化过程的晴雨表,以福泽谕吉中国观的变迁最为典型。以其为例,不难看出 30 年间对华观变化的轨迹。

19 世纪 60 年代,日本处于社会转型的动荡年代,急需为新时代寻找前进方向。福泽谕吉举起探索"西洋文明"的旗帜,以"促进日本国民转变并早日进入文明开化之门为唯一目的",① 笔耕文坛。60 年代中日两国之间尚无任何外交冲突,共同面临着欧美列强的殖民威胁。因此,福泽在正面大声疾呼学习西方的同时,也以中国的沉沦为研究的重点课题。从 1860 年注释中国学者了卿编著的英汉词典《华英通语》,到 1869 年编译各国概况手册《世界国尽》,整个 60 年代,福泽先后出版了《唐人往来》、《西洋事情》、《西洋旅行导游》、《清英交际始末》等著作,程度不等地显现了他在当时的中国观。概言之,其中国观与幕末日本人对华友善的传统立场别无二致。例如,福泽对中国的称谓多沿用江户时代"清国"、"中国"、"唐"、"唐土"等习惯称谓,在出现"支那"的场合,也都附注读做"kara"的假名,使其读音和语义与"中国"、"唐"等称谓相同。这与后来将"支那"的发音读作含有贬义的"shina",是完全两回事。

对中国的风土人情和传统文化,福泽尚怀友善、尊敬和钦佩之情。在《世界国尽》中,福泽介绍中国说:"亚洲一大国,人民众多,国土辽阔";"自远古陶(唐)虞时代以来,历经四千年,重仁义五常,人情风俗淳厚,闻名于世";称赞孔子"是著名学者,门徒辈出,所著之书传诸后世,不仅在支那,而且在日本均称孔子为圣人,以示尊敬"。② 他对鸦片战争起因的分析大体公正,认为鸦片"毒害人体,食用无益并徒费钱财,于国家不利。支那官员欲禁止鸦片买卖,但英国商人拒不听从",于是林则徐愤而销毁鸦片,英国"指责未经谈判、辨明是非就销毁英国商人的货物",出兵进攻中国。③ 对清朝战败的原因进行分析,也不乏真知灼见,指出制度原因是"文明开化后畏缩不前,风俗渐衰而未修其德,不去研究新知识,妄自尊大而不知天高地厚,暴君听任污吏恣意驱使下民,恶政难逃天惩"④;思想原因是"清人耳目所及甚狭,

---

① 《福泽谕吉全集》第 1 卷,《绪论》,时事新报社,1898 年,第 33 页。
② 《世界国尽》1,《福泽谕吉全集》第 2 卷,第 3—5 页。
③ 《西洋旅行导游》(上),《福泽谕吉全集》第 1 卷,第 20—21 页。
④ 《世界国尽》1,《福泽谕吉全集》第 2 卷,第 3—5 页。

辙迹所至之处甚少,不知英国之富强而妄自蔑视之,未将其视为劲敌而自夸为华夏,称英国为夷狄,行动反复无常,轻启衅端却每战必败"①。在福泽的言论中,"反复无常"、"轻启衅端"、"天惩"等看法,显然有悖欧洲列强蓄意侵华的事实,但指出清政府以天朝自居、不思进取、国内吏治混乱、恶政丛生等,倒也点破了问题之所在。对衰落中的中国,福泽还流露出友善的邻国连带意识。他并非虚伪地说:鸦片战争后的中国"兵益弱,国益贫,至今委靡不振,实在令人哀伤";同时强调,鸦片战争"虽似乎与我国无关,但两国毕竟是唇齿相依的邻国,岂能不知晓其始末端详",告诫日本人"切勿掉以轻心"。②

19世纪70年代,明治维新在自由民权运动、不平士族叛乱、农民暴动等反政府高潮中,艰难进行。与此同时,1873年国内盛行"征韩论",1874年兵犯台湾,1875年制造"云阳"号事件,1876年将第一个不平等条约《日朝修好条规》强加给朝鲜,1879年吞并琉球、置县冲绳,东北亚进入多事之秋。在内政与外交的两难选择中,大久保政府不断制造外交冲突,以转移国内的斗争视线。在这种背景下,福泽出版了《劝学篇》、《文明论概略》、《通俗国权论》、《通俗民权论》等一批影响巨大的著作。面对国内官权与民权、官与民之间的冲突难以调和的现实,福泽认为国内冲突的长期化"对国家最为不利",强调"医治之法,唯有使官民调和"。③ 作为政治上的"官民调和论"在文明论中的延伸,福泽主张儒学洋学调和论,以"安内竞外",扩张国权。这些新的思考角度,直接制约着福泽70年代的中国观。

1871年中日缔结了《日清修好条规》,规定两国缔约后"倍敦和谊,与天壤无穷";"必须彼此相助,以敦友谊"。④ 1874年清政府糊里糊涂作出让步,解决了日本兵犯台湾问题,两国暂时相安无事。中日关系喜忧参半的现状,对福泽的中国观产生了两方面的影响:一方面,福泽仍然对中国给予正面的评价,认为"古代中国,确有礼义君子而且有不少事情是值得称赞的,就是今日,仍然有不少这种人物",洋务运动表明"中国也毅然要改革兵制,效法西洋建造巨舰,购买大炮","近来也派遣了西洋留学生,其忧国之情由此可见"。另一方面,则对中国存在的问题不乏讥讽,认为中国和日本一样,在文明的发展程度上,仅仅是"半开化国家",即"内部则缺欠太多:文学虽盛而研

---

① 《清英交际始末·序》,《福泽谕吉全集》第2卷,第1页。
② 《福泽谕吉全集》第2卷,《序》,第1页;《世界国尽》,第1—2页。
③ 《福泽谕吉全集》第1卷,第93页。
④ 日本外务省编:《日本外交年表及主要文书》上,原书房,1972年,第45页。

究实用之学的人却很少;在人与人的交往中,猜疑嫉妒之心甚深,但在讨论事物的道理上,却没有质疑问难的勇气;模仿性工艺虽巧,但缺乏革新创造之精神;只知墨守成规不知改进"。① 在对中国的国家定位上,福泽断然否认了"中国乃礼仪之邦"的传统观念。他说:"中国不能叫做礼仪之邦,而只能说是礼仪人士居住的国家。"② 在否定中国是"礼仪之邦"的传统观念之后,福泽意味深长地说了这么一段话:"人的思想动态,可以说是千变万化,朝夕不一,昼夜不同。今日的君子可以变为明日的小人,今年的敌人,也可以变为明年的朋友。变化愈出愈奇,如幻如魔,既不可思议,也无法揣摩。"③ 福泽的观点,预示了中日关系演变的不祥前景。

笃信弱肉强食观念,热衷于宣扬强权政治通则,对福泽中国观的变迁产生了重要的影响。福泽说:"各国交际之道只有两条:消灭别人或被别人消灭",因为"百卷万国公法不如数门大炮,几册友好条约不如一筐子弹。拥有大炮弹药并非为主张道理所准备,而是制造无道理的器械。"④ 作为日本安内竞外的应急之策,福泽主张在"国内开展民权,对外扩张国权",两权并行不悖,但扩张民权的最终目的仍在扩张国权。⑤ 为唤起国权意识,福泽鼓吹制造武力冲突,因为"振奋一国民心,感动全体的方便之法,莫如对外战争"。外战的首要目标是韩国,福泽说:"1700 年前神功皇后征伐三韩,丰太阁出师已经过去了 300 年,人民对此尚不能忘怀。至今日,世上所有征韩论足以证明日本人民追念千百年之古代而不忘其荣辱。"⑥ 福泽还把英法俄国、南美诸国、泰国和越南列为用兵对象国,避免提及中国;但又认为英法俄等国不可敌,南美诸国路途遥远而不可取,泰越等国不次于日本,唯独把外战的矛头指向韩国。韩国是中国亲密的邻邦,侵略朝鲜半岛,势必引发中日之间的武装冲突。因此,虽然中国尚不在福泽外战的名单内,但刻意宣扬"征韩论",实际上已经将中国视为潜在的敌国,这种扩张论为其在 19 世纪 80 年代中国观的剧变,留下了伏笔。

80 年代,是福泽谕吉中国观发生根本性变化的关键时期。其间,尤其以 1884 年中法战争爆发和朝鲜半岛的局势动荡为分界线,改变了福泽的中

---

① 福泽谕吉:《文明论概略》,商务印书馆,1982 年,第 43、12、9 页。
② 同上书,第 43 页。
③ 同上。
④ 《通俗国权论》(前篇),《福泽谕吉全集》第 4 卷,第 51—52 页。
⑤ 《通俗民权论》,《福泽谕吉全集》第 4 卷,第 3 页。
⑥ 《通俗国权论》(前篇),《福泽谕吉全集》第 4 卷,第 14、18 页。

国观。在1884年之前,福泽视中国为值得日本重视和交往的强大竞争对手,在其中国观中敬畏心和蔑视感兼而有之。1884年之后,敌视、蔑视乃至侵略等观念成为其中国观的主要内容。

1884年之前,造成福泽对中国犹存敬畏之心的静态原因是:中日两国国土、人口和物产比例的悬殊。福泽说,若在世界地图前比较中日两国,日本"乃区区蜻蜓一岛国",中国"则是堂堂亚洲大陆一大国";① 动态原因是:中国的洋务运动声势浩大,"无疑将成为演习西洋利器的强大实验场",成为日本可怕的竞争对手,欧美将日益看重中国而使日本黯然失色,"足以使日本人灰心失望"。② 1882年朝鲜半岛壬午兵变时,清军迅速出动并平息事态,也使福泽产生敬畏之心,感叹"支那虽然古老,也是世界一大国,至少不可辱。世界出现对其表示尊重敬服的令人奇怪的情况,遂使我日本人也在不知不觉中,在内心出现敬畏支那的倾向"。③ 与此同时,福泽又对中国抱有轻蔑感。他认为中国"自负其国土广大而蔑视他国,数千年来迷信阴阳五行之妄说,放弃寻求事物真理原则","稍微企划的进步,诚不过是千万中的一小部分而已,不足以顺畅地将其推向全国";④ 较之日本改革的清新活泼,中国的落后方面,使他"内心暗自轻蔑,发出悯笑"。⑤ 敬畏心与轻蔑感反映在对中国称谓上,福泽在论著中忽而使用"大清"、"中国",忽而使用"支那"。此时的"支那"是充满贬义并读做"shina"的称谓,而且越来越多地出现在福泽论著中。

在敬畏心与轻蔑感矛盾心理支配下的福泽,在建构中日关系的框架时,同样处于矛盾状态。一方面,他看到了"西洋诸国以威势压迫东洋,其势如大火蔓延","当此之时,亚洲各国应同心协力,以防西洋人的侵凌",设想与中国等邻国结盟以对抗西方。1883年福泽著文,称"支那与日本是缔约的朋友国",表示希望中日友谊"地久天长"。⑥ 但在未来的东洋联盟中,"堪任盟主以阻挡西洋诸国者,舍日本国民又其谁也!"⑦ 另一方面,福泽又认为"不能轻轻忽略者,支那政府也",说清军在越南击败法军,"国民杀气高涨,

---

① 《福泽谕吉全集》第9卷,岩波书店,1960年,第414页。
② 同上书,第413、415页。
③ 《福泽谕吉全集》第10卷,第158—159页。
④ 《时事小言》,《福泽谕吉全集》第4卷,第131—132页。
⑤ 《时事小言》,第132页,《福泽谕吉全集》第9卷。
⑥ 《福泽谕吉全集》第9卷,第20页。
⑦ 《时事小言》,第127、131—132页,《福泽谕吉全集》第8卷。

又保有兵力"，日本人"必须想想支那人使用此有余兵力会在何方"，甚至勾画出中国"军舰径直游弋琉球海的奇观"，将中国视为假想敌国。①

1884年8月中法战争爆发，福建水师顷刻间覆灭于马尾军港；陆战的谅山大捷，却被一纸《巴黎停战协定》所全部抹杀。中国虽胜亦败、法国不胜也胜的荒谬结局，使福泽终于可以宣布"我日本人在今天对支那已不再有畏惧之心"，并进而指责那些认为"日支关系形同虞虢两国，唇亡齿寒、相互依存"的想法不过是"空想"，主张远离"与之为敌则不足惧，与之为友则精神上无益"的中国，理由是"所畏惧者唯西洋诸国，应交际者也只有西洋诸国而已"，②"脱亚入欧论"初现雏形。更有甚者，福泽居然在1884年10月写成的《东洋之波兰》一文中，替法国总理兼外长制定了《支那帝国分割方案》，将台湾和半个福建划归日本，并为"日本旗在其旧识之地飞扬"而感到由衷的满意。③

1884年12月，金玉均、洪英植等亲日开化派策动的甲申政变流产，加快了福泽向敌视、仇视中国立场转变的步伐。据身为福泽门徒并受其指派参与开化派夺权活动的井上角五郎透露，福泽不仅是政变"剧本的作者，而且亲自挑选演员、导演，提供道具，指挥一切"。④ 因此，甲申政变失败后，福泽接连在《时事新报》上发表《朝鲜事变》、《御亲征准备如何》等公开鼓吹对华开战的文章。福泽希望日军出动，"蹂躏支那四百余州"；鼓噪天皇御驾亲征，建议日本与法国联手夹击中国，要求日本人"或不惜性命、参军战死于北京，或不惜钱财、捐款充作军费"，支持侵华战争。⑤

1885年3月16日，《时事新报》发表了福泽的文章《脱亚论》，吹响了动员国民转换中国观、朝鲜观和欧美观的号角。福泽的文章开宗明义，首先鼓吹"日本优秀论"："我日本国土虽然位于亚洲之东，其国民精神却已经脱离了亚洲的陋习，转入西洋文明之中。"笔锋一转，竭力贬低中朝两国说："然而，很不幸的是日本近邻有一个曰支那、一个曰朝鲜的国家。""此两国不知个人或国家的改进之道，在交通至便的世界中，虽不得不去认识文明事物，却耳目闻见而不动心，眷恋古风旧惯之情无异千百年之古"，"无真理原则的见识"，"如傲然缺乏自省者"。福泽由此得出的结论是：其一，"谢绝"中朝两

---

① 《福泽谕吉全集》第9卷，第19—20页。
② 《福泽谕吉全集》第10卷，第32—33页。
③ 同上书，第51页。
④ 远山茂树：《福泽谕吉——思想与政治的关联》，东京大学出版会，1970年，第248页。
⑤ 《福泽谕吉全集》第10卷，第178页。

国的"恶友":"虽有辅车唇齿以喻邻国相助,但今天的支那、朝鲜对我日本国毫无帮助。在西洋文明人看来,因三国地理相接而时常被视为相同的国家,用评价中、韩的标准来看待我日本","其影响已成事实,的确间接构成我国外交上的许多障碍,可谓我日本国之一大不幸。"其二,侵略中朝,跻身欧美列强:"为今日之谋,我国不可等待邻国开明而期盼振兴亚洲,宁愿脱其伍,与西洋文明国家共进退,至于其对待支那、朝鲜的方法,也不必因为是邻国而要特别加以解释,只能按照西洋人对等两国的方法处理之。"①

《脱亚论》的论题中虽然没有出现"入欧"的字样,但"脱亚"就意味着"入欧"。"脱亚论"的真实含义是:日本跻身欧美列强,侵略中朝邻国。福泽提出"脱亚入欧论"并非偶然。在早年撰写的《西洋事情》、《世界国尽》、《文明论概略》中,福泽对欧美文明的由衷钦佩,成为其脱亚入欧的精神原动力。此后,随着中日朝矛盾的加剧,福泽历来坚持的"朝鲜内政干涉论"和"对华强硬论",构成其"亚洲改造论"的两大理论支柱。

19世纪90年代福泽的中国观,以敌视、蔑视、侵略中国为基调,并伴随其走过人生。1894年7月,中日甲午战争爆发。福泽兴奋异常,以日本国民领头人自居,组织报国会,在华族中开展募捐活动,带头捐献1万日元充作军费;还到处发表讲演,鼓动庆应义塾的学生上街游行,全力支持这场日本政府蓄谋已久的侵略战争,"其狂热劲头,连庆应义塾的同僚都倍感惊讶"。② 福泽不顾年事已高,在《时事新报》上发表《应一扫牙山的支那兵》、《日清战争乃文明与野蛮的战争》、《日本臣民的觉悟》、《旅顺屠杀是无稽之流言》、《关于外国人对日军举动的批评》等大量文章,鼓动战争,讴歌侵略。在文章和演说中,福泽要求日本人"要有战斗到男女老少全部玉碎乃至人种灭绝的决心","奖励报国之大义","以获胜为唯一目的"。他鼓动日军占领牙山后,攻入中国境内,"直捣北京";建议军部采纳他的"军略","以疾风迅雷不及掩耳之势,果敢进攻要害地区,蹂躏四百余州,加速其亡国"。为日军在旅顺的屠城暴行涂脂抹粉,指责欧美记者对大屠杀的揭露是"不了解当时情况的外国人的妄加评论"、"捕风捉影的误报","实在令人可笑";把侵略战争美化成"为人类幸福文明的进步而履行正当的天职",将战争的性质解释成"谋求文明开化者与妨碍进步者之间的战争","文明与野蛮、光明与黑暗

---

① 《福泽谕吉全集》第10卷,岩波书店,1960年,第239—240页。
② 安川寿之辅:《福泽谕吉的亚洲观——重新认识日本近代史》,香港社会科学出版社,2004年,第108页。

之战"。① 在民族主义、国家主义的驱使下,福泽沦落成侵华战争的鼓吹者和血腥暴行的辩护人。

随着日本军国主义在甲午战争中的步步得手,福泽公然主张日本以中国"内地主人"的新身份,利用"地理接近、语言风俗类似等得天独厚的便利",使中国"四百余州的国土和四亿人民皆为西临日本的新市场、新顾客,谋取日本工商业的繁荣发展"。鼓吹对从中国割取来的台湾、澎湖,实行"断然使之日本化的方针",当地居民"若抵抗日本兵,则不管是兵是民,全部杀光,以奏彻底扫荡之效";对反抗日本殖民统治的中国人,一概"按军法处置,且不许任何人有何异议!"② 这些言论,表明福泽殖民论的残忍、冷酷和贪婪。

福泽可悲的沦落还不止如此,他居然毫无学者风度地使用恶毒语言,大肆攻击中国和中国人。在他的笔下,"自尧舜以来四千年间,上下皆习惯于专制独裁的恶劣风气,陶醉于阴阳五行的空论,几亿人置身文明之外,玷污了大半个亚洲","顽固不化,如同化石";贬斥儒学"算不上是学问",甚至声明要用洋学消灭中国儒学,即"以学问消灭学问";对曾因人情风俗淳厚而礼敬过的中国人,也改口骂做"自开辟几千年间"皆"陋劣不灵","上上下下栖息于腐败之中,其状如沉浮水沟中的孑孓","唯一朝死灭而已"。③ 此外,福泽还在文章中大量使用"乌合草贼"、"乞丐"、"半死的病人"、"狂暴的土匪"、"豚尾小儿"、"辫子佬"、"脓包"、"豚尾奴"(chiyan chiyan goro)、"猪狗"、"猪群"等不堪入目的肮脏词汇,④ 来诅咒、谩骂中国人,影响深远而恶劣。

---

① 《福泽谕吉全集》第 14 卷,第 545、467、491、524、676 页。
② 《福泽谕吉全集》第 15 卷,第 245、289、266、270 页。
③ 《福泽谕吉全集》第 14 卷,第 452 页;《福泽谕吉全集》第 15 卷,第 79—80 页。
④ 安川寿之辅:《福泽谕吉的亚洲观——重新认识日本近代史》,第 114—115 页。

第五章
"大日本帝国"的武力崛起

经过明治维新苦练内功,日本在较短的时间内积蓄了实现基本国策最高目标"与万国对峙"的力量,并利用邻国封建政权的腐败无能和欧美列强的纵容,开始了"脱亚入欧"方针指引下的武力扩张过程。由于海洋的阻隔和技术手段的局限,日本对外扩张的用武之地,首先是朝鲜半岛,继而是中国大陆。以邻国的沦丧为代价,日本武力崛起。

第一节 激荡的东亚形势与日本的选择

19世纪前期,欧美资本主义国家的综合国力远超东方,主导了世界发展的潮流。在东北亚地区组建世界市场的最后一个环节的过程中,欧美列强通过签订不平等条约,将东北亚纳入资本主义世界市场。这样,在传统的宗藩关系体制之外,借助船坚炮利的武力征服手段,建立起列强支配下的近代条约体制。两种国际体制的并存,在给东北亚国家造成生存危机的同时,也形成了某种发展空间,日本竭力化被动为主动,开始了新的选择和行动。

一 面临欧美列强挑战的东亚传统国际体制

在古代东北亚,存在过以中国为中心的松散国际体系。这个体制奉行四海一家、共享太平之福的理念,强调冕服文章以辨华夷之别,以确定君臣名分的封贡礼仪为政治纽带,并借助朝贡贸易的经济联系和源远流长的文化交流,形成历时久远而相对稳固的宗藩关系。至明清时代,日益精致化和程式化。

16世纪前期至17世纪前期,在全球航路开通、西欧人张帆远航,洲际贸易网络逐步形成的时代背景下,古代东北亚的国际体系曾经受到西欧国家以"西学东渐"为主要特色的第一次冲击。因西欧各国国情的不同,冲击方式各有侧重,葡萄牙、西班牙两国兼顾拓展天主教传教空间与构筑殖民据点,英国、荷兰两个新教国注意交结上层人物而无意传教,也伺机占据岛屿,如荷兰占中国的台湾。但追逐利润,是四国的共同目标。17世纪初期,西欧国家与东北亚国家综合国力相差不大,其核心殖民据点又往往远离东北亚,受当时交通运输能力的限制,鞭长莫及。因此,中日韩三国的封建统治者毫不畏惧这些远来者,纷纷采取果断行动,以海禁锁国政策有效地阻遏了来自欧洲的冲击,并将西学御用化,继续维持传统国际关系体制。

至18世纪中后期,工业革命席卷欧美大陆,东西方综合国力的对比发生了根本性的逆转。工业革命大批量地生产出廉价的商品,也铸造了强制对手在不平等条约上签字画押的巨舰重炮。随着蒸汽轮船、火车等新型交通工具的普遍使用,大海和荒原不再是难以逾越的障碍。世界日益变小,各国间的联系骤然密切。市场广阔、物产丰富且游离于资本主义世界市场之外的东北亚,失去了昔日天然国防屏障,成为欧美列强获取丰厚贸易利润的希望之乡和争夺世界霸权的战略要地。为了加快开拓并最终完成资本主义世界市场整体布局,19世纪40年代以来,欧美列强采用炮舰政策对东北亚国家发起以"西力东渐"为特征的第二次冲击。

建立在封建小农自然经济基础上的传统生产方式难以同工业革命后的欧美物质力量相匹敌,宗藩关系体制遇到了前所未有的严重挑战。1840年英国发动第一次鸦片战争,1842—1844年欧美列强强迫中国订立中英《南京条约》和《虎门条约》、中法《黄浦条约》、中美《望厦条约》等一系列不平等条约。欧美列强在传统的宗藩关系体制之外,另建以不平等条约为载体的近代条约体制。武力冲击动摇了中国作为宗藩关系体制核心国家的地位,造成了传统国际体制日趋衰落的态势。1856—1860年英法联合发动第二次鸦片战争,与清政府签订《天津条约》、《北京条约》等多个剥夺中国主权的不平等条约。被英法联军焚毁的圆明园,成为传统宗藩关系体制行将退出历史舞台的象征。作为宗藩关系体制核心国家,中国的国际地位愈加风雨飘摇。

与此同时,欧美列强对中国周边国家的征服处处得手。1824—1826年,英国发动第一次英缅战争,占领仰光并迫使缅王孟既订立割地赔款的《杨达波条约》,控制了缅甸。1852年1月至12月,英国发动第二次英缅战争,再次占领仰光和沿海主要城市,自行宣布下缅甸为英国的殖民地。宗藩关系体制在西南方的一角崩塌,云南和西藏的安全随即受到严重威胁。1854年至1858年,美国率先将不平等条约强加给日本,竭力将其变为挺进中国市场的桥头堡。

1861年,法国挟第二次鸦片战争战胜清朝的余威,出动军队向宗藩体制的成员国越南展开行动。法军先后占领嘉定、定祥、边和三省。1862年6月,法国迫使阮氏朝廷签订越南近代史上第一个不平等条约《西贡条约》,控制了越南外交。1874年3月,法国又迫使越南订立第二次《西贡条约》,占领了南圻并剥夺了阮氏朝廷的外交权。宗藩关系体制的南天一角失落。

在传统宗藩关系体制架构中,与中国关系最密切的朝鲜王国对"上国不能令天下"的状况颇感失望。1866年9月,在法国舰队前来侵犯的前夕,主政的大院君李昰应感叹:"洋夷犯侵列国至今亦有几百年","自年前中国许和之后,跳踉之心愈加叵测,到处施恶,皆受其毒",不得不依靠自身的力量,加紧对法军来犯的防范。[①] 同年9月20日,法国借口大院君政府严禁天主教并斩杀传教士和教徒,出动舰队侵入京畿道沿海,法军占领国王离宫所在的江华岛。朝鲜军民在文殊山城与鼎足山城迎击法军,激战至11月,缺乏后勤供给的法国舰队在对江华岛大肆劫掠之后,悻悻而去。1871年5月26日,美国舰队以5年前侵入大同江而船毁人亡的"舍门将军"号事件为借口,发动报复性军事进攻,以图打开通商之道。朝鲜军民奋起抵抗,在江华岛的草芝镇、广域镇与美军展开拉锯战。6月11日,美国舰队撤离朝鲜。在法国、美国舰队入侵期间,朝鲜军民依靠自身的力量挫败了来犯者,事后则由清政府代为外交斡旋,大事化小,不了了之。

随着欧美列强第二次冲击的展开,东北亚国际格局出现数千年所未曾有的新局面,即传统宗藩关系体制与近代条约体制的并存。从发展趋势来看,近代条约体制逐步取代宗藩关系体制已是在所难免。究其因,在于农业民族建立的宗藩关系体制,已无力对抗工业民族使用武力建立的近代条约体制。两种国际体制并存格局的非对称性,注定了宗藩关系体制的脆弱和难以持久。东北亚的国际形势也随之失去往日的平静,进入动荡时期。

二 日本颠覆宗藩关系体制的最初行动

面对欧美列强的冲击,洞察变局并制定应变之策,成为摆在东北亚国家面前的历史课题。由于日本在江户时代游离于宗藩关系体制之外、兰学开阔了有识之士的国际视野、开港后《万国公法》的普及化,特别是明治政府确

[①] 《高宗实录》卷三,高宗三年(1866)九月十一日。

立了发展资本主义近代化的基本国策和进攻型的国家发展战略,以及在欧美条约体制的框架内转移民族压迫的图谋等多种因素的综合作用,使日本在东北亚国家中,最早更新了国际观念并采取了相应行动。日本在明治维新的急遽蜕变中,从宗藩关系体制的游离者,变成这一体制的挑战者和颠覆者。琉球和朝鲜成为日本从宗藩关系体制外围地带采取行动的最初目标。

琉球王国自洪武五年(1372)起,向明朝纳贡称臣,奉正朔并接受册封,加入宗藩关系体制。1606年萨摩藩藩主岛津家久出兵侵入琉球,试图强制琉球王中断与中国的宗属关系,遇挫未果,转而利用琉球沟通日本与中国的关系,故未便公开吞并。1644年清朝入主中原,琉球国王复向清朝称臣纳贡,仍然留在宗藩关系体制之内。

1872年5月,大藏大辅井上馨建议将琉球版籍收归日本所有,9月明治天皇擅自将琉球王尚泰册封为琉球藩王,位列华族,迈出鲸吞琉球的第一步。1874年5月,日本在美国支持下,兵犯台湾,并由英美公使居中斡旋,1875年10月订立《中日北京专约》。据此,日本不仅勒索白银50万两,更重要的是"专约"第一条竟称"日本国此次所办原为保民义举起见,中国不指为不是",① 等于承认了日本对琉球的宗主权。明治政府也因此看穿了清政府的腐败无能,决心倚仗欧美列强,将琉球据为己有。1874年12月,大久保利通建议政府采取措施,切断琉球与中国的关系,"在那霸设置镇台分营,自刑法、教育等各种制度渐行改革,以求将其纳入我国版图之实"。1875年3月,明治政府责令来访的池城安规等琉球三司官转告琉球王尚泰:"停止向清朝派遣朝贡使或庆贺清帝即位等所有惯例",与"撤销驻福州的琉球馆,贸易业务由日本驻厦门领事馆管理","今后废除以往藩王更替,由清朝派遣官船,接受册封的惯例","藩王入朝、政治改革,决定实行新的方法","今后琉球与清朝的交涉全由日本外务省管辖处理"。同年6月,明治政府特派内务省大丞松田道之前往琉球,重申了前述命令。

琉球王尚泰不愿无故中断与中国保持了数百年的来往关系,多次遣使到东京陈情,但均遭明治政府拒绝。1876年5月,内务卿大久保强行在琉球推行司法、警察改革,命令内务少丞木梨精一郎率领警部、巡查进驻琉球,实行"海外旅行券"制度,限制琉球人前往中国。清廷对琉球王国突然停派贡船大惑不解,至1877年3月,琉球王派遣密使来福建告知内情,方才得知日本政府对琉球的蚕食行动,却并未作出强有力的反应。1879年1月,松

---

① 王芸生:《六十年来中国与日本》第1卷,三联书店,1979年,第98页。

田奉命再次来首里城向琉球王施加压力,尚泰称病不起,借以拒绝来自东京的"朝命"。3月8日,明治天皇下诏,指责琉球王"恃恩挟嫌,不恭使命",强行宣布"兹废琉球藩,尚泰移居东京府下,赐以府宅"云云。① 3月31日,内务省大书记官松田道之率领两个中队的日军接管了首里城。4月4日,明治政府宣布废除琉球藩,改置冲绳县。宗藩体制的又一成员国被剥离。欧美列强和日本的步步进逼,对自身难保的清政府来说,不啻雪上加霜。

控制朝鲜半岛,是明治政府摧毁宗藩关系体制的另一重大步骤。1868年12月,明治政府命令对马藩遣员携书契到釜山告知朝鲜政府日本已王政复古,1869年11月朝鲜表态拒绝与日通使。1870年3月,再次赴朝要求通使的佐田白茅遭拒回国后,向外务省提出"征韩"建议。值得注意的是,佐田在论证"朝鲜之所以不可不伐"的理由时,是从国际关系的角度来看待朝鲜问题的:"四年前,法国攻朝鲜,取败衄,懊恨无限,必不使朝鲜长久矣。又俄国窃窥其动静,美国亦有攻伐之志。皇国若失斯好集会,而与之于外国,则实失我唇,而我齿必寒",云云。② 4月,外务省向太政官提出或者断绝对朝鲜的外交;或者派遣木户孝允为正使,乘坐军舰前往朝鲜,以武力迫使其开港贸易;或者与中国建交以获得凌驾于朝鲜之上的有利地位,牵制中国而便于对朝交涉等3种解决方案。③ 几经斟酌,明治政府决定采用第三种处理方案。

1870年9月,明治政府派遣外务权大丞柳原前光等一行3人来天津,协商缔结通商条约事宜。在递交外务卿致总理衙门的外交文书中称:"方今文明之化大开,交际之道日盛,宇宙之间无有远迩矣。我邦近岁与泰西诸国互定盟约,共通有无;况邻近如贵国,宜最先通情好,结和亲",要求缔结友好通商条约并递交了共有16项条款的条约草案。④ 这份文书表明,明治政府已经以近代条约体制模式,来给中日邦交关系定位。一个月后,总理衙门答复说:"中国与贵国久通和好,交际往来,已非一日。缘贵国系邻近之邦,自必愈加亲厚。贵国既常来上海通商,嗣后仍即照前办理,彼此相信,似不必另立条约,古所谓大信不约也。"⑤ 予以婉言拒绝。显然,总理衙门继续坚持传统的中日交往方式,对近代条约体制了无兴趣。一心完成缔约探路使命

---

① 东亚同文会:《对华回忆录》上卷,原书房,1973年,第148—152页。
② 王芸生编著:《六十年来中国与日本》第1卷,第117页。
③ 中村哲:《明治维新》,第164—165页。
④ 王芸生编著:《六十年来中国与日本》第1卷,第30页。
⑤ 同上书,第31页。

的柳原游说直隶总督李鸿章,声称日本欲与中国同心合力对抗欧美列强,使李鸿章产生联日有利于推行"以夷制夷"方针的错觉,敦促总理衙门接受日本的缔约要求。可见,找上门来要求"结和亲"的日本外务省是基于对世界形势的认识,力图将中日关系纳入近代条约体制。总理衙门,包括对数千年变局有所觉察的李鸿章却囿于"大信不约"或"以夷制夷"的古训,对条约体制必将取代宗藩关系体制的形势反应迟钝。在此后的正式缔约谈判中,敏于认识形势的日本政府与固守传统观念的清政府,在国际规则的理解上,差距相当明显。

1871年7月,明治政府派遣正使大藏卿伊达宗城、副柳原等缔约使节团一行10余人访华,与清方全权谈判代表李鸿章等谈判缔约。在谈判开始,日方以《日美修好航海条约》为蓝本,提出列入领事裁判权、协定关税、最惠国待遇等条款的条约新草案。清方提出的条约草案则删掉最惠国待遇条款,并将此举解释成"优待邻邦之隆情","专欲特异于西例,以示两国别开生面之义"。① 但日方却并不领中方"优待邻邦"的"隆情",也无意与中国"别开生面"。柳原援引近代国际政治的主权概念和国际关系理念,复函强调"夫修好通商之款,虽由两国主权订立,其休戚必与别国相关,此敝邦之所以注意于此行者也"。言下之意,是坚持近代国际条约体系的通则,即"天下之人聚此一国,必明条约,以敦交际,则此条规即天下之大道","故交际之道只可画一,不可特异开例,自破条规,以招彼之觊觎也"。② 参加谈判的浙江按察使应宝时等依旧满脑子传统观念,在回函中反驳柳原"以条规须照西约,不欲别开生面恐启西国猜疑",则日使"不来中国,痕迹全无,更可周旋西人,岂非上策?"提醒日方"夫中国非有所希冀欲与贵国立约也",指出日方的新草案"荟萃西约,取益各款,而择其尤,竟与去岁拟稿自相矛盾,翻欲将前稿作为废纸。则是未定交先失信,将何以善其后乎?"认为"同文之国亦需抄袭俚俗字面乃为有益耶?"讥讽日方草案"亦系美约所载,非创见也"。③ 从上述说辞中,不难看出日方强调近代条约的多边性、普遍性和国际法,清方坚持条约的双边性和传统信义,双方在对近代条约体系的理解上可谓南辕北辙。

然而,由于日本当时国力尚弱,明治政府欲同中国缔结对等条约而取得

---

① 王芸生编著:《六十年来中国与日本》第1卷,第41页。
② 同上书,第41—42页。
③ 同上书,第43—44页。

对朝鲜半岛采取行动的优势,兼获对华贸易的利益,因此接受了清方提出的缔约草案。清政府打算与日本缔约,创造推行"以夷制夷"方针的更大的外交空间。双方各取所需,遂于1871年9月由李鸿章和伊达宗城代表双方签署了《中日修好条规》和《中日通商章程》,建立了形式上对等的近代外交关系。《中日修好条规》第二条规定:"两国既经通好,自必相互关切。若遇他国偶有不公及轻藐之事,一经知照,必须彼此相助,或从中善为调处,以敦友谊。"① 此条规定由中方提出,经双方认可而载入条规。

欧美列强指责此规定为中日攻守同盟,向日本施加外交压力。1872年5月,柳原来华要求"裁撤"第二条规定,被李鸿章以"两国初次订约,最要守信,不能旋允旋改"为理由,予以驳回。② 出于内政外交需要的种种考虑,1873年3月,明治政府派遣外务卿副岛种臣来华交换《中日修好条规》的批准书,中日之间的近代条约关系不可逆转。但是,由于双方从一开始就存在着对近代国际社会关系准则的理解差异,加之日本蓄意制造事端,因此该条规从生效之日起,就注定了是个毫无约束力的双边条约。

从1874年5月兵侵台湾,到1879年3月吞并琉球、置县冲绳,日本对中国和周边地区的扩张行动,丝毫未受《中日修好条规》的约束。清政府对日采取"息事宁人"的妥协方针,致使局势愈加不可收拾。日本政府对朝鲜半岛的侵略,对宗藩关系体制发起颠覆性的挑战,加剧了中日矛盾,致使东北亚地区的国际形势急剧紧张化和尖锐化。自此,日本取代了欧美列强,成为动摇乃至颠覆宗藩关系体制的主要力量。

1873年12月,朝鲜发生"癸酉政变"。以国王生父资格摄政长达10年的大院君李昰应下野,其政敌王妃闵氏在辅佐高宗李熙亲政的名义下,推行闵氏家族势道政治。为修复朝日关系,闵氏家族罢免对日持强硬立场的大院君心腹东莱府使郑显德,逮捕负责对日交涉的训导安东晙,任命了解海外形势和明治维新的开化派宗师朴珪寿出任右议政。朝鲜国内政情的变化,立即引起明治政府的关注。1874年12月,派遣外务省出仕森山茂访朝,1875年9月在釜山与新任训导玄昔运会见,商定重新递送修复日朝关系的外交文书"书契"。1875年2月,升任为外务少丞的森山携带外务省书契来到釜山。日本政府明明知道1868年王政复古书契中的"皇上"、"皇统"等字样导致复交失败,却在外务省的书契中照样写进"大日本"、"皇上"、"天子"

---

① 王芸生编著:《六十年来中国与日本》第1卷,第45页。
② 同上书,第54页。

等字样,蓄意制造事端。果然,朝鲜再次拒绝受理书契,4月森山报告政府,要求出动军舰向朝鲜施加压力。明治政府认为时机已到,5月派遣"云扬"号、6月派遣"第二丁卯"号等多艘军舰驶入釜山港,并在朝鲜海域游弋,伺机挑衅。9月,海军少佐井上良馨指挥军舰"云扬"号擅自在江华岛附近水域测量朝鲜海岸,并以索要薪水为名,命令划艇溯汉江而上。江华岛炮台开炮驱逐,击伤两名日本水兵。"云扬"号连续两天实施武力报复,击毁江华岛第一、第二炮台,虏获大炮38门,攻陷永宗城。日军战死1人,朝鲜守军30余人阵亡。① 此即"云扬"号事件。

蓄谋已久的明治政府以此事件为借口,派出两路使节,展开冲击中朝宗藩关系的外交行动。一路由新任驻华公使森有礼负责,就朝鲜宗属问题开展交涉。1876年1月10日,森有礼到达北京。随后向总理衙门递交信函,无端指责朝鲜拒绝接待日本使节并退回国书,谎称朝鲜无故开炮袭击日本的火轮船,"今派全权办理大臣,往问朝鲜政府心意所在,为两国得保亲好于永远之地也"。② 对此,总理衙门回复说:"朝鲜自有国以来,斤斤自守,我中国任其自理";"中国之于朝鲜,固不强预其政事,不能不切望其安全"。③ 这种答复固然道出了宗藩关系的特征,但森有礼却据此强调朝鲜为独立国家,将建立日朝条约关系称为国际通则。另一路赴朝使节团由全权大使、陆军中将兼参议黑田清隆率领,在5艘军舰、800名水兵的护送下,于1月25日抵达江华府。陆军卿山县有朋带兵进驻邻近朝鲜半岛的山口县,随时准备出动。武力威胁对此时掌握权柄并推行对外妥协政策的闵氏集团奏效,2月26日双方订立《日朝修好条规》(亦称《江华岛条约》),日本将第一个不平等条约强加给朝鲜。

《日朝修好条规》第一条称:"朝鲜国自主之邦,保有与日本国平等之权。嗣后两国欲表和亲之实,须以彼此同等之礼相待,不可毫有侵越猜嫌。宜先将从前为交情阻塞之患诸例规一切革除,务开扩宽裕弘通之法,以期永远相安。"④ 此条规定,在"自主"、"平等"、"革除阻塞"、"开扩弘通之法"等漂亮辞令下,将日朝关系纳入近代不平等条约体制框架之内。如同明治政府看透清政府急欲减缓欧美列强压力的心理,在联合对抗欧美的虚伪承诺下,将

---

① 松下芳男:《近代战争》第1卷,人物往来社,1967年,第39页。
② 王芸生编著:《六十年来中国与日本》第1卷,第122页。
③ 同上书,第123页。
④ 同上书,第135页。

中日关系框定在近代条约体制之中一样，利用朝鲜君臣急欲摆脱宗藩关系体制约束，实现国家自主独立的愿望，以"自主"、"平等"为诱饵，通过建立日朝两国间的近代条约关系，否定中朝宗藩关系。

《日朝修好条规》还写入派驻公使、领事裁判权、自由贸易、免纳关税等条款，表明日本政府颇能熟练掌握近代条约体系，为己谋利。为了进一步撬开宗藩体制的裂缝并促成其崩塌，明治政府多次利用朝鲜派遣修信使或绅士游览团赴日的机会，培养金玉均、徐光范等亲日的激进开化派，并借助开化派在闵氏家族支持下推行的内政改革，扩大对朝鲜政治的影响。在经济上，日本多家银行在汉城、釜山、元山、仁川等地开设分行，控制了朝鲜的金融；日本商社纷纷利用不平等条约带来的优惠条件，将朝鲜变为欧美棉织品的转口贸易市场和输入米谷、豆类、水产品、金银铜的原料供应地。在军事上，派遣陆军工兵中尉堀本礼造等担任日式军队别技军的教官，培训控制要害部门的武装力量。日本殖民势力急剧膨胀，朝鲜的民族危机全面深化。

闵氏家族屈从日本的妥协退让，引起朝鲜国内的强烈不满。以大院君为首的守旧派乘机加以利用，力图夺回权柄。1882年7月19日，连续11个月未领到军米的武卫营军人总算得到了家中妻儿老小盼望已久的军米，当他们看到米中掺杂大量米糠和砂石而几乎无法食用时，久积胸中的愤怒终于像火山般地爆发出来，群起哗变。兵部判审闵谦镐下令捕盗厅缉拿领头的军人并威胁处以极刑。7月23日，愤怒的军人袭击了闵谦镐的住宅、捕盗厅、京畿监营、下都监和日本公使馆，日本公使花房义质仓皇逃回长崎，日本军事教官堀本以下7人被处决。7月24日，壮御营甚至别技军的士兵和大批民众也加入兵变的行列，数千人冲进昌德宫，捕拿闵妃，杀死闵谦镐、闵升镐等高官。领议政李最应也在混乱中被杀于官署，汉城秩序大乱。闵妃化妆出逃忠州长湖院，大院君乘机东山再起。1882年时值农历壬午年，此次事件史称"壬午兵变"。

清廷应朝鲜政府的要求出兵平乱。同年8月20日，出动庆军6个营、军舰6艘抵达仁川。日本则抢先一步，8月13日出动舰船8艘、陆军2个中队，护送花房返回汉城。8月20日，花房向国王高宗李熙提出"谢罪"、"赔偿"、"惩凶"等项善后要求，又乘机提出割取济巨岛或郁陵岛、开放咸兴等多处口岸等与兵变无关的要求。入朝的清军专以恢复秩序为目的，8月26日，诱捕大院君并将其解送天津、软禁在保定，还惩办了卷入兵变的高官。8月29日奉国王之命、扫荡了兵变士兵占据的村落，捕杀了10余名为首的士兵。8月30日，日本将《济物浦条约》强加给朝鲜。据此，日本勒索了55万日元的赔偿,取得公使馆驻兵权和公使、领事在朝鲜国内的旅行权和在新开放口岸杨花浦的经商权。

兵变过后,中日双方均驻军汉城,形成了直接的军事对峙。将朝鲜继续保留在宗藩关系体制内或者将其强行纳入近代条约体系,成为中日竞争的焦点问题。1882年10月,李鸿章为在朝鲜半岛推行"以夷制夷"策略,试图引入欧美势力以牵制日本。1882年5月,李鸿章在促成订立《朝美修好通商条约》,但将中朝宗藩关系写入条约的努力失败后,索性与朝鲜在同年10月订立《中朝商民水陆贸易章程》。李鸿章此举有多种考虑,但主要目的是:利用近代条约关系框架,继续维护宗藩关系;遏制日本在朝鲜半岛过快、过度的势力扩张。章程在"前言"部分开宗明义:"朝鲜久列藩封,典礼所关,一切均不定制","唯现在各国既由水陆通商","亦因时量为变通";"此次所订水陆贸易章程系中国优待属邦之意,不在各与国一体均沾之列"。[①] 出于同样的考虑,章程既有规定朝鲜国王与北洋大臣同级、列入领事裁判权等不平等性质的条款,也有允许两国商民深入内地采办土货、两国渔船自行捕鱼、听任两国边民随时交易、中国军舰驶泊朝鲜各处港口以资捍卫等内容。[②] 此后,清朝又通过组建、培训和装备亲军营和镇抚营,扩大军事影响。

在中日加强竞争的国际背景下,朝鲜政府内部也分成依托清朝的闵氏家族保守派和以金玉均、朴泳孝为首的亲日革新派,展开明争暗斗。1883年清朝拒绝朝鲜以海兰江划界的无理要求引起国王高宗李熙不满,1884年春天,清朝即将送大院君回国的传言又使担忧失权的高宗感到紧张,于是李熙逐渐接近革新派。同年8月中法战争爆发,日本将与法国联合夹击中国的传言,以及3营驻朝清军的撤离,使亲日的革新派兴奋异常。12月4日,金玉均、洪英植等革新派按照事先与驻朝日本公使竹添制定的计划,利用政府高官、外国公使出席汉城邮政局落成庆祝宴会的机会,发动了政变。禁卫大将闵泳翊以及执掌兵权的闵泰镐、闵泳穆、韩圭稷、尹泰骏等保守派高官被杀。5日,革新派在日军护卫下,宣布成立拥戴国王的新政府,发表《政令》14条,宣布取消中朝宗藩关系,要求大院君回国;废除门阀制度,给人民平等之权;改革地租收取办法,减轻百姓负担;调整官制,减裁冗员;设置近卫军、巡查,维持治安等。[③] 6日,袁世凯应邀率领清军和朝鲜军前往救援,

---

① 《光绪条约》第59卷,第18页。
② 同上书,第19—21页。
③ 金玉均:《甲申日录》12月5日条,亚细亚文化社,1979年。

经过一场激战,击退占据王宫的日军,迎接李熙回宫。新政府仅维持3天即告垮台,洪英植被杀,金玉均、朴泳孝等流亡日本,日本公使竹添进一郎逃往仁川。大批朝鲜民众加入清算日本殖民扩张的行列,日本公使馆被焚,陆军大尉矶林真三被杀,日本侨民和商店住宅遭到袭击。1884年时值农历甲申年,这次政变史称"甲申政变"。

"甲申政变"是日本在同中国竞争中遭受的一次严重挫败,国内舆论大哗,"出兵论"甚嚣尘上。以《时事新报》为代表的"急进出兵论"要求政府立即举全国之兵,赶赴朝鲜半岛,以武力推翻保守派政府,扶植亲日的革新派,为此不惜与中国开战。《东京横滨每日新闻》等主张"缓进出兵论"认为,应当区别对待朝鲜内乱与日本公使馆遭到袭击事件,只宜要求朝鲜妥善处理公使馆和日侨遭袭问题,如果朝鲜拒绝日本的合理要求,继续对日傲慢无理,则出兵惩罚。① 明治政府认为时机未到,采取了缓进方针。12月24日,全权大使外务卿井上馨率2个大队的兵力前往汉城,举行索赔谈判。1885年1月9日,左议政金宏集与井上订立了《汉城条约》,规定:朝鲜国王亲笔修书向日本天皇"谢罪"并致"谢礼";惩办杀死矶林的凶手并对事件中死伤的日侨赔偿10万元;支付公使馆修缮费2万元;在公使馆附近修筑日本兵营。② "甲申政变"事涉中日两国,在解决了日朝之间的问题后,1885年3月明治政府派遣参议兼宫内卿伊藤博文访华,4月在天津与李鸿章展开谈判。

按照日本政府要求清朝处罚造成中日军队交战的驻朝大员、中日同时从朝鲜半岛撤军以维持势力均衡的谈判方针,③ 伊藤首先提出中国撤军、处罚统军将领、赔偿日侨等3项要求。李鸿章据理力争,点明肇事者是日本公使竹添,只同意讨论撤军问题。由于中法战争削弱了清朝的外交立场,日本尚未做好对华战争的准备,双方经过6轮谈判后,于4月18日订立《中日天津条约》。条约规定:自条约签字之日起,双方在4个月内撤回全部驻朝军队;在朝鲜自护治安的军队训练完毕后,中日均不再派员在朝鲜训练军队;若朝鲜将来发生重大变乱事件,双方在派兵前应先互相行文知照,事态平定即撤回,不再留防。④ 通过缔结这项条约,日本取得与中国同等的朝鲜半岛出兵权,伊藤喜出望外。从1876年进入朝鲜,日本用了9年的时间,取

---

① 历史学研究会编:《日本史史料》4,近代卷,第185页。
② 板垣退助监修:《自由党史》下卷,第130—131页。
③ 外务省编:《日本外交文书》第18卷,第114号文件。
④ 王芸生编著:《六十年来中国与日本》第1卷,第277—278页。

得与经营宗藩关系 200 余年的清政府相对等的战略地位,进展可谓迅速。其所以如此,固然与中国陷入半殖民地、面临欧美列强联合施加压力的困境有关,但明治维政府对近代国际关系诀窍的深入理解,日益熟练地掌握和运用近代条约体系的外交技能,也是其中的重要原因。

尽管日本在与中国竞争中步步为营的策略屡屡得手,但距离实现其称霸东北亚的长远国策尚有相当长的路要走。为此,明治政府继续开展以中国为假想敌的扩军备战,一面加紧对国际观和邻国观的观念更新,推行国民精神的总动员。从明治政府成立伊始,"征韩论"的叫嚣就不绝于耳。"征韩",是日本用近代条约体系的国际法利器,向传统的中朝宗藩关系发起挑战的指路标。因此,"征韩"不可避免地导致中日关系的紧张化。在谈判桌上的唇枪舌剑之后,战场上的较量就成了国家关系恶化的逻辑结果。

第二节 "大陆政策"与中日甲午战争

"大陆政策"是酝酿于幕末,形成并推行于明治时期的对外扩张总政策。其政策目标,是将朝鲜半岛、中国大陆乃至俄国的西伯利亚均纳入日本的扩张范围,在此基础上,称霸亚洲并与欧美列强展开对世界霸权的争夺。构成"大陆政策"灵魂的,是幕末的"皇化世界论"和明治政府"与万国对峙"的基本国策最高目标。其理论基础,则是"富国强兵论"、"日本亚洲盟主论"、"亚洲解放论"、"大亚细亚主义"等思想的杂烩。在构思和推行"大陆政策"的过程中,形成政府官僚和民间浪人两股势力上下互动的机制。

一 "大陆政策"的思想源流及其形成过程

作为国家政策的"大陆政策",形成于明治时代,但其政策的思想素材,却来自幕末人士。早在 18 世纪八九十年代,当清朝乾隆皇帝向英国使节马噶尔尼夸耀"天朝"之富有强盛,朝鲜君臣沉湎于隐遁安逸的太平时节,两国文人醉心于科举八股的登龙之术时,一群被闭锁在列岛上的日本人却把目光转向海外,研讨海国危机、海防论和开国论,寻求经邦济世之道。1783 年工藤平助在《赤虾夷风说考》中,提出开展对俄贸易,从中赢利以开发虾夷地(北海道),巩固北门边防。1875 年林子平著《三国通览图说》,介绍日本周边朝鲜、琉球和虾夷地,1786 年又著《海国兵谈》,疾呼强化国防,阻止俄国南下,防备清军东侵。1798 年本多利明著《经世秘策》、《西域物语》,要求走出国门,发展远航贸易,北攻西侵,建立东亚头等国家。1823年佐藤信渊向幕府呈交《宇内混同秘策》,提出侵占中国东北和内地,吞并中国并征服亚洲的大陆政策构想,等等。上述人等组成经世学派,发出"海外雄飞论"的先声。

1840年第一次鸦片战争的爆发,震惊了日本朝野。老中水野忠邦警告日本不能隔岸观火、无动于衷,在其主持下,1841—1843年幕府实行了以重振幕府权威和加强国防为中心的天保改革。诸藩志士也在加紧苦思应付危局的对策。1842年佐久间象山献《海防八策》,建议幕府兴办教育,起用贡士,构筑海岸炮台,铸造洋式大炮千门,建造洋式军舰,训练水军,强调"当务之急,是仿洋式制造大量火器与造舰练水军两件"。[①] 佐久间还参照荷兰的军事图书,铸造铜炮并试射成功。1849年其门生吉田松阴著《水陆战略》,主张操练陆海军,加强海岸守卫,用大炮装备陆军,关注海外动向。同年,佐藤信渊著《存华挫夷论》,放弃了侵华论,转而认为应该"存中华,挫夷狄",期待清朝君臣"上下同苦劳,操练兵将。数年后乃起复仇义兵,征伐英夷,将其彻底逐出东洋,使中国永为日本的西方屏障"。[②] 在这一期间,民间流传着诸如《海外新话》《海外余话》《清英近世谈》等记述第一次鸦片战争的小说,按照作者阻挡英国扩张的心愿,将中国描述为战胜者。其中,《海外余话》的故事情节是:英军总大将王妹阿黛和副将义律前来攻打中国,被林则徐活捉,道光皇帝恩赦之,令英国人感激不尽,情愿作中国属国,岁岁纳贡,云云。[③] 中国存则日本安的地域连带观念流行,大陆扩张的主张一时销声匿迹。

1853—1854年,美国培理舰队两次闯进江户湾,以武力威胁迫使日本开港,民族危机骤然加剧。幕府采用避战开港方针,其退缩妥协的低姿态激起尊王攘夷派的强烈不满。陷入大难临头惊恐之中的尊攘志士重弹向大陆扩张的老调门,不惜以邻为壑,转嫁民族压迫。在这方面,吉田松阴的言论最有代表性,也有最深远的影响。1854年吉田欲偷渡美国,事败,被长州藩厅囚禁入狱。在狱期间著《幽囚录》,从"善保国",即维护本国安全的立场,鼓吹采取进攻型的自我防卫论:"善保国者不徒勿失其所有,又有增其所无。

---

① 河野日:《日本精神发达史》,大冈山书店,1939年,第215页。
② 增田涉:《西学东渐与中国事情》,岩波书店,1979年,第87页。
③ 中山久四郎:《近代中国对维新前后日本的各种影响》,转引自史学会编:《明治维新史研究》,富山房,1930年,第439页。

今急修武备,舰略具,炮略足,则宜开垦虾夷,封建诸侯,乘间夺取堪察加、鄂霍次加;喻琉球,朝觐会同;责朝鲜,纳质奉贡,如古盛时;北割满洲之地,南取台湾、吕宋诸岛,渐示进取之势。然后爱民养士,慎守边圉,则可谓善保国矣。"①

1856年,吉田开始主持由其叔父玉木文之进创办的松下村塾,招徒授业。此时,正值英法两国发动第二次鸦片战争,美国首任驻日总领事哈里斯利用战争威胁迫使幕府订立通商航海条约,法国舰队入侵朝鲜忠清道长古岛。随着欧美列强在东北亚掀起新一轮的殖民征服浪潮,形势愈加紧急。在这种情况下,吉田也迅速由进攻型的自我防卫论者转变为先发制人的外侵论者或曰开国攘夷论者。在1856年撰成的《武教全书讲录》中,吉田认为:"凡退守之法,若无进取之略在,万万不可也。当今之时,筑炮台、铸炮门、海岸防御、准备异贼来犯等懦弱之举,不可保全神州也。早早去除苟且偷安之习,确定出征四夷之策,乃是主客先后之义也。"② 与此同时,吉田在权衡东西方力量对比与日本的利益之后,鼓吹"今之天下,即古之天下","神功、丰国古能为之者,而今不可为乎",抛出堪称"大陆政策"基本框架的构想:"今也,德川氏已与二房和亲,非可自我绝之。自我绝之,是自失其信义也。为今日计,不若谨疆域,严条约,以羁縻二房,乘间垦虾夷,收琉球,取朝鲜,摧满洲,压支那,临印度,以张进取之势,以固退守之基,遂神功之所未遂,果丰国之所未果也。诚能如是,二房唯我所驱使。"③ 值得注意的是,吉田在"北进"与"南进"扩张方向的选择中,显然更注重"北进"大陆。其中,又把朝鲜半岛确定为"北进"的首要攻击目标。同年,吉田在《外征论》中,援引古代日本兵进朝鲜半岛的往事,认为"夫坤舆之形势有不能不合者,有不可不合者","吾谓三韩、任那不可不合,而合之必合也";还由衷地赞扬"神功籍列朝之威力,一举服新罗。新罗既服,则收兵不复穷追,纳质子、定贡额,使高丽、百济望风而降,得矣","而后置府任那以驱使三韩,最得矣"。④ 吉田所说的"驱使三韩"并非历史事实,不过是日本武士侵占朝鲜半岛欲望的流露。

在吉田外征论中一再提到的"神功",系《日本书纪》所载仲哀天皇的皇

---

① 《幽囚录》,《吉田松阴全集》第1卷,岩波书店,1936年,第596页。
② 《武教全书讲录》,《吉田松阴全集》第3卷,岩波书店,1935年,第133页。
③ 《复久坂玄瑞书》,《吉田松阴全集》第3卷,第38—39页。
④ 《外征论》,《吉田松阴全集》第3卷,第64页。

后,名息长足姬尊,曾经在公元4世纪摄政69年,其间出兵讨伐新罗,谥号神功。"丰国""丰公",则是指1590年统一日本后,妄想君临中国、征服印度,组建亚洲大帝国的丰臣秀吉。1592、1597年丰臣两次出兵侵略朝鲜半岛,明朝全力援救。日本连年出兵,损失惨重,丰臣本人忧急而死,德川家康取而代之,丰臣家族一朝灭亡。然而,吉田等幕末志士只看到多半是杜撰出来的神功皇后"征伐三韩"的"武威"和丰臣氏一度席卷朝鲜八道的"伟绩",将侵略视为日本崛起的必经之路。此等片面的说教,遗毒后世。因此,虽然吉田松阴1859年死于"安政大狱",但其屡屡强调的"征韩论"和"侵华论",对其出将入相于明治时代的门生们影响强烈。1868年总裁局顾问木户孝允提出为丰臣秀吉修建纪念碑,在国内弘扬神功、丰公伟业的建议,显然是在实现其先师的遗愿。1890年,吉田的另一位高足山县有朋将征韩、侵华方针加以理论化,也并非事出偶然。

明治政府成立后,为转移民族压迫和国内矛盾,将"安内竞外"视为治国安邦之道。维新官僚重拾幕末外侵论的思想素材,注入欧美列强弱肉强食的强权政治通则,传统的对外扩张论与《万国公法》相结合,逐步形成近代殖民侵略的对外总政策,即"大陆政策"。1868年3月,以明治天皇名义发表的《宣扬国威宸翰》,大而化之地展现了维新政权"海外雄飞"的姿态,勾勒出"大陆政策"的扩张方向。1870年8月,外务权大丞柳原前光的《朝鲜论稿》将"海外雄飞"的目标具体化:"朝鲜国北连满洲,西与清国之地相接,使之屈服,实为保全皇国之基础,将来亦为经略、夺取万国之源也。"① 1871年3月,参议江藤新平向右大臣岩仓具视提交建议,认为贫弱且面临欧美列强瓜分的中国应该成为日本攻取的目标。1874年6月,在日军兵犯台湾不久,山县有朋向明治天皇呈交了外交解决、武力侵华和增兵台湾的《外征三策》,请命亲率"三万余兵蹂躏江苏,乘机北上直隶","直捣天津,以订城下之盟。其出兵区域,臣素有成竹在胸"。② 至此,"大陆政策"的目标确定下来。

山县之所以敢在天皇面前打保票,是因为自1872年8月开始,在西乡隆盛和山县有朋的策划下,陆军少佐池上四郎等谍报人员已进入中国华北等地区,进行秘密侦察活动。1873年1月,海军少佐桦山资纪、海军秘书儿玉利国和陆军少佐福岛九成等被派往华南地区,搜集当地和台湾的情报。其中,福岛还冒充南宗画家安田老山的弟子,在安田的协助下潜入台湾,秘

---

① 日本外务省编:《日本外交文书》第3卷,第149页。
② 德富苏峰:《公爵山县有朋传》中卷,山县有朋公纪念事业会,1917年,第358页。

制地图。同年 11 月,陆军中尉美代清元等 8 名军官又以留学为掩护,来华刺探情报。西乡下野后,这些情报源源不断地报告给了陆军卿山县。在 1874 年初试兵锋于台湾、1876 年威逼朝鲜打开国门之后,明治政府直接体味到有机可乘,愈加放手地对中国开展军情侦察。1879—1880 年,在参谋本部长山县的策划下,先后两次派遣陆军中佐桂太郎、参谋本部第二局要员小川又次为首的 20 余名军官,在友好访问或研修中文的名义下,侦察中国的兵制、军备部署和地形等军事情报。回国后,在高级谍报军官福岛安正的主持下,编成长达 16 卷的《邻邦兵备略》,并在 1880 年 11 月由山县呈交天皇"御览"。《邻邦兵备略》的出笼,意味着形成"大陆政策"的情报准备阶段已经完成。

1882 年"壬午兵变"之后,中日矛盾随着在朝鲜半岛竞争的加剧而日趋激化。8 月,山县与大藏卿松方正义共谋增加烟草税以解决军备经费问题,并借口"敌国外乱"临头,建议"恢复我邦尚武之遗风,扩张陆海军,将我帝国比作一大铁舰,以刚毅勇敢之精神展显实力于四方"。[①] 山县的主张得到明治天皇的支持,自 1883 起,实施海军 8 年造舰计划和陆军兵员倍增计划,准备在 8 年内投入 2640 万元,增加大型军舰 5 艘、中型军舰 8 艘、小型军舰 7 艘、水雷炮艇 12 艘,与中国展开海军军备竞赛。[②] 1884 年朝鲜开化派发动"甲申政变"失败后,日本加紧了以中国为假想敌国的扩军备战步伐。1889 年 7 月,明治天皇在下发给学习院贵胄子弟的致意信中,公开表明:"扩充陆海军乃国家之当务之急,服兵役乃国民的重大义务",[③] 为扩军备战的狂潮推波助澜。在这个过程中,兵进朝鲜半岛和中国大陆的军事力量急剧增强。所欠缺的,只是注入理论的灵魂,从而使"大陆政策"最终成型。

1889 年 12 月,山县以现役陆军中将的身份组阁。1890 年 3 月,首相山县在内阁会议上发表了《外交政略论》,强调"我国利益之焦点实为朝鲜"。鉴于俄国加紧修筑西伯利亚大铁路工程的进度,山县认为"西伯利亚铁路完成之日,即朝鲜多事之时。朝鲜多事之时,即是东洋发生重大变动之机"。作为应对局面的对策,山县以"主权线"和"利益线"为理论支撑点,完成了"大陆政策"的理论表述。概言之,即"盖国家独立自卫之道有二:一曰捍卫主权线,不容他人侵犯;二曰防护利益线,勿失于已有利的地域。所谓主权

---

① 德富苏峰:《公爵山县有朋传》中卷,第 816 页。
② 森喜一:《日本工业构成史》,伊藤书店,1943 年,第 105 页。
③ 同上书,第 105 页。

线,乃国家之疆域,所谓利益线,即与我主权线之安危密切相关之邻近区域"。山县强调:"目前,仅仅防卫主权线已不足以维护国家之独立,必须进而保卫利益线,以长远立足于优越地位。如果他人侵入利益线,则务必以强力排除之,若不能保卫利益线,则无望成为完全独立之国家。"① 12月,在众议院发表的总理大臣施政演说中,山县将由"主权线"和"利益线"理论升华而成型的"大陆政策"公布于众。与此同时,山县宣称:"今日令吾等果欲守护主权线,亦保护利益线以完全达成国家之独立,固非一朝空言之所能。必须在国家财力允许的范围内,积寸累尺,以进入显现成绩之境地。因此,必须划拨巨额资金用于陆海军开支之需要。"②

政府与军部的扩军方针得到天皇的支持。1890年10月,天皇发布《教育敕语》,对1872年推行《学制》以来的教育方针进行了重大修改,否定个人功利主义,鼓吹国家主义和皇权主义。《教育敕语》强调"我皇祖皇宗肇国宏远、树德深厚,我臣民克忠克孝、亿兆一心"乃"国体之精华"和"教育之渊源";要求全体臣民"孝父母,友兄弟,夫妇相和,朋友相信,恭俭持己,博爱及众,修学习业,以启发智能、成就德器,进而广开公益,开展世务,常重国宪、遵国法,一旦有缓急,则应义勇奉公,以辅翼天壤无穷之皇运"。③ 联系扩军备战的大背景,《教育敕语》将培养学生的最终目标归结为"义勇奉公"和"辅翼皇运",无疑是临战前的国民精神总动员。由于动员者为至高无上的天皇,更增强了其感召力和鼓动作用。

1890年9月,内阁采纳了海相桦山资纪落实8年造舰规划、将海军舰船吨位从5万吨增加到12万吨的扩建目标。但这一规划在众议院中引起激烈争论,形成内阁与国会之间的对立。1891年12月,气急败坏的桦山发表"蛮勇演说",激烈指责民权诸党,宣称要抛开国会,直接求助于萨长藩阀政府的力量。1892年5月,众议院通过削减造舰经费案,6月被贵族院否决,两院又围绕这一问题争论不休。后经天皇过问,两院通过了贵族院的修正案。但造舰费用的确造成国家财政的难题,1893年2月,天皇将《告朝廷臣僚及帝国议会议员诏》下赐给首相伊藤博文。在这份"造舰诏书"中,天皇宣布:"朕惟立国之务中,海防之备不可一日缓办,而国库财入难以骤然筹措其巨费,朕为之轸念于兹,故拿出宫廷储金30万元,聊助其费用";要求文武臣

---

① 大山梓:《山县有朋意见书》,原书房,1966年,第196—200页。
② 德富苏峰:《公爵山县有朋传》下卷,山县有朋公纪念事业会,1933年,第5页。
③ 历史学研究会编:《日本史史料》4,近代卷,第200页。

僚也拿出1/10的薪俸,以助其成。诏书既下,举国掀起捐献热潮,两个月内就筹集到203.85万余日元,接近当时海军军费的1/2。① 总之,在推行"大陆政策"的扩军备战过程中,明治天皇发挥了率先垂范的作用。几乎在同时,清朝大员们将庆贺慈禧60大寿当成了"不可一日缓办"的急务,致使大笔的海军军费被挪用于颐和园的修造。在开战前夕,日本政府将大笔费用投入造舰,而中国海军经费被用来博取慈禧一笑。以至李鸿章慨叹:"西洋各国,以舟师纵横海上,船式日异月新","即日本蕞尔小邦,亦能节省经费,岁添巨舰",但北洋水师自1888年成军以来,"迄今未添一船,仅能就现有大小二十余艘勤加训练,窃虑后难为继"。② 在中日两国海军军备竞赛的关键时刻,清廷停止了强化海军军备的举措,为丧失黄海制海权埋下了隐患。

二 中日甲午战争的进程及其影响

侵占朝鲜半岛,是日本政府实施"大陆政策"的既定目标。中国从国家安全与维护邻邦的道义出发,必须出兵帮助朝鲜。在这个意义上说,"大陆政策"一经形成,中日战争的爆发就只是时间早晚的问题了。1894年2月,朝鲜东学道农民起义爆发。在倡义军大将全奉准的领导下,全罗道的东学道农民群众举起"济世安民"、"逐灭倭寇"、"澄清圣道"、"尽灭权贵"的义旗,连败前来镇压的官军,声威大震。忠清道、京畿道、江原道和黄海道等地的农民纷纷响应,顿成燎原之势。东学道农民起义被日本政府视为武力介入半岛事务的借口。

在1884年"甲申政变"后已备战10年的明治政府,密切关注着朝鲜国内形势发展。5月29日,外相陆奥宗光指示日本驻朝代理公使杉村濬,一旦朝鲜吁请中国出兵,须紧急报告。6月1日,在东学道农民军攻占全州的当日,杉村报告陆奥:朝鲜国王高宗李熙已吁请清朝出兵平息内乱。6月2日,伊藤内阁决定不向清朝示弱,立即向朝鲜半岛出兵,参谋本部密令第五师团出动。为掌握作战先机,6月5日在参谋本部内设置了大本营,第五师团长官野津道贯奉命编组以少将大岛昌义为部队长的步、骑、炮、工兵混成旅团,待机出动。6月4日,清朝决定派遣北洋陆军7营入朝,平息事态。6月7日驻日公使汪凤藻通告杉村,应朝鲜国王之请,中国将出兵帮助平息朝

---

① 森喜一:《日本工业构成史》,第105页。
② 《李鸿章奏校阅海军事竣折》,《清末海军史料》,海洋出版社,1982年,第283页。

鲜内乱。同日,清军进驻牙山,陆奥电令日本驻华代理公使小村寿太郎照会总理衙门:"朝鲜现有重大变乱事件,帝国政府有必要向朝鲜派出若干军队。"① 6月9日,休假回国的驻朝公使大鸟圭介乘坐军舰"八重山"抵达仁川。10日,大鸟不顾朝鲜政府的抗议,率领300余名海军陆战队士兵强行返回汉城公使馆。同日,农民军与接受其清除弊政要求的地方政府官员达成《全州协约》。11日农民军撤出全州,并在权力机构执纲所的主持下,实行减轻农民负担的改革,局势更趋于平稳。同11日,大岛混成旅先头部队在仁川登陆,主力部队陆续跟进。至16日,集结在汉城与仁川之间的日军已达7000余人。② 在日本出兵问题上,基于驻朝鲜大臣袁世凯和驻日公使汪凤藻"错误地断定日本绝没有对外生事的余力"这一误判,③清廷增兵动作迟缓,已失先机。

中日两国军队再次在朝鲜半岛形成军事对峙,尤其是随着日本政府大量增兵,不确定因素迅速增加。有意为西太后慈禧60寿辰制造祥和气氛的清政府竭力避免与日本发生武力冲突,训令袁世凯与日方交涉两国同时撤军。11日,袁世凯与杉村达成双方同时撤军的约定。12、13日大鸟接连电告陆奥,认为"鉴于汉城目前的形势,不存在大量士兵开进的正当理由";"派遣过多的士兵登陆,将引起外交上的非议,因此除本人认为必要的士兵外,其余士兵应退往对马岛,相机待命"。④ 自6月12日朝鲜政府军进驻全州后,一再要求日本海军陆战队撤出汉城。但是,拥有帷幄上奏权且一味主战的军部与日本政府立场一致,拒绝减派军队或撤军,虽然朝鲜国内局势恢复平静,已无继续留驻军队的理由。6月15日,伊藤内阁提出中日共同"合力镇压""乱民"和设置常设委员会以"改良朝鲜内政"等两点主张,决定"如果清国政府不接受我方意见,帝国政府将单独使朝鲜政府从事前述政治改革"。⑤ "改革朝鲜内政"成了日军继续赖着不走并蓄意挑动战争的最大理由。外相陆奥宗光对"改革朝鲜内政"的解释是:除了打破中日"密云不雨"僵局,"想借此好题目,或把一度恶化的中日关系重加协调,或终于不能协调,索性促其彻底决裂"。⑥ 17日,驻华代理公使小村将伊藤内阁的决定送

---

① 陆奥宗光:《蹇蹇录》,第16页。
② 松下芳男:《近代战争》第1卷,第131页。
③ 陆奥宗光:《蹇蹇录》,第11页。
④ 松下芳男:《近代战争》第1卷,第135页。
⑤ 历史学研究会编:《日本史史料》4,近代卷,第219页。
⑥ 陆奥宗光:《蹇蹇录》,第29页。

交总理衙门。不出伊藤内阁的预料,21日清朝政府拒绝了日本"改革朝鲜内政"的要求,要求日本根据《天津条约》的规定,事态平息就应撤军。

6月22日,陆奥发给大鸟第25号密电,告知"日清两国之冲突,终于达到不可避免之时刻",命令大鸟"无论引起帝国与清、朝关系有何不妥之处",立即率兵从仁川进入汉城。①23日,伊藤内阁向清政府送交了决定单独进行"朝鲜内政改革"的第一次《绝交书》,并责成公使大鸟不择手段地制造开战的借口;同日,大本营下令第二批日军向朝鲜半岛出动。27日,大鸟向国王李熙当面提出与朝鲜大臣研究内政改革,使"贵政府务举富强实政,则休戚之谊,于是乎可始终"。②28日,伊藤派遣政务局长栗野慎一郎携带内阁通过的朝鲜内政改革方案前往汉城。7月3日,大鸟起草了敦促朝鲜政府实行中央和地方官制、财政、法律、军备和学政教育等方面改革的5条方案,塞给了朝鲜政府。③

在日本政府步步进逼面前,历来主张对日"息事宁人"的李鸿章寄避战的希望于欧美列强的调停,驻日的俄、英、美、法、德、意等国公使虚于应付,游说日本撤军,有意无意地造成了中国贻误战机的结果。相反,一心求战的伊藤内阁却加紧调兵遣将,在国际上寻求外交支持。7月12日,陆奥电令小村向总理衙门递交了第二次《绝交书》,内称"清国政府只要求日本军队撤退而不容任何协商,即是好无益之事。事情既已如此,则将来发生不测,日本政府不负责任"。④同日,电令大鸟:"只要在不招致外交过分非难的范围内,不妨利用任何借口,立即开始实际行动",蓄意制造冲突。⑤7月16日,日本与英国订立了新的《日英通商航海条约》,取得英国撤销领事裁判权并恢复日本部分关税自主权的许诺,将英国争取过来,从而完成了开战的外交准备。

英国的外交支持,促成日本付诸战争行动的最后决心。7月17日,在大本营举行的御前会议决定向中朝两国发出最后通牒。19日,小村向总理衙门递交了限24日答复的最后通牒。同日,陆奥电令大鸟:"可采取自己认

---

① 戚其章主编:《中日近代史资料丛刊续编·中日战争》第9册,中华书局,1994年,第37—38页。
② 亚洲问题研究所等编:《旧韩国外交文书》第2卷,《日案》2,高丽大学出版部,1967年,第2877号文件。
③ 同上书,第2906号文件。
④ 松下芳男:《近代战争》第1卷,第145页。
⑤ 陆奥宗光:《蹇蹇录》,第34页。

为适当的手段",施加压力。① 大鸟随即向朝鲜政府发出限22日必须答复的最后通牒,要求:日本政府自行着手架设釜山至汉城的军用电信;朝鲜政府遵守《济物浦条约》的规定,立即为日军修筑兵营;迅速促使以不正当名义驻扎在牙山的清军撤退;废除《中朝商民水陆贸易章程》等与朝鲜独立相抵触的中朝间的所有条约。② 7月22日,朝方答复大鸟的最后通牒,一方面强调"我国为自主之邦,保有与贵国平等之权";另一方面说明:"清军久在境内,实因我国请援而来。南匪稍平之后,已屡请其撤回,而未即退亦如贵兵之尚留驻也。"委婉拒绝了日本政府的无理要求。③

7月23日凌晨3点,驻扎在龙山的日军混成旅两个大队出动,占领了朝鲜王宫,迫使国王李熙召回大院君,主持在大鸟协助下的内政改革。7月25日,日本联合舰队在丰岛海域偷袭清军运兵船,驻扎在龙山的陆军混成旅出动,攻击驻守牙山清军,甲午中日战争爆发。出乎舆论预料的是,7月25日,掩护运兵船"高升"号的军舰"济远"号、"广乙"号逃离,"操江"号被俘获,致使"高升"号被日舰"浪速"号击沉,北洋水师首战受挫。7月29日,清军首败于牙山、成欢,伤亡500余人,败兵狂奔平壤;攻击方日军的伤亡仅88人,④ 两国陆军战斗力和士气的差距悬殊。

丰岛海战和牙山、成欢陆战,不过是整个战争的前哨战。真正具有决定性意义的作战,是9月中旬展开的平壤攻防战和黄海海战。为赢得胜利,大本营设计了4种作战方案,即(甲)方案:首先出动第5师团在朝鲜牵制清军,海军乘机歼灭清朝舰队,夺得黄海和渤海的制海权。(乙)方案:如果夺得制海权,陆军主力即向渤海湾运动,在直隶平原与清军决战。(丙)方案:如海战的结果海军并未控制渤海湾,北洋水师也未控制日本近海,则日本陆军陆续进入朝鲜半岛击退清军并控制朝鲜。(丁)方案:万一海战失利,清朝海军完全控制了黄海、渤海的制海权,则撤回第5师团,加强日本国内防卫,准备击退清军的进攻。⑤ 可见,日本大本营把战争胜负的赌注押在夺取制海权上,攻防态势取决于海战的胜败。相形之下,清军的作战部署仍以陆战、尤其以平壤的攻防战为中心,海军被置于近海防守或为陆军运兵船护航等辅助性的位置上。清军统帅部对争夺制海权在对日作战中的意义,几近

---

① 陆奥宗光:《蹇蹇录》,第69页。
② 松下芳男:《近代战争》第1卷,第146页。
③ 亚洲研究所等编:《旧韩国外交文书》第2卷,《日案》2,第2947号文件。
④ 松下芳男:《近代战争》第1卷,第171页。
⑤ 德富苏峰:《公爵山县有朋传》下卷,第142—143页。

茫然无知。如此作战部署缺乏针对性和实效性,在大规模战争尚未展开之前,已失掉了制胜的先机。

中日双方作战计划对海军认识的差异并非偶然。在日本,自幕府后期林子平著《海国兵谈》、力主铸炮造舰以来,幕末改革与明治维新均将筹建海军视为施政重点。明治政府早在1868年4月已确定"开拓万里波涛"的进攻型海军建设战略。在1884年"甲申政变"后对华扩军备战的10年中,日军将击沉北洋水师旗舰"定远"舰、夺取制海权视为主要目标。1893年2月天皇颁布的"造舰诏书",掀起海军建设的新高潮。在中国,1874年日本兵犯台湾刺激洋务官僚再次兴起筹建海军之议。16年后,1884年1月积极谋划购置欧洲军舰的李鸿章认为:"中国海防非创办铁甲快船数只不能成军",但北洋舰队的活动区域"以大连湾、旅顺口等要隘为驻扼之所,相机出入拦截敌船,必多狼顾不敢径入,此上策也"。① 这个"上策"不过是放弃争夺远洋制海权的近海防卫型海军筹建战略,从根本上抹杀了中国海军长距离机动作战的可能性。

成欢、牙山之战后,急欲夺取制海权的联合舰队司令伊东佑亨,在8月10日指挥20艘军舰奔袭威海卫,试图与北洋水师决战,但被海岸炮台猛烈的炮火击退。北洋水师主力舰队起锚,奔赴鸭绿江口,为平壤攻防战的运输船提供掩护。9月12日,日本联合舰队为护送陆军驶入仁川。14日起锚北上,在大同江入海口一带游弋,寻机攻击北洋水师主力舰队。当天夜里,分布在平壤四周的日军第一军各部出动,并于15日清晨发起攻击。攻防双方投入的兵力大致相当,各约1.5万余人。左宝贵所部清军在城北玄武门、牡丹台一带顽强阻击日军。但由于清军主帅、牙山败将叶志超故伎重演,再次临阵出逃,致使清军全线动摇。左宝贵战死,其余几路清军皆夺路北撤。16日,日军攻占平壤。翌日,黄海海战打响。

9月16日,早已获得北洋水师将护送铭军8营增援部队的情报的伊东佑亨率领联合舰队和第一游击舰队驶离大同江口,前出海洋岛。9月17日11时30分,双方在大东沟—大孤山港近海接战。至正午55分,双方展开接敌距离约3000米的激烈炮战。日军的游击舰队利用速度快的特长,绕过北洋水师主力舰队,攻击并驱散了落在后面的清军弱舰,形成夹击之势。战至下午2时30分前后,"超勇"、"扬威"两舰被击沉,日舰"赤城"、"西京丸"、"比叡"舰也因被击伤而退出战斗,旗舰"松岛"弹痕累累。一个小时后,北洋

---

① 《李文忠公全书·朋僚函稿》卷二〇,第2页,卷十九,第31页。

水师的主力舰"致远"被击沉,"济远"、"来远"、"靖远"、"平远"、"广丙"等舰陆续退出战斗,"经远"舰复被击沉,"广甲"触礁沉没。此时,"定远"、"镇远"两舰犹苦战不退。直至下午5时40分,日本舰队驶离,海战结束。

持续5小时的黄海海战成为甲午战争的转折点。20日明治天皇下达敕语褒奖说:"得悉我联合舰队大胜,朕知晓其威力已制敌于敌海"云云,① 因夺得制海权而兴奋不已。"大胜"有些言过其实,北洋水师虽丧失5艘军舰,总体实力犹在。但由于清军失去制海权,北洋水师在李鸿章避战保船方针的约束下,停泊于威海卫军港,不复为曾令日本朝野惊惧的机动打击力量。战场的主动权随着制海权的转移落入日军之手,整个战争的天平发生倾斜。9月15日大本营从东京转移至广岛,明治天皇在伊藤、山县、桦山、川上等文武官僚的辅佐下,亲自指挥战争。9月25日,陆军大将山县有朋率第1军司令部进占平壤,指挥所属第3、第5师团追击清军。10月23日,日军强行渡过鸭绿江,26日攻占九连城,27日攻陷大东沟,29日进入凤凰城。10月16日,陆军大将大山岩率领由第1、第2师团和第6师团第12旅团组成的第2军主力离开广岛,直扑辽东半岛南部。大本营发给第2军的命令是"海战的胜利已归于我方,目前是开始执行作战甲方案的时机","第1、2军与联合舰队协同作战,攻占旅顺半岛"。② 日军作战的主战场转移到辽东半岛。

10月24日,第2军第一师团在花园口登陆,11月6日攻占金州城,驻守大连湾的清军弃城奔往旅顺。11月21日,日军发起对旅顺的攻城战,仅用一天的时间,就以伤亡280余名的轻微代价,攻占了清朝经营10余年,号称"东洋第一要塞"旅顺。清军战死4500余名,被俘600余名,120门大炮被日军掠获。③ 第1旅团长乃木希典率日军闯进旅顺城,制造了杀害居民达3万余人的屠城事件。骇人听闻的旅顺大屠杀,通过随军采访的欧美记者的报道,震惊了国际舆论,日本受到多方指责。12月15日外相陆奥惊呼"事先所担心者,其结果已逐渐表现出来",急忙要求政府提出否认大屠杀事实的"妙计"。大本营经过紧急磋商,当晚即由首相伊藤指示陆奥:"问罪一事,颇多危险,亦非上策",责令陆奥"采取辩护手段"。④ 12月28日,陆奥命令

---

① 松下芳男:《近代战争》第1卷,第213页。
② 同上书,第238—239页。
③ 同上书,第245页。
④ 戚其章主编:《中日近代史资料丛刊续编·中日战争》第9册,第533页。

驻英临时代理公使内藤康哉、驻美公使栗野慎一郎、驻俄公使西德二郎、驻法公使曾荒弥助、驻德公使青木周藏和驻意公使高平小五郎展开外交活动,为日军的暴行开脱。为此,还特意转发了统一口径的《辩解书》,内称:"毫无疑问,在旅顺口流血多于其他地方";然后将被屠杀的中国居民硬说成是"大部分已证明是伪装的士兵,几乎所有尸体都发现在外衣里面穿有中国军服这个事实表明了这一点",还强词夺理地把罪责算在中国人的头上:"日军看到他们的同伴被残酷肢解的尸体的景象而受到极大刺激",云云。① 50 多年后,日本政府又用几乎同样的歪理,为南京大屠杀作无耻辩护。

　　旅顺既陷,日军攻击的目标指向辽东半岛的战略枢纽地海城。黑龙江将军依克唐阿部、吉林将军英顺部、四川提督宋庆部 8 万余清军,部署在海城周边地区,成犄角之势,严阵以待。12 月 12 日,第 1 军第 1 师团在桂太郎指挥下,攻占析木城、杨家屯。13 日,攻占了海城。宋庆率军反攻,19 日双方在红瓦寨激战,日军伤亡惨重。在凤凰城方面,依克唐阿部也对日军展开袭扰战,阻滞了日军对海城方面的增援。但清军的作战未能击溃日军,被迫向牛庄方向总退却,日军掌握了辽东半岛战场的控制权。

　　辽东之战,时值严冬时节,日军的人员、马匹因冻死冻伤而大量减员,致使大本营无法实施预定的直隶作战计划,遂调整部署,第 1 军巩固在辽东半岛的阵地,第 2 军南侵山东半岛。12 月 14 日,大本营向联合舰队司令伊东佑亨和第 2 军司令大山下达了陆海军协同作战、攻击威海卫的命令。1895 年 1 月,由第 2、6 师团组成的第 2 军约 2.5 万余人的主力部队出动。1 月 25 日,日第 2 军先头部队在遭遇清军的轻微抵抗后,攻占成山头炮台,主力随即大股涌入,占领荣城县。同日,大山经英国舰队司令富里曼德中将向丁汝昌转交了劝降信。26 日,第 2、6 师团兵分左右两路,北攻威海卫。在付出了 300 余人死伤的代价后,日军占领了凤林集和虎山。2 月 2 日,日军逼近威海卫。3 日,联合舰队再次攻击刘公岛炮台,同时派出鱼雷艇夜袭停泊在港内的北洋水师舰船,造成重大损失。7 日,联合舰队出动,围攻刘公岛和日岛炮台,日岛火药库爆炸,损失惨重。9 日,"定远"舰自爆而成废舰,"靖远"、"威远"等主力舰随后自沉。11 日,北洋水师提督丁汝昌以及北洋海军总督刘步蟾、护军张文宣等自裁。12 日,"光丙"舰管带程璧光向伊东投降。北洋水师成军 17 年,终于在威海卫降下了陈旧不堪的龙旗,全军覆没。17 日,驶入威海卫港的联合舰队,从降将手中接收了总吨位 1.5135 万吨的 10

---

① 戚其章主编:《中日近代史资料丛刊续编·中日战争》第 9 册,第 535—536 页。

艘降舰。① 日本舰队因收编了北洋水师的军舰,一举成为在东亚海域耀武扬威的庞大舰队。

在北洋水师舰沉师亡之时,辽东半岛的清军展开局部反攻。1月10日,驻守盖平的清军与日军血战,给日军造成重大伤亡。1月17日,1.5万余名清军,在15门大炮的掩护下,向第3师团盘踞的海城发起反攻,未克。1月22日,2万清军再次反攻海城,也未能奏效。2月16日,2万余清军兵分三路,发起第三次海城攻坚战,未果而终。2月21日,清军进行了第四次反攻,仍以失败而告终。24日,驻守太平山的清军与前来进攻的日军苦战,对其造成大量杀伤。2月28日,奉大本营打开通往直隶通道的作战命令,进占海城的日军第1师团出动,攻击牛庄,第5师团侧应配合。3月4日,日军合击牛庄。驻防的1万清军殊死抵抗,与日军展开激烈的巷战,5日,牛庄失守。7日,日军占领营口。9日,日军第1、3、5师团分三路合击宋庆率2万清军驻守的田台庄。双方展开前所未有的激烈炮战,田台庄街区化为火海,旋被日军攻陷。宋庆军退至锦州一带,辽东半岛沦陷于敌手。

3月16日,明治天皇向新任征清大总督参谋总长、陆军大将彰仁亲王下达新的作战敕谕,称:"第一期作战已经结束,现将开始第二期作战。朕认为征清大总督有必要向战地前进。因此朕委任卿以指挥出征全军之权",率兵作战于直隶平原,"以扬我国威"。② 敕谕中的所谓"第二期作战",系指在日军占领辽东、山东半岛而形成对北京钳型攻势的基础上,着手以华北平原为主战场的大规模战争行动。所谓"出征全军",系指除已经投入的第1、第2军的5个师团外,将近卫和陆军第4师团作为后备军,随时出动,全部兵员达20余万。

以强大的军事压力为外交后盾,伊藤和陆奥配合默契,在驱逐了议和使张荫桓等一行后,坐待李鸿章前来就范。3月20日,手握清廷授予"商让土地之权"的李鸿章,与伊藤、陆奥等在马关的春帆楼举行了首轮谈判。为从中国劫掠更多的殖民利益,伊藤等傲慢地拒绝了李鸿章先行停战的要求。3月24日,李鸿章在返回住所的途中,被战争狂热分子小山丰太郎枪击致伤。国际舆论纷纷指责日本暴徒的野蛮,于是,天皇遣使慰问李鸿章,伊藤也答应暂时停战3周。4月1日,伊藤提出以割让辽东半岛、台湾、澎湖,赔款3亿两白银等无理要求为基础的日方和约草案,并威胁说如遭拒绝,就兵临北

---

① 松下芳男:《近代战争》第1卷,第269页。
② 同上书,第288—289页。

京城下。清廷大为惊恐,允诺李鸿章在《马关条约》上签字画押。《马关条约》共11款,规定:(1)"中国认明朝鲜国为完全无缺之独立自主,故凡有亏独立自主体制,即如该国向中国所修贡献典礼等,嗣后全行废绝";(2)将辽东半岛、台湾全岛和澎湖列岛割让给日本;(3)中国向日本赔偿军费库平银2亿两;(4)中国开放沙市、重庆、苏州、杭州为商埠,允许日本臣民在各通商口岸从事商业和工艺制作;(5)中日两国所有约章自行废绝,两国新订约章应以中国与欧美各国现行约章为本等。①

《马关条约》的签订,堪称东北亚近代国际关系中的大事件。以条约的签订为标志,两种国际关系体制并存的瓦解,各国关系进入新一轮的调整时期。随着清政府承认朝鲜完全独立,历时既久的宗藩关系体制崩溃,近代条约关系体制成为唯一的国际关系架构。东北亚地区的局势急剧演变,进入建立国际新秩序时期。中、俄、日、朝等国的外交,包括秘密外交频繁,各国互有所需,一时间密约屡出,形成所谓"密约时期"。与此同时,朝鲜的民族危机进一步加深。围绕朝鲜半岛支配权,日本和俄国展开日益激烈的角逐,日俄矛盾因1895年4月23日俄国联合德法两国、发动"三国干涉还辽"而升温,成为地区性的主要矛盾。这一条约从根本上歪曲了中日关系,对等关系变为不平等关系,和平友好一转而为欺凌与对抗。困扰中国,并导致百余年间中日关系难以顺畅发展的台湾问题,也由此产生。

对于中国来说,甲午战败的影响异常复杂。一方面,民族灾难日益深重。中国因付总额为2.3亿两库平银的赔偿,沦为日本的债务国,不得不将有限的关税等主权抵押给列强,国家愈加贫弱,领土主权支离破碎。大清帝国出乎国际社会预料的失败,更加令欧美列强把中国视为游猎场,纷纷将划分势力范围提上日程,割地狂潮随即掀起。另一方面,促成新的民族觉醒。深重的民族危机,尤其是被日本打痛的苦楚产生了特别强烈的刺激作用。康有为、梁启超等有识之士开始了实行制度层面变革的思考和政治活动,中国进入以日本明治维新为师的戊戌维新时期。

对日本而言,甲午中日战争的胜利以及《马关条约》的签订,以及3000万两库平银"赎辽费"的追加等因素,产生了多方面的影响。

首先,国家财政规模急剧扩大,掀起以俄国为假想敌的新一轮扩军备战。从中国掠夺的2.3亿两库平银约为3.6亿日元,相当于1891—1895年间一般会计收入1.529亿日元的2.34倍。这笔天文数字般巨额赔款的

---

① 《中国近代对外关系史资料选编》,上海人民出版社,1977年,第52—54页。

59%纳入一般会计预算,1179万元的赔款填补了1896年巨大的财政亏空,1897—1901年年均3426万元的赔款又陆续作为政府的收入列入预算,相当于同期政府财政收入的13.5%。① 获得巨额战争赔款的政府财政预算突然变得阔绰起来。在战后经营规划中,财政总支出高达5亿日元,相当1893年预算总额8350万日元的5.99倍;其中20%,即约1亿日元用于陆军由6个师团增加至12个师团的扩军规划,相当于1892年陆军军备费300万日元的33.3倍;42%,即2.1亿日元用于海军军舰总吨位从5万吨增加到25万吨的军备扩张,相当于1892年造舰费275万日元的76.4倍。② 皇室和文武官僚分沾赔款的利益,无需为拼凑造舰费而苦兮兮地掏腰包了。

其次,激增的财政收入,投入经济开发,掀起以兴办八幡制铁所为标志的新一轮工业革命。一时间,纺织工厂增设、铁道延伸、港口修筑、银行创办、北海道开发等项目纷纷上马,日本资本主义的发展进入快车道。

纺织业、铁路和海运等运输业,煤炭和采铜等矿山业保持着领先的地位,化学、机械、电气等新兴产业呈现蓬勃的发展势头。运输业之所以在甲午战争后成为重中之重,是由于1894—1898年间轮船的拥有量为4.6138万吨,自给率仅为18%,为改变海运落后的被动局面,政府采取了积极措施。1896年3月国会通过《航海奖励法》和《造船奖励法》,对建造大型钢铁轮船的公司给予巨额资金补助。1897—1912年,依据上述法律,政府向财阀企业共发放了900余万日元补助金,其66%拨给三菱造船所,川崎造船所得到了26%的补助金。③ 政府的大量补贴,使三菱、川崎造船所迅速发展,成为研制海军新型舰船的重要角色。

但是,甲午战争对日本社会产生的最大影响,莫过于大国意识的急剧膨胀和军国主义思潮的泛滥。对中国的亲近感和敬畏之心永远成为过去,轻视乃至蔑视中国和中国人的民族沙文主义甚嚣尘上。肆意鼓动错误中国观的民间右翼团体日益嚣张,成为推行明治政府"大陆政策"的别动队。在政府的纵容下,右翼团体的好战言论成为左右舆论的所谓"国论"。黑龙会、玄洋社、"天佑侠团"等右翼大陆浪人团体在日本国内蛊惑人心,在国外兴风作浪,为政府的侵略政策效劳,发挥了官方机构难以发挥的作用。

---

① 山本义彦编著:《近代日本经济史》,Minerva书房,1994年,第39页。
② 同上书,第38—39页。
③ 同上书,第44—45页。

第三节 日俄争夺与日本吞并韩国

通过甲午中日战争,日本将清朝势力排挤出朝鲜半岛。日俄争夺随即展开。明治政府沿用了对付清朝的老策略,一边暗中加强对朝鲜半岛的控制,一边步步为营,奢谈维护朝鲜独立和东亚和平的外交辞令,利用朝鲜君臣要求民族独立的正当愿望,逐渐掌握了对俄竞争的主动。一旦时机成熟,则动用武力,驱逐俄国势力。与此同时,日俄战争的过程也变成了将韩国保护国化的过程。在日俄战争中击败俄国后,日本终于吞并了韩国。

一 日俄争夺朝鲜半岛的主导权

在《马关条约》谈判期间,俄国密切关注着事态的发展。当日本强迫清朝将割让辽东半岛的内容写进条约时,多年来视"满洲",即中国东北为其禁脔的俄国立即联合法德两国,发动"三国干涉还辽",迫使日本在勒索了3000万两库平银之后,退出了辽东半岛。日本朝野将俄国视为最大的假想敌,在向俄国复仇的"卧薪尝胆"的口号鼓动下,加紧扩军备战。争夺朝鲜半岛支配权的日俄矛盾,成为影响日本对韩方针的基本因素。

为了对付俄国咄咄逼人的攻势,老谋深算的伊藤内阁采取了以退为进的策略。1895年5月25日,外相陆奥宗光召集在东京的阁僚举行会议,商定日本的对韩方针应以《马关条约》有关朝鲜"所规定的权利为基础",使朝鲜半岛中立化并与列强共同维护朝鲜独立。① 显然,深受"三国干涉还辽"事件刺激的陆奥,为避免过早地激化日俄矛盾导致日本外交的被动,不得不采用朝鲜中立化与国际共管的对韩方针,以为缓兵之计。6月3日,陆奥又致信伊藤,再次强调了以退为进的对朝方针,劝说伊藤采取低姿态策略,即"目前宜断然停止对朝鲜的干涉政策,回归普通条约国的状态"。② 6月4日,从广岛大本营返回东京的伊藤举行了商讨对朝方针的内阁会议,采纳了陆奥的策略,决定"今后对朝政略宜采取尽可能不加干涉,使朝鲜自立之方针"。③ 以退为进,伺机再起。

---

① 外务省编:《日本外交文书》第28卷,原书房,1947年,第280号文件。
② 《日本外交文书》第28卷,第298号文件。
③ 同上。

日本政府采取以退为进的对朝策略，不过是权宜之计。采取这一策略的原因是，甲午战争过后日本在东北亚过度膨胀引起欧美列强不安，特别是沙俄叫板，使之陷入外交孤立。以退为进策略中的"退"，是指在沙俄进逼、日本尚未备足力量的情况下，避免过早地与俄国迎头相撞。这一策略的真正用意，还是在以退为进的"进"字上，即决心与沙俄展开较量。"退"与"进"相辅相成，"退"为短期策略，"进"为长期方针，其依据，是通过参与并指导朝鲜的甲午更张，日本势力已经在朝鲜半岛成了气候。因此，继续介入朝鲜内政改革，就意味着日本势力在半岛的进一步膨胀。作为以退为进策略的具体行动，同年6月，日本在与沙俄订立《日俄通商航海条约》及《附属议定书》，向沙俄示好的同时，众议院的对外强硬派通过决议，要求维持日本在朝鲜半岛的地位；驻韩公使井上馨建议天皇设立300万元的特殊基金，用来收买和培植亲日派，拉拢闵氏集团。7月，井上频频照会朝鲜外交大臣金允植，要求双方国书"以互用陛下两字尊称，永为定式"，显示彼此对等；"于预防疫患滋蔓"，允许两国人员联合调查龙山、麻浦等地的伤寒病疫情；不妨碍日本船舰测量庆尚、全罗两道海岸，设置灯塔。8月，进而要求延聘日本警视武久克造担任朝鲜警视厅顾问；日军继续留驻京城、元山、釜山等要地，以"维持安宁"，"欲为不虞之备"。①

日本在俄国压力下的暂时后退，给朝鲜君臣加快甲午更张的步伐提供了难得的时机。按照《大君主展谒宗庙誓告文》中《洪范十四条》的既定方针，1895年4月，高宗下令进行官制改革。改革增强了朝鲜君臣的信心，对日本依赖程度的减弱，也使朝鲜君臣产生了依靠沙俄阻挡日本的幻想。闵妃认为"日本与闵氏势不两立，即使丧失土地于他国，日本之仇亦不可不报。俄国乃世界之强国，非日本可比，如果俄国有保护君主政治的条件，就可以依赖俄国"。② 凭借"依赖俄国"，在对日交涉中，朝鲜君臣出现某些强硬姿态。7月6日，闵氏集团在沙俄驻朝公使韦贝的支持下，发动驱逐亲日派的政变。当天，高宗下达诏敕，指责亲日派首领、内部大臣朴泳孝等试图谋害闵妃，下令免职并严究其罪。朴泳孝逃往日本公使馆，其同党警务使李允用、警务官李圭用等皆被罢免，亲俄派得到重用。7月12日高宗发布诏敕，强调"实行公平正大之政治与利用厚生之方法"，"明立条例，整肃纲纪"，"更

---

① 高丽大学亚洲问题研究所编：《旧韩国外交文书》第3卷，《日案》3，第3732、3729、3746、3761号文件。

② 沼田市郎：《日俄外交史》，大阪屋书店，1943年，第127页。

张开化，为民而行"。① 随即，发布敕令第 124 号，公布了《国内邮递规则》，进一步扩展、完善近代邮递制度；发布敕令第 145 号，公布了《小学校令》，规定修身、读书、作文、本国历史、本国地理、外国历史、外国地理、理科、图书、体操等小学教育的主要课程。7 月 17 日，高宗发布敕令第 120 号，宣布设立由工兵、辎重兵和骑兵等 3 兵种组成，兵员人数为 4000 人的侍卫队。在逐步开展的乙未改革中，朝鲜君臣脱离日本控制的趋势进一步增强。

朝鲜君臣急剧展开追求自主的改革，引起伊藤内阁的不安。同年 8 月 17 日，任命陆军中将、宫中顾问官三浦梧楼出任驻韩公使。三浦行伍出身，是军界中行动鲁莽的强硬派。9 月 2 日三浦正式赴任，为排挤亲俄势力，夺回日本对朝鲜改革的主导权，一面加紧拉拢朝鲜权贵，一面秘密联络大院君，与领事馆补员堀口九万一、浪人柴四郎、冈本柳之助和《汉城新报》社长安达谦藏、警察署长荻原秀次郎等密谋杀害闵妃的政变计划。其计划要点是：10 月 10 日举事，由安达与冈本先率数十名浪人前去孔德里别墅，将软禁中的大院君领出家门，直奔景福宫，途中与日本守备队大队长马屋原务本少佐和训练队第二大队长禹范善带领的军队汇合。作为侧援，由荻原指挥柴四郎为首的另一批浪人直接冲击王宫，得手后，建立大院君政府，让金宏集、李载冕、金宗汉等亲日的改革派执掌权力。10 月 7 日，军部大臣安馹寿密报三浦，闵妃欲解散日本教官指导下的训练队并任命闵泳骏为内部大臣，三浦立即将行动时间提前了两天。10 月 8 日凌晨时分，按照事前的布置，日本浪人团、守备队和朝鲜的训练队在黑夜中，采取了血腥的暴力行动。他们来到孔德里，簇拥着闵妃的政敌大院君前往景福宫康宁殿接管政权。暴徒们击溃景福宫侍卫队，杀死联队长洪启薰，又闯进乾清宫坤宁阁，杀害了闵妃及近伺宫女，并将尸体拖出宫外焚尸灭迹，制造了血腥的"乙未事变"。

10 月 8 日清晨，三浦进宫拜会高宗和大院君，组建了以金宏集为总理大臣的亲日派内阁。10 日，金宏集内阁应三浦的要求，将暴乱的罪责归咎于朝鲜军人，而将日本暴徒行凶称为"出自传闻之讹，无足相信"而一笔勾销。② 11 日，高宗言不由衷地发诏敕，称："王后闵氏援引其亲党，布置朕之左右，壅蔽朕之聪明，剥割人民，浊乱朕之政令"；"其罪恶贯盈，不可以承先王宗庙，朕不得已谨仿朕家故事，废王后闵氏为庶人"。③

---

① 《高宗实录》，高宗三十二年闰五月条。
② 《旧韩国外交文书》第 3 卷，《日案》3，第 3840 号文件。
③ 《旧韩国外交文书》第 3 卷，《日案》3，第 3843 号文件。

为缓解"乙未事变"后弥漫在朝鲜全国的仇日情绪,消除恶劣的国际影响,日本政府作出了表面上的退让。10 月 17 日公使三浦卸任回国,接受广岛法院的调查,由小村寿太郎接任公使。11 月 1 日"慰问"使井上馨带着明治天皇"寻知有本国臣民关联其事者,为憾殊深"的"慰问"国书抵达汉城。① 井上把大院君当成替罪羊,令其退出政坛。11 月 26 日,高宗撤销此前发布的废黜闵后诏敕,恢复王后闵氏的地位。12 月 2 日小村照会金允植,对闵后升遐表示哀悼,竭力将表面文章做够,以尽快摆脱备受国际舆论抨击的被动。

1895 年 12 月 30 日,高宗下达改元诏敕,宣布改行太阳历,以高宗三十二年十一月十五日为建阳元年 1 月 1 日。新年伊始,亲日派内阁发布《断发令》,下令剪掉男子发髻,穿用洋服,推行以社会风俗更新为中心的建阳改革。1 月 3 日,小村授意朝鲜政府继续聘请日本教官任军部顾问。1 月 16 日,后者招聘法部日本顾问,同意在仁川增设日本厂房,1 月 18 日向日本政府增加借款 500 万元。② 日本政府继续奉行以退为进的策略,向朝鲜的政治、军事和经济领域施加影响。1 月 20 日,广岛地方法院以证据不足为由,作出了对"乙未事件"所有日本肇事人、暴徒免予起诉的判决。消息传来,高宗惶恐不安。

1 月 11 日新任俄国驻朝公使士贝耶到任,由韦贝陪同前往景福宫递交国书。朝鲜君臣重新开始借助俄国以抵制日本进逼的尝试。2 月 28 日士贝耶转赴东京任驻日公使。韦贝继续作为公使留驻汉城,积极开展秘密外交活动。此时,义兵反日的烽火越烧越旺。1 月 17 日堤川郡义兵将领李弼熙飞檄全国,号召为报"弑害国母"之仇和"膺惩断法令的倡导者",奋起反抗。③ 义兵的蜂起,客观上为亲俄派的活动创造了有利的条件。2 月 9 日,韦贝通过亲俄派首领李范晋密报高宗说:"大院君和亲日派正在与日本人策划再次废黜国王的重大阴谋。为了王室的安全,国王只能秘密移驾俄国公使馆。"④ 2 月 10 日,在李范晋等再次向高宗进言的同时,在 5 名俄国军官的指挥下,127 名全副武装的士兵拖着一门大炮,离开停泊在仁川港的军舰,开赴汉城。俄国公使馆的俄军数量增加为 200 余名。⑤ 亲日派内阁忧心

---

① 《旧韩国外交文书》第 3 卷,《日案》3,第 3867 号文件。
② 同上书,第 3928 号文件。
③ 《高宗时代史》第 3 卷,第 11 页。
④ 《日本外交文书》第 29 卷,第 356 号文件。
⑤ 同上书,第 352 号文件。

忡忡,将守护景福宫的警察由 30 名增加到 70 名,日本守备队也在暗中加紧戒备。

2 月 11 日,高宗在李范晋等带领下,携世子前往位于大贞洞的俄国公使馆,史称"俄馆播迁"。进入俄国公使馆的当天,高宗立即发布诏敕,叱责"乙未事变"乃"旷古未有的凶变","乱逆执政,惟意矫诬",致使"王后崩逝",所幸"得行天讨,巨魁就戮,邦礼才举,国体稍安",下令严惩逆党。① 同日,罢免亲日派大臣,金宏集内阁垮台。高宗在俄国公使馆得到保护,俄国则得到了鸭绿江沿岸的森林开采权,在对朝争夺中一时占据了优势。

高宗播迁俄馆是日本对朝外交的又一次挫折不得不加强对俄交涉。2 月 19 日,驻朝公使小村建议:"在共同保证朝鲜独立与共同监督朝鲜内政等两个基本问题上,与俄国进行协商,乃是目前解决朝鲜问题的最佳途径。"② 同日,伊藤内阁决定了在解决国王还宫问题上借助日俄协商的方针。代理外相西园寺在当日会见俄国驻日公使希特罗渥,就日俄协商、解决外交僵局问题,相互交换了意见。希特罗渥代表俄国政府表态称:俄国不希望朝鲜成为"某种力量控制下的反俄工具",对日本历来主张的"朝鲜内政改革不持疑义";认为"日俄之间订立临时协定以维持朝鲜的现状,是目前的最佳选择"。③ 日俄背着朝鲜君臣,擅自决定了日俄协商、划分势力范围的准则。从 1896 年至 1898 年,日俄之间达成了多个协议,其中包括:

(一)《小村—韦贝备忘录》。1896 年 5 月 14 日在汉城签订,主要内容有:(1)日俄双方在国王人身安全得到保证的情况下,有义务劝告国王还宫;日本保证采取严密措施,管理日本浪人。(2)日俄双方代表应劝告国王任命宽大温和的人物入阁,以宽仁对待其臣民。(3)为保护京釜电线通信,日本应派驻相应人员,但 3 个中队的守备队应尽快撤离,代之以人数不得超过 200 名的宪兵;待朝鲜政府恢复各地秩序,日本宪兵即行撤离。(4)为保护在朝日侨,日军可在汉城驻扎 2 个中队,在釜山、元山各驻扎 1 个中队士兵,每个中队的士兵人数不得超过 200 名;俄国为保护公使馆及领事馆,也可在各地驻军,其兵员数额不得超过日军;待各地恢复平静时,日俄即撤出其在朝驻军。④

---

① 《日省录》,高宗三十二年十二月二十八日条。
② 《日本外交文书》第 29 卷,第 401 号文件。
③ 同上书,第 413 号文件。
④ 外务省编:《日本外交年表及主要文书》,原书房,1969 年,第 174—175 页。

表面上看，日本政府答应将驻扎在朝鲜的 3500 名军宪人员削减为 1000 名，意味着俄国在半岛外交的较量中略占优势。实际上，日本维持了与俄国对等的驻军权，特别是俄国答应劝告国王还宫、任命宽大温和的人物入阁，为日本早日摆脱外交尴尬境地，改变清一色的亲俄派内阁，重振对朝外交的优势，提供了机会。日本政府的以退为进策略初见成果。

（二）《山县—罗拔诺夫协定》。1896 年 6 月 9 日在莫斯科签订，由公开与秘密条款两部分组成。协定公开条款包括：(1) 日俄两国为解决朝鲜的财政困难，应劝告朝鲜政府节约开支，保证财政均衡；在为实行改革而举借外债时，经日俄协商后，予以援助。(2) 日俄两国认同朝鲜在财政允许的范围内，自行设立并维持足以维护国内秩序的军队与警察。(3) 为便利与朝鲜的电讯联络，日本继续保存现有的电讯线；俄国亦有架设从汉城至本国国境电讯线的权力；在朝鲜政府有能力购买日俄两国所架设之电讯线时，可即行购买之。(4) 上述条款在日后须经磋商时，两国应委派代表友好协商。协定的秘密条款包括：(1) 日俄两国在朝鲜的安宁秩序遭到破坏或面临遭到破坏的危机时，除现有为保护两国臣民及电讯线的驻军以外，经过双方协商，可以另派军队以援助朝鲜政府；为防止两国军队发生冲突，应划定两国军队脱离接触的非军事区和用兵区域。(2) 在朝鲜国组建本国军队之前，依据《小村·韦贝备忘录》，日俄两国均拥有在朝鲜驻扎数量相同军队的权利；在护卫朝鲜国王的卫队组建之前，继续维持现状。①

与《小村—韦贝备忘录》相比较，《山县—罗拔诺夫协定》更加明确地划分了日俄两国在朝鲜半岛的势力范围，双方商定的诸项事宜，大部为高宗还宫后的安排。换言之，协定的签订意味着日本对朝外交已完全摆脱了"乙未事变"造成的被动局面，足以与俄国平起平坐了。其中，协定的秘密条款规定了日俄两国军事行动的大体范围，即俄国支配朝鲜半岛的北半部，日本控制南半部。至于具体的分界，5 月 19 日山县与驻俄公使西德二郎、宫内省图书头都筑馨六等在讨论对俄谈判的草案时，建议"按照北纬 38°线来瓜分朝鲜，其中，包括京城在内的南半部划归日本，而北半部则划归俄国"。② 山县等以三八线划分势力范围的主张，被日本政府否决。6 月 9 日外相西园寺电告山县："希望阁下应有清醒的认识，万一俄国同意这一划分，会使日本不得不承担巨大的责任。如果俄国对此提议表示踌躇，我方就不要继续坚

---

① 外务省编：《日本外交年表及主要文书》，原书房，1969 年，第 175—176 页。
② 鲍里斯·罗曼诺夫：《俄国在满洲（1892—1906）》，商务印书馆，1980 年，第 128 页。

持这一主张。"① 俄国对三八线划界也不感兴趣,因为"将朝鲜半岛南部让给日本,就等于是正式而永久地放弃了朝鲜在战略上和陆海军意义上最重要的部分,也就等于是自动地限制了自己今后的行动自由"②。不难看出,由于日俄两国政府均以控制整个朝鲜半岛为既定国策,皆无意将半个朝鲜半岛拱手出让给对方。因此,山县率先提出的三八线划界建议,未能成为双方谈判的基础。日俄政府均坚持了无意平分朝鲜半岛势力范围的既定方针,使迎面相撞的战争危机难以避免。

(三)《西—罗森协定》。1898年4月25日,由日本外相西德二郎和驻日俄国公使巴兰·罗森在东京签订。主要内容包括:(1)日俄两国政府确认朝鲜为独立自主之国,自今以后,永不干涉朝鲜的内政外交。(2)两国既不得任意干涉朝鲜事务,至于度支部顾问、军部教官等事,两国可协商后实行,不可单独行动。(3)俄国不干涉朝鲜内地日本商民开市等事。③

与前两个外交文件相比较,虽然《西—罗森协定》的条文简短,却十分重要。缓和了日俄争夺朝鲜半岛的矛盾,有利于俄国在中国东北地区的扩张。1897年12月,俄国舰队强行驶入旅顺港,并以提供贷款为理由,要求清政府给予西伯利亚大铁路通过"满蒙"的筑路权,垄断东北工业的开发权和黄海沿岸的港口租借权。1988年3月,俄国强租大连、旅顺,取得"南满"铁路的筑路权。由于俄国忙于在西方与欧洲列强展开争夺,在远东的扩张以中国东北为主要对象,在对韩外交中,已无太多的财力、军力用于对日较量。因此,俄国通过《西—罗森协定》,对日本做出了较大的让步。在与日本约定承认朝鲜主权独立的前提下,听任日本在朝鲜自由膨胀其工商业。两相比较,日本在半岛争夺中已占据优势。

上述日俄之间多个外交文件表明,日本对俄以退为进的策略,逐渐被以攻为守的新策略代替。所谓以攻为守,即日本政府完全摆脱了外交的被动局面,转而逐步展开主动进攻。朝鲜半岛是实施以攻为守策略之中的"攻势"方针的重点地区,中国东北则是实施以攻为守策略之中"守势"方针的重点地区。从实施政策方针的先后来看,无论是攻是守,均不离大陆政策的基本框架。

---

① 《日本外交文书》第29卷,第477号文件。
② 鲍里斯·罗曼诺夫:《俄国在满洲(1892—1906)》,第128—129页。
③ 高丽大学亚洲问题研究所编:《旧韩国外交文书》第17卷,《俄案》1,高丽大学出版部,1969年,第1070号文件。

1897年2月20日,高宗离开俄国公使馆,移驾庆运宫。日本政府随即展开以攻为守的外交新策略,3月2日驻韩办理公使加藤增雄根据外相大隈重信的训令,抢先公布了《小村—韦贝备忘录》和《山县—罗拔诺夫协定》公开部分的条款,并照会外部大臣李完用,解释说:"协定和备忘录对朝鲜国的独立毫无影响,相反,表明了日俄两国一致同意巩固朝鲜国独立的意愿。切望贵国政府幸能谅知此意愿。"① 透过堂皇的外交辞令,不难发现日本政府此举的目的:显示日本与俄国在朝权益对等;卖恩于朝鲜君臣;为实施对韩新策略投石探路。俄国对日本抢先一步公布备忘录和协定颇感恼火,3月14日,韦贝照会李完用,称:"近日自日本前来之报刊,则颇有误谬,故亦以误传于京城,故兹备文照会,并呈议约之原副本,请烦贵大臣查照可也。"韦贝把《山县—罗拔诺夫协定》的法文原本与英文的副本一起交给了李完用,以表明俄国对朝鲜的"善意"。② 作为对给予"善意"的回报,俄国要求朝方给予咸镜北道茂山、平安北道鸭绿江和江原道郁陵岛的森林的开采权。

1897年8月15日,高宗发布诏书,停用建阳年号,建元光武。10月12日,高宗在庆运宫圜丘坛祭告天地,宣布将国号改为大韩帝国,即皇帝位。10月13日,光武皇帝在太极殿接受群臣朝贺,并颁发了即位诏书。宣布奖赏功臣,减免租税,大赦天下,罪减一等,赡养孤寡,修整桥梁等,号召"废旧图新,行德化,美风俗"。③ 至此,开始了通称为光武改革的韩末最后一次改革。然而,日本政府以攻为守的对韩策略,给光武改革制造了难以逾越的障碍。在掠取土地资源方面,日本政府利用1897年7月韩国宣布开放木浦、镇南浦,1898年5月宣布开放马山、群山、城津三浦和平壤的机会,向上述开港地区派出大量日本商人。继而以旅韩日本侨民人数激增为理由,要求购买租借地的土地。进而又在将日本的商业网点向租借地之外地区扩展的过程中,通过向农民发放购买粮食的高利贷,把韩国农民抵押的土地据为己有。与此同时,日本政府也借口俄国意欲购买半岛南部沿海岛屿,多次提出购买韩国土地的要求。

在获取铁路筑路权方面,日本政府同样不遗余力。1897年11月,在日本外务省顾问丹尼森的斡旋下,日本政府付出170万日元,从美国人莫尔斯

---

① 《旧韩国外交文书》第3卷,《日案》3,第4263号文件。
② 《旧韩国外交文书》第17卷,《俄案》1,第812号文件。
③ 《日省录》,光武元年九月十八日条。

的手中购得京仁铁路的筑路权。① 日本政府获得修筑这条铁路的权利,掌握了快速进入汉城的钥匙。1898年7月,日本驻韩办理公使加藤奉命在敦促韩国政府尽速缔结由日本修筑京釜铁路的协定的同时,又要求韩国政府承认京仁铁路筑路权,说:"至如京仁铁路,则卑见以为贵政府理应理解我政府厚意之所在,即时声明同意办事无论耳。"② 同年9月,光武政权同意将京釜铁路筑路权给予日本。京釜铁路是日本在韩国铺设的又一条政略性铁路,总投资为2500万日元。其中,民间集资为500万日元,其余的2000万日元,在1904年由日本担保,向英美等国筹借贷款解决。韩国皇室占有3500股股份,光武帝拥有2000股,皇太子拥有1000股,英亲王拥有500股,坐等分红获利。③ 皇室拥有股份,筑路事业得以开展,日本政府从中获取控制韩国经济、军事命脉的政略铁路的筑路权。

在日俄战争爆发前的对日竞争中,俄国曾攻势逼人。1900年1月,俄国迫使朝鲜同意将鸭绿江南岸森林开采权延长20年。3月,俄国舰队驶入仁川港,朝俄订立秘密租借协议,俄国取得马山浦租借地之外方圆10里的租借权,为太平洋舰队设立加煤站和海军医院。④ 7月,俄国借口镇压义和团,出兵占领了中国东北,威压韩国,日俄矛盾随之加剧。1902年2月,驻韩公使巴甫洛夫建议韩国政府由俄国人坎特博格承包京义线的筑路工程。1903年5月俄军越过鸭绿江,在龙岩浦构筑军事基地。7月,俄国与韩国订立合同书,俄国森林公司取得对鸭绿江森林为期30年的采伐权,海军则取得龙岩浦的土地租借权。⑤

面对俄国的攻势,日本政府采取的主要策略是从日俄协商论转向日英同盟论,依靠世界头号强国英国,强化对俄的外交立场。经过一年有余的伦敦谈判,1902年1月30日,日本与英国订立了第一次日英同盟条约。日本承认英国的利益主要在中国,英国承认日本除拥有在华利益外,还拥有在朝鲜的政治、商务以及工业上之利益;在中国和朝鲜遭遇其他国家侵略或发生骚乱时,缔约国双方有权为维护本国利益而采取行动;缔约国的任何一方与第三国作战时,另一方保持中立;在另一国或数国参加对于该同盟国战争

---

① 曹中屏:《朝鲜近代史(1863—1919)》,东方出版社,1994年,第211页。
② 《旧韩国外交文书》第4卷,《日案》4,第4751号文件。
③ 姜万吉:《韩国近代史》,第268页。
④ 《旧韩国外交文书》第18卷,《俄案》2,第1546号文件。
⑤ 同上书,第2091号文件。

时,则缔约国应予援助,共同作战。① 日本与英国建立军事同盟关系,意味着不惜为独霸朝鲜半岛而对俄开战。

与此同时,开展对俄交涉,加紧战前的外交准备。1903 年 4 月,首相桂、外相小村、元老伊藤和山县举行了四巨头会议。决定在"满韩"问题上,采取攻守兼备的"满韩交换论"策略。这个策略一方面要求俄国从中国东北撤军,在朝鲜半岛则寸步不让;另一方面,以日本承认俄国在中国东北的优越地位,来换取俄国对日本在朝鲜半岛优越地位的承认。6 月 23 日,御前会议采纳了四巨头会议的基本方针,决定围绕"满韩"问题开始对俄交涉。8 月,驻俄日本公使栗野慎一郎奉命将日方谈判草案递交给俄国外交大臣拉姆斯道夫,双方展开外交谈判。同年 10 月,俄国提出谈判草案,谈判地点改为东京,双方首席代表分别是外相小村与俄国驻日公使罗森。在此后两个多月的谈判中,俄方提出双方以北纬 39°线以北地区为中立区,相互承认在韩国的优先利益,但日方必须声明"满洲"及鸭绿江、图们江沿岸不在其利益范围内。② 俄国坚持独霸中国东北、限制日本在朝鲜半岛扩张的目标,与日本急欲控制韩国、觊觎中国东北的图谋背道而驰,因而被日方拒绝。双方在"满韩交换"上无法取得共识,战争就成为解决问题的唯一选择。

开展对韩外交,巩固推行"大陆政策"的前进基地。无论从日本扩张成果积累、施策要点,还是从对俄开战的准备、行动步骤来看,对韩外交都是日本在开战前实施以攻为守策略中的最重要的内容。

其手法包括:加紧金融渗透。从 1902 年起,日本第一银行釜山分行开始发行面额分别为 1 元、5 元、10 元的银行券,至 1904 年,发行量已由约 60 万元猛增到约 377 万元,俨然成了韩国中央银行。③

蚕食侵占韩国土地。1900 年 9 月,拒绝从郁陵岛撤走日本居民;1901 年 4 月林权助要求扩大在汉城南大门和釜山的京釜线车站的用地;5 月,林权助要求确保在马山浦的海上使用权;6 月,依据《韩日通渔规则》,林权助要求给予日本渔船使用韩国海岸土地的权利,此后则逐渐向北方推进,陆续提出新的租借、购买韩国土地的要求。④

在巩固日韩贸易、金融等方面对俄居优势的基础上,在采矿、电信、筑

---

① 褚德新、梁德主编:《中外约章汇要》,黑龙江人民出版社,1989 年,第 351—352 页。
② 《沙皇俄国侵略扩张史》,下册,人民出版社,1980 年,第 321 页。
③ 姜万吉:《韩国近代史》,第 263 页。
④ 《旧韩国外交文书》第 4 卷,《日案》4,第 5909 号文件;《日案》5,第 6227、6226、6283 号文件。

路、军事方面加紧与俄竞争。1902年10月,林权助照会外部大臣署理崔荣夏,对俄国东清铁路公司勘测昌宁、陕川附近的金矿表示严重关注。① 1903年3月,林权助向外部大臣李道宰送交备忘录,以俄国修筑京义铁路势必"导致京釜铁路的效益锐减大半","直接影响日本帝国利益"为由,要求韩国政府"判断时势","断然拒绝"俄国修筑京义铁路。② 7月,林权助照会李道宰,要求韩方采取措施阻止俄国在义州架设电线的工程顺利竣工,"火速善办,实为维持国体之途"。③ 11月,林权助历数俄国在龙岩浦未开港地区"私有土地,建筑家屋,甚至造起炮台",指责"此等行动俱系毁损我帝国在贵国条约上所有权利者也",强行要求开放龙岩浦,"同享利益"及"条约上权利"。④ 与此同时,日本军官频频在韩国全境"游历",驻韩日军守备队频繁举行实弹射击演习,汉城周边日军的枪炮声不断。

同时,加快对韩殖民步伐。据1902年1月13日《皇城新闻》报道,自日本政府制定《移民法》以来,日本政府鼓励向韩国移民,日本国内的公司竞相研讨移民策略,向韩国各地派遣调查人员,搜集有关农业、商业、风俗等方面的情报,取走各地土地样品,带回日本化验分析,以待将来之用。据《朝鲜时报》报道,当时仅在釜山一处,留居的日本人已达到7014人。⑤

在统治集团上层打击亲俄派,加紧扶植亲日派,也是以攻为守策略的一项重要内容。在日俄竞争加剧的背景下,韩国统治集团内部分成了许多背靠列强的政治派别。在日俄战争爆发前,以闵泳焕、李址镕等为首的亲日派和以赵秉式、闵种默等为首的亲俄派纵横政治舞台,李根泽、李容翊等宫廷侧近派则秉承光武帝的旨意,分别负责联络日本或俄国。其中,李容翊对俄外交活跃,招致日本的嫉恨,必欲除之而后快。1902年12月,林权助奉日本外务省训令、照会外部大臣赵秉式,公然宣称:"帝国政府认为,李容翊氏在他国保护下,对我缺乏善意地直接或间接地处理宫中及政府的政务","为顾念帝国政府之友谊,应解除李容翊内藏院卿及其他重要官职。"⑥ 由此,引发了李容翊罢官事件。此后,驻韩临时代理公使荻原守一又多次敦促解除

---

① 《旧韩国外交文书》第4卷,《日案》4,第5909号文件;《日案》5,第7060号文件。
② 同上书,第7260号文件。
③ 《旧韩国外交文书》第6卷,《日案》6,第7449号文件。
④ 同上书,第7689号文件。
⑤ 《高宗时代史》第4卷,第473—475页。
⑥ 《旧韩国外交文书》第6卷,《日案》6,第7157号文件。

李容翊的官职,至1903年6月,甚至发生了炸弹袭击李容翊的恐怖事件。①

面对日俄两大强国的争夺,韩国君臣试图借助中立化以求自保。1900年9月14日,林权助密报外相青木周藏:"韩国官员透露说,韩国为了在列强保护下成为中立国,准备与帝国政府开始交涉。"青木立即电训林权助,对此动向必须严重关注。② 俄国对韩国君臣提出的中立化主张颇感兴趣,因为此举有利于俄国巩固对中国东北地区的占领。于是,俄国主动向日本提议讨论朝鲜中立化问题。由此,开始了日俄两国围绕韩国中立化问题的交涉。

为争取外交后援,1901年1月,新任外相加藤高明电令驻英公使林董探询英国的意向。1月14日,林董电告加藤从英国外交部官员巴奇处得到的回复:"英国与其让俄国进入朝鲜,还不如让日本占据朝鲜更加感到愉快。如果朝鲜善于维持独立,而不被其他国家接管,英国将感到愉快之至。"③当时英国更关注协调与德国的关系而无意东顾,在日俄围绕朝鲜半岛的竞争中,英国严守中立。德国也表态"在朝鲜并无政治上的利益",对日本的求助不感兴趣。④ 在这种情况下,日本只得竭尽全力展开对俄交涉,底牌是"日俄分别将韩国和满洲划为各自的势力范围"。⑤ 为了迫使俄国在韩国问题上作出让步,日本坚持俄国应该履行其撤离中国东北的承诺。1月17日,俄国驻日公使向外相加藤提出俄方"各国共同保证韩国中立"的建议,加藤的回答是在俄国退出"满洲"后,"再讨论韩国中立也为时未晚"。实际上拒绝了俄国列强共同保证韩国中立化的建议。⑥ 1月22日,俄国外交大臣会见日本驻俄公使珍田舍巳,表示愿意就各国共同保护韩国中立化的问题,与日本开展"能使双方均感到满意"的"友好协商"。⑦

二 日俄战争与韩国的保护国化

俄国在竞争中显露出来的弱势,坚定了日本挑起战争的决心。1904年

---

① 《旧韩国外交文书》第6卷,《日案》6,第7416号文件。
② 《日本外交文书》第34卷,第395号文件。
③ 同上书,第398号文件。
④ 同上书,第409号文件。
⑤ 同上书,第397号文件。
⑥ 同上书,第400号文件。
⑦ 同上书,第408号文件。

1月20日,林权助与韩国亲日派外部大臣李址镕订立《韩日密约》,规定:韩日两国采取重大措施,克服国际上的障碍,彻底沟通情谊;为了东亚大局与和平,当此紧急事变之际,韩日两国以诚实的友谊,相互提携,维持永久的安宁秩序;未备的细目,由日本外交代表和韩国外部大臣临机协商确定。① 依据上述密约,韩国成为对俄开战的供应基地。2月8日,日军在仁川采取军事行动,陆军先遣部队木越旅团2000余名士兵在仁川登陆,联合舰队偷袭旅顺港外的俄国舰队。10日日俄相互宣战,日俄战争爆发。

在日俄战争期间,日本自食其言,加紧将韩国保护国化。2月23日,就在日军实施封锁旅顺港沉船作战的前夜,林权助与李址镕订立了《日韩议定书》。《议定书》规定:韩国政府接受日本政府的忠告,实行内政外交的改良;日本政府保证韩国皇室的安全康宁;日本政府保证韩国的独立与领土完整;在受到第三国侵害或发生内乱,以及韩国皇室的安宁或领土保全面临威胁时,日本政府可迅速采取必要的军事措施,韩国政府为使日本政府的行动顺利进行,提供充分的便利;两国政府均不得与第三国订立违反本协定宗旨的协定;事关本协定的未悉的细目,由日本政府外交代表和韩国外部大臣临机商定。② 据此,在"保证"大韩帝国皇室的安全与康宁,以及韩国领土完整和独立的名义下,日本取得对韩国的全面支配权。3月,为确保日军北进,京义线筑路工程紧急开工,一年后竣工通车。这样,从釜山到义州,贯通朝鲜半岛南北的铁路线完全由日本掌握。1904年5月18日,光武帝发布《敕宣书》,宣布取消韩俄之间以往订立的所有条约和协定,承认日本单独支配韩国。③

5月20日,林权助又与外部大臣李夏荣"临机商定"了有关《日韩议定书》的未悉细目"18条款",将日本对韩支配权具体化。其内容主要包括:在精锐化的名义下,裁减韩国军队兵员并由日本士官专门负责训练;韩国政府的财政顾问从日本聘请,并由其全面负责韩国财政;设立日韩农业银行,重要职员由日本籍人员担任;航运、铁路、电信等部门由两国共同经营;矿山开采权特许给日本资本;海关、内河开放等须与日本协商;中央政府最高顾问由日本人员担任,参与地方行政改良;警察学校的教师由日本人担任;中央

---

① 《高宗时代史》第6卷,探求堂,1972年,第8页。
② 同上书,第16页。
③ 同上书,第58页。

和地方各级学校的教师主要由日本教师担任等。① 上述条款正如其正式名称,即《基于日韩议定书与外部大臣协议韩国经营计划的文件》所表明的那样,和盘托出了日本政府接管韩国的军事、警察、财政、金融、产业、海关、教育等方面权利的图谋。

利用规模越打越大的日俄战争,日本政府加快落实"韩国经营计划"。1904年8月22日,就在大山岩指挥3个集团军,以13.5万士兵、400余门炮的规模投入辽阳会战,乃木希典采用"肉弹"战术围攻旅顺,海军舰队在黄海和蔚山海域击败俄国舰队的隆隆炮声中,林权助与外部大臣署理尹致昊订立了第一次《日韩协约》(正式名称为《雇聘外国人协定》)。协约规定:有关韩国财政和外交的一切事务,均须按照日本政府推荐并由韩国政府聘请的日籍财政顾问和其他外国人担任的外交顾问的意见办理;此后韩国政府与外国订立条约或让与特权时,必须与日本政府事前协商。② 由日本政府派出的大藏省主计局局长目贺田种太郎和由日本政府推荐的驻美日本公使馆顾问史蒂文森于10月和12月先后来到韩国,分别担任韩国政府的财政或外交顾问,将韩国的外交、财政大权监控起来。随后,警务、军部、宫内府、学部等部门的决策权,也落入先后到任的日籍顾问手中。

1905年1月日军夺取旅顺后,集结20余万军队陆续北上,寻机与驻守在奉天的30余万俄军决战。至3月10日,日军以伤亡7万余人的代价,击溃俄军,占领奉天。在双方投入空前兵力的奉天会战中,俄军伤亡6万余人,丧失了在陆战中与日军对抗的能力,实际上输掉了战争。趁此良机,4月8日,桂太郎内阁自毁维护韩国独立的诺言,决定了将韩国保护国化的方针。在5月27日至28日的日本海大海战中,联合舰队歼灭俄国的波罗的海舰队,取得日俄战争的最后胜利。挟战胜俄国的余威,日本政府加快将韩国保护国化的步伐。7月29日桂太郎与美国陆军部长塔夫脱在东京秘密订立《桂—塔夫脱备忘录》,相互承认各自在韩国和菲律宾的宗主国地位。8月12日在伦敦订立第二次《日英同盟协约》,英国承认日本在韩国"拥有政治上、军事上及经济上之卓越权利",有权"采取其认为正当及必要之措施,进行指导管理及保护"。③

9月5日,在美国撮合下,日俄订立《朴次茅斯和约》,俄国承认"日本国

---

① 《高宗时代史》第6卷,第60—64页。
② 《日本外交年表及主要文书》上卷,第231页。
③ 褚德新、梁德主编:《中外约章汇要》,第368页。

于韩国之政治军事经济上均有卓绝之利益,如指导保护监理等事,日本政府视为必要者即可措置,不得阻碍干涉"。① 日本政府得以随心所欲地实施其"经营韩国"的计划。11月17日,第二次《日韩协约》订立。《协约》规定:日本政府授权外务省全面监理、指挥今后韩国的对外关系及事务,驻外的日本外交代表和领事应该保护旅居国外的韩国臣民及其利益;今后韩国政府未经日本政府的中介,不得订立任何国际条约;日本政府在韩国皇帝的阙下设置统监1名,统监驻京城,有权内谒韩国皇帝;日本政府有权在认为必要的地点设置理事官,并在统监的指挥下,履行属于日本领事的一切职权,执掌为彻底贯彻本协定所需要的一切事务;日韩两国之间现存的条约或约定,只要未与本协约条款相抵触,则继续有效。② 第二次《日韩协约》完全剥夺了韩国作为主权国家的外交权,把韩国变成了日本的保护国。1905年为农历乙巳年,因此,这个协约也被称为《乙巳保护条约》。除了一部分甘为日本政府鹰犬的李完用、宋秉畯等卖国贼之外,韩国君臣无不痛心疾首。中下层各界人士自发地采取了非暴力的罢课、罢业、罢市等行动,多名爱国高官以自杀表示抗议。活跃在广大山间林野的义兵,则手执简陋的武器,掀起抵抗日本殖民侵略的游击战新高潮。

1905年11月25日,天皇发布第240号敕令,宣布撤销日本驻韩公使馆、领事馆,改由统监府、理事厅来处理相关事务。③ 11月28日美国率先撤馆,11月30日前韩国总税务司布拉温将税关移交给财政顾问目贺田种太郎。④ 12月2日英国撤馆,12月3日德国撤馆。此后,俄国、法国也先后撤馆。直到1907年2月6日,中国才撤走驻韩公使,保留了驻韩总领事。⑤

1906年2月1日统监府和理事厅开张,3月2日首任统监伊藤到任,在东京遥控指挥下,厉行以宪兵军警暴力统治为特征的"统监政治"。1906年2月9日,天皇公布敕令,将行政、司法的警察权授予统监。4月17日,统监府公布了《保安规则》,强化治安镇压。6月26日,日本政府公布《关于韩国审判事务的法律》,授予理事厅一审、统监府法务院终审的权力。8月1日,天皇发布敕令,公布了《驻韩日军司令部条例》,规定由陆军大将或中将担任的司令直属天皇,可据统监的命令动用兵力。在加强政治、军事镇压的同

---

① 褚德新、梁德主编:《中外约章汇要》,第370页。
② 《旧韩国外交文书》第7卷,《日案》7,第9021号文件。
③ 《日本外交文书》第38卷,第1册,第292号文件。
④ 《高宗实录》,光武九年十一月三十日条。
⑤ 《日本外交文书》第39卷,第2册,第862号文件。

时,在经济上兴办各种名义上日韩合办、实际上日资操纵一切的企业,多管齐下,把韩国推向殖民地的深渊。

亡国在即,局势复杂。一方面,韩国政府被迫妥协。6月21日,同意由涩泽荣一等经办汉城和平壤的水力发电业务。7月31日,日韩两国合办的殖产奖励会社成立,总裁为英亲王,总务长为李载元。10月19日,统监伊藤与韩国政府订立《森林经营协同约款》,规定鸭绿江、图们江沿岸的森林由日韩两国政府经营。① 另一方面,韩国朝野在极其不利的条件下,力图扭转颓势。官民掀起偿还1300万日本借款的运动,希图还清债务,赎回国家主权。在外交上,韩国君臣对争取国际社会的同情以挽回局面仍抱有希望。趁1907年6月海牙国际和平会议召开之机,高宗派出密使李相卨、李儁等前往海牙,控诉日本吞噬韩国主权的横暴,进行了最后一次恢复国权的外交努力。

1907年7月24日,在无理追查海牙遣使事件的责任、逼迫光武帝退位的5天之后,伊藤与外部大臣李完用在统监府订立了第三次《日韩协约》和秘密备忘录。协约规定:韩国政府必须在统监的指导下,实施政务;韩国政府制定法律和重要的行政活动,必须经过统监的认可;韩国政府的高官任命,必须经过统监的批准;韩国政府必须任用统监推荐的日籍官吏;不经统监的同意,韩国政府不得雇用外国人;司法与行政分离等。备忘录规定:最高法院大审院的院长、大审院检查总长、中央与地方官署各部次长等,均由日本人担任;除王宫卫队外,其余的韩国军队一律解散。② 通过上述举措,继外交权之后,韩国的行政、司法、国防等国家基本权力,也被日本政府悉数攫取。大韩帝国被日本敲骨吸髓,离亡国不过一步之遥。

三 日美关系的变化与日本吞并韩国

日本在维护各国权益、保全韩国、反对俄国占领中国东三省和维护门户开放等名义的发动了战争,得到同样希望遏制俄国独占东三省、坚持门户开放政策的美国支持。在日俄战争期间,美国政府向日本提供了2亿美元的

---

① 《近代日本综合年表》(第二版),岩波书店,1984年,第186—190页;《高宗时代史》第6卷,第478、492页。

② 统监府编:《韩国条约类纂》,1908年,第25—28页。

军事贷款,约为总战费的 1/5。① 美国舆论普遍偏袒日本,指责俄国。然而,日本接连击败俄军并在朝鲜半岛的急剧膨胀,引起美国对菲律宾安全的忧虑。同年 7 月,美国总统老罗斯福在命令驻菲律宾司令伍德加强戒备的同时,派遣陆军部长塔夫脱访问日本。7 月 29 日,双方在东京签订了秘密备忘录《塔夫脱—桂太郎协定》。其主要内容是:共同维护远东的和平,日本无意染指并承认美国在菲律宾的特殊地位;作为交换,美国认为韩国问题是引发日俄战争的直接原因,作为战争逻辑性的结果,承认日本拥有决定朝鲜半岛的支配权。②

8 月 10 日,在老罗斯福的斡旋下,日俄开始媾和谈判。日方提出俄国割让库页岛和赔款 12 亿日元的要求,遭到尼古拉二世的断然拒绝,谈判面临破裂的危险。关键时刻,老罗斯福出面,说服日本作出让步,放弃赔款,割取库页岛南部。9 月 5 日,日俄两国在美国朴次茅斯订立《日俄媾和条约》。俄国政府承认日本在韩国拥有支配权;俄国"将旅顺口、大连及其附近的领土及领水的租借权","长春(宽城子)至旅顺间的铁路及其一切支线并该地所属的一切权利、特权及财产",全部转让给日本政府;俄国政府"将库页岛南部及其附近的一切岛屿及该地的一切公共营造物和财产,权利完整且永久地转让给日本帝国政府"。③ 通过这个由美国政府撮合而成的条约,日本获得对朝鲜半岛的支配权和俄国在中国辽东半岛的全部殖民权益,割取了北纬 50°线以南的半个库页岛,作为新兴的帝国主义国家崛起于东北亚。

为了回报美国的援助,也为了获得 1 亿日元的贷款,1905 年 10 月 12 日,桂太郎与美国铁路大王哈里曼达成《关于满洲铁路的预备协定备忘录》(也称《桂—哈里曼备忘录》)。根据哈里曼的提议,备忘录同意由他来"收购日本政府获得的满洲铁路及附属财产,为了筹集整备该铁道以及完成延伸并改善在大连的铁路终端所需资金,组建一个康采恩公司,当事双方对其取得的财产应拥有共同且均等的所有权";在日本政府的监督下,联合经营满洲铁路。④ 虽然井上馨、涩泽荣一等政界和财界巨头对备忘录持积极立场,但从朴次茅斯归来的小村寿太郎极力反对签订备忘录,并在元老们的支持下,最终予以取消。

---

① 刘世龙:《美日关系(1791—2001)》,世界知识出版社,2003 年,第 276 页。
② 日本外务省编:《日本外交年表及主要文书》上卷,第 240 页。
③ 同上书,第 245—246 页。
④ 同上书,第 249 页。

在开展对美外交的同时,日本分别在 1905 年 8 月与英国订立第二次《日英同盟协约》,1907 年 6 月与法国订立《日法协约》,同年 7 月与俄国订立第一次《日俄协约》,强化在"南满洲"和朝鲜半岛已夺得的地位。在列强的默认下,日本加快吞并韩国的步伐。1909 年 3 月 30 日,外相小村寿太郎向首相桂太郎提出了实行日韩合并的建议书《合并韩国案》。建议书的第一条明确提出"在适当的时机断然合并韩国"的目标,理由是"合并韩国并使之成为帝国版图的一部分,乃是在半岛确立我国实力最切实之方法",强调日韩"断然实行合并,使半岛名副其实地置于我国统治之下,取消韩国与外国的条约关系,乃是帝国之百年大计";以下各条分别提出在韩驻扎军队和宪兵警察,控制有关日韩合并的外交事务,将韩国铁路纳入帝国铁道院管辖,向韩国大量移民,扩大驻韩日籍官吏的权现以统一施政等。① 4 月 10 日,伊藤、桂和小村在东京秘密协商吞并韩国的方针。7 月 6 日,桂内阁通过了小村的建议书,使之成为日本政府的《对韩施政大纲》。10 月 26 日伊藤博文在哈尔滨因被朝鲜人安重根刺杀身亡,日本加快了吞并韩国的步骤。在统监府授意和右翼团体黑龙会的操纵下,12 月 4 日,卖国团体"一进会"提交要求日韩合并的《请愿书》和《合并宣言书》,制造"自愿"合并于日本的舆论。

1910 年 6 月 3 日,桂内阁通过《对韩国之施政方针》,确定"依据宪法规定之大权统治朝鲜";"总督直属天皇,拥有统辖朝鲜一切政务之权限";"赋予总督依据大权委任,发布有关法律事项命令之权限";"朝鲜的政治以简易为宗旨";"总督府的会计为特别会计";"总督府的行政费用以朝鲜的岁入承担";"铁道和通讯的预算归总督府管理";"关税收入属于总督府之特别会计"等,② 决定设置朝鲜总督府。

在此以前,日本政府为争取欧美列强的支持,开展频繁的外交活动。其中,与崛起于太平洋的美国达成相互谅解,是日本独吞韩国的重要外交准备。1908 年 11 月 30 日,驻美大使高平小五郎与美国国务卿 E. 鲁特互换了《日美关于在太平洋方面的交换公文》(也称《高平—鲁特协定》),就双方在太平洋地区的相处原则和利益分割达成共识。其中,主要规定:(1)"两国政府希望鼓励两国太平洋商业的自由平稳的发展";(2)"两国政府的政策均无任何侵略倾向,以维持太平洋的现状和拥护在华工商业机会均等主义为目的";(3)"因此,两国政府决心尊重对方在太平洋地区已有的利益";(4)"两

---

① 日本外务省编:《日本外交年表及主要文书》上卷,第 315—316 页。
② 同上书,第 336 页。

国政府决定运用其权能范围内的一切和平手段,保全中国的独立及领土,支持各国在华工商业机会均等主义,保护各国在华的共同利益";(5)"在发生危害上述维持现状或机会均等主义的事件时,两国政府应相互交换意见,协商采取有益的措施"。① 日美达成协议,进一步加强了日本的外交立场。

随着吞并韩国图谋的即将实现,协调日俄关系的问题也提上日程。1910 年 7 月 4 日,依据 6 月 18 日内阁的决议,驻俄大使本野一郎与俄国外交大臣伊兹沃尔斯基在彼得堡签订了《日俄第二次协约》,约定双方遵守在 1907 年 7 月 30 日划分日俄在朝鲜半岛和"满蒙"势力范围的《日俄第一次协约》,再次确认了"两国在满洲划定的特殊利益之各地域",稳定日俄关系。② 7 月 14 日,英国外交大臣葛雷表态支持日本吞并韩国。7 月 15 日,外相小村向美国、法国、德国、奥地利、意大利、西班牙、荷兰等国驻日使节通报日韩合并的进展,取得各国的谅解。

在完成外交准备后,7 月 23 日,内定为首任首届朝鲜总督的统监寺内正毅来到汉城。寺内在查封爱国报刊和学校的同时,改组韩国政府,指定卖国高官李完用为内阁总理大臣。8 月 22 日,寺内和李完用在日方起草的《日韩合并条约》上签字盖章。条约的"前言"奢谈日韩两国之间存在"特殊的密切关系",声称"为增进相互间的幸福,确保东洋和平",必须实行合并。条约第一条规定:"韩国皇帝将韩国的全部统治权完整并永久地让与日本国皇帝陛下";第二条规定:"日本国皇帝陛下接受载入第一条的让与,完全承诺将韩国合并于日本帝国";第三条规定:"日本国皇帝陛下保证使韩国皇帝陛下、太皇帝陛下、皇太子殿下及其后妃、后裔享有并保持与其地位相当的尊称、威严及名誉,供给充足的岁费";其余 5 条,分别承诺优遇韩国皇族及其后裔,对合并有功的官僚授勋并予奖励,保护服从日本统治的韩人并任命为官吏,等等。③ 至此,明治政府实现了"征韩"并最终吞并韩国的既定国策目标,日本官僚和民间右翼分子无不弹冠相庆。然而,在日本殖民帝国扩大了相当于其本土面积近 60％的版图的同时,也与不甘屈服的韩国人民结下了不共戴天的世仇。对于日本帝国来说,吞并韩国虽然一时满足了扩张的欲望,但导致帝国大厦倾覆的祸根也因此而埋下。当鸭绿江和图们江成为中日的"国境线"之后,东北亚更加进入多事之秋。

---

① 日本外务省编:《日本外交年表及主要文书》上卷,第 312 页。
② 同上书,第 337 页。
③ 同上书,第 340 页。

第四节　参加第一次世界大战与跻身世界五强

1914年7月，第一次世界大战爆发。经过甲午战争和日俄战争，成为东北亚新兴帝国主义强国的日本，将世界大战视为摆脱经济危机，从区域性强国飙升为世界级强国的良机。

一　参加第一次世界大战与侵华新步伐

1914年8月4日，英国对德宣战。8月7日，英国为了消灭在中国海域的德国武装商船，要求日本参战。当天下午，首相大隈重信在早稻田的私邸里召开阁僚会议，讨论出兵问题。外相加藤高明认为，事态虽未发展到日本必须参战的程度，但为了信守日英同盟的承诺，更因为夺取德国在东亚权益的绝好机会已经到来，应该参战。对此，阁议一致表示同意。8月8日井上馨致信元老山县有朋和首相大隈，强调"此次欧洲的大祸乱对发展日本国运来说，是大正新时代的天佑"良机，"千载一遇"。他认为"与战局的进展相同步，英法俄三国的团结更加巩固，日本应该与三国团结一致，确立日本在东亚的权利"；建议采取办法，使得对于日英同盟态度渐趋冷淡的英国重新燃起热情；把停留在纸面上的日俄协约变成具有实质效力的协约；从而"将明治维新大业之宏谟求诸世界"，强调"大正新政之发展，取决于世界大乱之时局下与欧美强国并肩合作，奠定处理世界问题而不能忽略日本的基础，以彻底清除近年来欧美欲孤立日本的趋势"。[①] 元老会议接受了井上的建议，决定派兵参战。

8月9日，外相加藤向英国驻日大使斯科德递交了日本承诺参战的备忘录，内称："帝国政府将出动舰队，搜索并击沉德国在支那海伪装的巡洋舰"，强调日本参战是"为了实现两国同盟的共同目的，消灭在东亚损害日英利益的德国势力，必须动用所有的手段方法"。[②] 日本政府的备忘录令英国疑惧，美国和澳大利亚也表示反对日本参战，10日，英国取消了对日本参战的要求。无意错过"天佑"良机的日本政府，决心实现夺取德国在山东胶州湾的租借地的既定目标。8月15日，日本政府发表《对德最后通牒》，要求

---

① 历史科学协议会编：《史料日本近现代史》第2卷，第15页。
② 同上书，第16页。

德国必须在 8 月 23 日 12 时之前,撤走在远东的舰队,无条件交出胶州湾。德国对最后通牒不予理睬。8 月 23 日大正天皇嘉仁发布《宣战诏书》,日本正式对德宣战。

宣战当天,日本陆海军紧急出动。第一舰队驶向黄海、东海北部海域警戒待机,搜索德国舰船。第二舰队驶向胶州湾,英国派出战舰、驱逐舰各一艘赶来助战,27 日共同完成对胶州湾的封锁。第三舰队在东海南部及南海海域游弋,警戒菲律宾海域。9 月 2 日,陆军第 18 师团主力部队和第 24 旅团在龙口登陆,但遭遇洪水阻拦,向莱州、平度、即墨的行军进展迟缓。9 月 6 日第 23 旅团改由崂山登陆,与日军主力部队会合,向白沙河方向攻击前进。23 日,瓦纳吉斯顿少将率领自天津来援的英军在崂山登陆,配合日军向青岛方面推进。25 日,第 24 旅团的步兵队占领潍县火车站。10 月 7 日,不顾中国政府的抗议,日军占领济南火车站,控制了胶济线。此后,日英联军逼近德国总督府所在地青岛,双方展开激烈的攻防战。13 日,3 架日军的飞机与德军飞机进行了第一次空战。至 30 日,日英联军集结了陆海空立体打击力量,并在 31 日,即大正天皇生日"天长节"那天,开始了对青岛的总攻击。在激烈的战斗中,绝望的德军放火烧毁了油库,奥地利战舰"凯赛林·艾黎萨拜特"号在猛烈轰击日军右翼阵地后,凿舰自沉。11 月 6 日拂晓,日军发动陆海军的全线进攻。德军凭借多年前修筑的坚固堡垒的掩护,拼命抵抗。激战一天,德军的中央堡垒和炮台接连被日军占领。11 月 7 日,德国总督瓦尔戴克向日英联军投降,整个山东落入日本之手。在围攻青岛期间,日本第一舰队的南遣舰队和英国舰队在南太平洋海域与德国东亚舰队交战。至 12 月 8 日,德国舰队全军覆没,德国占领的南洋诸岛也转归日本领有。

11 月 10 日,中国政府要求日本撤军,日本政府置若罔闻。25 日,袁世凯召集特别会议,议决中日共管青岛海关税收、收回胶济铁路管理权、要求日英从山东撤军和保护山东省内采矿权等事项。1915 年 1 月 7 日,中国政府正式照会英日两国政府,强调山东战事已经结束,敦促实施撤军。日本政府依旧不予理睬,造成导致中日关系紧张的山东问题。不仅如此,一项掠取中国主权的更大计划在加紧酝酿。

早在 1914 年 8 月,元老山县有朋建议内阁提出在"日中协调"的名义下,以经济援助为手段,扩大日本在华权益。9、10 月间,黑龙会等浪人团体提出《解决中国问题意见书》,要求政府"必须留意欧战的最后结果,并预先控制紧接着欧战而来的事变的趋势,以便能够确定对华政策和决定最后采取的行动",提出将中国保护国化的10项秘密条款,① 敦促政府果断解决对华权益问题。11月,陆相冈市之助提出《解决中国问题意见书》,开列出多项要求,建议对袁世凯政府采取强硬手段,迫使其照单接受。元老院主张与欧洲列强协调,重点解决"满洲问题"。在日本朝野一致要求对华扩张的情况下,1914年12月3日,外相加藤电令驻华公使日置益就日本政府的各项要求立即展开交涉,强调"实现各项要求是绝对必要的","帝国政府将用尽所有的手段,一定贯彻之"。② 1915年1月18日,日置益向袁世凯政府提出"二十一条"要求。

"二十一条"要求共分5号。主要内容有:第一号:要求接管德国在山东的所有殖民权益,建造联结烟台或龙口与胶济线的铁路,山东各主要城市开辟为商埠。第二号:日本在"南满"和"东蒙"享有优越地位,将旅大以及"南满"、安奉铁路的租借期限以及吉长铁路的管理经营权延长至99年;日本臣民享有在"南满"和东蒙建造厂房、耕作所需土地的租借权或所有权,以及各矿的开采权;凡涉及"南满"或"东蒙"地区的借款、聘用顾问教习等,必须先同日本政府协商。第三号:中日合办汉冶萍公司,不经日本政府同意,中国政府不得自行处理该公司的一切权利或产业,所有属于该公司的矿山,不准该公司以外之人开采。第四号:所有中国沿岸、港湾及岛屿,不让与或租借与他国。第五号:中国中央政府必须聘用日本人为政治、财政、军事等顾问;给所有在中国内地设立的日本医院、寺院、学校以土地所有权;中日合办地方警察机关或在地方警察署聘用日本人;从日本采办中国政府所需半数以上的军械,或在中国开办中日合办的军械厂,聘用日本技师,采买日本材料;将武汉至南昌、九江以及南昌至杭州、潮州的铁路建造权许与日本;凡福建省内筹办铁路矿山及整修港口船厂需要外国资本时,先与日本协商;允许日本人在中国传教。③ 同时,还送交了解释日本要求的附件。

自2月2日起,外交总长陆征祥开始与日置益举行谈判。在谈判过程中,日本政府一面以换防为名,向中国增兵、施加军事压力;一面接受英国的要求放弃在长江流域修筑铁路,对第五号要求加以修改。4月26日,日本政府提出最终修正案。至5月7日,在经过24次谈判仍未使日本政府满足

---

① 复旦大学历史系编:《中国近代对外关系史资料选辑(1840—1949)》上卷,第2分册,上海人民出版社,1977年,第355—358页。

② 《史料日本近现代史》第2卷,第17—18页。

③ 《中国近代对外关系史资料选辑(1840—1949)》上卷,第2分册,第364—366页。

之后，日置奉命将日本政府的最后通牒送交给袁世凯政府。其文称：为了巩固日中友好关系，以确保东亚永久和平，中国政府必须将第一至第四号要求的全部以及第五号要求有关福建省公文互换之文件，按照日本政府4月26日修正案"不加以任何之更改，速行应诺"，若至5月9日晚6时未得到"满足之答复，帝国政府将执认为必要之手段，合并声明"。①

5月8日，袁世凯召集军政要员举行会议，讨论日本政府的最后通牒。会议之前，由于英国与日本达成谅解，转而劝告中国接受日本政府的最后通牒。驻华公使朱尔典拜访外交总长陆征祥，表态说："各国不暇东顾，若与日本开衅，即将自陷于万劫不复之地位。各国即同情，亦无能为力。为目前计，只有忍辱负重之一法，接受日本要求。"② 英国的态度使袁世凯手足无措，在一番声泪俱下之后，责成陆征祥写成复文，称："对日本政府4月26日提出之修正案，除第五号中五项容日后协商外，其第一号、第二号、第三号、第四号之各项，及第五号中关于福建问题以公文互换之件，照4月26日提出之修正案所记载者，并照日本政府所交最后通牒附加七条之解释，即行应诺。"③ 5月25日，陆征祥和日置益订立了《中日关于南满及东蒙之条约》和《中日关于山东省之条约》，将日本的第一、二号要求条约化。

利用第一次世界大战的"天佑"良机，日本政府以最小的代价，从中国劫掠了最大的殖民权益，触犯了欧美列强的在华权益。1915年5月11日，美国政府发出声明，拒不承认损害其在华利益、中国领土完整或违反"门户开放主义"的任何协定，对日本独霸中国的图谋强烈质疑。为了加强对欧美的外交立场，日本拉上俄国，在1916年7月3日订立日俄第三次协定和第四次密约，相互约定不参加对抗对方的政治联盟，保护彼此在远东领土的权力和利益，不使中国落入任何第三国政治势力之下，缔约国之一须与第三国宣战时，则另一缔约国一经请求，即须援助。④ 1917年2月备受德国无限制潜艇战之苦的英国，催促日本出动海军前往地中海协助英军作战。日本随即派遣佐藤皋藏少将率领9艘舰船，赶赴欧洲战场。作为回报，13日英国外相格雷通知日本驻英大使珍田舍巳，在战后的和平会议上，英国将支持日本接管德国在山东权益和赤道以北德国领有岛屿的要求。法国和俄国也分别

---

① 《中国近代对外关系史资料选辑(1840—1949)》上卷，第2分册，第367—369页。
② 同上书，第371页。
③ 同上书，第370页。
④ 同上书，第378—379页。

在3月1日、5日做出了同样的表态。在这种情况下,美国在1917年2月宣布与德国断交并参战后,也调整了对日政策。11月2日,美国国务卿蓝辛与日本政府特使石井菊次郎签订了《蓝辛—石井协定》,美国承认日本在中国,特别是在中国与日本属地接壤的地区有特殊利益,日本宣称永远遵守美国政府的"门户开放"和在华工商业机会均等的原则,日美两国保证中国的领土主权不受损害等。①

美国的新表态,鼓励了日本政府继续对华扩张。1917年5月16日,日本借口防止苏俄势力在中国蔓延,与段祺瑞政府订立《中日陆军共同防敌军事协定》,乘机介入中国的军事与国防事务。1917年1月至1918年9月,通过首相寺内正毅的亲信、实业家西原龟三的撮合,在中日"经济提携"的名义下,将大战景气的过剩资本,分8批提供给段祺瑞政府,② 史称"西原借款"。借款总值高达1.45亿日元,用于交通银行的融资,以及有线电信、吉会铁路、黑吉林矿、"满蒙"4铁路、山东2铁路的建设和段政府参战借款等项目,进一步向中国财政渗透。1918年9月24日,外相后藤新平照会驻日公使章宗祥,就山东问题达成协定,规定日军继续驻守济南和青岛,胶济铁路由中国巡警队守卫,待所属权明确后,由中日合资经营。③

二 跻身世界大国行列

1918年11月11日协约国与德国签订停战协定,第一次世界大战结束。这场战争造成1000余万人死亡,2000余万人受伤,650余万人被俘,财产损失惨重。与此同时,俄罗斯、德意志和奥地利三大帝国崩溃,俄国十月革命建立了第一个社会主义国家,全球范围内出现了和平民主和民族自决的历史潮流,世界进入建立国际新秩序的时代。尚在德国投降之前,英、美、日、法、意五大国已经开始了对战后世界安排的讨论。1918年1月8日,美国总统威尔逊提出以取消秘密外交、自由贸易和民族自决为基调的《十四点纲领》,表达了理想主义者的国际新秩序愿望。4天后,即1月12日,英、美、日、法、意五大国组成筹办和平会议委员会,确定举行会议的规则。日本加入五大国委员会,是明治维新以来,首次与欧美强国平起平坐地讨论世界问

---

① 《中国近代对外关系史资料选辑(1840—1949)》上卷,第2分册,第386页。
② 《国史大词典》第10卷,第868—869页。
③ 《中国近代对外关系史资料选辑(1840—1949)》上卷,第2分册,第399—400页。

题,成了日本崛起为世界级大国的重要标志。

1919年1月18日,巴黎和会在凡尔赛宫召开。以元老西园寺公望和内大臣牧野伸显为全权委员的日本代表团出席会议。会议一开始,比利时、巴西、加拿大等国要求本国代表有权出席所有会议。大会主席、法国总理克里孟梭强词夺理说:具有引导战争走向结束能力的五大国,当然应该指导大会,拒绝了比、巴等国的合理要求。五大国随即成立拥有最终决定权的机构,即由五大国各出2名代表组成的10人委员会。日本的2名代表为西园寺和牧野。按照五大国的决议,在巴黎和会的全体大会上,日本与英、美、法、意均享受五大强国的特殊权益,各拥有5票表决权,其他国家仅有2—3票的表决权;在最高会议上,日本代表参加的10人委员会,决定会议重大问题;虽然在专门委员会上,日本并不出席会议,但凡是重要决定须同日本协商。以在巴黎和会上取得的特殊地位为标志,日本实现了井上馨在日本参战前提出的目标。

有关山东问题的讨论和最终处理,显示了日本在一战后世界安排中的大国地位。1月27日,10人委员会会议从上午开始讨论德属殖民地的处理问题,山东问题是其中的重要内容。英、美、日、法、意五国各出2名全权代表,中国代表王正廷、顾维钧仅在当天下午列席会议。日本代表牧野伸显声称"日本尊重日中之间的成约","山东问题应在日中两国之间,以双方所商定之条约、协议为基础来解决"。① 言下之意,是按照"二十一条"要求、《中日关于山东省之条约》的规定,坚持将德国在山东的全部殖民权益无条件地转让给日本。在28日和会的第11次会议上,顾维钧针对牧野的发言,阐述中国代表团的立场,他从历史承传与民族领土完整原则出发,驳斥牧野并要求将德国在山东窃取的权益直接归还中国。虽然顾维钧的演说受到除日本代表以外的各国代表热烈赞誉,但道义上的胜利丝毫无助于问题的解决。2月15日,中国代表向大会提交了有关山东问题的议案,但英法等国借口战争期间对日本已有过承诺,对中国的要求不予理会。由于会议预订在4月25日将媾和条件送交德国代表团,山东问题才被五大国提上日程。4月22日,在中国代表被排除在外的情况下,威尔逊邀请英、法、日代表举行最高会议,讨论山东问题。日本代表强调战争期间日本与中国订立的条约,不能因中国对德宣战而失效,日本接管德国在山东的权益是日本参战应得的回报。日本的立场,致使同为战胜国的中国,居然屈辱地受到战败国式的待遇。在

---

① 顾维钧:《顾维钧回忆录》,中华书局,1982年,第186页。

英国支持下,日本拒绝在国际联盟章程上签字的要挟对美国也产生影响。同日,威尔逊与乔治·劳合、克里孟梭约见中国代表团,表示山东问题"是一个最困难的问题",最高会议希望"中国接受"日本的要求。① 30日,美、英、日、法四大国会议承认了日本的主张,同意将德国在山东的殖民权益转归日本。消息传来,"五四"爱国运动在中国轰轰烈烈地展开,民族解放和思想解放运动进入新高潮。6月28日签署的《凡尔赛和约》,公然将上述内容写入第156—158条款之中。在国内民众和旅法华侨激烈抗议的压力下,中国代表拒绝在和约上签字。在山东问题的讨论和最终处理的过程中,日本极其短视的大国傲慢,将中日关系推向决裂的边缘。

根据巴黎和会通过的《凡尔赛和约》,成立了国际联盟以维护世界和平。日本与英、美、法、意等国,作为在战争中发挥了主要作用的战胜国,成为国际联盟5个常任理事国中的一员。至此,日本已被公认为世界五强之一,取得世界级政治大国的地位。

崛起于东亚的日本刻意谋取霸权,与大洋彼岸的美国形成竞争关系。因此,拆散日英同盟并遏制日本,成为美国东亚政策的要点。一战后的英国不无酸楚地体味了头号强国地位的丧失,也无奈于美国、日本在一战后的崛起。1920年10月至1921年1月,英国外交部召集前驻华公使朱尔典、前驻日大使格林等资深外交官组成专门委员会,讨论战后的东亚政策。鉴于俄德两大竞争对手的消失,美国实力强大和日本的"二十一条"要求损害了英国在华利益,委员会虽有分歧,但倾向于取消日英同盟关系。1921年6月至8月,英国举行了帝国属邦的总理会议,就如何处理日英同盟,以及在美日两国之间选择战略伙伴关系问题展开讨论。会议的主流意见是:强化美英关系比维系日英同盟更重要。日本在成为大国后,面临的挑战越来越尖锐,如何处理日美关系,举足轻重。在这种情况下,维系日英同盟与协调日美关系,成为日本政府外交的关键。时任首相的原敬一语道破:"为了继续日英同盟,恐怕没有比日美协商更好的方法了。"②

在第三次日英同盟行将期满的前3天,1921年7月10日,美国向有关国家发出了举行太平洋会议的邀请。日本政府决定派遣海军大臣加藤友三郎、贵族院议长德川家达、驻美大使币原喜重郎率领日本政府代表团出席华盛顿会议。10月3日,日本政府对全权代表发出了训令,强调"应尽力倡导

---

① 顾维钧:《顾维钧回忆录》,中华书局,1982年,第196—197页。
② 原奎一郎编:《原敬日记》,乾元社,1950年,1919年6月10日条。

确立太平洋及远东地区永久和平,以期形成对我有利之形势。在考虑军备限制协定和日、英、美三国协商等与日英同盟存废相关的问题时,日本政府并不主张日英同盟必须按照上述协定或协商而加以变动,也不认为同盟的存续有所妨碍"。①

日本政府的意图遭到了美国强有力的阻击。1921年11月12日华盛顿会议召开的当天,美国国务卿休斯就与来访的英国代表巴尔夫取得一致意见,用一项新的协定取代包括《日英同盟条约》在内的所有美、英、日之间在战前或战时订立的条约和协定。11月24日、26日,日本驻美大使馆参事佐分利向巴尔夫和休斯提出名曰"币原草案"的建议,同意用美、英、日的新约代替《日英同盟条约》,休斯进一步希望将美、英、日三国条约扩大为美、英、日、法四国条约。12月6日,加藤对休斯表示:日本政府对法国的加入不持异议。12月13日,《四国条约》正式签订,规定:缔约国相互尊重各自在太平洋岛屿的权利,如发生纠纷则举行缔约国全体会议协商解决;上述岛屿若遭到第三国攻击,也采取同样之行动;约有效期为10年;待条约完成批准手续生效时,1911年7月签订的第三次日英同盟条约即告废止。②

与拆散日英同盟一样,遏制日本扩张海军的势头也是美国要在华盛顿会议上达到的重要目标。1921年11月12日,在限制海军军备的第一次会议上,美国提出放弃主力舰造舰计划、废弃部分老舰、维持现有海军力量和以吨位为主力舰及辅助舰的衡量标准等4项原则。作为具体提案,美国主张本国停止建造吨位为62万吨的15艘主力舰,废弃吨位为23万吨的15艘老舰;英国停止建造吨位为17万吨的4艘主力舰,废弃吨位为41万吨的老舰19艘;日本停止建造吨位为29万吨的主力舰7艘,废弃吨位为16万吨的老舰10艘。在10年之内,三国保有的主力舰分别是:美国18艘,约50万吨;英国22艘,约60万吨;日本10艘,约30万吨。美、英、日三国海军军舰的总吨位比例是5∶5∶3。③ 美国竭力维护本国优势地位的提议,得到英国的支持,却引起日本的反对。在11月15日举行的第二次会议上,日本代表以国家安全问题为理由,提出日美两国拥有军舰吨位的比例应该为10∶7,航空母舰的吨位与他国持平,"陆奥"、"安艺"两舰继续保留等反建议。④ 此

---

① 鹿岛守之助:《日本外交史》,鹿岛研究所出版会,1965年,第1084页。
② 同上书,第1092页。
③ 外务省编:《日英外交史》下卷,kuraisu,第736—738页。
④ 同上书,第749页。

后,三国围绕着总吨位比例的问题展开多次激烈的讨价还价。在美英联合施压之下,日本做出让步。1922年2月6日,美、英、日、法、意等国签订限制海军军备的《五国条约》。条约共6条,主要规定"缔约国按照本条约规定,约定限制各自的海军军备";各国海军拥有的主力舰总吨位比例为5∶5∶3∶1.75∶1.75,航空母舰的吨位比例为13.5∶13.5∶8.1∶6∶6,总吨位是:美国和英国各自保有52.5万吨,日本保有31.5万吨,法国和意大利各自保有17.5万吨。① 这个条约实现了美国的意愿,突出了美国在亚太地区和对日争夺中的优势地位。但与此同时,也表明了日本已成为仅次于美英的世界第三大军事强国。

同一天,出席华盛顿会议的中、美、英、日、法、意、比、荷、葡等国还签订了关于中国问题的《九国公约》。条约第一条规定:除中国以外的八国(一)"当尊重中国之主权独立及领土的与行政的完整";(二)"当给予中国以最完全及最无障碍之机会,俾自行发展,并维持一有力而安固之政府";(三)"当用彼等之势力以期有效确立,并维持各国人民在中国全领土之商工业机会均等主义"等,凸现了美国的对华政策的要点。第三条规定:除中国之外的各缔约国,为贯彻"门户开放"和在华工商业"机会均等"的原则,将不求取或赞助其国民求取下列各项:(一)"于中国任何特定地域内,关于商业或经济之发展,为彼等自己利益计,设立任何一般的优先权之协定;(二)任何独占权或优先权之足以剥夺任何他国国民经营在华任何合法商业或工业之权利者,或足以剥夺其与中国中央政府或任何地方官宪共同经营任何公共企业之权利者,或为其范围、时效或地理的关系,足令机会均等主义实际的适用归于无效者";第四条规定:"不赞助该国人民间相互所为之任何协定,其目的在于中国领土之特定部分内创设势力范围,或规定享受彼等独有的机会者。"② 第三、第四条规定,显然是针对动辄强调在中国"满蒙"地区拥有"特殊利益"和在中国拥有"优越地位"的日本而设定的,其目的不仅是对日本在华过快膨胀加以限制,而且试图以美国的自由贸易原则,抵消日本政府独霸中国的图谋。

另外,在美国的斡旋下,中日双方通过会外交涉,订立《中日解决山东悬案条约》,日本许诺将胶州湾及胶济铁路移交中国,领受中国支付的铁路偿

---

① 《日本史史料》4,近代卷,第340页。
② 王芸生编著:《六十年来中国与日本》第8卷,第336—337页。

还费 534 万金马克。① 币原声明放弃日本在"二十一条"要求中对"南满"和"东蒙"铁路借款及关税担保的优先权、在"南满"聘用日籍顾问的优先权,撤回对第 5 号要求的保留权。② 随着山东问题和"二十一条"要求问题的缓解,中日两国关系有所改善。

  总之,在第一次世界大战后的巴黎和会上,日本成为新崛起的政治大国;在华盛顿会议上,通过限制海军军备的《四国条约》的确定,取得位居世界第三的军事大国的地位。这样,在甲午中日战争迈出走向大国的第一步,在日俄战争迈出第二步之后,参加第一次世界大战的第三步使日本最终成为世界级大国。随着日本成为大国,美日之间围绕争夺在亚太和中国的霸权的较量全面展开。但是,美国主导的华盛顿会议,既对日本的大国地位给予务实主义的承认,又对其过度的扩张加以遏制。美日矛盾在逐渐加剧。因此,1923 年 2 月 28 日,经天皇裁决的《帝国国防方针》,就并非偶然地将俄国、美国、法国和德国的假想敌国顺序,修改为美国、俄国、中国。美国成为日本的头号假想敌国。

---

① 王铁崖编:《中外旧约章汇编》第 3 册,三联书店,1982 年,第 208—210 页。
② 于能模等编:《中外条约汇编》,商务印书馆,1935 年,第 285—287 页。

第六章
第一次世界大战前后的社会思潮与方向选择

1912年7月明治天皇睦仁病亡,皇太子嘉仁即位,改元大正。帝国创业阶段的明治时代结束,进入发展与彷徨并存的大正时代(1912—1926)。在此期间,武力崛起为世界级大国的日本社会面貌发生急剧变化,各种社会阶层力量随着产业革命的持续展开、资本主义的蓬勃发展而日益活跃。与此同时,随着社会矛盾的日益扩大,各种社会思潮应运而生,不同势力开展的运动异彩纷呈。大正时代的日本历史画卷,颇富动感。如同幕府末年至明治初年的日本社会喧嚣动荡一样,经过甲午中日战争、日俄战争和第一次世界大战等近代三大战争以来的急剧发展,大正时代的日本面临着新的变化和新的选择,历史风貌再次变得斑驳陆离起来。

第一节 一战前后的经济发展:新兴工业地带的形成与阶级关系的变化

从20世纪初期到第一次世界大战结束,日本的经济面临着新的发展机遇与挑战。带动经济发展的基本要素,与日俄战争和战后持续的扩军备战不无关系。日本在较短的时间内提升了近代工业的整体水平,形成支撑重工业化的四大新兴工业地带。在这个过程中,日本的社会阶级关系发生了巨大变化。

一 第一次世界大战前的经济发展

在扩军备战的刺激下,政府财政预算大幅度攀升。在日俄战争爆发前,1896—1903年间的一般会计支出为年均2.4564亿日元,其中年均41.4%用于陆海军军费的开支;在日俄战争结束之后,1906—1910年间的一般会计支出为年均5.6102亿日元,是前者的2.3倍,其中约31.1%为陆海军军费开支。①

1907年4月,元帅府讨论通过了《帝国国防方针》、《国防需要的军事力量》和《帝国军队的用兵纲领》等一系列文件,确定了新一轮扩军备战计划。(1)国防方针是:陆军的第一假想敌国为俄国,海军的第一假想敌国为美国;国防所需要的战备标准,应该针对俄国和美国的兵力,确保能在东亚采取攻势的兵员。(2)国防所需要的军事力量:在1907年陆军拥有19个师团的基础上,再增设6个师团,保持25个野战师团的编制;海军组建精锐的新式"八·八舰队",即建造2万吨级的战舰8艘、1.8万吨级的铁甲巡洋舰8艘,以此为主干,配备其他巡洋舰、驱逐舰等若干艘;总吨位由26万吨增加到51万吨。② 完成如此庞大的扩军备战计划,对财政预算造成巨大压力。西园寺内阁倾向于优先发展海军,陆军表示强烈不满。1912年秋陆军首脑部门制定了《关于增设2个师团的备忘录》,质问"日本帝国是民主国还是君主国",试图援用"帷幄上奏权",迫使内阁总辞职。③

增设陆军6个师团和海军"八·八"舰队,使日本的军事力量达到空前的程度,但庞大的军费开支又为国力难以承受。在这种情况下,征收苛捐杂税和举借国内外公债就成了应付财政困局的基本手段。从1903年到1905年,军事预算的总额高达19.847亿元,其中11%来自税收的增加,78%来自国内外借款和公债,总数为15.5587亿元,其中国内公债高达6.8亿日元,外债8亿日元。④ 换言之,日本在战争中战胜俄国,不仅需要主要来自英国的舰船、武器装备和军事技术,也需要英国贷来的巨额外债。英国出钱出军舰,日本出兵出将,这就是日英同盟战胜俄国的基本路数。数额巨大的债务对政府的财政预算形成巨大的压力,增加税收和举借国债成了缓和压力的基本方法。于是,尽管日俄战争已经结束,但在战胜俄国名义下的非常特别税继续征收,为偿还外债又在举借新的外债,政府财政陷入拆了东墙补西墙的恶性循环之中。

虽然日俄战争后经济发展遇到了前所未有的挑战,但日本经济的发展

---

① 山本义彦:《近代日本经济史》,第42页。
② 《日本史史料》4,近代卷,第274—275页;山本义彦:《近代日本经济史》,第42页。
③ 同上书,第300—301页。
④ 山本义彦:《近代日本经济史》,第42页。

业绩也是前所未有。

强化军事力量、扩军备战,意味着扩建并充实国营和民营并举的军火工厂,形成以军火工业为龙头的重工业基干产业。据统计,1906 年国营陆海军兵工厂拥有职工人数为 9.3704 万人,机械马力数为 9.3704 万马力;民营重工业工厂拥有职工人数为 5.5829 万人,机械马力数为 1.5464 万马力。至 1912 年,国营陆海军兵工厂职工人数为 7.6526 万人,机械马力数为 7.6526 万马力;民营重工业的职工人数为 6.981 万人,机械马力数为 5.3515 万马力。① 两相比较,国营与民营重工业企业在职工人数和机械化程度上的差距在逐年缩小,后者日益成为包括军火部门在内的重工业企业的主角。随着扩军备战而来的大批军火产品的订单,给财阀带来了丰厚的利润,激发了改进技术和吸引投资的热情,先进的飞机、军舰、坦克等新式兵器被不断地开发出来,武器的国产率显著提高。1906—1915 年,海军舰船国产率由 11.4%上升至 80.8%,外国制造的舰船下降到 19.2%。② 在这个过程中,财阀与军阀进一步密切了相互关系,成为对外侵略方针的坚定支持者。投资军火工业,也成为股民风险最小、获利最牢靠的选择。在无形之中,利润的再分配成为日本社会支持政府扩军备战、对外强硬立场的诱发剂和战争机器快速运转的润滑剂,潜藏着战争周期频繁但反战运动难以展开的深刻经济原因。

从产业结构来看,1900—1910 年间,在纺织业、食品工业等轻工业发展的带动下,工业在工农业中的比例逐渐上升,如下表。

农业和工业所占比例的变化③

年份	工农业总产值（百万日元）	农业产值（百万日元）	农业所占比重（%）	工业产值（百万日元）	工业所占比重（%）
1900	1,450	858	61.1	547	38.9
1905	1,485	877	55.4	707	44.6
1910	2,247	1,119	49.8	1,128	50.2

按照工业化进程的一般衡量指标来看,1910 年堪称日本资本主义发展史上的一个标志性年份:工业产值首次超过农业,日本成为初步工业化国家。

---

① 刘天纯:《日本产业革命史》,第 112 页。
② 山本义彦:《近代日本经济史》,第 45 页。
③ 万峰:《日本资本主义史研究》,湖南人民出版社,1984 年,第 223 页。

然而,与欧美国家相比较,属于后发达国家的日本工业化质量并不高。原因是:第一产业农业在国民经济中的地位依然居高不下,高科技密集的重化工业尚处于起步阶段,从而在整体上制约了日本工业化水准。这种状况既不利于迅速构筑军事大国的物质基础,也不利于继续推行"与万国对峙"的"大陆政策"。作为解决问题的基本方法,日本政府和军部通过提高扩军备战进程中的国产化比率来拉动重工业的发展。

钢铁、造船、军火、化学、石油工业是实现重工业化的基础产业。由于原料匮乏、技术落后和资金周转期漫长,日本的重工业发展迟缓。利用巨额甲午战争赔款,1897年2月农商务省决定在福冈县八幡村创办国营八幡制铁所。同年6月开工建设,引进了德国的钢铁冶炼技术,原料来自中国湖北大冶铁矿。1901年2月和1904年4月一号高炉两次点火均因高炉设计和焦炭质量不合要求而告失败,直到1904年7月,才顺利生产出铁锭,成为国产生铁的主要厂家。至1910年,日本的国产生铁为18.8万吨,进口生铁为10.6万吨,进口生铁约占生铁总量的36.1%;国产粗钢为25.2万吨,进口粗钢为22.6万吨,进口粗钢约占粗钢总量的47.3%。[①] 战前开始起步的水力发电和输电工程,同样面临着国产化程度不高的困境。1911年动工修建的猪苗代水力发电厂在1915年竣工后,除了输电线为日本生产之外,水车来自德国,发电机为英国制造,变压器和电磁瓶则是美国产品,致使这个自猪苗代湖至东京,全长220公里的输电网成了国际制品的拼盘。[②] 此后,随着国产化率的提高,情况发生变化。

二 战时和战后经济的发展与四大工业地带的形成

第一次世界大战成为日本资本主义快速发展新的里程碑,工业生产总值连续翻番。1914年工业生产总值为13.72亿日元,至1919年达到68.89亿日元,[③] 足足增长了4倍有余。其中,纺织业、采矿业和重化工业取得明显的进展。战争使英国纺织业陷入难以为继的困境,国际市场纺织品的价格因英国制品的断档而暴涨,原来由英国控制的从中国到东南亚和非洲的庞大市场份额突然出现空白,客观上为日本纺织品的市场进入提供了广阔

---

① 矢野恒太纪念会编:《日本100年》,时事出版社,1984年,第228页统计表。
② 山崎俊雄:《技术史》,《日本现代史大系》,东洋经济新报社,1965年,第95页。
③ 山本义彦:《近代日本经济史》,第65页。

的发展空间。工业的兴旺发展,扩大了对燃料和原料的需求,煤炭、铜矿业在产品价格骤涨的刺激下,进入高速增长时期。金属、机械和化学工业等重化工业随之勃兴和发展,日本的工业结构发生了质的变化。下表统计数字具体反映了一战期间工业的新进展。①

第一次世界大战期间工业的发展

产品 年度	棉织品 (百万码)	铣铁 (万吨)	船舶 (千吨)	纺织机 (万元)	工作母机 (万元)	染料 (吨)
1914	455	30	59	88	-	-
1915	502	32	79	-	148	363
1916	560	39	138	-	830	1206
1917	595	45	227	-	1200	3412
1918	657	58	599	1330	1800	5065
1919	739	60	636	2191	1450	7500

经过第一次世界大战期间的大发展,日本工业化的档次进一步提高。1915—1920年间,工业产值由16.7亿日元增加到49.5亿日元,增长1.96倍,在工农业总产值中所占的比重,在56.4%与55.1%之间;同期,农业产值在工农业总产值中所占的比重,在43.6%与44.9%之间。② 两相比较,工业总产值超过农业10个百分点的优势已成定局。随着经济的进一步发展,这种比重的差距也在进一步扩大。此后,随着工业在国民生产总值的比例越来越大,日本的工业化水平在纺织机的日夜轰鸣中越来越高。据统计,1907年纺织厂占全国工厂数的56.66%,职工人数的61.45%,生产总额的50.2%;上述3种比例分别为54.67%、64.72%和46.8%;即使在第一次世界大战之后的1919年,纺织业仍拥有第一大产业的数量优势,分别占据全国工厂总数的40.91%、职工总数的55.83%和生产总额的50.4%。③ 日本成为以轻工业为主体的工业化国家。但随着钢铁、造船、机械制造和化学工业等重化工业的发展,重工业在第二产业中的比重迅速增加,开始了重工业化的进程。

迅速展开的产业电气化,为推动重工业化提供了强大杠杆。1915年竣工,发电总量为3.75万千瓦的猪苗代水力发电厂奠定了规模巨大的输电网

---

① 山本义彦:《近代日本经济史》,第66页。
② 万峰:《日本资本主义史研究》,第223页。
③ 刘天纯:《日本产业革命史》,吉林人民出版社,1984年,第90页。

运营基础。① 由于第一次世界大战的爆发,产业进入繁荣发展时期,电力过剩的困境很快就被电力不足的新局面取代。建设发电厂和架设远距离超高压输电线的工程一片繁忙。1914—1919 年染织部门的电气化率由 22.4% 增加到 55.6%;同期,化学工业的电气化率由 28.2% 提高至 57.2%;整个工业的电气化率由 30.1% 扩展为 58.1%。②

在这个过程中,逐步形成京滨、阪神、中京、北九州等四大工业地带。这些工业地带起步于来自《马关条约》的战争赔款,并借助第一次世界大战期间经济繁荣的推动而快速发展。

在京滨工业地带,自幕府末期和明治初期殖产兴业以来,始终是手工工场和官营工厂的集中地区,具备发展的基础和优势。明治政府廉价出售官营模范工厂后,浅野财阀以深川水泥厂为据点,从 1913 年开始动工修建从鹤见至川崎的多摩川三角洲水泥工厂。借助一战期间工业的飞跃发展的势头,并利用国家因电力供应不足而兴建水力发电厂导致水泥需求量猛增的有利时机,采用了新技术的浅野川崎水泥厂,自 1917 年起大量生产和销售抢手货水泥。在赚取的巨额利润的同时,也为京滨工业地带的形成奠定了基础。1918 年,将德国技术引进日本钢管生产的今泉嘉一郎,在川崎制铁所建设小型高炉,生产无缝钢管、条钢和厚钢板,厂区面积比创建初期增加了 5 倍,达到 15 万坪。③ 此外,浅野财阀又在 1916 年创立鹤见制铁造船所,形成综合性大企业,与川崎重工业、三菱造船所并列为三大造船企业。继 1920 年德山海军燃料厂创建和 1921 年日本石油在鹤见创办石油提炼厂之后,小仓石油和三菱石油也看好京滨地带商机,先后在横滨、川崎开设制油所。石油提炼技术的研究,成为农商务省燃料研究所和东京大学、早稻田大学工学部的重大课题。

在阪神工业地带,住友制钢所、伸铜所等充当了推动重工业化的龙头企业,橡胶、药品、染料、涂料等重化工业竞相发展。

在中京工业地带,以原有纺织、制瓷等传统工业为基础,1916 年创建并在 1922 年合并了名古屋制铁所的大同制钢,在特殊钢研制和批量生产方面进展显著,并因此带动了机械、车辆、飞机部门的发展。特别是 1918 年创建的东海电极在 1925 年成功研制人造石墨电极,1919 年从日本陶器独立建厂

---

① 山崎俊雄:《技术史》,第 95 页。
② 同上书,第 100 页。
③ 同上书,第 102 页。

日本电磁瓶,在1923年烧制出高压电输电网电磁瓶。大战期间丰田式纺织机的研制和1920年梳棉机等机械的研发投产,在很大程度上改变了依赖外国产品的工业设备结构,国产率大为提升。

在北九州工业地带,甲午中日战争后创立的国营八幡制铁所等的重工企业在大战期间急遽发展。从1916年开始,国家投入巨资,推行八幡制铁所第三期扩建工程,改进技术设备,引进美国的锻压技术,采用1918年黑田泰造研制的炼焦炉再生燃烧装置,生产冶炼优质钢所需要的焦炭,逐步将此前依赖进口的白皮铁、薄材钢等实现国产化生产。适应钢铁生产科技化的需要,1919年将1916年创立的八幡制铁所研究课升格为研究所,由热工学专家田所芳秋、海野三朗牵头,集中科研人员研制耐火材料的热传导技术和合金钢、特种钢生产技术,提高了炼钢流程系列技术水平,并增加了军需钢材的品种,为研制新式武器装备创造了必要的条件。玻璃制造厂旭硝子导入美国拉巴斯式机械圆筒制作法,自1914年开始推广玻璃的机械生产技术。与此同时,旭硝子牧山工厂的氨、苏打等化工产品的技术和质量也在战争期间取得巨大的进步和提高。总之,经过第一次世界大战,京滨、阪神、中京、北九州等四大工业地带跃上了新的发展台阶,至1925年,四大工业地带占据日本工业生产总量的65.5%。①

除此以外,在大牟田、新居滨、濑户内海西部和北陆地带,也在大战景气的刺激下,发展为以先进技术为支撑的化学工业地带,综合性的工业联合企业竞相发展。三井、住友等财阀纷纷注入巨资,开发煤炭、有色金属、染料、化肥、电力新技术,本州地区的工业生产能力和技术水平迅速提高,从整体上推动日本工业体系从轻工业向重工业的转型。

经过第一次世界大战期间的发展,至1920年,日本国产生铁达到52.1万吨,进口38.9万吨、为生铁总量的42.7%,国产粗钢81.1万吨,进口粗钢131.6万吨、占粗钢总量的61.8%。② 10年之间,国产生铁、粗钢分别增长了1.77倍和2.25倍,但进口生铁、粗钢分别增长了2.67倍和4.82倍。生铁和粗钢拥有量的急剧增长,为战后的经济发展,特别是为军需工业的发展打下了坚实的物质基础。据此,1920年军部提出庞大的海军扩军计划"八·八舰队"扩建方案,计划在8年内,各建造战舰和巡洋舰8艘。但与欧美先进国家相比,日本的重化工业实力仍处于二流水平。1910年,美国、英国的生铁

---

① 山崎俊雄:《技术史》,第100—109页。
② 矢野恒太纪念会编:《日本100年》,第228页。

产量分别是日本国产生铁的 78.69 倍和 54.11 倍,粗钢产量分别是日本国产粗钢的 85.57 倍和 25.69 倍;至 1920 年,生铁产量分别为日本的 71.70 倍和 15.67 倍,粗钢分别为日本的 52.78 倍和 11.36 倍。① 两相比较,日本的国产生铁、粗钢生产量虽然在增加,但与美英的差距是显而易见的。这种悬殊的差距,一方面使得缺乏钢铁支撑的日本外交底气不足,不得不在华盛顿会议上对美英作出让步,并由在 1924 年 6 月至 1927 年 4 月和 1929 年 7 月至 1931 年 3 月两度出任外相的币原喜重郎出面,对美英两国开展协调外交。另一方面,资源的缺乏和改变军需工业滞后局面的需要,又成为军部以武力夺取原料、推进扩军备战的动力和借口。

第一次世界大战前后日本的工业化,是以小农经济为基础的。在此期间,农业的基本状况是:从 1910—1920 年,耕地面积由 560.6 万公顷增加到 603.4 万公顷,增长了 7.6%。同期,农户数量增加缓慢,由 541.7 万户增加到 548.5 万户,增长不到 1%。据 1920 年的统计,当年耕地经营面积不足 0.5 公顷的农户为总农户的 35.3%;耕地经营面积在 0.5 公顷至 1 公顷的农户为总农户的 33.3%;耕地经营面积在 1 公顷至 2 公顷的农户为总农户的 20.7%;耕地经营面积为 2 公顷至 3 公顷的农户为总农户的 6.2%;耕地经营面积在 3 公顷以上的农户为总农户的 3.9%。1910 年自耕农为 177.7 万户,占总农户的 32.8%;佃耕农为 150.1 万户,占总农户的 27.7%。至 1920 年,自耕农为 168.3 万户,占总农户的 30.1%;佃耕农为 155.5 万户,占总农户的 28.4%。稻类总产量由 699.5 万吨增加到 948.1 万吨,每 10 公亩水稻的产量,由 242 公斤增加到 311 公斤。同期,麦类总产量由 257.2 万吨增加到 285.9 万吨。② 从以上几组统计数字来看,10 年之间,农业有所发展,但进展比较缓慢。造成这种状况的主要原因是:寄生地主土地所有制造成了农民的佃农化程度不断提高,过高的地租剥削压抑了农民的生产积极性;另外,过于零散的经营规模和农民的贫困化,也限制了生产技术手段的现代化。作为国本的农业发展既相对滞后于工业,本身又处于各种矛盾的困扰之中,对此后的日本历史进程,产生了深刻的影响。

颇具投机色彩的战争景气,随着战争的结束而急剧减退。曾经在战争期间一路膨胀的钢铁企业因为需求的迅速萎缩,备受价格暴跌的沉重打击。据统计,1918 年 6 月至 1919 年 6 月,铣铁价格由每吨 403 日元下降到 123 日

---

① 据矢野恒太纪念会编:《日本 100 年》,第 235—236 页统计表计算。
② 矢野恒太纪念会编:《日本 100 年》,第 150、144、147、157、161 页。

元,钢材价格由每吨 670 日元下降到 290 日元;至 1923 年 6 月,又分别下降为 68 日元和 120 日元。① 钢铁价格的暴跌给东京钢材、富士制钢、日本制钢、日本钢管等大企业造成巨额亏损,减产和裁员成了应付危机的惯用手段。民营企业东洋制铁甚至将工厂和职工无偿地委托给国营的制铁所经营和使用。对于陷入苦境中的日本经济来说,同年 9 月的关东大地震无疑是雪上加霜。以钢铁业为例,至 1923 年 12 月,生产铣铁的 12 家公司、制钢业的 4 家公司和钢材业的 6 家公司宣布破产。② 大批工人失业,并被抛向社会,成为衣食无着的闲杂人员。在经济危机的打击下,日本社会弥漫着不安和绝望的空气。

三 近代新兴阶级的成长与阶级关系的变动

在第一次世界大战前后,日本经济经历了从缓慢发展到高速增长,再跌入低谷的曲折发展过程。经济的大起大落,产生了多方面的社会影响,主要表现为:近代新兴阶级的进一步成熟并显示其力量。

与政商—财阀等垄断资产阶级相对立的日本工人阶级,是产业革命的社会产物,大致形成于 19 世纪 80—90 年代。据统计,1886 年工人人数为 13.8793 万人,1900 年为 74.6636 万人,1909 年增加为 141.1709 万人,产业工人的队伍基本形成。③

从形成阶级之日起,日本工人阶级深受剥削与压迫。劳动强度过大和劳动条件的恶劣,使日本工人的处境特别悲惨。在劳动时间上,国营工厂的工人为每天 9—10 小时;私人采矿业一般昼夜 2 班制,矿工每天工作 10 或 12 小时;纺织业中棉纺工人劳动时间为每天 11—12 小时,毛纺和麻纺工人为每天 12 小时。④ 工资收入微薄:国营企业和私营企业工人平均日工资,1906 年男工为 56 钱、女工为 23 钱,1914 年男工为 64 钱、女工为 28 钱,至 1920 年男工为 1 元 59 钱、女工为 83 钱。厂内实行学徒制度,学徒工学徒期间的工资为 20—60 钱,出徒后增至 90 钱—1 元 45 钱,收入远远低于师傅。私营纺织业的工人工资也很低,女工拿不到现金,还要受到厂内小卖店高价

---

① 森喜一:《日本工业构成史》,第 338 页。
② 同上书,第 340 页。
③ 山本义彦:《近代日本经济史》,第 52 页。
④ 梅田钦治编:《劳动运动史》,《历史科学大系》第 25 卷,校仓书房,1981 年,第 59、62、67—68 页。

日用品乃至罚款的额外盘剥。私营矿山矿工的工资计日发放,还要克扣住宿、照明、洗浴、卫生等费用。① 劳动条件坏恶劣:煤矿工人缺少必要的安全设备,饮水不卫生;纺织厂车间劳动保护严重不足,现场昏暗、通风不良,事故频发,造成大量伤残事故。生活待遇恶劣:纺织女工受到非人的待遇,其宿舍拥挤狭窄,人均床位面积为一叠,仅容身而已,夜间实行严格的灯火管制,宿舍区四周围墙高筑,出入皆须搜身。

直到1918年,不少行业如采矿等还在实行前近代式的劳动雇用和生产管理制度。这种制度在关东地区被称为"饭场制度",在关西地区则被称为"纳屋头制度"。这种制度早在幕府末期已经在采矿场实行,即由工头包揽从招募工人、分配活计,到监督劳动、工资发放到生活管理等所有事项。三井、安川、贝岛系统的矿山,实行"直辖制度",从招募矿工到生活管理,均由公司掌握。三菱系统的矿山,实行"世话人制度"。这种制度介于前两种制度的中间状态,"世话人"即工头掌握募集工人、监督劳动、生活管理,工资的发放则由公司掌握。多数工人身受厂方和工头的双重压迫与剥削,苦不堪言。因此,因伤病丧失劳动力的工人大量增加。矿工连续出勤为1年半者平均为45%,不足3年者平均为30%;寄住在工人宿舍的纺织女工在入厂1年半后,寄住者下降为6%,3年过后,只剩下2%。② 上述状况在造成工人流动性强、组织工会困难的同时,也造就了日本工人强烈的战斗精神。

形成初期的日本工人阶级与农村的关系密切。在工业化的进程中,最易受到冲击的农民是雇用工人的最大社会来源。在日本,由于寄生地主土地所有制的沉重剥削、土地经营规模的零散化、地税的货币化和父家长制度传统等因素的综合作用,使得农民的长子以下的男儿和女儿经常离家进城务工,成为工人阶级的基本社会来源。此外,兼业农户,即在农闲时进厂打工以补贴家用的农户也在增加,举家背井离乡、进城自谋生路的农户也不在少数。这样,就使得日本工人阶级从产生之日起,就与农村和农民保持着密切的联系。这种联系一方面有利于工农联合,但另一方面小生产者固有的散漫性、保守性等因素也对日本工人阶级产生了消极影响。

当时,纺织工人尤其是女工构成了民营企业工人的主体。由于轻工业尤其是纺织业投入相对少,收益相对快而高,因此往往在各国资本主义工业化初期阶段扮演着重要的历史角色。日本也不例外,纺织业率先在产业部

---

① 梅田钦治编:《劳动运动史》,《历史科学大系》第25卷,校仓书房,1981年,第57、60页。
② 同上书,第68、64页。

门中发展起来。据统计,1900年在民营工厂的40.3474万名工人当中,制丝业工人为19.358万人,纺织业工人为5.3333万人,纺织品业工人为4.7207万人,总计21.9898万人,占民营工厂工人总数的55%。在这些工人当中,女工的比例相当高,制丝业94%的工人、纺织业78%的工人和纺织品业86%的工人均为女工。同年,纺织女工为民营工厂工人总数的62%。① 直到第一次世界大战前夕,女工仍占民营工厂工人总数的50%左右。纺织女工身受多重压迫和剥削,也最早开展抗争。1886年6月12日,山梨县雨宫制丝厂的女工为抗议资方侮辱人格的搜身和克扣工资,举行了日本工人运动史上的首次同盟罢工。斗争坚持至6月16日,迫使工厂主让步,罢工取得胜利,日本女工因此而青史留名。在民营机械、造船、军工企业和国营工厂,男工占绝对优势。他们主要来自士族、工匠和城市杂业阶层,最易受国家和政府国策影响,也较易受到控制。日本工人阶级的上述特点,对近代工人运动产生了多方面的影响。

  19世纪90年代,日本工人运动进入组建工会、开展运动时期。1896年旅美记者高野房太郎回国,著文介绍工人运动。1897年4月,高野仿效美国工会劳联组织方式,与鞋匠城常太郎等组织了近代日本工会运动的启蒙团体职工义友会。在《告职工诸君》的成立宗旨书中,号召工人加入工会,开展互助,保卫会员的日常权利。成立之初的职工义友会成员仅70余人,但随着片山潜、岛田三郎等人的加入,增强了团体的活力。同年7月,职工义友会改组为劳动组合期成会,推选高野为干事长,片山为干事。宣布劳动组合期成会的宗旨是:"寻求资本与劳工并进,相互调和,振兴产业";"为立国之大业,工人用心革除其旧弊,鼓舞进取气象";为使"工人忠于企业","须唤起工人自主风气,知晓其地位的贵重";"缓急相助,长短相补","养成美风,革除旧弊"。② 期成会随后在各地举行演讲会,号召工人加入工会。同年12月,协助成立以东京炮兵工厂180名工人为主体的铁工组合,发行劳动期成会机关刊物《劳动世界》,响亮地提出"劳工神圣"、"团结就是力量"等口号,③ 影响迅速扩大。在其指导下,日本铁道矫正会,活字印刷工同志恳和会先后成立。工会人数稳步增加,1899年增至5000余人。

  尽管劳动期成会采取了鼓吹劳资协调和工人自身的德行修养等改良主

---

① 山本义彦:《近代日本经济史》,第52—53页。
② 历史学研究会编:《日本史史料》4,近代卷,第244—245页。
③ 隅谷三喜男:《大日本帝国的试炼》,《日本历史》第22卷,中央公论社,1966年,第114页。

义立场,但仍不为政府所容。1900 年 3 月,第二届山县内阁为压制工农运动和社会主义运动,制定《治安警察法》,严格约束建立社会团体,过问政治,并以维持安宁秩序为理由,赋予警察以审批、监视、解散和禁止集会的权力。针对方兴未艾的工会运动,《治安警察法》的第 17 条特作出如下规定:不得诱惑或煽动"为涉及劳动条件或报酬而采取共同行动的团结",公开禁止加入工会。① 在政府的打压下,1901 年劳动组合期成会瓦解,工会运动进入"严冬时代"。但孤立的抗争也时有发生,1905 年日俄战争结束后,吴海军工厂、大阪炮兵工厂、三菱长崎造船所自发的劳动抗争以及夕张煤矿、别子铜矿的暴动相继发生。其中,1907 年 2 月古河财阀所属的栃木县足尾铜矿的矿工暴动最为激烈。1907 年 2 月 4 日,劳动至诚会足尾支部(1906 年 12 月成立)代表工人向资方提出增加工资、加强劳动保护、提高福利待遇等 24 项要求,遭到拒绝。在饭场制度下备受压榨的 3000 名矿工切断电话线,破坏坑道,捣毁办公室、炼铜设备、仓库和职员住宅,殴伤管理人员。7 日,驻扎在高崎的步兵第 15 联队出动 3 个中队前来镇压,逮捕了 300 名工人,起诉 38 人,劳动至诚会受到毁灭性的打击。

1912 年 8 月 1 日,社会活动家铃木文治创建了以"开阔见识"、"涵养德性"、"技术进步"、"互助友爱"、"提高工人地位"为宗旨的共济性团体友爱会。11 月发行机关报《友爱新报》(1914 年 11 月改称《劳动及产业》),逐渐扩大了影响。② 友爱会初建时,仅有 15 名会员。至 1913 年 8 月,会员增至 1326 名,还聘请东京帝国大学教授桑田熊藏为顾问,东京帝大教授高野岩三郎、子爵五岛盛光为评议员。1913 年 7 月,东京帝大教授吉野作造也被聘请为评议员,增强了社会影响力度。友爱会虽然也带有浓厚的改良主义色彩,但总算使严冬时代的工会运动一息尚存。直至第一次世界大战后,工会运动才重新活跃起来。

与工人阶级的发展壮大可堪比拟的,是城市小资产阶级的兴起。这个阶级的主体,即市民阶层,伴随着工业化、城市化的进程而出现在社会生活舞台。他们主要由公司职员、下层官吏、教师、大学生、律师、医生、记者、学者、文学艺术界人士等组成,人数众多,成分复杂。他们掌握文化,生活在政治和经济中心地带,是城市生活中被称为"有识无产"的一群知识人,也是形形色色社会思潮最活跃的反映者。

---

① 历史学研究会编:《日本史史料》4,近代卷,第 246 页。
② 同上书,第 75 页。

在经济状况和阶级关系剧烈变动的情况下,游移于各对立阶级之间的小资产阶级日益感到彷徨不安。他们既对特权阶级横行霸道的现状不满,又傲视城乡下层劳动阶级,构成数量庞大、动摇不定的"中间力量"。由何种理念支撑其行动,接受何种势力的引导以及这种引导是否得当,是小资产阶级在日本历史舞台上发挥积极或消极作用的关键所在。

在农村中,各类矛盾普遍存在,主要包括佃农、自耕农与寄生地主之间的矛盾,投机性快速发展的工业与发展滞后的农业之间的矛盾和生活水平总体上升的城市与日趋贫困的农村之间的矛盾。在第一次世界大战前后,受到此三种矛盾的制约,农民、农村、农业问题日益突出,并以佃农争议加剧和米价波动而引发的社会问题的形式表现出来。据统计,1917年佃农争议的件数仅为85件,至1920年增加至408件,至1921年猛增为1680件。① 值得注意的是,佃农争议具有明显的地区性。历来属于农业生产发达地带的近畿、东海地带,受到工业化、城市化的冲击最大,佃农争议也多集中在这些地区。相对落后的东北地区,则仅有零散的佃农争议发生。这种地区差异性,反映了农村经济发展不平衡与农民维权意识强弱的互动关系。

农村问题在日俄战争之后日益突出,并引起最高当局的关注。1908年10月,明治天皇发布《戊申诏书》,强调"上下一心,忠实敬业,勤俭治产,唯信唯义,养成淳厚风俗,去奢就实,互诫荒怠,自强不息"。② 此举的目的,在于宣扬农业社会的传统道德,以净化社会风气,稳定农村,安抚农民。诏书既下,内务省闻风而动,在开展全国农村现状调查、研讨和制订发展规划的同时,动员在乡军人会、青年团、报德会等基层组织,以及中小学教师、僧侣、神官和牧师,在农村大力推行地方改良运动,以彻底扫除农村传统共同体的影响,使农民、农村和农业适应城市近代化带来的变化。各村行动起来,纷纷制订刷新风俗的发展规划,统一管理村落所有的森林和原野,每村设立一个神社、加强村意识;推广选种、田间管理、施肥、耕作等环节的农业技术,与政府表彰模范村,编纂县史、郡志和村志同步进行,防止激进思想影响农民和农村。上述举措在实施的具体过程中,遇到不少困难。在长野县埴科郡五加村,一村一社的神社合并非但未产生村意识,反倒因取消其他传统共同体的神社而加剧了村落之间的对立。统一管理村落所有的森林和原野,也

---

① 山本义彦:《近代日本经济史》,第92页。
② 历史学研究会编:《日本史史料》4,近代卷,第289页。

招致反对,不易实行。①

　　第一次世界大战结束后,落后的农村与工业化城市的差距进一步扩大,农村中的各类矛盾尖锐化,日益成为严重的社会问题。1920年11月,原敬内阁设立了农商务省管辖下的佃租制度调查委员会,从维护自耕农、确保租佃权、承认佃农组合等考虑出发,制定《自耕农创设法》、《租佃法》、《租佃调停法》等相关法律,试图对寄生地主土地所有制加以适度调整,以稳定农村,保障粮食生产和稳定米价。但这些考虑受到委员会中地主委员的激烈反对,不得不一再让步。1922年9月委员会全体会议决定搁置租佃立法,仅通过了成立缺乏强制执行力、地主委员居多的调停委员会的《租佃调停法》,无助于局面的改观。1924年10月举行的帝国农会第15次全体会议哀叹:"我国稻米生产收支失衡,价格变动剧烈,继续危及农家经济。最近在各地爆发的佃农争议,不仅造成农业衰落,而且必将危及我国整个国民经济的基础。"②

　　第一次世界大战期间投机性的经济增长,扩充了日本资产阶级的势力。1913—1920年,军费支出由1.92亿日元增加到6.5亿日元,③财阀乘机大发战争财,垄断资产阶级迅速膨胀。至1918年,"三井合名"资金增加到3亿日元,1919年7月,三井银行资金增加到1亿日元,稳居产业和金融龙头老大的领先地位。三菱财阀所属的各类企业也成长为在造船、采矿、炼钢、贸易等部门独当一面的新兴企业,至1919年8月,三菱银行的资金增加到0.5亿日元,仅次于三井财阀。以铜矿业起家的住友财阀,转而大炼营利丰厚的钢铁,至1917年,住友银行的资金增加到0.3亿日元,与三井、三菱财阀鼎足而立。④追随政府战争政策而大获其利的垄断资产阶级,随着其代言人在帝国议会发言权的增强,日益成为扩军备战方针的支持者。与此同时,由于财阀在技术、资金和市场等方面,与欧美关系密切,对军部过快或过激地加剧与欧美的矛盾的做法,持保留态度。

　　与垄断资产阶级同属一个阶级范畴的自由资产阶级,较多接受了欧美自由主义思想的影响。因此,在代表资产阶级的共同利益的同时,自由资产阶级在内政外交的具体政策和规划方面,与垄断资产阶级存在一定的分歧。

---

① 历史学研究会、日本史研究会编:《日本史讲座》8,《近代的形成》,东京大学出版会,2005年,第325—326页。
② 山本义彦:《近代日本经济史》,第109—110页。
③ 同上书,第11页。
④ 万峰:《日本近代史》,中国社会科学出版社,1978年,第377—378页。

西园寺公望是自由资产阶级的政治总代表,其理论喉舌为吉野作造、美浓部达吉等名流学者。西园寺出身贵族清华家族,在戊辰战争期间出任山阴道镇抚总督、东山道第二军总督等职,立有军功。1870—1880年留学法国10年,就读索尔本努大学,结交了许多西欧自由主义派人士,并深受其影响。1881年曾与自由民权运动理论家中江兆民等创办《东洋自由新报》,出任社长。后因明治天皇干涉,退出报社,但并未放弃开明的自由主义立场。1894年出任第二届伊藤博文内阁文部大臣,倡导发展科学教育,普及英语教育和女子教育。1900年参与创建伊藤的政友会,历任枢密院议长、临时代理首相等职,并继伊藤之后担任政友会总裁。1906年首次组阁,出任总理大臣,与军阀山县有朋关系紧张,次年内阁总辞职。1911年第二次组阁,又因反对增设陆军两个军的问题与军部发生摩擦,次年内阁再度总辞职。西园寺内阁的内政外交方针代表了无意过度穷兵黩武,主张和平贸易等自由资产阶级的基本利益和要求。活跃于大正民主运动时期的理论喉舌吉野和美浓部,均为东京帝国大学教授,涌动于其心中的自由主义精神,是他们分别阐发"民本主义"或"天皇机关说"理论的内驱力。

第二节 一战前与战时的主要社会思潮及其运动

对于近代日本经济来说,甲午中日战争和日俄战争使之连续跨越了两个发展台阶。社会面貌和阶级力量的配置随之迅速发生变化,作为在意识形态领域反映这种变化的晴雨表,社会思潮五花八门。社会思潮的多样化,在大正时代尤其表现明显。其间,进步思潮为大正民主运动推波助澜,对日本近代政治史产生了重要影响。

一 形形色色的社会思潮

1. 社会主义思潮

早在明治初年文明开化时期,"社会主义"一词就已传入日本。至19世纪90年代,有少数的翻译作品出版,如日译格拉哈姆著《新旧社会主义》(1894)。随着一批赴美留学生回国,知识分子开始建立学术沙龙,介绍欧美社会主义学说并开展活动。1898年10月,以村井知至为会长的社会主义研究会成立,从学术角度出发,开展研究。研究会以探讨社会主义原理及其是否适用日本为宗旨,而不涉及研究者对社会主义所持有的政治立场。从 1899 年 1 月起,每月举行研讨会,分别由岸本能武太介绍圣西门,河上清介绍傅立叶,丰崎善之助介绍路易·布朗,片山潜介绍拉萨尔,村井知至介绍马克思,研讨西欧主要社会主义学说代表人物的思想。

研究会的社会主义者,在不同程度上受到美国基督教社会主义的影响。其中,如村井、片山、岸等人在当时均信仰基督教,并都有在美国留学的经历,因而往往用人道主义和宗教理念来解释社会主义。村井认为,社会主义与其说是经济问题,不如说是个人的伦理修养问题,是"活生生的时代宗教"。[①] 片山潜对拉萨尔的社会主义论十分着迷,1897 年撰写了《工人的良友拉萨尔传》,在书中宣传渐进的社会改良主张,反对马克思的社会革命论。在主编杂志《劳动世界》,向工人读者介绍社会主义学说时,片山强调"社会主义是拯救 20 世纪人类社会的新福音",[②] 以宗教概念来解释新学说。相形之下,安部矶雄对社会主义有所理解。安部在基督教学校同志社毕业后,先后在美国哈特佛德神学校和柏林大学留学。1895 年回国,在冈山教会任牧师。1899 年脱离同志社,任东京专门学校教授,兼任《六合杂志》主笔。虽然安部也从宗教、人道主义角度宣扬基督教社会主义,但由于在德国留学期间深受德国社会民主党纲领的影响,对社会主义的理解比其他研究会的成员更深刻一些。安部认为社会主义社会不久将进入共产主义社会,如果将社会主义理解为"借助社会权力来增进人类幸福的政策",就是不懂社会主义为何物。[③]

1900 年 1 月,社会主义研究会改称社会主义协会,安部任会长,片山任干事。随着《万朝报》记者幸德秋水、《每日新闻》记者木下尚江、《劳动世界》记者西川光二郎等加入协会,研究会时期日见沉闷的局面大有改观。1901 年 4 月 3 日,劳动期成会在东京向岛成功地组织了数千名工人参加的恳亲大会。受此鼓舞,安部、片山与幸德、木下、西川、河上清等讨论建立政党,并参照德国社会民主党的纲领,制定了要求撤销人种差别、举行为了世界和平的裁军会议、废除阶级制度、土地和资本公有、交通部门公有、公平分配财产、平等参加政治、教育费由国库全部负担等 8 项基本纲领,还提出铁路国有、电车和供电、煤气市有、8 小时工作制、工会合法、普选、废除贵族院、撤

---

① 隅谷三喜男:《大日本帝国的试炼》,第 177 页。
② 同上书,第 179 页。
③ 同上书,第 178 页。

销《治安警察法》等 28 条行动纲领。① 5 月 18 日,安部、片山、幸德成立社会民主党。建党宣言宣布:"我党鉴于世界之大势,洞察经济发展之趋势,依据纯粹的社会主义和民主主义,欲打破贫富悬殊,得到全世界和平之胜利。"②

同日,片山和木下来到神田警察署递交了结社申请书。遵照内务省禁止结党的命令,警察通知片山和木下,建立社会民主党有碍安宁秩序,根据《治安警察法》第八条第二项的规定,禁止结党。这样,社会民主党在递交建党申请的当天就惨遭扼杀,但 5 月 20 日的《万朝报》《每日新闻》、《报知新闻》发表了建党宣言和纲领,强烈刺激了社会舆论。

1903 年 6 月,片山潜的《我的社会主义》出版。同年 7 月,深受英国谢夫莱著《社会主义真髓》强烈影响和启发的幸德秋水,出版了《社会主义神髓》。1907 年 11 月,森近运平与堺利彦合著了《社会主义纲要》。至此被并称为明治时代三大社会主义的名著问世。幸德的《社会主义神髓》运用社会发展史的广阔视野,认为人类社会所经历的由原始社会、奴隶社会、封建社会到资本主义社会的发展过程皆有规律可循,说明"社会的状态经常代谢不已,犹如生物的组织进化不已。如果一旦停止,生物和社会只能立即灭绝"。预言随着工人与资本家阶级矛盾的激化,必然导致社会的"一大转变"和社会革命,"因为革命不是偶然的事件,而是进化过程的必然结果";"社会历史乃革命记录也,人类进步乃革命功果也"。幸德认为,社会主义新时代的诞生是不可避免的,"是从必然王国向自由王国的跃进",认为"社会主义不承认现在的国家权力,更排斥军备和战争","在意味着民主的同时,也意味着伟大的世界和平主义";"社会主义国家非阶级的国家,乃平等社会也;非专制国家,乃博爱之社会也";在社会主义社会,"人的品格提高、道德的振兴、学艺的发达和社会的进步,将比今日成多少倍的发展",勾勒了社会主义的美好景象。③

片山的《我的社会主义》,以极其简练的语言,将社会主义概括为"建立不劳动者不得食的社会制度",以 30 章的篇幅,运用经济政治学、社会进化论的观点和比较研究的方法,全面论述对社会主义的认识。其中,批判资本主义社会"资本家制度"是其论述的重要组成部分。为此,片山以 15 章的篇

---

① 隅谷三喜男:《大日本帝国的试炼》,第 183—184 页。
② 历史学研究会编:《日本史史料》4,近代卷,第 248 页。
③ 《社会主义神髓》,《幸德秋水集》,《近代日本思想大系》13,筑摩书房,1975 年,第 165—167 页。

幅阐述资本主义制度产生、发展和必将崩溃的全过程,揭露其各种弊病,认为曾经在历史上发挥进步作用的资本家"如今已成为毒害社会进步和多数人幸福的势力",成为阻碍历史发展的"死物"。片山预期人类在"扑灭资本家"的"革命"过后,"将进入社会主义社会",故用 10 章的篇幅介绍社会主义的政治、经济、道德、文化等方面的优越性。片山强调赢得总选举的胜利,是实现社会主义的政治前提;社会主义的政治和法律以人民的一般公益为准则;排除自由竞争的社会主义产业将改变竞争无序造成的经营浪费状况;在社会主义世界,才能出现真正的道德行动和文化的繁荣。片山认为社会革命是"资本家和劳动者对社会支配权的争夺",但反对工人采取暴力行动,强调社会革命应该是工人团结一致,实行同盟罢工,在宪法的框架内,取得议会的多数席位,实现社会主义的大改良,无偿地没收资本家的生产资料,推行国有化方针等。①

森近运平和堺利彦的《社会主义纲要》,运用马克思的政治经济学和阶级斗争的理论立场,通过对原始共产制度、奴隶制度、封建制度、资本主义制度生产方式演进历程的分析,论证人类必将向社会主义社会发展。同时,全面论述了社会主义的主张以及社会主义与农业、妇女、富豪、国际战争的关联,以及世界社会主义运动的历史和现状。森近和堺将社会主义归纳为以下 4 点,即"生产机关社会所有(即社会全体成员共有)";"全社会共同经营生产";"生产不以赢利为目的而是以消费为目的";"部分产品分配给社会各成员,其余为公有财产"等。②《社会主义纲要》论述的系统性超过幸德秋水的《社会主义神髓》和片山潜的《我的社会主义》。堺利彦认为此著还有若干缺点和谬误,但作为"通俗的传道书","有益于日本社会主义运动"。③《社会主义纲要》在出版之初,就被政府禁止发行,其社会影响力难以与《社会主义神髓》、《我的社会主义》相比拟。

幸德和片山不仅是日本社会主义思想的传播者,而且是新一代社会主义团体的组织者。1903 年 2 月,日本国内对俄作战的舆论甚嚣尘上,《万朝报》被民族主义狂热所包围,转为主战论立场。幸德和堺利彦退出报社,于 11 月创建了平民社,发行《平民新闻》周刊,将平民主义、社会主义、和平主

---

① 《我的社会主义》,《片山潜·田添铁二集》,青木书店,1955 年,第 22、63、67、85、112、120—121 页。
② 《社会主义纲要》,《森近运平·堺利彦集》,青木书店,1955 年,第 58 页。
③ 《森近运平·堺利彦集·序》,第 18 页。

义确定为办刊宗旨,并提出自由、平等、博爱三大口号,在一片战争狂热的浪潮中,保持着光荣的独立。1904年3月,《平民新闻》发表了幸德的反战檄文《致俄国社会党书》,颇有影响。片山潜将社会主义协会的总部迁到平民社,使之一时成为社会主义运动的活动中心。同年11月,幸德与堺利彦合译了《共产党宣言》的部分章节,刊登在《平民新闻》发刊1周年的纪念号上,随即遭到政府的查禁。1905年1月,《平民新闻》被迫停刊。2月,加藤时次郎等人创建的《直言》杂志,继续由平民社发行,宣传社会主义学说。但再次遭到政府的查禁。同年10月,平民社因内部意见对立而自行解散。

1906年2月,日本社会党成立,片山、西川、堺利彦等13人当选评议员,党的纲领规定在合法范围内实现社会主义。同年3月,社会党领导了东京市民反对市内电车票涨价的斗争。愤怒的抗议人群袭击了电车公司和市政府的办公机构,与警察展开搏斗,迫使公司当局取消了车票涨价的计划。这次斗争提高了社会党的威信,但党内却围绕斗争策略问题发生对立,最终导致分裂。

以片山潜为首的议会政策派主张首先开展争取普选权的斗争,为社会党成员当选为国会议员创造条件;在此基础上,通过议会斗争,合法地实现社会主义。以幸德秋水为首的直接行动派主张采取个人恐怖手段,刺杀天皇以推翻天皇制;或者举行同盟总罢工,造成社会生产和交通的瘫痪,从而一举实现社会主义革命。两派针锋相对,并在1907年2月社会党举行第二次代表大会上,展开激烈论战并随即公开的分裂。社会党的内耗致使党组织瘫痪。2月22日,政府查禁社会党,使得社会党开展合法斗争的可能丧失殆尽。

1915年9月,堺利彦将文艺杂志《丝瓜花》改名为《新社会》,继续开展社会主义的思想启蒙。1916年1月,著名的社会主义者山川均加入笔阵,增强了社会主义思想的宣传力度。自此,日本的社会主义运动走上正轨,并为创建新的革命党开始了思想和组织的准备。

2. 无政府主义思潮

无政府主义思潮在日本兴起之初,与社会主义相混淆。如幸德秋水,既是一个社会主义者,也是一个无政府主义者。1903年10月与反对日俄开战论的堺利彦等脱离《万朝报》社,11月创办《平民新闻》周刊。1904年11月,因与堺利彦在该报译载《共产党宣言》,受到报纸停止发行并被罚款的处罚。1905年2月因"笔祸"被捕入狱,被监禁5个月,11月赴美谋生。1906年6

月,在美国组建社会革命党,随即返回日本。1907年1月,创建日报《平民新闻》,并在2月5日发行的第16号报纸上发表《余之思想变化》一文,系统地阐述了无政府工团主义的观点。

1908年6月,幸德影响下的直接行动派在欢迎党员山口孤剑出狱的集会上,高唱革命歌曲,打出了写有"无政府共产"字样的红旗,向议会政策派示威并同警察发生激烈冲突。政府乘机加以镇压,逮捕了堺利彦、山川均等14人,史称"赤旗事件"。该事件对社会主义运动再次造成沉重打击。1909年2月,爱知县工人宫下太吉等人为实现社会主义和打破国民对天皇的迷信,准备用炸弹袭击明治天皇,幸德对此未置可否。1910年5月,政府发现宫下的图谋,将其逮捕。6月,展开全国大搜捕,幸德等人被指为"主谋",遭到逮捕。1911年1月,以谋杀天皇的"大逆罪",判处幸德等12人死刑,其余12人无期徒刑,2人有期徒刑,史称"大逆事件"。政府乘机取缔了所有社会主义组织和刊物,甚至禁止发行凡出现"社会"字样的图书。经过"大逆事件"的沉重打击,社会主义运动被彻底摧毁,进入沉寂的"冬眠时期"。

社会主义与无政府主义本来属于两种不同的思想体系,但在幸德秋水的思想中,社会解放的理想居然使两者相辅相成,奇妙结合。这种结合的实际效果,导致社会主义运动分裂,至于铤而走险的直接行动,更将社会主义妖魔化,与鲁莽、粗暴,甚至与个人恐怖成了同义语。政府乘机镇压,对先天不足,后天生长环境恶劣的日本社会主义运动造成了灭顶之灾。

无政府思潮的另一位代表人物是大杉荣。1885年,大杉出身于军人家庭。1899年4月入名古屋陆军幼年学校就读,经常因口吃受到教官的捉弄和虐待,激发了其逆反心理。1901年11月,因参加斗殴被学校开除,一度受洗礼,入信基督教。1903年9月至1905年7月,入东京外国语学校法语系学习。在读期间,通过阅读幸德秋水等人创办的《平民新闻》和访问平民社,受到幸德思想的影响。1906年2月,大杉加入日本社会党,成为直接行动派中的活跃人物。同年3月,投身反对东京电车票涨价的斗争,被警察当局以"暴徒"的罪名逮捕入狱。被保释后,大杉锐气不减,苦苦思索个人自由和社会解放等问题。在翻译克鲁泡特金的《告新兵诸君》时,接受了俄国无政府主义者学说的影响。1907年5月,因翻译和发表克鲁泡特金的《敬告青年》,再次被捕入狱,关押6个月。1908年6月,大杉因参与"赤旗事件"又被逮捕并判处有期徒刑2年零6个月。1910年11月出狱后,加入堺利彦创办的文笔团体卖文社。1912年10月,与荒畑寒村创办《近代思想》,并以此为舆论阵地,宣传无政府主义。1913年创建了工团主义研究会,成为继幸德之后影响最大的无政府主义者。

大杉荣的无政府主义从寻觅、尊重和扩充以"自由思考"和"自由行动"为基本内容的"自我"出发,[1] 倡导发扬"社会的个人主义",即强调"每个人的个性自由发展是社会组织的首要条件,也是社会进化的首要因素";[2] 他向往以"超人"的姿态,作为永远不服从的叛逆者,向现存制度挑战。与此同时,大杉高度评价无政府工团主义,认为"工团主义者们如同信徒般的行动,如同怀疑论者般的思考",[3] 只有他们才能孕育新社会的萌芽;在大杉看来,建立这样的新社会,需要政治理想,而"我的政治理想,就是自治的联合制度。在这个制度中,每个人的意见并非对立,而是意见一致。由这样的个人组成的各团体之间,不会出现意见分歧,而是容易取得一致的意见。这种理想并非高远或难以实现,实际上已经在我们日常生活中的个人与个人、团体与团体之间的关系中实现,这才是真实的生活"。[4] 大杉荣的无政府主义对第一次世界大战之后的日本工人运动影响较大。

3. 国家主义思潮

如果说社会主义思潮和无政府主义思潮是在社会矛盾升温而出现的反体制思潮,狂热鼓吹侵略的国家主义思潮,则是维护现存体制的御用思潮。这种思潮的主要代表人物,以初倡平民主义尔后成为国家主义鼓吹者的德富苏峰最为典型。

1863年德富苏峰出生于肥后藩(今熊本县)的一个武士家庭。1882年,与其父德富一敬创办大江义塾,讲授日本历史、经济、汉学和英国学。同年,加入九州地区的民权派团体相爱社,并以极高的政治热情来到东京参加民权运动。1884年民权运动转入低沉,德富苏峰返回故乡,在大江义塾中讲授吉田松阴的《幽室文稿》、《史记》、《战国策》、《英国宪政史》,撰写了《论明治二十三年之后的政治家资格》、《自由、道德及儒教主义》等时论性文章,对现实政治兴趣浓厚,推崇欧洲的自由主义精神。1885年一年之间,又发表了《19世纪的日本青年及其教育》(后改名为《新日本之青年》)、《官民调和论》等,在这些文章中,德富苏峰评价"明治的世界是批评的世界、怀疑的世

---

[1] 大杉荣:《生的创造》,《近代日本思想大系》20,《大杉荣集》,筑摩书房,1974年,第85页。
[2] 大杉荣:《社会的个人主义》,《无政府主义哲学》2,现代思潮社,1976年,第3页。
[3] 大杉荣:《工人运动与实用主义》,《大杉荣全集》1,世界文库,1975年,第396页。
[4] 大杉荣:《个人主义与政治运动》,《大杉荣全集》1,世界文库,1975年,第366页。

界和无信仰的世界",①批判复古主义、科学万能主义和折中主义,启发明治的青年人承担时代重任,思考个人发展的道路;同时,放弃民权派的反政府立场,转而鼓吹国权主义和社会达尔文主义。1886年撰述并出版《将来之日本》等著作,鼓吹平民主义、自由主义和社会进化论。他认为,将来的日本以"维持一国的生活"为当务之急,强调"天下的大局在于平民主义",断言"我国应成为生产国家,循生产机构发展的必然原理和自然规律,应组建平民社会"。②

一时间,德富苏峰作为平民主义的政论家而声名鹊起,引起舆论界的注目。以此为资本,1886年不顾学生们的请求,停办大江义塾,举家迁居东京,加入舆论界和政界的角逐。对此,德富苏峰自我辩解说"吾等并非老死田舍之辈,逐鹿中原的时机已经到来";还说:"余本喜好政治……欲引导世间政治按照我之希望而运行"。③ 1887年2月,德富苏峰为"行吾志于天下"和影响舆论界,仿照美国颇有人气的《国民》杂志,创办了《国民之友》杂志,并将编辑部称为民友社。《国民之友》在他的主持下,将笔锋指向舆论关注的达官贵人通宵达旦举行化装舞会的"鹿鸣馆外交"和修改不平等条约问题,借以阐述平民主义和平民社会的理想,因而受到读者的热烈欢迎,第一期的发行量高达数万册之多。《国民之友》一炮打响,更使平民主义的政论家德富苏峰名声大噪。1890年2月,创办了日报《国民新闻》,增添了影响舆论的又一工具,颇以一语惊天下的报业巨头而洋洋自得。自恃有操纵舆论实力的德富苏峰借机卷入政府藩阀的政争,在报刊上支持农商务相陆奥宗光,抨击内务相品川弥二郎,打下日后跻身政界人脉的基础。在这个过程中,他的立场逐渐由平民主义向国家主义立场转变。

1894年7月甲午中日战争爆发后,德富苏峰立即成为政府侵略政策的狂热支持者和国家主义的鼓吹者。他派出30名记者随军采访,在《国民日报》上连篇累牍地宣扬日军"赫赫战果",煽动战争狂热和民族沙文主义。其本人则发表了《征伐清国之真实意义》、《大日本膨胀论》等宣扬侵略的国家主义言论,宣称"有征清必有膨胀,有膨胀必有征清"④,颇受政府青睐。后

---

① 德富苏峰:《新日本之青年》,《近代日本思想大系》8,《德富苏峰集》,筑摩书房,1978年,第6页。
② 德富苏峰:《将来之日本》,《日本的名著》40,《德富苏峰山路爱山》,中央公论社,1983年,第180页。
③ 德富苏峰:《苏峰自传》,中央公论社,1935年,第209—230页。
④ 德富苏峰:《大日本膨胀论》,《近代日本的思想》2,有斐阁,1979年,第33页。

来,其本人跑到广岛大本营活动,为侵略战争献计献策,并漂洋过海,来到中国辽南地区。1985年4月俄国发动"三国干涉还辽"时,德富苏峰返回日本。临行前,其用手帕包走旅顺口的一把沙土,作为他所谓一度成为日本领土的纪念。回国后,德富苏峰在其主持的报纸杂志上大造"十年磨一剑"、必报"还辽之仇"的舆论,支持政府以俄国为假想敌国的扩军备战。德富苏峰卖力投靠政府,得到了统治集团的赏识,1897年天皇敕任其为内务省参事官。这种步入宦途并抛弃平民主义立场的行径,被舆论指责为投降藩阀政府的"变节汉",声望急转直下。《国民新闻》也随之被读者厌弃,发行量由2万份锐减为五六千份,迫使他停办《国民之友》等3种杂志,裁员1/3。此后,被民众憎恶的德富苏峰愈加死心塌地地投靠伊藤、山县、松方正义、桂太郎等政界寡头,以其"亲密的政友"自居。

日俄战争爆发后,德富苏峰提出"国家第一,新闻第二"的办报方针,使《国民新闻》成为地地道道的"帝国喉舌"。1910年10月,德富苏峰出任朝鲜总督府御用报纸《京城日报》总监,1911年敕选为贵族院议员。1912年桂太郎筹办立宪同志会时,《国民新闻》报社成了组建新党的总部。德富苏峰和《国民新闻》御用化,招致本来对其抱有期待的民众强烈不满,1905年9月日比谷公园骚乱事件和1913年2月"大正政变"骚乱期间,《国民新闻》先后成为示威民众的袭击对象,被捣毁过2次,对其造成沉重的精神打击。1913年桂太郎去世,德富苏峰失去政治靠山,脱离政界,重操旧业,开始了所谓"文章报国"的著述生涯,先后写出了《公爵桂太郎传》、《时务一家言》、《世界的变局》、《大正青年与帝国前途》、《一次大战后的世界与日本》等,系统地阐述国家主义。

德富苏峰国家主义论的基本观点是:(1)以弱肉强食论为立论的基础,提出"攻势防御论"。他认为"人类的进化以竞争为原则,以和平为变则";"弱者的道理不敌强者的无理,如欲实行道理,就必须拥有实行的实力。道理不会自动实行,必须借助力他力才会发挥其魅力。因此,我归依力的福音。"[①] 他强调,"培养国力最为重要","发展民族、扩张领土和伸展国运是目的",也是"自卫之道,自保之术也","此即所谓攻势防御也"。[②] (2)以日本成为"中枢民族"为目标,建立世界大帝国。德富苏峰认为,世界人种、民族繁多,在生存竞争中,只有处于核心地位的"中枢民族"才能建立帝国,因

---

① 德富苏峰:《时务一家言》,《德富苏峰集》,筑摩书房,1974年,第292、277页。
② 德富苏峰:《时务一家言》,《德富苏峰集》,改造社,1930年,第173页。

为"世界的大帝国与中枢民族并非互不相容,实际上乃因中枢民族才能建成世界的大帝国";大和民族理应成为中枢民族,但"以大和民族为中心,并不意味着排斥其他民族","问题的关键是我同化彼,还是彼同化我,欲以我大和民族为中枢民族,就必须由大和民族来同化其他民族"。①(3)以忠君爱国为焕发民族精神的核心。德富苏峰认为大和民族的团结是日本帝国扩张的基础,《教育敕语》强调臣民"克忠克孝",是"忠君爱国"的源头,忠君爱国是真正的日本魂,其灵魂深处的主干是皇室中心主义,因此"我们不必学习英国的个人主义,也不必学习德国的军国主义,我日本帝国自有顶天立地的皇室中心主义"。有了这个主义,"足以统一并振兴大和民族,在平时和非常时期鼓舞国民的斗志,在世界竞技场上来发扬日本帝国的国威"。②德富苏峰特别强调大正时代的青年应该自觉奉行"积极的忠君爱国"、"膨胀的忠君爱国"和"进取的忠君爱国";他说"忠君的第一要义在于将皇威布于四海,将皇泽波及八荒;爱国的第一要义在于将大日本帝国建成世界第一等强国"。③(4)规划了以"经营满蒙"为基点的侵华方针。德富苏峰抨击因"恐俄症"而流行的"北守南进论",认为这将导致放弃朝鲜、"满蒙",是"愚论妄说"和"国贼之论";主张应根据形势而推行北进或南进方针。出于"攻势防御论"的需要,力主夺取并经营"满蒙",因为"日本的防御在朝鲜,朝鲜的防御在南满洲,南满洲的防御在内蒙古。此实为攻势防御之重点,仅就此而言,满蒙经营不可等闲视之"。他还从日本由"海洋帝国"发展为"大陆帝国"、夺取"满蒙"550万町步耕地、主导中国政局和激发国民"雄豪气象"等角度,强调"经营满蒙乃当今之急务,百年大计也"。④德富苏峰的"经营满蒙论"影响广泛而深远,堪称日本朝野"满蒙情结"的助长剂。20年后,一些被德富苏峰寄予厚望的"大正青年"被"满蒙情结"所支配,怀着"经营满蒙"的野心,策划阴谋,开始了侵华战争的蠢举。

4. 妇女解放思潮

日本妇女被长期束缚在皇权、神权、父权、夫权、男权之下,身受多重压迫。文明开化和自由民权运动期间,曾经有短暂的妇女活跃时期,但绝大多

---

① 德富苏峰:《时务一家言》,《德富苏峰集》,改造社,1930年,第335页。
② 德富苏峰:《世界的变局》,《近代日本思想大系》8,《德富苏峰集》,第578页。
③ 德富苏峰:《大正青年及帝国的前途》,《近代日本思想大系》8,《德富苏峰集》,第284页。
④ 德富苏峰:《时务一家言》,《德富苏峰集》,第175—179页。

数日本妇女的处境依旧改观不大。直到1886年12月,才建立了第一个妇女团体东京妇女矫风会,矢岛辑子出任会长,内部分设禁酒、教育、贞洁、卫生、慈善、风俗等6个部门,开展禁酒,提倡一夫一妻制并发起废娼运动,在社会上产生了一定影响。1891年第一届世界妇女矫风大会在美国波士顿举行,会议提出矫风运动的三大目标,即和平(peace)、贞洁(purity)、禁酒(prohibition)等"三P"主张。在这次大会的感召下,1893年4月,东京妇女矫风会扩大为全国性组织日本基督教妇女矫风会,矢岛辑子为会长,确定了"矫正弊端及不良风气,修养道德,禁止饮酒吸烟,以提高妇女品位"的运动宗旨。① 同年9月,日本基督教妇女矫风会副会长樱井近子出席在美国芝加哥举行的世界禁酒大会,扩大了影响。1910年由该会发起的废娼运动颇有声势,在禁止饮酒吸烟、慰问孤老病残、救济贫民等公益性和慈善性事业方面,开展了许多活动。1911年7月,成立了以岛田三郎为会长的废除公娼运动的领导团体廓清会,将运动推向高潮。

1907年2月掀起的争取妇女参选权运动高举起妇女解放旗帜,将妇女运动引向政治领域并当属这个运动的基本要求是争取妇女的选举权、结社权和公民权。在20世纪初期世界欧美妇女争取参政权运动的影响下,福田英子、今井歌子、堺为子等平民社成员以废除禁止妇女参加政治结社的《治安警察法》第五条规定为目标,发起签名请愿运动。由数百人签名的请愿书递交到众议院,后被贵族院否决。争取妇女参政权的运动由此开始,虽然这条道路因政治环境注定了异常的曲折。

此后,呼唤妇女精神解放的舆论,主要来自1911年6月成立的青鞜社。其骨干力量为1906年毕业于东京日本女子大学的平冢雷鸟及其同窗中野初子、木内锭子、物集和子等。青鞜社起初倾向于文学研究,主张"图谋女性文学的发展,使各自的天赋得以发挥,目的是将来产生女性的天才"。② "青鞜"意为蓝色的袜子,是19世纪末期至20世纪初期的英国女权主义者标志性的用品。平冢等以此为社名,表达了争取妇女权利的意愿。在"大逆事件"之后的"严冬时代",平冢等妇女运动活动家只能以文学研究为合法理由,逐渐由文学而扩展到政治。同年9月,该社的机关杂志《青鞜》问世,至1916年2月停刊,共出版了6卷52期。平冢在创刊号的《前言》中,发表了

---

① 日本基督教赴日矫风会编:《日本基督教妇女矫风会百年史》,dometsu出版社,1986年,第38页。

② 《国史大词典》第8卷,第244页。

颇有抗争意识的文章《女性原本是太阳——写在〈青鞜〉发刊之际》："本来，女性实际是太阳，是真正的人。如今，女性是月亮，是依靠他人而生，依靠他人的光芒而发光，一副病人苍白容颜的月亮。""被遮蔽了的我们必须夺回太阳！"平冢疾呼"女性的自由解放"，并把这种自由解放解释为摆脱外界压迫和接受高等教育、广泛就业、获得参政权、走出家庭的小天地而能独立生活，强调"我们所希望的真正的自由解放，是让潜在的天才、伟大的潜在能力十二分地得到发挥"，让女性成为"天才的所有者和天才的载体"。①

《青鞜》第1期发行后，反响强烈。此后随着平冢的诗歌《新女性》在杂志《中央公论》上发表，"新女性"一词不胫而走。青鞜社被社会舆论视为新女性集合的团体，既受到尊重，也经常受到讥讽。然而，一批文笔犀利的新成员坚持不懈，就新女性问题直抒胸臆。伊藤野枝撰写《新女性之路》、加藤绿撰写《关于新女性》、长曾我部菊撰写《解说新女性》等文章，针锋相对地畅述妇女关心的各种社会问题，疾呼妇女解放。平冢在后来回忆说："运动从一开始是为了抒发自己内心世界而展开的，是迄今为止一直被窒息、被压抑的女性自我爆发，并凭借《青鞜》杂志这一出口而喷涌出来的精神上的妇女运动。在依旧被封建思想、氛围和传统束缚的时代，女性发出了觉醒呐喊的运动由此展开。"②

1918年春夏之际，与谢野晶子、平冢雷鸟和山川菊荣关于"母性保护"的激烈争论，进一步引起社会对妇女解放的关注。1918年3月，与谢野在杂志《太阳》上发表文章，呼吁妇女抛弃在经济上依赖及被保护意识，认为只有经济解放才能保障妇女的真正解放。在同年3月、4月号的《妇女公论》上，与谢野旗帜鲜明地批判所谓"母性保护"不过是依赖主义的主张，认为"妇女依附于男子是一种奴隶道德"，强调"妇女必须停止对国家的依赖"，"无论何时都应该拒绝依赖主义"。③平冢雷鸟针锋相对，在同年5月号的《妇女公论》上发表《母性保护是依赖主义吗》一文，认为"在欧洲的妇女问题中，最重要的核心问题是婚姻制度的改革问题"，私生子的大量存在就是一个明证。由于私生子的生父在现行的法律中不承担任何责任，生母却往往不堪重负，陷入极度的困难。因此，国家有义务从国库拨出专款，保护非婚母子，对于婚后成为母亲的妇女，国家也应该对因贫困而无法尽到母亲职责

---

① 历史学研究会编：《日本史史料》4，近代卷，第295页。
② 芳贺登：《近代日本女性》，弘文馆，1986年，第71页。
③ 与谢野晶子：《女性的彻底独立》，《妇女公论》1918年第3卷第3号。

的妇女,给予补助。平冢强调:"母亲原本是生命的源泉,妇女成为母亲后,就脱离了个人的存在,成为社会、国家的存在。因此,保护母亲,不仅为妇女个人所必须,而且通过其子女,也为全社会的幸福和全人类的未来所必需。"① 争论持续进行到 1919 年,双方的观点各有短长。与谢野抓住了妇女解放的大方向,但对现实问题的论述不够具体;平冢就现实问题提出了具体解决方案,但缺乏全局性的思考。不过,论争也吸引不少读者关心妇女问题,收到妇女运动造势的必要效果。

5. 宪政思潮

明治时代由特权的藩阀、军阀垄断权力机构,三权分立原则形式化等宪政异常状态,随着大正时代经济快速发展、阶级关系的变动和社会生活环境的进步,令有识之士越来越感到难以容忍。在这种情况下,东京大学教授美浓部达吉的"天皇机关说"应运而出,成为一战前宪政思潮的代表。稍后,另一位东大教授吉野作造提出"民本主义",为宪政思潮推波助澜。他们的论说为大正民主运动和政党政治的展开,提供了理论武器。

美浓部达吉(1873—1948)生于兵库县的一个医生家庭。1897 年毕业于东京帝国大学法学科,在内务省供职。1899 年辞职,赴德、英、法等国留学 5 年。1907 年在东京帝大主讲行政法。1911 年受文部省的委托,为中学教师讲习班举办宪法讲座。1912 年 3 月,将讲稿整理出版为引起争论的《宪法讲话》。攻击来自主张绝对君权的东京帝大宪法学权威人物穗积八束及其弟子上杉慎吉,他们在 1912 年 6 月出版的《太阳》杂志上发表文章,指责美浓部提出了"事关国体的异端邪说","无视帝国的国体,排斥了万世一系的天皇统治帝国之大义"。② 所谓"异端邪说",系指美浓部的"天皇机关说"。

作为回应,同年 7 月,美浓部也在《太阳》上发表了论文,并将"天皇机关说"高度概括为以下 6 点:"(1)国家乃一个在法律上具有人格的团体。(2)统治权是属于这一团体的权利。(3)国家乃团体人格者(法人),故与所有的团体相同,常借助机关开展活动,国家的活动即国家机关的活动。(4)国家机关的组织因国情不同而多有异同,依其异同而形成政体的区别。(5)国家机关中必有一最高机关,若正确表述,通常所说的主权者意即最高机关,依据此一最高机关如何组织,形成君主国与共和国的区别。(6)在君主国,君

---

① 历史学研究会编:《日本史史料》4,近代卷,第 365—366 页。
② 同上书,第 293—294 页。

主拥有的统治权并非自身的权力，君主是作为最高的国家机关而总揽国家的统治权。实现并行使统治权的最高权力固然属于君主，但君主不可将这一权力视为自身的权力而享有之，权力的主体不在君主而在国家。"① 美浓部的"天皇机关说"是在不触犯天皇主权的前提下，对帝国宪法进行了最大限度的宪政主义解说，从而为抨击特权机构的正当性加以理论上的辩护。

在1927年12月出版的《宪法逐条精解》中，美浓部进一步阐发了其历来主张的宪政主义。在《序章》的第一部分《君主主权主义》中，美浓部强调"统治权是属于国家的权力"，"君主作为国家机关乃统治的最高渊源"。在第二部分《立宪主义》中，美浓部认为并非日本固有而自西欧传入的立宪主义，可以与"以日本固有历史为基础的君主主义并立不悖"。为贯彻立宪主义，就必须明白：第一，"立宪政治是依靠国民翼赞的政治，即统治权的行使，不独为君主所专有，而且须得到国民的同意，这是立宪君主政治与专制君主政治的相区别的第一要点。立宪政治的根本主义，就在于民众政治即以国民的公论来决定万机"。换言之，"立宪主义所要求的，是在立宪君主主义的框架中，包容民众政治的精神，君主以民心为心，据此实施统治"。但是，贵族院和枢密院等机构使得"民众的政治精神受到不少限制"。第二，"立宪政治是责任政治，即统治权的全部作用要求负责人接受作为国民及其代表的议会质询，并能就其作用展开批评和辩论，这是立宪政治与专制政治不同的第二要点"。换言之，"立宪政治与专制政治相反，是民众的政治，这就要求政治遵从国民的意向并得到国民的谅解"；"国务大臣对国家政治担负责任，就意味着作为国民特别是作为其代表的议会评论政治，询问大臣的责任"。第三，"立宪政治是法制政治。所谓法制主义，即国民个人的权利和义务悉由法律规定，行政权和司法权也依法律行使"。"除法律规定之外，不得以行政官僚专断的权力，要求全体国民尽义务，剥夺已经给予的权利，此即法制主义的存在之所"。②

总之，美浓部在上述有关立宪主义的3点解说中，强调限制贵族院、枢密院等机构的特权，发挥众议院的作用，抑制行政官僚的横暴，焕发国民的政治主动精神。这些主张，具有历史的进步性。当然，美浓部的基本立场并未超越近代天皇制框架，其主张也未超出体制内进行改革和调整的范围。尽管如此，美浓部的"天皇机关说"对抵制枢密院、元老、军部等特权机构的

---

① 历史学研究会编：《日本史史料》4，近代卷，第294页。
② 历史科学协议会编：《史料日本近现代史》2，第12—13页。

专横,仍提供了强有力的思想启发。

堪与"天皇机关说"相媲美的宪政主义论说,是吉野作造的"民本主义"。

吉野作造(1878—1933)出生在宫城县的一个商人之家。1898年7月在仙台浸理教会入信基督教。1900—1904年就读于东京帝国大学政治科,在读期间,转入海老弹正主持的本乡教会,受深海老对俄主战论的影响。1905年曾经在报刊上发表文章,与坚持反战立场的木下尚江等社会主义者展开争论。1906年应袁世凯的聘请,来天津任袁氏家庭教师。在华期间,曾到华北、东北旅行,加深了对中国的认识和研究的兴趣,堪称"中国通"。1909年辞职回国,任东京帝大主讲政治史的副教授。1910—1913年赴欧美留学,系统研究了西方的宪政史、法律学、政治学,重点考察了英国的君主立宪议会制度。在此期间,吉野实地目睹了奥地利工人党领导下的反对物价上涨的群众示威、比利时工人同盟总罢工等颇有秩序的民众运动,感悟到可以利用民众的力量,实现普选和两党制。在这个过程中,吉野逐渐转变为宪政主义者。1913年回国后吉野被东京帝大聘任为教授,他深受第一次拥宪运动的鼓舞,提出名噪一时的"民本主义"。

1914年4月,吉野就日比谷公园的群众集会和示威问题,在《中央公论》上发表题为《论民众的示威运动》一文,疾呼打破军阀、官僚操纵政权更替的"密室政治"。针对舆论对民众示威运动的攻击,吉野反驳说:"所谓民众的示威运动,是政界弊风严重,用正常手段难以解决故不得不采取行动",不但无可指责,反而可喜可贺,因为"民众对政治日益感兴趣,为宪政的发达做出了某种贡献"。[①] 1915年6月,吉野在《国民论坛》发表的《欧美宪政的发展及其现状》中,首次使用了"民本主义"这一概念。在同年7月发表的论文《大正政界的新倾向》中,吉野认为:现今决定政界走向的,一为元老,一为民间舆论。时下前者力量强大,后者力量尚弱小。但从发展的趋向来看,前者将不可避免地走向衰落,后者必将领先。他预言日本政界将沿着正确的必经途径发展。

为了指明宪政的正确途径和阐发民本主义,吉野从1916年1月起,以《论立宪本义及其至善至美的途径》为总论题,开始在《中央公论》上连续发表文章。吉野解释说,"宪政即立宪政治或宪法政治",宪法即"国家统治的根本法则"。宪法的主要内容必须包括"(1)保障人民的权利,(2)三权分立主义,(3)民选议院制度";宪政的本义在实行民本主义,即"不问法律理论上

---

① 吉野作造:《论民众的示威运动》,《吉野作造集》3,岩波书店,1995年,第20页。

的主权在何处,在行使主权时,主权者采取重视一般民众的权利幸福和意向"。为畅达民意,则应赋予民众参政权,选举众议员,"由议会监督政府,使政治能光明正大";"为圆满促进宪政,必须彻底贯彻责任内阁制度"。吉野强调:"宪政的本义在民本主义,彻底实现民本主义,以前述各种改革为前提,最终使下院成为政治的中心。"①

  在日本,首先提出"民本主义"概念的,并非吉野。1900—1904 年吉野就读于东京帝大政治科期间,教授小野冢喜平次在讲授《政治学大纲》时,就将民主主义称之为"众民主义",强调决定政策最终是为民众福利着想,应尊重民意。小冢原的"众民主义"对吉野提出"民本主义"概念,不无启发作用。1912 年 5 月,《万朝报》的记者茅原华山为批判军阀政府的"军本主义",在 27 日发表的社论中,针锋相对地提出了"民本主义"。茅原和吉野虽然使用了同一个词汇,但概念的内容和理论的阐述却并不相同,因此产生的影响也无法同日而语。

  吉野所追求的政治理想,是英国式的贵族政治,反对法国大革命式的"暴虐"。在吉野看来,宪政至善至美运作方式的实现,需要两个基本条件,其一是"制度的建立及其运行问题",其二是"一般国民的智德问题","如果国民智德的发展程度低下,则只能依靠少数贤人即英雄实行专制政治或贵族政治"。因此,他认为"民本主义同时也是贵族主义,平民政治同时也是英雄政治"。② 吉野特别说明,之所以把 democracy 称为民本主义而不译为民主主义,不仅是因为"民本主义这个词在日语中是个极为新鲜的用语",而且是为了防止"容易与社会民主党那样强调'国家的主权在人民'的危险学说发生混淆",并且可以避免引起"平民与贵族之间的对立,并被误解为站在平民的一方"。③ 显然,吉野是有意地避免触及"国体"问题和天皇主权的立宪原则。换言之,吉野倡导"民本主义",如同美浓部的"天皇机关说"一样,都是在不触犯天皇主权的前提下,尽可能地发挥宪政的机能而已。这些都反映了宪政主义思潮的复杂心理:既要利用民众的力量削弱军阀、元老等特权势力,为政党政治开辟道路,又要将民众运动限制在宪政主义的合法范围内。尽管如此,在军阀、官僚飞扬跋扈的时代,立宪主义者提出"天皇机关

---

 ① 吉野作造:《论立宪本义及其至善至美的途径》,《吉野作造选集》2,岩波书店,1996 年,第 11、14、30、82、91、98 页。
 ② 同上书,第 5、52 页。
 ③ 同上书,第 23 页。

说"和"民本主义",已经对军阀政府提出挑战,特别是在"大逆事件"以来的思想界一片肃杀之时,"天皇机关说"和"民本主义"带来了清新的空气,影响广泛而积极。

上述主要的社会政治思潮的共同特点是:第一,均受国际新思潮程度不等的影响。自甲午中日战争至第一次世界大战,日本社会再次处于外来思想蜂拥而入的活跃时期。之所以如此,固然与19世纪末期帝国主义世界体系确立,各国之间的相互联系进一步加强有关;但更重要的原因,是日本已由一个地区性的国家逐渐膨胀为世界级的大国,与国际社会的联系达到了空前密切的程度。日本自身的发展需求,为外来思想的大规模涌入创造了条件。第二,反映了经济发展和社会阶级关系的新变动。资本主义的高速发展,加快了近代社会阶级的发育和成熟,矛盾随之产生并日趋尖锐化。于是,代表不同阶级或阶层利益的政治势力纷纷登台,竞相输入并阐发各自的理论,使得这一时期的日本思想界充满了活力。各种社会思潮的现实批判立场不尽相同,大致上可以分为反体制与维护体制的两大派。两派争论的观点,聚焦于日本在成为世界大国后国内矛盾和国家发展方向的选择,思想界表面上的活跃,映射出巨大的时代性彷徨。第三,20世纪初期的日本思想界再次走在中韩两国的前面,三国之间新的思想互动进一步加强。当中国尚处在晚清扭扭捏捏的"新政"时期,韩国徘徊于"光武改革"的举步维艰之时,社会主义、无政府主义思想在日本赢得越来越多的追随者。至一次大战前夕,由欧美输入日本的宪政主义、妇女解放思想方兴未艾,日本成为向中韩等亚洲国家传输新思想的中转站,"社会主义"、"无产阶级"、"资产阶级"等日语汉字也传播开来。

二 第一次护宪运动

第一次护宪运动导源于军部与内阁的冲突。1911年11月,陆相石本新六要求第二届西园寺公望内阁拨款5000万元以增设2个师团,被拒绝。[①] 1912年8月,继任陆相上原勇作以"日韩合并"后局势不稳定、中国发生辛亥革命和俄国将建成西伯利亚铁路复线为理由,向首相西园寺重提增设陆军师团的要求。深感财政窘迫的首相西园寺三次求助陆军元老山县有朋出

---

① 升味准之辅:《藩阀支配与政党政治》,《日本政治史》2,东京大学出版会,1988年,第220—221页。

面斡旋,但均遭支持扩军备战的山县的婉拒。11月22日,上原在内阁会议上正式提出在朝鲜半岛增设2个师团的要求。由于政府财政困难,首相西园寺与内相原敬、法相松田正久协商后,在11月30日拒绝了陆军的要求。上原凭借帷幄上奏权,12月2日直接上奏大正天皇嘉仁,指责首相"无视国防",坚称作为陆相已无法继续在内阁留任而提出辞呈。[①] 12月3日,山县试图说服西园寺接受军部增设师团的要求,被后者拒绝。5日,西园寺内阁总辞职。12月6日元老会议决定西园寺留任,但西园寺拒不听从。元老会议又先后举荐前首相松方正义和海军大将山本权兵卫、平田东助等人为继任首相,但3名被举荐者无不知难而退,首相人选一时成为难题。军部本打算以拒绝派出陆相迫使内阁就范,反而自招其辱。

消息传开,立即在社会上引起公愤。12月13日东京的记者、律师组成宪政振兴会,14日代表实业家利益的交询社组成宪政拥护会,政友会的尾崎行雄和国民党的犬养毅等也加入其中,通过拥护宪政的决议。在元老的幕后运作下,12月17日宫内大臣桂太郎受命组阁。19日,宪政拥护会在东京歌舞伎座举行第一次宪政拥护大会,3000余名政党人士、实业家、大学生、市民出席会议,一致通过了决议,申明"当今,阀族的横暴跋扈已登峰造极,宪政的危机千钧一发。吾人断然拒绝妥协,以杜绝阀族政治,以期拥护宪政"。[②] 从此,"打破阀族,拥护宪政"成为第一次护宪运动的口号。

12月21日,桂内阁成立。1913年1月19日,国民党举行大会,议决弹劾桂内阁。24日,护宪派在东京新富座举行第二次拥护宪政大会。2月1日,护宪派又在大阪举行拥护宪政大会,与会听众多达3万余人,护宪运动的规模和影响明显扩大。2月5日,第30届通常国会复会,数万东京市民集聚在国会议事堂周围,为进入会场的胸戴白玫瑰的护宪派议员鼓掌助威。政友会和国民党议员在会上对桂内阁提出的不信任案,获得234名议员的签名支持,桂内阁陷入危机。面对尾崎等议员的激烈抨击,桂太郎脸色铁青,无力招架。天皇出面干涉,命令议会休会5天,为桂内阁解围。7日,在山县的支持下,桂太郎成立御用政党立宪同志会,亲任创立委员长,试图以立宪政党为手段,与政友会对抗,但政界反应极为冷淡。9日,政友会总裁西园寺拒绝了桂太郎要求撤回内阁的不信任案后,天皇再次出面,召见西园寺并命令他设法解决众议院的纠纷,桂太郎乘机要求西园寺辞去政友会

---

① 今井清一:《大正德谟克拉西》,《日本历史》23,中央公论社,1966年,第11页。
② 同上书,第15页。

总裁一职。

2月10日,西园寺辞去政友会总裁之职,但政友会群情激昂,总会决议拒绝撤回内阁不信任案。同日,国会复会。政府出动数千巡警和骑警,组成多道警戒圈,将国会议事堂层层保护起来。数万群众从上野公园和神田锦辉馆集会会场出发,直奔国会议事堂。情绪激动的东京市民簇拥着250名胸佩白玫瑰徽章的护宪派议员,冲破4000余名警察的警戒圈,进入会场。①由于护宪派议员拒不撤回不信任案,桂太郎决定内阁总辞职,但根据程序,国会需休会3天。

会场外静候消息的数万市民在听到"休会"的消息后怒不可遏,纷纷冲向国会议事堂,与警察扭打成一团。市民不仅把警察当成发泄愤怒的对象,而且将《首都新闻》《国民新闻》等御用报社悉数加以捣毁打砸。入夜,银座、京桥、日本桥、上野、下谷、神田、本乡等处的86个警察派出所,以及立宪同志会骨干的宅邸被袭击或放火烧毁,东京市内气氛紧张。政府出动军队镇压,宣布京桥、下谷和浅草3个区戒严。在冲突中,110名警察受伤,253名示威者被捕。② 发生在东京的骚乱迅即扩展到关西地区,大阪、神户、京都、广岛等地也发生了群众与警察激烈打斗并袭击御用报社、立宪同志会议员住宅的事件,搞得政府手忙脚乱。在群众力量的打击下,2月11日,桂内阁宣布倒台,史称"大正政变"。第一次拥宪运动开创自1885年实行内阁制以来民众倒阁的首次记录,掀起大正民主运动的初澜。

第三节 一战后的社会思潮与团体结社

第一次世界大战后,日本初次成为世界级大国。虽然"国威赫赫",但"大有大的难处"的困扰,也令日本政府头痛。国内工人阶级与资产阶级的矛盾、农民与寄生地主的矛盾、政府与民众的矛盾、特权阶层与中间阶层的矛盾错综复杂,甚至某个阶级或阶层内部也并非铁板一块,同样充满着对立和斗争。在国外,帝国主义国家之间的矛盾、帝国主义与被压迫民族之间的矛盾,也随着美日围绕着亚太地区主导权争夺的加剧和中韩等国民族解放运动的兴起而日趋尖锐。在此背景下,战前的社会思潮继续分化,新的政治思潮不断涌现,并且日益具有极端化的倾向。不同思潮支配下的力量在方

---

① 升味准之辅:《藩阀支配与政党政治》,《日本政治史》2,第245页。
② 同上书,第246页。

向选择中,顽强地表现着自身的存在,各种团体结社和运动活跃发展。

一　一战后的国内形势与团体结社的特点

在第一次世界大战行将结束时,因战争期间城市化的进展、日本政府为干涉苏俄革命而出兵西伯利亚等原因导致的、因米价暴涨引发的"米骚动",预示了成为大国后的日本政府将面对不容乐观的局势。

1918年3月,苏维埃俄国与德国签订《布列斯特—利托夫斯克和约》退出帝国主义战争。美英日法4国随即准备组织联军,干涉苏俄革命。军阀寺内内阁和军部以为扩张领土的良机到来,借口西伯利亚地区发生杀伤日本侨民事件,抢在协约国的其他国家之前,于4月派遣海军陆战队进占海参崴。5月,日本与北洋政府订立《日华陆军共同防敌军事协定》,图谋侵占中国东北。7月,美英日法4国以援救滞留在西西伯利亚的捷克军团为由,商定出兵苏俄。8月2日,日本政府发布出兵告示,1.2万名日军出动。至10月底,进占西伯利亚的日军达到7万余人,控制了海参崴、哈巴罗夫斯克、尼古拉也夫斯克等地。

西伯利亚出兵使大战以来一路攀升的米价,更加暴涨不已。从1914—1918年,米价上涨了2.5倍以上;大阪堂岛大米市场玄米的价格在1917年1月为1石大米15日元,至1918年7月的米价涨至1石大米30日元。[①] 当时,小学正教员的月薪为18—25日元之间,富山县渔民的月收入仅为15日元。[②] 米价的暴涨直接威胁到普通民众的生活,加之普选权的要求得不到满足、提高工资渺无希望、警察蛮横、米商加紧囤积居奇等各种因素综合作用,郁积在普通民众胸中的愤怒难以遏制。1918年7月23日,富山县下新川郡鱼津町的渔家主妇为抗议米价上涨举行了集会,被警察驱散。8月3日,中新川郡西水桥的近200余名渔家主妇也行动起来,集体诉求的规模逐渐扩大。4日,《高冈新报》以《女军近逼米店》为题,报道主妇们每五六十人为1队,分头向当地有影响的人士和米商陈情诉苦,要求降低米价,否则将"烧毁米店,杀光米商全家",直到夜里10时,才被警察驱散。[③] 5日,《大阪朝日新闻》刊登了发自高冈的题为《主妇造反》电讯,报道中新川郡西水桥町

---

① 今井清一:《大正德谟克拉西》,第171页。
② 同上书,第174页。
③ 历史学研究会编:《日本史史料》4,近代卷,第350—351页。

300余名主妇高呼"过激口号",袭击米店的消息。① 6日,东西水桥和滑川町的千余名居民采取大规模集体行动,强行阻止大米外运并迫使町所降低米价5钱。8月7日,《高冈新报》又以《越中女群体行动》为题,报道了古时越中国的富山县民众,包括主妇群起抗议的消息,认为"东西水桥和滑川町的穷人群体行动,点燃了令人恐怖的社会狼烟,虽然动用警力可以轻易加以镇压,但是,与他们的怒吼发生共鸣的思想如何能够镇压?"②

经过各大报刊转载,富山县"米骚动"的消息传遍全国。大中城市纷纷响应,"米骚动"的浪潮席卷列岛。8月10日,京都和名古屋市民开始了行动,米店、警察派出所成为群众发泄愤怒的对象。11日,大阪、神户以及东海、近畿、中国、四国地区也发生了群众性的哄抢米店的骚动。13日夜晚,大阪数十万群众涌上街头,形成规模最大的"米骚动"。政府出动20个中队的兵力,才勉强镇压下去。③ 13—14日,关东地区的"米骚动"以东京的日比谷公园群众集会为起点,迅速波及其他中小城市。15—17日,本州岛的东北和西南地区卷入"米骚动"狂潮,九州北部的群众随即呼应。17日以后,骚动从城市向町村扩展,矿工加入斗争的行列。山口县冲山煤矿、福冈县峰地煤矿的矿工捣毁矿主的住宅、米店和酒屋,动用炸药激烈抵抗军队的镇压。至9月12日三池煤矿工人被镇压,长达50余日的"米骚动"方告平息。据统计,骚动波及1道3府37县,计有38个城市、153个町和178个村的群众展开抗争,总人数超过100万人。政府的镇压可谓不遗余力,出动军队地点涉及3府23县的百余个场所,在"米骚动"高峰期动用兵力达2.2万人以上,整个骚动期间出动兵力在5.7万人以上,创造了明治维新以来出动军队镇压民众的最高记录。④

在"米骚动"的沉重打击下,9月21日,军阀寺内内阁总辞职。9月27日,号称"平民宰相"的政友会总裁原敬受命组阁。29日原内阁成立,除陆军、海军和外务3相之外的其他阁僚均为政友会成员。原内阁虽然有民意的基础,但仍然是阀族官僚与政党妥协的产物。原内阁并非由政党竞选产生,而是山县、西园寺和松方等元老幕后协商的结果。阀族官僚巨头山县也因"政权的授受能够按照我等平生所希望的圆满进行",⑤ 且与原在政治上

---

① 历史科学协议会编:《史料日本近现代史》2,第40页。
② 今井清一:《大正德谟克拉西》,第173页。
③ 同上书,第177页。
④ 同上书,第179—180页。
⑤ 历史科学协议会编:《史料日本近现代史》2,第43页。

并无不同意见而感到满意。原内阁先天不足,控制局面的能力相对软弱,客观上为不同社会思潮团体的结社和开展运动提供了有利的条件。

与一次大战前相比较,战后的社会思潮更加活跃,不同的团体结社和运动更具广泛性,呈现多元化的新的特点。大学生、各界妇女、工农群众、部落民等新兴力量,出现在斗争的前列。

大学师生敏感于战后国际形势的变化并受到民主主义思潮的刺激,成立了多个充满活力的团体。1918年12月23日,在吉野作造的倡导下,东京高等商科学校的教授福田德三、新渡户稻造、三宅雪岭等18名学者和社会名流创建了黎明会。立会的3条宗旨是:"从学理上阐明日本的国本,弘扬日本在世界人文发展中的使命;扑灭与世界大势逆行的危险顽固思想;顺应战后世界的新趋势,促进国民生活的稳定和充实。"同月,东京帝国大学法科学生赤松克麿、宫崎龙介组织了新人会,其纲领共2条:"我们努力促进并与作为世界文化大势的人类解放新气运相协调;我们响应对现代日本的合理改造。"1919年2月21日,在早稻田大学教授北泽新次郎、大山郁夫指导下,学生高津正道、浅沼稻次郎等组成民人同盟会,宣布"彻底普及民主,站在新时代的前列"。[①] 同期,法政大学的学生建立了类似的团体扶信会,第一高等学校成立了社会思想研究会。同年10月18日,浅沼与平野力三等创造大学生团体建设者同盟。较之名流思想团体的闪烁其词,大学生团体旗帜鲜明地提出"解放"、"改造"、"民主"等斗争口号,显示了青年学子们的锐意进取精神。

争取普选权,是当时大学生团体奋斗的主要目标。1919年2月11日,东京17个学校的学生在日比谷公园聚会,纪念宪法颁布30周年,宣布成立促进普选同盟会全国学生同盟会,发表了要求实现普选的《宣言》。《宣言》强调:"民主乃世界之大势,民本主义乃时代之潮流。君民同治必须彻底实行,何苦逆此大势墨守不彻底的限制选举?"疾呼"我们决心挺身而出,团结全国青年,争取实现普通选举制度,以求帝国将来的国际性进步。革新的曙光已照亮了东方的天空,警钟猛撞!起来,天下的青年!起来,与我们同行啊!"[②]

一战后,日本妇女团体走出战前的凋零期,日益活跃并呈现多元化趋

---

① 历史科学协议会编:《史料日本近现代史》2,第89—90页;今井清一:《大正德谟克拉西》,第192页。

② 同上书,第46页。

势。其中，社会主义妇女团体的建立，是尤其引人注目的新生事物。1919年友爱会妇女部开展独立活动，创刊机关杂志《劳动妇女》，要求男女同工同酬和维护女工的生活、生产权利，一时颇为活跃。但在翌年，因会员被大量解雇而自然瓦解。1921年4月，山川菊荣、伊藤野枝、堺真柄等40余名女性社会主义者组建了赤澜会，其纲领是："坚决向造成我们兄弟姊妹穷困、无知和屈从的一切压迫宣战。"在山川菊荣起草的《告妇女书》中，公开宣布："赤澜会是推翻资本主义社会，参加社会主义建设事业的妇女团体"，"赤澜会向惨虐无耻的资本主义社会宣战"，疾呼"社会主义是将人类从资本主义压迫和悲惨中拯救出来的唯一力量，热爱正义和人道的姊妹们，快来参加社会主义运动！"① 赤澜会旗帜鲜明地宣传社会主义革命思想，不遗余力地启发妇女的阶级觉悟。1921年5月1日，赤澜会参加"五一"劳动节游行示威，散发《告妇女书》。但在对待其他妇女团体的态度上，赤澜会持宗派主义立场，指责新妇女协会是"小资产阶级妇女运动"，拒绝开展共同斗争，从而削弱了自身的发展基础。1922年赤澜会解散，但在近代日本妇女运动史上留下了战斗的足迹。

相形之下，各种争取参政权的妇女团体，其社会影响更大，也更持久，在欧美各国妇女于战时或战后纷纷获得选举权的鼓舞下，1920年3月28日，平冢雷鸟、市川房枝等青踏会系统的自由主义妇女活动家和《劳动世界》的编辑奥 mumeo 等，为了取消《治安警察法》禁止妇女参加政治活动的第5条第2款规定，争取妇女参政权并制定限制花柳病男子结婚的法律，成立了新妇女协会。平冢、市川、奥等当选理事，加藤早纪子、平山信子、山田若、坂本真琴等10人当选评议员，成员330余人。协会的《宣言》指出"我们妇女界拥有在今天应该看得到的有学识、有能力的许多新女性"。在强调经济解放是妇女解放的基本条件后，阐述了协会的活动目标，即"妇女不仅期待着本身教养的提高和自我充实，而且要通过相互紧密团结形成的力量，改善社会地位。为了获得作为妇女以及作为母亲的权利，与男性联合行动，参加战后的社会改造的实际运动"。协会还提出4条纲领，即："为使妇女能够自由发展能力，主张男女机会均等；立足男女价值对等观，主张承认其差别，相互合作；阐明家庭的社会意义；拥护妇女、母子的权利，谋取其利益的增进，与之相反者悉加排除。"② 新妇女协会的机关杂志是《妇女同盟》，是再次掀起争

---

① 历史科学协议会编：《史料日本近现代史》2，第87—88页。
② 同上书，第86—87页。

取妇女参政权运动新高潮的主要舆论阵地。

妇选运动的要求终于在国会引起反应。1920年6月,议员田渊丰吉在第43届国会上力主废除《治安警察法》的第5条第2款规定。同年12月,第44届国会召开时,新妇女协会发起请愿运动,向贵众两院递交了《关于修改众议院议员选举法的请愿书》,明确提出妇女参政权的要求。与此同时,发起签名运动,获得2440名教师、家庭主妇、公司职员和学生的支持。[①] 1921年2月,众议院通过修改《治安警察法》第5条第2款的议案。3月,贵族院以"维护国体"为借口,否决了众议院的议案。[②] 同年12月,第45届国会召开。在松本君平、尾崎行雄等议员的建议下,新妇女协会集中全力,要求解决修改《治安警察法》第5条第2款的规定。为了能在贵族院获得通过,协会还派遣坂本真琴等开展争取贵族院议员理解和支持的院外活动。1922年3月,贵族院终于通过了相关法案,日本妇女获得参加政治集会和担任发起人的合法权利。1923年2月2日,由坂本真琴发起,成立了妇女参政同盟,运动规模进一步扩大。

江户时代的"秽多"、"非人"等贱民,虽然在明治初年政府发布《秽多解放令》时获得平民身份,但实际上他们被蔑称为"部落民",仍旧从事改革前的老行当,即或转为佃农,也必须缴纳比其他佃农高得多的地租,继续受到歧视、压迫和剥削。1914年6月,在大江卓的倡议下,成立了社会名流团体帝国公道会,9月发行机关杂志《会报》,从上报皇恩,下行人道大义的立场出发,提出改善部落民待遇的主张,但实际效果甚微。突如其来的"米骚动",让部落民发现了自身的力量,并公开提出正当的维权要求。1918年9月14日,《纪伊每日新闻》发表了题为《俺们是秽多》的匿名来稿,坦然承认"俺们的伙伴成了这次米骚动的急先锋,举行了暴动";"在这次暴动中,俺们对有的伙伴抢劫、放火、掠夺等野蛮行为感到极不道德和遗憾",但这是"被社会摈弃和迫害而积怨于内心的愤怒"爆发的结果。诸如公道会等社会改良家的慈善行动虽令人心存感激,却解决不了实际问题,只能挺身而出,"向社会要求人格平等的生存权,必须把以前被夺走的权利再夺回来!如果暴动不好,就请考虑俺们提出的其他正当方法,接受俺们在正当方法下的要求。"[③]

---

① 市川房枝:《三种请愿盖章者人数调查报告》,《妇女同盟》第5期,1921年2月。
② 《日本妇女问题资料集成》2,政治卷,第186—187页。
③ 历史学研究会编:《日本史史料》4,近代卷,第351—352页。

1922年3月3日,在西光万吉等组织下,全国2000余名部落民代表在京都冈崎公园集会,发表了成立全国水平社的《纲领》、《宣言》和《决议》。《纲领》共3条,即"依靠部落民的自身行动,实现彻底的解放";"要求社会给予绝对的经济自由和职业自由";"觉醒于人性的原理,向着人类最高的完成前进"。《宣言》呼吁"分散在全国的我们特殊部落民团结起来!"强调"我们的祖先是自由平等的渴望者和实行者,是卑劣的阶级政策的牺牲者和男子汉产业的殉道者"。《宣言》追述"在过去半个世纪间,许多人采用各种方法为我们开展运动,并未收到任何值得感激的效果",因此"必然要开展自我解放的集体运动",成立水平社,"寻求并礼赞来自内心的人世间的热与光"。《决议》共有3条,即彻底纠正对部落民的侮辱性言行,出版月刊杂志《水平》,听取东西两本愿寺对开展运动的意见。① 水平社成立后,在黑色荆冠会旗的周围汇聚成团体力量,开展困难重重但充满活力的活动。

一战后,农民组合即农会在各地出现。农民深感组织分散不利于斗争的展开,纷纷要求建立全国统一的组织。1921年11月,在工会运动活动家贺川丰彦和牧师杉山元治郎的策划下,呼吁成立日本农民组合,反响热烈。1922年1月,《土地与自由》创刊,大力宣传农民团结思想。4月9日,日本农民组合(简称"日农")在神户基督教青年会馆宣告成立。"日农"的成立《宣言》首先突出了农业和农民的地位,强调"农业乃国家之基础,农民乃国家之瑰宝,日本仍然是农业国,七成的国民居住在农村,七成的农民是佃农";由于"土地兼并的恶风逐渐显现,资本主义遂侵入农村,佃农困苦,短工悲叹,我们农民兹以互助友爱的精神,挺身在解放的道路上"。《宣言》对于如何获得解放的立场是:"我们完全否定暴力。我们追随思想自由和社会公益的大道理,热爱真理,期待不妥协的解放,即我们只能依靠农民团结形成的生产者合理组合,对抗(横暴的)资本家,除此以外,别无他途。"其《纲领》共3条,即"掌握知识,研究技术,涵养德性,享乐农村生活,普及农村文化;借助相爱扶助的力量,期盼农村生活的提高;以稳健、切实、合理合法的方法,实现共同的理想"。同时,提出21条具体的主张,主要有:"耕地社会化"、"保证农业短工的最低工资"、"实现佃农立法"、"实施农业争议仲裁法"、"普通选举"、"修改治安警察法"、"稳定佃农的生活"、"完成农民的补习教育"、"普及农业学校"、"建立农村产业组合"、"建立农民金融机构"、"实施农业保险"、"提高农村妇女的地位"、"发展农民的技艺"、"建立理想的农

---

① 历史学研究会编:《日本史史料》4,近代卷,第363—364页。

村"、"确立农民科学"、"享乐农民的生活"等。①

"日农"成立之初,入盟支部农会只有 15 个,会员 253 人。至 1922 年 12 月,支部农会总数增至 200 余个,会员 2 万余人。在群马县,通过组合交涉,减轻农民佃租 3 成以上,影响迅速扩大。至 1923 年 2 月举行第二次大会时,扩展为入盟支部农会 300 个。至 1924 年 12 月,入盟支部农会进一步扩展到 675 个,会员 5 万余人,② 成为有影响的社会团体。

在一战后的日本社会,团体结社层出不穷。特别是在组建新人会、民人同盟会、水平社、日本农民组合、赤澜会等社团过程中,大学生、部落民、农民和妇女社会主义者作为新兴的社会力量,活跃在不同领域,追求着各自的奋斗目标。

二 结社团体的竞争与分化

第一次世界大战结束前后的世界,进入近代史发展的新阶段。帝国主义强国之间的争夺有增无减,俄国十月革命缔造了新型的社会主义国家,民族自觉和民族解放的浪潮席卷欧亚大陆。大正时代上升为政治大国和军事大国的日本面临着前所未有的严峻挑战,进入前途未卜的彷徨时期。内外矛盾相互交织,社会不安,思潮激荡。反映这种状况的时尚词汇,诸如"改造"、"解放"、"建设"、"破坏"、"斗争"、"新日本"、"新社会"、"新文明"等成为各种结社团体的宣言、纲领和要求中使用相当频繁的新概念。

1918 年 10 月 9 日,国家主义者满川龟太郎、大川周明等发起倡导改造运动的研究团体老壮会,吸引了各种思潮的代表人物。老民权运动的斗士大井宪太郎,立宪派人物中野正刚,黑龙会的创始人、国家主义者权藤成卿,以及高畑素之、堺利彦等社会主义者,还有妇女代表权藤诚子等,纷纷赶来参加。至 1922 年,老壮会共举行了 44 次研讨会,出席人数超过 500 人。讨论的问题主要包括:工人问题、贫民问题、妇女问题、欧洲局势、世界革命等。③ 政治立场和职业千差万别的人们汇集在一起,探讨社会改造问题,堪称奇异景象。

社会主义者之间的结社也有类似的情况。1921 年 12 月 10 日,在工农

---

① 历史科学协议会编:《史料日本近现代史》2,第 79—80 页。
② 同上书,第 80—81 页。
③ 《国史大词典》第 14 卷,第 763—764 页。

运动蓬勃开展的鼓舞下,由麻生久、赤松克麿、荒畑寒村、大杉荣、堺利彦、山川均等联名发起,社会主义者与工团主义者等新老社会主义者组建社会主义同盟。成立《宣言》强调同盟的奋斗目标是"从根本上破坏现代的资本家制度","破坏附属于资本家制度的各种制度、组织、习惯、思想、艺术等资产阶级文化","建立世界人类自由的社会、平等的社会、和平的社会、正义的社会和友爱的社会"。为此,"采取所有有效的手段",开展"阶级斗争","向着无产阶级的新社会、新组织、新文明,勇敢地不断前进"。①《宣言》充满了战斗精神,表明在竞争日趋激烈的新形势下,只有激进的社会思潮方能对群众保持感召力。一战结束后,结社团体的分化步伐加快。从友爱会到大日本劳动总同盟友爱会的团体名称更换,反映上述变化。

1919年8月30日,友爱会在东京举行成立7周年纪念大会。以此为契机,这个最大的工会团体发生了显著的多种变化。一战在对设立团体的性质的目的表述上,增添了维权意识。7年前建会之初,友爱会被定性为"期待日本工人提高地位和产业发展的工人自治团体"。② 7年后,大会通过的《宣言》强调"人的本性是自由的。我们工人因此宣布:工人是有人格的,并非只是工资交易场可以买卖的物品。我们还必须获得成立工会的自由。在资本被集中、掠夺劳动力并将所有人性物质化的时候,工人必须让资本家明白:工人以团结力来维持社会秩序,并非只是为了金钱,完全是为了维护工人的人格"。"为了个性的发展和社会的人格化,要求生产者拥有对获取教养的社会组织、生活安定及自身处境的完整支配权",并为了"和平、自由、平等得以支配地球上所有的地方,我们不惜殉道者的奋斗"。③ 与此相应,友爱会的名称,也经大会的议决而改称大日本劳动总同盟友爱会。1921年,进而改称为大日本劳动总同盟(简称"总同盟")。

在纲领主张上突出了工人的利益和要求。7年前建会之初,仿照英国共济会的主张,将"追随公共理想,开阔知识、涵养德性、技术进步"和"亲睦一致、友爱互助"等条目,作为友爱会的纲领。④ 7年后,依据国际联盟的《劳动规约》,大会发表的《宣言》提出了20条主张,要求:"劳动非商品的原则"、"工会自由"、"废止童工"、"确立最低工资制"、"男女同工同酬"、"星期日公

---

① 历史科学协议会编:《史料日本近现代史》2,第91页。
② 同上书,第75页。
③ 历史学研究会编:《日本史史料》4,近代卷,第358页。
④ 历史科学协议会编:《史料日本近现代史》2,第75页。

休"、"每日 8 小时工作制和一周 48 小时工作制"、"禁止夜班"、"设置女监工"、"实施劳动保险法"、"公布争议仲裁法"、"防止失业"、"国内外工人待遇相同"、"工人住宅公营并注意改善"、"确立劳动赔偿制度"、"废除合同工"、"教育制度民本化",以及"普选"、"修改治安警察法"等。① 上述要求抛弃了以劳资协调和工人自我修养为基调的纲领主张,转而强调工人人格尊严、劳动权利、工会自由和政治权利,使之由共济性的准工会团体转变成真正的工会团体。

会议的氛围显著改观。在大会开幕式上,与会者不再起立齐唱颂扬皇恩浩荡的国歌《君之代》,而是全体高唱由贺川丰彦作词并亲自指挥的《工人之歌》:"觉醒啊,日本的工人!打破过去的因袭,同去改造世界,战胜自己,努力奋斗啊!"② 在会场氛围的感染之下,铃木文治的致词突出了"改造"的基调:"如今,值此日本进入世界的过渡期之际,需要改造所有的一切。我认为,我们应当以改造友爱会作为改造日本的第一步。"③ 在这次大会上,女工的地位明显提高。友爱会成立之初,只承认男工的正式会员资格,女工只是"准会员"。但在 7 周年大会上,女工代表出席了会议,发表了题为《我们觉醒了》的演说,受到与会者的热烈欢迎。在当选的 22 名理事中,增加了富山纺织押上工厂的野村 tsuchino、东京细布纺织厂的山内 minako 等 2 名女性理事。

会议期间,社会主义者堺利彦应邀出席。堺注意到团体名称变动的意义,认为"'劳动总同盟'在今后将具备'总同盟'之实""铃木君已经不能原封不动地维持其'劳资协调'的论调了";认为如将原来的会长独裁制改变为理事合议制,各地方支部按照产业部门来组建,则"总同盟"必有新的发展。④ 果然,在大会结束不久,工会斗争展现了新局面。在"总同盟"影响下的神户川崎造船所的工人为争取 8 小时工作制和提高工资待遇,展开团体交涉。由于《治安警察法》第 17 条规定禁止"同盟罢工",川崎造船厂工人就举行"同盟怠工"。一字之差,致使警察无法出面干涉,迫使厂方作出让步,实现了 8 小时工作制。此后,在造船、机械、金属等重化工业部门陆续实行了 8 小时工作制。同年 12 月,"总同盟"还联合日本矿山劳动同盟会、全国矿工

---

① 历史学研究会编:《日本史史料》4,近代卷,第 358—359 页。
② 今井清一:《大正德谟克拉西》,第 285 页。
③ 同上书,第 285 页。
④ 历史科学协议会编:《史料日本近现代史》2,第 76—77 页。

组合,领导了足尾、釜石、日立等矿山工人的斗争。1920年2月,在日本劳友会领导八幡制铁所1.3万工人进行斗争的艰苦时刻,"总同盟"给予了支持,增强了影响力。政府和资方联手,用军警镇压和解雇减薪来对付工会运动,大量会员脱离工会。

为重振士气并与国际工人运动的"五一"示威接轨,1920年5月2日,在数百警察的监视下,"总同盟"与活版印刷工组合信友会联合行动,在上野公园联合举行了首次"五一"集会,共有15个工会团体、4000余名工人参加。集会通过了完全实现8小时工作制、立即从西伯利亚撤军、实行公费教育、撤销《治安警察法》第17条、防止失业、制订最低工资法等项要求。数十名工人分别在3个讲台上,发表了演说。集会在"全世界工人万岁"的欢呼声中结束,因警察拘押信友会代表,集合的工人与警察发生了冲突。① 工会运动在发展中进一步增强团结。5月16日,"总同盟"、信友会、新闻工组合正进会等9个关东地区工会团体联合成立劳动组合同盟会。其后,在关西地区,"总同盟"关西同盟会与大阪炮兵工厂的工会团体向上会组成关西劳动组合联合会。但是,由于无政府工团主义再次抬头,不少工会团体对合法斗争失去耐心。工会运动在方向选择中,出现分裂的倾向。

与工会运动相对立的另类团体结社,是法西斯主义团伙。它的出现,反映了大正时代日本社会方向选择中的极端化走向。

日本法西斯主义理论的主要创始人是北一辉(1883—1937)。他本名北辉次郎,生于佐渡岛。1893年就读加茂高等小学,课余苦学汉语。1901年开始在《佐渡新闻》上发表政论文章,抨击社会问题。1904年4月,再度赴东京谋生,在早稻田大学旁听课程。1905年9月,发表《社会主义之启蒙运动》一文,论述他对"纯正社会主义"的理解。1906年5月自费出版《国体论及纯正社会主义》,但随即被当局查禁。同年7月和10月出版的《纯正社会主义哲学》、《纯正社会主义经济学》,也同样被查禁。在苦闷中,北一辉既接触幸德秋水等社会主义者,也参加宫崎滔天、平山周等创建的大陆浪人团体革命评论社的活动,加入秘密团体中国革命同盟会,交结旅居日本的革命党人。1907年10月,北一辉往来于京都、大阪、神户和福冈之间,为革命党人筹集武器军资。1911年10月,辛亥革命爆发。应宋教仁的邀请,北一辉作为黑龙会的派遣人员,前往中国,开展活动。1913年3月,袁世凯派人刺杀了宋教仁,北一辉却诬指孙中山为罪魁,策划了复仇刺杀计划。因其过于嚣

---

① 今井清一:《大正德谟克拉西》,第294—296页。

张,4月被日本驻上海的总领事责令回国。回到日本后,北一辉以"中国通"和"中国革命顾问"自居,改用中国式的姓名北一辉,经常身着长衫马褂,招摇于公众场合。1914年7月第一次世界大战爆发后,日本政府加紧在华的扩张。不甘寂寞的北一辉于1915年11月,向政府提交了政略建议书《支那革命党及革命之支那》(1921年改题名为《支那革命外史》正式出版),并广为散发。在这份建议书中,北一辉主张日本在与英、俄的竞争中,以支援中国革命为由,扩大在华势力。

1916年6月,北一辉再度到上海开展活动。但时过境迁,日本政府的"二十一条"要求理所当然地激起中国民众的反日风潮。1918年7月爆发的"米骚动",使北一辉惊恐不安。1919年"五四"爱国运动席卷大江南北,上海工人和市民抗议日本政府侵犯中国主权的示威游行,更令其如坐针毡。自1919年8月开始,北一辉在上海的寓所里写成《国家改造案原理大纲》(1923年5月改称《日本改造法案大纲》,由改造社出版)。1919年春夏,满川龟太郎、大川周明等激进分子厌倦了老壮社的坐而论道,同年8月1日,在东京建立了日本第一个法西斯团体犹存社。据满川本人自述,"犹存"两字取自唐魏征的诗句"纵横计未就,慷慨志犹存"。[①] 其成立《宣言》宣称要"实行国家的根本改造和革新国民精神","以解放人类为使命"。[②] 1920年7月,犹存社创办机关杂志《雄叫》,鼓吹进行"人类解放战争",立场好斗而极端。犹存社成立后,大周专程来上海促请北一辉入伙,以北一辉的《日本改造法案大纲》为犹存社行动纲领,还秘密誊印了数百部,暗中散发。

大周、满川等犹存社的极端国家主义者之所以如此倚重北一辉,是因为《日本改造法案大纲》强烈表达了其愿望和要求。这本被称为"日本法西斯圣典"的著作,分成"绪言"、"国民的天皇"、"私有财产限度"、"土地处理三则"、"国家统一大资本"、"劳动者的权利"、"国民的生活权利"、"朝鲜及其现在和将来的领土改造方针"、"国家的权利"和"结语"等几个部分。在绪言中,北一辉首先对日本国内外形势加以耸人听闻的分析:"如今,大日本帝国内忧外患,面临史无前例的国难。大多数国民陷入生活的不安之中,只想走欧洲各国的破坏之路,掌握政权、军权和财权者惶惶然却欲维持其不义。在国外,英、美、德、俄无不践踏信义,连借助日俄战争得以保全的邻邦支那也回报以排斥和侮辱,真可谓东海粟岛之孤立。如果一步失误,将使祖宗建国

---

① 《国史大词典》第14卷,第281页。
② 《现代史资料》4,《国家主义运动》(二),三铃书房,1963年,第24页。

落空,诚幕末维新危机之再现。"①

为摆脱危机,北一辉提出君民互动、改造国家的国内应急之策,即:"日本国民应深刻把握理解国家生存的大义和国民平等的人权,在判断取舍内外思想的清浊上切勿过误",利用"欧洲五年破坏和五年恢复的时机",加紧国内改造。为此,"必须确立改造大日本帝国的大本,确定举国一致的国论,以全体日本国民的大同团结,最终奏请天皇大权之发动,拥戴天皇而迅速奠定国家改造的基础"。② 在完成国家改造的任务后,对外实行大规模的扩张,以武力征服世界。北一辉认为"支那、印度的7亿同胞若无日本的辅导保护,实无自立之路。我日本在50年间人口增加率将达到2倍,因此不能不需要百年后应养活至少一亿五千万人的巨大领土"。北一辉预言:"在国家改造结束的同时,高举亚细亚联盟之义旗,执真正到来的世界联邦之牛耳,宣布佛子四海同胞之天道,以于东西垂其范。"③

在天皇旗号下推行国家改造,是北一辉法西斯政治学说的核心观点。北一辉把天皇定位为"国民的总代表"和"国家的根本支柱";鼓吹"天皇与国民共同奠定国家改造的根基,通过发动天皇大权,在三年间停止实行宪法,在全国发布戒严令",在异常情况下,实行国家改造。其内容包括:"废止华族制度";"废止贵族院,设置审议会,使之审议众议院的决议";"恢复国民的自由",废止《文官任用令》、《治安警察法》、《报纸条例》、《出版法》等有损国民自由的和宪法精神的法律;设立由几名无任所大臣组成的"国家改造内阁"和讨论国家改造根本方针的"国家改造议会";基于"国民的天皇"这一道理,皇室每年3000万元的费用应由国家负担,天皇将皇室持有的土地、山林和股票交给国家。④ 炫目光圈中的天皇大权,成了北一辉法西斯国家改造论的政治前提和精神依托。不仅北一辉,其他法西斯分子也无不是皇权的崇拜者和追随者。此后,匍匐在皇权之下的所谓"昭和维新"流血政变和天皇制法西斯体制的建立,均为皇权恶用的产物。

第一次世界大战后,由于国内经济衰退、局势动荡和下层民众强烈不满,法西斯运动纷纷扯起限制大私有制、保护小私有制的旗号,鼓吹社会公平乃至扯起"社会主义"的旗号来欺蒙社会下层,以获取广泛的支持;强调集

---

① 北一辉:《日本改造法案大纲》,《现代史资料》4,《国家主义运动》(二),三铃书房,1964年,第10页。
② 同上。
③ 同上。
④ 同上书,第10—14页。

中统制经济力量,建立"总体战"机制并鼓噪对外侵略战争,是当时东西方法西斯主义学说竞相宣扬的主张。1919年6月,墨索里尼的"战斗的意大利法西斯"在《意大利人民报》上公布了其纲领,强调"对资本课以累进性特别重税","没收其部分财富";"实行8小时工作制"、"确保最低工资标准";"所有军火工厂都收归国有";"强迫地主耕种土地"等。① 1920年2月,希特勒在德意志工人党的集会上宣读了《二十五点纲领》。其中,要求"对所有(到目前为止)已经联合起来的企业(托拉斯)实行国有化","要求立即将大百货公司充公,廉价租赁给小工商业者","要求在国家和各邦区收购货物时特别照顾一切小工商者";要求"无代价地没收土地","要求废除地租";"要求建立帝国强大的中央集权,中央政治国会及其一切机构拥有绝对权威"。②

无独有偶。北一辉的《日本改造法案大纲》也主张限制私有财产,"日本国民一家所有的财产限度为100万元";私人土地的限额为时价10万元,超过部分由国家收购;私人资本的持有限额为1000万元,超额部分实行国有化;要求建立银行省、航海省、矿业省、农业省、工业省、商业省、铁道省等中央集权的国家生产组织,增加国库收入;鼓吹"保护所有劳动者的权利"、实行8小时工作制、保护租耕地主土地的农业者、保护国民的生活权利;鼓吹国家拥有"在国际上生存及发展的权利",拥有对"无视人类共存天道"国家开战的权利。③

作为新兴的革命政党,日本共产党的理论思维最为透彻。1922年7月15日,水曜会、晓民会和建设者同盟等马克思主义团体,在东京涩谷举行秘密的建党会议。会议通过了临时党章,决议加入共产国际,选举成立了中央执行委员会,堺利彦当选为委员长。同年11月,共产国际第4次代表大会承认其为日本支部。12月,共产国际执行委员会纲领问题委员会日本小委员会在片山潜等参与下,制定了日本共产党的《纲领草案》。"草案"分析了日本社会的社会状况和阶级状况,认为"虽然日本资本主义在战争期间显著发展,但日本资本主义至今仍存在前近代封建关系的痕迹。大部分的土地掌握在半封建的大地主手中,最大的地主就是日本政府的元首——天皇。另一方面,大地主所有的大部分土地出租给佃农,佃农使用自己的农具,耕作土地。作为对土地激烈竞争的结果,佃租日益上升,如今佃农已陷入饥饿

---

① 朱庭光主编:《法西斯新论》,重庆出版社,1991年,第15—16页。
② 同上书,第111、109页。
③ 北一辉:《国家改造法案大纲》,《现代史资料》4,《国家主义运动》(二),第14—34页。

状态。封建制度的残余还在现今的国家机构中占据优势,国家机关掌握在一部分资产阶级和大地主的集团手中。国家权力的半封建特性,明显表现为元老在宪法中占据重要且指导性的地位。在上述条件下,反对现存国家权力的力量不仅来自工人阶级、农民和小资产阶级,也来自所谓自由主义的资产阶级——他们也反对现存的政府——的大部分。""作为日本产业衰退结果的战后时期猛烈的经济危机,加剧了阶级斗争和政治危机,在整个日本越来越激烈。"①

在此基础上,"草案"规定当前日本革命的性质是"日本的资产阶级革命将在变得十分强大的无产阶级和革命的农民出现时开始并实现,因此,资产阶级革命的完成,将成为资产阶级统治及以实现无产阶级专政为目标的无产阶级革命的直接序曲"。日本共产党"以无产阶级革命为目的",革命分两阶段完成,第一阶段党的任务是"颠覆天皇政府及废除君主制","在日本革命发展的现阶段,在共产党的旗帜下,最大限度地集中力量,掌握这种力量的领导权。必须为日本无产阶级苏维埃政权,开辟未来的斗争道路";"在反对现存政府的斗争过程中,获得最重要的地位,是日本共产党面临的第一任务"。第二阶段的任务是"造成无产阶级和农民的阶级组织,全力以赴地加以统一和扩大,强化革命,必须努力建立工农政权"。

"草案"还提出"废除君主制"、"废除贵族院"、"18岁以上所有男女的普选权"、"工人团结的完全自由"、"示威运动自由"、"废除现有的军队、警察、宪兵、秘密警察"、"武装工人"等10项政治要求;"工人的8小时工作制"、"失业保险和其他劳动保险"、"设立最低工资"、"由工厂管理委员会管理生产"、"雇主及国家承认工会"等5项经济要求;"无偿没收天皇、大地主和寺社的土地并实行国有"、"所有土地归农民所有"、"累进所得税"等4项农业要求;"停止一切干涉"、"从朝鲜、中国、台湾及库页岛撤军"、"承认苏维埃俄国"等3项外国方面的要求。②

这份"草案"对日本社会状况和革命性质的分析,均有可取之处。其理论的深刻程度,也超过同期其他政党或社团。在对日本未来的方向的选择上,日共的表述最为明确。但是,由于纲领的制定者是站在莫斯科看世界,并以俄国十月革命的道路作为唯一正确的模式,因此在日本革命阶段的表述、革命任务的规定和具体要求的提出等方面,脱离了日本社会的实际,陷

---

① 村田阳一编译:《共产国际与日本资料集》第1卷,大月书店,1986年,第141—142页。
② 同上书,第143—144页。

入纸上谈兵的教条主义误区。至于特别强调在斗争中争夺领导权,也极易导致党的宗派主义倾向的滋长,从而分裂了群众运动,削弱了自身的力量。

1922年8月,山川均在《前卫》7、8月份的合刊号上,发表了论文《无产阶级运动的方向转换》,认为日本无产阶级运动经过20年的努力,迈出了第一步,即少数先锋分子脱离一般群众而彻底地纯化思想之后,应该在迈出第二步时,转换方向并采取实际行动,"使我们的运动立足于大众的现实要求之上","'到大众中去!'应该成为日本无产阶级运动的新口号"。① 山川均的方向转换论也称山川主义,其回到群众中去的主张在主观上不无道理,但客观效果却导致否认日共先锋队作用的右倾取消主义滋生。尽管如此,作为新兴的革命党,日共开展了积极的活动。1922年6月,组织不干涉俄国同志会,反对政府出兵西伯利亚。7月,山川菊荣等发起建立救济俄国饥荒妇女有志会,举行义卖义演,募集善款,援助俄国饥民。9月,日共发行秘密刊物《农民运动》,10月发行《劳动新闻》。1923年4月,将《前卫》、《社会主义研究》、《无产阶级》合并为理论机关杂志《赤旗》(后改名《阶级战》)。同月,日共还创立了日本共产青年同盟,日共党员川合义虎任委员长。②

山川主义使日共面临在思想上被解除武装的危机,政府的镇压,则从组织上对日共造成沉重打击。华盛顿会议后,各签约国开始了裁军行动。参谋本部却在设法强化军国主义教育,将减裁下来的武器和军官配置给各大学,并将早稻田大学的学生作为实施军国主义训练的第一批试验对象。1923年5月10日,陆军次官白川义则出席了早稻田大学军事研究团的成立大会,遭到进步学生的群起抗议。在此后数日内,受到早大文化联盟和建设者同盟影响的雄辩会与右翼学生团体纵横俱乐部展开激烈的抗辩,文斗演化为武斗,军事研究团被迫解散。此即"早大军事研究团事件"。右翼学生与警视厅相勾结,诬指文化同盟为赤色团体,要求大山郁夫、北泽新次郎、佐野学、猪俣津南雄等4教授辞职,迫使文化同盟解散。生性懦弱的佐野学惊慌失措,误将日共的秘密文件委托给被警视厅的坐探保管,招致政府对日共的第一次镇压。6月,堺利彦、市川正一、德田球一、山本悬藏、渡边政之辅等日共领导人和普通党员约80人被捕,29人被起诉,其他中央委员被迫出

---

① 山川均:《无产阶级运动的方向转换》,山川菊荣:《山川均全集》第8卷,劲草书房,1979年,第2页。

② 山川均:《无产阶级运动的方向转换》,《山川均全集》第4卷,劲草书房,1967年,第339—343页。

国躲避。① 日共遭此沉重打击,党的中央机构实际处于瘫痪状态。9月关东大地震猝发,官宪军警乘乱屠杀日共党员。在严酷的形势下,赤松克麿、山川均等动摇,认为"在日本建立共产党的本身就是一个错误",主张解散组织。② 1924年2月,日共解散。即使如此,顽强的共产主义者仍在坚持斗争。同年3月,野坂参三等创建产业劳动调查所,全面调查研究各种社会问题和阶级状况,为日共的重建开展基础性的准备工作。5月,研究性杂志《马克思主义》创刊,成为理论重建的思想阵地。

第四节 政党政治时期的方向选择与社团活动

通过众议院总选举取得多数党地位,组阁实现政治抱负,这是自由民权运动以来政党的多年主张。原敬为首的政友会被"米骚动"中群众性以暴挫富的风潮送进了内阁,初现政党政治的端倪。但真正意义上的政党政治,却是在1925年众议院大选中获胜的护宪三派组成联合内阁后,才成为现实。在政党执政的8年间,日本国内方向抉择随着经济危机和社会矛盾的尖锐化而愈加急迫。政党内阁对和平进步势力的无情镇压,削弱了议会民主本来就很薄弱的基础,法西斯势力乘机抬头,并最终埋葬了政党政治。作为大正民主运动政治成果的政党内阁,有意无意地为法西斯上台创造着条件。因此,在大正民主运动之后,建立了法西斯专制。这种历史的悖谬,不仅遗祸日本,也殃及他国,其教训值得总结。

一 第二次护宪运动与政党政治

1921年11月4日,前往京都出席政友会大会的首相原敬,在东京火车站被右翼暴徒中冈艮一刺杀。外相内田康哉兼任临时首相,11月5日内阁总辞职。在元老西园寺的推荐下,11月13日,政友会总裁高桥是清奉命组阁,原内阁全体阁僚留任,继续推行原敬的内外方针,并特别加强了对反体制势力的镇压。1922年2月19日,高桥内阁制定了《过激社会运动取缔法案》,其第一条规定对"宣传或试图宣传无政府主义、共产主义,紊乱朝宪者,

---

① 日本共产党中央委员会编:《日本共产党的六十年》,新日本出版社,1984年,第21页。
② 日本共产党中央委员会编:《日本共产党的七十年》,新日本出版社,1994年,第44页。

处以七年以下徒刑或监禁"。① 法案将《治安警察法》尚未明文规定的无政府主义、共产主义者列入法律镇压的范围之内,但遭到在野党和群众团体的反对,被暂时搁置起来。同年6月6日,高桥改组内阁受阻,内阁总辞职。元老会议推荐海相加藤友三郎出任首相,6月12日,加藤内阁成立。1923年8月24日加藤病故,次日,外相内田再次出任临时首相。8月28日,海军大将山本权兵卫奉命组阁。在不到两年的时间内,内阁更迭4次,政局极不稳定。

天灾人祸一时俱来。1923年9月1日中午11时58分,7.9级的关东大地震猝发。东京、横滨一带,地震引起的大火连续燃烧了3天,将近1/2的东京市街化为灰烬,交通、通讯中断,全城陷入混乱。日比谷、上野公园和宫城、东京火车站广场挤满了饥困交迫、惊慌失措的逃难人群。朝鲜人、社会主义者"投毒"、"放火"的谣言不胫而走。2日傍晚,山本内阁下达戒严令,军队、警察和宪兵一齐出动,在青年团、在乡军人会、消防组组成的自警团的配合下,乘机展开镇压。9月3日夜,龟户警察署任意逮捕南葛劳动会的共产青年同盟委员长川合义虎等10名工会领导人和日共党员,次日深夜将他们和多名朝鲜人集体屠杀。此即在戒严令下血腥镇压的典型事件,史称"龟户事件"。5日,社会主义者近藤宪二、浅沼稻次郎、北原龙雄等被捕。16日,在东京宪兵队涩谷分队长甘粕正彦大尉的指挥下,大杉荣夫妇被逮捕后惨遭杀害。此即另一宗血腥命案"甘粕事件"。

在关东大地震中,灾民高达340万人,死亡9万余人,失踪1.3万余人,受伤5.2万余人,烧毁住宅44.7万余户,损坏、半损坏住宅24万户;据日本银行估计,除人畜伤亡、救灾费用、文物图书等损失之外,财产损失约为45.7亿元,相当于1922年一般会计预算的3倍以上,② 日本经济受到沉重打击。灾后"龟户事件"、"甘粕事件"以及虐杀朝鲜人的事件曝光,更使山本内阁狼狈不堪。为稳固局势,1923年10月,山本内阁五大臣会议制定《普选法案要纲》,得到内阁会议的认可。同月,法制审议会予以通过,但依然否决了妇女参政权。11月,取消对成年男子普选权的纳税限制,仅占全国人口22%的半数成年男子国民获得了普选权。

正当山本内阁打算继续有所作为之时,1923年12月27日,无政府主义者难波大助为替大杉荣复仇,在虎之门外枪击出席第48次通常国会开幕式

---

① 历史科学协议会编:《史料日本近现代史》2,第67页。
② 今井清一:《大正德谟克拉西》,第403—405页。

的摄政裕仁车队,重伤卫队长。"虎之门事件"震惊国内,山本内阁引咎辞职。1924年1月1日,枢密院议长清浦奎吾奉摄政裕仁之命组阁,舆论反应强烈。1月7日,《大阪朝日新闻》发表社论,抨击清浦内阁是"性质最为恶劣的内阁"。11日的社论指责此内阁是"贵族专制政治"的时代错误。[①] 在野党也对组阁作出反应,1月10日,政友会、宪政会和革新俱乐部等护宪三派聚会研讨局势,一致认为以贵族院为中心的特权内阁不得民心,会加剧国内阶级对抗而导致形势恶化。三派仿效第一次护宪运动的故伎,组成第二宪政拥护会,在抵制"特权内阁"的口号下,联合发起倒阁运动。以此为标志,第二次护宪运动兴起。

与第一次护宪运动不同的是,在第二次护宪运动中,政党成为运动的主导力量,缺乏激情的群众运动被限定在合法的范围内,屡屡出现政党内部分裂、政党与政府交易等情形。1924年1月15日,政友会总裁高桥是清在党的干部会上发表了批判清浦内阁的声明,引起党内的冲突。次日,指责高桥违反了政友会"稳健务实"传统的山本达雄、床次竹二郎、中桥德五郎等退党,政友会分裂。1月22日,山本等另组拥护清浦内阁的新政俱乐部,29日改称政友本党。第一大在野党政友会的分裂加剧了政党势力的危机感,政友会、宪政会、革新俱乐部等三派取得确立政党内阁的共识,采取了联合行动。1月30日,三派的党首高桥、加藤高明、犬养毅等出席在大阪中央公会堂举行的拥护宪政关西大会,发表了热情的演说,号召民众投入护宪运动。会后,高桥等人乘坐的火车在归途中发生了颠覆险情,舆论为之哗然。在1月31日众议院就此事件对内阁进行紧急质询时,3名暴徒闯进会场,占领讲台,在混乱中被迫停止。消息传开,更激发了护宪派的昂扬斗志。2月17日,护宪三派在东京组织了大规模的游行示威,将第二次护宪运动的造势活动推向高潮。

此后,护宪三派以普选和减税为口号,动员小市民、中小地主和自耕农支持政党组阁,在各地举行护宪大会,为竞选大造舆论。5月10日举行第15届众议院总选举,护宪三派大获全胜,在464个议席中取得284席。其中,宪政会激增50个议席,成为拥有150个议席的第一大党。6月7日,在元老西园寺的举荐下,宪政会总裁加藤高明受命组阁。[②] 加藤内阁为护宪三派的联合内阁,宪政会的若槻礼次郎任内务相、滨口雄幸任大藏相;政友

---

① 鹿野政直:《大正德谟克拉西》,《日本历史》第27卷,小学馆,1976年,第356页。
② 今井清一:《大正德谟克拉西》,第430页。

会的高桥任农商务相;革新俱乐部的犬养任商工相兼递信相。此外,外务相由币原喜重郎担任,陆相由宇垣一成、海相由财部彪担任。此后,直至1932年"五·一五"事件后政党内阁被颠覆,史称政党政治时期。

所谓政党政治,即通过竞选获得众议院多数席位的政党组阁,执政期间实施其竞选纲领。其主要特点是:选票和选民的意向成为政党必须关注的因素;竞选中多数党的党首自然成为首相人选,以此体现"宪政常道";在内阁构成中,除陆海军省大臣由军部派出外,其他阁僚多由政党成员担任,内阁首相由各政党的党首轮流担任。从1924年至1932年,宪政会3次组阁,民政党和政友会各2次组阁。政党政治期间,日本国内不同政治力量的竞争和对抗加剧,来自民众的压力日益增强。在国外,资本主义世界经济恐慌和中国觉醒并走向统一,对日本的生存环境提出新的挑战。政党内阁面对急风暴雨般的内外形势,惨淡经营。

政党内阁的施政方针,集中体现了财界的利益和要求。按照财界的愿望,加藤内阁力图重建被经济危机和关东大地震沉重打击的财政。在阁僚会议上,藏相滨口主张对扩军备战的规模和军部特权加以限制。为此,提出修改陆海军大臣现役武官制、废止在朝鲜和关东州的宪兵制、撤销6个陆军师团、服役时间缩短为1年零4个月等建议,力图将1924年度的16亿日元财政预算压缩到13个亿。其他政党阁僚主张将财政的投放重点,转向水利、公路和铁路的建设方面。军部阁僚主张取消4个陆军师团,将节省下来的开支用于装甲、航空等新兵种的建设。经协商,撤销4个陆军师团,将1925年度的财政预算总额限定在15亿日元以内。① 此外,对临时军费特别会计和大藏省预金部加以调整,推行财政合理化改革。但对于竞选中关于减税的承诺,政党内阁却食言自肥,并未付诸行动。1925年8月,内务省社会局发表了《劳动组合法案》、即《工会法案》,将承认工人的团结权、禁止雇主以加入工会为理由解雇工人、罢业合法等条款列入其中。财界激烈反对法案的上述规定,政府行政调查会接受了财界的意见,进行了大幅度的修改,形成政府的法案。工会起而抗议,政府推诿应付。1926年1月,政府将法案提交给第51届通常国会,"审议未了"而不了了之。

政党内阁将财阀特别是老财阀的利益和要求置于政治运作的首位,并非偶然。经过第一次世界大战的急剧发展,新老财阀垄断资本已成为支配国家命运的力量。政党在竞选中需要财界政治资金的支持,更得仰承财阀

---

① 今井清一:《大正德谟克拉西》,第433—434页。

的鼻息,作为其政治代表,组阁执政。至于首相加藤和外相币原皆为老财阀岩崎家的乘龙快婿,不过是政党内阁与财阀建立人脉渠道的便利条件,具有一定的偶然性。政党政治时期执政党充当财阀的政治代言人,才是问题的实质。因此,政党政治时期日本政府方向选择的总坐标,堪称唯财阀意向是从。

在执政过程中,政党内阁以维护既得利益集团的统治为基本准则。一方面,政党内阁面临兑现竞选承诺的压力,着手制定普选法;另一方面,政党内阁又将打击的矛头指向所谓过激社会力量,并借此表明其政治立场。在制定普选法时,政党内阁遭遇到特权机构尤其是枢密院的顽强抵抗。1924年9月,执政三党组成的普选联合协议会确定了普选法案大纲。12月,内阁将几经协商制定的普选法草案呈交枢密院。在此后50余日的审议中,枢密院对内阁草案进行了多处修改:内阁草案给予25岁以上男子以选举权和被选举权的规定,被修改为30岁以上的男子具有被选举权;内阁草案规定"生活上接受公费救助者"不具备选举权和被选举权,但枢密院将其扩大为"接受公私费救助者",从而剥夺了由家庭负担学费的大学生们和无收入的青年男子的选举权和被选举权,等等。在此后的国会审议过程中,贵族院支持枢密院的修改意见,将"因贫困和生活上接受公私救助或接受扶助者"排除在选举之外。[1] 上述枢密院、贵族院等特权机构修改意见,被政党内阁全盘接受。1925年3月29日,经过第50届通常国会3次延长会期,国会通过了《普通选举法案》。由于纳税的限制被取消,日本国内拥有选举权的人数由330万人增加到1250万人。较之此前的限制选举,"普选法"的颁布尚称历史的进步。然而,全部成年男女在读大学生和无业青年均与普选无缘。这种进步的片面和不完整,反映了政党政治的局限性。

在制定普选法的同时,政党内阁也制定了《治安维持法》。从策略上看,此举以加紧镇压反体制势力的强硬姿态,竭力换取特权机构减缓对《普通选举法》的阻挠。从本质上看,制定《治安维持法》鲜明地表达了政党内阁的政治立场。1925年2月19日,政党内阁向国会提交了《治安维持法案》。其中,第一条即规定"以变更国体或政体并否认私有财产制度为目的之组织结社,以及知情并加入其中者,判处10年以下的徒刑或监禁";第二条、第三条规定:对为上述目的进行协议者或煽动者判处7年以下的徒刑或监禁,

---

[1] 历史科学协议会编:《史料日本近现代史》2,第65—66页。

等。① 法案的第一条在国会讨论中引起争论，后经执政三党协商，删除了"或政体"的字句，3月19日国会审议终了，4月22日公布，5月12日实施。② 政党内阁之所以几乎在颁布《普通选举法》的同时制定《维持治安法》，是出于对国内反体制力量可能利用普选法的判断，乃至出于对1925年1月日苏建交后日本被"赤化"的恐惧。同年2月19日，即内阁向第50届通常国会提交《维持治安法案》的当天，内相若槻在发言中直言不讳地表白说："此项法律是取缔无政府主义和共产主义的法律"，"对工人进行的工会运动并无任何约束"。③

1928年6月29日，政友会坐庄的田中义一内阁又以裕仁天皇颁布第129号敕令的方式，对《维持治安法》加以修改，加强了对"变更国体"者的镇压力度，规定："以变更国体为目的的结社组织者或担任结社负责人并执行其领导人任务者，判处死刑、无期徒刑或5年以上的徒刑或监禁"；对"否认私有财产制度"而结社并采取行动者的处罚，沿用原量刑规定。④ 显然，此次修改的目的，主要在于打击共产主义者。总之，用《维持治安法》来对付日共等反体制力量，压制工农运动；以《普通选举法》来适度限制特权机构的飞扬跋扈，维持"宪政常道"，是政党政治运营中的两手政策。左右开弓，维护垄断资本的利益。

在外交方面，政党政治时期的内阁基本上推行"协调外交"方针。所谓"协调外交"，是指在外交方面、包括对华政策方面与欧美协调行动。其行动主要表现为1927年1月第一届若槻内阁的币原外相发表"对华政策四原则"，1928年8月田中内阁签署了《非战公约》，1930年1月滨口内阁派遣前首相若槻礼次郎和海相财部彪为全权代表，出席在伦敦举行的海军裁军会议。

1926年7月，广东国民政府宣布北伐。7月北伐军攻克长沙，9月攻克武汉，11日攻克南昌，兵锋直指上海和长江以北广大地区。中国走向统一的步伐加快，要求废除不平等条约的呼声越来越响亮。眼见北洋军阀兵败如山倒，欧美列强和日本采取静观待变的方针，着手寻求新的政治代理人。在这种情况下，1927年1月，外相币原在第52届通常国会的外交演说中，提

---

① 历史科学协议会编：《史料日本近现代史》2，第68页。
② 历史学研究会编：《日本史史料》4，近代卷，第376—377页。
③ 历史科学协议会编：《史料日本近现代史》2，第69—70页。
④ 同上书，第69页。

出了"对华政策四原则":(1)"尊重中国的主权和领土完整,对其内争严守绝对的不干涉主义";(2)"期待增进两国共存共荣及经济上的提携";(3)"以同情与善意对待中国国民的正当愿望,不遗余力地协助实现之";(4)"对中国现时局势抱耐心与宽容之态度,同时尽量采用合理之手段,竭力保护日本之正当且重要的权利"。① 同年 2 月,币原又在贵族院解释了对华"不干涉主义"。

较之公开干涉中国内政,币原的"不干涉主义"方针是有远见而理智的。然而,自 1927 年 4 月政友会总裁田中义一组阁以来,币原的"不干涉主义"方针,被首相兼外相的田中蛮横介入的新方针所取代。1927 年 5 月至 1928 年 5 月,田中内阁 3 次出兵山东,制造了"济南惨案"等流血事件,阻挠北伐军向华北推进。1927 年 6 月至 7 月,召集军政要员参加的"东方会议",制定了肢解中国东北、维护日本在"满蒙"特殊利益的《对华政策纲领》。这个纲领强调"果断采取自卫措施",对付"帝国在华权益及日侨生命财产可能受到的非法侵犯";"满蒙特别是东三省对国防及国民生存具有重大的利害关系,我国必须加以特殊的考虑"以"维护我既得利益。"② 1928 年 6 月,关东军制造炸死张作霖的"皇姑屯事件",蓄意挑起事端。

表面上看起来,田中对华政策的横暴偏离了"币原外交"对华方针的立场。但实际上,二者只不过是政党内阁对华外交的两种相互配套的手法。"币原外交"的对华政策附属于针对美英的"协调外交",处理日本与美英等国相互关系问题,才是"协调外交"的根本立足点。如果说在对华外交中,日本摆出居高临下的高姿态,那么,在对美英的外交中,日本所采取的却是仰承俯就的低姿态。两种不同的外交姿态,充分反映了"协调外交"的两重性。

1927 年 12 月,由 1926 年度诺贝尔和平奖获得者、法国外交部长白里安与美国国务卿凯洛格共同发起,邀请各国派出代表,举行国际会议以订立维护和平、避免战争的国际条约。接连在东北亚制造事端的田中内阁,为了迎合欧美,派遣前外相内田康哉为全权代表前往巴黎出席会议。1928 年 8 月 27 日,美、法、英、日、德、意、比、捷、波等 15 国在巴黎签订了《非战公约》(也称《白里安—凯洛格公约》或《巴黎公约》)。《非战公约》的第一条以"人民的名义",庄严宣布:"为解决国际纠纷而付诸战争是错误的,在处理相互关系中,放弃作为国家政策手段的战争";第二条规定:"缔约国之间无论发生任

---

① 日本外务省编:《日本外交年表及主要文书》下卷,第 91 页。
② 日本外务省编:《日本外交文书及主要年表》下卷,第 102 页。

何纠纷和争议,无论其性质和起因如何,均以和平手段处理或解决之",等等。① 《非战公约》倡导和平,措词漂亮,颇具宣传意义,但对签约国并无任何实际的制约作用。即使如此,在日本国会审议批准条约时,第一条中"以人民的名义"的字句却受到激烈指责。在野的民政党出于党争的狭隘立场,攻击此语"违反了大日本帝国宪法"。② 其眼光短浅的愚劣之论,反映出了政党政治自身难以克服的政客本性。

1929年7月2日,因"皇姑屯事件"的失察而失去天皇信任的田中内阁总辞职。民政党总裁滨口组阁,币原被重新起用,继续担任外相,出马缓和日益紧张的日中关系。同年10月,英国发来邀请,告知将在1930年1月邀请在华盛顿会议上签署《五国条约》的缔约国代表来伦敦举行会议,继续讨论《五国条约》未涉及、1927年8月美英日3国日内瓦海军裁军会议未解决的裁减辅助舰问题。所谓辅助舰,系指巡洋舰、驱逐舰和潜水艇等火力强大的舰艇,其拥有程度直接决定了海军军备力量的强弱。与田中内阁对海军裁军态度消极有异,滨口内阁反应积极,指定前首相若槻礼次郎为首席全权代表,率领海相财部彪、驻英大使松平恒雄、驻比利时大使永井松三出席会议。1930年1月18日,美英日法意五国海军裁军会议在伦敦举行。围绕着各国拥有军舰吨位的问题,展开了激烈的讨价还价。日本主张拥有为美国辅助舰吨位70%的立场,与美英两国只同意其拥有60%稍多的主张形成对立。几经交涉,3月14日日本谈判代表团将日美相互妥协的方案,即日本辅助舰总吨位为美国同类舰艇拥有量的69.75%,其中大型巡洋舰为60.23%、潜水艇为100%、轻型巡洋舰和驱逐舰为70.15%的谈判底牌、密报内阁,请示进一步的谈判训令。③

如同巨石投水,从伦敦传来的妥协方案引起内阁与海军军令部之间的争论。海军军令部部长加藤宽治、次长末次信正等舰队派坚持认为:对美辅助舰拥有的吨位低于70%,就无力对抗假想敌国美国,坚决抵制妥协方案。3月17日末次单独会见记者,散发了《海军当局的声明》,坚称"美国的方案只是表面上的让步,其实质性的内容仍在顽固坚持其主张,海军对此方案绝对不能承认。"④ 加藤说动海军元老东乡平八郎、伏见宫亲王和军事参议官

---

① 日本外务省编:《日本外交文书及主要年表》下卷,第121页。
② 猪木正道:《军国日本的兴亡》,中央公论社,1998年,第152页。
③ 同上书,第155页。
④ 同上书,第157页。

们,出面向内阁施加压力。但是,首相滨口的态度倒也坚决,表示"即使自己丢失了政权,丢失了民政党,甚至丢失了自己的生命",也要达成妥协,防止伦敦海军裁军会议破裂。① 滨口的立场,得到了元老西园寺、内相牧野伸显、宫内大臣一木喜德郎、侍从长铃木贯太郎等天皇侧近势力和海军元老、大将山本权兵卫、斋藤实、冈田启介以及内阁海军省的支持,对加藤等军令部势力形成强有力的反压力。由于滨口内阁在当年2月的大选中获胜,后援力量强大,海军不得不承认内阁在兵力数量上的决定权,转而寄希望于内阁发展航空兵的承诺,争论暂告一段落。4月1日,内阁决定接受妥协方案并电告若槻。4月2日,美英日三国达成妥协。4月22日,与会5国签署了《伦敦海军裁军条约》。

滨口内阁之所以果断坚持与美英妥协,是由于日本在经济、技术和国际融资方面严重依赖欧美。特别是在1929年10月24日纽约股市暴跌引发了资本主义世界大恐慌,银价连续贬值,美国对日本生丝的需求锐减、日本在中国市场的占有率急剧萎缩、印度大幅度提高棉布关税等因素综合作用,对日本的出口造成沉重打击。1930年11月21日滨口内阁宣布黄金出口解禁,试图借助恢复金本位制,实现均衡贸易,竭力解决第一次世界大战以来泡沫经济的老大难问题,闯过昭和恐慌的难关。外贸滑坡造成的财政困难,迫使滨口内阁不得不在海军裁军问题上对美英两国做出让步。

从更久远的经济联系来看,不断密切与欧美国家的经济关系,是财界的传统政策。代表财阀利益的政党内阁无一不以此为基准,滨口内阁自然也不例外。在无形中,政党内阁在与欧美国家尤其在与美英两国的协调外交中,培养了一批诸如币原、吉田之类的"亲欧美"外交官,为二战后建立日美特殊关系奠定了基础。至于1930年10月滨口内阁通过决议,将中国的国号由"支那共和国"改称中华民国,则是服从对英美协调外交的需要,兼顾改善日中关系的一个新举措。

二 政党政治时期的左右翼政党活动

政党内阁的对内政策,形成了社会团体结社和活动的特殊环境,使得这一时期的方向选择更加多歧而复杂。其中,共产主义团体的生存条件愈加险恶;合法团体空前活跃,纷争加剧;日本社会思潮的主流最终被极端的法

---

① 猪木正道:《军国日本的兴亡》,中央公论社,1998年,第156—157页。

西斯势力所控制。

1925年1月,根据共产国际重建日共的指示,德田球一、佐野学等在上海举行会议并制定了《一月纲领》,批判山川主义"用极端的抽象观念对待共产主义和无产阶级革命理论","党的活动未能植根于大众的基础之上,也未将大众运动引导到共产主义的方向","使共产党的运动本身成了空中飘浮的革命辞藻",决定成立中央局,准备重建日共。① 1926年12月,日共在山形县五色温泉举行第三次代表会议,重建党组织。在清算山川均取消主义的过程中,"福本主义",即福本和夫在日共重建《宣言要旨》中提出的"左"倾关门主义抬头。其基本观点是:(1)"在世界大战后工人阶级力量急遽发展面前,资产阶级反动化,与专制势力妥协并相互结合,至今已显现法西斯独裁的萌芽";"我国的资本主义极其落后,现在正与没落的世界资本主义合流";革命形势在发展。(2)指责日本工人运动"其性质专以工会运动和扩展经济运动的利益为目的,局限在所谓工团主义的政治运动范围内",批判山川主义不过是"工团主义和社会主义意识相混合的所谓折中主义",必须对其开展斗争。(3)强调先锋党的当务之急,在于开展"理论斗争","揭露工团主义、折中主义的本质,形成整个无产阶级的政治斗争主义,实现真正马克思主义的结合",从工团主义和折中主义意识中"分离"出来。② "福本主义"反映了党内对解散日共的不满情绪而一时风头颇健,对法西斯独裁的警告也眼光独具,但其强调"分离"的"左"倾关门主义的立场,同样使日共丧失对群众团体的领导权,导致派系斗争的加剧,分裂了群众运动。

1927年7月,日共代表渡边政之辅、德田球一、福本和夫、锅山贞亲等前往莫斯科,在共产国际执行委员会的主持下,制定了《关于日本问题的决议》(也称《二七年纲领》)。同年8月,苏共中央机关报《真理报》予以刊载,10月译载于日本的《大众》、《文艺战线》等刊物上。12月,在日光山中秘密举行的日共中央扩大会议听取了渡边等人的汇报,决定采纳《二七年纲领》。纲领认为:日本的国家权力掌握在资本家和地主联盟的手中,因此日本革命的性质是急速发展的社会主义革命的资产阶级革命;革命的动力是工人、农民和城市小资产阶级,工农联盟是开展革命的基础。纲领批判了山川、福本主义,要求建立思想独立、纪律健全的群众性日本共产党,揭露了左派社会民主主义者的"叛卖行径"。《二七年纲领》进一步明确了有关日本革命的基

---

① 《现代史资料》14,《社会主义运动》1,三铃书房,1964年,第38页。
② 同上书,第63—64页。

本问题，不乏积极意义。尤其在纲领的第一章《日本帝国主义和战争》中，指出日本已成为"整个亚洲大陆的第一流帝国主义强国"，"正准备在即将到来的战争中扮演非常积极的角色"，强调"只要日本对中国的干涉是既成事实，那么就可以认为实际上已经在进行这场战争"，因此反对日本帝国主义的侵略战争，是日共"迫在眉睫的任务"。作为日共的行动纲领，提出了反对帝国主义战争和干涉中国革命、拥护苏联、争取殖民地完全独立等立场鲜明的反战主张；在国内方面，提出了废除君主制、实行18岁以上男女国民的普选权、8小时工作制、实施失业保险、废除镇压工人运动的法律、没收大地主的土地等要求。① 《二七年纲领》在动员日共党员和周围群众摆脱"左"、"右"倾机会主义的干扰，健全发展党组织、统一思想认识以及率先开展反战活动等方面意义重大。

1928年2月，日共机关报《赤旗报》创刊并在群众中秘密发行。日共党员以劳动农民党员的名义参加"普选法"实施后的第一次众议院的选举，开始了半公开的活动。日共的传单公然出现在街头，引起军警当局的注意。田中内阁根据掌握的情报，指令军警当局，于3月15日在1道3府20县展开大搜捕，逮捕日共及同情者1500余人，起诉488人。② 史称"三·一五"事件。同年4月，又下令解散了日共领导下的劳动组合评议会、劳农党和无产青年同盟等3个合法的左翼团体，日共再次受到重大打击。

"三·一五"事件之后，市川正一等日共领导人重建党的组织。1929年3月，日共中央部事务局主任间庭末吉被捕，日共党员名册和《赤旗报》的全国发行地址等机密文件落入军警当局之手。以此为线索，4月16日军警再次在1道3府24县展开大搜捕，990名日共党员和同情者被逮捕并受到起诉。史称"四·一六"事件。不久，日共中央委员市川正一、佐野学、锅山贞亲等先后被捕，给日共造成毁灭性的打击。"三·一五"、"四·一六"事件合称"第二次共产党事件"，表明了政党内阁彻底的反共立场。日共一再遭到政府的镇压，使日本在历史转折关头，失去了唯一坚定反战的政党，严重削弱了反战活动的组织力量。在反共的旗号下，法西斯势力日益猖獗，把日本引向侵略战争的深渊。因此，镇压日共以封锁反战的声音，对于徘徊于战争与和平、民主与专制十字路口的日本民族来说，并非福事，而是大祸临头的先兆。

政党政治时期的群众运动，曾一度活跃发展。其主要标志是：领导工农

---

① 《现代史资料》14，《社会主义运动》1，第84—85、94页。
② 历史科学协议会：《史料日本近现代史》2，第105页。

运动的党派竞相成立,工会运动和妇女运动蓬勃发展。在这一时期,新成立了8个群众性合法政党,被统称为无产政党。

农民劳动党 "普选法"颁布后,1925年6月创建的政治研究会在8月发起成立了无产政党筹建恳谈会,计划以日本农民组合("日农")为中心,联络"总同盟"等工会团体,建立全国统一的无产政党。随后,"总同盟"因内部政治立场的不同而分裂,11月29日,"总同盟"宣布退出无产政党准备恳谈会。12月1日,"日农"等团体组建了农民劳动党。成立大会发表的《宣言》宣布:"民众的时代到来了,民众自身确立政治之秋到来了。实施普选绝不是给予行使一张选票的权利,而是在政治上直接反映我们数千万无产大众的意愿。在普通选举制度的基础上,民众必然组成自身具有独立政治纲领的政党,在政治上真正体现自身的阶级意愿。"① 然而,在建党当天的夜晚8时,内务大臣若槻礼次郎援用《治安警察法》第8条第2款的规定,宣布予以查禁。

劳动农民党(简称"劳农党") 农民劳动党被查禁后,无产政党筹建恳谈会在1926年2月举行会议,决定排除日本劳动组合评议会、政治研究会、无产青年同盟和水平社青年同盟等左翼4团体,以"日农"、"总同盟"等团体另建合法政党。同年3月5日,在大阪创建了"劳农党",委员长杉山元治郎,庄原达、三轮寿壮先后担任书记长。建党纲领强调"结合我国的国情,实现无产阶级的政治、经济、社会的解放";"采用合法手段"改革"不公平的土地、生产、分配制度";"彻底改造议会"。② "劳农党"虽未遭到政府的查禁,但内部的纷争却削弱了党的力量。围绕是否接纳左翼团体的加入,"总同盟"与"日农"产生严重分歧。同年10月,"总同盟"会长铃木文治和政治部长西尾末广等发表声明,指责"日农"违反了创立之初"必须抑制共产系势力"的约定,来执行7月"劳农党"第3次中央委员会关于"排除共产系4团体势力"的决议,反而与属于左翼4团体的分子组织党支部。随后,铃木等借口"日农"扩大的中央委员会决定对左翼4团体门户开放,"缺乏排除共产系的诚意",宣布退出"劳农党"。③ 其他右翼团体纷纷响应,先后脱离"劳农党"。

"总同盟"等右翼5团体退出后,"劳农党"内仅余"日农"、制陶劳动同盟等2团体,党的力量受到极大削弱。新任委员长大山郁夫、书记长西迫兼光

---

① 历史科学协议会编:《史料日本近现代史》2,第94页。
② 大原社会问题研究所:《日本劳动年鉴》第8卷,法政大学出版局,1968年复刻,第240页。
③ 历史科学协议会编:《史料日本近现代史》2,第95页。

接纳了日本劳动组合评议会、水平社青年同盟等左翼团体加盟,力量迅速增强,成为日共领导下的第一大左翼政党。1926年12月13日,"劳农党"举行第一次代表大会并发表了《宣言》,强调:"单纯的经济斗争对于无产阶级的解放来说,不过是一种空想","我们一致认为,无产阶级向着资本家阶级的牙城开展全线的政治斗争,是绝对需要的"。宣布:"我党代表无论是否党员但与我们境遇相同的大众利益,真正以舆论和牢固的团结为武器,通过普通的日常大众,实现整个无产阶级政治、经济的社会解放"。《宣言》指责其他群众政党是"僭称无产政党,暗中与资本家勾结或与地主握手的似是而非的无产政党",强调"我们纯真的阶级良心决不能容许群小政党的存在,我们遵从良心的命令,坚决对之宣战",为建立"全国单一的无产政党"而"勇往直前"。① 《宣言》强调开展政治斗争,自然有其道理;但突出对其他无产政党的斗争,则显示了福本主义的影响,对无产政党的大团结有害而无利。

"劳农党"成立后,领导了解散议会请援运动、不干涉中国运动和各府县会的竞选,充满了活力。在1928年2月举行第16次、也是实施"普选法"后的第一次众议院大选中,"劳农党"推出其中包括日共党员德田球一、山本悬藏、杉浦启一等11名在内的40名候选人参加竞选,山本宣治、水谷长三郎等日共党员当选。"劳农党"在整个无产政党获得的48.6万张选票中,得票19.3万张,成为无产政党中的第一大党。② 但是,在同年的"三·一五"事件中,日共的领导人被捕,4月10日"劳农党"被当局查禁。

社会民众党 1926年12月建党。基本力量为同年10月退出"劳农党"的"总同盟"、日本海员组合、独立劳动协会等右翼团体。11月,安部矶雄、吉野作造和堀江归一等联名倡议组建新党,随即与铃木文治、西尾末广、宫崎龙介等磋商,12月建立了社会民众党。推选安部矶雄为中央执行委员会议长,片山哲为书记长。社会民众党的纲领主张"排除代表特权阶级的现有政党和无视社会进化过程的激进主义政党";用"合理的手段"对日本资本主义的"生产和分配方法"进行"改革";"建立工人阶级本位的政治经济制度",享有"健全的国民生活"。③ 在1928、1930、1932年的众议院大选中,社会民众党先后获得数个席位。1932年7月经过分裂而实力受损,社会民众党与中间派全国劳农大众党合并为社会大众党。

---

① 历史科学协议会编:《史料日本近现代史》2,第95—96页。
② 大原社会问题研究所:《日本劳动年鉴》第10卷,第320页。
③ 大原社会问题研究所:《日本劳动年鉴》第8卷,第257—258页。

日本农民党 1926年10月建党。是由山梨、福冈县联合会等自行脱离"日农"的右翼势力组建的新党,平野力三为干事长。该党纲领主张"依据天地公道,顺应世界大势,建设合理的新社会";"实现社会正义","振兴日本国本","改革议会政治","确立产业国策","建设农村文化"等[①]。在1927年9月举行的第一次府县议会议员的选举中,赢得4名议席。[②] 在1928年2月的众议院议员总选举中,虽赢得选票,但候选人无一人当选。同年12月,与日本劳农党等7党合并为日本大众党。

日本劳农党 1926年12月创建。三轮寿壮任书记长,牧长治、须永好、三宅正一、麻生久等任中央委员。建党《宣言》批评左翼势力"用理论硬套现实",右翼势力"逐渐反动化",表示"厌恶左右两翼的争斗"而坚持"真正无产大众政党"的立场,"树立无产阶级运动的正道"。其《纲领》与"劳农党"相同,但持中间派立场。1927年9月参加府县议会议员选举,有3名候选人当选。在1928年2月的众议院议员选举中,赢得8.7万张选票,1名候选人当选,显示了在群众中的影响。[③] 在议会中,与社会民众党等无产政党组成议会对策共同委员会,在众议院正副议长选举、通过对内相的不信任案等合法议会斗争中,发挥了作用。在议会之外,呼吁各党采取联合行动,反对日本政府向山东出兵,强烈要求实现无产政党的大联合。1928年12月,与其他6党合并为日本大众党。

全国民众党 中间派无产政党。1929年9月,社会民众党左右两翼的斗争因"总同盟"大阪联合会的分裂而激化。同年12月,号召防止社会民众党反动化的中央委员宫崎龙介组成"全国协议会",开展活动。党中央执行委员会勒令解散,宫崎等脱党。1930年1月,另建全国民众党。在《纲领》中呼吁"不无视社会进化过程的所有无产政党","以形成战线的统一"。[④] 同年7月与日本大众等合并为全国大众党。

全国大众党 1930年2月,无产政党在第二次普通选举中落败,诸党要求合并的呼声强烈。然而,"劳农党"的左派和社会民众党的右派坚持各自的立场,毫不妥协。4月由日本大众党合同特别委员会呼吁全国民众党和无产政党战线统一全国协议会等团体采取合并行动。7月,日本大众党、

---

① 大原社会问题研究所:《日本劳动年鉴》第8卷,第266页。
② 大原社会问题研究所:《日本劳动年鉴》第9卷,第303页。
③ 同上书,第303页;第10卷,第320页。
④ 大原社会问题研究所:《日本劳动年鉴》第12卷,第397页。

全国民众党、无产政党战线统一全国协议会等无产政党的合并派成立全国大众党。麻久生担任中央委员会议长,三轮寿壮担任书记长。建党大会的《宣言》强烈呼吁"克服分裂主义和分裂政策酿成的所有对立障碍",组建"被压迫大众的牢固战线","与资本家开展对抗"。① 该党提出反对解雇工人、救济农村等口号,赢得群众的支持。在无产政党的派别斗争中,全国大众党也持中间立场。

全国劳农大众党 持中间派立场的无产政党。1930年12月,全国大众党的第二次代表大会呼吁无产政党联合起来,合并为一大政党。劳农党予以响应,但社会民政党表态反对与劳农党合并,引起党内的纠纷,分裂成合并派和反合并派。1931年2月,社会民众党合并派公开脱党,建立实现三党合并同盟,7月组成全国劳农大众党。书记长由全国大众党的麻久生担任。在同年举行的府县议会选举中,获得选票15.3万张,赢得13个议席,一度显示了合并的力量。② "九·一八"事变后,党内国家主义势力抬头并导致急遽的右翼化,在1932年2月的众议院议员总选举中惨败,党势颓落。

在上述政党中,"劳农党"被公认为左翼政党,社会民众党、日本农民党被公认为右翼政党,日本劳农党、全国大众党、全国民众党、全国劳农大众党被公认为中间派政党。除右翼政党外,其余左翼、中间派政党均持反对军训学生等民众军国主义化政策和帝国主义侵略政策,与日共同属反战力量。由于党派斗争不断,党内派系丛生,未能形成联合阵线以阻止军部的战争行动。在左翼政党被政府镇压后,右翼政党迎合政府,中间派政党摇摆多年,最终也只能屈服于政府的淫威。结果,法西斯团体不断滋生,日益成为影响政治发展进程的力量。

三 法西斯团体的活跃与工农运动的分裂

至1931年"九·一八"事变之前,活跃在日本民间和军内的法西斯团体约有一百几十个之多,诸如"洋洋社"、"爱乡塾"、"护国圣社"、"建国会"、"爱国勤劳党"、"天剑党"、"双叶会"、"国策研究会"、"王师会"、"兵火"等。对于后来急进的法西斯化发挥了骨干作用的,主要有:

犹存社影响下的团体 1920年1月北一辉应大川周明的邀请加入犹

---

① 大原社会问题研究所:《日本劳动年鉴》第12卷,第387页。
② 同上书,第386页。

存社之后,其《国家改造法案原理大纲》赢得了大批追随者。东京帝国大学的"日之会"、京都帝国大学的"犹兴学会"、早稻田大学的"潮之会",以及庆应大学的"光之会"、拓殖大学的"魂之会"、北海道帝国大学的"烽之会"乃至熊本第五高中的"东光会"、佐贺到高中的"太阳会"等右翼学生团体,均为接受犹存社"国家改造论"的社团。此外,北一辉的追随者还建立了"大化会"、"白狼会"等国家主义团体,为民间法西斯运动培养了大批骨干。

  行地社 北一辉出尽风头,引起大川周明的不快。此外,北一辉接受安田保善社副社长 3000 元的贿赂、敲诈宫内大臣牧野伸显 5 万元等浪人习性的行为,也使大川不满。特别是在国家改造的途径上,两者存在严重分歧:北一辉倾心于皇室的"通天"上层路线;大川则热衷于同军部建立联系。分歧无法弥合,相互关系日趋冷淡。1923 年 2 月,犹存社解散。

  1925 年 2 月,大川周明与龟川满太郎等另建行地社,成员多为陆军的少壮派军官和小学教师。行地社纲领共 7 条,鼓吹"建设维新日本"、"确立国民之理想"、"实现精神生活的自由"、"实现政治生活的平等"、"实现经济生活的友爱"、"解放有色民族"、"道义统一世界"等。① 行地社纲领的第一条所谓"建设维新日本",即大川热心鼓吹的"堪与明治维新相辅相成"的"昭和维新"或"第二次维新"。大川强调,之所以必须进行昭和维新,是因为大正时代的"阔佬大名"像德川时代的"土地大名"一样,阻隔了天皇与国民的联系,成为君民一体体制的障碍。因此,要在国家改造中,扫除障碍,复古维新,恢复国家以天皇为中心的本来面目。② 行地社的机关刊物《日本月刊》,最高发行量曾多达 3500 册,所宣扬的"昭和维新论"在少壮派军人和青年学生当中颇具影响力,成为后来"二·二六"法西斯军人发动军事政变的旗帜。

  一夕会 1921 年 10 月,同为士官学校第 16 届毕业生的少佐、驻瑞士武官永田铁山和驻苏武官小畑敏四郎,以及奉命考察欧美的冈村宁次等少壮派军官在德国的疗养胜地巴登巴登聚会,讨论时局、欧美各国军事现代化的进展和有关总体战问题,约定为消除派阀、改革军制和加快军队现代化而采取行动。随后东条英机等也加入其中,形成以少佐为中心的法西斯少壮派军官核心集团,即"巴登巴登集团"。1922 年,永田铁山回国,经常在东京的法国餐馆二叶亭与士官学校第 15—18 届毕业生聚会,形成岛内的第一个军人法西斯团体二叶会。其基本成员主要有:永田、小畑、冈村、东条、板垣征

---

  ① 野岛嘉响:《大川周明》,新人物往来社,1972 年,第 110 页。
  ② 同上书,第 112 页。

四郎、河本大作、土肥原贤二、矾谷廉介、山下奉文、山冈重厚等,均为后来占据军内高位的昭和军阀骨干,扩大侵略的战争狂人。1927年陆军参谋本部的幕僚军官石原莞尔、武藤章、根本博、土桥勇逸等,仿效二叶会,也在东京九段的偕行社聚会,研讨总体战、国防方针和对外发动战争的步骤,形成少壮派军官的法西斯团体木曜会。1929年5月,二叶会和木曜会合并为"一夕会",是军内最大的法西斯团体。

一夕会的成员40余人,基本行动纲领共有3条,即:"革新陆军人事,强有力地推进各项政策";"以解决满蒙问题为重点";"拥护荒木贞夫、真崎甚三郎、林铣十郎三将军,重建纯正的陆军"。① 此3条突出了新兴军阀的要求,对内建立军部专政,对外侵占"满蒙"。石原莞尔在1927年写成的论著《现在及将来的日本国防》,对一夕会成员颇有影响。

在石原看来,西方文化集中在美国,日本集东方文化之大成,两国科学家同时在研制用诸日美战争的武器,乃是神意;这场"东西方大战争",将最后统一人类文明,迈出走向人类共同理想黄金世界的第一步。石原强调只有日本能够保有和聚合所有文明中的合理成分,以日本的"国体"综合世界所有的文明,赋予人类绝对和平乃日本的"天职"和"使命"。石原预言未来的战争、即"世界的最终战争"将是以飞机为中心的歼灭战;强调日本生存的唯一道路在"满蒙",说"满蒙并非汉族领土,与日本关系密切",应"实现民族自决"。作为强化日本将来国防措施,石原主张全力以赴地研制最重要的攻击性武器飞机,通过提高国民自觉、集体训练和研制耐火木材来增强防御力量。② 上述"石原构想",为日本军部发动侵略战争提供了决策理论和总体战的战略依据。

樱会 1930年9月,由参谋本部炮兵中佐桥本欣五郎、陆军省步兵中佐坂口义郎和警备司令部参谋步兵中佐樋口季一郎等发起创建。其成员150余名,以中佐以下、大尉以上的军官居多。在樱会的成立《趣意书》中,桥本等将政党政治的日本说得一塌糊涂:"观帝国之现状,万象悉归消极,新进之锐气扫地以尽,明治维新以来兴隆的国运如今走向衰颓";指责政党内阁"在国事的实行中缺乏勇气,不顾大和民族兴隆元素之精神方面,唯徒然热衷政权、物质的私欲,上蔽圣明,下欺国民,不可遏制的政局腐败,如今已达到极点";"政党的毒刃指向军部,目睹伦敦的条约问题则一目了然"。《趣

---

① 高桥正卫:《昭和的军阀》,中央公论社,1969年,第68页。
② 猪木正道:《军国日本的兴亡》,第170—172页。

意书》还呼吁国民"应具备一扫政界的暗云,剪除国家祸根的勇气和决断","建立以天皇为中心的有生机且明朗的国政"。《趣旨书》公然宣布:"本会以国家改造为最终目的,为此,不惜行使武力。"① 樱会与大川周明等民间法西斯团体沆瀣一气,成为制造各种恐怖事件的突击队。对于法西斯团体恶性膨胀,日本共产党等少数政党有所抵制,但四分五裂的派系斗争,转移了遏制法西斯势力的斗争大方向,教训惨痛。

在政党政治时期,群众运动的一大亮点,是妇女争取选举权运动风起云涌。1924 年 12 月,相关团体合并为妇女参政权获得期成同盟。1925 年 4 月,期成同盟改称妇女选举权获得同盟,宣布成立团体的目的"仅限于进行旨在获得和行使妇女参政权的政治教育",在政治上"保持绝对中立的立场",将争取普选权的运动推向新高潮。妇选获得同盟遵循成立《宣言》呼吁"妇女将感情、宗教和思想的差别搁置起来,唯以女性的名义,共同以获得参政权为唯一目的而全力以赴",② 开展了多次要求普选权的请愿活动。1927 年,妇选获得同盟与妇女参政三派联合会、女子参政协会等团体合并为妇女团体联合会,扩大了运动的规模。1928 年 3 月,上述妇女团体与"劳农党"系统的关东妇女同盟、全国妇女同盟、社会妇女同盟等妇女团体组成妇选获得共同委员会,开展争取妇女选举权的联合行动。在共同委员会的动员下,在东京举行了争取妇女参政权的演说集会,产生了较大的社会影响。1930 年 4 月,在妇选获得同盟的主持下,日本妇女参政权协会、无产妇女同盟、基督教女子青年会、佛教女子同盟、全国小学教师联合会等妇女团体共同在东京举行了第一届全日本妇选大会,掀起更大规模的请愿活动。同年 5 月,众议院通过决议,在市制和町村制的法律修改中,承认妇女的公民权,即在市町村一级的选举中,25 岁以上的妇女、其中已婚者必须在丈夫允许的情况下,拥有选举权和被选举权;都道府县一级的选举,依然与妇女无缘。即使如此,贵族院又以"审议未了"为理由,拖延不办,最后则以"保护家庭"为借口,否决了众议院的议案。

在政党政治时期,工农运动一度进入新的发展时期。但由于政府镇压于外,日共与无产政党派别争斗于内,使得运动过程充满了磨难和挫折。法西斯势力利用工农运动的分散,状态进一步膨胀。

政党之间的信仰之争,加剧了工会运动的左右两翼的对抗和分裂。

---

① 历史科学协议会:《史料日本史》2,第 173—174 页。
② 历史学研究会编:《日本史史料》4,近代卷,第 369 页。

1924年1月"总同盟"大会宣布转变行动方向,从热衷政治斗争转而关注现实问题。同年12月,被关东劳动同盟会开除的5个左翼工会组成关东地方评议会,发行《劳动新闻》,在"总同盟"之外另立山头。1925年3月,日共政治影响下的印刷工联合等30多个左翼工会团体因不满"总同盟"中央委员会独断专行及其改良主义路线,在东京成立了关东地方劳动组合会议。"总同盟"中央委员会在说服无效的情况下,决定解散关东劳动组合会议,《劳动新闻》停刊。同年4月,30个左翼工会组成日本劳动总同盟革新同盟,对"总同盟"中央委员会的权威挑战。5月16日,"总同盟"中央委员会将参加革新同盟的23个团体除名。5月24日,加盟总同盟革新同盟的32个左翼工会团体在神户举行代表大会,宣布退出"总同盟",另组日本劳动组合评议会(简称"评议会"),野田律太当选为委员长,许多日共党员进入领导岗位。"评议会"在成立《宣言》中,强调工会运动的目的是:"以组织和斗争对抗资本的剥削,维持并改善劳动条件以期生活的安定与提高,为工人阶级的完全解放与公正合理的社会生产而斗争。"① 在组织方法上,"评议会"主张按产业,即按行业分类来建立工会组织。左翼工会团体"评议会"成立,"总同盟"发生第一次分裂。

1926年,围绕着组建无产政党问题,"总同盟"又发生了第二次分裂。当年12月,新建立的日本劳动组合同盟(简称"组合同盟"),脱离了"总同盟",拉走了近1.3万名会员。两次分裂,使"总同盟"的会员人数锐减了一半,只余下2万余人。

1929年,"总同盟"又发生了第三次分裂。起因是"总同盟"大阪联合会的内部围绕实现全国工会的大联合问题,派别斗争激化。左翼力量响应"组合同盟"实现大联合的倡议,右翼坚决抵制,两派僵持不下。同年9月,"总同盟"中央委员会将大阪联合会的左翼工会开除,反而促使左翼力量另建劳动组合全国同盟(简称"全国联合")。经过这次分裂,属于"总同盟"系统的大阪联合会只余下了5300名会员,实力急剧下降。工会的力量本来就有限,"总同盟"的一再分裂,更加分散了有组织的斗争力量。

"评议会"成立之初,拥有30余个工会,会员1.3万余人。多次领导了全国规模的斗争。1925年"五卅"运动期间,"评议会"派出代表来华给予声援。9月邀请苏俄金属行业工会主席列布赛访日。1926年1月,东京小石川共同印刷会社的2000名职工,为抗议资方变相减薪,在"评议会"的领导

---

① 大原社会问题研究所:《日本劳动年鉴》第7卷,第222页。

下,宣布罢工。在 50 余日的斗争过程中,采用了秘密领导、组织基层活动小组等新的斗争方式。由于政府的镇压和资方收买工贼破坏,3 月罢工失败,但也迫使资方支付部分补偿,15 天内重新雇用了 200 名参加罢工的工人。4 月,"评议会"所属的滨松日本乐器厂劳动组合领导工人举行罢工,要求改善劳动条件、发放退职金。资方雇用右翼暴力团进行破坏,警察也赶来镇压。"评议会"建立罢工指挥部,发行《争议日报》,积极争取其他工会和市民的支持,鼓舞罢工工人坚持斗争。至 7 月,地下指挥部遭到破坏,数百名工人被捕。8 月,罢工结束,3359 名工人被解雇。1927 年 6 月,北海道小樽市码头工人为抗议工头克扣工资,要求改善劳动条件和增加工资,在"评议会"小樽合同组合的领导下,2000 余名码头工人举行罢工,致使小樽市海路运输全面瘫痪。罢工坚持 25 天,迫使资方接受改善劳动条件等主要要求,取得部分胜利。同年 9 月,"评议会"发起制定或修改《失业津贴法》《最低工资法》《八小时劳动法》《女工青少年工人保护法》等事关工人切身利益法律的运动,举行限时罢工和示威游行。在斗争中,"评议会"组成秘密指挥部、工厂委员会、工人代表会议等,屡败屡斗,领导威信迅速提高,会员由创立之初的 1 万余人,增加到解散前的 4 万余人。但运动过程中,"评议会"自身的损失也很大,许多领导人员被捕。同时,在福本主义的"左"倾机会主义的影响下,屡犯宗派主义的错误,从而加剧了工会运动的内部斗争和分裂。1928 年"三·一五"镇压期间,"评议会"惨遭打击,同年 4 月,被政府强令解散。随着日本国内最大的左翼工会团体从斗争舞台的消失,右倾化成了日本工会运动的方向选择。

1928 年 12 月,左翼工会力量再次聚合,秘密创建了日本劳动组合全国协议会(简称"全协"),机关刊物《劳动新闻》复刊。由于右翼工会团体的排斥和中间派工会态度游移,处于孤立状态的"全协"中央指导部门内部出现了不惜铤而走险的"极"左思潮,主张举行武装起义;同时,对此持异议的力量又形成革新同盟,"全协"处于危机状态。1930 年 8 月在莫斯科举行的第五次国际工会代表大会,对"全协"的斗争方针加以纠正,主张坚持革命工会的立场,从事以群众为广泛基础的地下活动。1932 年 3 月,在"全协"领导下,东京地铁职工宣布罢工,迫使资方接受了工人要求保障女职工最低工资、增加津贴等要求,罢工取得胜利。"全协"的威望大增,但也引起警察当局的注意,采用《维持治安法》威慑、逮捕领导人、派遣特工从内部加以破坏等各种手段加以镇压,使之处于瓦解状态。

1931 年 4 月,51 个左翼工会团体重新集结,成立了新的工会联合体日本劳动组合总评议会(简称"总评")。"总评"接受劳农党的领导,主张放弃"评议会"时期机械的非法斗争方式,坚持工会运动左翼立场,开展合法斗争。"总评"在京都、大阪、神户和北海道等地建立了地方评议会,开展反法西斯斗争。同年10月,成立关东劳动组合统一协议会,力图扩大合法左翼工会运动的规模。但法西斯势力颠覆政党内阁的历史反动已成定局,工会生存的环境愈加险恶,以合法的左翼立场影响工会运动乃至群众走向的可能性,已不复存在。

农民运动也存在类似的问题。如前述,至1924年,日本农民组合("日农")拥有会员5万余人。但随着无产政党的左中右三派的分化,"日农"内部因政治取向不同而多次分裂。1926年4月,"日农"发生第一次分裂。右翼领导人平野力三脱离"日农",另建全日本农民组合同盟。同年12月"日农"发生第二次分裂,中间派领导人须永好、三宅正一等建立日本农民组合坚实派全国同盟,1927年3月,扩大为全日本农民组合。1928年5月,"日农"与全日本农民组合合并为全国农民组合(简称"全农"),委员长杉山元治郎,拥有会员10万余人。同年7月,改称全日本农民组合(简称"全日农")。"全日农"持中间偏左立场,支持中间派政党日本劳农党;主张减轻地租,反对地主夺佃,确立农民土地所有权以及降低化肥价格、电费,减轻税收,保障农产品价格等,领导农民开展广泛的斗争,成为农民运动的主体。1931年8月,围绕党派支持对象的对立和分歧,"全日农"内部的左翼力量另组全农全国会议而得名"全农全会派",委员长上田音市,机关刊物《农民新闻》。"全农全会派"接受日共的领导,主张在无产阶级领导下,以贫农为中心,开展反对垄断资本主义剥削制度的斗争。在秋田、大阪、兵库、鹿儿岛等府县拥有36个联合会,会员2万余人,是当时最大的左翼农民团体。在领导农民抗争的过程中,全农全国会议采取了建立农民委员会等新形式,顽强地开展减免佃租、反对日用品价格垄断等斗争。在政府的残酷镇压下,地方联合会的处境日益困难,要求开展合法斗争。至1934年,地方联合会陆续重返"全日农",一度斗争最有力的左翼农民团体不复存在。

总之,在政党政治时期的8年期间,不同政治派别和团体都在选择着日本的发展方向。由于帝国宪法的框架依然保持着强大的制约力量,《维持治安法》又增强了政府的统治力量,因此,日共被镇压,其他党派和群众团体开展"合法"活动的空间异常狭窄。无产政党之间的对立和竞争因活动空间的狭窄而更加激烈,消耗了自身的力量,反倒有利于政府的操纵和镇压。党派和团体竞争的结果是:左翼力量被瓦解和摧残;右翼力量在发展并日益靠拢政府;法西斯势力越来越嚣张;中间力量的游移性注定了其只能成为右翼力量的追随者。在这种情况下,以军人为核心的极右翼法西斯势力,凭借其组织能力、社会影响,特别是寄生于天皇制而带来的各种权力,逐渐成为引导社会思潮的力量。追随法西斯军人成了民间法西斯团体的最终选择。这样,走向法西斯专制自然成为"大正德谟克拉西"之后的历史归结。当右倾化的日本选择了法西斯,就意味着选择了侵略战争的自我毁灭。

第七章
法西斯化狂潮与逐步升级的侵华战争

从"九·一八"事变开始的14年侵华战争,由局部战争而逐渐升级为全面战争。中国是个落后的农业国,现代化的重型武器完全依赖进口。拥有军事技术和装备优势的工业国日本在侵华战争初期处处得手,中国半壁江山沦陷。但中国又是一个大国,抵抗日本军国主义侵略的战争是正义的民族解放战争,具有道义上的强大感召力;辽阔的国土构成抗敌的回旋空间;国共两党共赴国难,全民族空前团结,可与失道、国小、民寡的日本展开消耗战和持久战。侵华战争开始不久即陷入被动的日本军国主义,不得不乞灵于法西斯主义体制的高度集权驱动机制和群体狂热的精神力量,以支撑捉襟见肘的战争,恢复战略主动。这样,逐步升级的侵华战争与日本国内持续不断的法西斯化,产生了恶性的互动关系。实际上,这种互动并非"大日本帝国"摆脱危机的出口,而是走向崩溃之路的入口处。

第一节 "九·一八"事变与政党内阁的倾覆

吞并朝鲜半岛后,中国成为日本武力扩张的主要目标。"南进"或"北进"曾经在日本统治集团内部引起激烈争论,史学界也就此作出了大量研究。然而,在实际上,西进中国才是日本军国主义发动侵略战争的基本方向。日本西进的第一站,即占领时称"满蒙"的中国东北。夺取"满蒙",既是日本军国主义侵占朝鲜半岛的逻辑结果,也是进攻中国关内地区的起点。从此,日本帝国踏上由盛骤衰的不归路。

一 蓄谋已久的"九·一八"事变

1931年3月,关东军高级参谋板垣征四郎在陆军步兵学校发表了题为

《从军事上观察满蒙》的讲话,强调"满蒙对帝国的国防和国民的经济生活有很深的特殊关系","在这里形成了帝国国防的第一线",因为"在对俄作战上,满蒙是主要战场;在对美作战上,满蒙是补给的源泉。从而,实际上,满蒙在对美、俄、中的作战上都有重大的关系"。① 5月,另一个关东军高级参谋石原莞尔起草了报告《满蒙问题之我见》。石原沿着日美必战的老思路,声称"代表西洋的美国和东洋优胜者日本之间的争霸战争","必然决定世界的结局"。石原说"为了打破现今的不景气,获得东洋优胜者的资格,要迅速扩大我们所需要的势力圈";因此,"解决满蒙问题,是到今第一大急务"。石原除了在解决人口、资源问题上谈论夺取"满蒙"的理由外,着重从政治上,以(1)"满蒙正是日本国运最重要的战略据点";(2)"将满蒙置于日本势力之下,对朝鲜的统治才能稳定";(3)"显示日本以实力解决满蒙问题的决心,才能取得对中国本部的领导地位,促进其统一和稳定,确保东洋和平"等3点为理由,鼓吹侵占东三省。在经济上,石原列出的3点理由是:(1)"满蒙的农业足以解决我国民的粮食问题";(2)"鞍山的铁、抚顺的煤足以确保眼下我国重工业的基础";(3)"满蒙的各种企业可以救助我国现时有知识的失业者并冲破萧条"。他强调"总之,满蒙的资源足以使我成为东洋的优胜者,彻底打造出挽救当前危急和实现大飞跃的根基"。为实现夺取"满蒙"的目标,石原提出"使满蒙成为我领土乃正义"和"我国拥有加以实行的实力"等两个决策的必要条件,以及必须解决的国内若干问题。这些问题包括:"国内改造为第一要务"、"政治稳定"、"迫使现政权执行积极的方针"、"军事成功促使民心沸腾与团结"、"在戒严令下实行各种改革",并以1936年为完成"内部改造"的具体日期。为此,石原规定了陆军的急务3条:(1)"确信满蒙问题的解决是使之成为我领土";(2)"政府与军部合作制订战争计划";(3)"仰仗皇族殿下之力"以"形成核心力量"等。②

石原莞尔的《满蒙问题之我见》全盘托出侵占东三省的行动理由和准备步骤,其基本主张是侵占中国东三省势在必行,实行"国内改造"为"第一要务"。这样,夺取"满蒙"就和颠覆政党内阁产生了密切的联系。其实,侵占东三省不仅是军部梦寐以求的目标,也是政党的共同追求。只是在具体的做法上,军部与政党内阁有所区别。军部特别是少壮派法西斯军人急欲采

---

① 孔令闻等主编:《还在争论的若干抗战史问题研究》,北京航空航天大学出版社,1989年,第14、16、23页。

② 历史科学协议会:《史料日本近现代史》2,第121—123页。

取武力行动以硬夺强占；政党内阁主张施加外交压力，逐步达到目的。

1931年1月，第59届国会召开。当政友会代表松冈洋右从国防和经济意义上，大谈"满蒙是我们国民的生命线"、"是我国的生命线"时，多次赢得在场议员不分党派的热烈掌声支持。① 出于政争的需要，松冈在发言时对民政党内阁"软弱的"币原外交加以猛烈攻击。在政党政治期间，凡政友会执政，日本政府的外交方针往往趋于强硬。在对待"满蒙问题"方面，尤其如此。实际上，早在10年前，即1921年5月13日，政友会原敬内阁通过《对满蒙政策》，已确定"在满蒙扶植我国势力，即为我国满蒙政策的根干"的方针。这个政策一再强调"满蒙与我国领土接壤，在我国国防和国民的经济生存上，具有莫大的紧密关系"，强调"我国在满蒙具有特殊的地位和权利"；为此必须采取灵活方针，以应付国际上流行的民族自决主义，防止被"误解"为侵略等。② 5月17日，原敬内阁通过《对张作霖之态度》，将"灵活"方针用于对奉系军阀的操纵上。这份文件强调对张作霖的军事援助，以"确保我国在满蒙的特种地位"，"不丧失在满蒙的立足点"为方针；经济援助采用合资方式，租借土地，经营矿山、森林，"共存共荣"，"增强经济提携的实效"，乘机向中东路、京奉线扩张势力，获取在南北满洲的政治、经济、军事上的利益。③ 维护日本在"满蒙"的"特殊地位"和"特殊权益"，是政友会内阁的传统政策。

1927年4月执政的政友会田中义一内阁成立不久，于同年6月27日至7月7日在东京举行"东方会议"，确定了肢解东三省的侵略计划。这次会议由首相田中亲自主持，参加者有外务省政务次官森恪、次官出渊胜次、亚洲局长木村锐市、驻华公使芳泽谦吉、驻奉天总领事吉田茂、驻上海总领事矢田七太郎、驻汉口总领事高尾亨、陆军次官畑英太郎、参谋本部次长南次郎和第二次长松井石根、军务局长阿部信行、关东军司令武藤信义、海军次官大角岑生、海军军务局长左近司政三、军令部野村吉三郎、关东厅长官儿玉秀雄等。会议期间，陆相白川义则、藏相三土忠造、农林相本悌二郎、内阁书记长官鸠山一郎等军政高官也根据需要，参与决策。这次会议主要讨论了蒋介石发动"四·一二"政变后中国的政治形势、日本对华经济政策、山东撤军、禁止武器输出、抵制日货的对策、对华文化事业、对苏俄外交等问题。其中，日本如何应对"满蒙问题"是会议讨论的中心问题。在7月1日的特

---

① 历史科学协议会编：《史料日本近现代史》2，第124页。
② 日本外务省编：《日本外交年表及主要文书》上卷，原书房，1972年，第523—524页。
③ 同上书，第524—525页。

别委员会会议上,与会者达成一致意见,即"满洲与日本有特殊关系",因此"需要对满蒙确立固定不变的政策,同时保持满洲的政治稳定,使之免于兵乱不停的中国之错综复杂的政治影响。"[①] 言下之意,就是将东三省与关内隔离开来,不容其受到局势发展的影响。

会议制定的最终文件,即《对华政策纲领》。这个纲领强调了对华政策的两个方面:一方面,宣称"确保远东和平与实现日中共荣是日本对华政策的根基";另一方面,强调"至于其实施方法,则鉴于日本在远东的特殊地位,必须对中国本土和满蒙采取不同方针"。在共计8条的具体方针中,前5条分别谈论日本期待"中国国内的政情稳定和恢复秩序";"充分同情中国稳健分子自觉的合作,合理地实现国民的要求";"与稳健政权适度接洽,逐渐推进全国统一";"日本政府对各政权的态度不偏不倚";"日本政府依据中国政权的取缔及国民的自觉,对不逞分子加以镇压及恢复秩序"等,摆出干涉中国内政的强硬姿态。后3条集中表述日本的"满蒙政策",即"由于满蒙特别是东三省对国防和国民生存具有重大的利害关系,我国必须加以特殊的考虑";在不许公开发表的第7条中,强调鼓励"满蒙"独立,即"如果东三省政权稳定,以等待东三省人自身努力为最好的策略";在最后一条,即第8条中,田中内阁显露了"满蒙政策"的真面目:"万一动乱波及满蒙而治安混乱,造成对我在该地特殊地位、权益的侵害,则不问其来自何方,也必须考虑采取适当的措施,加以防护,确保内外人安居发展机会不致丧失。"[②] 由此可见,"东方会议"以讨论对华政策为主题,并未涉及对外总战略问题。然而,即或如此,此次会议也充分表明:在夺取中国东三省作为既定目标的问题上,政党内阁和军部的基本立场完全一致。

1927年8月,在外务省次官森恪的主持下,关东军司令武藤信义、关东军参谋长斋藤恒、关东厅长官儿玉秀雄、驻华公使芳泽谦吉和副武官本庄繁、驻沈阳总领事吉田茂、张作霖的军事顾问松井七夫少将等,又在旅顺关东长官官邸举行了研讨"满蒙问题"的高官会议,史称"大连会议"或"第二次东方会议"、"旅顺会议"。这次会议进一步研讨了中国北伐的形势,决定奉军若败退至山海关一线,将就地解除其武装,防止北伐军开进东三省,阻止中国政府在东三省修筑铁路等,将肢解东三省的计划具体化。

军部势力和政党内阁之所以对"满蒙问题"表现出异乎寻常的关注,与

---

① 山浦贯一:《森恪》,高山书院,1941年,第588页。
② 历史科学协议会编:《史料日本近现代史》2,第108—109页。

中国局势的急剧变化密切相关。1926年7月,广州国民政府出师北伐。北伐军兵分三路,仅用半年多的时间,即将北洋军阀的势力赶到长江以北。1928年4月,南京政府再度北伐,兵锋直抵山东、河南、河北,6月9日北伐军开进北平,中国的统一在望。自甲午战争以来,日本已经逐渐习惯面对一个贫弱可欺的中国。民国建立后北洋军阀混战连年不断,日本更乐于面对分裂、动荡的中国。这样的中国,不仅对日本构成不了任何威胁,反倒为其提供了为所欲为地扩大在华殖民权益的无数机会。但随着北伐战争的进行,分裂的中国在走向统一的同时,要求废除不平等条约的爱国运动持续高涨。日本在华利益受到前所未有的挑战,对华政策需要进行调整,以适应中国局势的急剧变化。然而,日本政府从维护殖民权益的利己主义和以强凌弱的帝国主义立场出发,将阻挠中国统一作为对华政策的要点之一。日本政府处理"满蒙问题"的图谋,成为阻挠中国统一的关键所在。于是,田中内阁出兵山东、召开"东方会议"、"大连会议"于先,关东军制造皇姑屯事件于后,"满蒙问题"成了日本外交的中心环节。"九·一八"事变的重要策动者板垣征四郎在事变爆发的半年前,就蓄意夸大日中围绕"满蒙问题"的冲突,说明"无论在政治上、经济上都是日中抗争的时代","如果单用外交的和平手段,毕竟不能达到解决满蒙问题的目的",① 板垣们在急切地呼唤战争。

军政要人对"满蒙问题"的关注,也与日本在日俄战争后,已经在东三省经营了多年,积累了相当家底有关。1905年10月,日本从俄国手中接管了辽东半岛南部面积为234平方公里的"关东州",在辽阳设立了关东总督府,建立了军政合一的殖民统治机构。1906年8月,关东总督府迁至旅顺并改称关东都督府。随后设置了关东军,编制为1个师团和6个大队的独立守备队组成,兵力约3万人。关东军成为专门伺机进一步侵略中国的尖兵部队。1915年日本将在"二十一条"要求中规定的"关东州"25年的租借日期延长到99年。1919年4月天皇下达敕令,对都督府的官制进行调整,其陆军部改称关东军司令部,民政部改称关东厅,日本殖民主义的军政势力在东北深深扎下了根。

1906年7月,成立由原台湾总督儿玉源太郎为委员长的南满洲铁道会社(简称"满铁")设立委员会,并选定原台湾总督府的民政长官后藤新平为"满铁"总裁。1907年4月,"满铁"总社下辖总务部、运输部、矿业部、地方部和调查部等5个部。其中,调查部的作用至关重要。该部的调查内容涉

---

① 孔令闻等编:《还在争论的若干抗战史问题研究》,第22页。

及经济、旧惯例、苏俄等方面,调查范围包括蒙古和西伯利亚,搜集农业、商业、财政、铁路、水运、交通和地理等方面的资料,并汇编成册,至1923年,印刷成《调查报告书》、《交涉资料》、《满蒙全书》等145部图书资料。① 至1925年前后,日本在"满蒙"投资14万日元,占日本对华投资总额的60%。② 至1931年,"满铁"拥有4.4亿日元资本,1100公里铁路,3.48万名职工,③ 控制了鞍山的铁矿、抚顺的煤矿和大连港等港口码头,其殖民触角还深入到北京、上海、哈尔滨、长春和沈阳等地。在"满铁"调查部的策划和指挥下,多方刺探、搜集各方面的情报,是货真价实的"国策会社"。总之,日俄战争后日本在"南满"的殖民经营,既产生了需要维护的"特殊利益",又为进一步扩大侵略准备了出发阵地。这种状况,为中国其他地区所未有。

1927—1930年经济危机猝发,陷入困境中的日本更加把侵占"满蒙"当成了摆脱难局的捷径。1927年4月,金融恐慌达到顶点。起因是台湾银行将约为7190万日元的大笔款项借贷给一度在商业和贸易领域独占鳌头的铃木商店,由于1918年"米骚动"的冲击、1920年危机和1923年的关东大地震的打击,铃木商店经营状况恶化,台湾银行的呆账和死账急剧攀升,面临破产。1927年4月13日,若槻内阁试图通过发表紧急敕令的方式,促使央行日本银行融资2亿日元以援救台湾银行,但在枢密院审查委员会遭到拒绝。4月17日,若槻内阁总辞职。消息传开,银行业界惊惶失措,纷纷宣布停业。储户连夜在银行的门前排队,挤兑存款,金融恐慌爆发。1929年10月24日,美国纽约股票市场"黑色星期四"金融危机引发了资本主义世界经济大恐慌,其冲击波如同海啸般地席卷日本,将挣扎于1927年金融恐慌的日本经济打入谷底。股值骤贬、中小企业破产、失业激增、物价飞涨、罢工游行、城市动荡不安等乱象,出现在30年代之初的日本社会。

农村也同样陷入困境。1929—1931年,稻米和蚕茧价格持续走低,农民的收入急剧减少,负债率大幅度攀升。至1930年,全国农户平均负债900日元,总负债额高达50亿日元,相当于3年的国家预算。④ 农村中,特别是1931年稻米比往年歉收6成多的东北地区,饥饿的农民女儿被迫卖身,婴幼儿的死亡率激增。弥漫城乡的怨声载道,在给法西斯势力推翻政党内阁

---

① 小林英夫:《近代日本与满铁》,吉川弘文馆,2000年,第14—15页。
② 孔令闻等主编:《还在争论的若干抗战史问题研究》,第16页。
③ 吴杰主编:《日本史词典》,复旦大学出版社,1992年,第603页。
④ 杨宁一:《日本法西斯夺取政权之路》,北京师范大学出版社,2000年,第117页。

提供了行动的良机的同时,也使"满蒙生命线"的谬论越来越深入人心。各种舆论鼓吹对外强硬立场,并将帝国的生死存亡系于"满蒙"这棵虚幻的救命稻草上。在板垣们看来,年产大豆、高粱、粟、玉蜀黍、小麦多达 1.5 万担、稻米 1500 万石、拥有 250 万马匹、900 亿立方尺木材、总储量 30 亿吨的煤和 4.7 万吨的铁以及 50 亿吨的油母页岩的"满蒙"资源,"有着作为国防资源所必需的所有的资源,是帝国自给自足所绝对必须的地区"。[①]

在外交上,币原协调欧美的方针引起军部及民间法西斯势力的强烈不满,中国迅速走向统一的新局面,更令其焦灼不安。1928 年 6 月关东军制造皇姑屯事件并把司令部北迁至沈阳的强硬政策,不但未阻挡东三省服从国民政府的选择,反而加快了这个过程。同年 7 月,国民政府外交部长王正廷照会日本驻华公使芳泽谦吉,鉴于 1896 年签订的《中日通商航海条约》及其《附属议定书》和 1903 年的《追加通商航海条约》已经在 1926 年 10 月第三次期满,宣布无效。同时,要求与日本"以平等及相互尊重主权的精神,缔结新条约"。[②] 国民政府的外交立场鼓舞了张学良。12 月张学良宣布东北易帜,使得日本军部扶植傀儡政权、实现"满蒙独立"以肢解东北的企图严重受挫。随后,张学良又筹资修筑葫芦岛港,以取代被"满铁"控制的大连港。1929 年 4 月,下令限制并抵制日货,禁止向日本人出售土地房屋或与其合资兴办各种企业,不许日本人到东北内地旅行;组织东北国民外交协会,疾呼收回旅大和"满铁"的利权。7 月,开通吉林至海龙的吉海线,与"满铁"展开激烈的竞争。1931 年 5 月,辽宁国民外交协会响应国民政府的号召,举行大会并提出收回旅大租借地和"南满"铁路、撤走日本军警等项要求。[③] 此外,张学良还遵照蒋介石的指示,将美国资本引入东北,签订了修筑鹤岗支线、吉同线等铁路线和奉天飞机制造厂、汽车装配厂等多项协定。美国资本,如美孚石油公司、通讯公司也大举进入东北,日本在东北的特殊地位和殖民权益受到日益严峻的挑战。

对华外交持强硬立场的政友会内阁对此迅速作出了反应。1928 年 7 月,芳泽致函王正廷,指责国民政府废除不平等条约乃"蔑视国际信义之暴举",威胁日本"将有不得已出于认为适当之处置"。[④] 同年 11 月,日本的民

[①] 孔令闻等主编:《还在争论的若干抗战史问题研究》,第 17—20 页。
[②] 日本外务省编:《日本外交年表及主要文书》下卷,第 117 页。
[③] 吴东之:《中国外交史》(中华民国时期 1919—1949),河南人民出版社,1990 年,第 224—225 页。
[④] 《中华民国外交史资料选编(1919—1931)》,北京大学出版社,1985 年,第 463—464 页。

间国家主义团体"满洲青年联盟"成立,并大肆开展活动。但行动最为有力的,依然是军部势力。1929年7月和11月,关东军频频派出参谋人员前往"北满"、"南满"和辽西旅行,现场侦察并制订作战计划。

在东京,"二叶会"和"一夕会"接连聚会,加紧策划夺占东三省的阴谋。1928年11月,"二叶会"聚会欢迎一手制造了皇姑屯事件的元凶河本大作,叫嚣"看来只能依靠我们的团结来占领满洲"。① 1929年5月,"一夕会"通过决议,将解决"满蒙"问题作为头等大事。1931年4月,关东军作战主任参谋石原莞尔的构想被印成小册子,分发给各部队,展开战前精神动员。7月,关东军将轰击北大营的28厘米口径的重炮秘密运抵沈阳。总之,在北伐军迅速向北推进、国民政府提出取消不平等条约和东北易帜的过程中,东三省的问题逐渐成为中日外交中的最突出问题。预感到殖民权益面临危机的势力急欲动作,外相币原在1931年1月在国会上强调日中两国"'相互以宽容的精神和理解的态度,讲求共存共荣'的立场,成了法西斯势力追求"满蒙"殖民权益的障碍。推翻政党内阁成为法西斯分子的共同目标。

1930年11月14日,首相滨口前往冈山县观看陆军大演习,在东京火车站突遭法西斯团体"爱国社"成员佐乡屋留雄的枪击,重伤入院救治,半年后身亡。这是1885年实行内阁制以来,第一位日本首相在光天化日之下横卧于血泊之中。以此为起始,决心实行"昭和维新"的法西斯分子纷纷刻意模仿幕末"尊王攘夷"志士的作为,进行了一系列的暴力恐怖活动。

1931年3月,以桥本欣五郎为首的"樱会"等法西斯团体策划了拥戴陆军大臣宇垣一成为首相的阴谋事件,史称"三月事件"。卷入阴谋的包括宇垣,以及陆军次官杉山元、军务局长小矶国昭和参谋本部第二部长建川美次等,民间法西斯头目大川周明等也参与了阴谋。行动方案是:民间法西斯分子在品川、上野和银座的百货商店燃放假炮,将警察吸引过来;大川乘机率领1万人的游行队伍前去包围国会;军队在混乱中出动并开进议会,迫使民政党内阁辞职,随即建立以陆相宇垣为首的军部内阁。② 这次事件虽然因中途泄密而流产,但对日本法西斯化进程颇具影响。军部和民间法西斯势力首次较有规模的联手合作,为使"国体"不受自由主义、个人主义和共产主义的侵蚀,决心颠覆民政党内阁。在策划阴谋的过程中,军部法西斯势力意见分歧。后来演化为"皇道派"的急进派力主"先内后外"方针,即通过不择

---

① 黑田俊秀:《昭和军阀》,图书出版社,1981年,第35页。
② 安部博纯:《日本法西斯论》,影书房,1996年,第166—167页。

手段的内部"国家改造"带动对外侵略。后来演化为"统制派"的渐进派,则强调"先外后内"方针,即通过扩大侵华战争以加速国内的法西斯化进程。① 军部法西斯势力因"三月事件"而分化,彼此展开激烈争斗。结果,"先外后内"方针最终成为法西斯化的指导方针,日本的法西斯化与侵华战争进程也因此形成难以隔断的密切联系。

为了刺激国民感情以寻求对强占"满蒙"的支持,在"九·一八"事变前夕,接连发生的流血事件为军部制造战争舆论提供了良机。1931年4月,汉奸郝永德在日本领事馆的授意下,盗买长春县万宝山姜家窝堡500垧土地转租给朝鲜侨民。日本驻长春领事田代重德组织李升薰等成立三星堡水稻农场,派出日本警察武装掩护朝鲜侨民在中国农民的农田开挖水渠,修筑伊通河的拦水坝,损害了当地中国农民的利益。7月初,中国农民群起填埋沟渠,日本警察施暴,群体性斗殴的"万宝山事件"爆发。日本殖民当局控制下的《朝鲜日报》、《东亚日报》连篇累牍地进行虚假报道,增发号外,煽动反华风潮。在日本军警的怂恿下,平壤、元山、济物浦、仁川、汉城、釜山等处发生流血的排华事件。仅在汉城一地,华侨被捣毁500余家,受伤的华侨男女老少达500余人,被害死者216人,财产损失在千万元以上。② 一时间,日本国内的战争舆论甚嚣尘上。8月初,正当中日政府还在就"万宝山事件"反复交涉时,驻沈阳的领事林久治郎又就"中村大尉事件",向东北长官公署提出了抗议。同年5月,谍报人员、参谋本部大尉中村震太郎等4人私闯吉林省兴安屯垦区搜集情报,被当地驻军捕获,并被第三团团长关玉衡下令秘密处决。日本政府得知消息后,提出"道歉"、"处罚肇事者"、"赔偿一切损失"等要求,态度强硬。③ 关东军策划出动步兵1个大队前往洮南,伺机占领洮索铁路。日本舆论对此加以追踪炒作,鼓动战争狂热。

在"万宝山事件"、"中村大尉事件"炒热舆论的掩护下,1931年8月,陆军高级军官举行会议,就解决"满蒙"问题和建立"国防国家"统一了意见。在随后举行的内阁会议上,陆相南次郎的实力行动论和外相币原的外交协同论发生激烈对立。军部愈加把政党内阁视为武力恣行的障碍,决定甩开内阁,单独行动。同月,主张实力行动论的大将本庄繁出任关东军司令,鼓舞了军内的铤而走险者。按照石原莞尔、板垣征四郎等人策划,原定在9

---

① 安部博纯:《日本法西斯论》,影书房,1996年,第169—170页。
② 孙邦主编:《"九·一八"事变》,吉林人民出版社,1993年,第215页。
③ 同上书,第228页。

月 28 日采取行动,以制造铁路爆炸为信号,用架设在步兵第 29 联队兵营的 24 厘米口径的要塞巨炮轰击北大营。但是,9 月 15 日桥本欣五郎从东京打来急电,内称"计划暴露,决定派遣建川前来,为避免麻烦,尽早动手"。其实,这个电报是在奉命来调查的参谋本部第一部长建川美次的授意下拍发的。①

9 月 16 日下午,得到桥本密报的板垣、石原、花谷正等在奉天特务机关二层的会议室中,加紧策划密谋。翌日,关东军参谋花谷和时任张学良军事顾问助手的今田新太郎决定在 9 月 18 日夜采取冒险行动。18 日夜晚 10 时 20 分,独立守备大队的中尉河本末守,率领几名士兵,在巡查铁路的名义下来到距离北大营西南方不过 700 米远的柳条湖,按照事先计算好的用量引爆了炸药。以巨大的爆炸声为信号,独立守备大队的中队长川岛率部自 4 公里外的文官屯南下攻击位于奉天东北郊区的北大营。板垣以关东军代理司令官的名义,下令第 29 联队和独立守备队投入战斗。在事先已设定了射击目标的 24 厘米要塞大炮的轰击声中,从睡梦中惊醒的北大营东北军官兵仓皇抵抗,处境极为不利。关东军参谋部立即命令驻扎在辽阳的第 2 师团出动,增援在奉天的日军。午夜零点,本庄繁下达了"关东军全线出动,攻击奉天"的命令。② 至天明,北大营的枪声沉寂下来。据事后日军发表的战报,9 月 18 日日军攻击北大营历时 7 个小时,东北军战死 300 人,日军战死 2 人、受伤 32 人。③ 攻陷北大营的日军掳掠了东北军经营多年的军火厂和停放在原地的飞机、坦克和火炮,并随即攻占沈阳城,关东军大佐土肥原贤二自封为临时市长。

按照蒋介石军事上"不抵抗"的命令,总兵力 10 倍于日军的东北军纷纷撤离战场,致使兵力不过 1.1 万余人的日军如入无人之境。日军在 9 月 19 日白天,连续攻陷长春、营口、鞍山、铁岭、丹东、本溪、抚顺等城市,控制了辽东半岛和"南满"铁路沿线的重要据点,完成了占领东三省布阵开局。从 9 月 19 日至 23 日,力求以外交行动平息事态的国民政府向日本政府提出 3 次严重抗议,要求日军撤回兵营并恢复事态爆发前的状态。19 日,中国驻国联代表施肇基奉命向大会控告日本,要求举行临时会议对日本的侵略采取行动,却被日本代表苏泽无理打断。

---

① 历史科学协议会编:《史料日本近现代史》2,第 126 页。
② 岛田俊彦:《满洲事变》,《近代战争》第 4 卷,人物往来社,1966 年,第 258—259 页。
③ 袁旭等编著:《第二次中日战争纪事(1931.9—1945.9)》,档案出版社,1988 年,第 26 页。

国难当头,9月19日中共满洲省委发表《为日本帝国主义武装占领满洲宣言》,21日通过《日本帝国主义侵占满洲和目前党的任务》的决议呼吁武装工农,开展抵抗日本侵略的游击战争。9月20日,中共中央发表《中国共产党为日本帝国主义强暴占领东三省事件宣言》,22日通过《中央关于日本帝国主义强占满洲事变的决议》,正确评估"满洲事变对于中国事变的前途,将给予决定性影响";却脱离实际地认为"帝国主义与苏联的矛盾是最根本的矛盾","反苏战争是主要的危险"。在颇有预见地揭露日本企图"使中国完全变成它的殖民地"、"实行第二次世界大战"的同时,号召工农群众武装起来与日本帝国主义开战,爱国士兵开展游击战争,"武装拥护苏联"、"变帝国主义战争为国内战争"、"打倒投降帝国主义的国民党"。① 北平、上海、南京等大城市的学生界、商界、劳工界等纷纷组织抗议游行,西北军将领也通电全国,要求凝聚全国的力量、一致抗日。但蒋介石顽固坚持"攘外必先安内"的误国方针,将精锐部队开进江西、剿灭红军,幻想国联主持公正,以外交手段遏制日本的侵略。国共两党的内战,损耗了中国全民族的抵抗力量。

9月21日,关东军占领吉林,省军署参谋长熙洽投降。随着日军侵略范围的迅速扩大,关东军已难以独撑局面,驻朝鲜的日军司令林铣十郎未经天皇批准,即在9月19日擅自决定命令驻守平壤的第20师团的第39混成旅和飞行第6联队的2个中队,越境增援关东军。21日,第39旅团长嘉村达次郎率军从义州闯进中国境内,与关东军会合。参谋本部启动"帷幄上奏权",并得到天皇的事后认可。22日,内阁会议也对此举予以承认并追加了经费。关东军策动"九·一八"事变的军事冒险至此得逞。

二 法西斯团体策动的"五·一五"事件

"九·一八"事变揭开了全面侵华战争的序幕,也打破了华盛顿体系框架内美日之间的均势,对政党内阁的外交方针形成严重的挑战。起初,民政党的若槻内阁曾对军部势力进行过某种程度的抵抗。特别是坚持国际协调外交方针的外相币原对关东军的莽撞行动表示不满。在9月19日上午举行的内阁紧急会议上,币原以奉天总领事林久治郎的报告为据,认为是关东军

---

① 中央档案馆编:《中共中央文件选集》,第7册(1931),中共中央党校出版社,1983年,第445、427、429、449、452、447页。

制造了事端,令陆相南次郎狼狈不堪。内阁制定了对事态的"不扩大"方针,要求关东军撤回驻地。军部对内阁的决议极为不满。20日,陆军首脑经过紧急磋商,认为"倘若政府万一不同意军部的方案,即使因此而使政府倒台也在所不惜"。① 因陆军作梗而十分尴尬的首相若槻只得于22日面奏天皇,请求支持。23日,天皇召见南次郎,命令关东军撤回驻防地。24日,参谋总长金谷范三向关东军下达了撤回驻地的命令。② 同日,若槻内阁发表了"九·一八"事变后的第一次政府声明,为关东军辩护说:"9月18日夜半,在奉天附近的一部分中国军队,破坏了南满铁路的路轨,袭击了我方守备队,以致发生冲突"。这种歪曲事实的立场,只能使若槻内阁强调的"不使事态进一步扩大的方针"、"帝国政府在满洲没有任何领土欲望"、"和中国真诚合作"的表述毫无意义。③

法西斯军人对政党内阁的"不扩大"方针置若罔闻。10月8日,关东军机群轰炸锦州,恣意扩大事态。与此同时,在东京的法西斯势力加紧策划颠覆内阁的密谋。10月初,以中佐桥本欣五郎为首的少壮派军官与民间法西斯团体合谋,准备组织十多个中队的步兵,携带60挺机关枪、毒瓦斯和炸弹,在10月20—24日的某日,发动血腥政变。袭击的目标确定为元老、宫内相、阁僚、政党领袖、实业家,并在戒严令下,建立以陆军教育总监部本部长、中将荒木贞夫为首相兼陆相的军人内阁。④ 政变以高举天皇旗"锦旗"为号召,因此也被说成是"锦旗革命"。政变的首期目标与"三月事件"一脉相承,坚持推翻政党内阁。但政变计划被桥本的同伙根本博密报人事局长冈村宁次,冈村上报陆军次官山杉元,政变计划败露。10月17日,桥本等人被宪兵保护性的拘禁。此即法西斯势力试图推翻政党内阁的"十月事件"。

10月未遂的政变事件对政党内阁造成猛烈的冲击,迫使其调整对华政策的调门。10月26日,若槻内阁发表有关"九·一八"事变的第二次政府声明,再次无端指责"此次满洲事变,完全起因于中国军事当局的挑衅行动",声称"把军队全部撤回南满铁路附属地内,则更会使事态恶化,并使帝国臣民的安全濒于危险",进而提出"否定相互侵略的政策和行动"、"尊重中国的

---

① 关宽治等:《满洲事变》,上海译文出版社,1983年,第257页。
② 杨宁一:《日本法西斯夺取政权之路》,第151页。
③ 复旦大学历史系日本史组编译:《日本帝国主义对外侵略史料选编(1931—1945)》,上海人民出版社,1975年,第40—41页。
④ 安部博纯:《日本法西斯论》,第170页。

领土完整"、"对于在满洲各地的帝国臣民的一切和平业务予以有效的保护"、"尊重条约上规定的帝国在满洲的权益"等中日交涉的"协商大纲",①将无条件撤军改为有条件撤军。尽管内阁的声明大幅度地向军部立场靠拢,但内阁"协商"解决问题的立场,仍旧无法满足军部和关东军的要求。11月4日,关东军继续北进,在嫩江洮昂线铁路大桥遇到马占山部的坚决抵抗。经过近半个月的激战,就在内阁决定"增兵满洲"的11月18日,关东军以伤亡千余人的代价,占领江桥。19日,日军进占齐齐哈尔,将战火烧至黑龙江省。与此同时,11月9日和11月26日,日军先后制造了两次"天津事件",继续扩大事态并掩护对东三省的侵略。

1931年12月1日,陆军中央部继续无视民政党内阁的外交方针,在发表的声明中,拒绝他国对日军侵华行动的干涉。12月11日,陷入困境中的若槻内阁总辞职。12月13日,政友会总裁犬养毅奉命组阁。如军内外法西斯势力所愿,荒木入阁出任陆军大臣。对外强硬的森恪担任内阁书记官长,在军部的步步进逼下,内阁态度愈加软弱。如同"三月事件"的策划者一样,"十月事件"的策划人桥本等也被戴上"忧国愤世"之士的桂冠而逍遥法外,法西斯势力愈加气焰嚣张。

在短命的犬养内阁时期,军部和关东军加快了侵华的步伐。1932年1月1日,在日军的策动下,张景惠宣布黑龙江省"独立"。3日,关东军进占锦州。至此,东三省领土基本沦陷于敌手。建立傀儡政权的把戏,也在紧锣密鼓地加紧进行。1月7日,陆军中央部将《中国问题处理方针要纲》下达给关东军参谋板垣征四郎,这个要纲是根据内阁陆军、海军和外务省3省一致主张的"满洲独立"的协议制定的。

1月18日,为转移世界对日军在东三省的侵略行动的关注,日本陆军驻上海的特务机关唆使中国人杀伤旅居于当地日莲宗的日本僧侣。以此为借口,21日驻沪总领事村井要求当地十九路军后撤30公里,26日日本舰队司令盐泽幸一又以护侨为名,限令十九路军退出闸北。日本的无理要求,被爱国将领蔡廷锴、蒋光鼐等严词拒绝。1月28日深夜,日本海军陆战队进攻驻守闸北的十九路军翁照垣旅,挑起"一·二八"事变。十九路军和赶来增援的第5军张治中部爱国官兵起而抵抗。在上海市民和全国各界的声援下,于闸北、江湾、吴淞等处挫败日军的进攻,迫使日军多次临阵换将,战斗进入胶着状态。2月8日,日本政府发表向上海增兵的声明。18日,配合日

---

① 《日本帝国主义对外侵略史料选编(1931—1945)》,第42—43页。

军发起的新攻势,总领事村井再次要求中国军队后撤20公里并拆毁所有军事设施,遭到坚决拒绝。① 日本的军政双方在侵华的军事冒险中,配合默契。

　　轻取上海的如意算盘被淞沪抗战的炮火击碎,日军转而加紧在东北的进攻。2月5日,关东军占领哈尔滨。2月17日,在关东军司令本庄繁的授意下,成立了以张景惠为头目的伪"东北行政委员会",决议筹建伪"满洲国"。3月1日,在犬养内阁、军部和关东军的卵翼之下,名曰"满洲国"的怪胎呱呱坠地。12日,犬养内阁通过了《满蒙处理方针要纲》,确定了伪"满洲国"必须接受日本指导的方针,对军部势力亦步亦趋。但是,痴迷"国家改造"的法西斯军人仍旧对政党内阁的存在感到碍手碍脚,必欲除之而后快。1932年2月,民政党竞选委员井上准之助被刺杀。3月,三井合名公司理事长团琢磨又在三井银行门前丧命。法西斯团体血盟团"一人杀一个"的恐怖活动,震惊着东京。

　　5月15日,以海军少壮派军官为核心的法西斯军人和爱乡塾等民间法西斯团体联合发动了流血政变。暴徒们乘坐汽车,分成四路突袭已在政变计划中确定的对象。结果,首相犬养毅被杀死于家中,内大臣牧野伸显的宅院、政友会总部、三菱银行、东京变电所、警视厅等处,都遭到手榴弹的袭击。法西斯分子在沿途散发《告日本国民书》中,公开了行动目标:"拿起武器,如今拯救国家救济之道唯有'直接行动'!国民们,在天皇的名义下,杀掉君侧之奸臣!杀光国民之敌现有政党和财阀!膺惩横暴之极的官宪!抹杀奸贼和特权阶级!农民、工人和全体国民保卫祖国日本!在陛下的圣明之下,重归建国精神,贯彻国民自治的大精神,启用人才,建设明朗的维新日本!"②政变行动很快被挫败,但在荒木等军部首脑人物的包庇下,政变的参加者被描绘成"忧国忧民"的"英雄人物",每一次公开审判成了法西斯暴徒们口若悬河宣传其主张的机会。经报纸杂志的炒作,煽动起法西斯主义狂热。事件发生后的一年当中,居然每天有将近1万份的请愿书来自全国各地,纷纷要求为政变者减刑。

　　造成举国群体狂热的刺激因素很多,但最恶劣者,莫过于自"九·一八"、"一·二八"事变以来在日本出现的反华排外浪潮。柳条湖铁路被炸和上海日莲宗僧侣被杀伤等事件,本来是军部势力直接参与或调唆的结果,但均被

---

① 日本外务省编:《日本外交年表及主要文书》下卷,第201—202页。
② 历史科学协议会编:《史料日本近现代史》2,第177页。

舆论歪曲成中国人所为,大批不明真相且素受民族优越论毒害的普通国民被煽动起来,追随反华仇华的民族沙文主义、国家主义的狂潮。1931年10月24日,国际联盟理事会发表声明,劝告日本从东三省撤军本来是平息事态的明智之举,但在当时举国狂热的情况下,也被视为对日本的"凌辱",排外主义思潮甚嚣尘上。支持战争,慰问侵略军官兵一时时髦起来。据统计,自"九·一八"事变发生后,处于经济萧条困苦中的国民节衣缩食,每天平均向陆军省恤兵部捐赠1500—1600日元,11月16日一天增至3800日元;慰问袋日均3万个,① 曾经是民主旗帜高树的大学、专科学校校园,变成了军国主义畅通无阻的场所。

曾经在大正"德谟克拉西"中走在前列的日本妇女团体,除了无产妇女同盟还在坚持反战立场外,其他妇女团体大都陷入民族主义的群体狂热之中。1931年3月,作为大日本国防妇女会前身的大阪国防妇女会应运而生,鼓吹"坚固的国防需要后方的妇女与男子并肩合作",号召妇女们"为保卫国家,从厨房和家庭中挺身而起!"② 4月,各大报刊竞相报道参加侵略东三省后回国修整的第2师团所属新发田、会津若松联队在大阪受到国防妇女会盛情款待的消息。同年10月,军部和政府支持下的大日本国防妇女会正式成立。其成立宣言说:"妇女承担国防,也是我国建国三千年的历史在神圣御德之下凝结的日本精神结晶",号召日本妇女"发挥举世无双的日本传统妇德,在后方搞好国防的基础"。③ 此外,1931年1月成立的大日本联合妇女会、1901年2月创立的爱国妇女会等官办妇女团体,也备受"九·一八"事变后民族主义、国家主义和军国主义的刺激而愈加活跃,将"妇女报国"的运动推向歇斯底里。因支持侵略"满蒙"而仇华反华,因国联奉劝日本撤军而大兴排外之风,因反华排外而憎恶政党内阁的"软弱外交",致使当年曾受民众期待的政党政治,转眼间成了众矢之的。

在这种情况下,政党内阁的命运可想而知。概言之,横暴的军部被当成民族的"救星",血腥的"五·一五"事件成了"忧国报国"的"壮举",失去理性判断的群体狂热为法西斯势力葬送政党政治扫清了道路。当然,应负历史罪责的,是掌握日本国家命运的当权派。正是这个统治集团,把大正"德谟克拉西"的日本推向自我毁灭的集权专制。当时任内大臣秘书长的木户幸

---

① 历史科学协议会编:《史料日本近现代史》2,第138—139页。
② 《大阪朝日新闻》,1932年3月19日。
③ 千野阳一主编:《爱国、国防妇女运动资料集》5,日本图书中心,1996年,第30页。

一,在日记中记录了宫廷势力与军部势力合谋颠覆政党内阁的过程:5月16日"早7时访问井上侯爵",认为"莫如由军部收拾局面"。"上午10时内阁会议开始,阁议决定总辞职,高桥总理参内,捧呈辞职书"。"晚6时,至原田邸","就餐前,近卫公听取小畑(敏四郎)少将对此次事件的意见","此时如果再次建立政党内阁,终究会使荒木陆相也难以统制军部内部"。5月17日,"中午,至原田男爵邸,与近卫公爵、井上侯爵、铃木中佐会餐,就此次事件的前后处置和后继内阁问题进行恳谈"。"晚6时,再次在原田邸与原田、近卫共同会见永田铁山少将,听取关于时局的意见";"总之,要绝对排斥由现在的政党政治,如果由政党单独组织内阁,在这种场合,恐怕无法派出陆军大臣,结果必然造成组阁困难"。① 经过上述幕后操作,5月26日退役海军大将斋藤实出任首相,组成"举国一致内阁"。至此,历时8年的政党政治在法西斯势力的恐怖打击下,终于结束。

等待在日本面前的,是侵略战争与法西斯化恶性互动的凶险前景。

第二节 侵华战争的扩大化与加速进行的法西斯化

关东军制造"九·一八"事变的冒险得手,进一步刺激了日本军国主义鲸吞中国的野心,对华北地区的侵略随即展开。但出乎日本军部的意料,在中国军民的抵抗和国际社会的谴责下,迅速占领华北的行动计划落空。中日军事对抗展现出长期化的趋势,迫使日本政府和军部不惜乞灵于法西斯的集权体制,以求集中人力和物力,制服中国。这样,加紧侵华行动就同法西斯化成为一个过程的两个方面。

一 "九·一八"事变的世界反响与日本自绝于国际社会

对于"九·一八"事变和日本扩大侵略,国际社会反应不同。除9月29日,苏联政府发表声明,表示无意干涉日军的行动外,欧美大国纷纷作出抵制的姿态。"九·一八"事变颠覆了以日美妥协、实施对华门户开放原则为基础的华盛顿体系,日美关系紧张起来。对此,美国政府迅速作出反应。依据驻华公使詹森和驻日代办内维尔的报告,国务卿史汀生在9月22日的《备忘录》中,告知日本驻美大使说:"过去4天在满洲发生的情况使我感到深切

---

① 历史科学协议会编:《史料日本近现代史》2,第178—180页。

的震惊与关注",强调"消除现有事态的责任在日本方面,理由很简单,因为日本军队事实上已经控制了南满洲"。史汀生还告诉日本大使:"满洲局势如不恢复原状,将会在美国产生多么严重的印象。"① 1932年1月7日,史汀生照会中日两国政府,声明"美国政府不能承认任何事实上的情势的合法性,也不准备承认任何由中、日两国政府及其代理人间所订立的有损于美国或其在华国民的条约权利,包括关于中华民国的主权、独立或领土及其行政完整,或违反关于通称为门户开放政策的对华国际政策的任何条约或协定;也不准备承认用违反1928年8月27日中、日、美三国均为缔约国的《巴黎公约》的条款与义务的方式而造成的任何局势或缔结的条约或协定。"② 这样,以"恢复满洲原状"、不承认日本独吞中国东北、维护"门户开放政策"为基调的"史汀生主义",一度成为美国政府在"九·一八"事变后对日政策的方针。

  日本在中国东北的恣意行动,也引起英法等国的不满。1931年9月22日,在中国代表的申诉下,国联理事会会议通过决议,要求日本撤军。9月30日,国联再次要求日军在10月13日之前,撤回南满铁路所属区域之内。10月16日,国联理事会以13票对1票的悬殊比例,通过日军撤出中国东北的决议。20日,日本驻国联代表芳泽奉命向国联代主席白里安和秘书长德鲁蒙提出撤军的5项条件:中日相互担保互不侵犯和领土完整;永远取消中国境内包括抵制日货在内的各种排日活动;保障中国境内日本人生命和财产安全;中国必须支付日本修筑满洲各铁路的款项,并承认满洲修筑铁路的现有条约;中国承认现有条约规定的包括日本在满洲租借地在内的权利。③ 21日,中国驻国联代表施肇基向白里安提交了备忘录,重申中国政府的立场:解决满洲纠纷的谈判必须以日军撤退为基础;日军撤退,应由中立委员会监督;必须承认中国因日军侵犯满洲所受损失有要求赔偿之权;设立中日之间调和与公断的永久机关。④ 12月10日,国联行政院正式通过决议,决定派遣李顿调查团前来中国东北现场调查,并起草报告交由行政院提交全体大会讨论。

  1932年1月,经中国政府申请,国联全体大会特别会议成立了19国委

---

① 美国国务院编:《美国外交文件选译·日本(1931—1941)》,中国社会科学出版社,1998年,第9、8页。
② 同上书,第31页。
③ 袁旭等编著:《第二次中日战争纪事(1931.9—1945.9)》,第28页。
④ 同上书,第28页。

员会。同月,国联行政院任命5个委员组成并派遣调查团前往中国,调查满洲问题和中国的形势,提供由19国委员会审议的报告书。调查团团长为英国前驻印度代理总督、孟买省省长李顿勋爵,其他成员为法国将军克劳德、美国将军麦考易、意大利外交官马柯迪伯爵、德国殖民政策研究者希尼博士等,中日双方代表顾维钧和吉田茂分别作为调查团的顾问,参与活动。1932年2月,李顿调查团从欧洲出发,第一站取道日本。2月29日,调查团抵达东京,与日本政要见面,听取意见。3月14日,调查团抵达上海。中国朝野"对调查团所能做的以及国联根据他们的报告能够采取的行动,抱有过高的希望",衷心欢迎调查团的到来。① 调查团从走访上海闸北战区开始,先后前往南京、汉口、济南、天津、北平,与中国军政要人蒋介石、汪精卫、张学良等举行座谈会,了解情况。中国方面为调查团提供了所有能够提供的便利,李顿一行的调查进展顺利。

日本政府根本未把国联的调查放在眼里。一方面,虚与应付,对调查设置障碍,干扰调查团开展正常工作,包括在东京机场恣意冷落羞辱中国代表。另一方面,指使关东军继续侵占东北地区的中国领土并威吓调查团,军政双方密切配合,软硬兼施,对抗国联的调查。就在李顿一行于东京展开调查期间,日本政府竭力制造既成事实,加紧导演伪"满洲国"的"建国"闹剧。3月1日,在关东军的导演下,溥仪在旅顺宣读了"建国宣言",改长春为伪都"新京",建号"大同"。8日,溥仪在日军的护送下,赶到长春。9日,就任伪"满洲国"的"执政"。在"执政宣言"中,按照关东军事先规定的调子,溥仪宣布"今立吾国",建设"王道乐土";任命了"国务总理"郑孝胥等由关东军推荐的汉奸充当伪政权的高官。日本炮制的傀儡政权伪"满洲国"正式登场。②

对进入中国东北的李顿调查团,日本政府借口顾维钧的人身安全无法得到保障,先施以恐吓。在恐吓失效,中国代表坚持赶赴东北后,由关东军出面,将调查团的列车阻挡在山海关。调查团一行被迫改由海路进入大连,4月前往沈阳,5月抵达长春、哈尔滨,6月到齐齐哈尔,与关东军司令官本庄繁、伪"满洲国"执政溥仪等见面,展开调查。在此期间,日本政府动用所有的手段,掩盖"九·一八"事变的真相。他们重复柳条湖事件肇事者的谎言,导演伪"执政"受到民众"支持",伪"满洲国"是个主权"独立"的"新国家"

---

① 顾维钧:《顾维钧回忆录》,第426页。
② 爱新觉罗·溥仪:《我的前半生》,东方出版社,1999年,第312—318页。

的双簧。出动大批军警、密探,采用监视、恫吓乃至谋刺等险恶伎俩,阻止顾维钧为首的中国工作组与东北同胞的任何接触。5月3日,在关东军参谋长桥本虎之助、高参板垣征四郎的监视下,伪"执政"溥仪重复关东军的滥调,谎称他"是由于满洲民众的推戴才来到满洲的,我的国家完全是自愿自主的",云云。① 与此同时,本庄繁坐镇哈尔滨,日军第10、第14师团继续围攻黑龙江、吉林省的东北义勇军。5月20日,日军占领佳木斯、梅林并准备进攻掖河。5月24日,第10师团在哈尔滨集中兵力,进犯吉林北部;第14师团之一部向安远一带推进,攻击坚持抵抗的义勇军李海青部。② 5月26日,本庄来到长春,褒扬溥仪按照关东军的安排应对李顿调查团。9月15日,日本政府与伪"满洲国"订立"日满议定书",正式承认并完全控制了这个傀儡政权。

9月22日,李顿调查团将报告书送交国联,10月2日正式发表。报告书认为"日本军队未经宣战,将向来毫无疑义属于中国领土之一大部分地面,强夺占领,使其与中国分离并宣布独立,事实俱在"。报告书一方面断定"恢复原状,并非解决办法","徒使纠纷重现";另一方面,又强调"维持及承认满洲之现时组织,亦属同样不适当"。作为"圆满解决"的办法,报告书提出10点建议:(1)"适合中日双方之利益":即"苟双方均不能获得利益,在此种解决必无补于和平之前途";(2)"考虑苏俄利益":即"忽略第三国之利益","非求和平之道";(3)"遵守现行之多方面条约":即"任何解决必须遵守《国联盟约》、《非战条约》及华盛顿《九国公约》之规定";(4)"承认日本在满洲之利益":即"日本在满洲之权力及利益乃不容漠视之事实,凡不承认此点或忽略日本与该地历史上关系之解决,不能认为满意";(5)"树立中日间之新条约关系":即"中日两国如欲防止其未来冲突,及恢复其相互信赖与合作,必须另订新约,将中日两国之权力、利益与责任,重加声叙";(6)"切实规定解决将来纠纷之办法";(7)"满洲自治":即"满洲政府应加以变更,俾其在适合中国主权及行政完整之范围内,获得足以适应该三省地方情形与特性之高度自治权";(8)"内部之秩序与免于外来侵略之安全":即"满洲之内部秩序,应以有效的地方宪警维持之","宪警以外之军队,扫数撤退,并须与关系各国订立互不侵犯条约";(9)"奖励中日间之经济协调":即"为达此目的,中日两国宜订新通商条约","须为两国间之商业关系置于公平基础之上,并

---

① 爱新觉罗·溥仪:《我的前半生》,第332页。
② 本庄繁:《本庄日记》,原书房,1979年,第107、109页。

使其与两国间业经改善之政治关系相适合";(10)"以国际合作促进中国之建设",等等。①

　　这份报告试图在不激怒日本的前提下,牺牲中国的权益,以换取暂时的时局稳定,但毕竟措词委婉地否认了日本对东三省的军事占领,拒绝承认关东军一手制造的伪"满洲国"。日本政府随即行动起来,力图在国联举行讨论时,争取各国的支持。日本军部则以新的侵略,表明拒绝接受李顿调查团报告书解决办法的顽固立场。1933年1月3日,关东军占领山海关。2月17日,斋藤内阁拒绝国联要求日军退出东三省的劝告,关东军则对热河省发动进攻。2月20日,斋藤内阁作出决议,声称:如果国联通过对日劝告方案,则不惜退出国联。2月22日,枢密院批准了内阁的决议。同日,日军与伪"满洲国"的军队开始进攻热河。

　　1933年2月24日,国联通过了以19国委员会名义提出的李顿调查团报告书决议案,强调:"关于满洲局势系欲避免采取任何单独行动,并欲继续在各会员国及与本事件有关的非会员国间,采取一致行动";②并以42票对1票的悬殊比例,通过了以美国国务卿史汀生"不承认主义"为基础的《对日劝告案》,要求日军撤离中国东北。按照国联大会的决议,将会议通过的19国委员会报告书送交各国。同日,日本代表松冈洋右在国联总会上发表声明,拒绝接受19国委员会的报告书,反诬中国"无法律的国情和不承认对邻国的义务",是"远东纠纷的根本原因"。松冈还攻击"南京政府在今天支那本土的十八个省中,仅在不到四个省里执行地区事务","满洲完全处于支那主权之下的说法,是对事实和历史的歪曲"。松冈声称"日本在满洲进行过两次战争",满洲问题"对于日本国民来说,实关生死存亡",决不放弃"维持满洲国独立"。③ 松冈在发表了一通强词夺理的声明之后,率领日本代表团退出会场。作为对日本政府强硬立场的回应,2月25日,史汀生电告国联秘书长德卢姆:美国政府与国联对"九·一八"事变"事实真相所推定的认识,事实上均相符合",强调"国联与美国,在确定不承认原则及对此项原则的态度上,所根据的立场相同",声明美国政府赞同报告书的建议。④ 其他国家也纷纷复电表态支持国联的决议,日本外交陷入孤立。

---

① 《附录一　李顿调查团报告书第九章及第十章全文》,《顾维钧回忆录》2,中华书局,1985年,第698—705页。
② 美国国务院编:《美国外交文件选译·日本(1931—1941)》,第40页。
③ 日本外务省编:《日本外交年表及主要文书》下卷,第264—265页。
④ 美国国务院编:《美国外交文件选译·日本(1931—1941)》,第41页。

日本政府在国联的图谋严重受挫,转而加紧武力侵华行动。3月4日,日军占领承德,热河失陷,兵锋直抵长城一线。3月24日,日本政府发表了《退出国际联盟通告》,声称:"许多国联会员国在处理日支事件时,并非采取确保现实和平的方式,而是尊重无法适用的方式,赞成的并非重要且能铲除将来纷争祸根的理论而是架空的理论","这些国联的会员国与帝国之间对国联规约和其他条约的解释存在重大的意见分歧",因此,"帝国政府所确认的维护和平、特别是确立东洋和平的根本方针,与国联所信奉者完全不同,确信已无与国联合作的余地",故宣告退出国际联盟。① 3月27日,外相内田康哉向国联秘书长递交了日本政府《退出国际联盟通告》,指责国联通过的报告书"臆断日军在'九·一八'事件前后的行动并非动用自卫权","忽略支那方面的应负的全部责任","无视满洲国成立的真相,否认帝国承认满洲国的立场,破坏了稳定远东事态的基础"等。② 同日,斋藤内阁发表政府声明,为日本退出国联辩护。同日,天皇发布《退出国际联盟诏书》,声称:"当此满洲国新兴,帝国尊重其独立,促进其健全发展,以消除东亚之祸根,确保世界和平之基。然而,不幸的是国联的见解与之背道而驰。朕乃使政府慎重审议,遂采取退出国联之措施",强调在帝国"遭遇非常时艰"之际,文武百官与臣民人等应恪尽职守,使局势转危为安,云云。③ 1934年12月29日,驻美国大使斋藤博奉政府的训令,通告美国国务卿赫尔:自1936年12月31日以后,日本将自行废止华盛顿《限制海军军备条约》。④

这样,自明治维新以来,始终关注与欧美强国协调关系,奉行"脱亚入欧"从属性外交路线的日本,断然自绝于国际社会,改行我行我素的单边行动方针,开始了不计后果的外交冒险。造成外交路线从"入欧"到"脱欧"重大转变的原因是多方面的。但是,痴迷于鲸吞"满蒙"之梦,导致昭和初期的日本统治集团进退失据,是其中最关键的原因。这种颠顶选择和鲁莽之举,使得日本在外交上继日英同盟废弃的彷徨之后,陷入更加致命的前途未卜之中。

同样面临"满蒙问题"的抉择,不同时期的日本政府当权人物的举措可谓大相径庭。1895年4月中日订立《马关条约》未及一周,俄国联合法国、

---

① 历史科学协议会编:《史料日本近现代史》2,第138页。
② 日本外务省编:《日本外交年表及主要文书》下卷,第268—269页。
③ 同上书,第269页。
④ 同上书,第287页。

德国,发动"三国干涉还辽"。明治维新的第二代领导人、首相伊藤博文等尚可审时度势,以退为进。在向中国敲诈了一笔"赎辽费"之后,暂时退还辽东半岛,伺机卷土重来。30 多年后,日本进入昭和初期,伊藤式的韬光养晦被高学历的荒木、石原、板垣等战争狂人一股脑丢弃。进退有度一转为只知进不知退,狂信"满蒙是日本的生命线",将国运如同押宝一般押在对"满蒙"的占领上。当这批战争狂人为夺取中国东北而得意洋洋的时候,到口的"满蒙"肥肉正在逐渐变成套上日本帝国脖颈上的枷锁。由"满蒙"而华北,由华北而江南,当年佐藤信渊、吉田松阴们的"混同秘策"的幽灵,引导着昭和初期的日本军国主义狂人在侵华战争的道路上欲罢不能、狂奔不止。在这种情况下,无力单独征服中国的日本,只能借助国内"改造"运动,强制集中有限的人力、物力,去追求"与力国对峙"的国家目标。这样,福泽谕吉式的"安内竞外"思维模式,演化为对外侵华战争与对内法西斯化恶性互动的怪圈。两者密不可分,相互刺激,使 30 年代的日本陷入光怪陆离的异变之中。

其实,还是在 1932 年 8 月 27 日,斋藤内阁面对日本日益孤立于国际社会的形势,已是忧心忡忡。当天内阁的决议《从国际角度来看时局处理方针》对时局的判断是:"在满洲事件之后,相继发生了上海事件,造成了这样的形势,即必然导致我国国际关系异常恶化,或者为大势所趋,由国际联盟或由各国共同合作,对帝国施加沉重的实际压力。"哀叹"将来形势如何演变,难以断定绝对不会发生以前那种极端险恶的事态。"即使如此,斋藤内阁仍坚持认为"帝国外交的核心,就是站在帝国独立自主的立场,为实现治理满蒙而迈进。"方针还强调"帝国对中国本部的政策,应和帝国对满蒙的政策分开,以发挥其贸易及工业品市场的作用为主。因此,在不妨碍我国治理满蒙的范围内和各国合作。"① 言下之意,强调对抢夺到手的"满蒙"决不放弃,同时加紧对伪"满洲国"的经营。

二 蚕食华北的阴谋行动

东三省既失,苍莽的华北平原和内蒙古草原暴露在日军侵略锋芒之前。为了"治理满蒙",将中国的东三省变成继朝鲜半岛之后的又一块殖民地,斋藤内阁与军部协调行动,以攻为守,接连采取新的侵略行动。1933 年 4 月,坚持长城抗战的中国军队失利,日军突破长城各关口。5 月 21 日,日军占

---

① 《日本帝国主义对外侵略史料选编(1931—1945)》,第 140—141 页。

领通州,兵临北平城下。关东军司令部的《关于停战谈判的日志》直言不讳,强调"就巩固与确立满洲国而言,在华北建立亲日满政权,最为必要。"① 在东三省沦陷后,华北地区成为日本侵略的主要目标。

面对日军的挤压,正在江西庐山筹划对中央苏区发动第五次围剿的蒋介石和汪精卫合谋,与日军在华北实现停战,以集中兵力"剿共"。5月25日,国民政府军事委员会北平分会代理委员长何应钦,奉命派出军使参谋徐燕前往密云与关东军接洽停战事宜。31日,关东军副参谋长少将冈村宁次与中国军队代表、北平分会总参议、陆军中将熊斌,在塘沽订立《停战协定》(《塘沽协定》)。这个协定规定中国军队撤至延庆、昌平、高丽营、顺义、通州、香河、宝坻、林口亭、宁河、芦台连线以西和以南地区,尔后也不得越线;日军可随时出动飞机加以监察;日军自动撤回到长城一线;将长城以南地区划定为非军事区,由中国警察维持治安。②

就在何应钦开始停战交涉的同时,5月26日爱国将领冯玉祥、吉鸿昌等在察哈尔组成民众抗日同盟军,7月经激战,收复察东重镇多伦。9月,收复丰宁、怀柔、密云等县城。但蒋介石竟调动军队围堵民众抗日同盟军,8月逼走冯玉祥,11月杀害吉鸿昌,致使日军轻易击溃抗日武装,深入侵略华北。

在侵华道路上恣意横行的日本越来越妄自尊大。1934年4月17日,外务省情报部长天羽英二在定期会见记者时,发表了《关于对中国国际援助问题》的谈话(通称"天羽声明")。天羽声称:"如果支那采取措施以利用其他国家排斥日本、违反东亚和平,或者采取以夷制夷的排外政策,日本就不得不对此加以反对";欧美国家"如果坚持与支那采取共同行动,即或在名义上是财政的或技术的援助,必然带有政治意义","日本在原则上也不得不表示反对";欧美国家向中国"提供武器、军用飞机,派遣军事教官,提供政治借款等等",必"产生违反维持远东和平与秩序的结果,因此,日本不能不对此置之不理"。③ 此语既出,立即招致中国和美、英等国的抗议。4月20日,天羽再次会见记者,竭力挽回影响。4月26日,外相广田弘毅向美、英驻日大使重申"日本并无损害支那的独立性和利益,没有对之加以损害的意图";"日本没有损害第三国在支任何利益的意向"。与此同时,又强调"日本对于以

---

① 《日本帝国主义对外侵略史料选编(1931—1945)》,第151页。
② 日本外务省编:《日本外交年表及主要文书》下卷,第274页。
③ 同上书,第284页。

任何方式违反维持东亚和平及秩序的行动,不能加以漠视。日本考虑到在东亚的地理位置,密切关注维持该地区的和平及秩序。因此,就支那问题而言,任何第三国不顾及上述情况而利用支那来实现本国本位的政策,日本将不能置之不理。"① 上述言论,除了为日本的侵华行动进行不顾事实的狡辩外,更多表明的是向国际社会示以脸色和坚持侵华的顽固立场。至此,政府与军部已完全浑然一体,日本军国主义的战车也在将华北变成第二个伪"满洲国"的道路上,越跑越快。

1935年5月,日军借口中国东北义勇军进入滦东"非武装地区"、"破坏"《塘沽协定》,以及天津国权社社长胡恩溥、《晨报》社社长白逾桓等汉奸被暗杀等"排日"事件的发生,提出新的无理要求,目的是将国民政府的党政军势力赶出平津、河北。5月29日,驻华公使官、北平辅佐武官高桥坦给参谋本部次长杉山元发来特急密电,声称"为了彻底铲除华北的(抗日)行动,日本军队认为蒋介石必须放弃对日的两面政策,最小限度也必须将执行该政策的机关——宪兵第三团及类似团体、军事委员会分会政治训练所、国民党党部及蓝衣社从华北撤退",指名道姓地提出包括宪兵第三团团长蒋孝先、河北省主席于学忠等的罢免名单。② 在得到华北驻屯军司令梅津美治郎的授意后,驻屯军参谋长酒井隆傲慢而粗暴对何应钦施加压力,迫使其接受日军的上述要求。6月10日,经蒋介石授权,何应钦与梅津签订了《何梅协定》。协定规定:自即日起,开始撤退河北省的国民党党部;中国军队第51军和中央军第2师和第25师撤出河北;国民政府通令全国,禁止排外排日等。③

蒋介石围追堵截长征途中的红军,对压境而来的强敌步步退让。日军乘机加紧蚕食内蒙古地区。1935年5月,日军借口4名日本间谍被捕的"张北事件",向中国地方当局施加压力。6月23日,关东军特务机关长、少将土肥原与宋哲元部参谋长秦德纯在北平谈判,提出一揽子无理要求。6月27日,经过请示中央认可,秦德纯和土肥原达成《察哈尔协定》(也称《秦土协定》)。协定规定:中方对张北事件遗憾,将负责人免职;将被认为是从察哈尔省撤出对中日关系产生不良影响的机关;尊重日方在察哈尔省的正当行动;宋哲元部在两周内从昌平、延庆、大林堡至长城一线以东地区以及从

---

① 日本外务省编:《日本外交年表及主要文书》下卷,第285—286页。
② 《日本帝国主义对外侵略史料选编(1931—1945)》,第160页。
③ 同上书,第161页。

独石口北侧沿长城经张家口北侧至张北县南侧一线的以北地区撤军,当地治安由保安队负责。在密谈中,土肥原还与秦德纯口头约定:所谓"尊重"日方在察哈尔省的"正当行动",包括允许日方在该省设置机场及无线电设施;阻止山东、山西省移民进入察哈尔境内;逐渐使苏俄势力介入的德华银行无法继续其业务;在察哈尔省聘请日本人为军事或政治顾问;不妨碍日方对鼓吹内蒙古"独立"的原锡林郭勒盟副盟长德母楚克东鲁普("德王")开展的支持工作。① 日方的要求再次被全盘接受,日军几乎是兵不血刃地占领了察哈尔省,并进一步向多伦和西苏尼特方向推进。

1935年7月25日,关东军参谋部制定了《对内蒙措施要领》。"要领"称为了"对苏作战"和"巩固满洲国的国防","首先设法扩大和加强内蒙的亲日满区域,随着华北工作的进展,而使内蒙脱离中央而独立。"② "要领"还策划了所有的"蒙独"细节,包括:工作由关东军统一指导,伪"满洲国"和"满铁"组成的专门机构具体实施。在政治上,"严加监督"、"强迫实行"《察哈尔协定》,扶植德王、李守信、卓特巴扎布等民族叛徒,分别委以伪职。在军事上,"适应关东军的策划",组织"接受满洲国军政顾问的指导"的伪军,"给予武器、弹药、服装和金钱的援助"。在宗教上,重视、尊重喇嘛教的习惯,借此努力收揽人心;修复高级喇嘛庙和有势力的喇嘛的待遇问题等需要经费的工作,由关东军决定其实施要点。在教育上,暂时以小学教育程度为限,并以职业教育为重点,"除了优秀的必要人员外,不使他们随意接受高等教育"。在经济上,"由满洲国方面和其他方面设立特别机关担任",在收购物产的同时,把便宜的日本制造的杂货卖给蒙古人,在"蒙古地区内努力使满洲国货币充分流通";切断外蒙和中国的联系,使其与伪"满洲国"结合起来。③

通过《塘沽协定》、《何梅协定》、《秦土协定》等一系列协定的签订,日本军部和内阁摸清了剿共首位的蒋介石政府软弱可欺的底牌,急欲摘取"华北自治"之果。1935年9月24日,即将出任中国驻屯军司令的多田骏发表声明,强调"逐渐使华北明朗化"是"日满华共存的基础",决心"为了把国民党和蒋政权从华北排除出去而行使威力";公开提出"把反满抗日分子彻底驱逐出华北"、"华北经济圈独立"、实现"华北五省的军事合作"、"组织华北五

---

① 日本外务省编:《日本外交年表及主要文书》下卷,第294—295页。
② 《日本帝国主义对外侵略史料选编(1931—1945)》,第168页。
③ 同上书,第168—176页。

省联合自治团体"等多管齐下的夺取华北的策略目标。①

同年 10 月 4 日,冈田启介内阁达成《外陆海三相关于对支政策的谅解》,并以此为日本政府的对华新政策。其内容包括:(1)"使支那方面彻底取缔排日的言论和行动,在摆脱依靠欧美的政策的同时,采用对日亲善政策"。(2)"必须使支那正式承认满洲国,但在目前不仅使支那事实上默认满洲国的独立,停止其反满政策,并且使其至少在与满洲国毗邻的华北地区,在经济上、文化上与满洲国进行交往和合作"。(3)"鉴于来自外蒙等地赤化势力的威胁已成为日满支三国的共同威胁,应使支那为排除上述威胁,在与外蒙接壤地区对我方所要采取的各种措施给予合作"。② 10 月 28 日,外相广田弘毅将新政策概括为中国取缔一切排日活动、日中"满"经济合作、日中共同防共等所谓"三原则",进一步明确推行"华北自治"的目标。11 月 13 日,驻伪"满洲国"的"大使"南次郎针对国民政府的币制改革和加入英镑集团等举动,建议外相广田加紧"华北自治运动乃至华北分离运动",借此"华北出现了坚决贯彻帝国长期坚持的华北工作的最好时机",驻外机构在中央当局的指导下,完成"东亚百年大业"。③

1936 年 1 月 9 日,日本陆军参谋本部以"大体上应该表示满意"的心情,提交了《华北自治运动的演变》的报告。这份文件总结了 1935 年 11 月至 12 月"华北自治"的种种进展,声称在关东军软硬兼施的运作下,驻守华北五省的宋哲元、阎锡山、韩复榘、商震等军队实力派在执行"和日满提携,建立打开局面的策略","虽然承认南京政府的宗主权,但在外交、内政、经济等方面,保持高度自治"。1935 年 11 月 25 日,以战区督察专员殷汝耕为委员长的冀东自治委员会在通州成立,发表《自治宣言》,宣布在外交、军事、司法和经济等方面,实行脱离国民政府的"自治"。在国民政府的默许之下,12 月 18 日,成立以宋哲元为首的冀察政务委员会,推行华北政权的"特殊化"。关东军进而加快肢解华北,"向帝国不屈不挠的既定方针继续前进"。④

总之,在 1935 年 11 至 12 月之间,中国的民族危机更加严重。在日本的军事压力下,国民政府步步退让,华北面临变成第二个伪"满洲国"的冷酷现实。国家的生存危机日益深重,但作为主权国家的政府,却在蒋介石"攘

---

① 《日本帝国主义对外侵略史料选编(1931—1945)》,第 176—177 页。
② 日本外务省编:《日本外交年表及主要文书》下卷,第 303 页。
③ 同上书,第 309—310 页。
④ 《日本帝国主义对外侵略史料选编(1931—1945)》,第 181—190 页。

外必先安内"方针引导下,听任外敌拉拢民族叛徒、侵吞领土主权,而将围剿长征中的中共和红军放在议事日程的首位。在中共领导下,北平的学生发起"一二·九"抗日爱国运动,"平津危机!华北危机!中华民族危机!"的呼喊,引起强烈的社会反响。

中国的民心民意若此,迫使日本政府不得不协调步伐,调整侵华策略。1936 年 1 月 13 日,冈田内阁对中国驻屯军司令下达了名为《处理华北纲要》的指示。"纲要"内称:"处理中国的主要目标,在于援助完成以华北民众为中心的自治,使其安居乐业,并调整与日满两国的关系"。为此,"自治的区域,以华北五省为目标,不能为扩大地区而操之过急";强调分阶段,即"先求逐步完成冀察两省及平津两市的自治,进而使其他三省自然地与之合流";强调突出重点,即"我方的指导,重点放在财政经济(特别是金融)、军事和对一般民众的指导方面,并抓住大局";强调幕后运动,即"在这一次的指导中,不推行被人认为是扶植满洲国之类的国家政策,也不推行被人认为是追求满洲国的延长之类的政策","希望赶快获得独立权限,则应力求避免"。"纲要"要求中国驻屯军司令在"实施时,原则上直接以冀察、冀东两当局为对象,并且始终以内部指导为主";强调各部门的配合行动,即"对于经济的扩展,关东军不采取主动的态度,而从侧面予以指导";"关东军及在华北的各机关,应协助上述工作";其他在中国的各武官,也须策应上述工作;"实施本处理纲要时,上述各机关应适当地和外务省、海军省派在当地的官员秘密联系"。①

冈田内阁这个强调分阶段、突出重点、幕后运作和部门协同的"处理纲要",表现了日本政府老谋深算的一面,即利用中国内部中央政府与地方实力派之间的矛盾,扶植汉奸政权,收买民心,操纵舆论,软硬兼施,逐步实现蚕食中国的目的。

三 军部法西斯势力的内讧与"二·二六"事件

军部法西斯势力对扩大侵华早已急不可耐,无意等待"华北自治"的果实慢慢成熟。军部与政府在侵华方针上的急进与缓进,形成尖锐对立。与此同时,军部内部对如何实现日本国内法西斯化的路线,也产生严重分歧并分成对立的两派。

---

① 《日本帝国主义对外侵略史料选编(1931—1945)》,第 191—193 页。

"皇道派"操切急进,热衷"先内后外"的既定方针。他们以陆军士官学校毕业的校尉级军官为骨干,拥护陆相荒木贞夫、教育总监真崎甚三郎组阁执政。"皇道派"的源头为陆军非主流系,图谋夺取长州藩阀长期垄断陆军的人事权。因此,其行动的特别是刻意模仿倒幕维新志士,在尊王的旗号下,利用天皇的权威,企图通过所谓"昭和维新",实现其目标。1931年3月"锦旗革命"和10月的政变图谋破产后,这批军内急进派顽固坚持其方针和立场,并因狂信同年12月就任陆相,并以宣扬"皇道"、"皇国"、"皇军"等观念而著称的中将荒木贞夫,得名"皇道派"。荒木在出任陆相的两年多的时间里,利用职权,任命本派的真崎甚三郎为参谋次长、柳川平助为陆军次官、山冈重厚为军务局长、秦直次为宪兵司令、小畑敏四郎为参谋本部作战课长和第三部长。1934年1月荒木辞去陆相之职后,真崎甚三郎成为"皇道派"的掌门人。矶部浅一、安藤辉三、栗原安秀等出身农村的中下级青年军官,构成"皇道派"的突击队。他们推崇北一辉,将"国家改造论"奉为经典。在鼓吹尚武的日本主义,在标榜极端的反苏反共论的同时,也站在农本主义的立场上,指责、攻击财阀等,与民间法西斯团体的关系密切。"皇道派"急欲革新军内人事,为校尉级年轻军官执掌权力开辟道路,建立军部独裁统治,扩大对外侵略。

"九·一八"事变后侵华行动接连轻易得手,使"皇道派"处于忘乎所以的亢奋之中。对外确保"满蒙",对内加快国家改造,建立国防国家以实现法西斯化的鼓噪甚嚣尘上。1932年5月,橘孝三郎出版了小册子《日本爱国革新本义》,攻击马克思主义,鼓吹"克服西洋资本主义唯物文明",发扬"日本爱国同胞主义";在"解放国民"的旗号下,实行"内部清算",对外实行"世界革命",对抗美国、国联而确保"满蒙"。[①] 12月,昭和皇政维新促进会抛出《昭和皇政维新国家总动员法案大纲》,主张"依据确立翼赞天皇亲政体制,建设维新日本";"在政治、经济、社会、思想、教育、外交、国防等各部门,基于国体原理,彻底实行重建";"以满蒙问题、裁减军备问题为契机,唤起国防乃至国家总动员的舆论",形成坚固组织。其中,"满蒙"经营得到最大限度的强调,提出包括解决人口问题、国家经营农工商对"满蒙"的集团移民、在"满蒙"获取"国家总同盟的资源"等目标。为此,呼吁在天皇之下设置戒严司令部、国家改造内阁,在地方设置国家改造知事和在乡军人团会议、在乡军人团,国家掌管大资本、限制私人占有土地的数额、城市宅地国营、禁止私人买

---

① 《现代史资料》5,《国家主义运动》(2),三铃书房,1964年,第78—85页。

卖土地等。① 1933年5月,铃木善一提出《日本主义建设案》,主张在思想上清除个人主义、崇洋倾向和赤化趋势,宣扬"皇国意识";在政治上进行"遵循亿兆一心、一国一家政治大本,辅翼大政"的改革;在经济上建立"将一君万民、一国一家国体精神社会化"的"皇国经济组织",限制世袭财产、私有土地,金融国营化,"将满洲国作为与内地日本同一个经济单位,加以统制";在军事上"拥有执行大陆政策和作为大亚洲同盟盟主任务的实力";在外交上,宣扬"皇道"伸张"国威和国权",强调"日本永远拥有指导和保护满洲国的义务","使支那建立有统制能力的政治组织",对抗俄国、美国,今后绝不与欧美缔结"非对等的裁军条约",向美、俄、中、法、英等"大地主国家","要求公平分配土地和资源"等。② 同年6月,九州帝国大学法文学部讲师半田敏治发表《皇国日本重建案大纲》,宣称"彻底实行天皇政治,以妥善处理皇国现在及将来来自内外的危机,在数年后可以预测的第二次世界大战惨祸中拯救皇国,以辅翼与天壤无穷之皇运,向实现皇国历史使命迈进"。为此,半田主张"发扬国体精华,实现君民一致的强有力政治,排除议会中心的政党政治";"彻底纠正金融资本主义";推行"以大亚细亚主义为基轴"的外交政策;"国民皆兵"、"完备国防","明徵国体观念"等。并设计了以"发扬国体精华"为依据,建立"天皇政治"的思想原理和具体国家改造的蓝图。③

与"皇道派"相并立的,是在军部内由将校级高级军官组成的"统制派"。该派成员大都出身陆军大学,继承了长州藩阀在陆军中的主导地位。他们热衷于集中全部国力进行对外总体战,强调"以外制内",即在逐步升级侵华战争的同时,在现存体制的框架内,有秩序地执掌政权,渐进式地实现法西斯化,故得名"统制派"。该派的核心人物是曾经四度出任陆军大臣的宇垣一成,主要成员有林铣十郎、永田铁山、石原莞尔、东条英机、渡边锭太郎、工藤义雄、武藤章、影佐祯昭等。1934年1月接替荒木贞夫出任陆相的林铣十郎,委任永田铁山为陆军省军务局长,从而形成"统制派"新的核心。此举加剧了"统制派"与"皇道派"的矛盾,双方的对立愈加激烈。

1934年10月,经林铣十郎和永田铁山的批准,少佐池田纯久、清水盛明等在国策研究会的协助下,以陆军省新闻班的名义,出版了题为《国防本义及其强化的提倡》的宣传小册子,随即散发了20万册,反响强烈。这本小册

---

① 《现代史资料》5,《国家主义运动》(2),三铃书房,1964年,第41—43页。
② 同上书,第104—107页。
③ 同上书,第108—112页。

子承袭了荒木贞夫的《帝国国策及理由书》、《紧急措施基本方案》和石原莞尔的《国防国策》系统宣扬的基本观点,在"国防观念再探讨"的旗号下,在"国防力构成要素"、"目前国际形势和我国国防"、"提倡强化国防国策"等问题上,不乏理论色彩地鼓吹陆军法西斯的观念。小册子首先狂热地讴歌"战争至上论"。小册子说"战争是创造之父,文化之母,是在锻炼个人和国家竞争中,分别造成发展生命与文化创造的动机和刺激";鼓吹日本发动战争的"使命论":"追求正义,驾驭妨碍创造努力的野心以及霸道的障碍,驯化并最终化成柔和忍辱的和魂,与坦坦荡荡的皇道合为一体,乃赋予皇国的使命和皇军必须承担的重要责任。将战争引入此一境界,乃是我国国防的使命。"

小册子还提出了三种类型的"国防观"。一曰"军事的国防观":"在世界大战以前,国防仅以军备为主体,以武力战为对象",因此,"战争成为军队的专任,国民不过是在所谓后方的后援意义上,参与国防";二曰"国家总动员的国防观":"学艺技术的异常发达和国际关系的复杂化,必然使战争的规模扩大,武力战不能单独进行,而需与外交、经济、思想战等部门同时进行或先后并行地展开";三曰"近代的国防观":"深刻的经济战、思想战等,在平时状态已经在随处展开,对外应整合、统制国家的全部活力"乃是新的国防观。

在"国防"的名义下,小册子说出了"统制派"的法西斯化的基本主张。概言之,即(1)为了强化国防诸要素中的"人的要素",必须"确实保持建国理想和皇国使命";"贯彻尽忠报国精神","清除无视国家的国际主义、自由主义和个人主义,真正实现举国一致精神"。(2)扩充包括领土、资源在内的"自然要素",使中国、印度、南洋等"世界宝库"有利于"皇国将来的经济发展"。(3)增强包括经济、技术、武力、通讯、情报、宣传等"混合要素"。(4)作为应付复杂国际形势的国内对策,强调确立"全体的经济观念","无论是学者还是实业家,不管在朝还是在野,必须研究举国一致的对策","解救目前在国民生活中最大的农山渔村问题",形成总体战体制。值得注意的是,统制派在小册子里讴歌的对外战争,是正在进行中的侵华战争。"统制派"深知征服中国绝非易事,除了武力战的军事行动外,还需要外交、经济、思想战的配合,通过对华开展总体战,使之"了解皇国欲为远东和平作贡献的真意",一如在东三省制造伪"满洲国"和推行"华北自治"之所为。[①] 这样,与侵华战争进程相呼应的强化国防论,既具有与"皇道派"争夺法西斯化主导权的考虑,也有在加快侵华战争步伐中最终建立军部法西斯政权的图谋。

---

① 《现代史资料》5,《国家主义运动》(2),三铃书房,1964 年,第 266—268、270—278 页。

《国防本义及其强化的提倡》的大量散发,为"统制派"在侵华战争与法西斯化的方针策略宣传上,扩大了舆论影响并赢得广泛支持。在人事安排上,"统制派"也在不断削弱"皇道派"。为夺回主动权,"皇道派"展开猛烈反击。1934年11月,旭川第26联队大队副官村中孝次、东京野炮兵第1联队主计矶部浅一、陆军士官学校中尉骗冈太郎及5名士官生图谋发动政变,迅即被逮捕并开除了军籍。此即被舆论炒得沸沸扬扬的"士官学校事件"或"11月事件"。在陆军高层,林铣十郎和真崎甚三郎在人事调动中明争暗斗,竞相安插本派人员。1935年7月,在参谋总长载仁亲王的支持下,林铣十郎罢免了真崎教育总监之职,由渡边锭太郎接替。"皇道派"气急败坏,同年8月,驻福岛第41联队的副联队长、中佐相泽三郎在与西田税等密谋后,径直闯进陆军省军务局长办公室,用军刀砍杀了"统制派"的骨干、军务局长永田铁山,此即血腥的"相泽事件"。陆相林铣十郎引咎辞职。9月,有"中立派"之称的陆军大将、军事参议官的川岛义之继任陆军大臣。

"相泽事件"刺激着"皇道派"采取更大规模的暴力行动,矶部浅一、栗原安秀等少壮派军官与真崎甚三郎、北一辉、西田税暗中接触,加紧策划政变。风声渐紧,"统制派"利用手中的权力回击"皇道派"。1935年12月,决定把"皇道派"骨干、第1师团长柳川平助调任台湾,并将"皇道派"控制的第1师团调往中国东北。"统制派"的釜底抽薪,使得"皇道派"惶惶不可终日,铤而走险成了他们唯一的选择。

1936年2月26日清晨4时30分,陆军第1师团步兵第1、第3联队和近卫师团步兵第3联队约1400余名士兵,在中尉栗原安秀、大尉安藤辉三和野中四郎等20余名青年军官的指挥下,分成多路,奔向各自的袭击目标。清晨5时过后,栗原、林八郎等4名尉官率领攻击首相官邸的步兵第1联队的360余名士兵,用机关枪扫射击杀多名使用手枪抵抗的警卫,冲进官邸并错将冈田的表弟松尾传藏大佐当成首相予以击毙,窃喜大功告成。其实,冈田本人早在枪声大作之际躲进女仆房间的壁橱中,侥幸逃脱。在家中遭到坂井直中尉为首的210名乱兵袭击的内大臣斋藤实身中47弹,倒在血泊中。慌忙中用手枪自卫的教育总监渡边锭太郎,被枪击刀砍,当场毙命。藏相高桥是清被中桥基明中尉率领的百余名乱兵杀死。安藤指挥下的士兵将侍从队长铃木贯太郎击成重伤,躲进汤原旅馆的前内大臣牧野伸遭到河野寿大尉等率领的别动队的袭击,在警卫人员的掩护下,逃得一难。

5时半许,余下的700余乱兵变按照预定的计划占领了首相和陆相官邸、陆军省、参谋本部、警视厅等要害部门,控制了永田町及三宅坂一带,并在赤坂的山王旅馆设立了指挥部。兵变者派出代表前往陆相官邸,要求陆相川岛向天皇转达兵变的主张和愿望,严惩"统制派"和反"皇道派"的将军和幕僚,组建以真崎为首相的军人内阁,推行"改造国家"的"昭和维新"使兵变合法化。兵变部队四处散发由步兵大尉野中四郎带头署名,修改于北一辉家中的《崛起趣意书》,鼓动前来围观的东京市民支持其行动。

《崛起趣意书》集中反映了"皇道派"注重"国家改造"的基本主张和要求,即(1)建立天皇制法西斯体制:"实现神州赖以生存、由万世一系天皇陛下统帅下的举国一体之生成化育,建成八纮一宇的国体";为此必须清除"不逞的凶恶之徒",即"所谓元老、重臣、军阀、财阀、官僚、政党皆为破坏国体之元凶","斩除君侧之奸臣军贼,粉碎彼等之中枢,乃应为我等之任。"(2)贯彻以内制外方针:"与俄、中、英、美之战一触即发,将祖宗遗垂一掷而坠入毁灭之势,明若观火。处此内外真正重大危机,若非诛戮破坏国体之不义不臣,剪除阻隔皇威、阻止维新的奸贼,宏谟必将落空。"(3)要求统帅权独立:"伦敦裁军条约、教育总监更替之中侵犯统帅权,试图窃取至尊兵马大权之三月事件或者与学匪共匪大逆教团等利害相连,乃施展阴谋的最明显的事例",必须彻底清除。①

26日早晨,兵变的指挥者香田清贞将"趣意书"交给陆相川岛。当天下午2时许,川岛在宫中召集军事参议官会议。与会者包括荒木、真崎、阿部信行、林铣十郎以及杉山元、山下奉文、冈村宁次等各派代表人物,会议在防止"皇军自相残杀"的前提下,形成有利于兵变部队的《陆军大臣告示》。3时30分,由东京警备司令部下达给实行兵变的"崛起部队"。"告示"共计5点:(1)"崛起的趣旨已送达天皇";(2)"承认诸子的行动基于显现国体之至情";(3)"国体真相之显现(包括弊风)令人不胜恐惧";(4)"各军事参议官也一致认为遵循上述趣旨而迈进";(5)"上述各点均有待于天皇的认可"等。②"布告"中的前4条,承认了兵变的合法性,接受了"皇道派"的主张。兵变部队得意洋洋,以为他们的效忠会得到天皇的理解,大功即将告成。但后来的事实表明,恰恰是把最终决定权交给天皇的第5条,注定了兵变的失败。

2月27日凌晨,因兵变犯上作乱而恼怒的天皇命内相后藤文夫代理临时首相并尽快稳定政局。凌晨2时,决定发布戒严令,任命中将香椎浩平为警备司令,并授权若兵变部队武装抗拒,即行使武力予以镇压。上午8时

---

① 《现代史资料集》4,《国家主义运动》(1),三铃书房,1963年,第174—175页。
② 历史学研究会编:《日本史史料》5,《现代卷》,1997年,第48—49页。

50 分,东京实行戒严。10 时半,近卫师团和第 1 师团出动,将兵变部队的活动范围严密控制起来。当侍从武官长本庄繁试图为兵变部队说项时,早将"崛起部队"定性为叛乱者的天皇颇为恼怒地叱责说:"杀戮朕之股肱老臣,对此等凶暴的将校的精神不可饶恕","杀害朕最为信任的老臣,如同绞杀朕!"为了敦促陆军当局镇压兵变部队,天皇甚至说"朕将亲率近卫师团,对其加以镇压。"①

天皇对兵变持妥协态度的陆军当局并不放心,频频召集戒严司令香椎和参谋次长杉山元,并每隔几十分钟,即召见武官长,督促出动军队镇压。2 月 28 日凌晨,以紧急敕令的方式,发布了经枢密院批准的戒严令,兵员 7000 人的戒严部队随即进入临战状态。驻守仙台的第 2 师团和驻守宇都宫的第 14 师团的 6000 余士兵赶来增援,在兵变部队占据地区的四周部署了大量坦克车;海军联合舰队的第 1 舰队奉命封锁东京湾,将炮口指向预设的射击目标,兵变部队被团团包围。清晨 5 时零 5 分,天皇下达了勒令兵变部队官兵立即返回营房的"奉敕命令",大失所望的兵变部队军心动摇。自 29 日凌晨起,通过无线电广播和飞机散发传单《告士官士兵书》,勒令兵变士兵重返军营。当天下午 2 时,兵变部队投降。为首的香田清贞、安藤辉三、栗原安秀等 20 余名"皇道派"青年军官被逮捕,拘押在陆军卫戍监狱。经过军事法庭 4 月 28 日的审判后,7 月 5 日予以宣判,7 月 12 日对香田以下 14 名军官实行枪决。其余 20 余名与兵变相关的青年军官分别被判处年限不等的徒刑。翌年 8 月 19 日,将复员的村中、矶部和北一辉、西田税、龟川哲也等民间法西斯分子押上刑场处决。

"二·二六"事件过后,"统制派"的军内整肃随即展开:真崎甚三郎一度锒铛入狱,而后予以无罪释放;其余的"皇道派"高级军官虽被免于追究,大将荒木、中将香椎浩平和小畑敏四郎等编入后备役,山下转任华北方面军参谋长和第 4 师团长。"皇道派"被彻底击垮,与财阀结合在一起的"统制派"掌握了日本法西斯化的主导权。至此,军内围绕着法西斯化方针而展开的 5 年血腥争斗,终于尘埃落定。"统制派"的"先外后内"方针彻底取代了"皇道派""先内后外"方针,并且随着"统制派"独揽权力,"先外后内"方针也顺应形势而转变为指导日本法西斯化进程的总方针"以外制内"方针。推行这条方针的军部核心势力,多为梅津美治郎、东条英机等逞凶于侵华战争的高级军官。这样,日本国内的法西斯化进程愈加与侵华战争紧密相关,形成恶

---

① 《本庄日记》,原书房,1979 年,第 274—278 页。

性循环的互动关系。

四 法西斯政权的登台

　　1936年3月9日,在满足军部排除吉田茂等"自由主义者"要求后,被外交元老重光葵称之为"军部的工具"的广田弘毅内阁成立。① 本身就是个法西斯政客的广田,在内政外交上,与军部配合默契。3月24日,广田内阁向军部厌恶的"自由主义"开刀,内务省通告禁止纪念"五一"国际劳动节的集会游行,取消了大正"德谟克拉西"仅存的成果。3月25日,向驻东京的各国记者表明了内阁的执政方针:"对外则积极,对内则缓进。"② 表明新内阁完全接受"统制派""以外制内"的方针,即通过对外侵略战争来带动国内的法西斯化。"化"的过程是渐进而非急进,方式平缓而非激烈。5月18日,恢复了陆海军大臣、次官的现役武官制,为军部操纵政权提供便利条件。6月8日,军部通过《帝国国防方针》并修订了第3次《用兵纲领》。这个新的陆海军扩军计划主张:陆军保有50个师团,配置142个航空中队;海军保有战舰、航空母舰各12艘,配置65个航空中队。③ 庞大的军事预算随之提上日程,广田内阁予以积极配合,尽最大可能满足军部的要求。8月7日,广田内阁开始实行军部大臣出席的少数阁僚决定大政方针的制度,组建了首相、陆相、海相、外相、藏相等五相会议和首相、陆相、海相、外相等四相会议。

　　五相会议通过的《国策基准》(也称《基本国策纲要》)强调:"鉴于帝国内外形势,必须确立的帝国根本国策事是:外交与国防结合,在确保帝国在欧亚大陆地位的同时,向南方海洋扩张发展。"为此,需要"我国对外方针政策上始终贯彻的指导精神",即"排除列强在东亚的霸道政策,展现基于真正共存共荣主义,相互幸福的皇道精神";"充实足以确保帝国地位的国防军备";"期待满洲国的健全发展和日满国防的稳固";"谋划我民族对南方海洋、特别是南洋方面的经济发展"。为此,要"整备国防军备","陆军军备以能够对抗苏联在远东使用的兵力为目标";"海军军备足以确保针对美国的西太平洋制海权所需的兵力"。在国内,"统一指导舆论","巩固国民的觉悟";"振

---

① 重光葵:《日本侵华内幕》,解放军出版社,1987年,第78页。
② 袁旭等编著:《第二次中日战争纪事(1931.9—1945.9)》,第88页。
③ 《近代日本综合年表》(第二版),第308页。

兴推行国策所必需的产业及贸易,为此适当改善行政机构和经济组织",等等。① 同日,四相会议通过的《帝国外交方针》强调"帝国外交的核心方针是:为确立东亚的永久和平,完成帝国的生存和发展方针,培育满洲国,使日满特殊而不可分割的关系日益巩固。以世界的眼光,一面自主地调整与苏联、支那两国的关系,一面设法向南洋方面进行和平扩张,由此实现东亚的安定。"对华政策构成广田内阁外交方针的重点,即"力求实现以共存共荣为基础的日华合作";"在华北方面,促成与日满支共同防御苏联扩展赤化的特殊地区"。与此同时,力求增进日美关系,调整日英关系,"根据必要,实现日德合作","以牵制苏联"等。②

乍看起来,广田内阁提出了"北进"、"南进"和"西进"同时并举的多线外交方针。但在实际上,日本的基本国策仍以"西进"即侵华为中心,"北进"和"南进"是对"西进"成果的确保和扩充。直至"七七"事变之前,广田内阁接连提出一系列的对华方针,其密集程度,超过此前历届内阁。1936年8月11日,广田内阁通过《对中国实施的策略》,分3方面加大侵略力度:(1)对华北,"先逐渐专心一意地完成冀察两省的分治,对于其他三省,特别是对于山东省,则努力以防共、亲日和日满华经济合作为重点,进行各种工作",使华北成为"防共、亲日满的特殊地带","成为实现日满华三国合作互助的基础";(2)对南京政府,"由两国军事专家组成的秘密专门委员会"来"签订防共军事协定","使国民政府聘用日本人担任最高级的政治顾问,参与国民政府的内政、外交等方面的机要工作",聘用日本人担任"军事顾问和军事教官","促进日华经济合作";(3)对中国其他地方政权,"使这些局部政权推行亲日政策,力求扩大我方的权益,同时主要目的在于由此使南京政权改变对日态度"。③

同日,广田内阁还通过了继同年1月13日冈田内阁提出的第一次《处理华北纲要》之后的第二次《处理华北纲要》,强调"处理华北的要点是实现注重华北民众的分治政治",提出的政策是"对该地区政权采取从内部领导的方式;同时使南京政权确实承认华北的特殊性,对华北分治不采取牵制行动;进一步给予华北政权以一种特殊的而又总括性的自治权限",使"冀东政权"成为"冀察政权的模范",推进两者的"合流","形成华北五省分治";在经

---

① 日本外务省编:《日本外交年表及主要文书》下卷,第344页。
② 同上书,第345—346页。
③ 《日本帝国主义对外侵略史料选编(1931—1945)》,第201—203页。

济上,"形成以日人和华人共同一致的经济利益为基础的日华不可分割的态势,以有利于华北无论在平时战时都能保持亲日态度",成为日本国防军需铁、煤、盐等资源的供应地和日本资本的投资场所。①

1936 年 12 月,"西安事变"的骤发及其和平解决,在中国出现国共合作、一致对外的新转机。陆军省反应迅速,在 12 月 14 日制定的《西安事变对策纲要》中,强调基本方针是"帝国仍然坚持既定的对华方针和政策,力求其实现,同时,特别以公正的态度,对待本事件,不遗余力地抓住中国的民心"。为此,"纲要"列举了以下要点:"依照既定的外交方针和对华实施政策继续推进";"帝国的防共态度,必须更加鲜明";"把绥远政权引向反共,以制止苏联的潜在的活动";在日侨和日本的权益受到侵害时,"不失时机地采取自主的手段";"严加警惕"欧美列强"乘机通过恩赐的行动,赢得南京政权和其他各地方政权等的欢心,阻碍东亚和平"。②

遵循上述稳固对伪"满洲国"的殖民统治、实现华北分治,突出包括征服民心在内的蚕食中国的"西进"侵略方针,至 1937 年 1 月 23 日广田内阁总辞职,日本政府采取了一系列行动。1936 年 4 月,撮合伪"冀东防共自治政府"与伪"满洲国"订立《互助协定大纲》。5 月 6 日,华北驻屯日军与冀察政务委员会订立《华北防共协定》,禁止南京政府的军队进入冀察。在关东军多路围击东北抗日联军,中朝战士奋战于白山黑水的紧急关头,广田内阁于 5 月 9 日制定《向满洲移住农业移民百万户计划》,准备在 20 年内向东三省移民 500 万人。8 月日军出动,掩护伪蒙边防军李守信部进犯绥东地区。9 月外务省训令驻华大使川樾茂向国民政府外长张群提出经济合作、华北五省自治、驻军长江沿岸和海南岛、中国的教科书删除"反日宣传"的内容等五项要求。10 月,华北驻屯军司令田代与宋哲元订立《华北经济开放协定》,日本取得修筑天津至石家庄铁路、塘沽港和开采龙烟铁矿、井隆煤矿的权利。12 月,日本飞机猛烈轰炸百灵庙抗敌守土的中国军队,援助蒙汉傀儡政权,③ 扩大对华北的侵略。

在外交上,广田内阁采取的重大行动,是在 1936 年 11 月 25 日与纳粹德国签订了《反共产国际协定》。这份标榜反共的"协定"共有 3 条,即(1)"缔约国约定,相互通报关于共产国际的活动,为采取必要的防卫措施进行

---

① 日本外务省编:《日本外交年表及主要文书》下卷,第 347—348 页。
② 《日本帝国主义对外侵略史料选编(1931—1945)》,第 207—208 页。
③ 袁旭等编著:《第二次中日战争纪事(1931.9—1945.9)》,第 88—89、91、93—95 页。

协商,并通过紧密的合作,以实施以上的措施。"(2)"缔约国对于国内安全因共产国际的破坏工作而受到威胁的第三国,应根据本协定的宗旨采取防卫措施,或共同进行劝说,使其参加本协定。"(3)"本协定自签订之日起实施之,并在五年内有效。缔约国应在期满前的适当时期,就以后两国合作的方式取得谅解。"①

在协定签订之前的 11 月 13 日,外相有田八郎在枢密院审查委员会上,解释了日德两国缔结此协定的原因,即第一,苏联通过实施五年计划,"以异常的力量,强化了在远东地方的军备",在竭力稳定与欧洲国家的关系后,"苏联将加强对东亚的压力";第二,"由于苏联和共产国际互为表里",鉴于欧洲各国的政治、经济基础巩固,苏联"将赤化工作的主要目标转移到东亚","共产国际通过中国共产党的对华活动,自第七次大会以来,采取了建立抗日人民战线的新战术","领导中共满洲委员会","赤色游击队在满洲各地出没";第三,"苏联对远东军事压力的增强和共产国际的赤化工作,成为日满两国安全的直接威胁和我国推进东亚政策的最大障碍";第四,"德国自1933 年希特勒建立纳粹政权以来,实行激烈的反共政策","在对苏和对共产国际方面,与帝国的立场一致,能够在国防和赤化对策上,与帝国协调合作",等等。② 总之,出于各种考虑,尤其是忧虑"满蒙"失之于苏联,在反共产国际名义下,日本与纳粹德国形成联盟关系。这是日英同盟解体,经多年徬徨与动荡之后,日本做出的重大外交抉择。在与欧洲大国缔盟的抉择中,日本并非偶然地选择了德国。两国在崇尚军国主义、法西斯极权统治和顽固反共、对抗美英等国主导地位等方面,可谓沆瀣一气。1937 年 11 月 6 日,随着意大利的入盟,欧亚法西斯轴心国集团形成。

1937 年 2 月 2 日,林铣十郎组阁。林内阁继承了广田内阁的对华侵略政策,在 2 月 20 日提出的第三次《处理华北纲要》中,仍然坚持"在该地区造成牢固的防共、亲日满地带,以利于取得国防资源和扩充交通设备。其一,预防苏联的入侵满洲。其二,奠定实现日满支三国合作互助的基础"。③ 同年 4 月 16 日,外务、陆军、海军、大藏相等四相会议,同时制定了《对华实施策略》和《华北指导方针》。《对华实施策略》继续要求国民政府"取缔排日言行"、"招聘日籍顾问"、"开通上海至福冈之间的航空联系"、"降低关税"等。

---

① 日本外务省编:《日本外交年表及主要文书》下卷,第 352—353 页。
② 同上书,第 350—351 页。
③ 同上书,第 356 页。

其中,新提出的"逮捕、引渡不法的朝鲜人","解决上海及其他地方的不祥事件"等要求,表明韩国临时政府领导下的反日抗争行动已上升为外交问题。对华北的基本目标不变,但根据形势的变化,强调"不进行谋求华北分治,或者可能造成中国内政紊乱的政治工作,在努力消除内外的疑虑和中国对日本不安的同时,加强指导并使中国方面进而在经济资源的开放、交通的发展、文化关系的提高等方面进行合作";对其他地方政权,以"取得实质性的合作"、"扩大我方的权益"以及"酿成整个中国总的亲日倾向"为重点,"不采取助长统一或分裂地方政权的援助政策"。①

《华北指导方针》仍坚持"使华北实质上成为牢固的防共、亲日满地带"和"奠定日满华三国合作互助基础"的基本立场,但强调为此"首先倾注主要力量于以华北民众为对象的经济工作","集中精力于以华北民众安居乐业为本旨的文化、经济工作",理由是华北地区的"地理特殊性,以前往往使中国和其他国家误解,即帝国企图在停战地区扩张,推进满洲国的国界乃至华北独立。因此,今后在实施华北政策措施时,应严格避免采取造成这种无谓误解的行动"。②林内阁看到了解决包括华北问题在内的日中矛盾的复杂性,军部强硬势力却只顾蛮干。1936年5月,军部擅自将驻扎在天津的2000名中国驻屯军增加到6000余名,并借口驻扎需要,强行在丰台修建兵营。③同年6月和9月,日军蓄意制造了两次"丰台事件",挤压当地中国第29军的驻军,并将中国驻屯军步兵旅团第1联队第3大队派驻丰台,夺占京津战略枢要之地。配合日军的侵略行动,参谋本部和海军军令部对华实施军事打击的好战论调也越唱越高。

1937年5月31日林铣十郎内阁总辞职,6月4日,贵族近卫文麿奉天皇之命,组成第一届近卫内阁。在当天举行的首次阁僚会议和记者招待会上,近卫声明要"缓和国内的相克和摩擦",实行"社会正义"和"国际正义";所谓"正义",即"分配的公平","不实现国际正义,就没有和平";强调必须消除"有所持之国"与"无所持之国"的对立,"公平分配世界的领土"。为此,提出"实现国际正义的方法",必须拥有"(一)获得资源的自由"、"(二)开拓销路的自由"以及"(三)开发资源所需要的劳动力移动的自由"等"三大自由"。近卫把日本说成是"无所持之国","必须确保我民族自身的生存权,我国的

---

① 日本外务省编:《日本外交年表及主要文书》下卷,第360—361页。
② 同上书,第361页。
③ 胡德坤:《中日战争史(1931—1945)》,武汉大学出版社,1988年,第108页。

大陆政策是确保这一生存权的必要基础",云云,① 摆出了对外好战和强硬的姿态。同年6月9日,关东军参谋长东条英机和陆军省次官梅津美治郎、参谋本部次长今井清提出《关东军关于对苏对华战略的意见书》,主张"从准备对苏作战的观点来观察目前中国的形势";"如为我武力所许,首先对南京政权加以一击,除去我背后的威胁,此最为上策",理由是南京政权"对于日本所希望的调整邦交一事,丝毫没有作出反应的意思,如果我方对它进而要求亲善,从它的民族性来看,反而会增长其排日侮日的态度,造成所谓'吹毛求疵'的结果"。② 近卫内阁和军部之间在对华政策上大幅度靠近,军部势力的影响越来越大。

第三节 全面侵华战争与法西斯化的完成

在"九·一八"事变之后近6年间,日军蚕食行动逐一得手,对华北的主要城市构成包围的态势。1937年7月,"卢沟桥事变"骤发,日本制造的局部侵华战争急遽升级为全面侵华战争。出乎日本政府和军部意料,中国军民的顽强抵抗,使日军速战速决的图谋破产。无奈之下,日本统治者只能加快法西斯体制组建的步骤,继续法西斯道路的冒险,在表面上"战功赫赫"的背后,"大日本帝国"败亡的前景已隐约可见。

一 全面侵华战争的爆发

1937年7月7日下午,中国驻屯军步兵旅团第1联队第3大队第8中队大尉中队长清水节郎率领荷枪实弹的士兵,离开了丰台兵营,向距离卢沟桥西北约1公里的龙王庙进发。按照"黄昏时接近敌主要阵地"与"拂晓时的攻击"的预定科目,在龙王庙附近的永定河堤至大瓦窑实施演习。当时,大约200余名中国士兵在河堤上构筑工事。薄暮时分,日军开始演习,"指挥官和其他有特殊任务的人,开始到前面活动,一般部队在天完全黑了以后,向前方200米一线的假想敌移动"。此时,中国士兵"即使干完了工作,也没有显出回兵营去的样子"。晚上10时半左右,日军前一阶段的接敌演习结束,中队长清水命令传令兵向各小队长和假想敌司令传达演习中止和

---

① 矢部贞治:《近卫文麿》(上),弘文堂,1952年,第387—389页。
② 《日本帝国主义对外侵略史料选编(1931—1945)》,第228页。

集合的命令。但是,"骤然间假想敌的轻机关枪开始射击起来","是那边的部队不知道演习已经中止,看到传令兵而射击起来了"。① 清水接着说:"这时,突然从后方射来几发步枪子弹,凭直觉知道的确是实弹。可是,我方的假想敌,好像对此还没有注意到,仍然继续进行着空弹射击。"清水命令赶紧吹号集合,"这时,从右后方靠近铁路桥的河堤方向,又射来了十几发子弹。环顾前后,看到卢沟桥的城墙上和河堤上有手电似的东西一明一灭(似乎在打什么信号)"。"中队长正分别指挥逐次集合起来的小队作好应战准备的时候,听到了一名士兵行踪不明的报告,就一面立即开始搜索,一面向在丰台的大队长报告这种情况,等待指示。"20分钟后,这个名叫志村菊次郎的"行踪不明的士兵,不久就被发现了",清水再次派传令兵向大队长一木清直报告失踪士兵归队的消息。随后,"好像在东北方的高粱地里出现了怪火,终于决意撤离当地,向西五里店移动,子夜一时左右到达那里,待机而动"。但是,不待清水的第二次报告送达,驻北平联队长牟田口廉也命令驻丰台的第3大队主力部队出动,赶赴现场增援。②

以上情节,来自当事者清水的《笔记》。从中可以看出:其一,当天日军实施的演习,完全按照实战的需要进行;演习现场气氛紧张,造成一触即发的态势。其二,"不明射击"、"手电光照"和高粱地的"怪火"究竟是何人所为,疑团重重,断然认定全系中方所为,缺乏证据。其三,失踪的士兵迅速归队,制造事端的借口不复存在,但日军指挥官蓄意扩大事态,导致局面失控。一桩本来可以就地及时解决的问题,在日军的预谋中,再次被"柳条湖事件"化。另据时任驻华大使馆武官辅佐官今井武夫的回忆,早在6月下旬,净土真宗西本愿寺的首脑大谷光瑞前来探听消息之后,"担心在华北会突然爆发了什么事件"的参谋本部第一部长石原莞尔,就秘密委托陆军省军事课的高级课员冈本清福中佐来北平观察"柳条湖事件重演"的迹象。因为"那时候,东京政界的消息灵通人士中,流传着这样的谣言:7日深夜会在华北重演柳条湖事件。对此大吃一惊的军部和政府的一部分消息灵通人士,似乎不约而同地秘密派人去考察了一番"。③

当时,关东军和中国驻屯军已从北、东和西南等方向对第29军形成包围,占据武器装备和军事部署上的优势。志在必得的日军不择手段,故意挑

---

① 《日本帝国主义对外侵略史料选编(1931—1945)》,第234—235页。
② 同上书,第235—236页。
③ 同上书,第230—232页。

起军事冲突。7月7日午夜12时,日本驻北平的特务机关长松井太久郎无理要求进入宛平城搜查,被第29军副军长秦德纯拒绝。8日凌晨2时许,河北省第3区行政专员兼宛平县长王冷斋等奉秦德纯之邀,前往北平会见松井时,第1联队的日军乘机占领了沙岗,自清晨5时30分开始,多次进攻宛平城,遭到第29军第37师第110旅第219团吉星文部的顽强抗击。战至下午6时5分,日军动用大炮轰击宛平城。入夜,第29军第37师第110旅何基沣部反击,收复了卢沟桥以北的铁路桥和龙王庙。9日凌晨2时,秦德纯、第38师师长张自忠与松井、驻屯军参谋长桥本群达成停战协议,内容包括:(1)双方同意停止射击;(2)日军撤回丰台,中国军队撤至永定河西岸;(3)至9日上午9时,宛平城由人数为200—300名中国保安队接防等。① 中方信守协议,第29军部队撤出,保安队自北平前往宛平城换防。日军却背信违约,占据沙岗拒不撤离,旅团长河边正三试图乘中国军队换防之机,强占宛平城。至此,"卢沟桥事件"告一段落,日军预谋基本得逞。

卢沟桥发生冲突的消息传开后,驻奉天的关东军和东京的军部、内阁立即发出了战争的叫嚣。7月8日,日本驻北平特务机关辅佐官、关东军大尉十政信,鼓动联队长牟口田说:"关东军支持你们。彻底地扩大下去吧。""田中隆吉到天津来,煽动驻天津的日军幕僚人员。"② 7月10日,参谋本部决定出动关东军独立混成第1、第11旅团、6个飞行中队和驻朝鲜的第20师团,同时向国内的第5、第6、第10等3个师团发出动员令。③ 11日,近卫内阁举行紧急会议,作出了处理被阁议称之为"华北事变"的紧急决定。阁议内称:"毋庸置疑,此次事件完全是中国方面有计划的武力抗日行动。认为:不仅要尽速恢复华北治安,而且中方必须对非法行为,当然包括对排日、侮日行为谢罪并保证今后不再发生此种行为。军队应在关东军及驻朝军队紧急派出部队增援中国驻屯军的准备的同时,也有必要在国内动员必要的部队,紧急派往华北。"④ 近卫内阁随即发表《关于派兵华北的声明》,毫无根据地指责中国第29军"在7月7日半夜于卢沟桥附近进行非法射击"而导致"冲突的发生","7月10日夜,突然再次非法进攻,造成我军相当伤亡","对和平谈判毫无诚意","毫无疑问,这次事件完全是中国方面有计划的武

---

① 胡德坤:《中日战争史(1931—1945)》,第119页。
② 《日本帝国主义对外侵略史料选编(1931—1945)》,第236页。
③ 今井武夫:《与中国的战争》,《近代战争》5,人物往来社,1966年版,第65页。
④ 日本外务省编:《日本外交年表及主要文书》下卷,第365—366页。

力抗日行动","由此,政府在本日内阁会议作出重大决定,采取与派兵华北有关的政府所必须采取的措施"。①

7月11日,第29军第38师师长张自忠与驻屯军参谋长桥本群达成停战协定,接受了日方的基本要求,同意:(1)第29军代表向日方道歉;(2)卢沟桥附近驻军撤退,改由保安队维持秩序;(3)取缔抗日团体。② 签订停战协定为日军赢得调兵遣将的时间,12日,新任中国驻屯军司令香月清司来到天津后,立即命令集结部队,展开攻击。25日,中日军队因驻朝20师团的1个中队强占廊坊火车站而发生武装冲突。26日,因日军硬闯广安门,再次发生冲突。当天,香月无理要求驻扎在北平的37师"至28日中午先经过平汉线以北地区,转移到永定河以西地区,尔后开始将军队陆续运送到保定",否则,日军即"采取独立行动,因此产生的全部责任均由贵军承担"。③香月居然骄横到对第29军发号施令的地步,遭到中国军队的拒绝。27日,中国驻屯军发表大打政治牌的声明,宣称:"至此,和平解决的方法已经用尽,只得动用膺惩之师而令人遗憾。日本军队之敌是敢于抗日挑战的中国军队,并非华北的一亿民众。日军期待迅速恢复治安,增进民众的福祉。"④ 在东京,近卫内阁的书记长官风见章发表了日军将"被迫采取自卫行动"的谈话。上述所有的通告、声明和谈话都沿用了"九·一八"事变以来惯用的手法,即军事侵略与心理战相辅相成,使得日本的侵华战争具有强烈的政治性和欺骗性。

7月28日,得到天皇批准和参谋本部指令的中国驻屯军在关东军和驻朝日军的增援下,撕毁其自身规定的时间表,出动陆空立体打击力量,攻击驻守北平南苑和西苑的中国驻军。第29军官兵奋起抵抗,副军长佟麟阁、第132师师长赵登禹阵亡,部队撤往保定,日军占领北平。29日,关东军进攻天津,中国守军撤离,天津陷落。就在同一天,参谋本部制定了《对华作战计划》,提出:(1)"在平津地区","以中国驻屯军约四个师为基干","对中国军队尽力加以沉重打击";(2)"根据情况,以一部分兵力,在青岛及上海附近作战";(3)"以五个师归中央直辖,可以适应形势变化,做好准备",⑤ 进行了多个方向展开进攻、后备部队陆续投入的全面部署。这个计划得到了海

---

① 日本外务省编:《日本外交年表及主要文书》下卷,第366页。
② 袁旭等编著:《第二次中日战争纪事(1931.9—1945.9)》,第105页。
③ 今井武夫:《与中国的战争》,《近代战争》5,第67页。
④ 同上书,第68页。
⑤ 《日本帝国主义对外侵略史料选编(1931—1945)》,第238页。

军的积极支持。实际上,早在"七七"事变爆发后的第五天,即 7 月 12 日,海军军令部就制定了两阶段作战方案,即第一阶段:海军配合陆军在华北的作战;第二阶段:在陆军配合下,在上海进行作战,将战争从华北扩展到华中和华南地区。① 这样,发生在 7 月 7 日的"卢沟桥事变",在日本军政当局蓄意扩大事态方针的推动下,扩展为全面侵华战争。

军部重施"九·一八"事变后在上海挑起"一·二八"事变的故伎,在陆军策动"七七"事变 1 个月后的 8 月 9 日,日本海军陆战队在上海虹桥机场挑起武力冲突。10 日,陆海军当局据此决定出兵上海。12 日,陆军省命令军队向上海和青岛出动,发动多点进攻。8 月 13 日,近卫内阁决定向上海派兵;同日,日本海军陆战队在上海发起攻击,史称"八·一三"事变。

8 月 15 日,在日本海军航空队机群越洋轰炸南京的轰鸣声中,近卫内阁发表《关于卢沟桥事件的政府声明》,把发生冲突的原因归结为南京政府的"排日抗日"、"反日侮日",而日本政府则"采取在忍耐中复求忍耐的不扩大事件的方针,力求和平且就地处理事变";"南京政府拒不听取我方劝告","军队北上,威胁我支那驻屯军","在上海炮击我军,轰炸帝国军舰","帝国政府早已达到忍耐的极限,如今被迫采取断然措施,以膺惩暴戾的支那军队,以促使南京政府幡然悔悟";强调日本对中国"一般无辜的大众并无敌意,尊重列国权益",云云。② 如同"九·一八"事变以来历届日本政府发表的欺骗文告一样,近卫内阁的这份政府声明,是另一篇贼喊捉贼的自供状。同日,以松井石根大将为上海派遣军司令,并由第 3(师团长中将藤田进)、第 11(师团长山室中武)师团组成的上海派遣军,紧急投入淞沪会战。8 月 17 日,近卫内阁举行会议,决定"放弃不扩大方针,筹划战时形势下所需要的各种准备对策"。③ 近卫内阁的"准备对策",既包括将侵华战争急剧升级,也包括加快组建国内战时体制和加快法西斯化的步伐。在 1936 年 8 月广田内阁实行准战时体制的基础上,1937 年 11 月,在东京的皇城内设置战争统帅部大本营,内分陆军部和海军部,协调侵华战争的部署。大本营的设置,为建立侵华战争的指导机构,即大本营政府联络会议做好了准备。

---

① 防卫厅防卫研究所战史室:《战史丛书》86,《中国事变陆军作战》1,朝云新闻社,1975 年,第 186—187 页。
② 日本外务省编:《日本外交年表及主要文书》下卷,第 369—370 页。
③ 《日本帝国主义对外侵略史料选编(1931—1945)》,第 240 页。

二 加快法西斯化的步伐

适应侵华战争的需要,对国民思想加以严密控制,是法西斯化不可缺少的环节。在日本,由于帝国宪法赋予天皇总揽统治权,天皇始终是日本法西斯团体尊崇的国家元首和效忠对象,法西斯化伴随着狂热崇拜天皇的思想的灌输和宣扬,是日本法西斯形成进程中的独有特色。在这个意义上说,日本法西斯化即为天皇制法西斯主义体制的组建过程。

早在1935年1月,从帝国议会到民间法西斯团体,已掀起围攻美浓部达吉"天皇机关说"的狂潮。此后,对"天皇机关说"的围剿愈演愈烈,涉及的范围越来越大。美浓部、末弘严太郎等法学教授成为众矢之的。在2月举行的帝国议会上,美浓部运用宪法学理加以驳斥,在肯定天皇是一切统治权能的"最高源泉"的前提下,强调"第一,天皇统治大权并非法律上的权力而应视为权能;第二,并非万能无限的权力,而应视为依据宪法条款行使的权能",即"天皇大权并非属于天皇一人的私权,而是天皇作为国家元首行使的权能"。① 美浓部的抗辩虽赢得了掌声,但围剿"天皇机关说"声浪却愈发甚嚣尘上。3月,众议院作出《有关国体的决议》,宣称"明徵国体本意、人心归一乃目前最大的要务";要求"政府对与我崇高无比国体不相容的言论,必须立即采取断然措施"。② 4月,东京都、京都和大阪2府、北海道和32个县的国体拥护联合会、皇道会、黑龙会、在乡军人会等140余个民间法西斯团体,也向政府施加压力,要求罢免美浓部及其支持者的公职。

1935年8月和10月,冈田内阁发表两次政府声明,排斥"天皇机关说"以"国体明徵",把"国体论"作为统一国民思想运动的核心而大肆宣扬。在冈田内阁的第一次政府声明中,称颂源于建国神话的"国体论"说:"我国之国体,以天孙降临之际、神敕所明示者为据,万世一系之天皇统治之国,宝祚之隆,与天壤无穷","若此统治权不在天皇,而认为天皇乃行使统治权的机关,则完全违背了我国为万邦无比国体之本义"。在第二次声明中,明显提高了抨击"天皇机关说"的调门,强调"天皇乃我国统治权之主体",宣称"我国国体之本义"乃"帝国臣民绝对不可动摇之信念",但"随意援引外国事例

---

① 社会问题资料研究会:《以所谓"天皇机关说"为契机的国体明徵运动》,《社会问题资料丛书》第1辑,东洋文化社,1975年,第111、106、110页。
② 同上书,第116页。

比拟我国国体,以为统治权主体非天皇而是国家,天皇是国家机关等所谓天皇机关说违背了我神圣之国体,其歪曲国体本义无以复加,必须严加芟除。政教及其他百般事项,要基于万邦无比之我国体本义,并显扬其真髓"。①在"国体明徵"的名义下,美浓部的《逐条宪法精义》《宪法撮要》等著作被禁止发行,本人被扣上"学匪"、"逆贼"大帽子,被迫辞去贵族院议员之职,甚至连美浓部的老师、"国家法人说"论者、枢密院议长一木喜德郎也因此而受到牵连。田畑忍的《帝国宪法逐条要义》、森口繁治的《帝国宪法论》等 34 部著作被勒令毁版,学术界噤若寒蝉。1936 年 2 月,法西斯暴徒小田十壮还出演登门刺杀美浓部的闹剧,恣意制造恐怖气氛。在扫荡欧美自由主义的声浪中,随着大正"德谟克拉西"理论支柱之一的"天皇机关说"被彻底镇压,"国体论"、"皇国论"、"家族国家论"等宣扬天皇绝对权威的谬论畅行无阻。

上述思想上的法西斯化运动,并非孤立的。在各种刺激因素中,服务于侵华战争的需要,是其中一个极为重要的因素。1937 年 3 月,作为剿灭"天皇机关说"的阶段性总结,文部省教育局向全国学校和社会教化团体颁发了《国体本义》,首次以政府教育部门的名义来阐发《教育敕语》中有关"国体论"标准含义。其《绪言》将社会主义、无政府主义、共产主义等"基于个人主义"的"西洋近代思想",以及与之相反的集权主义、国民主义、法西斯主义、纳粹主义等统统归入"走投无路"的思想,而将日本的"国体论"视为"万古不易"的"日本独有的立场";鼓吹"在看透西洋思想本质的同时,我国民真正体会国体之本义","不仅能够解决今天国民思想的相克、生活的动摇和文化的混乱,而且为如今陷入个人主义困境的世界人类找到出路"。其正文《大日本国体》将《教育敕语》起首的关于教育渊源的两句话,解释为:"大日本帝国由万世一系之天皇奉皇祖神敕而永远统治,此乃我万古不变之国体,基于此种大义,作为一大家族国家,亿兆一心,奉体圣旨,发挥恪守忠孝的美德。此即我国体的精华。此国体即是我国永远不变之大本";强调:"臣民拥戴天皇,既非所谓义务,也非服从统治力,而是本心难以抑制的显现,渴仰随顺地以身侍奉至尊。"② 公开要求师生心甘情愿地效忠并追随侵华战争中号召一切的天皇。

至于近卫内阁发起的"国民精神总动员"运动,更是在"诚惶诚恐体味圣虑深远"的名义下,以赢得侵华战争为目标。1937 年 8 月 14 日,近卫内阁发

---

① 历史科学协议会编:《史料日本近现代史》2,第 188 页。
② 同上书,第 233—234 页。

起统一国民思想运动,首先在思想、精神上加紧战争动员。8月24日通过了《国民精神总动员实施纲要》,宣称"在以举国一致、坚忍不拔精神对应目前时局的同时,为克服今后持续的艰难,愈益辅翼皇运,官民一体,发起一大国民运动",即国民精神总动员运动。作为实施机构,中央部门以情报委员会、内务省、文部省为制订计划主管官厅,地方则以道府县、市町村各级官吏为中心,组成地方实行委员会或团体,开展运动。此外,各公司、银行、工厂、商店以及报纸、杂志、音乐、演艺、电影业者也都被动员起来,为运动服务。①同年10月12日,在内相马场瑛一和文相安井英二的指导下,成立了国民精神总动员中央联盟,海军大将有马良橘出任会长。一场举国一致于"国体论"的国民思想统一运动,借助于灌输天皇制意识形态的精神总动员而愈演愈烈,个人主义、自由主义思想被悉数封杀,与侵华战争挂钩的思想法西斯化运动紧锣密鼓地开展起来。

同日,国民精神总动员中央联盟在其《声明》中,公开鼓动对坚持抵抗的中国政府只能"断然纠正其错误,剪除祸根",宣称"这是我皇国的崇高使命";号召后方的国民"以奉公的至诚","体奉圣旨,遵循国体本义,举国一致、坚忍持久,克服时艰,完成皇国的大使命,辅翼皇运"。②1939年3月,平沼骐一郎内阁增设了国民精神总动员委员会,由法西斯头目荒木贞夫充当委员长。4月,这个委员会制定了《重新开展国民精神总动员的基本方针》,开宗明义的第一句话,就是"支那事变如今正在东亚新秩序的建设中展开,国际形势可谓举世前途艰难"。"为对应今后重大的新局面,必须进一步强化国民精神总动员运动,推进物心如一的实践运动"。所谓"物",即"积极协助扩充生产力、动员物资、调整物价的经济国策";所谓"心",就是"作为皇国臣民,进一步加强精神团结,振作新东亚建设承担者应当充满的精神力量,涵养卓绝的国民道德",③竭尽全力从精神和物质两个方面,鼓动国民支持侵华战争。

1939年8月,平沼内阁在城乡普遍建立国民精神总动员运动郡市联盟会、町村分会和邻保组,竭力灌输尊皇奉公、投入侵华战争思想的基础上,通过了从9月开始的每月一天举国实行"兴亚奉公日"活动的决议,届时,要求每个国民向"护国英灵"致谢,为"阵亡勇士"扫墓,向前线寄送慰问信和慰问

---

① 《资料日本现代史》10,《日中战争时期的国民动员》(1),大月书店,1984年,第46—47页。
② 历史科学协议会编:《史料日本近现代史》2,第236—237页。
③ 同上书,第237页。

袋,看望在后方治疗的伤病军人,拼命劳动,节衣缩食,停止喝酒吸烟,将当天的零用钱储存起来,等等。① 在"翼赞兴亚大业"、"一亿人一心竭诚奉公"的口号下,② 把日本列岛变成了精神高度紧张,个人私生活受到严格限制的大兵营,为最终完成法西斯化铺平道路。

与思想、精神上加快法西斯化相配合,物质统制的手段也在侵华战争的升级过程中,越来越彻底。1937年9月召开的第72届临时国会设置了专司调集战费的临时军费特别会计,通过了《临时资金调整法》、《军需工业动员法》等"战时统制三法",着手组建军部与财界相结合的战时经济统制体制。1938年4月,公布了经第73届国会通过的《国家总动员法》。这个战争总动员法第1条对"国家总动员"的解释是:"在战时(包含准战争事变场合,下同)为达到国防目的和最有效地发挥国家的全部力量,统制并使用人力及物力资源。"第2、第3条规定为,被纳入"总动员物资",包括兵器、舰艇、弹药等军用物资,以及国家总动员所必需的被服、粮食、饮料、饲料、药品、医疗器械、船舶、飞机、车辆、马匹、通讯物资、土木建筑物资、照明物资、燃料及电力和敕令所指定国家总动员物资。此外,还包括金融、卫生、教育训练、试验研究、情报或启发宣传、警备和敕令指定并为国家总动员所需要的各类业务。第4条至第20条规定了政府可依据敕令,征用臣民和各团体从事总动员业务;政府得以防止或禁止劳动争议,规定劳动条件;政府控制物资的生产和消费乃至持有和转移、政府掌管输出和输入;政府限制或禁止新闻和出版物的发行;第32条以下,规定了违反该法的各种惩罚等。③《国家总动员法》在侵华战争的背景下,以"达到国防目的"为理由,从人和物的两个方面加紧统制,并在敕令的名义下,赋予政府广泛而无限制的权利。以该法的颁布和实施为标志,日本加快进入战时体制。

1939年7月8日,平沼骐一郎内阁援用《国家总动员法》第4条,发布了敕令《国民征用令》。该政令规定:从事军需生产等国家总动员业务者,为国民征用对象;在通过职业介绍所不能满足需要的情况下,由军部大臣提出请求,由厚生大臣向地方官发布征用命令;地方官向被征用者送交载有其居住及就业场所、职业、技术程度、身体状况、希望等内容的征用令书,决定被征

---

① 历史科学协议会编:《史料日本近现代史》2,第238—239页。
② 历史学研究会编:《日本史史料》5,现代卷,第85—87页。历史科学协议会编:《史料日本近现代史》2,第238页。
③ 历史科学协议会编:《史料日本近现代史》2,第238页。

用者到指定军火生产部门报到。① 在发布《国民征用令》的同时,制定并实施了《劳务动员计划》,征用据同年1月《国民职业能力申报令》提出申报的国民。据统计,仅在当年就征用了国民学校的毕业生46.7万余人,其中女生为20.1万余人;适用总动员法的离职人员10.1万余人,其中女性3.1万余人;农民和农妇25.6万余人;城市未就业者男女13.7万余人,其中女性为4.2万余人;还有从朝鲜强制迁入的男子劳动力8.5万余人,总数达到113.9万余人,其中女性为38.1万余人。② 此后,随着侵略战争的逐步升级,学生和女性成为国民征用的主要来源,被强制押解到日本的朝鲜、中国劳工也越来越多。这样,从思想的禁锢到人身失去自由,从和平生活节奏被打乱到全国的兵工厂化,侵华战争带来的战时体制,使得日本身不由己地陷入天皇制法西斯统治的重重禁锢之中。

三 日军的战略进攻与中国军队的顽强抵抗

"七七"事变和"八·一三"事变之后,日本军部曾经沉浸在对战争前景的乐观之中,陆相杉山元向天皇裕仁打下了保票,狂言"一个月就可以收拾局面"。③ "速战速决论"冲昏了日本军部的头脑,误以为集中兵力实行闪电战打击,就可以在几个月内征服中国。军部首脑人物的狂言,倒也有一定的实力为依据。据统计,1937年日本工业总产值为60亿美元,是中国的4.4倍;钢产量为635万吨,是中国钢产量(含东北)的11.4倍;生铁产量为239.7万吨,是中国生铁产量(含东北)的3.6倍;石油为39.3万吨,是中国的1965倍;日本的军火工业能够大批量生产所有现代化的重型武器,中国只能生产轻武器。经济、科技水平的巨大差距,使日本一个陆军师团比中国整编师的步枪多1.5倍,机枪多1.1倍,野榴山炮多3.1倍;海军拥有的舰艇数量和吨位,分别是中国海军的4.4倍和20倍;拥有飞机1559架,是中国空军的2.6倍。④ 双方经济、军事实力的差距悬殊,致使日本军部狂傲无比。1937年7—8月之间,60余万日本陆军,在海军第2、第3舰队和航空兵的掩护下,集中兵力进攻华北和华东地区。

---

① 历史学研究会编:《日本史史料》5,现代卷,第87—88页。
② 同上书,第90页。
③ 《昭和天皇独白录》,《文艺春秋》1990年12月号,第116页。
④ 军事科学院军事历史研究部:《中国抗日战争史》(中卷),解放军出版社,2005年,第5页。

在华北地区,1937年8月31日,中国驻屯军扩编为华北方面军,陆军大将寺内寿一出任司令。华北方面军下辖2个军,第1军(军团长中将香月清司)由第6师团(师团长中将谷寿夫)、第14师团(师团长中将土肥原贤二)、第20师团(师团长中将川岸文三郎)组成;第2军(军团长中将西尾寿造)则由第10师团(师团长中将矶谷廉介)、第16师团(师团长中将中岛今朝吾)、第109师团(师团长中将山冈重厚)师团组成;方面军直辖第5师团(师团长中将板垣征四郎)、第108师团(师团长中将下元熊弥)和中国驻屯军混成旅(旅团长少将山下奉文)、临时航空兵团(兵团长中将德川好敏),共8个师团和1个旅团总兵力近40万人。① 9月4日,寺内寿一进驻天津,确定了主攻平汉线,在保定至沧州地区围歼中国军队的方针。9月13日,大同失守。9月24日,保定失陷。9月25日,八路军第115师在平型关聚歼第5师团第21旅团辎重部队千余人,颇有缴获。八路军首战告捷,鼓舞了中国军民的斗志。

10月11日,日军第20师团进攻娘子关,试图一举打通正太路。黄绍竑指挥部队与来犯之敌展开激烈的攻防战,八路军129师、115师伏击日军交通线,侧援友军。中国守军在长生口、雪花山、王家岭、关沟一线与日军展开激烈战斗。10月13日,日军第5师团、第15旅等部进犯忻口。第14集团军总司令卫立煌率部顽强抵抗,当日即毙伤日军3000余人;随后又在争夺南怀化等地的拉锯战中,与日军昼夜血战,牺牲极为惨烈,死战不退。其间,八路军第115师第334旅连克浑源、繁峙,独立团攻入灵丘、蔚县等多个县城,总计收复县城10座,打乱了日军的后勤补给线;第129师第769团夜袭代县阳明堡日军飞机场,击毁击伤飞机24架,支援忻口抗战的正面战场。② 26日,娘子关陷落。11月2日,中国军队在忻口战役中失利。此役中国军队伤亡数万,第9军军长郝梦龄等高级将领阵亡,日军付出伤亡2万余人的沉重代价,打通了侵入太原道路。③ 11月7日,大股日军来犯,8日太原沦陷。日军虽然占领了山西各大城市,但在国民政府军和八路军联合作战的英勇抗击下,日军速战速决战略受挫,在黄河以北地区聚歼中国军队主力的战略目标落空。事实表明:在国共合作、民族觉醒和军民坚决抵抗的新形势下,重现关东军在"九·一八"事变后迅速抢占东三省的"战果",不过是日本

---

① 袁旭等编著:《第二次中日战争纪事(1931.9—1945.9)》,第115—116页。
② 军事科学院军事历史研究部:《中国抗日战争史》(中卷),第88—91页。
③ 袁旭等编著:《第二次中日战争纪事(1931.9—1945.9)》,第123页。

军部的一相情愿。

在华东地区,日军的进攻同时展开,攻防战先后在淞沪、南京两个战区打响,宁沪会战开始。9月4日,第9师团(师团长中将吉住良辅)、第13师团(师团长中将荻洲立兵)、第101师团(师团长中将伊东正喜)等3个师团陆续赶来增援上海战区,加上8月抵达的第3、第11师团,上海派遣军已达5个师团,近20万人。来犯日军遭到中国第3战区张治中部(第9集团军)、陈诚部(第15集团军)和薛岳部(第19集团军)的顽强抗击,上海民众冒着炮火支援奋战中的爱国官兵。战事陷于胶着状态。日军虽调兵遣将,但并无明显进展。战至9月底,日军伤亡逾1.2万人,中国军队的战斗力和战斗意志打破了陆军省速战速决的战略判断,①令近卫内阁焦躁不安。

10月1日,首相近卫与外相广田弘毅、陆相杉山元、海相米内光政举行四相会议,制定了《处理中国事变纲要》。这个纲要强调日军"军事行动的目标,是使中国迅速丧失战斗意志,行使兵力、占据要地,并开展与之相应的必要活动,适时采取恰当的手段"。②言下之意,是在鼓动日军为使中国军民"丧失战斗意志"而不择手段地行动。11月5日,投入淞沪战区的日第10军所属的第6、第18、第114师团在杭州湾登陆,北上围攻上海的中国守军。7日,参谋本部将上海派遣军和第10军共7个师团组合为华中方面军,由松井石根统一指挥,对上海中国守军实施总攻击。在命令中,还强调通过"挫伤敌军的战斗意志"以"获取结束战局的机会,消灭上海附近的敌军"。③在日军的攻击下,9日,松江沦陷;11日,陷入重围的中国守军奉命突击撤离;12日,上海陷落。但据守四行仓库的谢晋元部的800壮士,仍继续着悲壮的抵抗。在为期近3个月的淞沪战区的拉锯战中,日军伤亡4万余人,第11师团和第3师团的个别所属联队几乎被成建制地歼灭。④

占领上海后,日军随即按照大本营在11月24日下达的作战计划,展开对南京的攻击。宁沪会战进入南京战区阶段。25日,华中派遣军所属的上海派遣军攻陷无锡,29日攻陷常州,12月2日攻陷江阴、丹阳、金坛,打开了南京的东北部门户。第10军则在同期连续攻陷湖州、宜兴、广德、溧阳等地,打开了南京的东南门户。12月1日,大本营下达了《大陆作战第8号命

---

① 田中新一:《中国事变记录》,转引自黄仁宇:《从宏观史学审视〈蒋介石日记〉》,东方书店,1997年,第181页。
② 日本外务省编:《日本外交年表及主要文书》下卷,第371页。
③ 《现代史资料》9,《日中战争》2,三铃书房,1978年,第215页。
④ 秦郁彦:《日中战争史》,原书房,1979年,第201—202页。

令》,敦促华中方面军展开攻势,"在海军协同下,攻占敌国首都南京"。① 日军第 6、第 9、第 13、第 16、第 18、第 114 师团蜂拥而来,围攻南京。

掌握制空、制海权和现代化装备的敌兵压境而来,淞沪战场新败,吴县—福山和无锡—江阴等两条先前构筑的永久性防御工事被轻易放弃,南京城已是无险可守。11 月 20 日,国民政府宣布迁都重庆,继续抵抗。蒋介石任命请缨死守南京的唐生智为南京卫戍区司令长官,率 14 个师约 11 万人的部队抗敌。12 月 3 日,华中派遣军展开陆海空立体攻势,轮番攻击南京的外围阵地和城区阵地。战至 12 月 12 日,南京外围阵地尽失,唐生智奉命撤离。13 日,南京被攻陷,松井石根指挥日军闯进南京城。按照四相会议和参谋本部使中国军民"丧失战斗意志"、适时结束战争的命令,华中方面军司令官松井不惜以灭绝人性的暴行,来恫吓、威慑中国军民。在这种情况下,第 6 师团等入城的日军官兵,对南京居民和放下武器的战俘,残暴地实施集体大屠杀乃至开展杀人竞赛,被杀害中国军民多达 30 余万人。南京大屠杀将日本军国主义钉在历史的耻辱柱上,永远受到人类道义和良心的谴责。

在前述四相会议制定的《处理中国事变纲要》中,近卫内阁一方面强调军事行动的打击作用,另一方面也注意实施诱降外交。其方针是:"促使支那反省,将其诱导到我方所期待的境地;相机对中国及第三国开展谈判。"②10 月 21 日,外相广田通过德国驻日大使狄克逊,请求德国充当中日议和谈判的调停者。22 日,德国外交部电令驻华大使陶德曼出面斡旋。这样,通过"狄克逊—陶德曼劝降通道",近卫内阁与国民政府开始了秘密的外交接触。11 月 6 日,蒋介石从陶德曼那里得到了日本开出的议和条件:中国承认内蒙古独立;在伪"满洲国"及平津以南地区设立非武装区;扩大上海的非武装区;中国停止抗日,共同防共等。③ 当蒋介石欲将调停权作缓兵之计,以加强南京周边防卫,并期待国联的外交支持之时,战场形势急转直下,11 月 8 日至 12 月 13 日太原、上海、南京先后沦陷,日军占领区迅速扩大。

近卫内阁乘机在 21 日举行会议,通过《为日支和平谈判给德国驻日大使的复文》,把新的议和的原则和条件细目转告陶德曼,并由其在 26 日转告蒋介石。议和原则要求中国政府"放弃容共抗日反满政策,对日满两国的防

---

① 《现代史资料》9,《日中战争》2,第 216 页。
② 日本外务省编:《日本外交年表及主要文书》下卷,第 371 页。
③ 《中华民国史资料丛稿(译稿)》第 1 卷,第 2 分册,中华书局,1981 年,第 133—134 页。

共政策提供合作";"缔结密切日满支三国间经济关系的协定";中国向日本提供赔偿,表示"防共的诚意","在一定的期限内,向日本指定的地点派遣议和使节";"蒋介石立即表态承认上述原则"等。条件细目包括:(1)"支那正式承认满洲国";(2)"支那放弃排日反满政策";(3)"在华北及内蒙设立非武装区";(4)"华北置于支那的主权之下,设立实现日满支三国共存共荣的世代机构,赋予其广泛的权限,特别要求取日满支经济合作之实";(5)"在内蒙古建立防共自治政府,其国际地位与现在的外蒙古相同";(6)"支那制定防共政策,与日满两国推行同一政策并进行合作";(7)"在华北占领地区设立非武装地带,在大上海市区日支合作,维持治安、发展经济";(8)"日满支三国缔结有关资源开发、关税、贸易、航空、通讯等所需要的协定";(9)"支那向帝国赔偿"。① 上述要求将东北、内蒙割裂出中国,将华北、华中和上海置于日本的控制之下,试图一举吞下大半个中国。

近卫内阁估计到实现上述要求的难度,因此在 24 日又制定了新的《处理中国事变纲要》。纲要鉴于国民政府"标榜长期抵抗"、日军"军事行动的进展"和"今后不一定期望与南京政府谈判成功"等情况,提出处理华北和上海的方针。其中,尤其以扶植 12 月 14 日开张于北平的"中华民国临时政府"为主要的政治目标,企图"逐步扩大并加强这个政权,使之成为重建新支那的中心势力",② 以这个汉奸政权的委员长王克敏取代蒋介石。被近卫内阁逼进墙脚的蒋介石,愤愤不平地在 1938 年 1 月 2 日的日记中表明"日本所提条件等于征服并灭亡我国,与其屈服而亡,不如抵抗而亡"的决心。③ 1 月 12 日,蒋介石以需要仔细研究日方的条件理由,拒绝接受近卫内阁议和原则和条件细目,并由外交部长王宠惠转告陶德曼。随后,加紧从德国进口大量军火,1 月 14 日电命中央银行秘书孔令侃在香港购置步枪 30 万枝、重机枪 2 万挺、3.7 口径反坦克炮和德国制造迫击炮各 500 门和大量弹药,补充对日作战的急剧损耗。④

蒋介石坚持抵抗,是顾及并反映了深厚的民意的。在国共两党军队顽强阻击日军进攻的同时,决心与日本侵略者抗争到底的中国平民,从工人、职员、农民到大学师生、科技人员、文博人员,历经千辛万苦,克服困难险阻,

---

① 日本外务省编:《日本外交年表及主要文书》下卷,第 380—381 页。
② 同上书,第 381 页。
③ 黄仁宇:《从宏观史学审视〈蒋介石日记〉》,第 182 页。
④ 同上书,第 180 页。

开始了将中国的工业、技术、文化中心从东部敌人即将占领地区向西南部大后方转移的艰苦跋涉。北平故宫博物院的国宝文物、上海的工厂设备、数以千万计的劳动力和北大、清华、南开大学等高等院校的师生,汇成滚滚不息的西迁物流、人流,谱写了历史罕见的民族觉醒的悲壮乐章,向世界昭示了坚韧不屈的民族抵抗精神。

日本政府通过"狄克逊—陶德曼劝降通道"迫使中国议和投降的图谋破产,转而采用排除蒋介石、向国民政府施加更大压力的方针。1938年1月11日,御前会议确定了《处理中国事变的根本方针》。这个方针以近卫内阁的历次对华方针、原则和要求为基础,强调"如果支那现中央政府不来求和,则帝国在今后不再期待以其为解决事变的对手,将扶植建立新兴的支那政权,与之签订调整两国邦交关系的协定,协助新生支那的建设;对支那现中央政府,帝国的政策是设法使其崩溃,或者将其纳入新兴中央政权之下"。① 1月16日,近卫内阁发表声明,公开了御前会议"不以国民政府为对手"的方针。这个史称"第一次近卫声明"的文件假惺惺地宣称"帝国原本尊重支那领土与主权以及各国在支那权益的方针丝毫没有改变",无理指责国民政府"不理解帝国的真意,居然策动抗战",公然宣布"帝国政府今后不以国民政府为对手,寄希望于真正与帝国提携的支那新兴政权的建立与发展"。发表了如此狂妄声明的近卫内阁意犹未尽,在两天后,又发表了《补充声明》,宣称"所谓'今后不以国民政府为对手',比否认该政府更为强硬",并不无得意地强调"在否认国民政府的同时,对之予以完全抹杀"。② 3月28日,在日本政府的授意下,另一个汉奸头目梁鸿志在南京成立了"中华民国维新政府"。出任"行政院院长"的梁鸿志随即与日本订立《华中铁矿股份有限公司设立纲要》,出卖华中地区的矿产资源。

与日本政府促使国民政府崩溃、中国停止抵抗的预期相反,整个1938年,在中国军队英勇抵抗下,日军战略进攻态势逐渐成为强弩之末。日本挑起全面侵华战争后,在1937年下半年占领了北平、天津、上海、南京等平汉、津浦、陇海路的枢纽城市,但三大铁路干线的广大农村地区及其他枢纽城市,如武汉、徐州、郑州等仍控制在中国军队手中,无法为其所用。日本一手拼凑起来的汉奸伪政权,也是失尽人心而惶惶不可终日。

1938年1月至2月,大本营为打通交通线、打击中国军队主力并稳定傀

---

① 日本外务省编:《日本外交年表及主要文书》下卷,第385页。
② 同上书,第387页。

儡政权,下令将原上海派遣军的第 16 师团和第 10 军的第 114 师团编入华北方面军的战斗序列,集中 24 万人的庞大兵力,实施南北对攻,以打通津浦路,巩固对华中地区的占领。地处华东交通、战略枢纽地带的徐州,成为双方争夺的焦点。3 月 10 日,华北方面军所属第 10、第 5 师团向徐州方向运动,揭开徐州会战的序幕。14 日,鲁南临沂攻防战打响,日军第 5 师团进攻受阻。15 日,据守滕县的川军第 122 师在师长王铭章的指挥下,与日军第 10 师团苦战 2 昼夜,全师官兵壮烈牺牲,滕县沦于敌手。19 日,峄县失守。其间,八路军第 115 师攻击日军第 108 师团,第 129 师伏击日军第 16、第 108 师团,第 120 师挺进晋西北,配合正面战场的政府军。3 月 23 日,台儿庄战役打响。第 5 战区司令长官李宗仁先后指挥孙连仲、汤恩伯等部,苦战至 4 月 6 日,歼敌万余人,将第 10 师团的濑谷支队逐出台儿庄,取得战役的胜利。

  4 月 7 日,日本大本营下达徐州作战的命令,调集华北方面军的第 5、第 10、第 14、第 16 师团和华中派遣军的第 9、第 13 师团等 6 个师团合击徐州。蒋介石授权第 5 战区司令长官李宗仁组成李品仙为司令的淮南兵团、廖磊为司令的淮北兵团、孙连仲为司令的鲁南兵团、汤恩伯为司令的陇海兵团和韩德勤为司令的苏北兵团等 21 个军约 60 万军队,决心在徐州周边与日军展开决战。5 月 9 日,日军第 16 师团自济宁出动,其余各师团跟进,利用飞机、坦克和大炮等优势军事装备,对分兵据守在平原地区的中国军队展开猛攻。以 5 个兵团为主力的中国军队各部顽强抵抗,官兵伤亡惨重,也对日军造成重大杀伤。5 月 15 日,中国军队各部奉命突围,19 日日军占领徐州,但日军聚歼中国军队主力的目的再次落空。徐州会战后,大本营急欲扩大战果,下令进攻郑州,试图一举打通平汉、津浦和陇海路,进而突击武汉。6 月 9 日郑州河防部队新 8 师奉命爆破郑县花园口黄河大堤,淹没陇海路东段,阻敌西进。此举以豫东、皖西和苏北地区的 44 个县化为黄泛区、当地 140 余万居民离乡背井的惨重代价,表明了中国殊死抵抗的顽强斗志。日军沿陇海路西击武汉的图谋被打破,转而取道长江两岸,西攻武汉。

  南京沦陷后,武汉成为国共合作、抵抗日本军事进攻的指挥中心和政治中心。1938 年 6 月,首相近卫的国策研究班子昭和研究会中国问题研究所提出《关于处理中国问题的根本办法》,强调占领武汉的政治意义,即"首先为了摧毁抗日战争的最大因素——国共合作势力,攻下武汉是绝对必要的。因为占领了武汉,才能切断国共统治地区的联系,并可能产生两党的分裂"。[①] 这

---

① 《日本帝国主义对外侵略史料选编(1931—1945)》,第 263 页。

样,武汉会战从一开始就具有强烈的政治谋略意图。6月15日,大本营和御前会议决定进攻武汉和广东,18日向华北方面军和华中派遣军下达了作战的命令。其战役目标主要有:在华中地区歼灭中国军队主力,迫使中国政府投降;切断海外补给线,使第三国特别是英国的援蒋计划遭到挫折。7月31日参谋本部的《以秋季作战为中心的战争指导要点》再次强调汉口作战的目的,在于"摧毁蒋介石政权最后的统一中枢武汉三镇","完成徐州作战以来的黄河长江之间的军事压制圈",迫使中国军民屈服。为此,军事方针以"夺取武汉三镇"、"构成持久战线",以及进犯广东,"切断蒋政权的主要补给路线"、"打击英国的援蒋意志"为两阶段目标;政略方针强调在总攻武汉之前或攻陷广州之后,中国政府"会提出和议",从而"结束战争";坚持"强化日德关系"、"改善日英关系"和"确保美国资源输入"等"三大要件"。因此,作为总方针,"要点"在强调加强"作战指导"的同时,强调"更要统一和加强总动员和军需动员,促进国力建设和充实军备",在年内"筹措50亿日元的战费",并将这种规模的总动员持续到1941年。①

主攻武汉的日军,由华中派遣军司令官陆军大将畑俊六直辖的第3(师团长藤田进)、第9(师团长吉住良辅)、第18(师团长久讷诚一)、第116、第15、第17、第22师团;以及第2军(中将东久迩稔彦亲王为司令官)所属第10(师团长篠冢义男)、第13(师团长荻洲立兵)、第16(师团长藤江惠辅)等3个师团;第11军(司令官中将冈村宁次),下辖第6(师团长稻叶四郎)、第27(师团长本间雅晴)、第101(师团长斋藤弥平)、第106(师团长松浦淳六郎)等师团和波田支队(台湾混成旅团)组成,总兵力约40余万,在海军江面舰队(司令官少将近藤信竹,炮舰10余艘)和航空兵团的掩护下,沿长江西侵武汉。早在此前的6月12日,第11军波田支队在海军的支援下,已攻陷安庆,武汉会战的序幕由此拉开。

针对日军展开的攻势,国民政府军事委员会在7月13日制定了武汉会战的作战计划。外围防御战线分为两处:以李宗仁为司令长官的第5战区所属孙连仲部第3兵团、李品仙部第4兵团据守大别山防线,遏阻进占安徽之敌西进;以陈诚为司令长官的第9战区所属张发奎部第2兵团据守德安至九江防线,抗击沿长江南岸西犯之敌。武汉三镇战区的布防,在蒋介石指挥下,由陈诚、罗卓英先后负责具体实施。曾经参加过南京保卫战的苏联援华空军志愿队转移到武汉,为中国军队提供空中支援。外围战区与三镇战

---

① 《现代史资料》9,《日中战争》2,第269—270页。

区互为犄角,总兵力由30余万逐渐扩增至后来的110余万,决心保卫武汉。与此同时,从6月9日开始,中国政府机关向重庆转移。7月30日,通告各国驻武汉外交人员迁往新陪都重庆。迁都重庆,表明中国的抵抗不会停止。因此,在武汉会战尚未正式开始之前,中国政府的迁都抗战之举已经使日本大本营占领武汉、广州而实现"议和"的图谋流产。日军武汉攻略的军事胜利,也因此在战略全局上并无太大的价值可言。

8月22日,大本营下达《大陆作战第188号命令》,指令以华中派遣军为主力突击部队,"与海军协同,攻占汉口附近的要地,在此期间必须击破数量众多之敌,缩紧攻占汉口后占领地区的兵力";① 华北方面军围攻八路军,对武汉攻略予以策应。日军第2、第11军随即奉命实施武汉攻击战。从合肥出动的第2军各部梯次展开。27日,第10师团攻占六安。19日,第13师团攻陷霍山,9月2日,在富金山受到71军宋希濂部的顽强抗击,进攻一度受阻。18日,赶来增援的第16师团攻陷商城,与第13师团试图穿过大别山,攻击麻城。日军在行军途中,受到中国第21集团军廖磊部的阻击,1000余人阵亡,4400余人受伤②。21日,第10师团攻占罗山,在西进信阳的途中受到第5战区中国军队的阻击,伤亡惨重。其步兵第39联队由2800余人,减员至800余人以下。10月2日,第3师团自光州出发,前来援救。12日,信阳沦陷。累经苦战,第16、第13师团勉强走出大别山。10月25日攻陷麻城的第16、第13师团,与攻陷孝感的第10师团、进占应山的第3师团构成对武汉的北部包围圈。③

与此同时,第11军沿长江南北岸西侵武汉。在长江南岸,8月4日,日军第106、第101师团进攻庐山地区,受到中国军队第64、第66、第25、第29军的殊死抗击,进展缓慢且伤亡日增。冈村宁次先后命令第27师团、山炮联队、野战重炮联队、战车大队、佐枝支队、宇贺支队投入战斗,直到10月27日,才攻占德安,11月1日攻占永修,主力部队无法投入武汉攻略作战。奉命西进的波田支队在8月21日出动,攻击长江南岸的马头镇,在中国军队炮火的猛烈轰击下,进攻受阻。日军第9师团等部前来支援,9月14日,波田支队在海军炮舰的火力支援下,攻陷马头镇。随后,日军第9师团、第27师团由此地出发,攻击金牛镇和咸宁,从南部构成对武汉的包围圈。在长江

---

① 今井武夫:《与中国的战争》,《近代战争》第5卷,第151页。
② 日本防卫厅防卫研究所战史室:《中国事变陆军作战》(2),朝云新闻社,1983年,第151页。
③ 同上书,第147页。

北岸,8月30日,日军第6师团攻击广济,中国军队奋战不退,激战7天后,至9月6日方被日军攻陷。在田家镇,中国守军顽强抵抗。双方激战半个月,日军出动海军、航空兵部队,实施狂轰滥炸,在地面进攻部队付出重大伤亡后,于9月29日占领田家镇。随后,第6师团于10月18日至24日连陷蕲春、新洲、黄陂等地,加入对汉口的包围。驻守武汉三镇的中国军队早在日军合围之前已有秩序地撤离,10月26日,波田支队闯入武昌;27日,曾经在"攻占南京时犯有暴行罪"的第6师团进占汉口、汉阳。[①] 武汉会战至此结束,日本大本营歼灭中国军队主力并迫使国民政府议和投降的目标全部落空。在这次会战中,中国军队士气高昂,战斗顽强,充满道义精神。冈村宁次承认日军在检查缴获阵亡的中国军人的信件时,发现中国"官兵致其亲友信件,其内容几乎全是有关我军的情况以及他们誓死报国的决心,极少掺杂私事";"死者的父母的来信中,也都是鼓励他们为国家和民族奋勇献身的言辞",驻守马鞍山的中国军人安葬阵亡的敌兵,使日军官兵"大为感动",不得不称"中国军队的道义,的确想象不到的使人敬佩"。[②]

在武汉会战进入内线作战时,9月19日,大本营下达《大陆作战第200号命令》,组成以中将古庄干郎为司令官的第21军战斗序列,下辖第5(师团长安藤利吉)、第18(师团长久讷诚一)、第104(师团长三宅俊雄)等3个师团和第4飞行团,在海军舰队的掩护下,进攻广东。战役目的,是一举切断承担输送80%援华物资的香港至广州的通道。布置在广东中国军队主力,为第4战区副司令长官余汉谋所辖8个师的官兵。由于中国军队的精锐部队集中于武汉战区,加之余汉谋临战时抗敌决心动摇,因此日军第21军的攻略进展迅速。10月12日,日军第21军主力乘夜色掩护,在大亚湾登陆,疏于防备的中国守军竟然未曾发觉。13日,第18师团攻陷平山,15日攻占惠州,21日攻破中国军队的防线,攻占广州。跟进的104师团随即攻占石龙,并向北迁回,形成合围之势。10月22日,第5师团主力在舰队的掩护下,闯进珠江口,次日攻陷大角岛;25日,攻陷三水;29日,进入广州。1939年2月10日,驻台湾的混成旅在海军的支援下,占领了海南岛的三亚、海口等地,构筑了窥测印支半岛的南侵基地。

至此,日军的战略进攻到达了顶点。从1938年3月至1939年1月,日本大本营为打通津浦、平汉、陇海、粤汉路等四大铁路干线,仅保留2个师团

[①] 稻叶正夫编:《冈村宁次回忆录》,第341页。

[②] 同上书,第374—375页。

驻守国内,调集了 30 余个师团 70 余万兵力进行大规模进攻。其中,以华北方面军、华中派遣军和第 21 军为主力,先后展开了徐州会战、武汉会战、广州会战,占领了徐州、武汉、广州等枢纽城市,将侵华战争的战火燃遍了大半个中国。表面上,侵华日军来势汹汹,但在付出人员伤亡的惨痛代价后,大本营并未实现策动历次会战的战略意图。中国军队虽屡遭挫败但主力犹在,中国军民的抗敌斗志日益高涨,国共合作的抗日民族统一战线充满活力,中国政府也没有在日本的军事压力下议和停战。战争正在向着日本政府最不愿看到的方向发展,演进为考验双方国民忍受力和战斗意志的持久战。因此,在国内开展革命精神总动员,对华加紧军事打击的同时,日本政府再次施展政治劝降的手段,妄图不战而屈人之兵。

1938 年 6 月至 9 月间,近卫内阁与蒋介石的秘密外交接触,因日方要求蒋介石下野而再次失败。9 月 22 日,在日本政府的撮合下,北平的"中华民国临时政府"与南京的"中华民国维新政府"合流,在北平拼凑成"中华民国联合委员会",准备建立近卫内阁再三期待的中国"新政权"。然而,无论是北平的王克敏、王揖唐之流,还是南京的梁鸿志、温宗尧之辈,其声望和影响不足以产生日本政府所预期的震撼效果。至于汉奸头目们竞相邀功请赏和内讧不断,更令日本政府头痛。于是,筹建中的伪中央政府头把交椅虚席以待,日本政府加紧物色更合适的对象充当汉奸头目。

1938 年 11 月 3 日,近卫发表第二次声明,宣称随着日军占领中国的许多重要地区,"国民政府已不过是一个地方政权";但要建立"东亚新秩序","应以日满支三国合作,在政治、经济、文化等方面建立互助连环关系为根本";强调"如果国民政府抛弃已往的指导政策,改善人事构成并取得新生的成果,帝国也不拒绝其参加新秩序的建设。"① 这个声明降低了此前"不以国民政府为对手"狂妄而鲁莽声明的调门,向国民政府高层的动摇分子发出诱降的信号。国民党的第二号人物、亲日投降派总头目汪精卫以为时机已到,应声而出。11 月 12 日,汪精卫派出的以高崇武、梅思平为首的谈判代表团,与先期到达的陆军省代表影佐祯夫、今井武夫等,在上海重光堂多次秘密接触,达成包括双方缔结防共协议、承认伪"满洲国"、日本放弃赔偿等内容的协议,还商定了汪精卫的出逃计划。② 12 月 18 日,汪精卫、周佛海等出走昆明,19 日再奔河内,等待东京发来的消息。12 月 22 日,近卫根据 11

---

① 日本外务省编:《日本外交年表及主要文书》下卷,第 401 页。
② 《日本帝国主义对外侵略史料选编(1931—1945)》,第 288—293 页。

月30日御前会议决定的《日支新关系调整方针》所提出的"日满支善邻友好"、"防共共同防卫"、"经济提携"三原则,① 发表了第三次声明。

在这次声明中,近卫继续玩弄两手政策:在"以武力扫荡抗日的国民政府"的同时,"和支那同感忧虑的有识之士相互提携,为建设东亚新秩序而迈进"。近卫代表日本政府对"有识之士"提出了多项要求:(1)"支那抛弃抗日的蠢举以及对满洲国的偏见","同满洲国建立完全的外交关系";(2)"根据日德意防共协定的精神,签订日支防共协定";(3)"促进日支两国国民的经济利益","特别在华北和内蒙地区的资源开发利用上,积极地对日本提供便利";作为回报,日本不要求"赔偿军费","不仅尊重支那的主权",而且将积极考虑"为支那实现独立"而"撤销治外法权和租界"等。② 29日,汪精卫在河内发表响应近卫第三次声明的"艳电",公开投敌。

1939年5月6日,日本政府命影佐等把汪精卫一伙弄到上海,为汪记傀儡政权的开张加紧活动。6月6日,五相会议确定了《建立中国新的中央政府方针》,一相情愿地指望:(1)建立的"新的中央政府由汪精卫、吴佩孚、现有政权和翻然自新的重庆政府"成员构成;(2)这个政府"依据日支新关系调整的原则,正式调整日支邦交";(3)按照1938年11月御前会议确定的"分治合作主义"和"日支新关系调整方针",将中国分割为华北、蒙疆、长江下游地域、华南沿海地区等几大块,由日军占领并分别与日本建立"特殊关系";(4)新的中央政府推行"亲日防共主义";(5)如果重庆政府放弃抗日容共政策并表示屈服,也可以成为新中央政府的一分子,云云。③

汪精卫为确保坐上伪中央政府的头把交椅,也在1939年6月15日向日本政府提出"尊重中国主权原则"的几点"希望"。汪精卫在"希望"的一开始,就表明他"赴日与日本政要接触,深感日本真正具有尊重中国主权的诚意而刻骨铭心",发誓"新的中央政府成立后,两国政府间以日华关系调整原则及精神为基础","绝对严禁抗日排日的思想言论,彻底贯彻亲日的国民教育"。他还就如何"向国民证明日本的好意"献策说:在中央政府不设日本的政治顾问,在政治上需要和日本协商,但通过外交途径进行;在自然科学技术各部,聘请日本技术顾问;在军事委员会或国防委员会设置顾问团,聘请的日德意军事专家,1/2为日本顾问,其余1/2为德国和意大利顾问;中日

---

① 日本外务省编:《日本外交年表及主要文书》下卷,第405页。
② 同上书,第407页。
③ 同上书,第412—413页。

合资企业的日方资本份额不超过49％等。① 汪精卫的一番表白深得日本政府的赏识。1939年8月8日,希特勒的劝和密使戈宁来到重庆,与蒋介石密谈受挫后,日本愈加看重汪精卫。11月汪精卫与日本签署了《日华新关系调整纲要》等10余个卖国文书,捞取了足够的政治资本。1940年3月20日,汪精卫与王克敏、梁鸿志等汉奸头目在南京举行伪中央政治会议,策划成立伪"中华民国政府"。30日,汪精卫当上了伪中央政府的"行政院院长"和"代主席"。这个"代主席"的头衔,寄托了日本政府将重庆的蒋介石拉入傀儡政权当"主席"的厚望。然而,日本政府从近卫第一次声明"不以国民政府为对手",到第二、第三次声明拉出汪精卫并加以扶植等举动,反而使蒋介石决心把抗战进行到底,日本政府的如意算盘完全落空。

数十万日军陷入侵华战争的泥沼,动弹不得。逐步升级的侵华战争损害了美英等国的在华利益,美日矛盾日趋尖锐,从美国输入战争物资越来越困难。日本政府陷入难以为继却又欲罢不能的两难境地,不得不再次把目光转向国内,试图以完成法西斯化,榨取国民的每一滴血汗,调动每一点民气补充继续侵华战争的能量。

四 法西斯体制的完成

在国际上,西欧战局的急转直下,刺激日本国内加快法西斯化的步伐。1940年4月纳粹德国发起攻势,仅用1个月的时间,就接连占领挪威、丹麦、荷兰、比利时、卢森堡,并突破马其诺防线,击败英法联军,6月17日法国贝当政府向德国投降。在日本,纳粹德国令人炫目的军事胜利,被解释成纳粹法西斯体制强大的结果。如何加以仿效并建立日本版的纳粹体制,借以激发侵华战争的能量,成为决策集团关注的问题。6月24日,近卫辞掉枢密院议长职务并发表声明说:"为应对国内外未曾有过的变局,必须确立强有力的举国政治体制,此乃共识。本人在今天辞去枢密院议长,欲为确立这一新体制奉献微薄之力",强调"最近突然活跃起来的所谓新党运动,如果从确立新体制的意义上来说,的确很好。然而,如果仅仅是现有政党的离合聚散,并以现在的政权为目标的策动,本人不能与之共事"。② 言下之意,要打破现有的政治格局,作出重大调整。6月4日,近卫在轻井泽别墅会见记者

---

① 日本外务省编:《日本外交年表及主要文书》下卷,第413—415页。
② 赤木须留喜:《近卫新体制与大政翼赞会》,岩波书店,1984年,第127页。

时,曾扬言"建立新党的绝对条件,肯定是解散现有政党"。① 一时间,人们作出种种推测,说是近卫将亲任新党的党魁,木户幸一出任副总裁。② 此次报刊竞相报道近卫的声明后,各政党反应强烈。政友会的中岛知久平和久原房之助,以及民政党的永井柳太郎、社会大众党的麻生久等组成"贯彻圣战议员同盟",群起响应近卫的取消所有政党的呼吁。

在经历了1939年1月5日至1940年7月16日的一年半之间,出现的执政期各约6个月的平沼骐一郎、阿部信行、米内光政为首相的三届短期内阁后,1940年7月22日,被《日本评论》等刊物吹捧为"当今的人物、适合当今的人物、时代的人物"近卫奉命第二次组阁。③ 在组阁前,得到各政党支持的近卫在7月19日召集内定的海相吉田善吾、陆相东条英机和外相松冈洋右等,在荻洼私宅会谈,讨论并确定了新内阁的施政方针。其核心是"对内确立一国一党的制度,对外建设日德意轴心,并推行占领中国的政策"。④ 军部急欲推动第二届近卫内阁立即着手组建一大政党,建立纳粹式的政治、经济、文化新体制,为捉襟见肘的侵华战争提供新动力。7月23日,即在近卫组阁的第二天,大本营下达了《大陆命令第439号》,强调"大本营要求迅速处理支那事变,为此而同心协力,迅速摧毁敌人继续抗战的企图,适应形势的变化,加强对第三国的战略"。⑤ 7月26日,近卫内阁通过了《基本国策纲要》,强调世界历史进入"国家群生成发展"新时期,对内通过建立"新国民组织"和"新政治体制","以确立国防国家的根基";对外"建立以皇国为中心,以日满支三国经济自主建设为基础的国防经济的根基"。⑥ 27日,大本营与政府联席会议通过《伴随世界新式的发展处理时局纲要》,强调利用形势,"加速解决支那事变","集中政战两略的综合力量,特别是使用断绝第三国援蒋行为等所有手段,迫使重庆政权尽快屈服",同时"利用形势的转变,捕捉时机,努力推进对南方的政策"。⑦ 这样,第二届近卫内阁和大本营密切合作,组建"新体制"的各种举措,与加速推行侵华战争和南进方针产生了直接的联系。

---

① 赤木须留喜:《近卫新体制与大政翼赞会》,岩波书店,1984年,第130页。
② 重光葵:《日本侵华内幕》,第214—215页。
③ 赤木须留喜:《近卫新体制与大政翼赞会》,第126页。
④ 重光葵:《日本侵华内幕》,第214页。
⑤ 《现代史资料》9,《日中战争》2,第459页。
⑥ 日本外务省编:《日本外交年表及主要文书》下卷,第436—437页。
⑦ 同上书,第437页。

在日本国内,自近卫"新体制"一言既出,各政党生怕错过捞取最有利位置的机会,纷纷加以配合。7月1日,日本革新党宣布解散。7月6日,社会大众党宣布解散。7月16日,政友会的久原派宣布解散其主流组织。7月25日,民政党的永井等国会议员宣布退党;7月30日,政友会的中岛派宣布解散其党派。8月15日,态度消极的民政党主流派也宣布解散组织,并在随后发表的声明中,强调之所以如此的原因是建立强有力的新政治组织的时机已经成熟,因此解散民政党,共同参加这一"大建设"的运动。一国一党的纳粹式"新体制"呼之欲出。

然而,近卫和军部组建新党、新体制的主张,受到宫廷势力和极端右翼的指责,认为在天皇总揽统治权体制之外另设新党、新体制,是"侵犯天皇大权"。在反对意见面前,皇权主义者的近卫开始从组建"一大政党"的构想后退。8月23日,近卫内阁阁僚与政界、财界、产业界、新闻界和右翼团体的代表建立"新体制筹备会"。28日,近卫以新体制筹备会的名义发表声明,开宗明义就说"当今我国处于世界大动乱的漩涡之中,正在向建设东亚新秩序的前所未有的大事业迈进。当此多事之秋,为了能够顺应世界形势,在完全处理支那事变的同时,进而在建设世界新秩序中发挥指导作用,必须建立高度发挥国家国民的总力,并将其集中于此一大事业,无论出现何种事态,也能站在独立的立场上,加以迅速果敢且有效妥当处理的高度国防国家体制"。近卫强调:"高度国防国家的基础在国内体制,从而要求在政治、经济、文化等国民生活的所有领域建立新体制";"当今我国能否建立强有力的国内新体制,将决定国运的兴隆与否";"新体制所包含的目标,首先是统帅与国务的调和、政府内部的统合和效率的增强","但更重要的基础,是建立万民协赞的国民组织"。他还有意说明:"国民组织的目标在于:集结国家国民的总力,使一亿同胞如同活生生的整体,以完成大政翼赞的臣道",云云。①

1940年9月27日,就在德日意三国在柏林签订法西斯轴心国同盟条约的当天,近卫内阁通过决议,将新体制运动定名为"大政翼赞运动",设置了推进这一运动的机构"大政翼赞会",并决定了翼赞会的高层人选。② 10月12日,炒作多日的"新体制"终于浮出水面。"大政翼赞会"在首相官邸前厅举行成立大会,总裁近卫在致辞中强调:所谓"翼赞",就是"形成一亿一心的合作态势","以万邦无比的国体为基础,在此世界无比的理念上,推进大政

---

① 历史科学协议会编:《史料日本近现代史》2,第248页。
② 赤木须留喜:《近卫新体制与大政翼赞会》,第190页。

翼赞运动";"政府奉戴圣旨,并鉴于现时的国际形势,全力以赴,建成高度国防国家体制";"大政翼赞会"运动的纲领,"尽在实践臣道",即"拥奉天皇一人,站在各自的立场上,每时每刻献出奉公之忠诚"。①

近卫的致辞毕竟过于抽象,因此,经过2个月的编纂审议,在12月14日,又搞出个《大政翼赞会实践纲要》。这个纲要强调建立国民与政府之间"表里一体的合作关系,以图上意下达,下情上通,努力建成高度国防国家体制"。为此,提出:(1)"挺身实践臣道。即信仰显现无上绝对普遍真理的国体,尊奉历代诏敕,竭尽职分奉公之诚,一心显扬惟神之大道";(2)"为建设大东亚共荣圈尽力";(3)"致力于翼赞政治体制的建设,即将文化、经济、生活均归结于翼赞精神,努力确立强有力的综合翼赞政治体制";(4)"协力于翼赞经济体制的建设","确立基于翼赞精神的综合计划经济";(5)"协力于文化新体制的建设";(6)"协力于生活新体制的建设","忠孝一本,国民均作为一个家庭成员,努力建立集结于国家理想的科学生活体制",等等。②

从模仿纳粹的一国一党体制到"实践臣道"的"大政翼赞会"的不伦不类,日本法西斯化最终完成体制的组建。其主要特色如下:

第一,以天皇为中心。"大政翼赞"的"大政",即天皇的大权,"皇国"的大政。匍匐于皇权之下的政府"奉戴圣旨",推进"实践臣道"的"大政翼赞运动",建设"高度国防国家"。全体国民作为以天皇为最高家长的"家族国家"的子民,皆须信仰"绝对普遍真理"的"国体",实践效忠天皇的"臣道",每时每刻如同武士效忠主君般向天皇竭尽"奉公"的忠诚,举国一致,形成天皇为核心的整体。由于数十万士兵投入侵华战场,留在国内的职工成了组建"大政翼赞会"的关键力量。因此,内阁厚生省、警视厅、特高课一齐出动,参与产业报国运动,宣誓效忠天皇,成为思想控制的有利工具。1938年7月产业报国联盟成立,其宗旨书中鼓吹"以皇室为中心,皇国一家","一君之下,万民竞相尽奉公之诚"等效忠天皇"国体"的观念。③ 1940年11月成立的"大日本产业报国会"的纲领,更加狂热地鼓吹"我等贯彻国体本义,求取全部产业一体报国之实,以期辅翼皇运","效尽事业一家、职分奉公之效,竭尽全力,以期兴隆皇国产业"云云。④ 其他,如"农业报国联盟"、"文学报国

---

① 历史学研究会编:《现代史史料》5,现代卷,第92—93页。
② 同上书,第94页。
③ 社会问题资料研究会:《支那事变下的劳动运动》,《社会问题资料丛书》第1辑,东洋文化社,1971年,第404页。
④ 历史科学协议会编:《史料日本近现代史》2,第241页。

会"、"言论报国会"、"美术报国会"等法西斯组织,也无不将"辅翼皇运"、"报效皇国"作为各自的组织纲领。在某种意义上说,近代日本的政治史、制度史、思想史的主线,无非是国体观念及皇权意识形态的酝酿、发展、确立以及渗透于人心的过程。因此,日本法西斯化最终归结为天皇制法西斯体制,是多年运营、积累的必然结果,显现出日本法西斯体制的本质特色。

当然,日本式的法西斯体制由于缺少德国纳粹或意大利法西斯的明显特点,导致天皇实际介入政治、军事过程的方式和频繁程度,不及纳粹元首希特勒或法西斯领袖墨索里尼。即或如此,也应看到:在决策方面,所有的论争和冲突均最终取决于天皇的一锤定音。天皇出场的御前会议固然屈指可数,但其规格和权威性并非其他指挥部门,如五相会议、四相会议、政府大本营会议、最高战争指导会议所能比拟。对外和战的最终宣示,也取决于天皇的临机决断,等等。在贯彻执行乃至精神动员方面,也无不以天皇的名义进行。天皇成了日本法西斯化的旗帜和象征,并因此在日本法西斯化过程中打下涂抹不掉的天皇制烙印。究其因,主要是因为日本的法西斯化,是在《大日本帝国宪法》的框架下实现的。天皇主权的立宪原则,规定了法西斯化最大活动半径。其兴衰成败,均取决于天皇主权原则所能承认和容纳的程度。否认天皇制法西斯体制的存在,与否认天皇的战争责任,是一个问题的两个方面。

第二,高度集权。"大政翼赞会"由首相担任总裁,中央协力会议由总裁指挥事务总长、常任总务、顾问等;事务总长下辖议会、企划、政策、组织、总务等5个局,从事国会两院、政府多数省厅的联络、协调和监察、宣传等事务。地方第1级为道府县支部,设立协力会议,负责人为总裁指名、仅对中央协力会负责的支部长,并在顾问、参与、理事的协助下,管辖庶务、组织部。第2级为东京、京都、大阪等6大都市支部,设立协力会议,支部长由都道府县支部长推荐,总裁予以认可,发挥类似都道府县支部的作用;第3级为郡支部,支部长的指名,与6大都市支部长相同。第4级为基层的市区町村支部,设立协力会议,由基层官吏充当支部长,通过事务局,管辖部落会和町内会,将农民或市民按邻组编入其中。① 这样,就形成了从中央至地方乃至最基层的垂直型国民统合组织。

第三,大政翼赞会是对德国纳粹体制的拙劣模仿。投机心理、功利追求、对精神力量的崇拜,造成了"大政翼赞体制"的迅速官僚化。1941年3

---

① 赤木须留喜:《近卫新体制与大政翼赞会》,第193—194页。

月,事务总长有马赖宁和组织局长后藤隆之助辞职后,内务省官僚乘机改组大政翼赞会,由道府县知事兼任支部长,强化行政官僚的控制权。关注权力并以揽权为职业习惯的官僚一旦介入,官本位就成了运营的最高原则,于是大政翼赞会起初标榜的"上意下达,下意上通",也在"下意"有悖"国体"通则的借口下,修改为"下情上达"。这样,以大政翼赞会为载体的"新体制"在不知不觉中演变为内务省控制下的御用机构,很快丧失了当初预计的活力。尽管如此,由近卫发起的"新体制"运动,还是从政治、经济、文化、思想等方面,完成了自上而下的法西斯化。

第四,继续侵华战争是引发"新体制"运动的基本原因之一。查阅与"新体制"、"大政翼赞"运动相关的文件,不难发现继续侵华战争成了所有决策人物挥之不去的梦魇。在有关"新体制"的各种讲话、声明、纲领当中,"处理支那事变",即继续并实现侵华战争的目标,几乎成了其政治口头禅。在日本决策集团的如意算盘中,建立轴心国的世界新秩序、推出"大东亚共荣圈"的基本前提,是继续侵华战争并征服中国。但是,中国军民的持久抗战,打破了日本政府的图谋。泥足巨人日本法西斯主义陷入难以自拔的窘境,继续进行着自我毁灭的侵华战争。这样,在侵华战争过程中展开的日本法西斯化,就再也逃不出侵华战争与法西斯化互动的怪圈,直至挑起太平洋战争而其加速灭亡。

第八章
太平洋战争与日本帝国的崩溃

面对日益猖獗的法西斯侵略,远离战场的世界头号强国美国所发挥的作用有限。具有讽刺意义的是,急欲从侵华战争中摆脱被动地位的日本,扮演了激怒美国并迫使其启动强大战争机器的角色。日军偷袭珍珠港,太平洋战争爆发。由于美国的参战,形成以中美英苏四国为主力的世界反法西斯阵营,战场上的力量对比立即发生了巨大变化。"大日本帝国"在赢得对美开战初期胜利的狂喜之后,越来越痛苦地吞咽着损兵折将,走向战败的苦果。最终,在反法西斯盟国的联合打击下,日本帝国彻底崩溃。

第一节 日美矛盾的尖锐化与日美谈判

日本军国主义逐步升级的侵华战争和加入法西斯轴心国的行动,无可挽回地加剧了日美矛盾。由于双方均需要在战场上迎头相撞之前,做好必要的战争准备,乃至不战而屈人之兵,因此为对打而进行的对话,就以外交谈判的方式展开。

一 日美矛盾的不断加剧

"九·一八"事变后,美国虽奉行"不承认主义",但并未对日本的侵略采取实际的果断行动。在孤立主义和绥靖思潮主导美国政界的情况下,整个30年代美国对日政策始终具有两面性:一方面,从不介入中日矛盾的中立立场出发,对日本侵略行径给予小心翼翼的劝告和某种程度的道义谴责;另一方面,竭力避免日美关系闹僵,防止日本对菲律宾和关岛等美国在东南亚和南太平洋地区的军事基地采取攻击行动。因此,在"不承认主义"时期,包括战争物资在内的美日贸易依然兴旺。

1937年7—8月,侵华日军制造了卢沟桥事变和"八·一三"上海事变,把局部侵华战争升级为全面侵华战争。日本的侵略损害了美英等国的在华利益,日美矛盾逐渐尖锐,但美国仍然刻意避免刺激日本。7月16日,美国国务卿赫尔发表声明,提出"五点主张",即"主张维护和平"、"主张国家间和国际上的自我克制"、"主张各国都要禁戒使用武力来达到政策目的和干涉别国内政"、"主张通过和平协商达到意见一致来解决国际关系问题"、"主张忠实履行国际协议"等。① 上述主张有意抹杀侵略与被侵略的区别,在公允、平和的姿态下,不问是非地将双方各打五十大板。"八·一三"事变之后,美国国务院在9月14日发表声明,宣布:"美国政府拥有的商船今后不准向中国或日本运输美国总统于1937年5月1日公告中所列武器、弹药或战争工具,直至另行通知为止。"② 民主国家美英等国对中国的抗战态度暧昧,但急欲开辟远东市场,特别是对中国的钨砂情有独钟的纳粹德国,却继续履行中德贸易协定,成了中国军购的主要提供者。7月14日,苏联政府表态声援中国抗战。8月21日,与国民政府签订《中苏互不侵犯条约》,将道义的声援国际条约化。1938—1940年苏联政府先后分5批,向中国提供用于购买苏联工业制品和设备的4亿美元援助。1937—1941年,中国从苏联购进997架飞机、82辆坦克、1000余门火炮、5万余挺机枪和1000余辆汽车,弥补了中国军队的战斗损耗。苏联还前后派遣2000余名援华航空志愿队人员加入中国空军战斗序列,库里申科等200余名苏联飞行员在与日机的激战中,血洒中国蓝天。③

　　随着纳粹德国在欧洲崛起和日本横行中国,标榜中立的美国越来越不被欧亚侵略者们放在眼里。在这种情况下,美国不得不适度提高抗议侵略的调门。1937年10月5日,罗斯福总统在芝加哥发表了呼吁和平、反对侵略的"隔离演说"。他把战争比喻为"传染病毒",说:"很不幸,世界上正在蔓延着无法无天的危险病毒",强调"身体的病毒传染蔓延时,社会同意也协力把病人隔离,这样才可以防止传染,保证社会健康"。罗斯福在表明继续中立的立场的同时,也强调了美国中立的底线:"我们决心不参战,但我们不可能保证不受战争的破坏影响和不被卷入战争。"④ 同年12月12日,对南京

---

① 美国国务院编:《美国外交文件选译·日本(1931—1941)》,第91页。
② 同上书,第499页。
③ 军事科学院军事历史研究部:《中国抗日战争史》(中卷),第329页。
④ 美国国务院编:《美国外交文件选译·日本(1931—1941)》,第124页。

实施狂轰滥炸的日本飞机,也袭击了停泊在长江岸边的美国船舰,炮舰"帕奈"号被炸沉,水兵死伤10余名。美国舆论大哗,但在日本外务省"真诚道歉"之后,风波告息。由于美国倚重日本的传统政策的惯性作用,更由于丰厚的贸易利润,即使发生"帕奈"号事件,对日实施经济制裁迟迟未见付诸行动。1937—1939年,美国向日本输出的战争物资有增无减,至1939年已达1.3亿美元;据1939年1月国务院远东司的巴兰坦的调查报告,当时日本侵华战争物资的54%来自美国。① 与此同时,美国也先后向中国有条件的提供了桐油、滇锡贷款和钨砂、金属和平衡资金等名号各异的借款,总数为1.7亿美元,但皆不可直接购买军火。② 直到1939年7月26日,大半个中国已沦陷于日军的铁蹄之下,日本南侵东南亚的态势一目了然之时,国务卿赫尔才通告日本驻美大使堀内谦介:1911年2月21日签订的《美日通商航海条约》及其《附属议定书》,将在6个月后的1940年1月26日起失效。此后,美国加强了对日经济制裁的力度,对日本侵略的道义谴责也有所升级。

1939年12月2日,白宫新闻发言人说,美国总统罗斯福在与国务卿协商后,声明:"全力谴责从空中对平民进行无缘无故的狂轰滥炸。鉴于最近经常发生无缘无故的狂轰滥炸,此类行径不宜再得到物质上的鼓励,故此,美国政府希望,凡制造和出口飞机、航空设备以及制造飞机必不可少的物资的美国厂商,在与明显犯有狂轰滥炸罪行的国家洽谈出口上述各项物资时,考虑上述事实。"12月20日,国务院宣布:"为了国家利益,目前不再进一步向某些国家提供生产优质航空汽油所必需的设计图、成套设备、制造权或技术资料。"③ 1940年7月2日,罗斯福签署《第2413号公告》,宣布:除了"有特别许可证"之外的铝、锑、石棉、氯、飞机零件、高强度玻璃、火力控制设备、冲压成型机械设备等46种物品实施禁运,违反者处以1万美元的罚款或两年以下的监禁。④ 同月26日,罗斯福签署《第2417号公告》,宣布除非持有"特别许可证",禁止石油产品、四乙基铅、废旧钢铁出口。⑤ 与此同时,由于美国政府力图滞缓日本为夺取石油而对东南亚采取军事行动,通过特别许可证留出的渠道,美国的石油和燃料油继续输出日本。从1939年至1941年5月,石油占美国对日出口物资的74%,1940年的对日石油出口总量比

---

① 刘世龙:《美日关系(1791—2001)》,第278页。
② 军事科学院军事历史研究部:《中国抗日战争史》(中卷),第329页。
③ 美国国务院编:《美国外交文件选译·日本(1931—1941)》,第499—500页。
④ 同上书,第500—502页。
⑤ 同上书,第502—503页。

1939年增加了21%,1940年下半年出口日本的汽油和发动机燃料高达230万桶,约为1939年同期的3.2倍。①

美国政府试图以满足日本对石油的需求而使其有所收敛的考虑,未免过于一相情愿。为摆脱美国限制措施的束缚,并充分利用1940年6月纳粹德国横扫西欧、法国投降的有利时机,直接控制东南亚石油资源,同年7月27日,大本营政府联络会议通过了《伴随世界形势演变的时局处理纲要》。这个纲要决定:"在应对世界形势的变化,改善内外形势,促进迅速解决支那事变的同时,捕捉有利时机,解决南方问题。"纲要一方面强调"用尽所有的手段,断绝第三国的援蒋行为,使重庆政权迅速屈服";另一方面,"迅速强化与德意的政治联盟",把法属印度支那、香港、荷属印度尼西亚等地区,划定为动用武力或外交手段、攫取到手的南进目标,"在行使武力时,努力将交战对手只局限于英国,但在此场合,也不回避对美开战"。②

几乎与9月7日德国空军开始对伦敦狂轰滥炸同步,9月6日的日本四相会议和9月16日的政府大本营联络会议确定强化日德意轴心的方针,"以各种方法建立三国在欧洲和亚洲的新秩序,缔结相互合作为原则的协定";还制定了三国军事同盟的纲要,强调"皇国与德意两国确认建立世界新秩序的共同立场,支持确立各自的生存圈,以及相互协调对英、对苏、对美政策的合作"。③ 9月19日,御前会议批准订立德意日三国同盟条约。9月27日,日本与德国、意大利签署了《德日意三国条约》。这个条约共6条,主要规定:(1)"日本承认并尊重德国和意大利在建立欧洲新秩序之中的领导地位";(2)"德国和意大利承认并尊重日本在建立大东亚新秩序之中的领导地位";(3)"德意日三国约定基于上述方针努力合作,并进而保证三缔约国的任何一国如果尚未参加欧洲战争或者日中战争而遭到攻击时,三国将采取政治、经济及军事上的各种方法,相互援助",组成负责实施条约的三国混合专门委员会,以及条约有效期为10年等。④ 至此,轴心国集团正式形成。

日本与德意缔盟,对美国的全球战略利益和国家安全构成严重挑战,美国对外援助的针对性日益明显。在欧洲,美国加紧援助英国,与英国在9月3日缔结《美英防御协定》,向英国提供50艘驱逐舰;在亚洲,随着形势的变

---

① 刘世龙:《美日关系(1791—2001)》,第281、279页。
② 历史学研究会编:《日本史史料》5,现代卷,第104—105页。
③ 日本外务省编:《日本外交年表及主要文书》下卷,第448—449页。
④ 同上书,第459页。

化,加大援助中国抗战的力度。1940年9月22日日军进占法属印度支那北半部,9月25日美国向中国政府提供了2500万美元的贷款;9月27日日本与德国、意大利在柏林签订轴心国同盟条约,11月30日罗斯福批准向中国追加贷款5000万美元;12月2日美国国会通过决议,向中国提供1亿美元的贷款;12月10日英国也向中国贷款1000万英镑。[①] 12月29日,罗斯福向全国发表了著名的"炉边谈话",进行准备战争的精神动员。在谈话中,罗斯福强调由于德意日在柏林签订了条约,美国的文明遇到从未有过的危险,国家安全面临严重威胁;指出:"如果英国失守,轴心国将控制欧洲大陆、亚洲、非洲、澳洲以及各大海洋",这样西半球将遭到轴心国的攻击,美国人将"生活在炮口之下"。罗斯福批驳了各种躲避战争的孤立主义言论,呼吁美国"必须成为民主制度的伟大军火库"。在谈话中,罗斯福特别强调"决心支援英国",出于策略考虑,将对华援助淹没在泛泛而论之中,并未说明对中国如何给予援助。[②] 当然,罗斯福也提到"在亚洲的日本人则受到中国人的坚决抵抗",还提到"在太平洋有我们的舰队"。[③] 较之1937年10月"隔离演说"的空泛表态,1940年12月罗斯福"炉边谈话"的矛头所向明确了许多,将包括日本在内的轴心国指斥为侵略者。

二 日美开战前的谈判

日本继续扩大侵略及其瓜分世界的图谋,迫使美国加紧对日作战的准备。罗斯福政府推行以援助英国为重点的欧洲优先方针,在备战的同时,也竭力以外交谈判来推迟美日战争的爆发。1940年11月至12月,美国天主教传道会总会会长沃尔施主教和德劳特神父先后访问日本,同产业组合中央金库理事井川忠雄建立了沟通两国政府的民间渠道。12月14日,德劳特向井川提出解决美日冲突的谅解方案,并由后者转交首相近卫。德劳特方案主张在牺牲中国的基础上,确保美日在远东的势力范围。其主要内容包括:美日相互承认在西半球和远东的霸权地位;日本承认美国占据菲律宾的现状,美国承认伪"满洲国"独立和日军对华北、华东、华南的占领;日本拥有对东南亚的支配地位;美日缔结新的通商条约或由美国取消对日禁运,

---

① 《近代日本综合年表》(第2版),岩波书店,1984年,第325页。
② 美国国务院编:《美国外交文件选译·日本(1931—1941)》,第488—496页。
③ 同上书,第489页。

等等。①

与此同时,罗斯福在 1940 年 12 月两次签署公告,继续扩大禁运品类。1941 年 1 月至 4 月,罗斯福又签署了第 2453 号、2456 号、2460 号、2461 号、2463 号、2464 号、2465 号、2468 号、2475 号、2476 号等多个公告,将禁运的品类扩大到铜、镍、精炼设备、皮带皮革、石墨电极、椰子油、松节油、黄麻、硼砂、植物油脂、苯乙烯、二乙酰、咖啡碱、氰化钾等 90 余种。② 美国政府通过逐步加强对日战争物资禁运以施加压力,密切关注日本作出的反应。1 月 2 日,外相松冈洋右在国会上扬言:"让美国认识到,建立东亚共荣圈对日本具有重大意义,并让美国认可日本在西太平洋地区的主导地位,停止对日本的经济限制",③ 抛出日美谈判的官方筹码。1941 年 1 月,沃尔施和德劳特回国,受到罗斯福和赫尔的接见。沃尔施向罗斯福提交了另外一个美日谅解方案,建议美国政府承认日本实施"远东门罗主义",借以阻滞德国对美宣战并在远东共同防共,等等。同年 3 月,美日民间接触渠道的 3 个主要人物,即沃尔施、德劳特和井川共同起草了新的美日谅解方案《原则协定预备草案》。这个草案建议:(1)日本继续与德意保持轴心国同盟关系,但不从事反对美国的军事活动;(2)由美国总统罗斯福出面调停日中纠纷,条件是日军从中国撤退、中国承认伪"满洲国"、蒋汪两政权合流、日中共同防共等;(3)日本海军主力撤回国内基地并限制其东进,美国海军主力撤回夏威夷和西海岸基地并限制其西进,双方避免在西南太平洋发生冲突,召开美日联合会议协商海军部署;(4)日本停止日德贸易,美国限制对苏出口;(5)美国恢复对日本的正常贸易关系;(6)在东南亚建立安南、联邦婆罗洲国和荷属东印度自治领等 3 个自治国家;(7)美日联合发表远东门罗主义联合宣言,共同保证菲律宾独立等。④ 这个草案几乎每一条都对美日双方的权益作出了相关规定,表面上体现了日美对等、共同主宰东亚的原则。但是,在实际上,这个草案对日本十分有利。据此,日本得以继续作为轴心国的一员称霸世界;自发动"九·一八"事变以来的所有侵略成果均得到维护;取消了令其焦躁不安的经济制裁;美国不得不承认日本在东亚的主导地位,听任日本组建由其支配的"大东亚共荣圈"等。这个草案在 3 月送交日本政府并在 4 月初再经

---

① 稻叶正夫等编:《走向太平洋战争之路·附卷·资料编》,朝日新闻社,1988 年,第 6—7 页。
② 美国国务院编:《美国外交文件选译·日本(1931—1941)》,第 507—515 页。
③ 同上书,第 532 页。
④ 美国国务院编:《美国对外关系文件·远东(1941)》,第 97—107 页。

修改,形成日方的谈判方案。

3月8日,国务卿赫尔会见新任驻美日本大使野村吉三郎,对松冈的讲话作出了回应:"我国政府按照自由贸易政策建立世界秩序的努力受到世界许多地区发生的军事征服行动的影响",希望野村提出日本政府"明确的和切实可行的想法",以利双方开始谈判。① 4月9日美方得到日方提出的全面解决太平洋地区问题的方案。显然,如此有利于日本的谅解方案,为美国政府所不能接受。在美国政府指令下,4月11日远东司政治顾问霍恩贝克等开始起草美国政府谈判方案。

4月16日,赫尔与野村举行正式谈判,强调美国方案的基本立场:"我国政府关心的首要问题是事先得到日本政府的明确保证:日本政府愿意并有权力按建议行事,放弃武力征服的现行政策。"为此,赫尔提出规定美日两国关系并作为继续举行谈判基础的四项原则:(1)"尊重所有国家的领土完整和主权";(2)"支持不干涉他国内政的原则";(3)"支持均等(包括商业机会均等)的原则";(4)"维持太平洋地区现状,以和平方式改变这种现状除外"。② 赫尔告诉野村,美国政府愿意考虑符合上述4项原则的任何建议,如果日本政府果真改变政策,各种问题都好解决。

同日,日方也在4月9日方案的基础上,制定了《日美两国谅解案》。这个谅解案囊括了日本对美国提出的基本要求,主要包括如下几点:(1)日美两国持有的国际观念和国家观念,即"日美两国政府相互承认对方是对等的独立国家,是相互邻近的太平洋强国";"两国政府必须坚定保持各自基于固有传统的国家观念、社会秩序和构成国家生活的道义原则,不允许与之相反的外来思想的泛滥"。(2)两国政府对欧洲战争的态度,即"日本政府阐明:轴心国的目的是防御性的,旨在防止目前尚未卷入欧洲战争的国家介入军事联盟关系之中";"日本政府声明无意免除目前日德意三国条约规定的义务,在该同盟缔约国德意两国对目前尚未卷入欧洲战争的国家发起攻击的场合,尤其承担基于轴心国同盟的军事上的义务";"美国政府阐明:它对欧洲战争的态度是,现在及将来均不被援助一国攻击他国的攻击性同盟所支配,声明绝对厌恶战争,因此,对欧洲战争的态度将只取决于维护本国福利和安全的考虑"。(3)两国与中国事变的关系,包括"美国总统承认下述条件,并得到日本政府的实施保证时,向蒋政权提出和平劝告"。这些条件包

---

① 美国国务院编:《美国外交文件选译·日本(1931—1941)》,第532页。
② 同上书,第532—533页。

括:"支那独立";"依据日支达成的协议,日本军队撤离支那领土";"不合并支那领土";"不赔偿";"恢复门户开放方针,至于如何解释及适用,由将来适当时期缔结的日美协议来决定";"蒋政权与汪政权合流";"日本对向支那领土大量或集团移民加以自制";"承认满洲国"等8条。(4)在太平洋的海军兵力及航空兵力与海运关系,包括:①"日美两国为维护太平洋的和平,相互不采用威胁对方的海军兵力及航空兵力配备,具体细目由日美之间协议"。②"当日美会谈顺利结束,两国派遣礼仪舰队访问对方,以祝贺太平洋和平的到来"。③"在解决支那事变步入轨道时,日本政府将按照美国政府的希望,与美国迅速达成把目前服役的日本船舶解除服役的条约";继续在太平洋服役的船舰吨位,"由日美会谈决定"。(5)两国间的通商及金融合作,即"当本谅解达成并得到两国政府的批准后,日美两国将保证相互提供所需物品;两国政府同意采取适当措施,恢复以往依据《日美通商及航海条约》建立的正常贸易关系;如两国政府有意缔结新的通商条约,则由日美会谈研究并依据通常的惯例,加以缔结"。(6)"鉴于日本在西南太平洋的发展保证采用不付诸武力的和平手段,日本所需要的资源石油、橡胶、锡、镍等物资的生产和获得,应得到美国方面的合作与支持"。(7)两国关于稳定太平洋政治局面的方针,包括:①"日美两国政府不允许欧洲各国将来割让东亚及西南太平洋的领土,或合并现存的国家";②"日美两国政府共同保证菲律宾群岛的独立,互不挑战并在受到第三国攻击时给予救援";③"善意对待在美国和西南太平洋的日本移民,给予与其他国家国民相同的待遇",等等。① 较之4月9日提交给美国的方案,4月16日的日本谅解案的要求更加具体,并且删除了此前多次强调的"远东门罗主义",试图做足表面上的文章,获取实际利益。

5月12日,野村按照日本政府的训令,向赫尔提出了日方的正式谈判方案《机密备忘录》。备忘录以4月16日的《日美谅解案》为基础,删去原第四项关于两国在太平洋的海军、航空兵力的内容,将谅解案的7项谅解事项合并为6项,即(1)两国关于国际关系和国家性质的概念;(2)两国政府对欧洲战争的态度;(3)两国与"支那事变"的关系;(4)两国间的商务;(5)两国在西南太平洋地区的经济活动;(6)影响太平洋地区政治局势稳定的两国各项政策,等等。6项谅解事项的基本内容不变,个别内容略加修改。同时,还附加了对4月16日《日美谅解案》各部分的口头说明。其中,有关"支那事

---

① 日本外务省编:《日本外交年表及主要文书》下卷,第492—495页。

变"的说明最详细,包括:要求日美达成一项秘密谅解,即"如果蒋介石不接受美国要他进行和谈的建议,美国即停止对蒋介石政权的援助";重申"睦邻友好"、"共同防共"、"经济提携"等"近卫三原则",并对"经济提携"作出解释说:"日本不打算在支那进行经济垄断,也不要求支那限制第三国的利益"。还提出解决"支那事变"的5条原则,即"相互尊重主权和领土";"相互尊重对方的特质,睦邻合作,形成有利于世界和平的远东核心";"日本根据日支之间达成的协议撤出在支那领土上的军队";"不割地,不赔款";"满洲国独立",等等。①

5月16日,赫尔对野村表明了美国政府对《机密备忘录》的态度,着重就两国与欧洲战争的关系、中日战争等问题进行了说明。赫尔说:"美国正在实行加强国防的广泛计划,美国并认为,援助英国和正在抵抗世界范围内发生的武力征服和侵略行动的其他国家,是自卫计划的必要组成部分","如果任何其他国家要求美国放弃援助此类抵抗活动,那么这个国家实际上就站在了希特勒一边,站在了希特勒的武力侵略的一边",反对日本坚持维护轴心国军事同盟的立场。对于结束中日战争的条件,提出8项主张,即"睦邻友好"、"相互尊重主权和领土"、"日本军队按照双方商定的时间表撤出中国领土"、"不割地"、"不赔款"、"商业机会均等,公平对待外国"、"共同采取措施防御来自外部的颠覆活动"、"通过友好谈判解决满洲的未来问题",拒绝承认伪"满洲国"。② 这样,在欧洲战争和是否承认伪"满洲国"等问题上,日美双方的谈判面临难以弥合的严重分歧。实际上,由于双方都把谈判作为掩护战争准备的手段,谈判自然毫无进展可言。进一步说,由于下述几个原因发挥作用,使谈判迅速走向破裂。

原因之一,苏德战争加快了日本南进步伐。1941年6月22日苏德战争爆发,国际形势急剧变化。德军占领大片苏联领土、迅速兵临莫斯科城下的严重事态,对日本政府并进而对美日谈判进程产生了强烈的影响。曾经在4月访问莫斯科并与莫洛托夫签订《日苏中立条约》的外相松冈洋右,紧急上奏天皇,建议与德国合击苏联,参谋本部随即附议。但是,陆军省鉴于1938年8月先败于张鼓峰冲突,日军死伤千余人;1939年8月又在诺门坎战役中受到苏军装甲部队和航空兵的重创,第23师团被全歼的惨痛教训,遂以准备不足为理由,无意轻启战端。海军对南进更有兴趣,首相近卫也反

---

① 美国国务院编:《美国外交文件选译·日本(1931—1941)》,第583—586页。
② 同上书,第588—593页。

对贸然北进,松冈的北进论被束之高阁。1941年7月2日,御前会议通过《伴随形势的帝国国策纲要》,制定了"建设大东亚共荣圈"、"向处理中国事变迈进"、"为确立自存自卫基础而向南方迈出扩张步伐"、"顺应形势变化而解决北方问题"的方针,"准备对英美的战争"提上日程。① 为了安抚急躁北进的陆军强硬派,也为了掩护南进的行动,7月至9月,参谋本部举行了两次以苏联为假想敌的关东军特别大演习("关特演")。70余万军队、600余架飞机和14万匹军马集结于朝鲜半岛和中国东北地区,沿边界地带对苏展开威压态势,数以百万计的后备役人员应征入伍。此时的关东军实力颇强,仅驻守东宁的一个师团就拥有步兵3个联队、炮兵4个联队、工兵2个联队、坦克和骑兵各1个联队,总兵力达7万余人,相当于一个军的兵员配备。②

然而,苏德战场并未出现苏军总崩溃的迹象,希特勒6周内击溃苏联的预言破产。在这种情况下,参谋本部只得放弃冒险出击苏联的图谋,转而集中兵力南进。作为南进战争思想动员的一环,有关"ABCD包围圈",即美国(America)、英国(Britain)、中国(China)和荷兰(Dutch)联手对日本形成包围圈的舆论炒作甚嚣尘上。南进,被解释成打破包围、"自存自卫"的必然选择。

原因之二,日美矛盾急剧尖锐化。1941年7月23日,野村奉命向美国代理国务卿解释日本准备南下印度支那的理由,遭到后者的驳斥:"把日本军队和其他势力派往印度支那以保卫日本显然毫无理由,美国不得不认为,日本的行动是其向南洋地区进行控制和征服的前奏。"③ 7月24日,罗斯福提议如果日本赞成印度支那地区中立化,就可以自由并充分地得到所寻求的食品和原料,但日本政府迟迟未作答复。7月26日,罗斯福下令冻结了日本在美国的资产,日美贸易中断。7月28日,日军进占法属印度支那南部。29日,日本与维希政府订立"共同防御印度支那议定书",将日军的军事占领条约化。作为回应,8月1日美国宣布全面禁止对日汽油和润滑油的出口。8月7日,外相丰田贞次郎奉命电告野村,向美国提出两国政府首脑人物会谈的建议。8月17日,罗斯福告知野村,再次强调7月24日关于印度支那中立化和日军撤离该地区的主张。8月18日,丰田通过美国驻日大使

---

① 历史学研究会编:《日本史史料》5,现代卷,第106—107页。
② 楳本舍三:《关东军全史》,经济往来社,1978年,第270页。
③ 美国国务院编:《美国外交文件选译·日本(1931—1941)》,第540页。

格鲁和驻美大使野村,再次提出近卫与罗斯福会谈的要求。8 月 26 日,丰田又将近卫要求与罗斯福直接举行会谈的建议发给了野村。9 月 3 日,罗斯福在回复中继续强调美国政府所推行的亚太和平原则,近卫口惠而实不至的首脑会谈流产。美日谈判陷入僵局,以陆相东条英机为首的强硬派活跃起来,对美开战论甚嚣尘上。

9 月 6 日,御前会议通过《帝国国策实现纲要》,声称"帝国为实现自存自卫,决心对美(英荷)不辞一战,以 10 月下旬为目标,完成战争准备"。同时,会议开列了若干不可能被美国接受的条件,如"美英不介入或妨害帝国对支那事变的处理";"关闭缅甸公路,停止对蒋政权的军事、经济援助";"美英在远东不采取威胁帝国国防的行动";"美英协助帝国获得需要的物资"等,并准备在受到拒绝后借此对美英开战。① 10 月 5 日,大本营下命令联合舰队进入临战状态,次日下令组建南方军战斗序列,伺机向南洋出动。日本的南进战略激化了日美矛盾,给谈判设置了难以逾越的障碍。

原因之三,战争狂人东条英机组阁。自 9 月 6 日的御前会议以来,力主开战论的陆相东条在开战的问题上,与近卫日益意见对立。10 月 12 日,近卫召集海、陆、外相和企划院总裁举行会议,决定对美和战的最终选择。反对撤军的东条坚持开战,主张和谈的近卫难以与之争锋。10 月 16 日,近卫内阁总辞职。17 日,内大臣木户幸一召集重臣会议,讨论继任首相人选。阿部信行、林铣十郎、广田弘毅等前首相们与木户的意见一致,提名东条组阁。木户据此向天皇举荐并获得批准。18 日,现役陆军大将东条组成战争内阁。外号"剃刀"的东条狂信只要有跳高楼的勇气,就可以作出非凡的事情。在走马上任的就职声明中,发誓不惜代价地"解决支那事变",建成"大东亚共荣圈"。10 月 17 日的重臣会议选择了东条,就意味着选择了战争。天皇认可东条出任首相,意味着发放了走向太平洋战争的通行证。

11 月 1 日,东条召集政府大本营联席会议,提出解决日美争端的 3 点解决方案:(1)极力避免战争,卧薪尝胆;(2)确定立即开战方针,并据此制定战略措施;(3)决心开战,但在加紧完成作战准备的同时,继续开展外交以化解冲突。② 2 日,大本营政府联络会议决定采取第 3 个方案,并通过了《帝国国策实行要领》。"要领"规定:为"建设大东亚新秩序","决心对美英荷兰发动战争",为此采取的措施是(1)"决定行使武力的时间在 12 月初,陆海军完成

---

① 历史学研究会编:《日本史史料》5,现代卷,第 108 页。
② 大畑笃四郎:《太平洋战争》上卷,《近代战争》第 6 卷,人物往来社,1966 年,第 96—97 页。

作战准备";(2)"强化与德意的合作";(3)"在使用武力之前,与泰国建立密切的军事关系"。作为挑起战争的外交掩护行动和借口,还提出意在设置谈判障碍并由甲、乙两种谈判方案为基础的《对美交涉要领》。

其中,甲案主张:(1)关于在中国的驻军及撤离问题:即使实现中日和平,也要在"需要的期间"内"在华北及蒙疆的一定地区和海南岛"驻扎日军,其余军队在2年内从中国撤离,若美方询问"所需期间"多久,回答是"大概需要25年"。(2)关于在印支驻军和撤离问题:"现在派驻法属印度支那的日本军队将在支那事变解决,确立公正的远东和平时,立即撤离"。(3)承认在华无差别的通商待遇。(4)根据日本政府的决定,解释并履行日德意三国条约。(5)对美方的所谓四原则极力回避。乙案提出:(1)"日美双方约定不在法属印度支那以外的东南亚及南太平洋地区武力扩张"。(2)"日美两国政府相互合作,保证日本在荷属东印度获得需要的物资"。(3)"日美两国政府应相互恢复冻结资产之前的通商关系,美国应供应日本所需要的石油"。(4)"美国政府不采取妨碍日中两国和平努力的行动"等。① 11月5日,御前会议任命海军大将来栖三郎为特使,前往华盛顿协助野村开展对美交涉。11月15日,来栖三郎携带着日美谈判必须在11月29日达成谈判的训令,取道香港、搭乘泛美航空公司的飞机赶往华盛顿。11月17日,野村和来栖会见赫尔,提交了日方的甲案。11月20日,野村和来栖又向赫尔提交了日方的乙案。

11月26日,美方提出拒绝日方谈判方案的最终谈判方案,主张美日遵循下述四原则,即(1)"所有国家领土完整和主权不可侵犯原则";(2)"不干涉他国内政原则";(3)"通商机会及待遇平等原则";(4)"防止纷争及和平解决以及为缓和国际局势而依据和平方法和手续的国际合作与调停遵循的原则"。在此基础上,美国建议"日本政府与美、中、英、苏、荷、泰等6国订立多边不可侵犯条约";"各国尊重法属印度支那的领土主权";"日本政府从中国和印度支那撤出所有的军队和警察";"美日两国政府不在军事、经济上支持临时首都在重庆的中华民国政府之外的任何在中国的政府";美日两国政府取消《辛丑条约》所规定的领事裁判权等各种权利等。② 27日,日方译出美方谈判方案的全文,并简要归纳成以下几点,即(1)承认赫尔四原则;(2)日、苏、美、荷、中、泰等国缔结互不侵犯条约;(3)从中国和法属印度支那全境撤

---

① 历史学研究会编:《日本史史料》5,现代卷,第109—111页。
② 同上书,第112—113页。

军;(4)不支持蒋介石以外的中国其他政权;(5)取消在中国的治外法权和租界,日美相互解除资产冻结令;(6)修改日本与德意缔结的三国同盟条约。① 美国的要求等于取消了自"九·一八"以来的日本所有侵略成果。11月29日,在政府与重臣会议拒绝接受美国的方案,决定对美开战。

三 日本军事工业的膨胀和对美战备

第一次世界大战后,快速发展的重化工业和新式武器研制技术水平的提高,为日本军事工业的持续发展奠定了牢固的基础。在规模日益扩大的侵华战争期间,政府组建战时体制、无休止的战争动员与军火订单带来的丰厚利润,以及民族沙文主义的狂热、法西斯体制的强行驱使等因素彼此作用,更使国营兵工厂和财阀企业开足了马力,竞相投入军火生产。自"九·一八"事变至太平洋战争爆发之前的10年期间,枪支、火炮、坦克、卡车、光学武器、通讯兵器、舰船、作战飞机、炸弹等武器,多半由三菱重工、日立制作、三菱电机、池贝铁工、三菱造船、川崎造船、石川岛造船、芝浦制作等财阀企业生产。据统计,在侵华战争和太平洋战争期间,武器订单的35%给了国营兵工厂,其余65%的兵器由财阀企业负责生产。②

适应现代化战争的需要,军部与财阀联手,将航空母舰、战舰和各类作战飞机列为武器研制的重点,并利用1936年1月退出伦敦海军裁军会议的机会,放开手脚,大量生产。1937年海军吴工厂和三菱川崎造船所分别动工建造每艘6万余吨、配备18英寸口径巨炮的超级战舰"大和"与"武藏",均抢在太平洋战争爆发前后下水,编入战斗序列。航空母舰的数量急速增加。在1922—1933年已建造了"凤翔"、"赤城"、"加贺"、"龙骧"等4艘航空母舰的基础上,在1939—1940年将400余艘商船或潜水母舰改建为航空母舰、布雷舰、炮舰、特务舰等,甚至将大中型渔船也改建为各类舰艇,总数凑足了1000艘。③ 民用船只改建成军用舰艇,是财阀大发战争财的一条捷径。实力雄厚的三菱财阀所属的长崎造船所耗费3年的时间,将1939年动工建造的超级豪华客船"橿原丸"改建为航空母舰"隼鹰",将商船"八幡丸"改建成航母"大鹰";川崎重工则将"出云丸"改建为航母"飞鹰"等。一时间,7艘

---

① 《太平洋战争》2,《现代史资料》35,三铃书房,1976年,第433—434页。
② 山崎俊雄:《技术史》,第191页。
③ 同上书,第200页。

大型货客船被改建为航空母舰以应急。这样,在太平洋战争爆发之前,日本海军已拥有以"凤翔"、"赤城"、"加贺"、"苍龙"、"飞龙"、"瑞凤"、"瑞鹤"、"翔鹤"、"大鹰"等10艘航空母舰以及"长门"、"陆奥"、"雾岛"、"金刚"、"比睿"、"扶桑"、"山城"等10艘战舰和41艘巡洋舰为主力,各类舰船总数达396艘的庞大舰队,编成远洋机动攻击集群。① 显而易见,这些海上攻击集群在以大陆为主战场的中国难以派上用场,其矛头所向无非是美英等海军强国。在侵华战争的过程中,美英通过香港、广州以及滇缅公路援助中国,历来为日本政府和军部所嫉恨。在日美谈判中,美国坚持门户开放原则、否认日本侵华成果的强硬立场,更使日本将摧毁美国太平洋舰队作为其战略目标,竭尽全力地打造远洋机动攻击集群,用于即将到来的日美海上决战。

发展航空工业,加快作战飞机的研制和生产,是军部与财阀企业合作开发的另一个重要领域。1924年陆军设立航空本部、将航空兵列为独立兵种。1925年设置航空本部技术部,采取军民分工合作方式,加快研制各类型号的作战飞机。起初,陆军采用的军民合作方式,是军事部门负责行政指导、下达任务指标和验收产品,而将作战飞机的具体研制和批量生产交由财阀企业承担。在侵华战争期间,陆军的航空部队机群多次出动,支援大规模集团会战或远程轰炸重庆和延安,增强了实战效果。为进一步强化空中打击力度,陆军指导部门转而直接介入对作战飞机的研制和生产。1936年,陆军航空本部技术部改建为航空技术研究所,将侵华战场实战部队的需求与后方的设计、研制结合起来。1940年,设置了飞行试验部。1941年,开办了航空工厂,研制并批量生产作战飞机。尽管如此,兴旺发展的财阀航空企业依然是陆军各类机型作战飞机最大的提供者。

海军同样采用军民合作方式,但由于海军兵器的技术含量历来高于陆军,因此,在航空技术开发的起步时期,就自行研制作战飞机。1916年,海军创建了航空部队。1922年,横须贺海军兵工厂设计、建成世界上第一艘9494吨的航空母舰"凤翔",可搭载31架作战飞机。② 1926年,创办了航空技术研究机构霞浦航空研究部,加紧新型作战飞机的研制。1927年,建立了航空本部,统一指导海军兵工厂,研制航空母舰及舰载机。1937年,在横须贺设置海军航空工厂,形成从设计、研制、试飞到批量生产的完整流程,并更名为第一海军航空技术工厂。此后,又开办了研发电波、声呐、磁场等航

---

① 山崎俊雄:《技术史》,第200页。
② 《近代日本综合年表》,第252页。

空高科技的第二海军航空技术工厂,科技、生产人员高达 3.3 万人。① 为在同援华苏联航空队展开的较量中夺取空中优势,加紧对中国内地展开远程轰炸,1940 年研制成功性能优良的舰载机,并以纪念当年为所谓神武天皇在公元前 660 年登基的"皇纪"2600 年为由,命名为"零式"战斗机。

与此同时,海军也同三菱财阀的航空企业和三井财阀的中岛飞行机制作所密切合作,开发新机种。其中,前海军大尉中岛知久平在 1917 年退役后,专门从事飞机研制。1919 年制成"中岛式四型"机,为民间企业首架生产的军用飞机。此后,以开发国产发动机为攻关重点项目。至 1929 年,中岛飞行机制作所研制成功第一台"寿"型飞机发动机,结束了长期依赖欧美发动机技术的历史。1931 年,中岛飞行机制作所改称中岛飞行机股份公司,又陆续开发了"光"、"荣"、"誉"等多种型号的舰载机发动机,研制出九七式战斗机和舰载攻击机等世界级新型机种,以及"隼"式战斗机和"月光"型等夜航战斗机。1940 年,中岛脱离三井财阀、独立经营,成为军需省下属的最大作战飞机生产厂家,跻身新财阀。在侵华战争和太平洋战争期间,中岛财阀共生产机体 2.5935 万架,发动机 4.6726 万台,② 为陆海军竞相采用。与中岛展开竞争的三菱重工也毫不示弱,设计并研制了性能优良的九六式舰载战斗机和陆上攻击机。1926—1940 年,三菱重工为陆海军共生产各类作战飞机 5152 架;1941—1945 年,为陆海军生产了作战飞机 3.3734 万架,均用于日军的侵略战争。③ 其他民间作战飞机制造厂家,如川崎航空机、爱知航空机、立川飞行机、日立航空机、川西航空机、九州飞行机、富士飞行机等也看到了制造作战飞机带来的丰厚利润,纷纷加入为侵略战争提供杀人武器的行列。

在侵华战争刺激下,狂热的民族主义抬头,日本劳动者的阶级意识被抹杀。以工人罢工为例,自第一次世界大战结束后,劳动争议的件数和参加人数呈逐年上升的趋势,至 1931 年劳动争议达 2456 次,参加人数达 15.4528 万人。④ 然而,"九·一八"事变发生后,在持续升温的战争狂热、急遽膨胀的民族沙文主义和国家主义与政府加强镇压相互配合,造成劳动争议的件数和参加人数急遽下降。1932 年,劳动争议件数减至 2217 次,参加人数

---

① 山崎俊雄:《技术史》,第 202 页。
② 《国史大词典》第 10 卷,第 592—593 页。
③ 山崎俊雄:《技术史》,第 204 页。
④ 社会问题资料研究会编:《支那事变下的劳动运动》,《社会问题资料丛书》,东洋文化社 1971 年,第 333 页。

12.3313万人;1936年进而分别减少为1975次,9.2724万人。全面侵华战争爆发后,1938年劳动争议件数减为1050次,参加人数减为5.5565万人。1940年,劳动争议件数更锐减为684次,参加人数5.1554万人。[①] 其中,1935年发生劳动争议的总件数比1931年减少了约600件;1937年前半年因1936年物价暴涨和工资下降,引发了劳动争议的高潮,劳动争议达1523次,参加人数为18.6579万人;但下半年的头一个月"七七"事变爆发,争议次数锐减为603件,参加人数为2.7074万人;1938年也是在劳动争议数量急遽下降中度过的。[②] 工人罢工次数的下降,与国营、民营军事工业生产持续增长成反比,这是日本军事装备水平随着各种类型杀伤武器被大量生产出厂,而大幅度攀升的重要原因。

随着日美矛盾日趋尖锐化,对美开战的相应战备加紧进行。在联合舰队司令长官山本五十六的亲自督导下,突袭美国太平洋舰队的空中打击力量急剧增长。1932年出任海军航空本部技术部长时,仍然迷信巨舰大炮决定海战命运的山本,已经觉察到在未来的日美战争中,决定性的因素可能是作战飞机的空中打击。海军兵工厂和财阀企业遵照山本"国产"、"全金属"和"单翼飞机"等设计三原则,投入必要的技术人员和资金,加快开发研制出九六式陆上攻击机和九七式和零式舰载战斗机。1941年8月,山本向海军军令部提交了攻击珍珠港的作战方案。9月,进行了偷袭作战的图上演习。至11月上旬,设计并试验成功专门适用于水深仅12米的珍珠港海区的浅水鱼雷,加紧演练超低空飞行的投掷技术,准备攻击驻扎在夏威夷群岛的美国太平洋舰队。

1941年11月中旬,以南云忠一为司令官的机动部队完成在千岛群岛单冠湾的秘密集结。11月20日,南方军总司令官寺内寿一下达了进攻南方要地的作战命令。11月26日,就在赫尔提出美国方案的同一天,山本下达了机动部队驶离择捉岛单冠湾的命令。由3艘潜水艇在前方警戒探路,2艘战舰、3艘巡洋舰和9艘驱逐舰提供掩护,8艘补给舰随行,以"赤城"、"加贺"、"苍龙"、"飞龙"、"瑞鹤"、"翔鹤"等6艘航空母舰为主力的联合舰队,[③] 分为3个航空战斗群的庞大机动舰队,驶向夏威夷海域。

---

① 社会问题资料研究会编:《支那事变下的劳动运动》,《社会问题资料丛书》,东洋文化社1971年,第333—334页。

② 同上书,第329页。

③ 大畑笃四郎:《太平洋战争》上卷,第129页。

第二节 太平洋战争的爆发与"大东亚共荣圈"的建立

由于日本统治集团不知悔悟侵华战争的致命错误,不断将战争规模从局部侵华升级为全面侵华,在自我毁灭的不归路上越走越远。美日矛盾日趋尖锐,超出了谈判对话所能解决的范围。日本大本营铤而走险,指望对美国太平洋舰队展开打击,迫使其专守北美本土而听任日本在东亚为所欲为。在日本大本营的如意算盘中,不仅要排除美、英、荷在东南亚的殖民势力,而且要将到手的侵略成果拼凑成日本独霸西南太平洋的"大东亚共荣圈"。太平洋战争爆发,"大日本帝国"的殖民势力膨胀到难以自控的程度。

一 太平洋战争的爆发

1941 年 12 月 1 日下午 2 时,对美开战前的最后一次御前会议在皇宫的东一间举行。与会者一致赞成东条付诸战争的意见,决定"以 11 月 5 日通过的《帝国国策实行要领》为基础的对美交涉无法实现,帝国对美、英、荷开战"。在长达 2 个小时的讨论即将结束时,一直沉默不语的天皇裕仁提醒东条:"在发出最后通牒之前,不要开始攻击。"1907 年 10 月,日本加入《开战条约》,其第一条规定缔约国的战争行动只能在发出最后通牒后才能开始。① 裕仁批准了参谋总长杉山元和军令部长永野修身下达作战命令的请求,随即分别向联合舰队司令长官、南方军司令官、南海支队长、中国派遣军总司令官发布攻击珍珠港、马来半岛、瓜达尔卡纳尔岛、香港的作战命令,但未规定具体的时间。12 月 2 日,大本营下达命令:开战日确定为东京时间 12 月 8 日。

华盛顿时间 12 月 6 日上午 11 时,日本政府长达 13 页的最后通牒《备忘录》的电报在发到日本驻美大使馆的同时,也被美国的电报破译机接收,并在当天晚 8 时破译完毕,9 时 30 分送交罗斯福总统。意识到战争迫在眉睫的罗斯福采取了前所未有的举动:直接向天皇裕仁呼吁和平。在这份名曰《美国总统罗斯福致日本天皇书》的 3 倍加急电报中,罗斯福回顾了 88 年前美国总统致书日本天皇的往事,几乎点明真相地强调指出:"我认为现在应该致书阁下,因为影响深远的紧急态势似有即将形成之势。太平洋地区

---

① 大畑笃四郎:《太平洋战争》上卷,第 109—110 页。

的事态发展使我们两国和全人类面临失去我们两国间的长期和平所带来的利益的危险。这些事态发展存在酿成悲剧的可能性。"罗斯福向裕仁举起了橄榄枝，说："我敢肯定，阁下和我一样，也明白此点：日本和美国应一致同意消除任何形式的军事威胁"，并提出"日本军队悉数撤出印度支那"的具体要求，"热切希望阁下能够像我一样，考虑一下应付危局、驱散乌云之良策"。①这份异乎寻常的致天皇书表明：以理想主义者闻名的罗斯福以其惯有的理想主义行动方式，在大难临头的前夕，试图借助裕仁的手勒住日本军国主义这匹脱缰野马，虽然他同时也在等待日本的炸弹击垮美国国内的孤立主义思潮。驻日大使格鲁在电文接收完毕后，立即将其送交给新任外相东乡茂德。裕仁在事后回忆说："我想对来电作出回复，但东乡说6日'我方2艘潜水艇已进入夏威夷近海，可以不作答复'，听了这句话，就停止了回复。"②

此时的局势，已是开弓难收回头箭。在西太平洋，南云忠一的机动舰队已驶入夏威夷海域，偷袭珍珠港的作战命令即将发出。在华盛顿，日本大使馆馆员还在对《备忘录》电文进行着磨磨蹭蹭的解读。《备忘录》在侵略中国、进占法属印度支那和坚持日德意三国同盟等方面，继续坚持11月2日《帝国国策实行要领》的立场。与此同时，指责11月26日美国提出的最终方案"从世界现状来看，无非是不切实际的理念"，对"美国与英国共同施加的经济力压迫"，"必须加以排除"；美国政府要求日军全面撤军，是"不顾中国的现实，试图推翻帝国在东亚成为稳定势力的地位"，"无视帝国的立场"等，表示无意进行"不能达成协议"的谈判。③按照指令，已经得知偷袭珍珠港消息的野村和来栖在12月7日下午1时50分来到国务院，并在等待了约20分钟后，将无疑是宣战书的《备忘录》递交给赫尔。脸色铁青的赫尔勃然大怒，对默然无语的日本大使痛加申斥。

赫尔发怒，事出有因。就在野村等递交《备忘录》的1小时50分钟前，日本南方军第18师团步兵第23旅团的佗美支队已在马来半岛的哥打巴鲁登陆，香港、关岛、菲律宾、威克岛随即遭到日军的空袭。在华盛顿时间的50分钟前（夏威夷时间1941年12月7日7时50分），日本联合舰队已经对珍珠港的美国太平洋舰队发起了第一轮攻击。8时20分，日军又展开对珍珠港的第二轮进攻，珍珠港基地到处浓烟滚滚，烈焰冲天。在两轮袭击中，

---

① 美国国务院编：《美国外交文件选译·日本（1931—1941）》，第626—627页。
② 《昭和天皇独白录》，《文艺春秋》1990年12月号，第120页。
③ 日本外务省编：《日本外交年表及主要文书》下卷，第570—573页。

炸沉战舰 6 艘、巡洋舰 1 艘、油船 2 艘,炸伤战舰 2 艘、轻重巡洋舰 7 艘、驱逐舰和辅助舰各 3 艘,击毁、击伤飞机 300 架,美国官兵死伤近 4000 人。①太平洋舰队常备军舰损失惨重,但其主力航空母舰却在此前并非无缘无故地驶离珍珠港,丝毫未受损伤。储量巨大的燃油库被狂傲的日本飞行员轻轻放过,足令其日后大吃苦头。

正如罗斯福所预料的那样,日本的偷袭行为,激怒了全体美国人。在珍珠港被袭击过后,国务卿赫尔发表声明,宣布:"日本已背信弃义地向美国发动了无缘无故的进攻",强调"在日本大使递交日本政府的这份最后声明之前,对美国背信弃义的进攻就已经开始了"。② 8 日,罗斯福总统在国会发表了演说。罗斯福激愤地说:"昨天,1941 年 12 月 7 日——一个遗臭万年的日子——美利坚合众国遭到了日本帝国海空军部队的突然和蓄谋的进攻。"他发誓:"我们将永远记住这次对于我们的进攻的性质。不论用多长时间才能战胜这次预谋的入侵,美国人民都将以自己的正义力量赢得绝对的胜利。"最后,他要求国会宣布:"自星期日(1941 年 12 月 7 日)日本进行无缘无故和卑鄙怯懦的进攻时起,合众国与日本帝国之间已处于战争状态。"③ 当天,华盛顿时间下午 4 时 10 分,美国国会发表了美日处于战争状态的声明。

东京时间 12 月 8 日上午 6 时过后,广播电台播放了大本营陆军部宣布日本陆海军与美英军队进入战争状态的新闻。东京的街头并未出现庆祝胜利的热闹场面,在始料未及的平静中,弥漫着不安、沉重和紧张的气氛。11 时 45 分,天皇裕仁发布了《宣战诏书》,宣称:"朕今向美国及英国宣战。"理由是:美英支援重庆"残存之政权,助长东亚之祸乱";"竟然断绝经济关系,对帝国生存加以重大威胁";"任由其发展,帝国多年稳定东亚的努力将悉归泡影,帝国之存立也濒临危机。事已至此,帝国为自存自卫,只有崛然而起,打破一切障碍"④,云云。中午 12 时,电台播放了裕仁的《宣战诏书》。此后,又播放了首相东条的《告国民声明》,叫嚣战则必胜、一亿一心战斗到底,等等。直到下午 1 时,大本营海军部发布偷袭珍珠港等战果后,东京街头才出现狂热的气氛,皇宫前、明治神宫和靖国神社里挤满了祈祷战胜的人群。

就在东京掀起宣传战的同时,在海军和直辖第 3 飞行集团的支援下,寺

---

① 服部卓四郎:《大东亚战争全史》,原书房,1973 年,第 219 页。
② 美国国务院编:《美国外交文件选译·日本(1931—1941)》,第 628 页。
③ 同上书,第 629—630 页。
④ 日本外务省编:《日本外交年表及主要文书》下卷,第 537 页。

内寿一为总司令官的南方军对东南亚各地展开猛烈进攻。山下奉文指挥的25军(辖第5、第18师团和近卫师团,兵员约11万人)以英军驻守的马来亚、新加坡和香港为进攻目标;本间雅晴指挥的第14军(下辖第16、第48师团和第65旅团,兵员约5.6万人)进攻美军防守的菲律宾。

12月8日凌晨,战斗首先在马来半岛展开。驻守马来半岛、新加坡的英军共3个师、4个旅,兵员约9万人,总司令为A.E.珀西瓦尔中将。12月4日自海南岛三亚南下的第25军所属的第5师团主力和安藤、佗美支队,在南遣舰队(舰船46艘)和陆军第3飞行集团(飞机450架)的掩护下,分别在泰国的宋卡、北大年和马来亚的哥打巴鲁登陆。佗美支队在登陆之初遭到英军海岸守备部队的有力抗击,多艘运兵船被击沉或击伤。其中,"淡路丸"成了太平洋战争被击沉的第一艘日本船只。由于日军尽占突袭的先机并施展现代化的立体攻击手段,而英军则是仓促应战,海岸阵地迅速丢失。登陆地点附近的机场和克拉地峡被日军占领。自泰国境内南下的近卫师团加入攻击序列,25军主力沿马来半岛东西两侧海岸向南疾进。

在海岸攻防战中失利的英军边战边退,竭力利用隘路、河流和密林来迟滞日军的推进速度,为加强马来半岛南部的防御赢得了时间。日军在展开地面部队攻击前进的同时,出动海军第22战队和陆军第3飞行集团,轰炸新加坡、关丹等基地和机场,重创英军空军力量,夺得制空权。失去空中掩护的英国远东舰队处于不利状态,但舰队司令T.菲利普斯犹有斗志,坚信大舰巨炮的威力足以抗击来敌。8日,菲利普斯指挥舰队驶离新加坡,北上迎击登陆的日军。9日,舰队面临遭到日军空中打击的威胁,新加坡基地又传来日军在关丹登陆的消息,舰队遂调头南下,准备攻击登陆日军。10日12时许,从西贡起飞的日军侦察机在关丹海域发现远东舰队的行踪。1小时后,由25架轰炸机和50架鱼雷攻击机组成的日军突击机群飞临战区,轮番攻击对空作战能力有限的远东舰队。在两个多小时的狂轰滥炸下,3.2万吨的战列巡洋舰"反击"号和3.5万吨的战列主力舰"威尔士亲王"号先后沉没。舰队司令菲利普斯以下800余官兵阵亡,2000余名活着的英军官兵成了命运悲惨的俘虏。① 在世界军事史上,这场日英海空军在马来半岛展开的激战,宣告了大舰巨炮时代的结束。缺乏空中掩护的大舰巨炮不过是航空突击集群攻击的活靶子,空中打击力量成为决定海战结局的最活跃因素。

---

① 《中国军事百科全书》、《世界战争史分册》(中),军事科学出版社,1995年,第547—548页。

英国远东舰队被歼灭后,掌握制海权的日军展开愈加猛烈的攻势。12月31日,攻占关丹。1942年1月11日,吉隆坡沦陷。日军进入柔佛州的开阔地带后,加快了推进速度。从马来半岛败退下来的英军于1月31日撤至新加坡,试图凭借柔佛海峡的天险,继续阻滞日军的进攻。2月8日夜,日军分成两路渡过柔佛海峡,在新加坡登陆。9日,占领廷加机场,切断了驻守英军的空中通路。10日,双方在武吉知马高地展开激战,日军伤亡惨重,第18师团长牟口田廉也被英军击伤。12日,日军推进至新加坡市郊。14日,占领新加坡沿岸的英军基地和堡垒,对收缩到市区的8万英军形成包围,英军官兵丧失了斗志。15日,珀西瓦尔率部向山下奉文投降。至此,马来战役结束。日军以伤亡约1万人的代价,占领了马来半岛和新加坡,荷属东印度暴露在日军枪口下。①

香港是日军进攻的另一个目标。1941年12月8日清晨,中将酒井隆指挥的第23军攻击部队袭击启德机场,几乎击毁停放着的全部飞机。与此同时,来自佛山、三水的佐野中意兵团的3个联队,在第2遣华舰队的掩护下,进攻修筑了多个炮台和200多个碉堡的九龙—香港要塞。驻防香港的英印军约1万官兵和少量海军部队与日军展开激战。12日,日军突破英军主阵地,占领九龙。港督森格拒绝日军的投降要求。13日,日军进攻香港岛,猛烈炮击市区。守港英印军凭借坚固的工事,与日军展开拉锯战。日军采用断水等手段,围困英军。25日,驻港英军司令莫尔特比少将和港督森格向酒井隆投降。日军以2000余人伤亡的代价,攻占香港。

在攻击英军驻守的马来亚、新加坡和香港的同时,日军也展开对菲律宾的进攻。菲律宾北望台湾,南临荷属东印度,是扼守太平洋、南海和印度洋的交通要冲。美国在菲律宾的克拉克和甲米地设立了亚洲最大的空海军事基地。1941年7月,设立远东美军司令部,由D.麦克阿瑟中将出任司令。14万守军中,美军1.9万人,菲军包括民兵共12万人;飞机277架,但具有作战能力的只有142架;海军为1个拥有40余艘作战舰艇的混合舰队,T.C.哈特上将为司令。②

1941年12月8日,日本陆海军联合作战,出动轰炸机群,空袭沃达、碧瑶、伊巴、克拉克等美军机场和基地,击毁B-17等作战飞机约100架,首先夺得了制空权。日军随即展开多点进攻,夺取美菲军守卫的重要机动据点。

---

① 《中国军事百科全书》,《世界战争史分册》(中),军事科学出版社,1995年,第547页。
② 同上书,第545页。

10—11日,第48师团的田中支队和菅野支队分别在吕宋岛北部的阿帕里和维甘登陆并占领了机场。12日,第16师团的木村支队在吕宋岛南部的黎牙实比登陆并迅速夺占了机场。日军陆军第5飞行集团乘机飞抵各机场,为地面部队的登陆作战提供空中掩护;海军第3舰队和第11航空舰队则待机出动,给予支援。17日,美国仅存的17架B-17轰炸机撤往澳大利亚。日军完全掌握了菲律宾战区的制海权和制空权,取得主动地位。

12月22日,日军第48师团主力在吕宋岛西海岸的林加延湾登陆;24日,第16师团在吕宋岛东南部的拉蒙湾登陆,迅速形成南北夹击马尼拉,聚歼美菲军的态势。26日,面临包围的吕宋岛美菲军撤往巴丹半岛和科雷希多岛,试图凭借预设的坚固阵地,进行长期抵抗。急欲制造宣传效果的日军暂缓歼灭美菲军有生力量,集中主力攻击马尼拉。1942年1月2日,马尼拉陷落。随后,甲米地和八打雁落入日军之手。大本营以为菲律宾战区大局已定,将海军主力和第48师团调往荷属东印度,将第5飞行集团调往缅甸,仅以第14军的剩余兵力清剿吕宋岛。1月9日,日军进攻巴丹半岛,遭到美菲军的顽强抵抗。在双方展开的山地战、丛林战和阵地战中,日军伤亡颇大,战局处于胶着状态。3月12日,麦克阿瑟将指挥权交给J.M.温赖特少将,乘坐鱼雷艇离开科雷希多要塞,到达敏达那奥岛,17日改乘B-17转赴澳大利亚。军事主官临阵出走,挫伤了美菲军的斗志。22日,日军重新调整了攻占巴丹半岛的作战部署,第4师团奉命赶来增援。4月3日,日军在巴丹半岛转入进攻,双方在丛林中展开激战。4月9日,缺乏后援补给的3.5万巴丹半岛的美菲军停止战斗,缴械投降。10日,集中在克拉克费尔德机场的1.2万美菲军战俘在日军刺刀的威逼下,被押往邦板牙省的圣费尔南多。途中,5000人死于饥饿、疾病或被日军杀害,① 此即暴露日军残忍本性的"巴丹死亡行军"。

日军攻占巴丹半岛后,对坚守在科雷希多岛要塞阵地的1.5万美菲军,实施不间断的轰炸。5月5日,日军在密集炮火的掩护下,分成两路攻进该岛。6日,温赖特率部投降。7日,科雷希多岛陷落。10日,驻守在棉兰老岛和北吕宋山区的美军投降。18日,驻守在班乃岛的美军停止了抵抗,菲律宾战役至此结束。此役,日军伤亡约1.4万人,损失飞机80余架、舰船4艘;击毁美军飞机250余架、各种型号的作战舰艇8艘、商船26艘。日军控

---

① 大畑笃四郎:《太平洋战争》上卷,第212—213页。

制菲律宾全境,为其占领整个东南亚创造了条件。①

在夺占了美英长期经营的殖民据点后,为夺取石油资源,由中将今村均为司令官的第 16 军(下辖第 2、第 38、第 48 师团和第 56 独立混成旅等,兵员约 10 万人),在海军第 3 舰队、第 11 航空舰队和陆军第 3 飞行集团的协同下,对荷属东印度发起进攻。1942 年 1 月初,美、英、荷、澳组成盟军战区司令部,英国陆军上将 A.P. 韦维尔出任司令,指挥以 7.5 万荷兰军为主力、总数达 9.2 万人的盟军部队,在 88 艘作战舰艇和 300 余架飞机的支援下,迎击日军。1 月 11 日,日军展开外围作战,先后攻占南苏门答腊、英属婆罗洲(加里曼丹)、西里伯斯(苏拉威西)等岛屿。2 月 14 日,日军第 1 伞兵旅约 430 人在巨港实施空降;第 38 师团主力在海军掩护下,迅速占领油田和机场。19 日,日军攻占巴厘岛,东西夹击爪哇岛。26 日,盟军舰队与日军第 5 舰队在苏腊巴亚(泗水)近海激战,遭重创。28 日,双方在巴达维亚(雅加达)近海再次交战,盟军舰队被歼。掌握了制空权和制海权的日军对爪哇岛各地展开猛攻,轰炸苏腊巴亚、巴达维亚等地,摧毁了盟军空军力量。3 月 1 日,日军兵分三路,在爪哇岛强行登陆。5 日攻占巴达维亚,8 日攻占苏腊巴亚,9 日攻占万隆,盟军投降。在爪哇战役中,日军伤亡约 1 万人,俘获盟军 8 万余人,缴获飞机 177 架。②

在发起马来亚战役的同时,为切断美英援助中国抗战的物资大通道滇缅公路,威逼印度,下辖第 18、第 33、第 55、第 56 师团和冲支队,兵员约 9.5 万人的日军第 15 军,在司令官饭田祥二郎中将的指挥下,自南向北发起攻击,开始了缅甸战役。英缅第 1 师、英印第 17 师、英澳军第 63 旅和第 7 装甲旅共约 4 万人,在 T.J. 霍顿(胡敦)的指挥下,抗击日军的进攻。③ 1941 年 12 月 25 日,加藤战斗机队员驾驶陆军"隼式"战斗机,掩护轰炸机群空袭仰光。1 月 4 日,日军第 33、第 55 师团从泰国麦素,冲支队自干差那跋里(北碧)攻入缅甸。在突破英缅军的阻击后,19 日冲支队攻占土瓦,31 日第 55 师团主力攻占毛淡棉。2 月 11 日,大股日军渡过萨尔温江,继续追击士气低落的英缅军。22 日,3300 余英缅军被日军分割围困在锡唐河西岸的同古(东吁),并对仰光形成包围圈,形势岌岌可危。丘吉尔临阵换将,任命 H. 亚历山大将军为指挥官,负责组织仰光保卫战。

---

① 《中国军事百科全书》,《世界战争史分册》(中),第 545—546 页。
② 同上书,第 550 页。
③ 同上书,第 549 页。

根据 1941 年 12 月 23 日签订的《中英共同防御滇缅路协议》，在英国政府请求下，中国组成以罗卓英为第一路司令长官的远征军，自 1942 年 2 月 1 日起，陆续入缅作战。中国远征军包括第 5 军（军长杜聿明，辖师长为戴安澜的第 200 师、师长为廖耀湘的新 22 师、师长为余韶的第 96 师）；第 6 军（军长甘丽初，辖师长为彭璧生的第 49 师、师长为吕国铨的第 93 师、师长为陈勉吾的第 55 师）；第 66 军（军长张轸，辖师长为孙立人的新 38 师、师长为刘伯龙的新 28 师、师长为马维骥的新 29 师），总兵力共 10 万余人。3 月 1 日，蒋介石飞赴腊戌，制定了平满纳反击计划。6 日，戴安澜率 200 师开进同古驻防。3 月 8 日，仰光陷落。亚历山大下令英缅军焚毁军需物资，仓皇北撤。11 日，中国战区参谋长 J.W. 史迪威将军入缅指挥远征军。12 日与杜聿明等制定迎击北上日军的计划。19 日，进入中国远征军设伏圈的日军 1 个大队被击溃。20 日，固守同古的戴安澜部顽强抗击来犯之敌，予日军以重创，随即陷入日军的三面包围。25 日，在马达班湾登陆的第 56 师团自仰光出发，增援攻击同古的日军。双方展开激战，至 29 日，第 200 师在给予日军重大杀伤后，奉命突围北撤。30 日，日军占领同古，继续向北推进。

4 月 8 日，第 18 师团在马达班湾登陆，北上驰援第 55 师团，并合成一股，攻击上缅甸重镇曼德勒。在仰光修整月余的第 33 师团迂回推进，7 日占领阿兰谬，16 日占领仁安羌，切断英缅军的退路。17 日，第 66 军新 38 师孙立人部赶来支援被包围的英缅军，使亚历山大将军以下 7000 余官兵脱离险境。平满纳反击作战计划因英缅军缺乏斗志，只顾夺路撤退而变成一纸空文。中国远征军与日军苦战，伤亡惨重。5 月 1 日，曼德勒陷落，中国远征军一部随英缅军撤至印度东部境内，一部辗转穿越密林山岭，返回中国滇西地区。日军第 18、第 33、第 55 师团占领缅甸北部，第 56 师团越境侵占云南的芒市、龙陵和腾冲等地。在缅甸战役中，中国远征军伤亡 5 万余人，英缅军伤亡 1.3 万余人。日军以伤亡约 4500 余人的代价，切断了滇缅公路，进占缅甸。① 其后，盟国又开辟了飞越喜马拉雅山的"驼峰航线"，向坚持抗战的中国源源不断提供作战物资。

日军在拥有战场主动权的太平洋战争初期，集中优势兵力、实施突然打击，给美英荷三国守军造成严重损害。截止到 1942 年 2 月至 3 月，日本陆军战死 7000 人，受伤 1.4 万人，损失船舶约 30 万吨和作战飞机 440 架；海军被击沉击伤各类舰艇 19 艘，沉没船舶 27 艘，作战飞机 122 架，击沉击伤美

---

① 《中国军事百科全书》，《世界战争史分册》（中），第 549 页。

国各类舰艇 42 艘、英国各类舰艇 110 艘、荷兰各类舰艇 12 艘,击沉击伤三国船舶 1196 艘,共计 90.2 万吨;击落飞机 461 架、击毁 1078 架。① 在凌厉的攻势过后,日本将东南亚地区纳入"大东亚共荣圈"。

二 "大东亚共荣圈"的建立

与希特勒急欲建立第三帝国、墨索里尼追求地中海帝国的目标相类似,日本对拼凑由其主导的"大东亚共荣圈"梦寐以求。这个名曰"大东亚共荣圈"的国策目标,伴随着法西斯化的历程和侵略战争的升级而逐渐浮出水面。

1936 年 8 月 7 日,广田弘毅内阁的五相会议制定的《国策基准》,首次提出了有关"大东亚共荣圈"轮廓式的构想。这个国策在"体现建国精神"的名义下,强调:"帝国在当前应该确立的根本国策,在于外交和国防相互配合,一方面确保帝国在东亚大陆的地位,另一方面向南方海洋发展。"在这里,"东亚大陆"和"南方海洋"被同时列为"根本国策"的实施区域,划定了"大东亚共荣圈"的大致范围。实现国策目标的基础,在于"满洲国的健全发展",进而形成"日满支三国的紧密合作",最终"排除列强在东亚的霸道政策,依据真正的共存共荣主义,共享幸福",等等。②

此后的日本历届内阁将上述构想逐步具体化。特别是在全面侵华战争期间,日本政府在以武力为后盾,与伪"满洲国"订立各种条约,巩固对中国东北占领的同时,竭力建立以"日满华"为中心的"东亚新秩序"。1938 年 1 月 11 日,御前会议制定了《处理"支那事变"的根本方针》。这个方针强调"帝国固定不变的国是,乃是与满洲国和支那相互提携,形成东洋和平的枢轴";实现"日满支三国相互友好"、"文化相互提携"、"产业经济互惠"。③ 循此方针,同年 12 月 22 日,首相近卫在其声明中,强调"日满支三国以建设东亚新秩序为共同目的",抛出相互"善邻友好"、"共同防共"、"经济提携"等"近卫三原则",④ 公然将中国占领区纳入"东亚新秩序"的范围之内。与此相应,同年 10 月近卫内阁设置的"对支院",也在 12 月改称为"兴亚院",掌

---

① 参谋本部编:《杉山笔记》下卷,原书房,1978 年,第 57、59 页。
② 日本外务省编:《日本外交年表及主要文书》下卷,第 344 页。
③ 同上书,第 385 页。
④ 同上书,第 407 页。

管政策制定,监督在华日资公司。

1940年7月26日,乘欧洲战局急剧变化之机,第二届近卫内阁通过《基本国策纲要》。纲要宣称"皇国之国是乃基于八纮一宇的肇国大精神,以确立世界和平为根本,首先以皇国为核心,以日满支牢固之结合为基础,建设大东亚新秩序";并将"皇国国运的进展"与"自主建设以皇国为中心的日满支三国经济"挂上钩,"确立以日满支为一环,包容大东亚的皇国自给自足经济政策"。①

1940年7月27日,大本营政府联络会议通过《伴随世界形势演变的时局处理纲要》,强调"捕捉有利时机,解决南方问题",② 突出了进占东南亚的方针。8月1日,外相松冈洋右发表声明,宣称:"日本的使命,是在世界宣传及示范神道。从国际关系角度看,我认为这能够帮助世界各国及各民族寻找他们各自在世界上的合适位置。为此,目前我们外交政策的直接目标,是按照神道的崇高精神,建立一个伟大的东亚共荣圈。"③ 从此,由"东亚新秩序"扩大而来的"大东亚新秩序"的国策目标,最终以"大东亚共荣圈"的名义而被确定下来。1941年12月12日,在日军偷袭珍珠港5天之后,东条内阁把包括中日战争在内的所有战争,统称为"大东亚战争"。随后,"大东亚圣战"的喧嚣又一哄而起。

实际上,日本政府在刻意标榜"八纮一宇的肇国大精神"、"排除列强在东亚的霸道政策"、"共存共荣主义"等口号的同时,以武力制造的"大东亚共荣圈",不过是日本殖民帝国极度膨胀的结果。1941年11月20日,当日军即将在东南亚各地展开攻势时,大本营政府联络会议制定了《南方占领地区行政实施要点》。"要点"规定的在对占领区"实施军政"期间所实施的"恢复治安"、"尽速获得重要国防资源"和"确保作战部队的自给"等三项方针中,有两项与搜刮战争物资有关。在10个要点中,有"获得和开发重要国防资源"、"物资对日输送"、"防止特殊重要物资流入敌方"、占领军管理运输线、促使当地居民忍受等5个要点与确保战争物资有关。至于在占领区使用不兑换的军用票、竭力利用残存的统治机构、避免过早引发独立运动等要点所强调的,④ 也只是日本的利益,而与"解放亚洲"毫无关系。

---

① 日本外务省编:《日本外交年表及主要文书》下卷,第436—437页。
② 同上书,第437页。
③ 美国国务院编:《美国外交文件选译·日本(1931—1941)》,第470页。
④ 日本外务省编:《日本外交年表及主要文书》下卷,第562页。

1941年12月21日,东条在国会发表题为《大东亚战争指导要谛》的演说,进一步自我戳穿了"亚洲解放者"的谎言。东条说:"帝国现在进行的大东亚战争指导之要谛,在于确保大东亚战略据点的同时,将重要资源地区收归于我之管制之下,以扩充我之战力,与德意两国密切合作,彼此呼应,开展更加积极的作战,直至使美英两国屈服",强调的是攻城略地,抢占地盘。东条接着说:"大东亚共荣圈建设的根本方针,实渊源于肇国之大精神,使大东亚各国及各民族各得其所,确立基于以帝国为核心道义的共存共荣秩序。"突出的是日本帝国的核心地位。东条最后说:"帝国企划的建设,是在开战之初,先在军政之下解决进行战争的紧要问题,且准备将来的大建设,随着防卫和治安确立,渐次扩展民间参与的范围。"① 强调的是服从战争的需要和充当日本殖民统治的顺民。在演说中,东条强调"香港和马来半岛是英国多年占据的领土,而且是祸乱东亚的基地",因此"帝国不仅要彻底剪除祸根,更要使之成为防卫大东亚的据点"。在说到菲律宾时,东条许诺"将来在该岛民众了解帝国之真意,作为大东亚共荣圈建设之一翼予以合作的场合下,帝国将欣然给予他们独立的荣誉"。对缅甸,东条也作出"与菲律宾一致"的承诺,即追随并与日本合作,就能得到被赐予独立的光荣。对继续抵抗的荷属东印度、澳大利亚和中国政府,"帝国将予以彻底粉碎",云云。②历史的经验证明:强者赐予弱者"独立"的许诺,不过是一场弱肉强食的政治游戏。至于侵略者赐予的血腥"独立",则更属伪善和欺骗,充其量不过是侵略者对独立的嘲弄。

1942年11月1日,当日军完成了对整个东南亚的占领后,东条内阁公布了《大东亚省官制》。"官制"废止了对满事务局、拓殖省、兴亚院等殖民机构,并出让了原来属于外务省的部分权限,将侵华战争以来占领地区的所有事务通归于这个新设的大东亚省。"官制"规定大东亚大臣的权限是:"执行有关大东亚地域(内地、朝鲜、台湾及桦太除外,下同)各种政务(纯外交除外),管理有关帝国在该地区各外国的商业保护,以及留居该地区帝国臣民的事务和有关该地区的移民殖民、海外拓殖事业及对外文化事业。"同时,按照经营"大东亚共荣圈"内各占领地区的需要,"大东亚省"下辖"总务局"、"满洲事务局"、"支那事务局"和"南方事务局"等。其中,"总务局"负责"策划有关大东亚地区的重要政策和有关省务综合调整事项"等;"满洲事务局"

---

① 日本外务省编:《日本外交年表及主要文书》下卷,第576—577页。
② 同上书,第577页。

主管"有关满洲国的外政"、"监督有关以在满洲国的事业为目的,按照特别法令所设立的法人业务事项"、"有关满洲移民殖民及满洲拓殖事业"、"对满文化事业"等;"支那事务局"和"南方事务局"分别掌管在中国或南洋占领区的殖民事务,集中了一般外交、经济、文化等各种权力。①

三 如此"共荣"

在北起伪"满洲国",南经东南亚直抵所罗门群岛,向西深入中国大陆的"大东亚共荣圈"中,日本充当霸主中心国,台湾和朝鲜半岛是其经营最久的殖民地,伪"满洲国"是其直接控制的战略要枢,中国广大的被占领区是其间接控制的重点地带,东南亚新占领地区则是需要巩固的不稳定地区。针对不同对象,日本政府分别采取不同的措施。

在台湾和朝鲜半岛,随着侵华战争进入持久战阶段和太平洋战争的持续展开,日本政府一方面加紧全面镇压和搜刮,将台湾和朝鲜半岛变成提供战争物资的生产基地;另一方面,为补充日见枯竭的兵员,大力推行"一体化"和"皇民化"政策,进行人力的战争总动员。

在台湾,"九·一八"事变,特别是自全面侵华战争爆发后,在实现"工业化"的旗号下,日本加快将台湾建成侵略战争前进基地的步伐。总督府着力开发电力工业,以求带动高级航空燃料、化学工业、机械工业、金属冶炼工业等生产战争物资工业部门的发展。在 1930 年建成松山火力发电所、1931 年建成高雄第二火力发电所,总发电量约达 6 万千瓦的基础上,至 1934 年,建成总督府所属发电厂 11 所,民营发电厂 139 所。② 其中,同年 7 月台湾电力股份公司经营的日月潭第一发电所竣工,发电量为 10 万千瓦;1937 年日月潭第二发电所并网发电,1939 年东台湾电力兴业股份公司在花莲挂牌营业,至 1940 年总发电量约为 27 万千瓦,1943 年增加到 36 万千瓦。③ 在这个过程中,形成南日本化学工业、旭电化工业、台湾水泥股份公司、石油精炼所等日本资本控制下的高雄工业地带,以及日本制铝、东洋电化、东邦金属冶炼、台湾电化和盐水港制糖股份公司等日资支配下的基隆—花莲港工业地带。设立这些多与军工生产有关的工业地带的目的,除了利用台湾充足的

---

① 日本外务省编:《日本外交年表及主要文书》下卷,第 577—579 页。
② 升味准之辅:《东亚与日本》,东京大学出版会,1993 年,第 411 页。
③ 小林英夫:《"大东亚共荣圈"的形成与崩溃》,御茶水书房,1992 年,第 426—427、429 页。

水力煤炭资源和廉价劳动力以榨取超额利润之外,其更大的着眼点是把台湾建成侵华战争和南进的物资供应基地。1941年12月台湾临时经济审议会对此直言不讳:"在适应时局要求的同时,也要顺应将来南方的需要,开展经济建设。"①

在驱使人力和精神奴化方面,台湾总督府也不遗余力。特别是在1936年9月海军大将小林跻造出任总督之后,更加紧对台湾人力资源的榨取。从1938年公布《使用学校毕业生限制令》、启动"国家总动员体制"以来,1939年6月公布《国民职业能力申报令》,8月接连公布《从业者移动限制令》、《工资统制令》、《工厂就业时间限制令》等法令,将熟练工和非熟练工的工资拉开档次,进行物质刺激。1940年9月,公布《工厂技工培养令》、《青少年雇佣限制令》,相对注重技术因素。太平洋战争爆发后,台湾成为支撑日军南进的基地。现代化的海空战争迅速损耗着人力和物力,从1942年起,实行加大劳动强度以增加产出的《劳动调整令》,竭力维持战争机器的运转。1944年7月,对所有劳动者实施《国民征用令》。

与此同时,台湾总督府加紧推行"皇民化"政策,鼓吹"报国精神"。1937年4月,下令限制台湾人讲汉语,取消了报刊中的汉文栏目,强制使用日语,祭祀"天照大神",取用日本人姓名。1938年8月,设立"国民精神研究所"。1940年4月,组织"勤行报国青年队"。1941年4月,建立"皇民奉公会",其宗旨是"翼赞大政,齐心实践臣道,以确立高度国防国家体制,进而向总力决战迈进";强调这个会"是与总督府表里一致的特殊团体"。② 在总督府的支持下,"皇民奉公会"在全岛设置了6.7万个基层组织"奉公班",掀起"翼赞台湾一家"的运动,将台湾变成"大东亚共荣圈"中不可缺少的重要环节。③ 在战争期间,22万台湾青壮年穿上日本军装,被派往东南亚和中国战场充当炮灰,战死者达两万七八千人。④ 作为1945年3月推行征兵制的犒赏,帝国议会众议院在同月为台湾籍议员留出5个议席,林献堂等2人被敕选为贵族院议员。

朝鲜半岛是服从于侵略战争需要的另一块前进基地。1931年6月,出任朝鲜总督的宇垣一成提出农业与工业并举的方针。在开展维系封建租佃

---

① 小林英夫:《"大东亚共荣圈"的形成与崩溃》,御茶水书房,1992年,第431页。
② 同上书,第297—298页。
③ 同上书,第298页。
④ 升味准之辅:《东亚与日本》,第412页。

关系，依靠日本和朝鲜地主推行所谓振兴农村政策的同时，计划在朝鲜北部加紧兴建重工业地带。其中，开发电力是工业殖民开发的基础。为此，朝鲜总督府制定了《发电网计划及送电网计划》、《朝鲜电气事业令》、《输电网整备计划》等多个开发电源的规划和政令。在咸镜南道的兴南等地，兴建水力发电厂，架设输电线。新财阀野口遵垄断了电力开发权，由其所属公司日本氮肥出资，把持朝鲜半岛的电力企业。1933 年 5 月至 1937 年 9 月，长津江、虚川江、鸭绿江水力发电所等陆续开工兴建。

在开发电力过程中，逐步形成为军事侵略服务的重工业地带。1934 年 7 月，兴南肥料工厂投入生产。1935 年 3 月，开办朝鲜煤炭液化股份公司；4 月，成立本宫大豆化学股份公司和朝鲜氮素火药股份公司；6 月，成立朝鲜石油会社，鼓励开发人造石油产业。在朝鲜总督府每年补助 10 万日元、降低税收等优惠政策的刺激下，三井、三菱、住友、古河、野口等新老财阀竞相来朝鲜半岛兴办产业，赚取暴利。1937 年 9 月，总督府在朝鲜半岛实施《制铁事业法》，前者为财阀扩大殖民开发规模提供资金补助、开设工厂、产权转让等方面的便利。其中，日本制铁股份公司控股的兼二浦制铁所、清津制铁所等企业，垄断了朝鲜半岛的钢铁业。依据同时实施的《朝鲜产金法》，朝鲜总督指令将朝鲜人经营的金矿转让给日本采矿大企业。在完成大榆洞、云山金矿等采金业集中于日本资本之后，由日本产业振兴会社融资，给予各种优厚的补助，推广机械化采金技术、修建矿山道路，掀起黄金增产运动，用于购置侵华战争所必需的物资。由于日本资本家只顾增加黄金产量和降低生产成本，各金矿普遍存在工资低廉、劳动时间长和劳动保护恶劣等严重问题。在各种矿难事故中，金矿的事故率最高，朝鲜矿工大量伤亡。

与此同时，抹杀朝鲜民族性的精神奴役和将其驱入侵略战争的行动同时展开。1937 年 4 月朝鲜总督府召集道知事会议，通过包括"国体明徵"、"内鲜一体"在内的"五大政纲"，掀起"皇国臣民化"的喧嚣；7 月，总督府局长会议决定在朝鲜设立"爱国日"，强制朝鲜人参拜日本神社，穿用和服，加快同化步伐。10 月 2 日，颁布《皇国臣民誓词》，强制朝鲜人背诵"我等皇国臣民，将以忠诚报答君国"，以及"互相信爱合作，以加强团结"，"忍苦锻炼，增强体力，以宣扬皇道"等"誓词"，① 务求彻底泯灭其民族意识。1940 年 6 月，出版篡改史实的《朝鲜史》；10 月 10 日，勒令《东亚日报》和《朝鲜日报》等报刊配合"皇民化"的舆论宣传。从多方面入手，加强精神奴役和言论钳

---

① 依田憙家：《日本帝国主义和中国(1868—1945)》，北京大学出版社，1989 年，第 359 页。

制。1941年4月1日,公布《国民学校令》,强化"皇民化"教育。作为"皇民化"的重要举措,总督府采用强制与利诱并行的两手政策,推行"创始改名"运动,加速同化和奴化。

随着侵略战争规模的扩大,日本国内兵员来源日益紧张,便加剧了对朝鲜的人力、物力的奴役和掠夺。1938年2月22日,朝鲜总督府发布《朝鲜人陆军特别志愿兵令》,征召朝鲜青年入伍,驱入侵略战争的战场。同年7月7日,总督府成立"国民精神总动员联盟",在"举国一致、坚忍持久、尽忠报国、内鲜一体"的口号下,①将朝鲜纳入总动员体制。1939年10月1日,实施《国民征用令》,向日本强行输入5.3万朝鲜劳工;1941年9月建立"朝鲜临战报国团",12月12日公布《朝鲜临时保安令》,加紧镇压。1942年5月,推行《米谷1000万石增产计划》,紧急补充军粮;11月提出了《扩充生产力实施纲要》,强化劳动力的征用。1943年7月,公布发表《确立学生战时动员纲要》,实施"海军特别志愿兵制度";8月推行征兵制;10月推行学生兵制度。1944年8月8日,公布《对全体男子征用令》《女子挺身队劳动令》,征用的范围扩大到妇女。在这个过程中,强制推行的"慰安妇"制度,摧残朝鲜妇女。1945年1月25日,最高战争指导会议通过《决胜非常措施纲要》,决定组成44个朝鲜人师团,投入战场;6月25日,发布《国民义勇兵役令》,将15—60岁的男子和17—40岁的女子均纳入应征的范围内。②

在中国东北地区,日本的殖民方针又与实行直接统治的台湾和朝鲜有所不同。1932年3月,犬养内阁通过的《处理满蒙问题方针纲要》,对伪"满洲国"的战略定位是:"在政治、经济、国防、交通、通讯等各种关系中,展现作为帝国生存重要因素的性能";属于"对俄、对支的国防第一线"。③ 6月,参谋本部制定了《指导满洲国纲要》,规定伪"满洲国"是"适应我国国策的独立国家"。这里的"独立",只是从中国"独立"出去,以从属于日本。因此,纲要强调"在关东军司令部内设置驻满政治指导机关,由关东军司令官指导满洲国政府";"关东军司令官兼任驻满全权大使","掌握外交事务","保留关于满洲国日籍高级人事的决定权";"维护治安与援助的形式,实际上由帝国自行掌管国防任务";"属于满洲国的铁路和主要的水路、港湾、航空,由帝国加强管理并委任某公司负责经营";"制铁、制钢、炼油、重要煤矿、电力、轻金

---

① 小林英夫:《"大东亚共荣圈"的形成与崩溃》,第281页。
② 高秉云、郑晋和主编:《朝鲜史年表》(第2版),雄山阁,1981年,第74—80页。
③ 日本外务省编:《日本外交年表及主要文书》下卷,第204—205页。

属、烧碱、硫铵工业以及帝国的农业移民,由关东军统制和指导"。① 在关东军的绝对掌握之下的伪"满洲国",不过是一个"独立"招牌下的傀儡政权。

为了牢牢控制这块垂涎多年的新殖民地,日本政府和关东军采取扶植傀儡与厉行镇压并用的两手政策。1932 年 9 月 15 日,日本特命全权大使武藤信义与伪"满洲国"总理郑孝胥签订了"日满议定书"。规定:日本承认伪"满洲国"的"独立",尊重其"领土权",巩固"善邻关系";伪"满洲国"对"日本国或日本国臣民在满洲领域内依据以往日中之间的条约、协定以及公私契约所享有的一切权益予以尊重";"两国约定共同负担防卫国家,为此需要日本国军队驻扎满洲国境内";如果在议定书的解释上出现歧义时,"以日文原本为准"等。② 据此,日本的宗主国地位被法律条文化。

但是,不愿做亡国奴的爱国人士奋起反抗,关东军疲于奔命,狼狈不堪。1931—1932 年间,抗日义勇军和韩国独立军顽强抵抗日军的来犯。1933—1935 年间,杨靖宇、李红光、金日成等中朝共产党人领导的东北人民革命军灵活出击,关东军顾此失彼。为消灭东北抗日武装,扩大在中国关内的侵略,1933 年少佐石井四郎在哈尔滨以南 80 公里背阴河地区,建立了研究细菌战的"石井研究机关"("731 部队"),搞起了灭绝人性的活体试验。③ 自1934 年起,关东军在东北地区逐步实行建立"集团部落"的归屯并户计划,切断抗联与当地农民之间的联系。1936 年中朝爱国武装力量改编为东北抗日联军,到处袭击日伪军。武力围剿屠杀政策并未收到预期的效果,迫使关东军司令部和伪"满洲国"军政部制定 1936—1939 年度的"三年治安肃正计划",加紧血腥镇压。1931 年约 1 个师团的关东军至 1937 年增加到 5 个师团,1938 年 12 月再增加到 8 个师团,凭借优势武器,大规模"讨伐"活跃在北满、东满和南满地区的东北抗日联军。围追堵截与招降纳叛双管齐下,抗联的处境急剧恶化。杨靖宇、赵尚志等抗联名将壮烈牺牲,部队由 3 万余人锐减至不足千人。至 1940 年 12 月,抗联部队陆续退入苏联境内,休养生息,伺机越境袭击日伪军。

残酷的军事镇压还与精神奴役相配合。1932 年 7 月,在关东军授意下,成立"满洲国协和会",标榜"五族协和"、"王道乐土"等所谓"建国精神",实行崇日、亲日的奴化思想灌输。1936 年 9 月 18 日,关东军司令官植田谦

---

① 《满洲事变》(续),《现代史资料》11,第 640—641 页。
② 日本外务省编:《日本外交年表及主要文书》下卷,第 215 页。
③ 稻叶正夫编:《冈村宁次回忆录》,第 456—458 页。

吉出面鼓吹《满洲帝国协和会的根本精神》,命令"无论是参加政府还是在野的真正的协和会会员,均能制订政治经济,劝诱向善,以建国精神完成全民动员",把"协和会"变成了国民动员组织。① 伪"满洲国"以"协和会"为母体,组织了"协和青少年团"和"协和义勇奉公队",将东北青年编入战时动员体制。1940 年 5 月,邀请伪满"皇帝"溥仪访问东京,带回"三件神器",在伪都"新京"(长春)"帝宫",设立了祭祀"天照大神"的"建国神庙"。为此,溥仪还颁发了"国本奠定诏书",吹捧"自建国以来"的"邦基益固"和"邦运益兴","莫不仰仗天照大神之神庥,天皇陛下之保佑",故"敬立建国神社",规定祭祀"天照大神"将"世为永典","令朕子孙万世祗承,有孚无穷",云云。② 随后,又在东北各地建立"建国神社",强令参拜,加紧精神奴化。

关东军发给日本高级军政人员的《日本人服务须知》,道出了支配伪"满洲国"的真实目的。其中,第一条即强调"满洲国的建立不是满洲民族的旧业复兴,而是日本王道精神的发展,日本民族是满洲各民族的核心,天生的指导者";第二条强调伪满皇帝"不是神的后裔,或化身的'现人神',像日本天皇那样具有神圣不可侵犯的尊严,但为实现日本国策计,日本人对于满洲国皇帝必须保持尊敬的态度";第三条强调:"日本人在满洲的地位,不是侨民而是主人,虽具有日本与满洲的二重国籍,但不是要使'日本人满洲化',而是要使'满洲人日本化'",等等。③ 这本秘密的小册子为所谓"五族协和"、"王道乐土"的真相做出了不宜公开的注脚,因此在就职人员退职后必须将其交还关东军。

在经济掠夺方面,日本政府和关东军从对苏进行总体战的谋略出发,采取了多管齐下的方针,以求将伪"满洲国"的经济纳入战争轨道。1932 年 5 月,日本政府制定了《满洲农业移民百万户计划》,打算在 20 年内,分 4 期、向中国东北移民 100 万户,总数达 500 万人。移民来自日本内地的农村、渔村、山村居民或城市失业者,每户由政府补贴 300 日元,举家西迁中国东北,在政府指定的 11 个地区落户,移民所需要的 1000 万町步的土地,由伪"满洲国"提供。该计划表明:日本政府确定移民地点的标准是"考虑国土开发、国防上的要求,以及交通、治安与耕作物等关系"。④ 可见,移民的目的具有

---

① 《满洲事变》(续),《现代史资料》11,第 907 页。
② 溥仪:《我的前半生》,第 367 页。
③ 孙邦主编:《九·一八事变》,吉林人民出版社,1993 年,第 741—742 页。
④ 《满洲事变》(续),《现代史资料》11,第 90—92 页。

减缓国内失业压力的考虑,但更重要的是巩固日本对中国东北地区的占领。

关东军控制了中国东北地区的经济命脉。1932年6月,在关东军的操办下,殖民金融机构"满洲中央银行总行"挂牌营业。曾任台湾银行理事的山成乔六担任执掌实权的副总裁,从回笼原中国东北地方银行券、发行伪币的统一币制入手,建立金融殖民统制体制。8月,关东军司令官本庄繁与郑孝胥订立了若干个廉价拍卖铁路、港湾、航路、航空线的管理权和铁路铺设权的协定,作为甲方的"满洲国"拱手将上述权利"委托"给了作为乙方的"满铁"或住友合资公司等日本国策公司。在关东军的操纵下,通过在昭和制铁所、本溪湖煤铁公司和东边道开发公司等三大钢铁生产基地和满洲煤矿公司为中心的煤炭生产基地,连续推行增产计划,进行掠夺性开发。1936年12月,设立"满洲兴业银行",向工业企业融资,为军火生产提供资金支持。继而制定《满洲国经济建设纲要》,全面掠夺和榨取东北地区资源和人力。1937年5月,关东军陆军部制定了第一个《重要产业五年计划纲要》,计划到1941年的期间内,首先发展军械、飞机、汽车、钢铁、燃料、制铝、造船工业等13种与军事关系密切的产业部门,以备"有事之日",[1] 将伪"满洲国"变为日本扩大侵华战争和对苏战备的基地。

关东军还与财阀联手,推进伪"满洲国"的经济殖民化。1937年11月,与军部关系密切的财阀康采恩日产公司从日本迁到长春。12月,日产改称满洲重工业开发会社(简称"满业"),鲇川义介充当第一任总裁。至1941年,"满业"的资本金由1937年初创的4.4亿日元,猛增到22.1455亿日元,分布在中国东北的公司为31家,日本国内的公司为63家,鲇川财阀膨胀为拥有94家各类公司的康采恩组织。[2] 三井、三菱、住友等财阀企业也纷至沓来,吸吮中国东北的财富和利润。

伪"满洲国"傀儡政权历来奉行为虎作伥的政策。1941年12月太平洋战争爆发后,溥仪继裕仁之后也鹦鹉学舌地对美英宣战,发誓追随"亲邦"日本,与反法西斯盟国对抗到底。伪"满洲国"的经济急剧转入战时状态,中国东北出产的钢铁、煤炭、谷物等物资被源源不断地输送到日本。同年12月制定的第二个《五年计划》,也按照日本进行战争的需要,进行了紧急调整,以确保对日本的战争物资供应。其中,粮食的集中调运并输出日本,造成了当地中国居民的经常性饥荒,苦涩难咽的"杂合面"成了日常的口粮。1942

---

[1] 《日本帝国主义对外侵略史料选编(1931—1945)》,第94—95页。
[2] 《国史大词典》第13卷,第233页。

年公布《国民勤劳奉公法》,将青壮年劳动力强制编入"国民勤劳奉公队",修筑地下工事或在军火工厂从事繁重的体力劳动,许多人惨遭杀害。

在被占领的华北、华中、华南地区,日本政府采取了同东北地区大体相似的方针:扶植傀儡政权,对抗日根据地展开大规模的围剿扫荡。但关内地域辽阔、人口众多,战略回旋空间大,国共两党军队展开正面作战或敌后游击,不断打击日军。曾经在侵略中国东北地区奏效的"速战速决"方针,在关内地区中国军民的持久战面前碰壁,日军采用灭绝人性的毒气战、细菌战和"三光"政策,同样失灵。

为推行"以战养战"方针,日军占领当局先后3次发表《处理华北纲要》加紧对华北占领地区实行经济掠夺。在1936年1月的第一次《处理华北纲要》中,其表述比较简略:"对经济部门的扩展,以依靠私人资本自由渗入为宗旨,指导则如实体现共存共荣的原则。"① 同年8月第二次发表《处理华北纲要》,进一步强调"华北经济开发的目的,依据民间资本自由扩展的宗旨,扩大我方权益,形成以日人和华人经济利益一致为基础的日支不可分离的状态,达到华北在平时和战时均保持亲日态度的目的;总之,特别是开发国防上必需的军需物资(铁、煤、盐等)以及与此相关的交通、电力设施,应依据我方资本,以图迅速实现之"。② 1937年2月第三次发表《处理华北纲要》,在重复了第二次纲要的方针之外,特别强调"必须尊重第三国的既得权益,同这些国家联合经营或利用其资本"。③ 日本政府之所以如此强调,是因为日本的国力有限,有意避免与欧美的矛盾过快激化。因此,第一次《处理华北纲要》曾言不由衷地强调:"不推行被认为是制造与满洲国同样的独立国家或是满洲国延长物的政策。"④

实际上,早在1934年10月,"满铁"经济调查会已经与中国驻屯军司令部合作,制定了《华北重要资源经济调查的方针及要点》,试图建立华北经济集团,以掠取资源,用于侵华战争。1935年2月,指令"满铁"经济调查会新设的第六部负责制定有关占领区的金融、产业、投资政策。其内容主要包括:

(1)以"统一币制"为中心的金融性掠夺政策。日军占领当局接管河北

---

① 《日本外交年表及主要文书》下卷,第323页。
② 同上书,第348页。
③ 同上书,第356—357页。
④ 同上书,第323页。

省银行后,立即交由日本资本加以控制,发行新货币以逐渐取代中国中央银行券。"七七"事变后,华北广大地区沦陷,"统一货币"的步伐也随之加快。1938年3月,由横滨正金银行、朝鲜银行、"满洲中央银行"出资,成立了"中国联合准备银行"("联行"),动用军队,强行发行"国币"联行券。

(2) 设立新的国策公司,推行殖民投资政策。1935年12月,在"满铁"、关东军与中国驻屯军的策划下,以野村系新财阀的资本为基础,在大连成立触角遍及华中、华南的"兴中公司"。日本政府对这个公司的业务的规定是:"主要为了密切日华之间的经济关系",负责"对华输出入贸易及其代理和中介,直接经营在华各种经济事业,斡旋及中介并对该事业投资"。① 至1938年11月,随着侵华战争的推进,兴中公司的业务急剧扩大,开办了华北开发公司、华中振兴公司等新公司,其下属公司遍及塘沽、龙口、烟台、济南、青岛、大同、上海、淮南、武汉等地。住友、三井、三菱等老财阀纷纷加入投资行列,瓜分采矿、交通、电信、不动产、制盐、制丝、水产等部门的经营权。华北开发公司设立的子公司华北交通公司,控制了京津至山西与河南的铁路线,并在沿线组织"铁路爱护村",强制当地村民护路,保证物资、军队运送线路的畅通。同时,日本资本还接管或承办煤炭质量适于冶炼钢铁的井陉、正丰、中兴、开滦煤矿,实施掠夺性开采。华中振兴公司以经营水陆运输、电气、水产和矿产为主,拥有华中铁路、华中轮船、上海内河汽船、华中蚕丝、华中矿业等多家总公司,经营网络遍及华东、华中地区。

(3) 军事优先的产业政策。1936年2月,中国驻屯军制定《华北产业开发指导纲要》。在接管被占领地区的中国产业的过程中,按照"纲要"的规定,由司令部掌握产业的分类和布局,确保日本资本对国防资源部门的绝对控制。兴中公司则在1937年7月制定了新的运营方针:"立足创业的大使命,体会军队的意愿,伴随战局的进展,扩大活动范围,经常追随第一线战斗部队,配合占领地区的经济工作,保护、管理各种经济机构和设施乃至运营","资助确保战果和维持地方治安"。② 至1939年4月,兴中公司经营日军委托的公司40余个,涉及煤矿、电气、制铁、铸造、制陶、石灰石等行业。

(4) 劳动力转移政策。1938年1月,伪"满洲国"和"满铁"等共同出资,建立"满洲劳工协会",负责在东北和华北占领地区具体实施有关劳工的招收、训练、配置和管理等事项,填补劳动力的不足。其中,向来自河北、山东

---

① 小林英夫:《"大东亚共荣圈"的形成与崩溃》,第181页。
② 同上书,第183页。

的约百万中国劳工发放"劳动者识别台账"即劳工身份登记簿,以及"劳动票"。自 1939 年 1 月起,强制劳工十指按手印,极尽人身侮辱。由于工资低廉、工头残暴、劳动条件恶劣和工伤事故不断,中国劳工的伤残率、死亡率居高不下。

日军占领华中、华南地区后,用诸华北的经济掠夺政策也在新占领的地区推行开来。由于日军过快地占领了广大地区,军票成为华中和华南地区的流通货币。1939 年 8 月,设置华中派遣军控制下的"华中军票交换用物资配给组合",由其掌管棉花、肥皂、毛线、肥料、染料、药品、纸张和砂糖等生活日用品的贩卖,排挤法币,维持军票的票面价值,以牟暴利。兴亚院为维持伪政权"维新政府",1939 年 5 月,设立了"华兴商业银行",强行规定该行的银行券与法币同值,垄断货币流通。1940 年 3 月汪伪政权建立后,经过日伪双方的讨价还价,在确保日本金融资本绝对控制的前提下,1941 年 1 月成立汪伪政权的央行"中央储备银行",发行储备券。12 月太平洋战争爆发后,日军接管了设立在上海租界的美英系和蒋系银行,交由正金、三井、三菱、住友、台湾、朝鲜银行等日本金融资本经营。1942 年 6 月,在南京、上海将全部法币回笼,7 月在广州、厦门、汕头,8 月在武汉统一取缔了法币,仅流通储备券和军票。此类在 1942 年 1 月发行量已高达 14 亿的不兑换纸币在华中和华南地区的流通,不仅排挤了法币,而且造成了中国金融的大混乱,为日本战败后中国的通货膨胀埋下了祸根。

在各种漂亮旗号下展开的掠夺和侵略战争,是对日本政府"共存共荣论"和"解放亚洲论"的最好注释。同样的口蜜腹剑侵略行为,也出现在东南亚占领地区。日本军国主义对地域辽阔、资源丰富的东南亚地区,早已是馋涎欲滴。1935 年 5 月,"热带产业调查会"在台湾举行了会议,确定了与南中国海地区"共存共荣"的方针。1939 年 10 月,企划院制定在南方诸地区确保"帝国必需资源"的计划,强调"克服困难和障碍,将东亚大陆和南方各地进入我之经济圈"。1940 年 7 月,随着美国加紧制裁和欧洲战局的急转直下,南进愈加急迫。企划院提出应急方案,主张"强化对南方的措施,扩充帝国在东南亚、南方地区的政治经济势力圈",强调采用"经济力量和武力为基础"的两手政策。① 1941 年 11 月 15 日,大本营政府联络会议通过《关于促进完成对美英荷战争的草案》,决定"帝国迅速行使武力战争,击灭美英荷在南太平洋的根据地,在建立战略优势的同时,占据重要资源地区和交通线,

---

① 《国家总动员》1,《现代史资料》43,第 172 页。

保证长时期的自给自足"。11月20日,又制定《南方占领地区行政实施要点》,确定了"对于占领地区,目前实施军政以有利于恢复治安,迅速获得重要国防资源,确保作战部队的自给"。① 11月26日,陆海军之间达成协议,对实施军政的美英荷殖民地分区占领。其中,陆军占领香港、菲律宾、马来亚、爪哇、缅甸等地,海军占领摩罗加群岛、俾斯麦群岛、新几内亚、瓜岛等岛屿。

太平洋战争爆发后,日军在东南亚占领区全面实施了上述既定方针。日本占领军每到一地,立即收缴武器,搜捕抗日战斗人员,实行戒严管制。随后即如法炮制在中国占领区实行过的举措:在接收"敌产"的名义下,接管当地的金融机构并发行军票,控制流通领域。也和在中国占领区利用民族败类、组织傀儡政权一样,在东南亚占领区拼凑听命于日本占领军的傀儡政权。在菲律宾,占领军司令部找出马尼拉市长巴尔噶斯充当行政长官,并在其严密监视下,在内务、财政、司法、农商、教育、厚生、土木建筑等政府各部门,安插掌握实权的日本指导官或辅佐官,成立了菲律宾的伪政府。在缅甸,占领军司令部留用前殖民地机构人员,并任命巴·莫担任伪政府的元首。在马来亚和爪哇,由于旧人员所剩无几,遂从日本紧急派遣管理人员,补充到殖民统治机构中去。上述举措不过是由日本殖民占领取代旧殖民统治,与当地居民的"独立"、"解放"风马牛不相及。

1942年1月20日,东条内阁通过《关于处理南方经济的文件》,强调获取重要资源以满足战争需要,是南方经济政策的根本方针。2月21日,大本营政府联络会议制定了有关使用"帝国资源圈"的计划,图谋对整个"大东亚共荣圈"进行长时期的殖民开发和物资掠夺。计划规定"帝国资源圈为日本、满洲、中国及西南太平洋地区","澳洲、印度等地是它的补给线";强调"本资源圈的成立,是为了让建设大东亚新秩序的骨干力量——即帝国的战斗力获得划时代的充实扩大";计划在今后15年内,掠夺各种战略资源的具体目标,其中铁矿石为6000万吨、焦炭为1.2亿吨、煤炭为2亿吨、铝为60万吨、铝矾土为260万吨、石油为2000万吨等;中国东北和关内的大米、澳大利亚的小麦、印度的棉花和澳大利亚的羊毛等,也是掠夺的对象。②

在东南亚占领地区,大本营和东条内阁将泰国和法属印支地区列为"乙类地区",而将前美英荷的前殖民地菲律宾、马来亚、缅甸、爪哇等地列为"甲

---

① 日本外务省编:《日本外交年表及主要文书》下卷,第560—562页。
② 《日本帝国主义对外侵略史料选编(1931—1945)》,第394—396页。

类地区"。在"乙类地区",日本在维持现政权的前提下,将其纳入战时轨道,使之成为"大东亚经济有机体的一员"。1942年9月27日,大本营政府联络会议制定《对泰国经济措施纲要》。"纲要"强调对泰政策的要点,是"泰国在经济上为完成大东亚战争所必须承担的事项及建立有关大东亚经济基础的事项,实质上均须由帝国给予指导";"指导"的范围涉及金融、产业、交通、贸易等诸多方面。其中,规定设立中央银行,确立日本"对泰国金融的指导力量",促进日本金融、保险业"在泰国进行有统制的积极投资",确保泰国的货币和金融成为"大东亚金融圈的一环";"加强指导"泰国"扩建海上运输力",由日泰合办的海运公司垄断海运,并打通与法属印支的铁路联系;"在国际交通通讯方面,原则上均由帝国掌握";"对泰国产业的指导,须符合大东亚共荣圈的地区规划";增加泰国农业、林业、畜产、矿产物资的产量,确保和补充"大东亚共荣圈的必需物资","特别在米的供给上应尽最大的努力","使泰国尽力供应进行战争和维持国民生活所绝对必需的物资";泰国在"大东亚共荣圈"内的对外贸易"依照帝国早已规定的交流计划,采取措施,保证其实施","对于圈外的贸易,须事先取得我方的谅解",等等。①

在"甲类地区",经济掠夺的方针原则和计划目标,见诸1943年6月12日,东条内阁在大本营政府联络会议上的报告——《南方甲地区经济对策纲要》。"纲要"规定的方针是:"首先迅速开发和取得重要国防资源";"加强当地的自给力量,维持当地的国民生活,以此全力协助完成大东亚战争";"逐步确立大东亚经济建设的永久基础"。作为贯彻上述方针的"通则",规定:(1)建立中央集权式殖民开发体制:开发的对象和规模"由中央考虑决定",具体的经营业务"委托给合格的企业家担任","当地重要企业及其经营者由中央选定","特别需要"的企事业"由军队直接经营"。(2)加强对战略资源的掠取:"南方特产资源"首先"满足大东亚圈内及轴心国需要","此类资源须严禁其流往敌国";对各类资源加以分类:石油为"资源开发的重点","竭尽全力开发的物资"有铝矾土、铜矿、镍矿、钨矿、锑矿、铅矿、锌矿、铬矿、石灰石、云母、水晶、金刚石、水银、稀有金属、石棉、煤炭、硫黄等;"最需积极增产的"农林水产畜产物资有:棉花、黄麻、蓖麻子、牛皮、丹宁材料、树脂、棕榈油等;"着重保持生产力并根据需要增产的"有橡胶、香料、木棉、砂糖;满足当地需要并保证供应日本的物资,有粮食(包括畜产及水产食物)、盐、木材等。(3)确保日本资本的主导地位:所有农林水畜资源开发的技术指导、加

---

① 《日本帝国主义对外侵略史料选编(1931—1945)》,第398—401页。

工、农场经营等方面,由日本企业家掌管,人力和物力由当地提供;工业开发要特别充分利用日本的中小工业家,使用在日本各地闲置的设备。(4)日本把持经济领域的所有控制权:在金融上,"建立以帝国为核心、各地区相互协作为基础的金融圈",为此,设立由日本控制的南方开发金库,发行货币,支配经济互动;在财政上,"以帝国为核心、各地区相互协力为基础",支出的"重点在于满足军事上的要求","出口关税及其他捐税,由中央决定";在贸易上,"重要物资的交流,以我国物资动员计划为依据,按贸易计划有计划地实行";对日输出、输入"按照临时军费特别会计的规定,以购拨的方式进行";"对满洲国、中国及乙地区的输出、输入,由中央进行统制";"对轴心国的物资供应,根据中央的决定"进行,运送物资的船只由陆海军调拨,"极重要的物资"则由军用船舶运送等。①

从上述日本政府对台湾、朝鲜半岛、伪"满洲国"、中国占领区和东南亚甲乙两类地区方针政策中,不难看出"大东亚共荣圈"的真面目。

第一,残暴和虚伪相互混杂,是这个侵略战争催生的怪胎最显著的特点胎记。在这个短时期急剧膨胀起来殖民帝国统治圈里,法西斯暴力镇压和军事占领,始终是扩充地盘、维系统治的主要手段。除了司空见惯的戒严体制剥夺人身自由,依靠刺刀、枪弹和屠杀建立占领秩序之外,刑讯室、宪兵队、毒气弹、老虎凳、辣椒水等想象力丰富的镇压机构和刑具的发明和运用,使得日本殖民帝国从组建之日起,就显示了为其独有的残暴和野蛮。其中,本来直属内务省和警视厅的特别高等警察课("特高课"),在用于对内镇压、特别是针对日本共产党和在日朝鲜人的侦控、破坏和严刑拷打的同时,随着侵略战争的升级,又在海外新的占领区找到了恣行淫威和恐怖的场所。与此同时,在直接统治地区推行的"皇民化"运动和在占领地区实施的亲日、崇日奴化教育,从心灵深处彻底摧毁民族抵抗意识。所有的暴行又被"解放"、"独立"、"和平"、"王道乐土"、"五族协和"等漂亮辞藻加以精心包装。这样,从日本殖民帝国的中心部到台湾澎湖、朝鲜半岛、中国大陆乃至远抵东南亚的外延部,整个"大东亚共荣圈"充斥着的超级暴力和超级的伪善。

第二,中心和外延的等级结构和经济开发布局的畸形化。1942 年 1 月 18 日,轴心国在柏林签订了《德日意军事协定》,通过划分三国的作战范围,确定了各自的统治领域。其中,规定日军的作战范围是"东经 70°以东至美

---

① 《日本帝国主义对外侵略史料选编(1931—1945)》,第 402—410 页。

洲西海岸的海域以及该海域的大陆和岛屿(澳大利亚、荷属东印度、新西兰)"。① 2月28日,大本营政府联络会议通过决议,确定"大东亚共荣圈"的地理范围包括"日满支以及东经90°至东经180°、南纬10°以北的南方各地区"。② 被太平洋战争初期胜利冲昏了头脑的日本统治集团,还设定了"核心圈"、"小共荣圈",以及将来包括印度、澳大利亚、新西兰在内的"大共荣圈",并把已经占领地区分别冠以"国防圈"、"共荣圈"、"资源圈"等不同称谓。

大圈圈套小圈圈,但圈与圈的地位并不相同。在这个地域极其辽阔并呈椭圆形同心圆的殖民圈里,日本殖民帝国首都所在的日本列岛是圆心,唯一的核心地带。被日本强行纳入殖民帝国圈的台湾、澎湖和朝鲜半岛,构成拱卫中心的第一层防卫圈和椭圆形外延地带,既是南进、北进的出发地,也是"皇民化"的重点实施地区。中国东北、华北、华东、华中和华南的被占领地区组成日本殖民帝国的第二层防卫圈和椭圆形外延地带,是"以战养战"的实验场和资源掠夺重点地区;东南亚为日本殖民帝国的第三层椭圆形外延地带,当地资源丰富,但日本直接或间接军政统治处于动荡之中。

前述日本大本营政府联络会议的各种"纲要"和方针政策,严格规定了核心地带和所有外延地带的相互关系,在政治上形成类似宗主和附庸之间的等级关系。居住在东京皇宫里的天皇裕仁,成了"大东亚共荣圈"所属地区被强制遥拜的对象。"台湾神社"、"朝鲜神社"、伪"满洲国"的"建国"神社、新加坡的"昭南神社"等,全都成了总社伊势神宫的分社。各地傀儡政权"儿皇帝"们的生杀去留大权,均掌握在日本政府和占领军司令官的手中,其权力机构充其量是个摆设。在经济上,所有外延地带不过是中心的原料产地、投资场所和销售市场。在严酷的军事占领状态下,和平时期的不平等贸易,演变为赤裸裸的掠夺。核心地带和外延地带的军事性开发,按照"高精尖工业在日本"、"基础工业和农业在占领地"布局方针,确保日本在技术、设备、人员方面的绝对领先优势。日本占领军掌握着货币发行权、资源配置权、物资输送权、劳役支配权,集中圈内的人力、物力,将侵略战争不断升级。日本的军事行动摧残着占领地区原有的民族工业,阻滞甚至中断了当地原本就并不发达的现代化进程。凡此种种,导致了"大东亚共荣圈"内经济形态的严重畸形化。

---

① 稻叶正夫等编:《走向太平洋战争之路》附录·《资料编》,第616页。
② 参谋本部编:《杉山笔记》下卷,第88页。

第三,其兴衰不受经济发展正常逻辑的制约,全凭武力较量决定消长。"大东亚共荣圈"是侵略战争的产物。甲午、日俄战争之后,日本夺取了台湾、澎湖,吞并了韩国,制造了第一层外围地带。在逐步升级的侵华战争过程中,形成从中国东北到海南岛的第二层外围地带。在太平洋战争初期,日军闯入东南亚,建立第三层外围地带。在军事征服中形成的各外围地带,反过来又为新的军事侵略服务,军事侵略始终伴随着这个武装到牙齿的殖民圈。军部的侵略得到新老财阀的有力支持,日本垄断资本所特有的贪婪和敲骨吸髓般的搜刮,使得各外围圈成为超过老殖民主义统治时期的悲惨世界。杀戮和掠夺并举的冷酷现实,使得所有的欺骗宣传不攻自破。在台湾、朝鲜半岛,形式多样的秘密抗日斗争从来就未停止过。在中国的被占领地区,日本的侵略遭到越来越广泛和有力的抵抗。在东南亚,当地居民最初对日本"解放者"的热情期待,很快变成了失望、怀疑和仇恨,各地抗日武装斗争随之兴起。各占领区的民族抵抗,与盟国现代化军事打击相呼应,汇聚成埋葬"大东亚共荣圈"及其制造者"大日本帝国"的强大力量。正因为如此,日本殖民帝国在世界殖民史中存续的时间最为短暂。

第三节　日本战败与"大东亚共荣圈"的崩溃

在太平洋战争初期,日本凭借地利之便和优势军备的先机,重创美国的太平洋舰队并在东南亚攻城略地。但此后的战争进程并非由日本大本营的主观愿望所决定。从炮轰北大营,强占宛平城,到偷袭珍珠港和侵占东南亚,日本的敌手从落后的农业国扩大到先进的工业国,侥幸到手的"赫赫战果",转瞬变成了过眼烟云。钻进绞索套中的"大日本帝国",在中国战场、太平洋战场处处被动挨打,很快败下阵来。"大日本帝国"的战败投降和"大东亚共荣圈"的崩溃,是历史发展的必然逻辑。

一　日军战场主动权的丧失

1942年4月18日,大本营规划了以5月10日为期、夺取新几内亚的莫尔兹比港和所罗门岛的图拉吉岛,一举切断澳大利亚海上交通线,将美军逐出南太平洋的计划("MO作战"),命令中将井上成美指挥第4舰队击毁美军航母编队。第4舰队兵分两路:一路由中将高木武雄率领拥有125架舰载机的"翔鹤"、"瑞鹤"航空母舰和3艘重巡洋舰、6艘驱逐舰,自特鲁克岛出发,驶向战区以伺机攻击美国舰队。另一路从拉包尔出动,由少将原忠一指挥轻型航空母舰"祥凤"及 4 艘重巡洋舰、1 艘驱逐舰,掩护攻击莫尔兹比的登陆部队。由于日军的军事行动计划事先被美军破译,太平洋战区盟军总司令 C.W. 尼米兹海军上将胸有成竹,命令第 11 特混舰队司令 F.J. 弗莱彻少将指挥"约克敦"号、"列克星敦"号 2 艘航空母舰和 5 艘巡洋舰、9 艘驱逐舰,在珊瑚海水域迎击日军。①

5 月 3 日,日军占领图拉吉岛。4 日,美军在空袭图拉吉岛日军的同时,与日本舰队在图拉吉岛周边海域展开海战,日军 1 艘驱逐舰被击沉。井上命令驶往莫尔兹比的运兵船向北回撤,试图集中力量击溃美国舰队,再行攻击。7 日,北撤的原舰队和船队遭到美军舰载机的猛烈攻击,航母"祥凤"沉没。同日,美国补给舰队也受到日军机动部队的打击,供油船和驱逐舰各被击沉 1 艘。8 日,美日舰队在珊瑚海水域展开海空激战。双方竞相出动 70 架次的舰载攻击机,猛烈攻击对方舰队,"列克星敦"号被炸沉,"约克敦"号被炸伤;"翔鹤"被 3 颗炸弹直接命中,飞行甲板被毁;美机损失 70 余架,日机损失约 100 架。② 遭受沉重打击的日军被迫推迟了对莫尔兹比的进攻。珊瑚海之战,是海战史上首次动用舰载机展开对攻的海空大战。以日军遭此挫折为标志,太平洋战场的主动权开始发生转移。

5 月 5 日,在珊瑚海之战展开的同时,大本营下达了展开中途岛—阿留申群岛作战的命令。加入此次机动作战战斗序列的船舰包括航空母舰、战舰、巡洋舰、驱逐舰等各类型号的舰船 350 艘、总吨位达 150 万吨,作战飞机 1000 余架,官兵 10 余万人,联合舰队司令长官山本五十六坐镇旗舰"大和",担任总指挥。③ 大本营之所以规模空前地出动海空机动集群来聚歼美太平洋舰队的航母编队,其政治意义在于鼓舞士气。1942 年 4 月 18 日,从美国航空母舰"大黄蜂"号上起飞的 16 架舰载 B-25 轰炸机空袭东京、名古屋、大阪、神户等地,对日本举国造成巨大心理冲击。其军事意义则是为了消除对日本的远程攻击威胁。地理上属波利尼西亚群岛的中途岛,位于檀香山西北约 1850 公里,面积仅 4.7 平方公里,却是西顾日本的战略枢纽点。1867 年被美国占有后,到 1903 年建成海军基地。美军又在岛上修建了空军基地,使之成为威慑日本的近距离军事基地。

---

① 《中国军事百科全书》,《世界战争史分册》(中),第 551 页。
② 同上。
③ 大畑笃四郎:《太平洋战争》上卷,第 296 页。

按照山本的"AF作战计划",6月4日第2机动集群先行一步,展开对阿留申群岛的攻势,吸引美军太平洋舰队北上;联合舰队主力集群随后出发,6月5日实施空袭并迅速攻占中途岛,继而寻机在海上歼灭前来驰援的美军太平洋舰队主力。5月26日、28日,角田觉治少将指挥的由航母"龙骧"、"隼鹰"和巡洋舰"高雄"、"摩耶"为主力的第2机动舰队,以及细萱中将指挥的第5舰队,先后从大凑出发,北进侧翼战场阿留申群岛。

6月27日,南云忠一指挥的由"赤城"、"加贺"、"飞龙"、"苍龙"4艘航母和战舰2艘、轻重巡洋舰3艘、驱逐舰16艘、补给船8艘组成的第1机动集群,驶离濑户内海广岛湾的柱岛基地,直扑主战场中途岛海域。29日,山本乘坐"大和"战舰,率领包括"长门"、"陆奥"等6艘战舰和20艘驱逐舰、2艘轻巡洋舰在内的后援舰队,与近藤信竹中将指挥的由航母"瑞凤"及战舰2艘、轻重巡洋舰10艘、驱逐舰21艘、运输船16艘组成的攻岛机动集群跟进。① 大本营和山本、包括南云舰队的幕僚群未曾想到美军已破译日军的密电,却误以为美军的航母集群远在南太平洋海域,将本应用来攻击美国太平洋舰队主力的强大突击集群,随意地摆放在远离中途岛主战场800海里的后方,而让南云舰群过多地承担支援登岛部队和歼灭美军舰队的双重任务。这样,日军对中途岛主战场的打击力量被毫无理由地分成了两块,犯下情况不明、决策仓促、力量分散等兵家大忌。与蓄谋已久、准备充分和集中兵力攻击偷袭珍珠港相比,发动中途岛之战的大本营高级决策人物和联合舰队现场指挥官,均因轻敌冒进而铸成致命的错误。因此,珍珠港大胜之后的中途岛大败,并非偶然。

相形之下,美军掌握破译日军密码的先机,并经谍报战的试探和慎重研究,太平洋舰队司令尼米兹判明在日军来往密电中频繁出现的"AF"主战场,并非夏威夷而是中途岛。在中途岛之战前夕,尼米兹从珍珠港紧急调集反潜航母"大黄蜂"号和攻击航母"企业"号、"约克敦"号为主力,并配置了轻重巡洋舰8艘、驱逐舰15艘、潜水艇20艘和230多架作战飞机,编成第16(指挥官R.A.斯普鲁恩斯少将)、第17(指挥官F.J.弗莱彻少将)等两个特混舰队,② 以逸待劳,在中途岛东北方海域布阵,迎战南云舰队。

6月5日凌晨1时45分,南云舰队下达了战机离舰命令。从4艘航母起飞的108架战斗机、轰炸机编成作战队形,向舰队东南方240海里的中途

---

① 大畑笃四郎:《太平洋战争》上卷,第304页。
② 同上书,第302页。

岛飞去,展开第一波攻击。早有准备的美军 PBY-5 飞艇在日本机群飞临中途岛 30 海里的上空,投放照明弹,50 架作战飞机随即从中途岛升空迎击。3 时 45 分,双方展开为时 25 分钟的激烈空战。40 余架美军飞机被击落或击伤,但在中途岛地面炮火的猛烈轰击下,日军第一波攻击效果不大,损失 4 架轰炸机。第一波攻击机群返航后,南云决定发动第二波攻击,4 艘航母的甲板上一片繁忙,原本挂满的鱼雷被卸下,改装地面攻击炸弹。不久,水上侦察机报告发现美军舰群,于是重新卸下炸弹,再装鱼雷,飞行甲板上又是一通忙乱。6 时 20 分,从"大黄蜂"号、"约克敦"号等航母起飞的舰载雷击机和轰炸机群扑向南云舰队,航空母舰首先成为美军炸弹和鱼雷集中打击的目标。7 时 20 分前后,准备第二波攻击的日军机群还未来得及起飞,炸弹已从天而降,引起摆放在甲板上的挂弹飞机和弹药库中的炸弹、鱼雷的大爆炸。"赤城"、"加贺"、"苍龙"等航母先后沉没。航母"飞龙"在出动舰载机攻击"约克敦"号后不久,也被美军飞机击沉。在太平洋舰队持续 5 小时零 35 分钟的空中打击下,南云舰队的全部 4 艘航母和 1 艘巡洋舰被击沉,战舰和巡洋舰各 1 艘、驱逐舰 3 艘被击伤,损失飞机 324 架,阵亡 3500 人。①远在 500 海里外指挥作战的山本接到败报,不得不在 11 时 55 分下令停止对中途岛的攻击。美军以损失航母和驱逐舰各 1 艘、飞机 150 架、人员 307 名等相对低的代价,②赢得了主战场中途岛之战的巨大胜利。

  在侧翼战场阿留申群岛,6 月 4 日角田率领的第 2 机动集群抵达距离乌纳拉斯加南方 200 海里的海域,从航母"龙骧"、"隼鹰"起飞的攻击机、轰炸机,连续两天猛烈空袭塔契哈瓦海军基地。7 日,海军陆战队占领无人防守的基斯卡岛。8 日,陆军北海支队占领同样无防守的阿图岛。12 日,来自塔契哈瓦和乌姆纳克空军基地的美军 B-24 编队开始轰炸守岛日军。由于山本在 6 日命令角田指挥的第 2 机动集群南下与南云第 1 机动集群汇合,占领了基斯卡、阿图岛的日军成了失去掩护的孤军。山本五十六吸引美国舰群北上并相机予以歼灭的图谋完全破产。在以航空母舰为主要作战手段的中途岛之战中,由于联合舰队的重型航母被击沉、数百名技术熟练的飞行员阵亡,日军丧失在太平洋战场的制空权,战争的前景黯淡。

  为夺回太平洋战争的战略主动地位,1942 年 6 月 14 日,大本营命令百武晴吉中将率领的第 17 军攻占新几内亚的莫尔兹比港,以封锁美军在西南

---

① 大畑笃四郎:《太平洋战争》上卷,第 324 页。
② 《中国军事百科全书》,《世界军事史分册》(中),第 554 页。

太平洋的反攻基地澳大利亚。为此,抢占瓜达尔卡纳尔岛,与已被日军占领的拉包尔、图拉吉岛共同构成攻占莫尔兹比港和威逼澳大利亚的出发基地,成为事关全局的关键步骤。7月21日夜,在拉包尔出发的日军从瓜岛西部登陆。28日,占领科科达机场。与此同时,海军士兵加快在泰那留修筑机场的进度。

8月7日,在第61、第62特混舰队的支援下,美军第1陆战师约1.9万士兵以绝对优势击垮驻守日军的抵抗,在泰那留附近顺利登陆,并占领了瓜岛、图拉吉岛等处。8日,日军第8舰队的8艘轻重巡洋舰赶赴瓜岛,与美澳联军舰队展开激烈海战。双方交战仅35分钟,日方的重巡洋舰"海鸟"、"青叶"受轻伤,"堪培拉"号等4艘美澳重巡洋舰被击沉。但日舰唯恐受到美军航空母舰的打击,放过了停泊在港口的美澳运输船队,驶离战场。10日,大本营向第17军增调一本、川口两个支队后,13日又下达了夺回瓜岛的命令。18日,只携带轻武器的一木支队的先遣队在瓜岛的泰纳尔河以东32公里的泰布登陆,向西搜索前进,但次日即遭全歼。这支本应用在中途岛登陆的突击部队,却在瓜岛找到了最后的归宿。20日,亨德森机场建成,美军战机猛烈袭击麕集在瓜岛周边的日军和运兵船。

东京的大本营对夺回瓜岛的行动迟迟不见效果大为恼火,命令从中途岛败退的南云舰队与第2、第3舰队南下瓜岛,攻击美军机场和海军舰队。8月24日,在发现美军机动舰群后,变得谨慎起来的南云并未动用航母"龙骧"和第3舰队主力,仅出动由37架飞机和36架飞机组成的第一、第二波梯队,实施攻击。空袭中,"萨拉托加"号和"企业"号被炸伤,犹奋战不止。美军的舰载雷击机和轰炸机对航母"龙骧"发起猛攻,将其击沉。第3舰队为收容舰载机,脱离了战斗。南云在无奈之下,只得命令舰队北撤。失去空中掩护的川口清健少将冒险指挥支队向瓜岛进发,但在美军战机的攻击下,运送登陆部队的舰船接连被击沉、击伤,只能望岛兴叹。

8月29日,被迫改为夜间行动的川口支队一部,在瓜岛登陆成功。31日,川口率领第3大队在泰布岬登岛。后续的第2大队跟进,在瓜岛西北部登陆,随即在9月3日遭到美军飞机攻击,损失兵力2/3。其余日军赶来增援,川口指挥下的兵员增加为5个大队。12—13日晚,川口支队对亨德森机场发起2次攻击,均遭美军猛烈火力的痛击而告失败,兵力损失1/5以上。惨遭重创的川口支队口粮断绝,饥困交加。失去空中支援的日军只能利用黑夜的掩护,派出驱逐舰群向瓜岛运送兵员和粮食。

瓜岛争夺战一时成为考验美日双方战斗意志的焦点。9月18日,海军第17团4300余名美军赶来增援,加固阵地、维修机场、调拨各类型号的作战飞机。10月13日,麦克阿瑟又派来陆军第164团增援瓜岛,决心与日军决一死战。日军指挥部也不甘示弱,9月24日,将第2、第38师团投入第17军战争序列,由联合舰队提供掩护,务求击败坚守在瓜岛的美军。10月4日,先期到达瓜岛的第2师团长丸山正男发誓要在全世界注目的瓜岛,与美军战斗到底。待兵力集结完毕,丸山兵分三路,试图将固守在亨德森机场的美军赶进大海。24日零时,第2师团发动对亨德森机场的夜袭,惨败。气急败坏的丸山又在25日、26日接连发动进攻,仍以伤亡惨重的失败告终。大本营紧急派遣第38师团乘坐11艘运输船前来增援,但惨遭美军空中打击,只有4艘运输船抵达瓜岛,师团长佐野忠义只带领相当师团1/3的兵力登岛,与饥饿难耐的丸山师团、一木和川口支队残部汇合。美军战机持续进行空袭,海上运输线路被切断,登岛的3万日军大量饿毙,士气低落。12月31日,御前会议只得决定日军撤离瓜岛。

1943年1月30日至2月7日,在战死饿毙1.95万人后,余下的1.3万日军在黑夜中分批撤离瓜岛。① 瓜岛之战以日军的惨败而告终。美军完全掌握了太平洋战场的主动权,开始了由南向北的战略反攻。

环顾整个反法西斯战场,至1942年11月,英澳新联军在北非阿来曼战役击败了隆美尔指挥的非洲军团,美英联军将德意联军逐出阿尔及利亚和突尼斯。1943年2月,苏军赢得斯大林格勒会战的决定性胜利。法西斯轴心国集团由攻转守,身陷太平洋和中国战场的日军败局已定。

二 中国军队的阻击与盟军的反攻

武汉会战后,日本大本营试图对部署在各战区的中国军队予以各个击破,但遭到华东、华南、华北、察北地区的中国军队的顽强抗击,其战略意图严重受挫。

1939年3月,为切断浙赣铁路,保护在长江中下游的交通路线,巩固对武汉地区的占领,大本营命令华中派遣军出动第11军所辖第101、第106师团以主力攻击南昌;第6师团阻击对南昌增援的中国军队;第101师团村井支队切断浙赣铁路;航空兵团和海军第二航空队等提供空中支援。中国第9战区的第1集团军和第3战区的第32集团军所属各部坚决阻击,与敌激

---

① 大畑笃四郎:《太平洋战争》上卷,第362页。

战至 5 月。日军第 11 军随即发起对随县、枣阳的进犯,中国第 5 战区的第 11、第 21、第 22、第 29、第 33 等 5 个集团军,分成左右两个集团,采取攻势防御作战方针,在同年 5 月迎战前来进攻的第 3、第 13、第 16 师团日军主力,收复枣阳、桐柏等地,并重创第 3、第 13 师团,毙伤日军 1.3 万余人。①

1939 年 9 月日军第 11 军下达命令,出动第 6、第 33、第 106 师团主力和第 3 师团的上村支队、第 13 师团的奈良支队、第 101 师团的佐枝支队等约 10 万步兵,在陆军航空兵团第 3 飞行团的 11 架作战飞机和海军舰艇的配合下,试图一举击溃湘北、赣北的中国军队,歼灭第 15 集团军。中国第 9 战区的第 1、第 19、第 20、第 15、第 27、第 30 等集团军所属 47 个师,分兵据守,在赣北、湘北接敌并展开猛烈的攻防战,挫败了日军的作战意图。在从 9 月激战至 10 月的第一次长沙会战中,中国军队以伤亡 3 万余人的代价,毙伤日军 2 万余人。② 在中国军队的抗击下,日军难以实现轻取急进的战役效果,战争正朝着日本大本营最不希望看到的持久化方向发展。在这种情况下,9 月撤销华中派遣军司令部,改设中国派遣军司令部,下辖华北方面军和第 11、第 13、第 21 军,统一指挥侵华日军。

10 月,中国派遣军司令部奉大本营之命,下达了第一个作战命令,试图切断桂越公路和滇越铁路等国际援华交通线,迫使中国屈服。日军第 21 军所辖第 5 师团、台湾混成旅等陆军部队共 3 万余人与第 5 舰队、海军第 3 联合航空支队组成海陆空立体攻击集群,于 11 月 13 日从三亚出动,攻击钦州湾,桂南战役打响。24 日南宁失陷,12 月 4 日,日军抢占邕宾公路要隘昆仑关。为夺回南宁,国民政府军事委员会调集以第 4 战区部队为主力的 14 万军队陆续投入反击作战。12 月 18 日,第 5 军所辖荣誉第 1 师向日军发起攻击,其余各部队赶来增援,双方展开激烈的昆仑关攻防战。29 日,第 5 军步兵、炮兵和坦克兵联合作战,猛攻被围困在昆仑关的日军。31 日攻克昆仑关,迫使日军后退。此役,日军第 21 旅团长中村正雄以下被歼 4000 余人,第 5 军阵亡约 5600 人,受伤 1.11 万人。③ 12 月 20 日,日军进犯粤北,占领翁源、英德等地。1940 年 1 月 1 日,第 4 战区的中国军队展开反击。战至 1 月 16 日,收复英德、从化、花县等地,予敌重大杀伤,取得粤北战役的胜利。此后,第 4 战区的中国军队为收复南宁,与日军苦战经年,至同年 10 月 30

---

① 军事科学院军事历史研究部:《中国抗日战争史》中卷,第 493 页。
② 同上书,第 494、499 页。
③ 同上书,第 501—505 页。

日终克南宁,并将日军逐出桂南地区。

　　日本大本营在桂南和粤北展开军事进攻的同时,派出代表与蒋介石政权秘密接触,试图双管齐下,以战逼降,争取在1940年秋天完成征服中国的目标。被陆相畑俊六称之为"桐工作"的日蒋秘密交涉,在大本营陆军部、参谋本部的直接指挥下展开。1939年12月27日,经香港大学教授张治平牵线搭桥,驻香港的陆军特务机关头目铃木卓尔中佐与冒称西南运输董事长宋子良的军统特务曾广,分别代表日蒋两方,首次秘密接触。1940年1月至2月,铃木又同宋子良进行了3次秘密会谈。① 1940年3月7日至10日,双方在香港举行了首次正式会谈。日方代表为参谋本部谋略课长臼井茂树大佐、今井武夫大佐和铃木中佐,蒋方代表为宋子良、重庆行营参谋处副处长陈超霖中将、国防最高会议秘书主任章友三,双方互相摸清底牌。日方提出承认伪"满洲国"、共同防共、华北驻军、中日合作等实现和平的条件。随后,日蒋双方又分别于5月在香港、6月在澳门举行了第二、第三次会谈。但慑于国内的压力,蒋方代表始终未在承认伪"满洲国"和日军驻扎华北的问题上接受日方的主张,但日蒋密谈对蒋介石制造反共摩擦却不无诱导作用。

　　为施加逼蒋投降的军事压力,1940年5月,侵占信阳、随县、钟祥等地6个师团的日军合约20万人的攻击集群,试图一举攻占枣阳、襄樊和宜昌,打开进攻四川的门户。第5战区的中国军队展开阻击作战。日军凭借装甲突击力量,于5月上旬攻占随县、新野、桐柏、枣阳。中国军队随即反攻,19日克枣阳,23日收复随县,将日军逐出襄东地区。

　　在华北战场,在日伪军"扫荡"中坚持斗争的抗日根据地军民,也适时适地展开反击作战。为粉碎敌军修筑深沟高垒、对华北各抗日根据地的"囚笼"封锁,遏止诬称八路军"游而不击"的蒋介石发起反共高潮,鼓舞大后方大众的抗战士气,1940年7月22日,八路军总部发出《战役预备命令》,指定在8月10日前,晋察冀军区、八路军第129、第120师等作战部队出动不少于22个团,完成对正太、同蒲、平汉、津浦、德石、北宁等铁路线、公路线和日伪军据点展开攻击的战前准备。8月8日,八路军总部下达《战役行动命令》,集中攻击正太路、同蒲路的铁路线和汾阳—离石公路等交通干线。

　　8月20日,各参战部队按照统一部署,同时展开攻击。晋察冀军区先后出动39个团,连克娘子关、井陉等地,攻击日军守备队,对铁路、公路、桥

---

① 胡德坤:《中日战争史(1931—1945)》,第262页。

梁、隧道实施破袭。第 129 师先后投入 46 个团的兵力，攻击正太路西段的日军独立混成第 4、第 9 旅，血战狮垴山，攻占寿阳、阳泉以西敌伪据点和火车站，摧毁站西 10 里内的全部铁路和桥梁。第 120 师出动 20 个团，攻击静乐的康家会等地的日军据点，破袭阳曲、忻县、朔县、宁武段的同蒲铁路和汾离公路。105 个团的八路军正规部队在地方武装和民兵的配合下，迅速将破袭的范围扩大到平汉、平绥、津浦、北宁等铁路干线和德石等公路一带，袭击日军据点，破击交通线，"百团大战"的称谓不胫而走。战至 9 月 10 日，华北一带的日军交通瘫痪，八路军声望大振。

自 9 月 22 日起，八路军展开第二阶段的进攻，拔除日伪军据点，扩大了抗日根据地。华北日军指挥部惊呼八路军"在袭击石太线、同蒲线北段警备队的同时，炸毁、拆毁铁路、桥梁和通讯设施，彻底毁坏井陉等煤矿的设备。这次奇袭完全出乎我军预料，损失惨重"。[①] 10 月 6 日，调集第 36 师团等部队的数万兵力，对太行、太岳、平西、北岳、晋西北等华北抗日根据地军民展开疯狂"扫荡"。根据地军民坚壁清野，八路军展开伏击战、袭扰战，打击日伪军。至 12 月 5 日，百团大战结束。

历时 3 个半月的百团大战，八路军在地方武装和广大人民群众的紧密配合下，共作战 1824 次，以伤亡 1.7 万人、被毒气伤害 2 万余人的代价，共毙伤日军 2.0645 万人、俘虏日军 281 人；拔除据点多处，破坏铁路 474 公里、公路 1502 公里、桥梁 213 座、火车站 37 个；缴获炮 53 门、枪 5942 支（挺）。[②] 受到突然而沉重打击的日军气急败坏，急忙从华中正面战场抽调 2 个师团加强华北方面军，对华北各抗日根据地进行大规模的报复作战。根据地军民英勇抗击，渡过了 1942 年日军大举"扫荡"的艰苦岁月，继续壮大发展并相机展开局部反攻。

在华中地区，新四军 6 个支队在皖东、皖南、苏北、苏南等地区开展游击战，伏击日伪军，威胁京沪线，壮大了力量。1939 年 5 月新四军江北指挥部成立，下辖第 4、第 5 支队，在津浦路展开游击战，击退日伪军的多次"扫荡"。11 月，第 1、第 2 支队成立新四军江南指挥部，多次指挥部队展开反"扫荡"战和伏击战，予敌以杀伤。1940 年 4 月 23 日至 5 月 3 日，新四军战斗 10 余次，毙伤敌军近 1000 人；10 月上旬，日军出动第 15、第 116 师团各一部及伪军万余兵力，对皖南新四军总部驻地云岭地区展开进攻，新四军第 3

---

① 《战史丛书》18，《华北治安战》1，第 338—339 页。
② 军事科学院军事历史研究部：《中国抗日战争史》（中卷），第 623、626 页。

支队及第1、第3团沉着迎敌,毙伤日军数百人,击退了日伪军的"扫荡",并收复了泾县县城。① 立足战后国共两党对抗的蒋介石难以容忍新四军在其统治中心地带开展活动,处心积虑地欲将新四军挤到长江以北,不惜同室操戈,围攻新四军。1940年10月的黄桥一战,新四军击破了国民党军的围攻。1941年1月,国民党军出动5个师,在皖南茂林袭击向江北转移途中的新四军军部及1个支队,使之遭受重大损失。遵照中共中央指示,同月,新四军军部在盐城重建,将部队整编为7个师、1个独立旅,共9万余人的战斗集群,随即投入对日伪军的战斗。② 同年2月,新四军第1师攻克泰州,击溃伪第1集团军,并在7月反"扫荡"中,歼灭日伪军1000余人。至8月底,苏北、苏中的新四军部队对敌作战130余次,歼灭日伪军3800余人,击沉日军汽艇30余艘。③ 与此同时,淮南、淮中、淮北等地的新四军各部也在反击日军第17师团的作战中,予敌以杀伤。

在华南地区,广东省东江、珠江和海南岛地区的抗日游击队活跃在敌后,挫败日军的围剿和顽军进犯,开辟并巩固了各抗日根据地。至1940年12月,八路军、新四军和华南抗日游击队发展到50余万,敌后战场在整个对日作战中的地位越来越重要。④

在太平洋战场,按照1943年5月参谋长联席会议"在太平洋展开全面攻势","将日军赶出阿留申群岛","攻占马绍尔和加罗林群岛","攻占所罗门群岛、俾斯麦群岛以及日军占据的新几内亚部分地区"的战略计划,美军迅速采取行动。⑤ 反攻首先从北太平洋展开。5月,美军第7师在海空军掩护下,全歼阿图岛日本占领军并收复该岛。8月,收复基斯卡岛,将日军逐出阿留申群岛,解除了日本对阿拉斯加的威胁建立了攻击日本本土的前进基地。同年4月,偷袭珍珠港、发动中途岛战役的海军大将山本五十六在前往所罗门群岛的途中,被事先侦知其行踪的美军战机击落阵亡,日军的士气备受打击。6月,美军第3两栖部队在南太平洋新乔治亚群岛的登陆作战打响。战至10月,美军清除了盘踞在岛上的日军,在南太平洋建立了前进基地。

同年6月至1944年7月,美澳联军发起新几内亚战役,借助海陆空军

---

① 军事科学院军事历史研究部:《中国抗日战争史》(中卷),第464—465页。
② 军事科学院军事历史研究部:《中国抗日战争史》(下卷),解放军出版社,2005年,第91页。
③ 同上书,第95页。
④ 军事科学院军事历史研究部:《中国抗日战争史》(中卷),第486页。
⑤ 《现代史资料》39,《太平洋战争》5,第794页。

的绝对优势兵力和避实就虚的"蛙跳"战术,击溃据守的日军,将战线向北推移了一大步,盘踞在菲律宾的日军暴露在盟军海陆空军的联合打击之下。1943年11月,美新联军同时对所罗门群岛中的最大岛屿布干维尔岛和临近海域的吉尔伯特群岛实施登陆作战,连战连捷,奠定了在西南太平洋歼灭日军有生力量的基础,为1943年的胜利年画上了圆满的句号。

在缅甸战场,史迪威指挥下的中国驻印军发起缅北战役。为执行魁北克会议盟国开展攻势的决定,修筑从印度利多至昆明的中印公路("史迪威公路"),重建国际援华西南陆路交通线,中国军队展开反攻。1943年10月,孙立人所部新编第38师攻入中缅印三国交界的胡康河谷,与据险顽抗的日军第18师团展开激战。12月28日,新编第38师攻克于邦,并重创日军。新编第22师随即投入战斗,缅北战役首战告捷。

1943年12月3日,美国参谋长联席会议制定了1944年作战计划,确定"在中部、南部和西南太平洋地区,沿新几内亚—荷属东印度—菲律宾轴线展开进攻,占领日本在南洋的委任统治地区;使战略轰炸部队进驻关岛、塞班岛和提尼安岛,以实施对日本本土的战略轰炸"。① 1944年2月,美军以轻微的代价,全歼马绍尔群岛的日本守军,突破了日本在中太平洋的外围防御圈。3月,英印军又在印缅交界地区的交通干线枢纽之地英帕尔平原,与前来夺占东印度走廊的10万日军展开拉锯战。在中国驻印军的侧援下,经数月苦战,日军付出伤亡过半的惨重代价,于7月狼狈撤离英帕尔战区。

在英帕尔战役激烈进行期间,中国驻印军与英印军在缅北战役中捷报频传,连克第18师团据守的孟关、杰布山,并乘势攻入猛拱河谷,歼灭第18师团大部。1944年4—6月,中国驻印军先后攻占高利、马兰、曼平、甘马因和猛拱。7月,中国驻印军各部对缅北重镇密支那展开猛攻,8月击溃日军第56师团的抵抗,攻克密支那。中国驻印军随即进行了休整,新编第1军军长郑洞国升任驻印军副总指挥,孙立人继任军长,廖耀湘出任新编第2军军长,准备新一轮的攻势。10月,中国驻印军各部展开进攻,11月攻占八莫,1945年1月攻克南坎、芒友,2月攻克贵街、新维,3月攻克腊戍、南都、西徐等临近中缅边境的市镇,夺得缅北战役的最终胜利。在战役进行期间,中美工兵部队修建的中印公路延伸至中国境内,自加尔各答敷设的北上石油管道开通,战略物资源源不断地输入中国。

1944年5月,为策应中国驻印军在缅北发起攻势,夹击缅印战场的日

---

① 《现代史资料》39,《太平洋战争》5,第795页。

军,在美国第 14 航空队的空中支援下,以卫立煌为司令长官的中国远征军发起滇西战役。由于攻击动作突然,第 20、第 11 集团军迅速抢渡怒江,猛烈进攻盘踞在滇西高黎贡山区地带主阵地腾冲和龙陵的日军。6 月下旬至 7 月下旬,中国远征军第 20 集团军各部逐步扫清日军在腾冲外围据点,逼近主阵地。8 月初,美军第 14 航空队猛烈轰炸腾冲,在地面炮火的掩护下,第 20 集团军发起多次总攻击。至 9 月中旬,中国军队收复腾冲,全歼守城日军,拔除了日军威胁中印公路和输油管道的重要据点。与此同时,第 11 集团军对龙陵发起攻击。经 3 个月的激战,中国军队采取多次冲击和坑道爆破等进攻手段,攻克松山,打开攻击龙陵的通道。8 月,中国军队攻入龙陵市区。战至 11 月,中国军队收复龙陵和芒市。在腾冲、龙陵之战中,中国军队以沉重的代价,取得毙伤日军 1 万余人,俘虏 260 余人,缴获步枪 1700 余枝、轻重机枪 160 余挺和火炮 16 门的战绩。① 1945 年 1 月中国远征军收复畹町,并与中国驻印军胜利会师。在缅北、滇西战役中,日军伤亡 4.8 万余人,第 18、第 56 师团被基本歼灭,第 2、第 49、第 53 师团被重创;中国军队伤亡约 6.7 万余人。② 日军退守缅甸南部,缅甸防线摇摇欲坠。

在中南太平洋上,美军反攻的速度加快。1944 年 6 月至 8 月,美军突击日军"绝对防御圈"的枢纽之地马里亚纳群岛。6 月 11 日美军对守岛日军实施海上和空中猛烈打击,摧毁机场和表面阵地。15 日,美军第 2、第 4 陆战师在塞班岛西海岸登陆,迅速构筑滩头阵地,击退日军的反扑并攻击前进。19—20 日,美军第 5 舰队在马里亚纳海域与日军第 1 机动舰队展开激烈海战。日本舰队损失惨重,航母"大凤"、"翔鹤"、"飞鹰"被击沉,其余航母、战舰也被击伤,被迫退出战斗。26 日,美军攻占塞班岛的制高点塔波乔山,追歼残敌。中太平洋舰队司令官南云忠一、第 43 师团师团长斋藤义次等见大势已去,拔枪自杀。7 月 9 日,美军攻占塞班岛。8 月 2 日美军攻占提尼安岛,10 日攻占关岛,马里亚纳守岛日军的最高军事长官、第 31 军司令官小畑英良自杀。马里亚纳战役结束。9 月至 11 月,美军对临近菲律宾的贝劳群岛实施攻击,第 1 陆战师、第 81 步兵师经苦战,占领全岛。马里亚纳、贝劳群岛被美军攻克之后,日本本土、菲律宾、中国台湾、冲绳等日本防卫圈的软肋暴露在美军远程轰炸机 B-29 机群的面前。美国集中打击力量,对日本本土的战略轰炸迅即升级。从 1944 年 11 月开始,东京、神户、大阪、

---

① 军事科学院军事历史研究部:《中国抗日战争史》(下卷),解放军出版社,2005 年,第 450 页。
② 同上书,第 451 页。

名古屋成为美军炸弹和燃烧弹集中打击的目标,损失惨重,人心惶惶。

日军在太平洋战场的一连串的惨败,将泥足巨人日本帝国的虚弱本相暴露无遗,战争狂人东条英机陷入困境。1944年5月以来多次举行的重臣会议对态度跋扈的东条越来越感到不满,要求走马换将。近卫、木户等天皇侧近集团在裕仁的默许下,与伏见宫、高松宫、东久迩宫、朝香宫等皇族成员加紧策划并争取军部势力的支持。迷恋权柄的东条以退为进,在派出宪兵对近卫等实施电话窃听和跟踪的同时,提出仍为其本人保留陆相一职的内阁改造方案,近卫、高松宫等愈加厌恶东条的"厚颜无耻",决心倒阁。① 7月17日,重臣会议决定撤换"这个人心丧尽的内阁",东条于当日宣布内阁总辞职。② 米内光政、阿部信行、平沼骐一郎、广田宏毅等前首相以各种借口拒绝出马,"有手腕、有度量"的"大信神家"陆军大将小矶国昭被指定为新首相,应对大厦将倾的残局。③

1944年10月,美军出动空中力量对菲律宾、台湾、冲绳的日军机场实施持续一个月的猛烈轰炸,日本航空兵陷于瘫痪。西南太平洋战区总司令麦克阿瑟调集兵力多达28万的第6集团军,在拥有航母35艘、战列舰12艘、巡洋舰26艘、驱逐舰144艘、登陆舰和运输舰650艘、潜艇29艘的第3、第7舰队和2500架飞机的掩护下,开始了菲律宾战役。与美军展开对抗的,则是绰号"马来之虎"山下奉文指挥的第14方面军,总兵力35万人;配置拥有航母4艘、战列舰9艘、巡洋舰21艘、驱逐舰35艘、潜艇17艘的第2、第3、第5舰队,由联合舰队司令长官丰田副武统一指挥;陆军第4航空队和海军航空队提供空中支援。④

由于菲律宾之战兼具战略、防卫、宣传和心理等方面的多重价值,美日攻防双方均志在必得。1944年7月24日大本营制定《陆海军今后作战指导大纲》中,将菲律宾的决战列为"西南方面作战重点",并据此下达了与反攻菲律宾的美军决一死战的"捷1号"作战命令。⑤ 美国针锋相对,9月16日,国务院和参谋长联席会议制定了《迫使日本投降的策略》,以"形成海空封锁"、"实施集中轰炸"、"歼灭日本海空及海军兵力"为基本作战方针,"削弱日本的抵抗力和作战意志"。其中,将攻占菲律宾列为重大作战行动,规定

---

① 矢部贞治:《近卫文麿》(下),弘文堂,1952年,第507页。
② 同上书,第509页。
③ 同上书,第512页。
④ 《中国军事百科全书》,《世界战争史分册》(中),第574—575页。
⑤ 《现代史资料》39,《太平洋战争》5,第783页。

在 1944 年 10 月 15 日攻占塔拉伍德岛,12 月 20 日攻占莱特岛,1945 年 2 月 20 日攻占马尼拉。在此基础上,1945 年 5 月攻占琉球群岛,10 月在南九州登陆,12 月占领关东平原。①

菲律宾战役首先在莱特岛及其周围海域打响。1944 年 10 月 17 日,美军先头部队攻占莱特湾口的外岛。20 日,美军第 10、第 24 军的 4 个师在第 3、第 7 舰队强大火力的支援下,在莱特岛东岸抢滩成功。麦克阿瑟率领幕僚登陆,宣布重返菲律宾,陆续到达的美军增加到 25 万人。日军紧急应对,18 日从北婆罗洲林邦港北上的第 2 舰队,和 20 日自日本濑户内海、21 日自台湾马公南下的第 3、第 5 舰队,南北对进,赶来增援。先期到达菲律宾海域的第 2 舰队受到美军潜艇和舰载机的猛烈攻击。23 日至 24 日,重巡洋舰"爱宕"、"摩耶"先后沉没,重巡洋舰"高雄"被重创,失去战斗力。25 日,美军第 7 舰队与日军第 2、第 5 舰队在莱特湾海域展开激战,美军护航航母"冈比亚湾"号、驱逐舰"约翰斯顿"号、"赫尔"号被击沉,但日军号称"永不沉没"的 7.28 万吨的巨型战舰"武藏"也被送入海底,"铃谷"、"筑摩"、"鸟海"等重巡洋舰和重型战舰"大和"均遭创伤,日军舰队向北败退。美军第 3 舰队在恩加尼奥角海域与日军第 3 舰队猛烈交火,在美军战机的轮番集中攻击下,航母"千岁"、"瑞凤"、"瑞鹤"、"千代田"及多艘战舰先后沉没。至此,日本海军的实力丧失殆尽,难以与美军舰队展开正面对抗。驻守各岛屿的日本陆军失去海空军的机动支援,在整体态势上陷入被动挨打的狼狈境地。

在莱特湾海战中,日暮途穷的日军开始大量动用以"神风特别攻击队"("特攻队")人体炸弹飞机撞击美军舰队的"特攻战法"。其首倡者为笃信"精神力量"是扭转战局法宝的克拉克地区航空指挥官有马正文少将,10 月 15 日,狂躁不安的有马扯掉肩章,率领 87 架攻击机对菲律宾东部海上的美军舰队发起自杀式攻击。虽收效甚微,但大本营对其"身为司令官挺身而出的榜样作用"大加褒奖,称有马为"真正的武将之鉴",借此"殊勋"来"振奋全军士气"。② 10 月 25 日,关行男大尉率领每架载有 250 公斤炸药的"零式"战斗机"敷岛特攻队",自吕宋岛的巴拉卡特机场起飞,直扑莱特湾入海口的美国航母编队。在这场自杀式空袭中,击沉美军护航航空母舰"圣洛"号,击伤"斯瓦尼"号、"橄伽门"号等 3 艘护航航母。此后数日内,取名为"初樱队"、"至诚队"、"忠勇队"、"神武队"、"义烈队"、"神兵队"的"特攻队"又对美

---

① 《现代史资料》39,《太平洋战争》5,第 797 页。
② 大畑笃四郎:《太平洋战争》下卷,第 211 页。

国舰队发起自杀式攻击。美军很快适应了日军的"特攻战法","特攻"的效果越来越差。至日本战败,"特攻队"出动 2664 次,使用飞机 2275 架,2530 名青年飞行员充当了有去无回的人体炸弹。①

莱特湾海战结束后,登岛部队陆续增加到 17.4 万人的美军,从莱特岛南北两个方向展开对攻。日军也紧急增兵,第 1、第 26 师团和第 68 旅团先后到达,总兵力为 7.5 万。② 美军使用坦克、火炮、火焰喷射器,逐个消灭顽抗的日军据点,收紧包围圈。12 月 16 日,美军攻占了奥尔莫克港,完全切断了莱特岛日军的补充线,日军弹尽粮绝,无法继续有组织的抵抗,被美军分割、包围、歼灭。25 日,美军攻占了整个莱特岛。在这场攻防战中,美军伤亡 1.131 万人,日军阵亡 5.6263 万人。③

夺回莱特岛之后,反攻吕宋岛提上日程。1945 年 1 月 9 日,在实施多日的猛烈轰击后,美军第 6 集团军 6.8 万人的先遣部队在吕宋岛西北部的林加延湾登陆,构筑滩头阵地,掩护陆续赶来的登陆部队。20 万美军迅速集结,形成对吕宋岛南北夹击的有利态势。驻守吕宋岛的 28.7 万日军分成部署在马尼拉北部的"尚武"、"建武"、"振武"等几个陆战集群,等待美军的攻击。1 月 23 日,美军第 16 坦克师在登陆地区摧毁重见战车队,日军再无像样的重型武器可与美军对抗了。30 日,美军第 8 集团军第 11 军第 11 空降师攻占纳苏格布和圣安东尼奥。2 月 3 日,在菲律宾抗日游击队的协助下,美军第 11 空降师攻入马尼拉市区,第 11 军随即跟进。经 23 天的激烈巷战,26 日美军全歼守军,完全占领马尼拉。美军第 6、第 8 集团军对被分割包围在卡拉巴略、三描礼示和马雷德山脉高山阵地的"建武"、"振武"、"尚武"陆战集群展开扫荡。2 月 16 日,美军出动装甲部队攻占巴丹半岛,26 日攻占科雷希多要塞,日军败局已定。美军继续展开攻势,占领巴拉望、棉兰老、班乃、内格罗斯等菲律宾南部各大岛。7 月 5 日,麦克阿瑟宣布反攻菲律宾作战胜利结束。实际上,躲进高山密林中的 6 万余日军残兵败将仍在顽抗,直到 8 月日本宣布投降,才放下了武器。

硫黄岛地处东京和马里亚纳航线居中位置,从岛上元山、千鸟机场升空作战的日机和发往东京的空袭预报,对美军轰炸机编队的安全造成威胁。为了拔除这个钉子并进而获得距东京仅 675 海里的近距离轰炸日本的前进

---

① 大畑笃四郎:《太平洋战争》下卷,第 213 页。
② 《中国军事百科全书》,《世界战争史分册》(中),第 575 页。
③ 大畑笃四郎:《太平洋战争》下卷,第 220 页。

基地,美军对硫黄岛日军表面阵地进行了两个多月的狂轰滥炸,1945 年 2 月 19 日,美军陆战第 4、第 5 师在海空火力支援下,实施登陆作战。美军迅速在硫黄岛东南海岸建立的滩头阵地,但遭到以第 109 师团为主力的日军火力压制,随即击退日军的反扑,向摺钵山和千鸟机场攻击前进。21 日,陆战第 3 师赶来增援,对躲藏在纵横交错的坑道与洞穴掩体中的日军,逐次加以清除。23 日,美军攻占摺钵山日军堡垒群,将星条旗插上了山顶阵地。向北推进的美军在 283 高地与日军展开争夺战,阵地几次易手而复得,双方伤亡惨重。3 月 17 日,硫黄岛守军总指挥栗林忠道中将自杀,美军攻占全岛。

在攻占硫黄岛后,美军集中力量进攻冲绳。驻守冲绳的日军为中将牛岛满为司令官的第 32 军,下辖第 24、第 62 师团、第 44 独立混成旅团,兵力为 8.6 万人,加上海军陆战队、当地居民的特编团,总兵力达 10 万余人。此外,守军还得到联合舰队的第 2 舰队和驻九州、台湾的航空兵的掩护和支援。担任美军进攻冲绳的总指挥的是第 5 舰队司令 R.A. 斯普鲁恩斯上将,参加作战的主力为第 10 集团军,配备了包括英国远东舰队在内的各类舰船 1500 余艘,作战飞机 2500 架,总兵力达 45.2 万余人。①

在持续半个月实施海上和空中的猛烈轰击后,4 月 1 日,美军约 18 万作战主力部队在嘉手纳沿岸未遭到预期的抵抗,出乎意料地顺利登陆。原来,日军守岛部队司令官牛岛将兵力收缩于首里附近的阵地,准备与美军决一死战。应牛岛的请求,大本营拿出帝国海军的最后一点家底,组成以 6.37 万吨的超级战舰"大和"为主力的特遣舰队前来助战。7 日,"大和"在巡洋舰"矢矧"和"冬月"、"雪风"、"初霜"等 8 艘驱逐舰的护卫下,还没驶近冲绳海域,就在闻讯而来的美军轰炸机 500 多架次的轮番轰击下,身中 12 颗鱼雷和 5 颗炸弹的"大和"迅即沉没,② 牛岛期盼的外援彻底落空。从 4 月 6 日至 6 月 22 日,从九州、台湾飞来的陆海军"特攻队"飞机,对美军舰队昼夜不停地展开代号为"菊水"作战的"一机换一舰"自杀式袭击。由于美军掌握了以密集射击构成的防空火力网对付"特攻队"的作战方法,虽然包括 8 艘航母、3 艘战舰、2 艘巡洋舰和 33 艘驱逐舰在内的 368 艘军舰受伤,但仍可继续参加战斗。被击沉的 36 艘军舰均为驱逐舰以下的中小型舰只。③ 参

---

① 《中国军事百科全书》《世界战争史分册》(中),第 581 页。
② 大畑笃四郎:《太平洋战争》下卷,第 282—283 页。
③ 李玉、骆静山主编:《太平洋战争新论》,中国社会科学出版社,2000 年,第 350 页。

加"菊水特攻"的日机,包括海军派出的"樱花特攻"机在内的 2867 架飞机,连同学生兵特攻机驾驶员,损失殆尽。① 登陆的美军兵分两路,第 3 陆战军第 1、第 6 海军陆战师与陆军第 27 师向北推进,攻占各沿海据点,直抵最北部的边户岬,荡平大半个冲绳岛。第 24 陆战军第 7、第 96、第 77 师,向南进击,与驻守首里的日军第 62 师团和固守与座岳的第 24 师团展开激烈的攻防战。5 月 29 日美军攻占首里,30 日攻占那霸。在美军猛烈炮火的轰击下,据守在兴那原与小禄之间的南部战场的日军被聚歼。6 月 22 日,躲在洞窟中的司令官牛岛与参谋长长勇等自杀,美军占领冲绳岛最南端,冲绳岛战役结束。

就在冲绳岛战役进行期间,日本的国内外形势急剧恶化。4 月 5 日,因战局一筹莫展,苏联又明确表态无意继续延长 1941 年 4 月订立的《日苏中立条约》,走投无路的小矶国昭内阁总辞职。海军大将铃木贯太郎奉命组阁。5 月 8 日,纳粹德国向盟国无条件投降。法西斯轴心国阵营崩溃,但日本仍在徒劳地继续战争。9 日,铃木内阁发表《政府声明》,声称:"帝国对缔盟的德国投降,表示衷心的遗憾。帝国的战争目的原本就是自存与自卫,此乃帝国不可动摇的信念,欧洲战局的剧变不会使帝国的战争目的发生丝毫的变化。帝国期望与东亚盟邦摧毁美英将东亚恣意纳入其暴力之下并加以蹂躏之非分野心,确保东亚之稳定。"② 发誓要把战争进行到底。

6 月 8 日,御前会议通过《判断世界形势及今后必须采用的战争指导基本大纲》,对年底前的大国动向和日本的应对举措作出了规定。"大纲"认为:美国在人员大量伤亡、罗斯福病逝和欧洲结束后,正弥漫着厌战情绪,但将以充足的武力,单独加速对日战争。英国为在战后与美国在全球问题上与美国协调,确保在东亚的发言权,必然继续利用美国,继续对日战争。在欧洲,美英与苏联的角逐日益表面化,美英与重庆的战争目的并非一致,同盟当急剧崩溃。苏联可能在北满的作战气候条件适宜和调动兵力完成后,在夏秋之际行使武力。作为应对举措,对美英"毅然向完成长期战争迈进,强逼其大出血,在今年后半年使之继续战争的斗志相当动摇";对苏军的动向"需要特别警惕"。"大纲"提出的方针是:"以七生尽忠之信念为原动力,以地利与人和彻底完成战争,以维护国体,保卫皇土,以期达成征战目的"。"大纲"确定的基本要领是:"迅速强化皇土战场态势"、"对苏对华实行活跃

---

① 大畑笃四郎:《太平洋战争》下卷,第 284 页。
② 日本外务省编:《日本外交年表及主要文书》下卷,第 611 页。

有力政策措施以期有利于战争的进行"、"组织国民义勇队"以"适应举国一致的皇土决战"。① 6月23日,铃木内阁依据6月8日御前会议确立"本土决战"方针,发布《义务兵役法》,规定:15岁以上至60岁以下的男子、17岁以上至40岁以下的女子均编入国民义勇战斗队。② 战败在即,但上层集团关心的并非国民的死活,而是其赖以生存的天皇制"国体"。

与此同时,上层集团把委托苏联居中斡旋停战,作为免于灭顶之灾的希望。早在1944年9月,当轴心国败局已定的危急时刻,就出现了倚重对苏外交的动向。最高战争指导会议通过了《关于对苏策略文件》,确定了"为对应德国崩溃或单独媾和的情况,努力利用苏联使形势好转"的方针,为此"积极解决日苏间的悬案,消除两国间不必要的倾轧"。③ 1945年2月1日,最高战争指导会议又通过了《关于应对形势变化处理法属印度支那文件》,同样强调"对苏联,依据需要说明帝国真意,特别是说明其非侵略性"。④ 实际上,恰恰在这个时候,苏美英三国首脑在雅尔塔举行了会议,达成雅尔塔秘密协定,确定在"德国投降、欧洲战争结束2个月或3个月后,苏联依照下述条件,与盟国一起参加对日战争"。这些条件包括:"外蒙古维持现状"、"恢复1904年因日本背信弃义的攻击而使俄罗斯丧失的权利"、"千岛群岛划归苏联"等。⑤

在上层集团中,对是否倚重苏联意见纷纭。公爵近卫文麿主张"从维护国体的立场出发,必须尽快结束战争"。在2月14日,近卫上奏天皇裕仁,认为"战败很快就会到来","从维护国体的前提来看,值得忧虑者并非战败,而是伴随战败将发生的共产革命"。⑥ 内大臣木户幸一却认为不妨一试,在6月8日起草的《收拾时局对策试行方案》中,木户主张天皇书写亲笔信,与中立国开展交涉,固然可以与美英直接交涉,但"使至今仍保持中立关系的苏联尽中介之劳,似乎最为妥当"。⑦ 6月9日,外相东乡茂德在第87届议会的秘密会议上,也强调"鉴于目前政战局势,对苏外交的紧迫性愈加增加",在加强对苏警戒的同时,充分利用《日苏中立条约》尚有1年有效期,开

---

① 日本外务省编:《日本外交年表及主要文书》下卷,第612—616页。
② 《近代日本综合年表》(第二版),第342页。
③ 日本外务省编:《日本外交年表及主要文书》下卷,第606页。
④ 同上书,第606—607页。
⑤ 同上书,第607—608页。
⑥ 同上书,第608—610页。
⑦ 同上书,第616—617页。

展日苏外交。①

进入7月,美军的轰炸遍及日本城乡,东京、横滨、大阪、名古屋等大城市化为废墟,军需生产难以为继。决策集团更加迫不及待地依托苏联的停战斡旋。7月10日,最高战争指导会议决定派遣特使近卫前往莫斯科,商讨苏联出面斡旋事宜。13日,驻苏大使佐藤尚武奉命与苏联外交部部长代理罗佐夫斯基会面,转达了上述要求。18日,苏联宛然拒绝近卫特使的访问。日本政府仍不甘心,东乡再次电令佐藤继续请求。25日,罗佐夫斯基告诉佐藤,苏联政府"不甚了解结束战争或增强苏日关系与这些具体建议有何关系",要求日本政府加以说明。② 罗佐夫斯基是明知故问,目的是拖延时间,等待来自波茨坦会议的最终结论。7月17日至8月2日,杜鲁门、斯大林和丘吉尔(后改新首相艾德礼)在柏林郊区波茨坦举行了首脑会议,主要围绕敦促日本投降问题,达成一致意见,并征得中国同意,在7月26日发表了《中美英三国促令日本投降之波茨坦公告》,就日本投降的条件,做出了最终结论。这些条件包括:"(1)欺骗及错误领导日本人民,使其妄欲征服世界者之威权及势力,必须永久剔除。盖吾人坚持非将负责之穷兵黩武主义驱出世界,则和平安全及正义之新秩序势不可能。(2)直至如此之新秩序成立时,及直至日本制造战争之力量业已毁灭,有确实可信之证据时,经盟国指定之日本领土必须占领,俾吾人在此陈述之基本目的得以完成。(3)开罗宣言之条件必将实施,而日本之主权必将限于本州、北海道、九州、四国及吾人所决定之其他小岛之内。(4)日本军队在完全解除武装以后,将被允许返其家乡,使其有和平及生产生活之机会。(5)吾人无意奴役日本民族或消灭其国家,但对于战犯,包括虐待吾人俘虏者在内,将处以严厉之法律制裁。日本政府必须将阻止日本人民民主趋势之复兴及增强之所有障碍予以消除。言论、宗教及思想自由以及对于基本人权之尊重必须建立。(6)日本将被允许保留其经济所必需及足以偿付实物赔偿之工业,但可以使其重新武装作战之工业不在其内。为此目的,可准其获得原料,以别于统制原料,日本最后参加国际贸易关系当可准许。(7)上述目的达到及依据日本人民自由表示之意志成立一倾向和平及负责之政府后,同盟国占领军队当即撤退。(8)吾人通告日本政府立即宣布所有日本武装部队无条件投降,并对这种行

---

① 日本外务省编:《日本外交年表及主要文书》下卷,第619—620页。
② 同上书,第625页。

动之诚意予以适当之各项保证。除此一途,日本即将迅速完全毁灭。"①

"公告"的上述8项主张,实际上是美国投放的精确打击政治炸弹,通过开列相当宽大的条件,促使日本停止抵抗。特别是这些条件未涉及改变天皇制"国体"问题,给天皇裕仁保留了足够的体面,力图使其在关键时刻发挥关键作用。因此,天皇制国家的投降是"有条件"的,"无条件投降"的主体只是"日本武装部队"。但由于当时苏联尚未对日宣战,《波茨坦公告》以中美英三国的名义发表,不明就里的最高战争指导会议还在痴心指望苏联斡旋,一时未对公告做出反应。

三 日本战败投降与美国对日政策的制定

进入1945年8月,中国军民抗击日本军国主义的侵略已进入第14个年头,给日本造成巨大的消耗,并开始了大反攻。美国立体化的优势打击力量对日本本土造成毁灭性的打击。8月6日美国投放的第一颗原子弹轰击广岛,将其瞬间夷为平地。8月8日苏联对日宣战,150万苏军和蒙古军队,兵分三路,横扫关东军。面临覆灭前的日本统治集团惶惶不可终日。

战败已成定局,但围绕如何接受《波茨坦公告》以体面地投降,决策集团内部存在尖锐分歧。8月9日上午10时30分,战争最高指导会议成员就投降条件问题,展开了激烈的争论。11时02分,美国投放的第二颗原子弹又在长崎上空炸响,形势愈加危急。首相铃木贯太郎、外相东乡茂德、海相米内光政强调在"保留国体"的唯一条件下,停战投降。陆相阿南惟几、参谋总长梅津美治郎和海军军令部长丰田等坚持在维护"国体",即"不涉及变更日本皇室在国法上的地位"之外,还要加上"驻外的日本军队自主集中后复员"、"战犯由日本政府处理"、"保证不进行占领"等多个条件。② 至下午2时30分至当夜10时,首相铃木等人的"唯一条件论"派和阿南等人的"多个条件论"派的争论仍在继续,无法形成一致意见。即使枢密院议长平沼骐一郎表态支持铃木的主张,也难以抑制阿南们的嚣张气焰,铃木只得请求天皇裕仁的"圣断"。

深夜11时30分,裕仁出席的御前会议在皇宫御文库的地下防空掩体中举行。外相东乡再次强调了"唯一条件论"派的主张,即"自主撤军"和"处

---

① 《国际条约集》(1945—1947),世界知识出版社,1959年,第77—78页。
② 日本外务省编:《日本外交年表及主要文书》下卷,第627页。

理战犯"等并非"绝对条件","但皇室乃绝对问题——此乃将来民族发展之基础,应该把要求都集中到这一点上来"。海相米内立即表示支持。陆相阿南、参谋总长梅津继续坚持"多条件论"派的立场,并对"国内战斗意志昂扬"的"本土决战"前景,作出了"足以给敌人相当打击"的乐观估计。在激烈的争吵过后,8月10日凌晨2时30分,裕仁作出了"采纳外相方案"的表态。他叱责阿南一派说:"自信获得胜利的奢谈说个不停,但至今计划和实际行动并不一致。按照陆相所说,九十九里滨工事可以在8月中旬竣工,但并未完成。新建了师团,但没有发给他们的足够武器。因此,看不出对机械力量占据优势的美英军队的胜算在哪里。"基于现实的考虑,裕仁决定"虽然不忍心令朕之股肱军人交出武器,朕之大臣作为战犯而被引渡,但基于大局考虑,朕决定仿效明治天皇在三国干涉还辽时决断之例,忍难忍之忍,解救人民于悲惨结局之中,为人类之幸福而下此决心"。① "唯一条件论"派的立场得到天皇的肯定。"多个条件论"派虽然受挫,但仍然顽固坚持继续战争的立场。

循此"圣断",8月10日早晨7时15分,外相东乡分别紧急电告驻瑞士公使加藤和驻瑞典公使冈本,立即与美中英苏四国政府的外交代表取得联系,接受中美英三国于7月26日发布的《波茨坦公告》,但附加的说明是"帝国政府在了解公告的条件中不包括变更天皇统治国家大权要求之下,接受公告"。② 同日上午11时15分至12时45分,外相东乡与苏联驻日大使马利克举行了会谈。东乡再次希望苏联政府充分理解"天皇在日本的地位与日本国民不可分离,基于这种有关皇族地位的考虑,理解日方此一立场是绝对的。相信联合国不难对此理解并接受,从迅速实现世界和平的立场考虑,希望明确表明结束战争的态度"。马利克表示个人无权表态,但答应将日本政府的请求报告苏联政府。③ 同日,陆相阿南发布《布告》,继续鼓吹"七生报国",要求"全国官兵应人人体现楠木正成的精神和北条时宗的战斗之魂,为击灭骄敌而勇往直前"。④ 阿南们的狂言,不啻"大日本帝国"弥留之际的呓语,表明为这场战争画上句号,倒也并非简单易行。

8月11日,中国派遣军总司令冈村宁次在收到陆军大臣和总参谋长发

---

① 日本外务省编:《日本外交年表及主要文书》下卷,第628—631页。
② 同上书,第632页。
③ 同上书,第633—634页。
④ 同上书,第635页。

来的陆机密电报第 61 号,获悉"帝国对苏联参加的波茨坦公告的条款,准备以不变更天皇统治大权为条件,予以接受"后,被这个"晴天霹雳"所震惊。不久,冈村又收到总参谋长的来电,命令"为维护国体、保卫皇土,全军宁可玉碎绝不收兵"。来自东京的两种不同的声音,使得冈村"处于迷惘之中"。8 月 14 日中午 12 时 30 分,冈村还接受了大陆令第 1380 号电,命令其所部"就地击溃来攻之敌,以期对苏、美、中进行持久战,并为帝国本土的全军作战作出贡献",于是向所属部队发出相应的作战命令。17 时 20 分,冈村又从东京的参谋西浦的来电中,得知战败投降"已成定局","受到很大打击"的冈村在夜里"辗转不能成眠"。①

日本政府于 8 月 10 日接受《波茨坦公告》、宣布投降的消息,通过无线电波传遍了世界各地,欢呼声响彻盟国的城乡。特别是在抗战时间最长、牺牲最大、抵抗最惨烈的中国,重庆和延安等地的军民彻夜未眠,大街小巷挤满了庆祝胜利的人群。但与此同时,日本政府也提出了接受中美英敦促其投降的《波茨坦公告》的唯一条件,即"维护国体"问题。这样,交战双方如何在处理天皇、天皇制的问题上,找到彼此妥协的办法,成为尽快结束战争的关键问题。

从盟国和日本的往来电文看,"维护国体"也确实成为日本接受《波茨坦公告》的"唯一条件"。美国收到了日本接受《波茨坦公告》所附加的"唯一条件"电文后,总统杜鲁门召集国务卿贝尔纳斯、陆军部长史汀生、海军部长福雷斯特尔等,研究如何回复日本的电文。在这个过程中,怎样处置天皇的问题,引起激烈的争论。最后,由贝尔纳斯起草了答复电文,要求天皇签署投降书。对日方提出的"国体"问题,他的答复是:"自投降之日起,天皇及日本政府统治国家的权力,置于盟军最高司令官的限制之下,由其采取实施投降条款的必须措施",在敦促天皇授权日本政府和大本营在《波茨坦公告》的投降条款签字、下令日本军队停止战斗、向盟军交出武器,日本政府在投降后立即将盟军战俘和被扣押人员转移到安全地区后,对天皇制归宿的表态是:"日本国政府的最后形式,将依照《波茨坦公告》,由日本国民自由表述的意愿决定之。"②

对于天皇问题究竟应该如何处置,在盟国之间也未形成一致意见。当美国将电文发给中苏英等盟国征求意见时,英国同意保留天皇制,认为让天

---

① 稻叶正夫编:《冈村宁次回忆录》,中华书局,1981 年,第 23—28 页。
② 日本外务省编:《日本外交年表及主要文书》,下卷,第 635 页。

皇签署投降书并不策略,建议改由日本天皇授权并保证日本政府与最高统帅签署投降条款。苏联和中国表态,支持美国政府的立场。澳大利亚政府致电英国,表示反对宽恕天皇,坚持认为:"天皇作为国家元首和武装部队最高统帅,应对日本的侵略行径和战争罪行负责,因此要求废黜他"。随即,又向美国发去电文,强调:"很难找到理由说明裕仁及其同伙跟希特勒及其同伙有所区别",因此"明确废除天皇制,是破坏日本人把天皇当神崇奉的根本办法";"天皇制不废除,日本人就不会改变,还将发动对太平洋的侵略,只不过把时间推迟,由后继者来干罢了";认为"天皇本人在接受各盟国政府处理时,将跟投降的敌国中的任何一员一样受到同等待遇"。[1] 美国以促降时机紧迫为理由,说服澳大利亚接受了其对日答复的立场。这样,美国保留天皇,即实际上为裕仁开脱战争责任的促降方针,成了盟国的共同主张。8月11日,中美英苏四国以美国的口径为准,对日本政府提出的投降条件做出了答复。

那么,上述主张的始作俑者美国何以对天皇制最终作出如此选择?这种选择是否与美国对日政策保持了一致性?要弄清这些问题,就有必要回顾太平洋战争期间美国政府关于处理天皇制的决策过程。

1943年3月10日,当日军败退瓜岛,美军赢得了太平洋战场的主动权之后,美国战后外交政策咨询委员会的政治问题小委员会在制定处理战后日本的方针中,首次涉及天皇制处理问题。当时提出的问题是:"一旦美国介入日本国内的政治发展,应该介入到什么程度?保存皇室是否值得赞许?"[2] 经过两个多月的研究和讨论,5月25日,形成题为《天皇的地位》的正式文件。这个文件以12页的篇幅,谈及天皇的历史、法律、政治、心理及其在宪法上的作用和权限等问题。同时,也列举了关于废黜或者保留天皇制的两种针锋相对的意见。废黜论者认为:为了在将来防止日本的国粹主义和侵略主义抬头,必须剥夺坚持这些主义并利用天皇的神秘性和权威的势力再次把持政权的根据,则废黜天皇是最有效的行动。保留论者坚持认为:"保留皇位,不仅是促进日本国内稳定的手段,而且是盟国推行对日政策、开展各种改革的手段,是具有极高利用价值的潜在资产。"同时还强调在战后改革中天皇可以继续发挥作用,因为"非军国主义的领导人如果在天皇的名义下,运用天皇的权威来论证诸改革,能够比他们(以自己的名义)更有

---

[1] 汤重南等主编:《日本帝国的兴亡》下卷,世界知识出版社,1996年,第1449—1450页。
[2] 坂本义和等编:《日本占领研究》,东京大学出版会,1988年,第51页。

效果地实现各种改革"。① 双方争论不休,遂由国务院所属的国家及地区委员会(CAC)和战后计划委员会(PWC)提供处理天皇的多种政策咨询,以供政府选择与决策。

进入 1944 年后,伴随着美军在太平洋战场对日军展开全面反攻,如何处理天皇和天皇制,成为国务院及国防部制定对日政策的热门话题。3 月 21 日,战后计划委员会在综合各种意见之后,提出美国政府关于战后对日政策的基本框架。其主要内容包括:(1) 在处理天皇和天皇制问题上,提出完全中止、部分中止或不中止天皇职权等 3 种政策建议,主张对天皇和皇族实行保护性监护。(2) 天皇的统治权完全由占领军司令官掌握,"在民政官本人直接监督下,可以最大限度地使用日本官僚,也可以将行政运营委托给日本人"。(3) "为了使民政官更容易地利用日本政府的高官,在得到占领当局的承认下,赋予其一定的行政权力,通过天皇或者在天皇的名义下加以行使"。(4) 占领军当局"拥有指导、监督日本政府的基本机能与实际运用等两方面的责任",对美军占领下的日本实行直接统治。②

在此建议的基础上,5 月 9 日国务院和陆军部、海军部联合制定了关于战后对日政策的第一个正式文件,通称《赫尔 5·9 备忘录》。备忘录强调"日本人几乎狂热地崇拜天皇,从外界试图消灭天皇制很可能归于无效","仅仅废黜天皇是不会消灭天皇制的",因而倾向于赋予天皇部分职权;强调占领军当局在处理天皇或者与天皇接触时,"应避免给日本天皇不同于其他现世统治者的优遇,避免默认或者支持日本人以为天皇神圣不可侵犯、是不可缺少的存在等观念";"除了具有妨碍治安之虞的煽动性言行之外,占领军当局应当允许对其他各种问题,对政治问题开展充分自由的讨论"。③ 同年 7 月,国家及地区委员会在其研究报告中,提出对天皇制和在位天皇裕仁应加以区别对待的政策构想,说"即使军政当局容忍天皇制的存在,是否应强制天皇裕仁退位?"报告书对此问题的结论是:未必让天皇裕仁退位。④ 至此,基于维护美国一国利益的考虑,国务院和国防部形成保留天皇和天皇制的一致结论。

在形成上述结论的过程中,军事部门的意见对保留天皇和天皇制有着

---

① 坂本义和等编:《日本占领研究》,东京大学出版会,1988 年,第 51 页。
② 同上书,第 54 页。
③ 《战后世界历史长编 1945.5—1945.12》,第一编,第一分册,上海人民出版社,1975 年,第 245 页;坂本义和等编:《日本占领研究》,第 55 页。
④ 坂本义和等编:《日本占领研究》第 55 页。

直接的影响。太平洋战争期间,日军的顽强抵抗及美军的巨大伤亡,使急欲结束战争的美国政要不能不考虑天皇和天皇制去留的利与弊。1944年5月美军发动收复阿留申群岛的战役时,美军在阿图岛战斗中阵亡400人、受伤1135人,日军"玉碎"2300人,被俘者只有29人。同年6月至7月的塞班岛之战,日军战死2.3811万人,美军战死3426人,受伤1.3099万人。在1944年10月展开的菲律宾战役中,连遭败绩的日军所采用的"特攻战法"令美军感到"非常恐怖,非常危险",在此后的"10个月里,使得美国的舰船如同面临瘟疫"。① 12月在西南太平洋的莱特岛战役中,日军战死或饿毙7万余人,被俘者仅800余人,给美军造成1.55万人的伤亡。② 1945年2月19日开始的硫黄岛之役历时一个月,2.3万日本守军除200人被俘之外,其余全部"玉碎";6万进攻美军受伤2万余人,阵亡500余人。冲绳战役中,日军伤亡11万人,美军则付出了登陆部队伤亡3.09万人、海军人员伤亡9700余人的沉重代价。③ 凡此种种,对美国决策集团造成强烈冲击。新任总统杜鲁门承认在冲绳战役中"我军生命的损失极为沉重"。对即将于1945年11月1日在日本本土展开的"奥林匹克行动",参谋长马歇尔估计"要牺牲50万美国人的生命"。美英两国参谋长制定的日本本土作战计划预计战争将进行1年以上,"终止日本有组织的抵抗的日期为1946年11月15日"。④ 由于过高估计日本继续作战的能力,尽快结束战争以减少美军的伤亡而保留天皇和天皇制,成为美国决策当局的最大理由。

在制定对日政策的过程中,美国学者对日本这个"极其可怕的敌人"的研究成果和政策建议,发挥了不可忽视的作用,著名文化人类学家本尼迪克特说:"1944年6月,我奉命研究日本,受托利用我作为一个文化人类学家所能利用的一切技巧来说明日本人是怎样一个民族。"研究的最大动因和背景是"那年初夏,正是我国对日本的巨大攻势刚刚开始显示其真正威力的时候,在美国,人们依然一如既往地议论着对日战争也许将延续三年抑或十年乃至更长时间"。而且,"从新几内亚的瓜达尔卡纳尔岛、缅甸的阿图、塔拉瓜和比亚克的战争经验中,我们清楚地知道,我们是在同一个极其可怕的敌人作战"。因此,"在1944年6月,回答我们的敌国日本的许多问题就很重

---

① 大畑笃四郎:《太平洋战争》下卷,第110、146—147、212—213页。
② 汤重南等主编:《日本帝国的兴亡》下卷,第1394页。
③ 大畑笃四郎:《太平洋战争》下卷,第259、163、294页。
④ 杜鲁门:《杜鲁门回忆录》第1卷,世界知识出版社,1965年,第239、355、314页。

要了。"① 本尼迪克特利用在美国可能搜集到的各种资料,从研究"战争中的日本人"入手,分析了日本人对道德、义理、善恶、报恩、效忠、人情和责任的理解及其在行动中体现的价值观念,从文化人类学的角度,将日本文化类型归结为"耻感文化"。

在研究报告中,本尼迪克特用了相当的篇幅,集中分析了日军战斗意志、国民精神与效忠天皇的内在联系。她认为:"近代日本作了各种努力,使'忠'归属于一人,把它专门奉献给天皇";"军国主义者以一切可能的方式利用对天皇效忠的号召力","正如许多战俘所说的,日本人'假如有天皇的命令的话,即使只有一枝竹枪也会毫不踌躇地进行战斗;若那是天皇的命令,也会同样迅速停止战斗'"。她的结论认为天皇不仅对军人拥有绝对权威,而且"'只有天皇的话才能使日本国民承认失败,并安于为重建而生存下去'";"在日本,只有这样的天皇才能起到团结全国人民一心一意为国效劳的作用"。② 本尼迪克特的研究结论对美国政府制定对日政策不无影响。

经过1943—1944年的争论和选择,至1945年1月,战后计划委员会再次修订美国对日政策报告,并提交给国务院和陆海军部协调委员会(SWNCC)审议。军方对处理天皇和天皇制的温吞水式方针颇不以为然。陆军部长助理菲伊斯讥笑报告"从整体上看,这个报告给人以星期天上补习学校的不正规之感,因为它没有考虑敌人的本性和过去的行动,也没有预测将来的行动"。副参谋长哈尔少将认为"不将天皇作为战俘拘押,一切都无从谈起"。③ 经过再次讨论,至同年3月,形成国务院和陆海军部协调委员会的第55号报告,题为《远东的政治军事问题——日本天皇的处置》。此后,这个报告又被多次修改。1945年5月8日,杜鲁门在德军签署《投降书》的当天,发表了敦促日本无条件投降的《声明》,明确了无条件投降的主体是日本军队,而非日本国家,强调"无条件投降并不意味着要消灭或是奴役日本民族"。④ 对无条件投降主体的确定,在促成美国政府停止内部争论,加快敦促日本投降的同时,也为避免天皇在投降书上签字的尴尬,并进而为保留天皇和天皇制找到了政策依据。

美国政府的上述既定方针,促成了日本投降。8月14日,外相东乡紧

---

① 本尼迪克特:《菊花与刀——日本文化的诸模式》,浙江人民出版社,1987年,第3—4页。
② 同上书,第109、107、29页。
③ 坂本义和等编:《日本占领研究》,第57页。
④ 杜鲁门:《杜鲁门回忆录》第1卷,世界知识出版社,1965年,第118页。

急电告驻瑞士公使加濑,将日本政府接受盟国8月11日答复的决定立即转告中美苏英四国政府,表明天皇将发布接受《波茨坦公告》的诏书,下令签署公告规定的条款、日军停止战斗、交出武器,发出盟军最高司令官所要求的命令。① 当天深夜10时50分,裕仁出席了最后一次御前会议,认为同盟国的回复对国体问题抱有相当的好意,再战无益,只有接受同盟国的要求,天皇的表态一锤定音。会议在一片悲泣声中匆匆结束。11时25分,裕仁来到宫内省,录制了《终战诏书》。15日凌晨,妄想继续战争的法西斯少壮派军官夺取录音磁盘的阴谋破产,事态按照天皇"钦定"终战的方向进展。

　　1945年8月15日中午12时整,东京广播电台播出了天皇裕仁的《终战诏书》。内称:"朕深鉴于世界之大势及帝国之现状,欲采取非常之措施,收拾局面。兹告尔等臣民,朕已饬令帝国政府通告美英中苏四国,愿接受其联合公告。"裕仁解释之所以如此的理由是:"战局并未好转,世界大势也不利于我,加之敌方最近使用残虐之炸弹,频频杀伤无辜,残害所及,实难预测,继续交战,不仅会导致我民族的灭亡,而且会破坏人类之文明。"他表示"今后帝国所受之苦难固非寻常,朕也深知尔等臣民之衷情,然时运之所趋,朕欲忍所难忍,耐所难耐,为万世开太平","于兹得以维护国体"。裕仁要求"忠良臣民""宜举国一家,子孙相传,确信神州之不灭,念任重道远,倾全力于将来之建设,笃信道义,固守志操,誓必发扬国体之精华,不致落后于世界之进运"。② 在这份通篇无"投降"两字出现的《终战诏书》中,"皇祖皇宗"、"国体"各出现两次,强调"皇国"的利益高于一切。其全文的基调是:停战出于无奈,故必须接受《波茨坦公告》;只要"国体"得以维护,就有实现复兴的希望。

　　9月2日上午9时,停泊在东京湾的美国战舰"密苏里"号上,举行了盟国接受日本投降的仪式。日本外相重光葵、参谋总长梅津美治郎分别代表天皇、政府或大本营,在《投降书》上签字。盟国接受日本投降的签字代表,分别为盟军最高司令官麦克阿瑟、美国代表尼米兹海军上将、中国代表徐永昌上将、英国代表福莱塞海军上将、苏联代表杰列维扬科中将以及澳大利亚、加拿大、法国、荷兰、新西兰等国的代表。《投降书》宣布:"日本帝国大本营与所有之日本国军队以及日本国支配下任何地带之一切军队,对同盟国

---

① 日本外务省编:《日本外交年表及主要文书》下卷,第637页。
② 历史学研究会编:《日本史史料》5,现代卷,岩波书店,1997年,第148—149页。

无条件投降。"① 至此,日本军国主义发动的侵略战争以彻底的失败而告终。9月3日成为中国抗战胜利纪念日。

美国急欲实现停战,还与美国政府已经形成单独占领日本的既定方针有关。在太平洋战争结束前夕的1945年5月9日,经外交、军事部门一致决定的《赫尔5·9备忘录》就提出了美国对日政策的基本框架。其要点主要包括:第一,"日本应作为一个整体来对待,不应分割"。第二,"日本政府作为一个主体,在武装占领时期应停止活动亦即终止其制定政策的职能。枢密院、内阁、国会、元帅府和军事参议院应予解散。陆军省、海军省、军需省、大东亚省应予废除、外务省可在盟国民政官指导下行使日常的行政职能,其政策事务应请示(美国)国务院。但内务省、大藏省、司法省、运输交通省、农商省、文部省、厚生省等机构可继续进行工作"。第三,"所有对日作战的主要联合国家应参加对日占领和管制",但主要由中国、印度和菲律宾等国派出"象征性的"军队,组成美军之外的占领军。② "日本应作为一个整体"、"不应分割"、由盟国中的弱国派遣"象征性的"军队参与占领等方针,表明了美国单独占领日本的立场。7月25日,麦克阿瑟建议杜鲁门坚持单独占领日本,引起后者的强烈共鸣。杜鲁门也认为:"对日本的占领不能重蹈德国的覆辙。我不想分割管制或划分占领区。我不想给俄国人以任何机会,再让他们像德国和奥地利那样去行动。"③

美国的安全利益和国家目标,是制定对日方针的依据和出发点。单独占领日本,则是确保实现目标的前提。这一基本目标在战争后期,即1944年5月初就由国务院的战后计划委员会(PWC)敲定。美国准备将对日占领期分为三阶段,第一阶段在严格管理下,实行民主化与非军事化;第二阶段视进展的情况,逐步缓和监督;第三阶段是结束占领,并使日本作为主权国家,重返国际社会。④这一目标在1945年6月11日,经过国务院、陆军、海军部三方协调委员会(SWNCC)审议,定名为《投降初期美国对日方针》(SWNCC150/4/A),形成占领初期美国对日本的基本政策。其基本精神被写入《波茨坦公告》之中,但有所不同的是美国单独占领日本原则,在上述对日方针中得到最大的强调。坚持美国单独占领与防止日本被分割原则,其

---

① 《国际条约集》(1945—1947),世界知识出版社,1959年,第112页。
② 《战后世界历史长编1945.5—1945.12》,第1编,第1分册,第244—245页。
③ 杜鲁门:《杜鲁门回忆录》第1卷,第333页。
④ PWC108a,即CAC116a,April 21,1944,RG 59,N.A. FRUS,1944,Vol.6,p.1230.

目的在于不受任何干扰地实现美国政府最终目标。

在坚持单独占领日本的前提下,美国政府提出落实《投降初期美国对日方针》的3项措施。这些措施包括:(1)由美国划定日本的领土主权范围"限定在本州、北海道、九州、四国和《开罗宣言》及依据美国已经参加或将来应该参加的协定所规定的周边各小岛";(2)按照美国的意愿开展民主改革:"必须使日本完全解除武装并实行非军事化,必须从日本的政治生活、经济生活和社会生活中,扫除军国主义者的权力和军国主义的影响力,必须强行压制军国主义及侵略精神";(3)推广美国式的民主:"必须鼓励日本国民增强个人自由、基本人权,特别是尊重信教、集会、言论和出版的自由,鼓励形成民主的代议制组织"。① 这样,不仅日本的版图由美国决定,而且美国式的民主、美国的价值观等,也随着美国占领军一起进入日本。于是,单独占领并将日本全面美国化,构成美国对日改造的基本内容。

在对待美国与盟国的关系中,《投降初期美国对日方针》也依据单独占领的原则,突出了美国凌驾于其他盟国的特殊地位。其中,规定"为实施投降条款,促进达成实施终极目的,必须对日本国本土实行军事占领。这种占领是为了同日本处于战争状态的盟国利益而采取的行动,具有为了主要盟国的军事行动性质。基于上述理由,期待并欢迎在对日战争中发挥过主导作用的其他国家军队参加占领,但占领部队必须在美国任命的最高统帅指挥之下,达成协议并设置适当的咨询机构,以满足主要盟国,努力制定为实施对日本占领及管理的政策,在主要盟国出现意见分歧时,服从美国的政策"。② 战后美日特殊关系的基础,在战时对日政策的制定过程中,已初现端倪。

四 "大东亚共荣圈"的崩溃

1945年8月日本战败投降,凭借侵略战争拼凑起来的"大东亚共荣圈"也随之土崩瓦解。实际上,早在1943年轴心国在欧亚战场的决战中接连败北,"大东亚共荣圈"存续的时间,已是屈指可数。但日本的战争指导部犹作困兽之斗,并在策略上作出某些调整。1943年5月29日,大本营政府联络会议通过了《大东亚政略指导大纲》,开列了在当年11月初必须"完成的指

---

① 历史学研究会编:《日本史史料》5,现代卷,第152页。
② 同上。

标"。其中,对伪"满洲国"、泰国和法属印支的既定方针不变。对华方针以强化日汪关系、签订"日华同盟条约"为中心,在日本指导下,让汪伪政权"对重庆进行政治工作"。对缅甸和菲律宾给予"独立",在舆论宣传上,向美英等国施加压力。宣布将马来亚、苏门答腊、爪哇、婆罗洲、苏拉威西等占领区全部变为"帝国领土",作为"重要资源的供给地,竭力加以开发,并努力争取民心"。在达成上述目标的基础上,在东京举行"大东亚会议","向世界宣布大东亚共荣圈业已建成,显示完成战争的坚定决心",云云。①

上述"指导大纲"所鼓吹缅甸"独立"的既定方针,较早见诸 3 月 10 日大本营政府联络会议通过的《缅甸独立指导纲要》。"纲要"强调"按照皇道大义建设新缅甸,使之成为大日本帝国为盟主的大东亚共荣圈的一环";"日本人不参加筹备委员会,但负领导责任";政体"采取领导者国家的形式";"军事上使之与帝国之间完全协调";"经济上服从大东亚经济建设计划","适应于帝国政策"等。② 以此为蓝本,6 月 26 日大本营政府联络会议又通过了《菲律宾独立指导纲要》,但出于太平洋战争的需要,更强调"必须使菲律宾迅速具备能与帝国和泰国紧密结成一体,完成大东亚战争所需的物质与精神两方面的力量"。③ 同年 8 月 1 日,日本与缅甸订立《同盟条约》,第一条即规定"日本国及缅甸国为完成大东亚战争,应在军事上、政治上及经济上进行全面合作"。④ 10 月 14 日签订的《日本国与菲律宾国同盟条约》,其第二条重复了日缅条约第一条的规定,并在"谅解事项"中,强调双方在"军事上紧密合作",即"菲律宾国应为日本国所作的军事行动提供一切便利"。⑤ 以上纲要或条约规定获得"独立"的缅甸和菲律宾必须尊奉日本"八纮一宇"的"皇道大义",接受日本的指导和军事占领,作为日本把持下的"大东亚共荣圈"的一员,与日本共命运。凡此种种,无一与真正的独立有关。至于菲律宾、缅甸之外的英荷殖民领地,则被全部纳入日本领土,如同在台湾和朝鲜半岛一样,推行"皇民化"方针,急欲将当地居民同化为日本的二等国民。

1943 年 11 月 5 日,东条英机纠集了南京伪"国民政府"行政院长汪精卫、伪"满洲国"总理张景惠、泰国代理总理汪·怀塔耶功、菲律宾总统劳雷尔、缅甸元首巴·莫、"自由印度"临时政府总理鲍斯等傀儡政权的头面人物,

---

① 日本外务省编:《日本外交年表及主要文书》下卷,第 583—584 页。
② 《日本帝国主义对外侵略史料选编(1931—1945)》,第 422—424 页。
③ 同上书,第 435 页。
④ 日本外务省编:《日本外交年表及主要文书》下卷,第 586 页。
⑤ 同上书,第 590 页。

在东京举行了"大东亚会议"。6日,会议按照东条英机事先定下的调门,发表了《大东亚共同宣言》。这个"宣言"宣称:"美英为了本国的繁荣,压迫其他国家及其他民族,特别对大东亚进行贪得无厌的侵略与剥削,实现其奴役大东亚的野心,从根本上破坏了大东亚的稳定。"因此,"大东亚各国相互提携,完成大东亚战争,从美英的桎梏中解放大东亚,实现自存自卫"。"宣言"鼓吹在"建设共存共荣的秩序"、"确立大东亚亲睦友谊"、"弘扬大东亚文化"、"增进大东亚繁荣"、"贡献于世界的发展"等五条纲领的基础上,"建设大东亚",云云。① 然而,据巴·莫的回忆,与会各傀儡政权代表团都有派遣来指导他们如何做的日本官员,整个会议的日程早由日本人安排停当,不允许有任何改动。②

毋庸置疑,《大东亚共同宣言》的言辞颇为动人,但日本占领当局在"大东亚共荣圈"内的暴行,却罄竹难书。美丽的言辞与暴行相互交织,使得日本主导下的"大东亚共荣圈"充斥着谎言与血腥,怪诞而丑陋。

在政治上,明明是用武力占有他国领土,造成大量无辜伤亡的侵略,却美化描述成"亚洲的解放"。在"解放"的名义下,在马尼拉,4.2076万名军人和市民在1942年1月战斗结束后,被日军残杀。在新加坡,也有约5000名华侨被害。③ 在1942年11月至1943年10月,日军驱使18余万缅甸人、马来人、华人、印尼人和6万余英美澳荷兰等国战俘,不分昼夜地修筑自缅甸丹彪则至泰国隆皮尔特臭名昭著的泰缅铁路。由于奴隶式的役使、超强度的劳动、严重营养不足和疾病流行,特别是日军的虐待,在不到1年的施工期间,以死亡率高达41%的代价,筑成了这条全长414公里的"死亡铁路"。④ 在越南,由于日军只顾掠夺大米和天候不调,致使在1944—1945年的冬春之间,发生骇人听闻的大饥荒,越南全国200余万居民死于饥饿,2000余名抗日志士遇害。日据期间,越南人口的1/7死于非命。⑤

在经济上,明明是取代美英的殖民统治,奴役东亚各国以确保日本列岛核心地带繁荣的"独存独荣",却被说成是"共存共荣"、"亲睦友谊"。日本制造"大东亚共荣圈",实现了自明治以来的"大陆政策"和昭和初期的"海洋政策",形成以日本为中心的封闭性殖民帝国。在"八纮一宇"的建国方针指导

---

① 日本外务省编:《日本外交年表及主要文书》下卷,第594页。
② F.C.琼斯等:《1942—1946年的远东》(上),上海译文出版社,1995年,第143页。
③ 大畑笃四郎:《太平洋战争》下卷,第26页。
④ 历史学研究会编:《日本史史料》5,现代卷,第121—122页。
⑤ 同上书,第123页。

下,台湾、朝鲜半岛、中国大陆、整个东南亚地区,按照确保日本中心部位和继续侵略战争的需要,变成仅为日本独享的"帝国资源圈"。除了暴力掠夺和搜刮之外,还竭力构建畸形化的殖民地经济模式。在中国占领区,日军强迫农民种植罂粟,生产鸦片,兼谋榨取暴利和毒害中国人身心的双重目的。在东南亚地区,生产水稻的农田改种日本需要的棉花和黄麻。缅甸的稻田面积在日军占领前为1240万英亩,产量达700万吨,1943—1944年水稻的种植面积减少到720万英亩,稻米总产量为300万吨,造成了缅甸的米荒。① 在菲律宾,传统的甘蔗田和烟草田,也被强行改种棉花和亚麻。被迫按照日本对稻米、棉花和黄麻的需要而毁掉的,还有爪哇的胡椒、椰子、咖啡、茶叶农场,马来亚的橡胶园。

在思想文化上,以弘扬"历史传统"为名,实施驱使其身、奴化其心的彻底殖民征服。在侵华战争和太平洋战争期间,日本国内青壮劳动力极度匮乏,强制押送朝鲜劳工到日本充当苦力,成为日本殖民帝国赖以生存的重要手段。从1939年至1945年日本战败,被强行押往日本从事奴隶劳动的朝鲜劳工累计为72.4787万人。其中,34.262万人被驱往煤矿,6.735万人被驱往金属矿山,10.8644万人被驱往土木建筑工地,20.6073万人被驱往军火、造船等类工厂。劳工们忍饥挨饿,在日本工头的威逼、监视下,从事繁重的体力劳动,许多人客死异乡。②

与此同时,阉割民族灵魂的"皇民化"运动也在大张旗鼓地展开。以1940年2月11日的所谓"纪元节"为期限,朝鲜总督南次郎下达了《朝鲜民事令》,在家族制度上推行"皇民化"运动,强制实施"创氏改姓",命令朝鲜人一律改用日本式的姓名。南次郎本人对此举的解释是:"改姓的主要着眼点,是在法律上打开半岛人能够得到内地人姓氏的途径,沿着内鲜一体的路线,在家族法上进行划时代的变更。"他还说,通过实施"姓氏共通"、"内鲜通婚"和"内鲜结亲"等3项措施,"形貌皆得以皇民化之日就有望到来"。③ 南次郎还以古代《新撰姓氏录》为据,说当时前来日本定居的半岛人均采用日本人姓氏,以此来证实"创始改名"的正当性。在这里,南次郎抹杀了一个基本事实,即古代半岛居民是作为先进文化的传播者来日本定居,受到日本朝廷的礼敬和欢迎,这与日本军国主义吞并朝鲜半岛后的所作所为,根本是两

---

① 贺圣达:《缅甸史》,人民出版社,1992年,第424页。
② 历史学研究会编:《日本史史料》5,现代卷,第121页。
③ 同上书,第119页。

码事。对于拒绝改姓日本姓氏的朝鲜人,朝鲜总督府采取了各种歧视、镇压措施。这样,在严令之下,仅仅过了 6 个月,80% 的朝鲜人改姓了日本姓氏。① 出于扩大侵略战争的需要,在加紧奴役朝鲜人的同时,阉割其民族文化传统的"创始改名",是日本殖民主义的一个发明。灭人之国,驱使其民并奴化其心,日本殖民主义的同化政策,在世界殖民史上书写了最黑暗的一页。

多行不义必自毙。如果说在太平洋战争之初,日本"解放亚洲"、"自主独立"等漂亮言辞还具有相当的欺骗性,那么,"大东亚共荣圈"组建后的冷酷现实唤醒了人们。抗日武装越来越多地出现在东南亚各地,与中国军民、韩国抗日志士以及欧美盟军汇合成强大的力量,摧毁了日薄西山的"大日本帝国"。作为日本殖民帝国的畸形儿——"大东亚共荣圈",也随之土崩瓦解。

第二次世界大战,使中国和日本的国际地位发生了令人始料未及的巨变。中国军民坚持抗战赢得了国际社会的尊敬,以巨大的民族牺牲,奠定了自立自强的基础。太平洋战争期间,美国为彻底击败日本,不得不调整了近代以来的传统东亚政策,将战略的依托点从日本转移到中国,使中国大国化并在战后东亚与美国联手维持国际新秩序。1942 年 1 月,中国参加签署《联合国家宣言》,成为反法西斯战线重要的成员国。1943 年 10 月中国与美英苏等国共同发表《关于普遍安全的宣言》(也称《四强宣言》),上升为反法西斯新四强的伙伴国。同年 11 月,蒋介石与罗斯福、丘吉尔在北非举行会议,发表《中美英三国关于日本的宣言》(《开罗宣言》),宣布三国与其他对日交战国协调军事行动,迫使日本无条件投降;剥夺日本自 1914 年以来在太平洋占领的所有岛屿,将日本从中国盗取的领土东三省、台湾及澎湖归还中国,使朝鲜自由与独立。② 1944 年 8 月中国派代表出席在华盛顿举行的国际会议,通过筹建联合国的《关于建立普遍安全性国际组织的决议案》;1945 年 6 月中国代表出席在旧金山举行的国际会议,签署《联合国宪章》;同年 7 月美英苏三国以中美英三国的名义发表了敦促日本投降的《波茨坦公告》;10 月在联合国正式成立大会上,与美英苏法等国共同成为拥有否决权的联合国安理会常任理事国,跻身世界新五强的行列。

与此同时,在经历了 35 年的残酷殖民统治之后,朝鲜半岛出现了民族

---

① 历史学研究会编:《日本史史料》5,现代卷,第 119 页。
② 《国际条约集 1934—1944》,世界知识出版社,1961 年,第 407 页。

独立和复兴的历史机遇,日本军国主义侵朝而后侵华,实施"大陆政策"的通路被彻底断绝。日本民族得以摆脱近代天皇制和军国主义的欺蒙与压制,开始了战后的新发展。

以1945年8月"大日本帝国"和"大东亚共荣圈"的总崩溃为标志,日本落下近代史的帷幕,进入现代史发展的新时期。